DIREITOS FUNDAMENTAIS DOS TRABALHADORES

Critérios de Identificação e Aplicação Prática

FÁBIO RODRIGUES GOMES

Juiz Titular da 41ª VT/RJ
Mestre e Doutor em Direito Público pela UERJ
Professor da Universidade Cândido Mendes
Professor da Escola Judicial do TRT da 1ª Região

DIREITOS FUNDAMENTAIS DOS TRABALHADORES

Critérios de Identificação e Aplicação Prática

LTr

LTr EDITORA LTDA.

© Todos os direitos reservados

Rua Jaguaribe, 571
CEP 01224-001
São Paulo, SP — Brasil
Fone (11) 2167-1101
www.ltr.com.br

Produção Gráfica e Editoração Eletrônica: RLUX
Projeto de capa: FÁBIO GIGLIO
Impressão: BARTIRA GRÁFICA E EDITORA

LTr 4760.4
Fevereiro, 2013

Dados Internacionais de Catalogação na Publicação (CIP)
(Câmara Brasileira do Livro, SP, Brasil)

Gomes, Fábio Rodrigues
   Direitos fundamentais dos trabalhadores : critérios de identificação e aplicação prática / Fábio Rodrigues Gomes. — São Paulo : LTr, 2013.

   Bibliografia
   ISBN 978-85-361-2461-2

   1. Brasil — Constituição (1988) 2. Direito do trabalho 3. Direitos fundamentais 4. Direitos sociais 5. Relações de trabalho I. Título.

12-15648   CDU-34:331:347.121.1

Índice para catálogo sistemático:

1. Direitos fundamentais dos trabalhadores :
   Direito do trabalho   34:331:347.121.1

AGRADECIMENTOS

Este livro corresponde, com pequenas alterações e atualizações, à minha tese de Doutorado em Direito Público, defendida na UERJ em dezembro de 2010, perante banca composta pelos professores Daniel Sarmento (orientador), Jane Reis Gonçalves Pereira, Ana Paula de Barcellos, Claudio Pereira de Souza Neto e Alexandre Agra Belmonte, que me honrou com distinção, louvor e nota 10,00 (dez).

Mas este não é o fim da história. Na verdade, é o encerramento de um longo trajeto percorrido nos últimos seis anos. Lembro-me ainda do dia em que, já no longínquo ano de 2004, ingressei no Mestrado em Direito Público pela UERJ. O primeiro contato com a academia e com as suas infindáveis discussões foi, ao mesmo tempo, cativante e atemorizante.

Entretanto, os intensos debates teóricos, as centenas de páginas de leitura semanal e as incontáveis noites insones, em busca da melhor ideia ou da palavra que a expressasse com exatidão serviram apenas para reforçar aquela minha intuição inicial, aquela que me levou a chegar até aqui. Querer aprender a pensar criticamente o direito e, mais do que isso, a participar, com humildade e segurança, da troca de impressões em torno do justo e do injusto: este era o meu sonho. Um sonho que, como disse, ganhou forma e corpo no Mestrado, mas cujo aprimoramento foi acontecendo mesmo ao longo do Doutorado, desde que nele adentrei em 2007.

Para defender os argumentos contidos neste livro, foram necessários mais debates instigantes, outras centenas de páginas de leitura e não menos noites maldormidas pela ansiedade de acertar e convencer o leitor, seja ele o meu orientador seja o estudante de graduação que manuseasse este trabalho. E aqui experimentei o que todo acadêmico deveria saborear. Apesar de já conhecer o caminho árduo a ser percorrido até chegar à defesa das minhas convicções, percebi, não sem um certo espanto, que a travessia nunca é a mesma quando nela voltamos a trilhar. As curvas se acentuam, as retas mostram-se escorregadias e a pressão da chegada é infinitamente maior, pois o medo de não corresponder às expectativas está continuamente a soprar nossos ouvidos e a quase nos fazer tropeçar.

E aqui volto ao ponto: a importância do agradecimento. Suplantar as difilcudades e preservar a vontade de construir o argumento ideal, tudo isso me exigiu uma dedicação e um esforço sobre-humanos. E sem a convivência pessoal e profissional com algumas pessoas muito especiais, acredito, sinceramente, que a minha vida teria sido muito mais difícil e o caminho muito mais extenso.

Por isso, agradeço, em primeiro lugar, a minha mulher, Clarissa. Companheira de viagem ao longo destes últimos dezessete anos, foi com ela que compartilhei as muitas dúvidas e as poucas certezas adquiridas. O seu equilíbrio, confortando-me com a palavra certa no momento oportuno, somado ao seu carinho acolhedor deram-me a força indispensável para permanecer firme e avançar. E, para coroar a nossa parceria, o nosso amor e a nossa amizade, fomos presenteados recentemente com a chegada do pacotinho mais especial de todos. Com o seu olhar penetrante e a sua simpatia contagiante, Marco Baldotto Gomes, nossso filho querido, já ocupa, agora e sempre, o lugar de maior destaque em nossas vidas.

Agradeço também aos meus pais, Nilton e Thereza. Uma daquelas certezas adquiridas a que me referi é a de que os filhos são o reflexo dos pais, pois a influência de ambos na formação da nossa individualidade é decisiva e inevitável. E, sendo assim, tirei a sorte grande. O apoio material, o estofo moral e o amor incondicional que os dois me oferecem foram determinantes para eu ser quem eu sou. E espero, de verdade, que esta influência ultrapasse a minha geração e a dos meus irmãos, e chegue sem demora na próxima que está por vir. Natália, Nicole, Manuela e Marco estão na fila de espera!

Agradeço a minha irmã, Vanessa, sempre calma e sorridente, pronta a ajudar quem dela estiver precisando. Agradeço ao meu irmão Renato, interlocutor incansável e inteligente, capaz de nos obrigar a sofisticar o nosso ponto de vista, sob pena de estarmos fadados a abandoná-lo por falta de contra-argumento. Duas pessoas que, juntamente com os meus pais, formatam aquele nosso primeiro lar, o porto seguro de todas as horas.

Agradeço aos meus sogros, José Jacinto e Lídia, e a minha cunhada, Fernanda, por tornarem a minha família ainda melhor e mais feliz. De fato, minha vida estaria mais empobrecida sem a presença de todos eles.

Agradeço, ainda, aos meus mais fraternos amigos Elisio Moraes, Fábio Goulart e Fernando Marques. Cada um, a sua maneira, participa da minha vida pessoal e profissional com plena liberdade de opinião e de intervenção. Verdadeiros irmãos por afinidade com os quais tenho o privilégio de conviver.

Agradeço especialmente ao meu orientador e amigo Daniel Sarmento. Pensador arguto e leitor contumaz, fez da minha passagem pela UERJ o momento mais importante da minha formação. Com o seu exemplo, aprendi como deve portar-se um professor de direito em um país como o nosso, onde quase tudo ainda está por fazer. Sua acolhida sempre sincera e gentil, pronto a me apresentar novas perspectivas e a afastar-me de outras menos acertadas, sem jamais adotar um tom paternalista, permitiu que eu me arriscasse por conta própria, quando a decisão estava bem consolidada. Este grau de liberdade acadêmica, combinado com a advertência recorrente sobre a responsabilidade por aquilo que defendemos em público, ajudou-me a manter a atenção para os mínimos detalhes da minha argumentação, solidificando a confiança nas minhas impressões e interpretações, sem o perigo de cair numa retórica vazia, escorar-me no fácil argumento de autoridade ou, o que é pior, padecer de uma vaidade voluntarista típica dos que pouco têm a dizer.

Agradeço aos professores Jane Reis Gonçalves Pereira, Ana Paula de Barcellos, Claudio Pereira de Souza Neto e Alexandre Agra Belmonte pelos elogios e pelas críticas construtivas desenvolvidas durante a defesa da tese de doutoramento, as quais foram levadas em consideração para a versão apresentada agora aos leitores. Nada melhor do que três expoentes do direito constitucional brasileiro e um Ministro do TST, consagrado jurista nacional do direito do trabalho, para aperfeiçoar uma obra que visa a costurar estes dois assuntos do modo mais harmônico possível.

Agradeço aos amigos que fiz no Mestrado e no Doutorado, Rodrigo Brandão, Fernando Leal, Diego Werneck, Bruno Stieger e Marco Antonio Rodrigues, pois navegamos pelos mesmos mares nebulosos e encaramos, juntos, gigantescas tormentas intelectuais até conseguirmos apaziguar as nossas inquietudes. Mas apenas temporariamente, é claro, pois é exatamente o desconforto a respeito do que está posto que nos move a desbravar incansavelmente este horizonte de ideias que nem a vista alcança.

Por fim, agradeço à minha instituição, o Tribunal Regional do Trabalho da 1ª Região. O suporte que me foi dado, com a concessão da licença-estudo imprescindível para que eu pudesse escrever um trabalho desta magnitude sem afogadilhos, faz com que eu mantenha acesa a esperança de um futuro melhor, não só para os meus colegas, componentes do Poder Judiciário Federal, mas, principalmente, para o destinatário final de nossas decisões, o povo brasileiro. Espero, como juiz, usar tudo o que venho estudando como acadêmico no meu dia a dia forense, pois o objetivo deve ser apenas um: fornecer uma prestação jurisdicional cada vez mais justificada, coerente e aceitável racionalmente pelos que sejam por ela afetados. Hoje, mais do que ontem, estou convencido de que a legitimidade, tão almejada pela Justiça brasileira, somente será alcançada (e mantida) pela comunhão da teoria com a prática. E será isso que o leitor encontrará nas páginas a seguir.

Portanto, para aquele que decidir enveredar-se por este livro e refletir comigo sobre os direitos fundamentais dos trabalhores, agradeço, desde já, pelo seu voto de confiança. Que tenha um boa leitura!

"*Precisamos não nos esquecer nunca de que o trabalho é a lei da vida.*

"*Sem trabalho não se vive. Tudo que na terra existe a mais da natureza é produto do trabalho humano. Se assim é, nada mais inteligente do que trabalhar com alegria, consciência e boa vontade.*"[1]

Monteiro Lobato

"*Fui há dias a um cemitério, a um enterro, logo de manhã, num dia ardente como todos os diabos e suas respectivas habitações. Em volta de mim ouvia o estribilho geral: que calor! Que sol! É de rachar passarinho! É de fazer um homem doido!*

"*Íamos em carros! Apeamo-nos à porta do cemitério e caminhamos um longo pedaço. O sol das onze horas batia de chapa em todos nós; mas sem tirarmos os chapéus, abríamos os de sol e seguíamos a suar até o lugar onde devia verificar-se o enterramento. Naquele lugar esbarramos com seis ou oito homens ocupados em abrir covas: estavam de cabeça descoberta, a erguer e fazer cair a enxada. Nós enterramos o morto, voltamos nos carros, e daí às nossas casas ou repartições. E eles? Lá os achamos, lá os deixamos, ao sol, de cabeça descoberta, a trabalhar com a enxada. Se o sol nos fazia mal, que não faria àqueles pobre-diabos, durante todas as horas quentes do dia?*"[2]

Machado de Assis

---

(1) Apelo aos nossos operários. In: LOBATO, Monteiro. *Fragmentos, opiniões e miscelânea*. São Paulo: Globo, 2010. p. 253.
(2) O nascimento da crônica. In: SANTOS, Joaquim Ferreira dos (org.). *As cem melhores crônicas brasileiras*. Rio de Janeiro: Objetiva, 2007. p. 28.

SUMÁRIO

Lista de Abreviaturas e Siglas 17

Prefácio 19

Apresentação 21

Introdução 23

PARTE I
DIREITOS FUNDAMENTAIS DOS TRABALHADORES: COMO JUSTIFICÁ-LOS?

Capítulo I — Direito constitucional do trabalho: o que há de novo? 37
I — Introdução 37
II — O Direito do Trabalho na Constituição 39
§ 1º — O dilema de sempre: corporativismo *versus* libertarianismo 39
§ 2º — O dilema do futuro: fundamentalismo *versus* fundamentalidade 42
III — A Constitucionalização do Direito do Trabalho 49
§ 1º — Novas ideias para o novo mundo: corrigindo os desajustes dogmáticos ... 49
§ 2º — O alargamento conceitual: em busca da proteção jurídica perdida 51
IV — Ajustes discursivos: para além da dupla fundamentalidade 53
V — Conclusão 57

Capítulo II — Análise econômica do direito do trabalho 60
I — Introdução 60
II — Fazendo as adaptações: alguns fundamentos teóricos para a análise econômica do direito do trabalho 63
§ 1º — A utilidade sob o ponto de vista do empregado: o que significa isso? 63
§ 2º — Maximizando a utilidade do trabalhador subordinado 67
III — A eficiência entra em cena: qual critério adotar? 73
§ 1º — Variações sobre o mesmo tema: a eficiência se tornando mais eficiente 74
§ 2º — O direito do trabalho na berlinda: algumas provocações para apimentar o debate 79

IV — Limites e possibilidades da análise econômica do direito do trabalho: pondo os pés no chão 82
§1º — Fazendo o teste de impureza: quanto maior, melhor 82
§ 2º — A moralidade sem pudor: por que não se deve escondê-la? 83
§ 3º — Acertando os ponteiros: por uma justiça eficiente e uma eficiência justa 85
V — Conclusão 87

Capítulo III — Os direitos morais dos trabalhadores 89
I — Introdução 89
II — Poder e direito 91
§ 1º — Poder originário? 92
1. O exemplo de Carrió 95
§ 2º — Poder arbitrário? 98
1. Aceitando as regras do jogo: Hart, Nino e o ponto de vista interno 100
III — Direito e moral 105
§ 1º — A razão que explica, mas não justifica 106
§ 2º — Que discurso adotar? 110
1. Nino e o seu modelo processual de discurso 116
§ 3º — Legitimando o discurso legitimador: igual autonomia do início ao fim 119
1. Necessidade e reconhecimento: uma justificação bidimensional para a intervenção igualitária 122
IV — Poder e moral 128
§ 1º — O direitos fundamentais dos trabalhadores: em busca de um poder patronal legítimo 131
§ 2º — Paternalismo, perfeccionismo e renúncia pessoal: o direito constitucional do trabalho na linha de fogo 133
§ 3º — Esquadrinhando a Constituição de 1988 137
1. Primeira parte: a satisfação das necessidades básicas 137
2. Segunda parte: o reconhecimento das diferenças que nos definem 144
2.1. Um parágrafo único para um empregado ainda mais especial 148
V — Conclusão? 156

PARTE II
DIREITOS FUNDAMENTAIS DOS TRABALHADORES: COMO MANUSEÁ-LOS?

Capítulo IV — O princípio democrático na relação de emprego 161
I. Introdução 161

II. Democratizando a relação de emprego 166
  § 1º — A democracia interna: dialogando consigo mesmo 167
    1. Monopólio sindical: pague para não entrar e esteja certo de não poder sair 171
      1.1. Duas doses de categorização forçada e uma de territorialismo pre-definido: a receita de um sindicalismo confuso, algemado e sufocado ... 173
      1.2. O *free rider* no caminho sindical brasileiro: como evitá-lo? 176
    2. Correções institucionais à vista: aplicando o critério democrático-cooperativo 178
      2.1. Pluralismo: ruim com ele, pior sem ele 179
        a. Quebra do monopólio: da fissura à fratura 181
        b. Categorização, sim; enquadramento, não 189
      2.2. Uma dose de quota de solidariedade e duas de direito de oposição: o antídoto normativo para a asfixia institucional 196
  § 2º — A democracia externa: dialogando com o outro 200
    1. Estabilidade sindical: a volta ao passado para garantir um futuro melhor 202
    2. A greve no contexto constitucional brasileiro: uma violência consentida? 210
    3. Pluralismo de decisões: qual norma aplicar? 217
      3.1. O prelúdio da democratização da justiça: o Juiz Hermes pede passagem 219
      3.2. O Juiz Hermes e a norma mais favorável ao trabalhador 222
        a. Um pequeno excurso sobre a incomparabilidade e a igual autonomia criativa 225
        b. De volta ao assunto 227
      3.3. Um por todos ou todos contra um? 229
    4. A dispensa coletiva: até onde o Juiz Hermes deve ir? 237
      4.1. Anatomia judicial: dissecando o caso paradigmático 239
        a. Tese: os argumentos a favor da nulidade 240
        b. Antítese: os argumentos contrários à nulidade 240
        c. Síntese: os argumentos que fundamentaram a decisão judicial 240
      4.2. Dúvidas e críticas: o que falta dizer e o que deve ser reformulado .. 242
        a. A dúvida institucional: dificuldade contramajoritária e (in)capacidade técnica 242
        b. Análise crítica 244
        c. A dúvida estrutural: o perigoso furor principiológico 245
        d. Análise crítica 246
        e. A dúvida metodológica: o sopesamento em ação 247
        f. Análise crítica 248

4.3. Afinando o discurso: o caminho rumo à legitimação 249
   a. Exemplificando com um caso alternativo 250
   b. Votando ao ponto: os dois princípios que não devem ser esquecidos ... 252
§ 3º — A democracia garantida: o Juiz Hermes na Justiça do Trabalho 255
   1. O renascimento do poder normativo da Justiça do Trabalho 259
      1.1. Os precedentes letais: RE ns. 197.911 e 114.836 259
      1.2. Ressurgindo das cinzas: legitimação espontânea ou automutilação .. 263
   2. A atuação "conciliadora" da Justiça do Trabalho: algumas notas finais sobre o Juiz Hermes e a autonomia do empregado 265
      2.1. Plano de Desligamento Voluntário (PDV): a vontade fatiada 267
      2.2. Comissão de Conciliação Prévia: a institucionalização do medo 272
III. Conclusão 274

Capítulo V — O Direito Constitucional do Trabalho na Jurisprudência do STF e do TST

I. Introdução 276
II. O direito material do trabalho: guinadas para longe e para o mesmo lugar 280
   § 1º — Adicional de insalubridade 280
      1. Análise crítica 281
   § 2º — A aposentadoria espontânea e o contrato de emprego 283
      1. Análise crítica 290
   § 3º — A sucessão trabalhista 293
      1. Análise crítica 295
   § 4º — A estabilidade decorrente do acidente de trabalho 297
      1. Análise crítica 300
   § 5º — A proteção da mulher 305
      1. ADI n. 1.946: um *leading case* para começar 306
         1.1. Análise crítica 307
      2. RE n. 234.186: o desconhecimento e a autonomia da vontade 310
         2.1. Análise crítica 311
      3. RE n. 287.905: intervenção e autonomia da vontade 316
         3.1. Análise crítica 319
      4. ADI n. 2.487: a lei estadual e o direito constitucional do trabalho 322
         4.1. Análise crítica 327
   § 6º — A responsabilidade subsidiária da Administração Pública 333
      1. A constitucionalidade do § 1º do art. 71 da Lei n. 8.666/93 335

2. A compatibilidade com o §2° do art. 71 da Lei n. 8.666/93 338
3. O consenso sobreposto: a Súmula n. 331, IV do TST 339
4. O dissenso pacificador: o julgamento da ADC n. 16 e a nova redação da Súmula n. 331 do TST 341
5. Análise crítica 346

III — O direito processual do trabalho: acessibilidade como bandeira normativa 352

§ 7º — As Comissões de Conciliação Prévia: um caminho inevitável ou uma via alternativa? 355
1. Análise crítica 355

§ 8º — Com a palavra, o trabalhador subordinado: o *jus postulandi* e suas limitações no processo do trabalho 357
1. ADIs n. 1.127 e 1.539: o STF e o direito de falar diretamente ao juiz 357
2. A Súmula n. 425 do TST: quando o ativismo judicial não é bem-vindo 361
3. Análise crítica 362

IV — Conclusão 366

Capítulo VI — O direito internacional do trabalho em revista 369

I. Introdução 369

II. Localizando a discussão a respeito do trabalho subordinado no mundo de hoje ... 373

§ 1º — Aspecto espacial 373
§ 2º — Globalização econômica 374
§ 3º — Geodireito 377
§ 4º — A ascensão normativa do direito constitucional 378

III. A internacionalização do direito do trabalho 379

§ 1º — O nascimento 380
§ 2º — O desenvolvimento 381
§ 3º — A consolidação 382

IV — Padrão mínimo: uma rota de fuga internacional por meio do direito constitucional 383

§ 1º — EC n. 45/04: uma terceira via? 386
§ 2º — Uma última sugestão: o conteúdo essencial do direito internacional do trabalho como parâmetro normativo à atuação do legislador brasileiro 392

V. Conclusão 394

Capítulo VII — Flexibilização: Reverência ou aversão? 396

I — Introdução 396

II — Direito e argumentação: flexibilização de fio a pavio 399

III — Indisponibilidade (ou irrenunciabilidade) e restrição dos direitos fundamentais do trabalhador subordinado: dogmas a caminho da relativização 404

§ 1º — Direitos fundamentais indisponíveis ou irrenunciáveis: o que significa isso? 405

    1. Um caso paradigmático 410

§ 2º — A restrição dos direitos fundamentais dos trabalhadores subordinados 416

    1. Um caso paradigmático 422

IV — Conclusão 427

Encerramento 429

Referências bibliográficas 437

LISTA DE ABREVIATURAS E SIGLAS

Ac. — Acórdão
ADI — Ação Direita de Inconstitucionalidade
ADCT — Atos das Disposições Constitucionais Transitórias
AI — Agravo de Instrumento
AIRR — Agravo de Instrumento em Recurso de Revista
Art. — Artigo
BGB — *Bundesgesetzsburger*
CC — Código Civil
CC — Conflito de Competência
c/c — Combinado com
CDC — Código de Defesa do Consumidor
Cf. — Confira
CF — Constituição Federal
CLT — Consolidação das Leis do Trabalho
CP — Código Penal
CRFB — Constituição da República Federativa do Brasil
Des. — Desembargador
DJU — Diário da Justiça da União
EC — Emenda Constitucional
ED — Embargos de Declaração
ET — Ley del Estatuto de los Trabajadores
FGTS — Fundo de Garantia do Tempo de Serviço
FJ — Fundamento Jurídico
HC — *Habeas Corpus*
IUJ — Incidente de Uniformização de Jurisprudência
MC — Medida Cautelar
MI — Mandado de Injunção

Min. — Ministro
MS — Mandado de Segurança
OAB — Ordem dos Advogados do Brasil
OC — Opinião Consultiva
OIT — Organização Internacional do Trabalho
OJ — Orientação Jurisprudencial
Proc. — Processo
RE — Recurso Extraordinário
Rel. — Relator
Resp — Recurso Especial
RO — Recurso Ordinário
RR — Recurso de Revista
SDI — Seção de Dissídios Individuais
SS — Suspensão de Segurança
STF — Supremo Tribunal Federal
STJ — Superior Tribunal de Justiça
TC — Tribunal Constitucional
TRT — Tribunal Regional do Trabalho
TST — Tribunal Superior do Trabalho

PREFÁCIO

Como eterno juiz do trabalho, causou-me satisfação a leitura desta obra, que é resultado de extensa pesquisa baseada na jurisprudência dos tribunais superiores e do Supremo Tribunal Federal, no Direito Comparado e na doutrina dos mais abalizados juristas pátrios e estrangeiros.

A Constituição Federal de 1988, promulgada em meio à grande comoção nacional como símbolo maior da democracia, incluiu os chamados direitos sociais no título dos direitos e garantias fundamentais. Visou-se, certamente, considerada a forma de alteração das normas, evitar que os trabalhadores fossem alcançados por eventual sombra que se fizesse visível no horizonte, impedindo que o uso do poder pelos agentes públicos implicasse prejuízo à parte mais fraca da equação capital/trabalho. Passados 23 anos, urge perquirir os efeitos da opção. A previsão constitucional dos direitos trabalhistas e sindicais conseguiu, efetivamente, transformar o ideal em realidade? Teria sido benéfica ou terminou por afastar certos avanços disseminados em outros países? Quais são os direitos fundamentais dos trabalhadores, quais os critérios para identificá-los e que papel exerce o Judiciário na resolução de tão intrincadas questões?

O autor, com desassombro, ousou posicionar-se e oferecer interessantes soluções.

O tema, cujos reflexos atingem diretamente as relações de trabalho — sustentáculo do desenvolvimento nacional —, interessa à sociedade de modo amplo, abrangendo todas as camadas sociais e as esferas pública e privada. A par desse aspecto, a maneira pedagógica com que o assunto foi exposto alarga o universo de leitores. Conclamo-os a conferirem a valia desta publicação e a utilizarem, em prol do crescimento da justiça social brasileira, o aprendizado que dela obtiverem.

Marco Aurélio Mendes de Farias Mello[3]

---

(3) Marco Aurélio Mendes de Farias Mello é Ministro do Supremo Tribunal Federal e do Tribunal Superior Eleitoral e Presidente do Instituto Metropolitano de Altos Estudos — IMAE.

APRESENTAÇÃO

Os Direitos Fundamentais, na atualidade, têm sido debatidos com rigor, de modo a despertar na consciência do homem do século XXI a preservação maior do princípio da dignidade da pessoa humana.

É da nossa formação histórica que lembramos o longo caminho percorrido, desde a Declaração dos Direitos do Homem de 1789, passando pela Declaração Universal dos Direitos Humanos de 1946, pela Convenção Europeia de 1950 e pela Convenção Interamericana de Direitos Humanos de 1969, o denominado Pacto de San José da Costa Rica, a demonstrar, com riqueza, o solo fértil do tema escolhido pelo Juiz Fábio Rodrigues Gomes.

Desafiado pelo privilégio do convite que me fez o autor. Desde a introdução de seu livro me vi envolvido pela narrativa fluida e instigante. O compromisso com o caráter científico da obra jurídica está evidenciado já na sua estrutura, mas em nada impede transparecer o entusiasmo do autor com a sua criação e a recorrente angústia de quem não apenas vive o Direito, mas que o aplica diariamente.

Ao combinar o estudo das principais concepções contemporâneas da Teoria e da Filosofia do Direito em torno dos direitos fundamentais, com o detalhado estudo de casos das mais altas Cortes brasileiras, especialmente o Tribunal Superior do Trabalho e o Supremo Tribunal Federal, o estudioso supera o debate teórico da trívia acadêmica. Na extensa narrativa, ele avança para uma seara desafiadora: a realização dos direitos fundamentais do trabalho nas decisões dos Tribunais, com explicitações de vasta jurisprudência, sendo minha a honra de ter citados seis precedentes meus.

Com singular sensibilidade, o autor religa a análise teórica com a análise empírica, porque sabe que não basta saber entender o Direito: é essencial saber aplicá-lo no caso concreto. Transitando entre Juízes reais e Juízes mitológicos, o autor assume confessadamente sua opção pelo Juiz Hermes, mas não deixa de reconhecer que outros, como os Juízes Janus e Hércules, também desempenham um papel importante nas Cortes reais e imaginárias.

A grande viagem que o autor oportuniza sobre os direitos fundamentais, voltados para a complexa questão social que representa o Direito do Trabalho no século XXI é, como ele mesmo qualifica, uma jornada de "esperança". O percurso é longo e a paisagem é deslumbrante. O viajante, dominado pela razão na partida, ao escolher esse roteiro, paulatinamente, vai sendo desafiado pela emoção da narrativa, que contempla os dois "flancos" abertos pelo condutor.

Um deles é a busca da justificação criteriosa dos direitos fundamentais atribuídos ao indivíduo pela sua qualificação como trabalhador empregado. A questão, aparentemente insuspeita, atormenta o pesquisador quando ele olha mais perto o elenco dos direitos fundamentais e começa a se perguntar se todos os direitos dos trabalhadores são mesmo fundamentais, e como se faz para identificá-los. E a resposta, como mostra o autor, não é tão simples como parece.

O outro desafio é entender como compatibilizar os direitos fundamentais do sujeito como pessoa humana com o seu papel de fator de produção nas relações ditas privadas. A questão, não menos preocupante, toma dimensões angustiantes quando os olhos se voltam ao Poder Judiciário e sua missão de garantidor desses direitos e, em especial, quando quem busca a resposta é um Magistrado do Trabalho que vê e vive o drama cotidiano de equalizar os conflitos sociais quase banalizados.

Estimula a leitura quando o estudo se mostra tão cauteloso, numa análise cuidadosa dos conceitos, diante da missão a que se dispõe o autor de se estabelecer um critério de aplicação prática com o fim de chegar à definição dos direitos fundamentais trabalhistas.

O autor, porém, não se furta a assumir posições. Ao analisar o fenômeno da flexibilização, em contraponto com o conceito de "desconstitucionalização dos direitos dos trabalhadores", por exemplo, o autor se alia a uma das maiores preocupações, atualíssima, do pensamento da doutrina e da jurisprudência em relação ao que se pode suprimir de direitos e qual o limite constitucional que se deve observar. Enfrenta com a coragem daquele que manifesta o interesse pela preservação dos direitos mínimos consagrados ao longo do tempo, sem se afastar dos princípios muito caros do Direito do Trabalho. A imunização dos direitos fundamentais acaba por se tornar um lume que é tecido, em estudo criterioso do autor, trazendo essa visão que, como já dito, não tem como ser esgotada, mas antes se torna um foco de reflexões novas a partir do descortinar do tema.

Em síntese, a qualidade da obra deixa revelar a coragem do autor em abordar assunto de tamanha complexidade, mas de não menores interesse e relevância na atualidade.

Na magistratura trabalhista, estamos a cada dia diante de elementos que alteram o estudo das matérias, instigando novas descobertas e despertando, no estudioso, reflexões a traduzir a beleza e a riqueza do pensamento que se aperfeiçoa com um novo jeito de ver esse ramo do Direito, com todas as suas peculiaridades. Na faina de julgar, nos deparamos diversas vezes com a dificuldade de estabelecer um critério de identificação prática dos direitos fundamentais, pela própria natureza dos Direitos Sociais. Não se trata de uma matéria que se possa esgotar na leitura do art. 7º da Constituição Federal. O alvorecer do século XXI torna essas reflexões indispensáveis, e o leitor é convidado a mergulhar nelas já nas primeiras linhas.

A leitura atenta dessa obra é suficiente, *per se*, para alavancar o conhecimento acerca dessa indagação diária sobre o que são os direitos fundamentais, numa abordagem rica e ao mesmo tempo teórica e empírica, em que o autor ousou desafiar o leitor, com êxito, a se envolver num estudo cuidadoso de uma matéria que tão somente o atiçará na busca do conhecimento pleno.

Aloysio Corrêa da Veiga[4]

---

(4) Ministro do Tribunal Superior do Trabalho, Diretor da Escola Nacional de Formação e Aperfeiçoamento dos Magistrados do Trabalho e Membro da Academia Nacional de Direito do Trabalho e do Instituto dos Advogados Brasileiros.

INTRODUÇÃO

"Deixai toda esperança, vós que entrais." Não foi por acaso que Dante Alighieri nomeou a "desesperança" como o sentimento que, fatalmente, viria a marcar todos aqueles que atravessassem os "portões do inferno"[5].

O princípio da esperança é o móvel que norteia a humanidade. Sua concepção figurou, por exemplo, na Declaração de Independência dos Estados Unidos da América, em 1776, quando os "Pais Fundadores" proclamaram o direito de *pursuit of Happiness*. Ou, mais recentemente, quando o Tribunal Constitucional Federal alemão o considerou desrespeitado, na medida em que "o condenado, a despeito do desenvolvimento do seu direito de personalidade, precisa renunciar a toda esperança de recuperar sua liberdade"[6].

O que, entretanto, teria a ver a esperança com o tema a que me proponho refletir? Ou, dito de outro modo, qual a relação entre os direitos fundamentais dos trabalhadores e o "sentimento de que aquilo que se deseja é possível"[7]?

É de conhecimento comum o fato de que os direitos voltados especificamente para a "classe" dos trabalhadores surgiram num cenário de profunda desesperança. Em verdade, a epígrafe dantesca que transcrevi há pouco poderia muito bem ser deslocada para os "portões das fábricas" dos séculos XVIII e XIX. Jornadas de trabalho extenuantes, salários miseráveis, exploração de mulheres e crianças, e mais um punhado de situações nas quais a desumanização dos trabalhadores avançava a passos largos, fomentaram o caldo de cultura que, dali a bem pouco tempo, iria modificar o panorama da sociedade industrial. E, como não poderia deixar de ser, o Estado de Direito acompanhou de muito perto tais transformações.

O surgimento do direito do trabalho, num primeiro momento, e a sua posterior inclusão no texto constitucional, representaram as primeiras intervenções estatais no âmbito privado, com o fim de pôr cobro (ou de, pelo menos, amenizar) à flagrante inferioridade jurídica (e, na maior parte das vezes, também fática) do indivíduo que se coloca à disposição do outro, em troca dos meios necessários à sua sobrevivência[8].

---

(5) *A divina comédia*. Trad. Vasco Graça Moura. São Paulo: Landmark, 2005. p. 47.
(6) Cf. NEUNER, Jörg. Os direitos humanos sociais. Trad. Pedro Scherer de Mello Aleixo. In: SARLET, Ingo (coord.). *Jurisdição e direitos fundamentais:* anuário 2004/2005. Escola Superior da Magistratura do Rio Grande do Sul — AJURIS. Porto Alegre: Escola Superior da Magistratura: Livraria do Advogado, 2006. p. 156-157.
(7) HOUAISS, Antonio e VILLAR, Mauro de Salles. *Dicionário Houaiss da Língua Portuguesa*. Rio de Janeiro: Objetiva, 2001, verbete "esperança".
(8) Cf. GALVÃO, Paulo Braga; FERREIRA, Fernando Galvão de Andréa. Interpretação judicial e direitos humanos. In: SARMENTO, Daniel e GALDINO, Flávio. *Direitos fundamentais:* estudos em homenagem ao professor Ricardo Lobo Torres. Rio de Janeiro: Renovar, 2006. p. 712.

No Brasil, esta foi uma postura adotada abertamente pelo Estado a partir da Constituição de 1934⁽⁹⁾. Entretanto, ao contrário de alguns de seus inspiradores, ele permaneceu nesta toada até os dias de hoje⁽¹⁰⁾. Vejam a situação, por exemplo, do direito germânico. Na contramão da evolução brasileira, os alemães deixaram de lado a Constituição de Weimar e a substituíram pela Lei Fundamental de Bonn (1949), um documento jurídico de índole marcadamente liberal⁽¹¹⁾. Mas — repito — este não é o caso do direito brasileiro.

De fato, a Constituição de 1988 (tida como programática e dirigente⁽¹²⁾) desenhou, com traços fortes, um modelo de Estado Social bastante preocupado com as relações jurídicas travadas entre sujeitos desiguais⁽¹³⁾. E, dentre estas, deferiu especial atenção à mantida entre empregado e empregador, abraçando, sem cerimônia, um alentado rol de direitos destinados ao reequilíbrio jurídico das partes envolvidas nesta espécie de interação social. Mais do que isso, ao dar continuidade a esta trajetória, o poder constituinte originário transformou o art. 7º da CF/88 numa referência emblemática (ou no ponto culminante) do "processo de especificação" levado a cabo durante a formatação do direito constitucional do nosso país⁽¹⁴⁾.

Digo isso não apenas pelo fato de tal dispositivo trazer trinta e quatro incisos no seu bojo, mas também por um outro motivo, realmente inovador, de ocupar o lugar reservado aos "direitos e garantias fundamentais". O direito do trabalho deixou para trás o capítulo da ordem econômica e social, onde, tradicionalmente, fixava a sua morada⁽¹⁵⁾.

Sendo assim, isto é, diante de tamanha notoriedade e riqueza normativa, eu poderia cogitar de seguir viagem? Pois qual seria a importância de analisar os direitos relacionados aos trabalhadores, quando todas as grandes questões já estão aparentemente resolvidas — e com destaque — pela Constituição em vigor?

Para ficarmos apenas no caso já mencionado, enquanto na Alemanha, regida pela Lei Fundamental de Bonn, foi preciso o desenvolvimento de toda uma teoria a

---

(9) BERCOVICI, Gilberto. *Constituição econômica e desenvolvimento:* uma leitura a partir da Constituição de 1988. São Paulo: Malheiros, 2005. p. 19.
(10) Cf. BERCOVICI, Gilberto. *Op. cit.*, p. 17 *et seq.*
(11) Cf., neste sentido, ALEXY, Robert. *Teoría de los derechos fundamentales.* Trad. Ernesto Garzón Valdés. 1. ed. 3ª reimpressão, Madrid: Centro de Estúdios Políticos y Constitucionales, 2002. p. 420-421 e BERCOVICI, Gilberto. *Op. cit.*, p. 14-16.
(12) BERCOVICI, Gilberto. *Op. cit.*, p. 33-37 e 58-59.
(13) Cf., por todos, SARLET, Ingo Wolfgang. *A eficácia dos direitos fundamentais.* 6. ed. Porto Alegre: Livraria do Advogado, 2006. p. 73.
(14) Por "processo de especificação", entende-se a consideração de certas condições sociais, culturais, físicas e psicológicas, enfim, da consideração do homem "situado" (*v. g.*, trabalhador subordinado, consumidor, mulher, criança, homossexual, índio, idoso e deficiente físico), quando lhe é conferida uma "proteção reforçada" por "direitos específicos" (obtidos por meio da técnica da igualdade como diferença), com o objetivo de reequilibrar a sua participação social e viabilizar o desenvolvimento de seus projetos pessoais (de sua personalidade). Cf. SAMPAIO, José Adércio Leite. *Direitos fundamentais:* retórica e historicidade. Belo Horizonte: Del Rey, 2004. p. 245, PECES-BARBA, MARTINEZ Gregório. *Curso de derechos fundamentales.* Teoría general. Madrid: Universidad Carlos III de Madrid. Boletín Oficial del Estado, 1999. p. 180-182 e ANDRADE, José Carlos Vieira de. *Os direitos fundamentais na constituição portuguesa de 1976.* 2. ed. Coimbra: Livraria Almedina, 2001. p. 134-135.
(15) SARLET, Ingo Wolfgang. *A eficácia dos direitos fundamentais,* p. 79 e SÜSSEKIND, Arnaldo. *Direito constitucional do trabalho.* Rio de Janeiro: Renovar, 1999. p. 15.

respeito da eficácia imediata dos direitos fundamentais (*unmittelbare Drittwirkung*), a fim de legitimar, por exemplo, a aplicação do princípio da igualdade na relação de emprego[16], no Brasil bastaria a observância do art. 7º, inciso XXX da CF/88, para que isto ocorresse. Portanto, volto a perguntar: *os direitos fundamentais dos trabalhadores são uma questão resolvida no quadro jurídico nacional tracejado pela Constituição de 1988?*

Apesar de todas as evidências, creio que não. Esclarecendo um pouco mais a minha assertiva, diria que ainda existem dois grandes flancos em aberto. Porém, antes de avançar, devo proceder a uma rápida "suspensão reflexiva"[17] em torno do conceito de direito do trabalho. Isso porque este é um *gênero* que cuida da relação de emprego como um todo, conferindo não apenas deveres, mas também direitos ao tomador de serviços (como, por exemplo, o direito potestativo de encerrar injustificadamente o contrato)[18].

Seguindo esta linha de raciocínio, os *direitos fundamentais dos trabalhadores* aparecem como *espécie*, ou seja, como a parcela do direito do trabalho, na qual se inserem apenas as posições jurídicas protetoras da pessoa humana que detém o *status* de empregado[19]. E é aqui, nesta esfera mais restrita, onde identifico o primeiro flanco a descoberto: o da justificação criteriosa dos direitos fundamentais específicos ou, ainda, o dos direitos fundamentais titularizados pelo indivíduo (ou a ele concedidos), em face de sua qualificação atual como trabalhador juridicamente subordinado.

Com efeito, não devemos olvidar que a inserção dos direitos dos trabalhadores no Título II da CF/88 não lhes garantiu, *de per si*, a qualidade de direitos fundamentais. Autores já frisaram, com muita habilidade, as incoerências da Constituição brasileira, de modo a tornar insuficiente o argumento calcado na ideia de fundamentalidade formal, para garantir a proteção reforçada destes direitos específicos contra as maiorias eventuais[20]. Mas isso não é tudo, porquanto, a questão de fundo (de índole material) também não está isenta de dúvidas.

Sem embargo de terem sido o ponto de inflexão no processo de transformação do Estado Liberal em Estado Social (*Welfare State*)[21], isto não impediu que o alto

---

(16) Cf. BILBAO UBILLOS, Juan Maria. *La eficacia de los derechos fundamentales frente a particulares:* análisis de la jurisprudencia del Tribunal Constitucional. Madrid: Centro de Estúdios Políticos y Constitucionales, 1997. p. 272 e DRAY, Guilherme Machado. *O princípio da igualdade no direito do trabalho:* sua aplicabilidade no domínio específico da formação dos contratos individuais de trabalho. Coimbra: Livraria Almedina, 1999. p. 135 *et seq.*
(17) Tomei emprestada a expressão do Professor J. J. Gomes Canotilho, em seu artigo Dogmática de direitos fundamentais e direito privado. In: SARLET, Ingo Wolfgang. *Constituição, direitos fundamentais e direito privado*. 2. ed. Porto Alegre: Livraria do Advogado, 2006. p. 345.
(18) Cf. COUTINHO, Aldacy Rachid. A autonomia privada: em busca da defesa dos direitos fundamentais dos trabalhadores. In: SARLET, Ingo Wolfgang (org.). *Constituição, direitos fundamentais e direito privado*. p. 173-174 e GOMES, Fábio Rodrigues. *O direito fundamental ao trabalho:* perspectivas histórica, filosófica e dogmático-analítica. Rio de Janeiro: Lumen Juris, 2008. p. 201 *et seq.*
(19) COUTINHO, Aldacy Rachid. *A autonomia privada:* em busca da defesa dos direitos fundamentais dos trabalhadores. p. 175.
(20) Cf., por todos, SOUZA NETO, Cláudio Pereira de. *Teoria constitucional e democracia deliberativa:* um estudo sobre o papel do direito na garantia das condições para a cooperação na deliberação democrática. Rio de Janeiro: Renovar, 2006. p. 227-233.
(21) VALDÉS DAL RÉ, Fernando. Los derechos fundamentales de la persona del trabajador. In: XVII Congreso Mundial de Derecho del Trabajo y de la Seguridad Social — 2 al 5 de Setiembre de 2003, Montivideo, Uruguay". In: *Libro de informes generales*, p. 38-41.

grau de importância de muitos dos direitos dos trabalhadores se encontrasse atualmente na berlinda. Isso acontece não apenas por causa da globalização econômica, do enfraquecimento do Estado nacional ou do refluxo neoliberal, marcado pela ascensão revigorada do mercado, em cujo "altar são imolados os direitos sociais, vistos como causas do déficit público, de opressão e da ineficiência dos atores econômicos"[22]. Mas, também, por falta de uma argumentação mais precisa, acerca do que é realmente essencial à garantia da dignidade humana daquele que se põe voluntariamente na qualidade de empregado.

E, tanto é assim, que um dos direitos mais enraizados no dia a dia do trabalhador brasileiro, quando submetido à análise de um respeitado jusfilósofo contemporâneo, obteve a seguinte avaliação: "Não são direitos do homem (...), por exemplo, o direito garantido no art. 7º, VIII da Constituição brasileira a um 13º ordenado mensal."[23] Mas por que não?

Eis aqui, portanto, a primeira leva de questões que pretendo investigar: (1) *todos os direitos dos trabalhadores positivados na Constituição de 1988 são fundamentais?* (2) *Existe algum critério metodológico capaz de identificá-los?* (3) *O que deve nortear a formulação deste critério?*

Para oferecer as respostas adequadas, proponho-me a construir parâmetros convincentes o bastante para justificar o grau de fundamentabilidade material de um, alguns ou, quiçá, de todos os direitos dos trabalhadores. Mas isso me conduzirá, inexoravelmente, para o segundo flanco desguarnecido. Trata-se do impasse a respeito da operacionalização destes direitos fundamentais, especificamente reconhecidos aos que vestiram a camisa de empregado. A questão subjacente agora é: quem pergunta sobre o que é fundamental e por quê[24]?

Quando friso o problema operacional, quero, com isso, sublinhar o "fator institucional"[25]. Por outras palavras, almejo destacar a importância prática assumida pelo critério abstratamente formatado neste estudo: não basta idealizá-lo; é preciso testá-lo e ver como ele se comporta quando feito de carne e osso.

No alvorecer do liberalismo, o escopo de melhor regulamentar o moderno contrato de trabalho fez com que os juristas de outrora efetuassem a "abstração" do trabalhador em face da atividade que exerce. Assim, apesar de identificarem o indivíduo com o *sujeito* de direito, a sua atuação profissional propriamente dita não mais lhe pertencia enquanto tal, ou seja, destacou-se o homem de sua ação, de modo a associá-la isoladamente com o *objeto* do ajuste[26]. Ocorre que esta separação fictícia gerou uma

---

(22) SARMENTO, Daniel. *Direitos fundamentais e relações privadas.* Rio de Janeiro: Lumen Juris, 2004. p. 44.
(23) ALEXY, Robert. Direitos fundamentais no Estado Constitucional Democrático: para a relação entre direitos do homem, direitos fundamentais, democracia e jurisdição constitucional. Trad. Luís Afonso Heck. In: *Revista de Direito Administrativo.* Rio de Janeiro: Renovar, v. 217, p. 61, jul./set. 1999. Cf., também, com idêntica opinião, STARK, Christian. Direitos sociais em tratados internacionais, constituições e leis. In: LEITE, George Salomão e SARLET, Ingo Wolfgang (coord.). *Direitos fundamentais e estado constitucional:* estudos em homenagem a J. J. Gomes Canotilho. São Paulo: Revista dos Tribunais; Coimbra: Coimbra Editora, 2009. p. 284.
(24) TRIBE, Laurence. *The invisible Constitution.* New York: Oxford University Press, 2008. p. 8.
(25) *Idem, ibidem* (tradução livre).
(26) SUPIOT, Alain. *Le droit du travail.* 12. ed. Paris: PUF, 2004. p. 11-12.

"esquizofrenia jurídica": de um lado, o indivíduo era visto como pessoa humana nas suas relações (públicas) com o Estado; de outro, era tido como fator de produção nas suas relações (privadas) com o empregador. Pois é isso que eu pretendo evitar.

Em um ambiente democrático e informado por uma Constituição normativa como a brasileira de 1988, na qual a centralidade do princípio da dignidade humana e a eficácia dos direitos fundamentais nas relações privadas já adquirem ares de "consenso sobreposto" no debate jurídico nacional[27], não há como prosperar uma visão desencarnada do trabalhador subordinado. Neste sentido, a busca por um meio racional de aferição da fundamentalidade dos direitos que o cercam estaria incompleta, caso ela não avançasse, também, para onde o critério normativo deve ser manuseado.

Em suma, para fugir do bacharelismo retórico, é imperioso que noções tais como "desenho institucional", "precedentes judiciais" e "diálogo internacional" ocupem os seus respectivos espaços, a fim de que ajudem na construção das pontes de transição entre a teoria e a sua aplicação prática[28]. Amaciar o terreno necessário para que coloquemos os "pés no chão" e, desta maneira, sejamos capazes de examinar *in loco* o que foi projetado em laboratório. Eis aí uma etapa indispensável para o sucesso desta empreitada intelectual.

E foi exatamente, a partir deste instante, que veio a lume a segunda onda de questionamentos: (1) *como devemos compaginar a existência de direitos fundamentais do empregado que, supostamente, antecedem ao Estado de direito?* (2) *Existem critérios institucionais capazes de solucionar esta potencial incompatibilidade?* (3) *O que deve nortear a formulação destes critérios, de maneira que a resposta encontrada seja racional e adequada à Constituição?* (4) *O Judiciário tem um papel a desempenhar nesta equação?* (5) *E o mundo exterior? São relevantes as opiniões dos outros países a respeito deste assunto?*

Depois destas linhas introdutórias, acredito que o objetivo central deste estudo já tenha sido entrevisto: o de passar a limpo os direitos fundamentais específicos aos trabalhadores subordinados mediante a construção de critérios aptos a delineá-los.

Encontrar *parâmetros*, standards *ou diretrizes metodológicas* que auxiliem o intérprete a identificá-los, com maior segurança, e a defendê-los contra as maiorias eventuais, quando for necessário. Aprender a manuseá-los de forma coerente, objetiva e racional, levando em conta o tempo, o lugar e as ideias de todos os seus potenciais

---

(27) Cf., por todos, SARMENTO, Daniel. *Direitos fundamentais e relações privadas*, p. 277-297, BARROSO, Luis Roberto. Neoconstitucionalismo e constitucionalização do direito. In: *Revista de Direito Administrativo*. Rio de Janeiro: Renovar, v. 240, p. 1-42, abril/junho de 2005, BARCELLOS, Ana Paula de. *A eficácia jurídica dos princípios constitucionais*. O princípio da dignidade da pessoa humana. Rio de Janeiro: Renovar, 2002. p. 13-30, PEREIRA, Jane Reis Gonçalves. *Interpretação constitucional e direitos fundamentais:* uma contribuição ao estudo das restrições aos direitos fundamentais na perspectiva da teoria dos princípios. Rio de Janeiro: Renovar, 2006. p. 431-497, SOUZA NETO, Cláudio Pereira de. *Teoria constitucional e democracia deliberativa*, p. 259 *et seq.*, SARLET, Ingo Wolfgang. *A eficácia dos direitos fundamentais*, p. 392-401, STEINMETZ, Wilson. *A vinculação dos particulares a direitos fundamentais*. São Paulo: Malheiros, 2004, SILVA, Virgílio Afonso. *A constitucionalização do direito:* os direitos fundamentais nas relações entre particulares. São Paulo: Malheiros Editores, 2005.
(28) Sobre o bacharelismo como um "distanciamento retórico da pesquisa", cf. NEVES, Marcelo. *Transconstitucionalismo*. São Paulo: Martins Fontes, 2009. p. 178-179.

aplicadores e destinatários. Algo que, nas palavras de Chaïm Perelman, tornará o critério sugerido bem mais aceitável perante um auditório universal[29].

Em síntese: trata-se de uma aposta na razão prática, ancorada num firme propósito de sedimentar os direitos fundamentais dos trabalhadores em bases menos fluidas e ideológicas.

Ainda mais um pouco sobre o porquê do tema

A Constituição da República Federativa do Brasil, promulgada em 05 de outubro de 1988, seguiu a linha de suas congêneres italiana (1947), portuguesa (1976) e espanhola (1978), sendo o resultado do esmaecimento, e posterior encerramento, de um tenebroso regime de exceção[30].

Deste modo, é compreensível que um afã reformador tenha se apoderado dos parlamentares brasileiros, os quais, situados naquele contexto histórico, personalizaram o chamado "poder constituinte originário". Representantes de diversas correntes antagônicas, represadas, até então, pela ditadura militar, cada qual se deixou conduzir pela ânsia de inscrever a sua visão de mundo na carta constitucional, ainda que muito distantes umas das outras[31]. Dentre os poucos consensos obtidos, um era o que mais se destacava: o da desconfiança em relação aos poderes constituídos[32]. Logo, não é de admirar a constatação de alguns excessos em nosso documento jurídico fundamental, eis que, sendo fruto de compromissos dilatórios e de disputas partidárias[33], revelou-se, em alguns momentos, extremamente casuístico, prolixo e corporativista[34].

Entretanto, independentemente das acomodações (ou das concessões) realizadas durante a elaboração da Constituição de 1988, certo é que ela se tornou um símbolo da reconquista democrática. Rompendo como o atávico imobilismo das instituições políticas brasileiras, a "Constituição cidadã" difundiu e aprofundou o sentimento constitucional da população. Colocando-se como centro de gravidade de todo o sistema jurídico, pôs-se a interagir com a realidade social, no intuito de conformá-la aos seus ditames fundamentais e materializar a reconciliação entre a norma (dever ser) e o mundo dos fatos (ser)[35].

Este movimento pela efetividade (ou eficácia social) da Constituição deu ensejo a uma profícua agitação dos meios acadêmicos (com reflexos nas decisões dos

---

(29) PERELMAN, Chaïm; TYTECA-OLBRECHTS, Lucie. *Tratado da argumentação:* a nova retórica. Trad. Maria Ermantina Galvão. São Paulo: Martins Fontes, 1996. p. 34-37.
(30) SARLET, Ingo Wolfgang, *A eficácia dos direitos fundamentais*, p. 78.
(31) BERCOVICI, Gilberto. *Op. cit.*, p. 37-43 e VIEIRA, Oscar Vilhena. *A Constituição e sua Reserva de Justiça:* um ensaio sobre os limites materiais ao poder de reforma. São Paulo: Malheiros, 1999. p. 125-130 e 139.
(32) SARLET, Ingo Wolfgang, *A eficácia dos direitos fundamentais*, p. 77 e VIEIRA, Oscar Vilhena. *Op. cit.*, p. 130-131.
(33) BERCOVICI, Gilberto. *Op. cit.*, p. 38.
(34) BARROSO, Luís Roberto. Doze anos da Constituição Brasileira de 1988 (Uma breve e acidentada história de sucesso). In: *Temas de direito constitucional*. 2. ed. Rio de Janeiro: Renovar, 2002. p. 41-46 e VIEIRA, Oscar Vilhena. *Op. cit.*, p. 134.
(35) Neste sentido, HESSE, Konrad. *A força normativa da Constituição*. Trad. Gilmar Ferreira Mendes. Porto Alegre: Sergio Antonio Fabris Editor, 1991. p. 28-32.

tribunais), tomando corpo uma pujante reação com vistas à sua *normatividade*. Neste sentido, um dos maiores exemplos deste esforço conjunto se caracteriza pela releitura dos princípios e do seu papel na ordem jurídica. A partir do pensamento de autores como Ronald Dworkin e Robert Alexy, a doutrina brasileira tem realçado a imperatividade destas normas jurídicas, deixando para trás ideias como as da não vinculatividade e programaticidade[36]. Descortinou-se, portanto, um novo estágio do pensamento jusfilosófico nacional[37].

Contudo, o que se iniciou como um virtuoso processo de evolução e legitimação do direito constitucional, acabou por esbarrar num verdadeiro "impasse metodológico".

Isso porque, de um lado, deparamo-nos com uma Constituição normativa que, em virtude de seu conteúdo moral, elevou acentuadamente o nível de responsabilidade do Poder Judiciário: agora, aos julgadores não é mais deferido o argumento fácil das concepções formalistas lavradas sob o pálio jusfilosófico do positivismo. Associados à cadência mecânica (e, por isso, confortável e rotineira) do raciocínio subsuntivo, estes modelos interpretativos autorizavam os juízes a adotar uma atitude permissiva, de modo que, em situações-limite, simplesmente "lavavam as mãos" perante as omissões do Legislativo ou diante dos abusos do Executivo[38].

De outra parte, emergiu o risco do decisionismo sem peias. Nas palavras o professor Oscar Vieira Vilhena:

> "A alternativa de buscar escapar da armadilha positivista inserindo nas Constituições preceitos morais e elevando sua estatura, para que não possam ser atingidos pelas paixões das maiorias, embora crie maiores dificuldades para a erosão do texto, como ocorria em Weimar, estabelece enormes problemas na órbita da interpretação e aplicação destes dispositivos."[39]

Ainda a propósito dos riscos derivados desta mudança de paradigma, deve ser relembrada a advertência formulada por Jefferson e Thomas Paine, de uma possível ditadura dos mortos sobre os vivos[40]. O entrincheiramento de parcela muito vasta do texto constitucional nos levaria a situações que, além de perigosas, seriam flagrantemente ofensivas aos princípios democrático e da separação dos poderes[41].

---

(36) Cf., por todos, BARCELLOS, Ana Paula de, *A eficácia jurídica dos princípios constitucionais*, p. 80 et seq.
(37) Cf. BARROSO, Luís Roberto; BARCELLOS, Ana Paula. O começo da história. A nova interpretação constitucional e o papel dos princípios no direito brasileiro. In: BARROSO, Luis Roberto (Org.). *A nova interpretação constitucional*: ponderação, direitos fundamentais e relações privadas. Rio de Janeiro: Renovar, 2003. p. 336.
(38) PEREIRA, Jane Reis Gonçalves. *Op. cit.*, p. 21-23 e 55-63 e GALVÃO, Paulo Braga e FERREIRA, Fernando Galvão de Andréa. *Op. cit.*, p. 713 e 718.
(39) *Op. cit.*, p. 112.
(40) Cf. SUNSTEIN, Cass R. *A constitution of many minds:* why the founding document doesn´t mean what it meant before. Princeton: Princeton University Press, 2009. p. 1-3, VIEIRA, Oscar Vilhena. *Op. cit.*, p. 66 e 85, SARMENTO, Daniel. Direito adquirido, emenda constitucional, democracia e a Reforma da Previdência. In: TAVARES, Marcelo Leonardo (coord.). *A reforma da previdência social:* temas polêmicos e aspectos controvertidos. Rio de Janeiro: Lumen Juris, 2004 e SARLET, Ingo Wolfgang. *A problemática dos fundamentais sociais como limites materiais ao poder de reforma da Constituição*. In: SARLET, Ingo Wolfgang (org.). *Direitos fundamentais sociais:* estudos de direito constitucional e comparado. Rio de Janeiro: Renovar, 2003. p. 349 e 364.
(41) SOUZA NETO, Cláudio Pereira de. *Teoria constitucional e democracia deliberativa*, p. 237 e VIEIRA, Oscar Vilhena. *Op. cit.*, p. 84-85.

Neste sentido, é preciso avançar. Fala-se já em "direitos fundamentais sem fundamentalismos", para salientar-se que "a hipertrofia constitucional acaba convertendo a Lei Maior num instrumento totalitário, que asfixia as forças sociais, ao subtrair-lhes o espaço vital de atuação"[42]. Ultrapassa-se o deslumbramento momentâneo com relação aos princípios e à sua efetivação, dando-se lugar à preocupação crescente com a questão "de como, e em que grau, se pode justificar esta pretensão mediante ponderações feitas com perspicácia e orientadas pelo Direito"[43]. A busca por "parâmetros para aferir quando a atuação do Judiciário pode ser autorizada"[44] é uma realidade que precisa ser cada vez mais aprofundada.

Daí por que ser crucial que os intérpretes abram os olhos e apurem os ouvidos para a *reabilitação da razão prática*. Focada no debate qualificado, nela o que se pretende não é, simplesmente, uma querela intelectual na qual vença o que possui o melhor argumento (à moda dos antigos sofistas). Almeja-se, ao contrário, a realização de uma dialética pautada por regras éticas, que viabilizem a formação de um consenso sobre qual a melhor forma de resolução do problema suscitado.

Trata-se, portanto, de estimular uma *argumentação racional* que, a despeito de não garantir o estabelecimento de uma única solução correta (ou justa), tornará o resultado mais aceitável, por meio de um processo de aproximação, num ambiente impregnado por princípios já consagrados, que constrangerão a tentação de preenchimento da abertura constitucional com valores pessoais[45].

Mas que não se confunda esta forma de raciocínio, com aquela desenvolvida pelos físicos ou matemáticos[46]. Nas palavras de Larenz, ao ingressarmos na esfera do pensamento jurídico, devemos: "justificar a decisão com base no Direito vigente, mediante ponderações a empreender sabiamente. Mesmo quando isto não seja plenamente alcançado, o juiz, que entenda correctamente a sua função, há de esforçar-se nesse sentido com as suas melhores aptidões."[47]

Pois bem. É com lastro neste recorte epistemológico que pretendo compreender melhor o que significam os direitos fundamentais dos trabalhadores, seja pelo ângulo da sua justificação, seja diante da questão do seu manuseio em circunstâncias assaz peculiares. Sob os dois aspectos, a necessidade de uma investigação teórica mais sofisticada já está em atraso.

De fato, basta uma leitura superficial dos periódicos nacionais para nos darmos conta de que os embates ideológicos, em torno de ambas as temáticas, estão na ordem do dia. Vez por outra, notamos sugestões de "reformas trabalhistas", "revisões

---

(42) SARMENTO, Daniel. *Direitos fundamentais e relações privadas*, p. 170-171.
(43) LARENZ, Karl. *Metodologia da ciência do direito*. Trad. José Lamego. 3. ed. Lisboa: Fundação Calouste Gulbekian, 1997. p. 410.
(44) BARROSO, Luís Roberto. Prefácio. In: PEREIRA, Jane Reis Gonçalves. *Interpretação constitucional e direitos fundamentais:* uma contribuição ao estudo das restrições aos direitos fundamentais na perspectiva da teoria dos princípios. Rio de Janeiro: Renovar, 2006.
(45) Cf. BARROSO, Luís Roberto; BARCELLOS, Ana Paula. O começo da história. A nova interpretação constitucional e o papel dos princípios no direito brasileiro. In: *Op. cit.*, p. 352-358 e LARENZ, Karl. *Op. cit.*, p. 409.
(46) LARENZ, Karl. *Op. cit.*, p. 413.
(47) *Idem, ibidem*.

constitucionais" ou de convocação de "assembleias constituintes", sob o argumento de adequar a Constituição à realidade atual. E para que não haja dúvidas a respeito da relevância prática desta discussão, devemos relembrar que tramita, na Câmara dos Deputados, um Projeto de Emenda Constitucional (PEC n. 157/03), com o fim de instituir uma "revisão" sobre determinadas matérias da Lei Maior.

De toda a sorte, independentemente de a própria constitucionalidade da Emenda referida ser de natureza precária[48], ao deslocarmos este debate para o universo do trabalho humano, a palavra que se realça é, para alguns, a da "flexibilização", ao passo que, para outros, é a da "desconstitucionalização" dos direitos dos trabalhadores[49].

Dito de maneira bem resumida, defende-se a prevalência do "negociado sobre o legislado", da autonomia privada sobre a autonomia pública, relegando-se aos atores sociais o direito de combinarem entre si as suas regras de convivência[50]. Mas poderiam eles transigir até que ponto? Até onde poderiam ser suprimidas (ou tornadas dispositivas) as normas constitucionais relativas aos direitos dos trabalhadores? Enfim: haveria um limite a partir do qual a Constituição deve intervir?

Creio que sim. E a fronteira seria demarcada justamente pelos direitos dos trabalhadores, cujo alto grau de importância não pode ser suprimido pela manifestação dos sujeitos privados e/ou das maiorias eventuais.

Já no tocante à difícil tarefa de integrar o critério de identificação dos direitos fundamentais dos trabalhadores com o que há no cenário jurídico brasileiro, penso que três exemplos podem ajudar a desenrolar este novelo teórico.

De acordo com o art. 8º, VI da CF/88, o sindicato detém o monopólio da comunicação coletiva dos empregados. O que for dito fora deste espaço institucional, de nada valerá. Mas por que deve ser assim? É como se o legislador dissesse que — fora a sua própria autoridade — a única maneira de se atribuir legitimidade (e imperatividade) a uma norma sobre a relação de emprego é passando pelo crivo sindical. Pergunto mais uma vez: por que deve ser assim? Como fazer para justificar este monopólio da validade?

Numa outra hipótese, o STF compreendeu que a aposentadoria espontânea não rompe o contrato de emprego[51]. Todavia, o TST decidia há anos de modo diametralmente oposto, afirmando que sim, isto é, que se trata de um ato do empregado que encerra a relação jurídica com o empregador[52]. Quem está com a razão? É possível encontrar um fio condutor capaz de explicar, refutar ou corrigir alguma das decisões?

---

(48) Cf. SARLET, Ingo Wolfgang. A problemática dos fundamentais sociais como limites materiais ao poder de reforma da Constituição. In: *Op. cit.*, p. 340-341.
(49) Cf. SÜSSEKIND, Arnaldo. Direito constitucional do trabalho, p. 48-52. FARIA, José Eduardo. Prefácio. In: CITTADINO, Giselle. *Pluralismo, direito e justiça distributiva:* elementos da filosofia constitucional contemporânea. 2. ed. Rio de Janeiro: Lumen Juris, 2000. p. XV e Direitos sociais e justiça. In: *Op. cit.*, p. 112-115, SARLET, Ingo Wolfgang. Direitos fundamentais sociais, "mínimo existencial" e direito privado: breves notas sobre alguns aspectos da possível eficácia dos direitos sociais nas relações entre particulares. In: SARMENTO, Daniel; GALDINO, Flávio (org.). *Direitos fundamentais:* estudos em homenagem ao professor Ricardo Lobo Torres. Rio de Janeiro: Renovar, 2006. p. 578-579.
(50) Cf. SUPIOT, Alain. *Critique du droit du travail.* Paris: Presses Universitaires de France — PUF, 2002. p. XXVI.
(51) ADI n. 1.721-3, Rel. Min. Carlos Ayres Britto, DJ 29.6.2007.
(52) OJ n. 177 da SDI-I do TST.

Por fim, menciono o caso da liberdade sindical, abordada pela Convenção n. 87 da OIT. Tida como a norma internacional mais importante[53], até hoje ela não foi ratificada pelos sucessivos governos brasileiros, em face do princípio da unicidade, inscrito no art. 8º, II da CF/88. Cuida-se de um problema jurídico sem solução? Estaríamos, todos, manietados pela rigidez constitucional e, assim, só nos restaria aguardar a mudança de mentalidade política? Ou haveria alguma forma de reinterpretarmos o direito constitucional do trabalho, a fim de traçar novas estratégias argumentativas em prol da plena liberdade sindical?

Considerando-se que o direito não contém regras previamente definidas para resolver tais situações, vemos que o desenlace final só conseguirá se sustentar racionalmente, caso a tomada de posição seja pautada por uma metódica objetiva, capaz de desnudar o raciocínio do julgador e, consequentemente, verificar se foi feita justiça no caso concreto que lhe foi submetido à apreciação[54].

Deste modo, friso mais uma vez que a minha expectativa é a de contribuir para a racionalização dos direitos fundamentais do trabalhadores como um todo, a fim de tornar mais controláveis as decisões que (1) a eles visem proteger e promover, cerrando fileiras contra a autonomia pública e/ou privada, ou que (2) a eles venham a se contrapor, em benefício destas mesmas autonomias.

Objetivos

Não obstante ter esboçado as linhas gerais do que pretendo desenvolver, deixo ainda, nos tópicos abaixo, algumas proposições sintéticas a respeito do objetivo central deste estudo.

1. Objetivo geral

Investigar os direitos fundamentais dos trabalhadores, de modo a estabelecer critérios metodológicos aptos a: (i) delimitar a fundamentalidade dos que estejam nomeadamente positivados na Constituição (específicos); e (ii) realizar a concordância prática entre o critério normativo desenvolvido e a realidade jurídica brasileira.

2. Objetivos especiais

2.1. Pesquisar as teses a respeito da caracterização de certos direitos constitucionais como sendo direitos fundamentais, de modo a torná-los imunes às investidas das maiorias eventuais.

2.2. Transportar a discussão anterior, relativa à fundamentalidade dos direitos, para o espaço reservado aos direitos dos trabalhadores, levando em conta as peculiaridades inerentes a esta parcela específica da situação jurídica do indivíduo.

2.3. Procurar estabelecer critérios identificadores da fundamentalidade dos direitos dos trabalhadores, a fim de possibilitar a indicação de quais seriam, efetivamente, aqueles que merecem uma proteção reforçada em face das maiorias eventuais.

---

(53) SÜSSEKIND, Arnaldo. *Direito internacional do trabalho*. 3. ed. São Paulo: LTr, 2000. p. 322.
(54) Cf. VIEIRA, Oscar Vilhena. *Op. cit.*, p. 237-238.

2.4. Investigar o impacto da utilização destes critérios no contexto jurídico nacional, com destaque para o desenho das instituições, os precedentes judiciais, o diálogo travado na esfera internacional e a concepção argumentativa do direito.

Metodologia de pesquisa

Como já deixei assentado em momento anterior, tanto o encadeamento de ideias, como a procura dos subsídios necessários ao seu aperfeiçoamento e sustentação, serão ambos deflagrados com vistas a reafirmar o Estado Democrático de Direito e a força normativa da Constituição brasileira de 1988, juntamente com o seu sistema de direitos fundamentais.

Posto isso, tenho para mim que a metodologia de pesquisa deve permanecer localizada, essencialmente, na:

(1) *análise teórica*, voltada para a verificação bibliográfica, com consulta a livros, artigos, capítulos de livros, teses e dissertações; e

(2) *análise empírica*, com destaque para a seleção e hierarquização dos problemas a serem enfrentados e investigados, valendo-me principalmente das decisões proferidas pelos tribunais superiores do nosso país, de modo a cumprir este desiderato[55].

Além disso, buscarei, paralelamente, subsídios na doutrina e jurisprudência estrangeira, com especial direcionamento para os países de tradição jurídica romano-germânica, eis que mais próximos da realidade brasileira no tocante à temática dos direitos fundamentais dos trabalhadores.

Por fim, sempre que se fizer necessário, pretendo recorrer à filosofia do direito, bem como a noções de economia, ciência política, sociologia e história, de modo a conferir uma visão de conjunto (interdisciplinar) sobre determinado objeto de estudo. Mas sempre com o cuidado de não descaracterizar o caráter eminentemente jurídico da tese a ser produzida.

---

(55) Sobre a importância da seleção e hierarquização dos problemas para a investigação teórica, cf. BORGES, José Souto Maior. *Ciência feliz*. 3. ed. São Paulo: Quartier Latin, 2007. p. 31-32.

PARTE I

Direitos Fundamentais dos Trabalhadores: como justificá-los?

CAPÍTULO I

DIREITO CONSTITUCIONAL DO TRABALHO: O QUE HÁ DE NOVO?

I — INTRODUÇÃO

Completamos, no dia 05 de outubro de 2008, 20 anos de Constituição. Sob o olhar do "cidadão desencantado", nada de muito espantoso. Ora — pensaria ele — logo a primeira das Constituições brasileiras (de uma série de oito) vigorou por 67 anos. A segunda permaneceu no cenário jurídico por 43 anos. Se fizermos uma comparação meramente "quantitativa", a Constituição de 1988 ocupará, na melhor das hipóteses (se desconsiderarmos a Carta outorgada em 1967), um honroso terceiro lugar. Medalha de bronze.

Sob a perspectiva trabalhista então, pior ainda! Pois não é de hoje que os direitos dos trabalhadores estão no texto constitucional. Isso acontece por aqui desde 1934.

Caberia, assim, ao cidadão perguntar: Direito Constitucional do Trabalho, o que há de novo?

Este é o objetivo deste Capítulo de abertura: empreender um sobrevoo panorâmico por cima das possibilidades do direito do trabalho, dentro do marco da Constituição brasileira de 1988. Apresentar àqueles que não enxergam qualquer novidade, ou que desconfiam das boas novas, as razões "qualitativas" que possam modificar-lhes o ceticismo. E nada melhor do que o Direito Constitucional do Trabalho para reverter este cenário de desencanto.

Deveras, a comunhão entre o direito constitucional e o direito do trabalho tem a virtude de ressaltar, de uma única vez, as facetas positivas e negativas que integram a nova onda axiológico-normativa que avança numa velocidade sem precedentes. Falo do "constitucionalismo" ou da "constitucionalização do direito". Vejamos, brevemente, como não há exagero nesta aproximação.

De um lado, ambos derivam do mesmo *ideal emancipatório*, do mesmo movimento de limitação do poder. O primeiro, do poder público (exercido pela autonomia política); o segundo, do poder particular (executado pela autonomia privada). De outra parte, estes dois ramos do direito compartilham da mesma dificuldade: a *dificuldade contramajoritária*. Pois tanto no direito constitucional, quanto no direito do trabalho, surge a possibilidade de as maiorias eleitas (na arena política e na arena sindical, respectivamente) terem sua vontade reprimida por juízes (não eleitos).

Eis aí, portanto, razões mais do que suficientes para um casamento promissor: identidade de vícios e virtudes.

Mas isso não é tudo. Ao consagrarmos a natureza híbrida do Direito Constitucional do Trabalho, torna-se indispensável uma melhor precisão conceitual. Por outras palavras, impõe-se o esclarecimento da seguinte indagação: o que é Direito Constitucional do Trabalho?

A imersão do direito do trabalho nas ondas do constitucionalismo impede que o seu significado continue "congelado" no tempo, isto é, não há como persistir numa definição voltada para o passado, alheia ao presente e de costas para o futuro.

A partir do instante em que novas ideias chegam, sem cerimônia, no panorama jurídico nacional — como, por exemplo: (1) a da Constituição como uma "ordem objetiva de valores" (*objektive Wertordnung*); (2) a da ascensão normativa dos princípios, (3) a da eficácia horizontal dos direitos fundamentais; e (4) a da reabilitação da razão prática —, o jurista não deve negar o inevitável e agarrar-se às suas pré-compreensões, tal qual um turista aterrorizado que, diante de um *tsunami*, agarra-se ao coqueiro mais próximo. Ele deve, ao contrário, avaliar criticamente quais são as melhores alternativas de ação (interpretação) para, em seguida, posicionar-se estrategicamente, a fim de diferenciar, com equilíbrio, os excessos (causadores de estragos desnecessários) das oportunidades (geradoras de renovações há muito esperadas).

Dito isso, fica mais fácil explicar a organização deste primeiro Capítulo que o leitor tem em mãos.

Nele estão contidas algumas observações sobre os artigos que tratam dos direitos dos trabalhadores positivados no texto constitucional (arts. 7º a 11). A versão tradicional, portanto, do tema proposto. Só que, no seu conjunto, cuidam de (re)avaliar a natureza, o grau de importância e os efeitos extraídos daquelas posições jurídicas protegidas pelo constituinte e que, num ambiente de globalização econômica, têm sofrido severas críticas. Até onde estas críticas são verdadeiras?

Escrito não a duas mãos ou a quatro mãos, mas a dezenas de mãos e mentes interessadas em aprofundar o diálogo entre o direito constitucional e o direito do trabalho brasileiros, o Direito Constitucional do Trabalho vem avançando num caminho já desbravado por outros juristas[56]. Intérpretes que sempre se mostraram atentos ao mundo do trabalho humano, com suas agruras e prazeres, muitas dúvidas e poucas certezas.

---

(56) Cf., por todos, NASCIMENTO, Amauri Mascaro. *Direito do trabalho na Constituição de 1988*. São Paulo: Saraiva, 1989. ROMITA, Arion Sayão. *Direitos sociais na constituição e outros estudos*. São Paulo: LTr, 1991. BEZERRA LEITE, Carlos Henrique. *Constituição e direitos sociais dos trabalhadores*. São Paulo: LTr, 1997. SÜSSEKIND, Arnaldo. *Direito constitucional do trabalho*. Rio de Janeiro: Renovar, 1999. GONÇALVES, Rogério Magnus Varela. *Direito constitucional do trabalho:* aspectos controversos da automatização. Porto Alegre: Livraria do Advogado, 2003. LEWICKI, Bruno. *A privacidade da pessoa humana no ambiente de trabalho*. Rio de Janeiro: Renovar, 2003. COUTINHO, Aldacy Rachid. *A autonomia privada:* em busca da defesa dos direitos fundamentais dos trabalhadores. In: SARLET, Ingo Wolfgang (org.). *A Constituição concretizada:* construindo pontes com o público e o privado. Porto Alegre: Livraria do Advogado, 2003. WANDELLI, Leonardo Vieira. *Despedida abusiva:* o direito (do trabalho) em busca de uma nova racionalidade. São Paulo: LTr. 2004. ROMITA, Arion Sayão. *Direitos fundamentais nas relações de trabalho*. São Paulo: LTr, 2005. MALLET, Estêvão. *Direito, trabalho e processo em transformação*. São Paulo: LTr, 2005. SILVA NETO, Manoel Jorge e. *Direitos fundamentais e o contrato de emprego*. São Paulo: LTr, 2005. STÜMER, Gilberto (org.). *Questões controvertidas de direito do trabalho e outros estudos*. Porto Alegre: Livraria do Advogado, 2006. PEREIRA, Ricardo José Macedo de Brito. *Constituição e liberdade sindical*. São Paulo: LTr, 2007. GOMES, Fábio Rodrigues. *O direito fundamental ao trabalho:* perspectivas histórica, filosófica e dogmático-analítica. Rio de Janeiro: Lumen Juris, 2008.

O incansável espírito pioneiro destes e de outros notáveis pensadores brasileiros deverá servir de exemplo para os que quiserem nos acompanhar nesta empreitada (nada confortável) em busca do consenso possível, entre a emancipação necessária à preservação do homem-trabalhador e o respeito (não menos indispensável) à autonomia da vontade que lhe confere as tão sonhadas oportunidades.

Feita a introdução, apertem os cintos e aproveitem o passeio. Pois nada melhor do que um sobrevoo argumentativo para se ter uma boa visão panorâmica do que está por vir.

II — O DIREITO DO TRABALHO NA CONSTITUIÇÃO

§ 1º — O dilema de sempre: corporativismo *versus* libertarianismo

Intervenção estatal desmedida *versus* liberdade sem meias-medidas; paternalismo inconsequente *versus* pragmatismo econômico; excesso de autonomia pública *versus* carência de autonomia privada. Estas, e também a do subtítulo acima, são algumas das ideias lançadas no debate entre os que defendem o direito do trabalho e os que almejam a sua redução, flexibilização ou, quiçá, a sua supressão. De um lado, estão os que ressaltam a falácia da igualdade formal, geradora da exploração impiedosa dos trabalhadores, desde os idos da Revolução Industrial[57]. Na outra ponta, estão os que registram a ineficiência da atuação estatal, que, ao inflacionar os direitos "protetores", acaba por criar uma legião de desprotegidos, isto é, de excluídos do mercado formal de trabalho, em virtude do excessivo custo que ele proporciona[58].

Pois bem. Este antigo dilema, conhecido de todos, chegou à Constituição de 1988. Nela, a desconfiança foi a palavra de ordem, levando os diferentes grupos de pressão a rechear o texto constitucional com o máximo de interesses que conseguissem emplacar[59]. Vista por todos como uma fortaleza em face de um futuro incerto, a Constituição foi construída com base em compromissos inclusivos, a partir dos quais se inseria um direito aqui, uma imunidade acolá, um monopólio ali ao lado, sempre com o intuito de resguardar o que já se possuía ou de, quem sabe, se conseguir um pouquinho mais.

Resultado: um documento com 250 artigos no seu corpo principal e 95 artigos na sua parte (supostamente) transitória. E, no que nos interessa, reservaram-se 5 artigos diretamente relacionados com o direito do trabalho (arts. 7º a 11), sendo que o mais importante deles (o art. 7º), com 34 incisos. Está feita a confusão.

Digo isso porque, ao se manufaturar uma Constituição, pretende-se (ao menos em tese) que ela seja um norte jurídico permanente, isto é, que sirva como guia e

---

(57) PARIJS, Philippe van. *O que é uma sociedade justa?* Trad. Cíntia Ávila de Carvalho. São Paulo: Ática, 1997. p. 82 *et seq.*
(58) POSNER, Richard. *Economic analysis of law.* Fifth edition. New York: Aspen Law & Business, 1998. p. 349. *et seq.*
(59) VIEIRA, Oscar Vilhena. *Op. cit.*, p. 130-131.

também como limite aos atos públicos e privados, seja no momento atual, seja daqui a duzentos anos[60]. Como levar a sério esta característica, quando lidamos com um texto tão detalhista e gigantesco? Será que tudo o que está ali escrito será adequado a regular a vida dos nossos filhos, netos e bisnetos?

Basta dar uma olhada na quantidade de reformas que já foram efetuadas nestas duas décadas de vigência, para se esboçar uma resposta. Nada mais, nada menos do que 6 alterações por meio de revisão e 66 mediante emenda constitucional[61]. E, aí, chega-se ao paradoxo.

Tirando a EC n. 20/98 (que cuidou da previdência e, de quebra, aumentou a idade mínima para o trabalho), a EC n. 28/00 (que tornou prescritíveis as pretensões dos trabalhadores rurais) e a EC n. 53/06 (que reduziu a idade máxima para assistência gratuita dos filhos e dependentes em creches e pré-escolas), na esfera do direito do trabalho, justamente aquela que regulamenta uma das fatias mais complexas e dinâmicas das interações humanas e cujas necessidades variam na mesma velocidade das revoluções tecnológicas[62], não se efetuou nenhuma reforma sistêmica digna do nome. À exceção das modificações esparsas e superficiais acima referidas, até hoje ainda não se promoveu uma reforma de peso em quaisquer dos 5 artigos mencionados. Como se explica isso?

Uma primeira resposta poderia ser a da falta de consenso político. Já que o procedimento de alteração formal da Constituição exige um quórum bastante alargado (3/5) e um percurso mais demorado (2 turnos), seria muito difícil alcançar uma maioria tão qualificada para efetuar modificações sobre um tema que desperta tantas paixões. Se um mero projeto de lei, que visava a pôr fim ao imposto sindical, tornou os parlamentares objeto de xingamentos regados a ameaças de agressão física[63], imaginem o que poderia acontecer se a proposta almejasse acabar com algum direito usufruído (diretamente) pela totalidade dos trabalhadores. Imaginem, por exemplo, se fosse proposta a desconstitucionalização do adicional de 1/3 das férias.

Faço esta provocação, um pouco à queima-roupa, para advertir sobre o risco que se corre num contexto de engessamento normativo de tal envergadura. E não falo apenas de um risco retórico. Mas de um risco real, empiricamente comprovado pelo mundo afora, de que tanto o número excessivo de emendas constitucionais, quanto uma quantidade insuficiente delas, pode acarretar consequências bastante desagradáveis. De imediato, levaria a um enfraquecimento normativo tenebroso; e, a médio prazo, poderia estimular a substituição da Constituição vigente por uma nova[64], ou seja, parafraseando Aristóteles, a virtude está no meio: nem o congelamento paralisante, nem, tampouco, uma plasticidade deformadora[65].

---

(60) NINO, Carlos Santiago. *Fundamentos de derecho constitucional*: análisis filosófico, jurídico y politológico de la práctica constitucional. 1. ed. 3. reimpresión. Buenos Aires: Editorial Astrea, 2005. p. 89.
(61) Ao menos, até a dia 13 de julho de 2010.
(62) ROMITA, Arion Sayão, *Direitos fundamentais nas relações de trabalho*, p. 392.
(63) Cf. O Globo *on line*, 1º.11.2007 (<http://oglobo.globo.com/pais/mat/2007/11/01/326989110.asp>).
(64) Cf. LUTZ, Donald. *Toward a Theory of Constitutional Amendment*. In: LEVINSON, Sanford (ed.). *Responding to imperfection*: the theory and practice of constitutional amendment. Princeton: Princeton University Press, 1995. p. 243-246 e 252.
(65) *Idem*, p. 243.

Todavia, não fiquemos por aqui. Venho agora sugerir uma resposta alternativa ao porquê da resistência apresentada pelos arts. 7º ao 11 da CF/88: a sua classificação como direitos fundamentais.

De início, é bom lembrar que, de 1934 a 1969[66], os direitos dos trabalhadores estiveram situados no Título constitucional voltado para a "Ordem Econômica e Social". Apenas com a Constituição de 1988 é que o direito do trabalho foi localizado no Título destinado aos "Direitos e Garantias Fundamentais". Não há como negar, portanto, que esta modificação não foi simplesmente topográfica. Algum outro efeito jurídico o legislador constituinte pretendeu implementar com esta inovadora realocação do direito do trabalho brasileiro. E o mais evidente é, sem sombra de dúvidas, o fortalecimento do seu *status* normativo.

Ao se aproximar do conceito de direito fundamental, o direito do trabalho conquistou diversas regalias que, antes, passavam ao largo de sua estruturação. Com esta sua nova identidade, passou a desfrutar, por exemplo, do controle judicial em face das maiorias eventuais que contra ele "confabulem", já que estaria ungido da qualidade de cláusula pétrea[67]. E, mais ainda, de acordo com o *caput* do art. 7º da CF/88, os direitos ali constantes seriam exemplificativos. Não impediriam o advento de outros que visassem à melhoria das condições sociais dos trabalhadores subordinados.

Contudo, muito desta superproteção se mostrou mais aparente do que efetiva. Em verdade, diante da filosofia positivista amplamente dominante na cultura jurídica brasileira, grande parte daquelas normas constitucionais foi obrigada a esperar pela boa vontade do legislador ordinário. Uma boa vontade que, em alguns casos (como, *v. g.*, os do art. 7º, incisos I, X, XXI e XXIII), jamais existiu. Assim, só restou classificá-las de normas de eficácia limitada e, depois, aguardar[68].

Na prática, a fundamentalidade destes direitos trabalhistas foi completamente esvaziada, na medida em que eles ficaram nas mãos daqueles que, dentre outros, deveriam limitar. E esta situação foi corroborada diversas vezes pelo próprio Supremo Tribunal Federal, alçado ao posto de guardião da Constituição. Pode-se citar, como prova desta complacência institucional, a declaração do caráter programático da Convenção n. 158 da OIT (antes de ela ser denunciada)[69], além das reiteradas decisões declarando a já mencionada eficácia limitada de normas constitucionais, destacando--se, mais especificamente, a que assim caracterizou o direito de greve dos servidores públicos[70].

Diante deste quadro, no qual a Constituição era mais formal do que substantiva, mais política do que jurídica, mais simbólica do que normativa, o direito do trabalho foi

---

(66) Art. 120 *et seq.*, CF/34; art. 137 *et seq.*, CF/37; art. 157 *et seq.*, CF/46; art. 158 *et seq.*, CF/67; e art. 165 *et seq.*, EC n. 01/69. Cf. também NASCIMENTO, Amauri Mascaro. *Op. cit.*, p. 8-14 e SÜSSEKIND, Arnaldo. *Op. cit.*, p. 29-37.
(67) Neste sentido, cf., por todos, SARLET, Ingo Wolfgang. *A eficácia dos direitos fundamentais*, p. 422-428.
(68) SILVA, José Afonso. *Aplicabilidade das normas constitucionais*. 3. ed. São Paulo: Malheiros Editores, 1998. p. 81-83.
(69) ADI n. 1.480-3/DF, Rel. Min. Celso de Mello, DJ 18.5.2001.
(70) MI n. 20-4/DF, Rel. Min. Celso de Mello, DJ 22.11.1996 e MI n. 438/GO, Rel. Min. Néri da Silveira, DJ 16.6.1995.

deixado à sua própria sorte⁽⁷¹⁾. A rigor, ele se confundia com a CLT, a consolidação das leis trabalhistas que regulamentava a vida dos empregados desde 1943. Não que isso fosse de todo mal. Pois não podemos esquecer que a ideia em si, de criação de um sistema jurídico especificamente moldado para as relações de trabalho, para a proteção da dignidade humana do empregado que praticamente dela se despia ao ingressar na fábrica, já foi um avanço enorme em relação ao puro *laissez faire* que vigorava antes disso⁽⁷²⁾. O problema estava na enorme fragilidade deste sistema. Na sua vulnerabilidade absoluta em face das maiorias eventuais, que, vez por outra, estariam atentando contra direitos que não eram simples privilégios patrimoniais, mas, sim, verdadeiras reservas morais garantidoras da humanidade do trabalhador. Um antídoto à sua "coisificação"⁽⁷³⁾.

Este era o panorama que se tinha, ao sobrevoarmos o Direito Constitucional do Trabalho brasileiro de alguns anos atrás. Mas este não é o panorama atual. Se alçarmos voo novamente, veremos que algo mudou.

§ 2º — O dilema do futuro: fundamentalismo *versus* fundamentalidade

De perto, era um pequeno movimento doutrinário. Mas, à medida que ganhamos altura e nos afastamos, ele se mostrou muito mais do que isso. Era um deslocamento teórico que colocaria o direito constitucional brasileiro em um novo patamar, levando a reboque tudo que estivesse a ele vinculado; o direito do trabalho, inclusive. Hoje, trocou de nome e difundiu-se definitivamente pelo cenário jurídico nacional, sendo lugar-comum nos mais variados discursos acadêmicos. Falo da antiga "doutrina brasileira da efetividade", agora chamada de "neoconstitucionalismo"⁽⁷⁴⁾.

Três são os seus marcos principais: o histórico, o filosófico e o teórico⁽⁷⁵⁾. Mas apenas o último que me será, por ora, mais interessante. A partir desta virada explicativa, a compreensão do direito não seria mais a mesma. Para começo de conversa, a força jurídico-normativa da Constituição prevaleceu, colocando num plano secundário a sua nota política. Inverteu-se, assim, a lógica do jogo: *se* é norma jurídica, *então* a Constituição ordena, permite e/ou proíbe⁽⁷⁶⁾. Daí que as perguntas passaram a ser, basicamente, duas: (1) "o que" ela ordena, proíbe ou permite? e (2) "a quem" ela ordena proíbe e/ou permite?

Pensem, por exemplo, no caso do art. 7º, I da CF/88.

"O que" ele ordena, permite e/ou proíbe? Ele proíbe a dispensa arbitrária (gênero), permite a dispensa sem justa causa (espécie), mediante pagamento de indenização

---

(71) Sobre o simbolismo hipertrofiado da Constituição e a sua insuficiente concretização jurídica, cf. NEVES, Marcelo. *A constitucionalização simbólica*. São Paulo: Martins Fontes, 2007.
(72) SÜSSEKIND, Arnaldo *et alli*. *Instituições de direito do trabalho*. 22. ed. atual. até 30.4.1997. São Paulo: LTr, 2005. p. 32-48.
(73) Cf., por todos, PACHECO ZERGA, Luz. *La dignidad humana en el derecho del trabajo*. Navarra: Editorial Aranzadi, 2007. p. 31.
(74) Cf., por todos, BARROSO, Luís Roberto. Neoconstitucionalismo e constitucionalização do direito. In: *Revista de Direito Administrativo*, Rio de Janeiro: Renovar, v. 240, abr./jun. 2005.
(75) *Idem*, p. 2.
(76) Sobre as modalidades deônticas básicas, cf. ALEXY, Robert. *Teoria dos direitos fundamentais*. Trad. Virgílio Afonso da Silva. São Paulo: Malheiros, 2008. p. 204 *et seq*.

tarifada, e ordena ao legislador que especifique (detalhe ou concretize) os pormenores — as condições de aplicação — para que a norma adquira efetividade[77].

"A quem" ele ordena, permite e/ou proíbe? Ele ordena ao legislador ordinário que diga algo mais sobre o assunto, proíbe os empregadores de dispensarem arbitrariamente (gênero), mas permite, ou seja, abre uma exceção para as dispensas sem justa causa (espécie), desde que haja o pagamento previamente estipulado e que não venha regulamentação futura dispondo em contrário[78].

Vemos aí uma regra à moda kelseniana, com as suas hipótese de incidência e consequência bem definidas, precisando apenas de mais alguns ajustes encomendados ao legislador ordinário[79]. Nada de muito novo, não é? Ledo engano. As respostas acima esboçadas são tão somente o passado de uma nova dimensão normativa que está em franca ascensão e que, neste instante, já começa a procurar o seu ponto de equilíbrio. De imediato, chama a atenção o sentido que foi dado ao art. 7º, I da CF/88. Praticamente identificou-se o seu texto com a norma que dele se extrai. Mas este é o "x" da questão: texto e norma não se confundem. O primeiro é a matéria-prima; o segundo, a obra que, a partir dela, se puseram a esculpir[80]. Por isso, a resposta sobre "o que" ele preceitua estará vinculada à decisão sobre o significado de suas palavras[81]. Este é o famoso conceito semântico de norma[82].

Tudo isso pode parecer uma obviedade. A rigor, pode até parecer mais do mesmo. Basta lembrar que Hans Kelsen e Herbert Hart já haviam falado algo semelhante, ao apontarem para uma "moldura normativa" ou para a "textura aberta do direito"[83]. No entanto, a semelhança termina aí. Voltemos a um outro exemplo para esclarecer. Imaginem o direito ao trabalho previsto no art. 6º da CF/88. "O que" ele ordena, permite e/ou proíbe? Bem, nesse caso, a decisão (sobre a espécie normativa) já não seria tão autoevidente como na situação anterior.

Antes do neoconstitucionalismo, existiriam somente duas soluções: (1) ou tal dispositivo seria apontado como norma programática, colocado no armário e esquecido[84]; (2) ou, simplesmente, seria criada uma situação de discricionariedade forte para o juiz, ou seja, a possibilidade de ele "legislar" por meio de um juízo por equidade[85]. Em ambos os casos, o direito sairia enfraquecido. No primeiro, porque

---

(77) GOMES, Fábio Rodrigues, *O direito fundamental ao trabalho*, p. 215 et seq.
(78) *Idem, ibidem.*
(79) Cf. KELSEN, Hans. *Teoria pura do direito.* Trad. João Baptista Machado. 6. ed. 5. tiragem. São Paulo: Martins Fontes, 2003. p. 16-18.
(80) ÁVILA, Humberto. *Teoria dos princípios:* da definição à aplicação dos princípios jurídicos. 7. ed. São Paulo: Malheiros Editores, 2007. p. 30-31.
(81) *Idem*, p. 32-35.
(82) ALEXY, Robert, *Teoria dos direitos fundamentais*, p. 53 et seq. Cf., também, GUASTINI, Riccardo. *Das fontes às normas.* Trad. Edson Bini. São Paulo: Quartier Latin, 2005. p. 129-131.
(83) KELSEN, Hans. *Op. cit.*, p. 390; HART, Herbert L. A. *O conceito de direito.* Com um pós-escrito editado por Penélope A. Bulloch e Joseph Raz. Trad. A. Ribeiro Mendes. 3. ed. Lisboa: Fundação Calouste Gulbenkian, 1994. p. 16-17.
(84) PECES-BARBA MARTINEZ, Gregório. *Curso de derechos fundamentales.* Teoria general. Madrid: Universidad Carlos III de Madrid. Boletín Oficial del Estado, 1999. p. 110-111 e SASTRE IBARRECHE, Rafael. *El derecho al trabajo.* Madrid: Editorial Trotta, 1996. p. 100-101.
(85) HART, Herbert L. A. *Op. cit.*, p. 134.

não seria verdadeiramente normativo; no segundo, porque geraria uma insegurança gigantesca, em face da ausência de critérios e da alta carga de subjetividade contida na decisão.

Mas aí veio o neoconstitucionalismo. Depois do seu aparecimento, extraiu-se do art. 6º da CF/88 um direito ao trabalho no formato de princípio, isto é, de uma norma que se traduz num mandamento a ser otimizado, em face das possibilidades fáticas e jurídicas[86]. E, a partir daí, toda uma reformulação teórica se desencadeou[87].

Porta de entrada dos valores no direito[88], os princípios materializam um estado de coisas almejado pela sociedade, cuja implementação será obrigatória[89]. Por certo que a sua maior vagueza, isto é, a ausência de uma hipótese de incidência bem delineada, faz com que a colisão entre eles seja inevitável[90]. Todavia, ao contrário das regras, isso não acarretará qualquer invalidação[91]. Haverá, sim, uma ponderação no caso concreto, a fim de se verificar qual possui uma maior dimensão de peso[92]. A pedra de toque será, pois, a justificação racional do seu afastamento.

Motivar, de modo objetivo, qual princípio cederá lugar ao outro. Esta passou a ser uma das tarefas essenciais dos órgãos de decisão[93]. E, para realizá-la, já se esboçaram algumas diretrizes metodológicas (ou postulados normativos), como, por exemplo, a da proporcionalidade. Com ela, verifica-se qual o meio mais adequado, necessário e proporcional em sentido estrito capaz de autorizar um determinado princípio a se sobrepor sobre outro, numa dada situação[94]. Estes e outros procedimentos (como, v. g., o da razoabilidade ou o da proibição de excesso) serviram ao mesmo fim: retirar os princípios da prateleira e revelar a sua efetividade enquanto norma, a sua eficácia social ou, ainda, a sua aptidão para conformar o mundo real.

A normatividade de uma Constituição como a nossa, cercada de princípios por todos os lados, fez com que o legislador não fosse mais o seu senhor absoluto. Seu ou de qualquer outro ramo do direito. Não que ele tenha perdido espaço ou poder institucional e se tornado um coadjuvante. Ocorre que, agora, se ficar omisso, o juiz entrará em cena pronto para atender ao comando normativo, seja ele uma ordem, uma permissão ou uma proibição[95]. E mesmo se o comando não for muito claro — como sói acontecer com os princípios — as coisas não serão como outrora, porque a nova hermenêutica (que integra o neoconstitucionalismo) proverá as ferramentas metodológicas indispensáveis para que a norma constitucional possa ser efetivada. A teoria da argumentação jurídica estará por trás do juiz, exigindo-lhe uma atuação racional e objetiva (ou intersubjetivamente) controlável[96].

---

(86) ALEXY, Robert. *Teoria dos direitos fundamentais*, p. 90 et seq.
(87) Cf. GOMES, Fábio Rodrigues, *O direito fundamental ao trabalho*, p. 87-95.
(88) ALEXY, Robert. *Teoria dos direitos fundamentais*, p. 153.
(89) ÁVILA, Humberto. *Op. cit.*, p. 71-72.
(90) *Idem*, p. 75.
(91) ALEXY, Robert. *Teoria dos direitos fundamentais*, p. 92-94.
(92) Sobre a "lei da ponderação" de Alexy, cf. *Idem*, p. 94-103.
(93) BARROSO, Luís Roberto. *Op. cit.*, p. 11 e ÁVILA, Humberto. *Op. cit.*, p. 24-25.
(94) ÁVILA, Humberto. *Op. cit.*, p. 160-175 e ROMITA, Arion Sayão. *Direitos fundamentais nas relações de trabalho*, p. 182-183.
(95) BARROSO, Luís Roberto. *Op. cit.*, p. 09.
(96) Sobre a teoria da argumentação jurídica e a sua importância para a aplicação do direito, cf., por todos, ATIENZA, Manuel. *As razões do direito*: teorias da argumentação jurídica. *Perelman, Toulmin, MacCormick, Alexy e outros*. Trad. Maria Cristina Guimarães Cupertino. 2. ed. São Paulo: Landy, 2002.

Teremos, agora, dois protagonistas: no primeiro ato, o legislador democraticamente eleito, veiculando as demandas políticas e sociais; no segundo, o juiz, decidindo o significado do texto escrito que lhe foi entregue previamente. Mas também teremos dois coautores: o primeiro, o legislador, prescrevendo o que deve ser encenado; e o segundo, o juiz, diminuindo a abertura do texto normativo (que arbitrariamente foi deixado de lado) ou construindo, sobre o vazio normativo, as pontes indispensáveis ao bom andamento da peça constitucional.

Em suma: não há mais norma de eficácia limitada. Ao menos, não no sentido tradicional, *a priori*. Limitação ocorrerá, mas depois de deflagrada a incidência normativa, quando os argumentos forem confrontados e o juiz decidir (racionalmente) qual deverá prevalecer. Neste sentido, sim, pode-se dizer que sempre haverá norma de eficácia limitada, mas *a posteriori*[97].

A bem da verdade, no estágio em que se encontra, o direito constitucional se tornou uma avalanche normativa com grandes dificuldades de contenção. Já se fala, inclusive, de uma certa "ubiquidade constitucional"[98]. Logo, era só uma questão de tempo, de muito pouco tempo, para que ele alcançasse o direito do trabalho de um modo nunca antes vislumbrado.

A CLT cedeu lugar para a Constituição. Esta, e não mais aquela, ocuparia o coração do direito do trabalho, servindo de argumento recorrente nas petições, pareceres, sentenças e acórdãos, de modo a trazer a palavra final (ou consensual) sobre qual a melhor solução para as questões práticas que se avolumam no dia a dia da Justiça do Trabalho[99]. Vejam, por exemplo, o caso do adicional de insalubridade. Um tema simples, que há décadas já vinha regulamentado na CLT. Nela, dizia-se, dentre outras coisas, que o salário mínimo deveria ser utilizado como base de cálculo do adicional[100]. Mas olhem agora, a partir das lentes constitucionais, e reparem como a simplicidade desapareceu.

No art. 7º, XXIII da CF/88, preceituou-se o pagamento de adicional para as atividades insalubres e, ato contínuo, delegou-se, ao legislador ordinário, a obrigação de esmiuçá-lo. Como isso já tinha sido feito pela CLT, a visão dominante foi a da recepção. Pronto. Lá estava o salário mínimo como base de cálculo, apesar de a mesma Constituição, no seu art. 7º, IV, proibir a utilização deste valor como elemento de indexação (atualização monetária). Havia até mesmo súmula do TST cuidando do assunto[101]. Tudo continuou assim, muito simples e mal-arrumado, até o Supremo se manifestar sobre a questão, editando a Súmula Vinculante n. 4: "Salvo os casos previstos na Constituição Federal, o salário mínimo não pode ser usado como indexador

---

(97) Cf. SILVA, Virgílio Afonso. O conteúdo essencial dos direitos fundamentais e a eficácia das normas constitucionais. In: *Revista de Direito do Estado* — n. 4 p. 49-51, out./dez. 2006. Rio de Janeiro: Renovar, 2006. p. 49-51.
(98) SARMENTO, Daniel. *Livres e iguais:* estudos de direito constitucional. Rio de Janeiro: Lumen Juris, 2006. p. 167-205.
(99) Em sentido semelhante, cf. ROMITA, Arion Sayão. *Op. cit.*, p. 188.
(100) Art. 192 da CLT.
(101) Súmula n. 228 do TST: "Adicional de insalubridade. Base de cálculo. O percentual do adicional de insalubridade incide sobre o salário mínimo de que cogita o art. 76 da CLT, salvo as hipóteses previstas na Súmula n. 17."

de base de cálculo de vantagem de servidor público ou de empregado, nem ser substituído por decisão judicial".

Perceberam a embrulhada? Antes, o problema estava na falta de coerência entre a base de cálculo legal utilizada e a proibição constitucional. Agora, o quebra-cabeça está na efetivação da proibição, seguida de um vazio normativo. Ocorre que, por mais incrível que pareça, a proibição não está sendo efetivada. Sendo mais claro: o STF, porque não quis suprir a lacuna deixada pela inconstitucionalidade do art. 192 da CLT, permitiu que a Justiça do Trabalho continuasse a utilizá-lo, até que o legislador ordinário resolva sair da sua placidez e decida a questão. Uma verdadeira guinada de 360[102]!

E por que isso aconteceu? Porque o STF não cumpriu a sua função constitucional que é, exatamente, a de conferir efetividade à Constituição. Ora, se passados mais de 20 anos o legislador não se deu ao trabalho de regulamentar o art. 7º, XXIII da CF/88, caberia ao Judiciário agir. Principalmente porque o dispositivo em destaque — ao menos formalmente — integra o rol de direitos fundamentais previsto no Título II da CF/88. Ao se aproximar, ainda que apenas topograficamente dos direitos fundamentais, o direito do trabalho (ou ao menos parte dele, como, *in casu*, o adicional de insalubridade) se livrou daquela vulnerabilidade latente, derivada dos caprichos das maiorias eventuais. Agora ele deve ser efetivado pelos órgãos públicos, mesmo que (ou principalmente, se) o protagonista inicial abandonar a ribalta sem maiores explicações. Repito: em situações como essa, caberia ao Judiciário agir.

E para demonstrar que isto não é um absurdo, basta relembrar o caso do direito de greve dos servidores públicos, citado no tópico anterior. O próprio STF, que antes o classificava de norma de eficácia limitada (e, tal como na questão do adicional de insalubridade, recusava o papel de "legislador positivo"), não se fez de rogado e julgou procedentes os pedidos dos Mandados de Injunção ns. 670/ES, 708/DF e 712/PA[103], suprindo mais uma das várias lacunas arbitrárias deixadas pelo legislador. Sem maiores cerimônias, determinou que se utilizasse a Lei n. 7.783/89, enquanto o outro poder continuasse na sua sonolência institucional. Como se vê, dois pesos e duas medidas. Pegamos o STF no contrapé.

É claro que todo esse ativismo judicial, contido num ambiente jurídico devoto ao positivismo legalista — que praticamente sacraliza a ideia da separação de poderes —, gera enormes perplexidades. Recentemente, foram proferidas decisões pelo STF, a respeito do uso de algemas[104] e do nepotismo[105] (dando ensejo, respectivamente, às Súmulas Vinculantes n. 11 e 13), que corroboram este assombro com o avanço jurisdicional sobre o vácuo deixado pela omissão legislativa.

Entretanto, no ponto que nos toca, a aproximação entre o direito constitucional e o direito do trabalho — com o objetivo de legitimar tanto a atuação judicial quanto o bloqueio às maiorias eventuais — leva a um outro tipo de questionamento: tudo o que está na Constituição é direito fundamental? Ou melhor: desde o *caput* do art. 7º até o art.11, sem exceção, tudo é direito fundamental?

---

(102) Para maiores detalhes, cf. o § 1º, item II do Capítulo V.
(103) MI n. 670/ES, Rel. Min. Gilmar Mendes, DJ 25.10.2007, MI n. 708/DF, Rel. Min. Gilmar Mendes, DJ 25.10.2007, MI n. 712/PA, Rel. Min. Eros Grau, DJ 25.10.2007 (Informativo n. 485).
(104) HC n. 91952/SP, Rel. Min. Marco Aurélio, DJ 7.8.2008.
(105) RE n. 579951/RN, Rel. Min. Ricardo Lewandowski, DJ 20.8.2008.

Esta é a dúvida que se tornou moeda corrente nos mais variados foros do debate nacional, indo desde a mídia, passando pelas universidades e chegando, como não poderia deixar de ser, ao Congresso Nacional. No primeiro espaço, são inúmeras as matérias, artigos e comentários abordando a necessidade de uma "reforma trabalhista"[106]. Já no segundo, consegue-se coletar opiniões a favor da revisão da fundamentalidade, senão de todos, pelo menos de alguns dos direitos trabalhistas contidos na Constituição[107]. E, no espaço público, também encontramos iniciativas neste sentido[108].

Portanto, quando pensarmos em Direito Constitucional do Trabalho, devemos ter em mente que este é um dos pontos nevrálgicos da discussão que o envolve. Pode-se defender, por exemplo, a dupla fundamentalidade (formal e material), e pôr uma pá de cal na controvérsia, ao se considerar que tudo o que foi posto no Título II do texto constitucional é direito fundamental[109]. Mas, como deixarei claro logo adiante, tal opção pode transformar-se numa fragorosa vitória de Pirro, pois iremos deixar os que pensam diferente num beco sem saída. E quando acuamos alguém, boa coisa não acontece. Como já se disse, a "Constituição aberta não pode ser a Constituição dos caminhos irreversíveis, dos projetos definitivos que aprisionam", que transforme os direitos fundamentais no mais novo "fundamentalismo" dos tempos modernos[110].

Eis aqui, por conseguinte, os dilemas que nos aguardam no futuro do Direito Constitucional do Trabalho: (1) todos os direitos dos trabalhadores positivados na Constituição de 1988 são fundamentais? (2) Existe algum critério metodológico capaz de identificá-los? (3) O que deve nortear a formulação e, posteriormente, a institucionalização e o manuseio deste critério?

Estes e outros questionamentos tocam no ponto mais sensível do mundo do trabalho. Em verdade, eles atingem aquela zona de intersecção, para onde convergem o direito constitucional, o direito do trabalho e a filosofia do direito: a preservação de "um mínimo de igualdade digna" para todo aquele que põe a sua atividade (e, portanto, põe a si próprio) à disposição do outro[111]. Retorna, com força total, a preocupação com a justiça social, que produziu o abalo inicial no direito civil, fragmentando-o, retirando-lhe uma costela normativa para a criação de todo um novo sistema jurídico voltado para a realidade do homem trabalhador.

---

(106) Cf. Folha on line, 30.4.2008 (<http://www1.folha.uol.com.br/folha/dinheiro>) e O Globo on line, 27.5.2008 (<http://oglobo.globo.com/pais/moreno post.aspt=mangabeira_sua_reforma_trabalhista&cod_Post=104850&a=2>).
(107) Cf., por exemplo, ALEXY, Robert. *Direitos fundamentais no Estado Constitucional Democrático*, p. 61 e STARK, Christian. *Direitos sociais em tratados internacionais, constituições e leis*, p. 284, onde os autores polemizam a fundamentalidade do 13º salário. Cf. também BRANDÃO, Rodrigo. *Direitos fundamentais, democracia e cláusulas pétreas*. Rio de Janeiro: Renovar, 2008. p. 236, onde se questiona a fundamentalidade do adicional de 1/3 de férias.
(108) Cf. <http://www2.camara.gov.br/proposicoes>. Acesso em: 28 de agosto de 2008.
(109) Neste sentido, cf. SARLET, Ingo Wolfgang. *A eficácia dos direitos fundamentais*, p. 88 et seq.
(110) SARMENTO, Daniel. *Direitos fundamentais e relações privadas*, p. 170-171. Cf. também, sobre os três tipos de fundamentalismo (messianismo, comunitarismo e cientificismo) associados aos direitos humanos, SUPIOT, Alain. *Homo juridicus:* essai sur la function anthropologique du droit. Paris: Éditions du Seuil, 2005. p. 285-300.
(111) ROMITA, Arion Sayão. *Op. cit.*, p. 193-194.

Como proteger um "mínimo de direitos imperativos e irrenunciáveis"[112], que garantirão ao indivíduo a sua humanidade? Esta é uma discussão que vem de longe no direito do trabalho[113], já se instalou na filosofia do direito e no direito constitucional sob o rótulo de "mínimo existencial"[114]. Cabe a nós, agora, fazermos a junção. Revelar qual o mínimo existencial necessário à manutenção da dignidade do trabalhador. Quais são os direitos fundamentais que servirão de escudo normativo aos ataques neoliberais, cuja lógica puramente economicista insiste em reduzir o empregado a um mero custo de produção[115].

Problemas práticos que demandam divagações morais. Eis aí uma equação que dificilmente encontrará uma resposta definitiva. Até mesmo porque as necessidades humanas variam no tempo e no espaço[116]. Escassez, informação, valores, tradição... Enfim, existe um enorme conjunto de variáveis (físicas e metafísicas) que torna inexorável a "personalização" de boa parte do direito nacional[117]. Por isso, o que é fundamental aqui nos trópicos, não o é, necessariamente, por outras plagas[118]. Ao caráter histórico dos direitos fundamentais, deve-se agregar a sua dimensão cultural. E isso faz com que o jurista brasileiro não deva se esquecer de "filtrar" as opiniões que colheu no estudo comparado[119].

Pensem, por exemplo, no caso do 13º salário referido há pouco. Para o jusfilósofo alemão Robert Alexy, não se trata de um direito fundamental. Mas será que o teórico brasileiro deve concordar com isso? Ou ele deve, pelo menos, sofisticar um pouco mais a discussão e lembrar-se de que este é um direito extremamente enraizado no direito do trabalho nacional, e que traz consigo tanto vantagens pragmáticas (aumenta o poder de compra dos trabalhadores e movimenta a economia), quanto benefícios morais (efetiva a autorrealização do indivíduo, o seu direito ao lazer e fortalece os laços familiares)?

Sentar, pesquisar, refletir e discutir. Voltar a pesquisar e refletir, para depois tornar a discutir. É neste círculo hermenêutico gadameriano — com um "quê" de

---

(112) SÜSSEKIND, Arnaldo. *Direito constitucional do trabalho*, p. 47.
(113) SÜSSEKIND, Arnaldo et alli. *Instituições de direito do trabalho*, p. 251-252.
(114) Cf., por todos, RAWLS, John. *Justiça como equidade*. Trad. Cláudia Berliner. 1. ed. São Paulo: Martins Fontes, 2003. p. 62, nota de rodapé n. 7, 180-183 e 230, WALZER, Michael. *Thick and Thin: moral argument at home and abroad*. Notre Dame: University of Notre Dame, 1994. p. 16. ALEXY, Robert. *Teoria dos direitos fundamentais*, p. 499-519, SARLET, Ingo Wolfgang. *A eficácia dos direitos fundamentais*, p. 368. GOMES, Fábio Rodrigues. *O direito fundamental ao trabalho*, p. 226-234. TORRES, Ricardo Lobo. *O direito ao mínimo existencial*. Rio de Janeiro: Renovar, 2009 e, do mesmo autor, *Tratado de direito constitucional financeiro e tributário*. V. III — Os direitos humanos e a tributação: imunidades e isonomias. Rio de Janeiro: Renovar, 2005. p. 168 et seq., BARCELLOS, Ana Paula. *A eficácia jurídica dos princípios constitucionais*. O princípio da dignidade da pessoa humana. Rio de Janeiro: Renovar, 2002. p. 123-139. VILHENA, Oscar Vilhena. *Op. cit.*, p. 228-247. Ressalte-se que, para Ana Paula de Barcellos, o mínimo seria composto por: educação fundamental, saúde preventiva, assistência social e acesso à justiça (*Op. cit.*, p. 258-259 e 305).
(115) POSNER, Richard. *Op. cit.*, p. 349 et seq.
(116) HÖFFE, Otfried. Estados nacionais e direitos humanos na era da globalização. In: MERLE, Jean-Christophe; MOREIRA, Luiz (org.). *Direito e legitimidade*. São Paulo: Landy, 2003. p. 312-321. BELMONTE, Alexandre Agra. *Instituições civis no direito do trabalho*. 4. ed. Rio de Janeiro: Renovar, 2009. p. 1-2.
(117) HÖFFE, Otfried. *Estados nacionais e direitos humanos na era da globalização*, p. 318.
(118) SARLET, Ingo Wolfgang. *A eficácia dos direitos fundamentais*, p. 91.
(119) NEVES, Marcelo. *Transconstitucionalismo*, p. 182-183.

maiêutica socrática[120] —, que devemos depositar as nossas expectativas em busca de um consenso possível. Ao abrirmos mão das certezas absolutas — típicas de um jusnaturalismo inconcebível numa sociedade plural e complexa como a contemporânea —, não nos restam muitas opções, senão aquelas encontradas no diálogo sério, franco e respeitoso[121].

Que venham as respostas.

III — A CONSTITUCIONALIZAÇÃO DO DIREITO DO TRABALHO

§ 1º — Novas ideias para o novo mundo: corrigindo os desajustes dogmáticos

Fazer a travessia do conceito tradicional do Direito Constitucional do Trabalho para esta sua nova versão (mais alargada) não é tão simples como parece. E, por mais estranho que isto soe, foi justamente a vontade do constituinte de facilitar a sua expansão que acabou por obstruí-la. Tentarei ser mais claro.

Como já se mencionou alguns parágrafos atrás, a força normativa da Constituição, a reabilitação dos princípios, a centralidade dos direitos fundamentais e a busca de sua efetividade são noções que só chegaram por estas bandas depois da Constituição de 1988. No direito do velho mundo, de onde foram importadas, elas iniciaram seu caminho de sucesso bem mais cedo. Na Itália e na Alemanha, depois de suas respectivas renovações constitucionais, em 1947 e 1949. Em Portugal e na Espanha, a mesma coisa, só que a partir de 1976 e 1978. Até aí, nada de anormal. Pois, independentemente da diferença cronológica, todos possuíram uma nota comum: a substituição de um regime autoritário por um Estado Democrático e Constitucional de Direito.

Ocorre que nos países do novo mundo — e o Brasil não é exceção — os teóricos do direito do trabalho não dispensaram muita atenção à totalidade das consequências normativas advindas deste constitucionalismo renovado[122]. Faltou integrarem, às suas divagações, uma parte importante deste novo movimento constitucional que ganhou terreno por aqui. Movimento este que, a rigor, já faz escola para além de suas fronteiras dogmáticas. Constitucionalização do direito civil, do direito penal e do direito administrativo são exemplos desta pujante *vis expansiva*[123].

Então por que este fenômeno ainda não se espraiou, com a mesma desenvoltura, na esfera do direito do trabalho? Por que permanece um certo isolamento epistemológico deste ramo do direito que sempre esteve na vanguarda do conhecimento jurídico?

---

(120) Maiêutica significa a arte de fazer parto. Sócrates denominou seu método deste modo, pois, em analogia ao ofício de sua mãe, considerava-se um "parteiro de ideias". Cf. MARCONDES, Danilo. *Iniciação à história da filosofia:* dos pré-socráticos a Wittgenstein. 8. ed. Rio de Janeiro: Jorge Zahar editor, 2004. p. 48.
(121) NINO, Carlos Santiago. *Fundamentos de derecho constitucional*, p. 163.
(122) Em sentido semelhante, cf. ROMITA, Arion Sayão. *Direitos fundamentais nas relações de trabalho*, p. 194.
(123) Cf. BARROSO, Luís Roberto. *Op. cit.*, p. 24 *et seq.*

Regressemos para o texto da Constituição brasileira de 1988. O que encontramos? Um farto catálogo de direitos consagrados aos trabalhadores. Constitucionalizou-se desde as questões mais relevantes (*e. g.*, salário mínimo e jornada) até as miudezas não tão importantes (*v. g.*, prescrição e proteção em face da automação). Como bem ressaltou o professor Barroso, foi-se, num piscar de olhos, do "espanto ao fastio"[124]. Penso que aí esteja a resposta. Diante de tão grande detalhamento, é compreensível que boa parte da teoria dos direitos fundamentais não tenha ecoado pelas sendas do Direito Constitucional do Trabalho, principalmente daquelas que envolvem a sua aplicação nas relações privadas (a chamada *Drittwirkung*). Tamanha generosidade do constituinte acabou por desenvolver uma certa "miopia doutrinária": proporcionou uma visão bastante acurada sobre a proteção normativa que estava logo à mão, ao passo que embaçou os demais potenciais emancipatórios localizados em espaços (interpretativamente) mais distantes.

Todavia nunca é tarde para corrigir este desajuste conceitual. E o ponto de partida, para o alargamento do nosso campo de visão, encontra-se na constitucionalização do direito do trabalho. Como realizá-la? Resgatando aquela fatia dos direitos fundamentais que revolucionou a sua função e realinhou os seus mecanismos de efetivação: a sua dimensão objetiva[125].

Tudo começou com o famoso caso Lüth, julgado em 15 de janeiro de 1958 pelo Tribunal Constitucional Federal alemão (*Bundesverfassungsgericht*). Em apertada síntese, cuidava-se de uma disputa entre Erick Lüth — que, por reiteradas vezes, manifestou-se contrariamente à exibição de um filme dirigido por um antigo partidário nazista —, e a produtora do filme — que almejava fazê-lo calar-se. Levada a contenda aos tribunais, Lüth foi derrotado em primeira e segunda instâncias, sob o argumento de que sua conduta feria os bons costumes (previsto no § 826 do BGB)[126]. Persistente, ele apresentou uma queixa constitucional e encaminhou a discussão ao Tribunal Constitucional Federal. E, aí, veio o já tantas vezes citado julgamento, no qual a Corte produziu uma verdadeira clivagem na teoria dos direitos fundamentais[127]. Antes, estes eram vistos apenas na sua dimensão subjetiva (como uma pretensão — negativa ou positiva — em face do Estado). Depois, agregou-se uma nova dimensão, uma "mais-valia" chamada de dimensão objetiva[128].

De acordo com o tribunal germânico, o catálogo de direitos fundamentais materializa uma "ordem objetiva de valores, que vale como decisão constitucional fundamental para todos os ramos do direito, e que fornece diretrizes e impulsos para a legislação, a Administração e a jurisprudência"[129].

---

(124) *Op. cit.*, p. 20.
(125) Sobre o caráter revolucionário da dimensão objetiva dos direitos fundamentais, cf., por todos, SARLET, Ingo Wolfgang. *A eficácia dos direitos fundamentais*, p. 165.
(126) Cf. KOMMERS, Donald P. *The constitutional jurisprudence of the Federal Republic of Germany*. Durham and London: Duke University Press, 1997. p. 361-369; SARMENTO, Daniel. *Direitos fundamentais e Relações privadas*, p. 141; GOMES, Fábio Rodrigues. *O direito fundamental ao trabalho*, p. 99-100.
(127) ALEXY, Robert. *Teoria dos direitos fundamentais*, p. 525.
(128) ANDRADE, José Carlos Vieira de. *Op. cit.*, p. 138.
(129) BVerfGE 39, 1 (41), *apud* ALEXY, Robert. *Teoria dos direitos fundamentais*, p. 524-525.

De agora em diante, a presença de direitos fundamentais na Constituição não serviria apenas para se contrapor ao arbítrio estatal. Serviria também para nortear a compreensão de todo o sistema jurídico (eficácia irradiante) e para obrigar todos os órgãos públicos a adotarem as medidas necessárias à sua efetivação (dever de proteção). Eis aí, portanto, os pilares estruturantes deste novo viés dimensional: "(i) se espraiar por todo o ordenamento; (ii) complementar (ou reforçar) a imperatividade dos direitos subjetivos; e (iii) vincular juridicamente todas as funções estatais"[130].

Pois bem. Cientes desta nova ferramenta hermenêutica, como correlacioná-la com a constitucionalização do direito do trabalho?

§ 2º — O alargamento conceitual: em busca da proteção jurídica perdida

Diversas são as maneiras de se responder à pergunta que encerrou o tópico anterior. Em primeiro lugar, podemos utilizá-la para a releitura de alguns institutos que, supostamente, não possuem sequer um arranhão dogmático, mas que, sob as lentes da dimensão objetiva, apresentam algumas rachaduras bastante comprometedoras. Vejam, por exemplo, o caso do salário[131].

Segundo a jurisprudência majoritária, embora esta prestação possua um cunho nitidamente alimentar, isso não é razão suficiente para reforçar a sua proteção judicial[132]. Dito de outro modo: quando se fala do caráter alimentar para tecer loas ao pagamento do empregado, sem maiores consequências práticas, tudo bem. Mas se o mesmíssimo discurso for utilizado para considerá-lo como espécie do gênero "obrigação alimentícia" e, com isso, viabilizar a aplicação da prisão civil (prevista no art. 5º, LXVII da CF/88) para os empregadores que não justifiquem o seu inadimplemento, nada feito[133]. Por que esta incongruência? Porque se prioriza o aspecto pecuniário do salário, em vez de sua projeção existencial, ou, retornando ao nosso tema, porque se faz uma leitura exclusivamente patrimonial do instituto, esquecendo-se completamente das inúmeras possibilidades abertas por uma interpretação constitucional[134].

Interpretação conforme a Constituição, filtragem constitucional ou eficácia irradiante dos direitos fundamentais. Todos são nomes que designam um fenômeno idêntico: a obrigatoriedade de extrair-se o sentido que mais aproxime a legislação ordinária (e o direito do trabalho) do conjunto de direitos fundamentais contido na Constituição.

Outro exemplo interessante é o do acesso ao emprego pelas pessoas portadoras de deficiência[135]. Mediante uma análise feita de baixo para cima, isto é, iniciada a

---
(130) GOMES, Fábio Rodrigues. *O direito fundamental ao trabalho*, p. 100.
(131) *Idem*, p. 228.
(132) *Idem*, p. 232-233.
(133) *Idem, ibidem*.
(134) Para um maior desenvolvimento do assunto, enfrentando, inclusive, os diversos argumentos contrários a este tipo de interpretação constitucional do salário, cf. *idem*, p. 239-263. Cf., também, MALLET, Estêvão. *Op. cit.*, p. 18-19, onde o autor faz crítica semelhante sobre o reducionismo patrimonial do direito do trabalho.
(135) ROMITA, Arion Sayão. *Direitos fundamentais nas relações de trabalho*, p. 180.

partir do direito infraconstitucional, haveria uma violação grosseira do direito de liberdade do empregador, caso ele fosse obrigado a contratar pessoas inseridas em determinado segmento social. Resultado: invalidade do art. 93 da Lei n. 8.213/91. Contudo, se invertermos o raciocínio e o realizarmos de cima para baixo, encontraremos argumentos bastante fortes — tais como o do direito ao trabalho e o da igualdade material (arts. 5º, I, 6º e 7º, XXXI da CF/88) —, aptos a legitimar a intervenção do Estado em prol dos indivíduos menos favorecidos[136]. Hoje em dia já se vai ainda mais longe e tenta-se implementar o conceito da ação afirmativa no direito do trabalho, ainda que com resultados pouco expressivos[137].

Inúmeras outras situações, envolvendo esta revisão do jeito de se interpretar o direito do trabalho, ainda poderiam ser mencionadas. Lembrem-se do problema da correlação entre a aposentadoria e o término do contrato de emprego. Novamente, uma releitura constitucional fez com que o STF contrariasse caudalosa jurisprudência do TST (condensada na OJ n. 177 do SDI-1) e afirmasse, sem meias-palavras, que o ato de se aposentar não interfere no curso natural do contrato. Pois, caso contrário, o mero exercício de um direito adquirido pelo segurado/empregado lhe provocaria um prejuízo injustificado. Haveria uma ofensa desproporcional do seu direito fundamental ao trabalho previsto nos arts. 6º e 7º, I da CF/88[138][139].

Contudo fiquemos por aqui. Por motivo de tempo e espaço, devemos seguir adiante.

Relembremos, portanto, da centelha inicial do surgimento do direito do trabalho: a criação de um invólucro jurídico, especificamente traçado para preservar a humanidade do indivíduo que se põe à disposição do fim alheio[140]. Pode-se dizer, com isso, que o direito do trabalho é a manifestação mais candente do imperativo categórico kantiano, segundo o qual não se deve tratar o ser humano como um meio para objetivos que lhe são estranhos, mas como um fim em si mesmo.

Isso porque, na medida em que o direito do trabalho ampara a esfera existencial do indivíduo que subordina a sua vontade à do outro, ele nada mais faz do que garantir àquela pessoa que ela não será "coisificada". Isto é, ele representa uma garantia normativa aos empregados de que os seus fins, as suas ambições, os seus planos de

---

(136) *Idem*, p. 181.
(137) AÇÃO AFIRMATIVA. AUSÊNCIA DE DEMONSTRAÇÃO DE ATOS DISCRIMINATÓRIOS CONCRETOS. DANO MORAL COLETIVO. NÃO CARACTERIZAÇÃO. Não evidenciada qualquer situação concreta de preterição, exclusão ou preferência de empregados, fundada em gênero, idade ou raça, levadas a efeito pela instituição acionada, inviável se torna a imposição de condenação pecuniária a título de dano moral coletivo. A mera ausência de correspondência entre a composição dos empregados do demandado e a taxa de composição da População Economicamente Ativa do DF não se revela suficiente a evidenciar qualquer conduta discriminatória, ainda que inconsciente, por parte da demandada. Ainda que se pudesse vislumbrar a ocorrência de discriminação indireta, inexiste no ordenamento jurídico brasileiro instrumento legal que determine a observância de regime de cotas ou metas na admissão de empregados, seja por órgãos da administração pública, seja por empresas de natureza privada (art. 5º, II da CF). TRT 10ª Região, RO n. 00930-2005-016-10-00-7, Rel. Des. Elaine Machado Vasconcelos, DJ 27.4.2007.
(138) AI-AgR n. 530084/RS, Rel. Min. Cezar Peluso, DJ 19.12.2007 e RE-ED n. 550.432/RS, Rel. Min. Cezar Peluso, DJ 19.10.2007.
(139) Para maiores detalhes, cf. o § 2º, item II do Capítulo V.
(140) Em sentido semelhante, ROMITA, Arion Sayão. *Direitos fundamentais nas relações de trabalho*, p. 180 e 396.

vida não estão sendo postos de lado. Eles estarão, ao contrário, integrando-se aos daquele que o contratou, uma vez que a prosperidade deste último: (1) também lhe beneficiará (no mínimo, indiretamente, porque lhe garantirá o emprego); e (2) não estará lastreada na sua exploração desmedida.

E será exatamente este mesmo fundamento que exigirá o alargamento conceitual do Direito Constitucional do Trabalho. Até hoje, toda esta incursão contra a "desumanização" do empregado foi desenvolvida com vistas a formatar o contrato de emprego. Idade mínima, salário mínimo, proteção contra despedida arbitrária e repouso remunerado são direitos "específicos", ou seja, direitos especificamente voltados para a regulamentação do ajuste firmado entre empregador e empregado, e que no Brasil conquistaram patamar constitucional[141]. No entanto, pouco se fala da sua justificação e, menos ainda, da sua operacionalização.

Entretanto para que isso seja feito sem açodamento, ou melhor, desviando-se do perigo de uma "hipertrofia irradiante"[142], torna-se vital a construção de critérios, parâmetros ou *standards* que auxiliem o intérprete na sua tomada de decisão. Identificar, com maior segurança, e defender, contra as maiorias eventuais, os direitos específicos que sejam portadores de fundamentalidade.

Eis aí as diretrizes metodológicas que devem pautar o hermeneuta na sua atividade incessante de melhor compreender o Direito Constitucional do Trabalho.

Novamente, que venham as respostas.

IV — AJUSTES DISCURSIVOS: PARA ALÉM DA DUPLA FUNDAMENTALIDADE

Como já enfatizado por aqui, toda minha reflexão estará centrada na construção dos critérios mais adequados à identificação da fundamentalidade dos direitos especificamente voltados para o trabalhador subordinado.

Entretanto, antes de buscar as respostas para as perguntas acima indicadas, é importante que se diga, desde já, o que não será utilizado ao longo da investigação. Falo da tese da dupla fundamentalidade.

Conforme a lição do professor Jorge Miranda "deve ter-se por direito *fundamental* toda a posição jurídica subjetiva das pessoas enquanto consagrada na *Lei Fundamental*"[143]. Logo, na visão do mestre português, "tal posição jurídica subjectiva fica, só por estar inscrita na Constituição formal, dotada da protecção a esta ligada, nomeadamente quanto a garantia da constitucionalidade e revisão"[144]. E arremata dizendo que: "todos os direitos fundamentais em sentido formal são também direitos fundamentais em sentido material."[145]

---

(141) *Idem*, p. 405.
(142) ROMITA, Arion Sayão. *Op. cit.*, p. 179.
(143) MIRANDA, Jorge. *Manual de direito constitucional*. Tomo IV. Direitos fundamentais. 3. ed. Coimbra: Coimbra Editora, 2000. p. 8-9.
(144) *Idem*, p. 9.
(145) *Idem, ibidem*.

Esta noção de fundamentalidade formal foi encampada, no direito brasileiro, pelo professor Ingo Wolfgang Sarlet. Nas suas palavras:

"A fundamentalidade formal encontra-se ligada ao direito constitucional positivo e resulta dos seguintes aspectos, devidamente adaptados ao nosso direito constitucional pátrio: a) como parte integrante da Constituição escrita, os direitos fundamentais situam-se no ápice de todo o ordenamento jurídico, de tal sorte que — neste sentido — se cuida de direitos de natureza *supralegal*; b) na qualidade de normas constitucionais, encontram-se submetidos aos limites formais (procedimento agravado) e materiais (cláusulas pétreas) da reforma constitucional (art. 60 da CF), cuidando-se, portanto (pelo menos num certo sentido) e como leciona João dos Passos Martins Neto, de *direitos pétreos*, muito embora se possa controverter a respeito dos limites da proteção outorgada pelo Constituinte (...) ; c) por derradeiro, cuida-se de normas diretamente aplicáveis e que vinculam de forma imediata as entidades públicas e privadas (art. 5º, § 1º, da CF)."[146]

E, continua o autor:

"De modo geral, os direitos fundamentais em sentido formal podem, na esteira de K. Hesse, ser definidos como aquelas posições jurídicas da pessoa — na sua dimensão individual, coletiva ou social — que, por decisão expressa do Legislador-Constituinte foram consagradas no catálogo dos direitos fundamentais (aqui considerados em sentido amplo)."[147]

Se levadas as palavras de ambos os juristas às últimas consequências, chegaríamos a uma primeira conclusão: todos os direitos incluídos no Título II da Constituição de 1988 são direitos formalmente fundamentais. No entanto, as observações não se encerram por aqui. Pois, prosseguindo no seu raciocínio, leciona o professor Ingo Sarlet que:

"O fato de os direitos fundamentais constituírem "cláusulas pétreas", revela que a fundamentalidade formal, neste contexto, assume uma dimensão simultaneamente material. Com efeito, o aspecto formal diz com a proteção do texto constitucional (onde se encontram positivadas os direitos) contra uma supressão pelo poder reformador. A proteção, contudo, é outorgada em virtude da fundamentalidade material dos bens e valores protegidos. (...)."[148]

Temos, então, que, do modo como o tema foi posto, chegaríamos a uma segunda conclusão: todos os direitos incluídos no Título II da Constituição de 1988, para lá de formalmente fundamentais, são também materialmente fundamentais. Isso porque, partindo-se do princípio de que a formalização (ou positivação) dos direitos no texto constitucional se deu em razão da sua fundamentalidade material, esta última característica estaria como que "implícita" àquelas posições jurídicas expressamente declinadas pelo constituinte.

---

(146) *A eficácia dos direitos fundamentais*, p. 88-89.
(147) *Idem*, p. 95.
(148) *Idem*, p. 89, nota de rodapé n. 189.

Mas será mesmo assim? Pois, diante deste quadro de "dupla fundamentalidade", ressurge a questão colocada no início da nossa exposição: absolutamente todos os direitos dos trabalhadores, instalados no Título II da Constituição, são fundamentais?

Ora, repetindo o que foi dito há alguns parágrafos, se nos valermos da coimplicação inexpugnável entre a fundamentalidade formal e material, a resposta afirmativa será inevitável. No entanto, acredito ser este um expediente que, ao invés de robustecer o grau de importância dos direitos dos trabalhadores, acaba por banalizá-lo. Em verdade, esta concepção doutrinária lança na vala comum direitos de índole bastante heterogênea, ao menos no que toca ao coeficiente de relevância para a qualidade de vida do indivíduo. Pensem, por exemplo, no direito à percepção de um salário mínimo (art. 7º, IV) e na prescrição quinquenal (art. 7º, XIX). Seriam ambos, realmente, merecedores da mesma proteção reforçada em face das maiorias eventuais?

Devemos recordar, mais uma vez, que o momento histórico em que foi elaborada a Constituição de 1988 teve na *desconfiança* (em relação aos poderes constituídos) o seu maior ponto de consenso. Logo, afirmar que *todos* os direitos contidos no Título II possuem, sem exceção, conteúdo suficientemente valioso para serem alçados à qualidade de materialmente fundamentais, não me parece razoável. Se o mote era o da desconfiança, nada mais lógico do que se pretender internalizar no texto constitucional a maior quantidade possível de direitos, a fim de que salvaguardá-los de um futuro incerto. Dito de outro modo: *preferiu-se primar pela quantidade em detrimento da qualidade*.

Entretanto, ao comentar o seu posicionamento, o Professor Ingo Sarlet observa que, apesar de o referido art. 7º, XXIX da CF/88 ser um dispositivo de "fundamentalidade material no mínimo controversa"[(149)], o importante é o fato de que:

> "incumbe ao Constituinte a opção de guindar à condição de direitos fundamentais certas situações (ou posições) que, na sua opinião, devem ser objeto de especial proteção, compartilhando o regime da fundamentalidade formal e material peculiar dos direitos fundamentais."[(150)]

Ocorre que a "opção" do constituinte não é tão isenta de dúvidas quanto indica o professor Sarlet. E um dos autores que desvelou, com muita clareza, esta inconsistência formal da Constituição de 1988 foi o professor Cláudio Pereira de Souza Neto.

Com efeito, este jusfilósofo apontou, sem tergiversar, para a "insuficiência dos critérios formais fornecidos pelo Texto Constitucional para definir quais são os direitos fundamentais que têm lugar no sistema brasileiro"[(151)]. E foi além. Disse ainda que:

> "se a definição da fundamentalidade formal no interior do Título II já se afigura complicada, o problema se agrava sobremaneira quando está em pauta identificar direitos fundamentais para além do Título II e atribuir a eles o *status* de cláusula pétrea (...)
>
> "O fato é que o Título II da Constituição apenas esboça os contornos preliminares desse sistema. É indispensável, portanto, investir na elaboração de critérios materiais para a delimitação do campo da fundamentalidade. (...)

---

(149) *Idem*, p. 160.
(150) *Idem, ibidem*.
(151) SOUZA NETO, Cláudio Pereira de. *Teoria constitucional e democracia deliberativa*, p. 226 e 231.

"mesmo que determinado dispositivo esteja no interior do Título II, isso não é suficiente para concluir que todas as normas que institui são "limites materais ao poder de reforma". Também aqui desempenha um papel central a noção de "fundamentalidade material"."[152]

Para quem compartilha desta opinião (como é o meu caso), cai por terra a ideia da dupla fundamentalidade, porquanto não está claro, de jeito algum, *o que* deve ser qualificado como direito fundamental, dentro do Título II da Constituição. No entanto, para os que ainda não estão convencidos, mais um argumento deve ser posto na mesa. Trata-se da "tensão dialética e dinâmica que caracteriza a relação entre a necessidade de preservação da Constituição e os reclamos no sentido de sua alteração"[153].

Conforme o próprio professor Ingo Sarlet reconhece, não se pode descolar a Constituição da realidade, caso se pretenda preservar a sua força normativa[154]. E, seja mediante mutações constitucionais, seja por meio de ajustes formais, o processo de adequação irá pôr-se em marcha. Além disso, a já mencionada advertência a respeito do risco da ditadura dos mortos sobre os vivos é um bom lembrete sobre a necessidade de não nos descuidarmos do princípio democrático. Digo isso porque, apesar de a tese da dupla fundamentalidade aparentemente contribuir para a sua promoção, ela atua justamente de forma contrária, impedindo que quaisquer das posições inseridas no Título II da Carta Magna sejam colocadas à prova na arena político-deliberativa.

Em verdade, ao avançarmos nesta teoria, convergimos para uma peculiar contradição inerente ao raciocínio dos seus adeptos: ao mesmo tempo que distribuem generosamente a fundamentalidade material — bastando, para tanto, que o direito esteja formalizado no Título II —, aceitam que eles sofram modificações, desde que não seja afetado o "núcleo essencial"[155].

Ora, diante da grande complexidade que envolve a delimitação do "limite dos limites"[156], fica aqui a seguinte pergunta: por que se confia na razão prática para a aferição do "núcleo material" daqueles direitos, mas não se deposita a mesma confiança para a indicação de um "critério material" apto a identificar quais são, efetivamente, os merecedores de uma proteção reforçada?

Decerto que não sou ingênuo a ponto de fechar os olhos para os perigos que rondam esta tese. Abandonado o abrigo seguro da dupla fundamentalidade (que concede automaticamente, aos direitos positivados, a designação de elemento essencial da Constituição), o que nos garante que, por exemplo, o poder econômico não fale mais alto e acabe impondo aos trabalhadores um sistema de direito construído às custas

---

(152) *Idem*, p. 233 e 238.
(153) SARLET, Ingo Wolfgang. A problemática dos fundamentos sociais como limites materiais ao poder de reforma da Constituição, p. 348 e 381.
(154) *Idem*, p. 345-346.
(155) *Idem*, p. 383-384.
(156) Cf., por todos, NOVAIS, Jorge Reis. *As restrições aos direitos fundamentais não expressamente autorizadas pela Constituição.* Coimbra: Coimbra Editora, 2003. p. 779-798 e MENDES, Gilmar Ferreira. *Direitos fundamentais e controle de constitucionalidade:* estudos de direito constitucional. 3. ed. São Paulo: Saraiva, 2004. p. 41-107.

de generosas "mesadas" aos parlamentares? Ou o que impede o julgador de fazer uso de sua filosofia política particular, inserindo-a nas lacunas e nas texturas abertas da Constituição de 1988?

De fato, se quisermos levar a sério a própria ideia de fundamentalidade, reservando-a tão somente aos direitos que, pela inequívoca importância do seu conteúdo, devem ser assim qualificados, estes são obstáculos que, apesar de tormentosos, precisam ser enfrentados. E o melhor meio disponível para este fim é o da construção de uma argumentação jurídica consistente e coerente. Tal como ressalta o professor Virgílio Afonso da Silva, o que se pode exigir é "a fixação de alguns parâmetros que possam aumentar a possibilidade de diálogo intersubjetivo, ou seja, de parâmetros que permitam algum controle da argumentação"[157].

Só deste modo enxergaremos uma luz no fim deste processo (árduo e lento, é verdade, mas com a preocupação de ser consistente) de construção de um conceito de direito fundamental do trabalhador. Ao final, nada menos do que associá-lo *criteriosamente* à identidade própria da Constituição brasileira de 1988 será suficiente[158].

E — não custa lembrar — um tijolo a mais, nesta estrutura dialética, será sempre melhor do que nenhum. Pouco a pouco, com muita persistência, e não menos responsabilidade individual, social, institucional e discursiva, haveremos de cinzelar os argumentos materialmente fundamentais, capazes de proteger os direitos do homem que trabalha para sobreviver e/ou se realizar. Caso contrário, se abrirmos mão desta empreitada epistemológica, ficaremos com a sensação de estarmos a padecer — com o perdão da metáfora — de uma malfadada "síndrome do avestruz", cujos sintomas são: fechar os olhos para o que está a sua volta, esconder a cabeça no primeiro espaço que aparece (ainda que estreito e desconfortável) e adquirir a falsa sensação de segurança, apesar de deixar vulnerável quase que a totalidade do que é essencial proteger.

Destaco, portanto, que a tese da dupla fundamentalidade não será utilizada como um dos critérios deste estudo, uma vez que ela atrapalharia mais do que ajudaria. Mas, se mesmo assim, for necessário afastar a contradita, no sentido de eu estar fazendo *tabula rasa* do texto constitucional, digo que o direito positivado não será descartado. Ao contrário, no momento oportuno, ele funcionará como um importante indicativo na aferição dos critérios construídos ao longo deste estudo.

V — CONCLUSÃO

Depois de lidas estas páginas, espero que todos estejam curiosos o suficiente para acompanhar a empreitada que está por vir: (1) traçar critérios aptos a justificar

---

(157) Cf. SILVA, Virgílio Afonso. *Direitos fundamentais:* conteúdo essencial, restrições e eficácia. São Paulo: Malheiros Editores, 2009. p. 148.
(158) Neste sentido, observa o Professor Ingo Sarlet que: "É preciso ter em mente, portanto, que um conceito satisfatório somente poderia ser obtido com relação a uma ordem constitucional concreta, o que apenas vem a confirmar a correção da afirmação feita por Javier Jiménez Campo, ao sustentar que uma conceituação de direitos fundamentais (que encontram vinculação necessária — também para o autor — com uma determinada Constituição) exige tanto uma determinação hermenêutica quanto uma construção dogmática vinculada ao contexto constitucional vigente. Com efeito, o que é fundamental para determinado Estado pode não ser para outro, ou não sê-lo da mesma forma." *A eficácia dos direitos fundamentais*, p. 90-91.

os direitos fundamentais específicos dos empregados; e (2) montar estruturas discursivas que deem conta do emaranhado de argumentos a respeito dos modelos institucionais responsáveis por sua operacionalização. Num ambiente encharcado de preconceitos, não diria que esta tarefa é um "*piece of cake*". Mas é aí que está a graça. O desafio do inexplorado, a adrenalina do enfrentamento acadêmico[159]. Creio que seja isso o que move muitos dos que se enveredam pelos terrenos mais sombrios da dogmática constitucional brasileira.

No entanto, para os que não têm muito gosto pelo inesperado, apresento-lhes, rapidamente, um apanhado dos próximos Capítulos.

No que vem logo a seguir, iniciarei a discussão sobre o lado pragmático do direito: utilidades, resultados e consequências. Estas são ideias que, geralmente, passam ao largo das divagações teóricas, mas que estão na linha de frente do pensamento de muitos dos que desejam contestar a fundamentalidade dos direitos trabalhistas. Levá-las em conta e testá-las como o primeiro critério argumentativo: nada mais do que uma obrigação. Se eu decido que o 13º salário é um direito fundamental, o que acontece a partir de então? E quanto ao adicional de periculosidade: deve seguir o mesmo destino? Devemos ficar à mercê destas expectativas? Isso e muito mais será discutido ao longo das próximas páginas.

Complementando o que foi dito, avançarei para o Capítulo III. Nele, almejo reforçar o enlace necessário entre pragmatismo e deontologia (assunto do final do Capítulo II) e ir além. Para tanto, pretendo enfatizar e alavancar a (inter)dependência entre três palavras-chave, indispensáveis ao bom andamento deste estudo: poder, direito e moral. Poder e Direito. Direito e Moral. Poder e Moral. Eis aí uma interação que está longe de ser amistosa. Ao contrário, as variações sobre o mesmo tema têm gerado inúmeras formatações jurídico-institucionais que ou vão de um extremo (autoritarismo desavergonhado) ao outro (democracias procedimentais), ou desembocam num tipo especial de modelo estatal, cujo mote tem sido a tolerância: o Estado Constitucional e Democrático de Direito[160].

Aparadas as arestas, aprofundarei as experiências já esboçadas nos tópicos anteriores. Falo da possibilidade de analisar os efeitos da aplicação do princípio democrático numa relação privada. Ao combinar a visão pragmática do direito do trabalho com seu aspecto deontológico, tornar-se-á possível avaliar a capacidade institucional do Estado brasileiro de se imiscuir nesta relação e, neste sentido, abrir espaço para a sua releitura de acordo com o princípio democrático. Por outras palavras, tentarei explorar todo o seu potencial normativo, com vistas a reajustar os pressupostos desta interação particular, transformando-a num catalizador do desenvolvimento das potencialidades do indivíduo empregado.

No Capítulo V, chamarei ainda mais a atenção para dois dos principais atores institucionais do teatro jurídico brasileiro: o STF e o TST. Ver, sentir e avaliar como ambos têm pensado e aplicado o direito constitucional do trabalho. Este será o objetivo

---

(159) Em sentido semelhante, cf. BORGES, José Souto Maior. *Op. cit.*, p. 24-28.
(160) Neste sentido, cf. KAUFMANN, Arthur. *Filosofia do direito*. Trad. António Ulisses Cortês. Lisboa: Fundação Calouste Gulbenkian, 2004. p. 440 *et seq.*

desta etapa do estudo, pois, em tempos de judicialização do mundo da vida, um pouco mais de leitura das decisões do STF e do TST não será exorbitante.

Depois disso, jogarei algumas luzes sobre o viés internacional desta discussão. O que vem sendo feito no âmbito exterior? Como é que o critério normativo aqui desenvolvido se comportará perante as decisões tomadas por organismos internacionais, cuja legitimidade é aceita por todos os povos civilizados? Este é um diálogo que, se devidamente desobstruído, pode gerar muitos bons frutos para o avanço de uma provável solução.

Por fim, no Capítulo VII, tratarei de "flexibilizar" ainda mais a discussão. Será o instante em que, a partir da Constituição brasileira de 1988, e valendo-me de tudo o que foi dito até então, apresentarei algumas considerações sobre a maleabilidade dos direitos fundamentais dos trabalhadores, tentando convencê-los de como esta sua característica intrínseca é indispensável à sua durabilidade, mesmo quando observados a partir do seu núcleo essencial.

Em suma: partirei de um *critério pragmático* para chegar a um outro critério a ele irmanado: o *critério moral*. A partir daí, lançarei mão de uma de suas principais características — a *deliberação democrática* — para desenvolver um novo critério (institucional) e, assim, aperfeiçoar a cooperação entre privados.

Contudo, a conclusão não estaria completa se fosse deixado de lado o que se passa ao nosso redor. Por isso, prestarei a devida atenção ao que vêm falando os nossos tribunais, bem como ao que se discute nos foros de ultramar, a fim de verificar o que se passa com os nossos critérios nos âmbitos jurisprudencial e cosmopolita. E, depois de tudo isso somado, avançarei para a prova final, quando, com a Constituição de 1988 em mãos, tentarei responder a uma das questões mais candentes da atualidade: até onde flexibilizar os direitos fundamentais dos trabalhadores?

Para me desincumbir deste propósito, minha estratégia será dividida em dois movimentos. No primeiro lance, utilizarei as novas ferramentas hermenêuticas ultimamente difundidas, de maneira a afiar as pontas dos antigos apetrechos — convenhamos — bastante enferrujados do direito do trabalho. No instante seguinte, colocarei este instrumental em ação. E, para isso, não há nada melhor do que aplicá-los em casos concretos colhidos na doutrina e na jurisprudência. Um teste e tanto!

Aos mais reticentes quanto à possibilidade de sucesso do esforço intelectual empreendido, peço um voto de confiança e um pouco de paciência para me deixarem argumentar. Tenho certeza de que, se não concordarmos sobre todas as questões aqui colocadas, em algum ponto da minha explanação, teremos grande chance de convergir. Se não, ao menos que o faça refletir. Com isso, já me darei por satisfeito. Não preciso nem mesmo que você dê o braço a torcer.

Capítulo II
ANÁLISE ECONÔMICA DO DIREITO DO TRABALHO

I — INTRODUÇÃO

Escolha racional. Futuro. Incentivos. Custos de oportunidade. Intervenção. Externalidades. Necessidades. Custos de transação. Informação assimétrica. Aversão ao risco. Ou, como uma síntese de tudo isso, **EFICIÊNCIA**.

Eis aí alguns lugares-comuns para todos aqueles que se propõem a analisar o direito com as ferramentas típicas da economia[161]. O que pode parecer uma heresia, ou melhor, um enfoque ultrapassado para os pós-positivistas de plantão (preocupados tão somente com a "justiça" das decisões), é, em verdade, um movimento extremamente atual, que adquire cada vez mais importância no cenário jurídico contemporâneo[162].

Contudo, se é assim, por que a resistência? Será que os outros estão errados, enquanto nós estamos certos, ao entrincheirarmos o direito dos "ataques" vindos da economia? Será que ao efetuarmos a releitura econômica do jurídico, estamos misturando alhos com bugalhos, contaminando o mundo do "dever ser" com um pragmatismo insensível e preocupado apenas com as consequências dos nossos atos, independentemente de serem certos ou não?

Bem, se o pós-positivista brasileiro quiser ser coerente, não há como deixar de fora o ponto de vista que pretendo defender. Isso porque não se pode usar (logicamente) dois pesos e duas medidas, admitindo-se, de um lado, a miscigenação entre o direito e a moral e repudiando-se, de outro, o influxo da economia na conformação do comportamento humano.

Ou se aceita de vez a permeabilidade do direito aos valores e aos fatos, ou é melhor que se volte ao puro positivismo kelseniano ou à doutrina luhmanniana do sistema autopoiético[163]. O que não se pode é ficar com um pé lá e outro cá, raciocinando "pela metade". Caso contrário, criar-se-á o pior dos mundos, uma vez

---

(161) Cf., por todos, COOTER, Robert, ULEN, Thomas. *Law and Economics.* 5th ed. Boston: Addison-Wesley, 2008. p. 1-13.
(162) Neste sentido, cf. SUNSTEIN, Cass R. *Free Markets and Social Justice.* New York: Oxford University Press, 1997. p. 3.
(163) Para uma visão da teoria de Niklas Luhmann, segundo a qual o direito funciona como um sistema autônomo, cujo objetivo é a estabilização de expectativas de comportamento e a solução de conflitos contingentes, de acordo com o código binário "lícito, ilícito", cf. LUHMANN, Niklas. *Sociologia do Direito.* V. I e II. Trad. Gustavo Bayer. Rio de Janeiro: Tempo Brasileiro, 1983-1985.

que, diante da ausência de critérios prévios formais e/ou substantivos, fecha-se ou abre-se a comporta do direito (da licitude) em função das preferências pessoais de quem o interpreta, bloqueando-se o discurso jurídico. Seria como se houvesse um MFD (movimento dos fiscais do direito) acampado na porta do Supremo Tribunal Federal, defraudando bandeiras com os dizeres "Fora Economia".

Além de tal postura ser um tiro pela culatra para os pós-positivistas — já que reforça as críticas à razão prática, na medida em que aumenta o risco potencial de arbitrariedade —, ela vai de encontro à legitimidade democrática de boa parte das leis, cujo *Leitmotiv* foi justamente a perspectiva econômica dos seus efeitos, isto é, o cálculo de custo-benefício efetuado para a sua promulgação. Incentivar (ou desestimular) determinada conduta tida como proveitosa (ou nociva) para a sociedade? Eis a questão de fundo[164].

Por isso, penso que já passou da hora de o direito e, principalmente, de o direito do trabalho ser avaliado também pelo crivo da análise econômica. Só que minha impressão não se resume à preservação da consistência dogmática ou ao receio da manipulação ideológica. Pois é conveniente — para não dizer essencial — que os estudiosos do direito prestem mais atenção aos resultados práticos de suas teorias, que deem a devida importância às possíveis consequências que determinada decisão sobre o sentido do texto normativo acarretará no mundo real. Como já dizia Nietzsche: "As consequências das nossas ações nos agarram pelos cabelos sem se importar com o fato de nos termos corrigido"[165].

Se nós, teóricos, internalizarmos esta preocupação, o debate em torno de alguns temas polêmicos certamente ganhará muito, em termos de sofisticação. Por exemplo, qual caminho se deve trilhar: deve-se ratificar a Convenção n. 158 da OIT, que indica algumas justificações capazes de evitar a dispensa arbitrária ou, simplesmente, se deve deixá-la de lado, porque seu acolhimento provocaria uma "proteção às avessas", na medida em que o estreitamento da porta de saída geraria o mesmo efeito na porta de entrada[166]?

E os direitos conferidos às empregadas domésticas? Deve-se suprimir o parágrafo único do art. 7º da CF/88 e estender todos os seus incisos a esta categoria profissional, ou deve-se deixar tudo como está, limitando-se os seus direitos àqueles que lá estão indicados? Mais ainda: até que montante o valor do salário mínimo deve ser aumentado? Deve-se priorizar o bem-estar do indivíduo que sobrevive do trabalho subordinado ou, ao contrário, deve-se levar em conta o impacto que possivelmente ocorrerá sobre as contas públicas?

---

(164) Sob este prisma, um exemplo interessante é o da Lei n. 11.705/08 (apelidada de "Lei Seca"). Sem sombra de dúvidas, sua aprovação pôs em destaque tanto os benefícios (redução do número de acidentes automobilísticos), quanto os custos (redução da venda de bebidas alcoólicas) daí resultantes. E, inclusive, foi com base nestes custos (tidos como desproporcionais), que a Associação Brasileira de Restaurantes e Empresas de Entretenimento (Abrasel) decidiu questionar a constitucionalidade da norma no STF (Cf. Jornal *O Globo*, 5.7.2008, p. 14).
(165) NIETZSCHE, Friedrich Wilhelm. *Além do bem e do mal*. Trad. Lílian Salles Kump. São Paulo: Centauro, 2006. p. 80.
(166) Sobre o tema cf., por todos, BELMONTE, Alexandre Agra. Os direitos fundamentais juslaborais e a Convenção n. 158 da Organização Internacional do Trabalho. In: GOMES, Fábio Rodrigues (coord.). *Direito constitucional do trabalho:* o que há de novo? Rio de Janeiro: Lumen Juris, 2009. p. 377 *et seq.*

Perguntas como estas são as que evidenciam, de um modo bastante didático, a suposta oposição (incontornável) entre a deontologia e o pragmatismo, entre a justiça social e a eficiência, entre a intervenção do Estado e o livre mercado, entre o direito do trabalho e a economia[167]. O que me proponho a demonstrar neste estudo é que esta oposição não existe, ou melhor, não deve existir. Defenderei aqui algo que não é uma novidade retumbante. A rigor, farei coro àqueles que acreditam ser possível reverter esta oposição e transformá-la em complementação[168]. E quando falo de complementação, refiro-me a uma via de mão dupla, já que da mesma maneira que não aceito a "imunização" do direito em relação à análise econômica, também pretendo deixar claro que a visão pragmática não é um "ovo de Colombo" capaz de resolver matematicamente todos os problemas sociais que clamam por justiça[169].

Empirismo e normatividade. Vida e arte. Trata-se de uma equação complexa e que tangencia o paradoxo, uma vez que realça as perplexidades de todos aqueles que enxergam no direito a última fronteira, a linha de corte que divide a crueza do dia a dia, da esperança de um futuro mais harmônico e solidário. Da sua efetivação, surgiria o momento tão esperado em que a vida, finalmente, imitaria a arte.

Tenho plena consciência de que, ao transportar esta discussão para o mundo do trabalho, estarei correndo sérios riscos de ser tachado de "neoliberal", "conservador" e de um sem-número de outros rótulos que emprestam um viés pejorativo e preconceituoso a todos os que ousam aproximar o mundo ideal (que "deve ser" fomentado) e o mundo cotidiano (lido nas estatísticas ou nas páginas dos jornais).

No entanto isso, ao contrário de encarar como intimidação, vejo como um desafio ainda mais instigante. Até mesmo porque acredito que a conclusão (a que imagino chegar) será capaz de, ao menos, fazer os mais desconfiados refletirem sobre as boas coisas que podem ser feitas com a análise econômica do direito. Demonizar esta perspectiva seria o mesmo que culpar o cientista que descobriu a fissão nuclear pela bomba atômica. Nunca é demais relembrar: o que fazemos com o conhecimento que nos está à disposição é de nossa inteira responsabilidade.

Obviamente, que não almejo fornecer uma resposta perfeita para este dilema sobre como o direito do trabalho interage sobre os fatos (análise positiva ou descritiva) ou sobre qual a melhor alternativa para promover uma distribuição de bens que torne a relação de emprego mais eficiente e, ainda por cima, mais justa (análise normativa ou prescritiva)[170]. Mas, mesmo assim, creio que não se pode descurar do manancial de informações cada vez mais rico que a escola do *law and economics* vem trazendo.

---

[167] MATHIS, Klaus. *Efficiency instead of justice? Searching for the philosophical foundations of the economic analysis of law*. Translated by Deborah Shannon. Washington: Springer, 2009. p. 185-186.
[168] *Idem*, p. 198-201. Cf. também GALDINO, Flávio. *Introdução à teoria dos custos dos direitos: direitos não nascem em árvores*. Rio de Janeiro: Lumen Juris, 2005. p. 251.
[169] Em sentido semelhante, cf. SUNSTEIN, Cass R. Free market and social justice, p. 5, SILVA, Mariana Duarte. Análise econômica do direito à liberdade de expressão. In: *Sub judice n. 33*. 2005: Out.-Dez. Coimbra: Almedina, maio de 2006, p. 40 e, por incrível que pareça, POSNER, Richard. *Problemas de filosofia do direito*. Trad. Jefferson Luiz Camargo. São Paulo: Martins Fontes, 2007. p. 486-502.
[170] Sobre a dupla dimensão (descritiva e normativa) da análise econômica do direito, cf. SHAVELL, Steven. *Foundations of economic analysis of law*. Cambridge: The Belknap Press of Harvard Universty Press, 2004. p. 1-5.

Extrair dali uma abordagem que, ao fim e ao cabo, dissipará desconfianças e, quiçá, permitirá a reconciliação do direito do trabalho com aquela que sempre foi tida como o seu maior algoz: a economia. Esta será a nossa empreitada.

No entanto, para não nos perdermos em meio à imensa quantidade de conceitos, fórmulas e teorias econômicas — muitas das quais bastante intricadas —, deixarei aqui as perguntas que irão nortear o desenvolvimento deste Capítulo:

(1) Todos os direitos alocados no art. 7º da CF/88 são úteis para os empregados?

(2) Qual o critério capaz de mensurar o grau de eficiência desta alocação?

(3) Como o juiz deve lidar com este aparato jurídico-econômico a fim de tomar a sua decisão?

II — FAZENDO AS ADAPTAÇÕES: ALGUNS FUNDAMENTOS TEÓRICOS PARA A ANÁLISE ECONÔMICA DO DIREITO DO TRABALHO

§ 1º — A utilidade sob o ponto de vista do empregado: o que significa isso?

Se fosse me pautar pelo conhecido utilitarismo de Jeremy Bentham, diria que útil para o empregado seria tudo aquilo que lhe desse *prazer*[171]. Ao considerar a tradição dos direitos naturais um "absurdo retórico" ou nada mais do que "muita gritaria no papel", este pensador inglês visualizava o direito como mero produto da vontade humana e, na medida em que esta vontade era condicionada fisicamente, estabeleceu a dor e o prazer como critérios de criação e avaliação do direito. Tal como na política, na moral e na religião, estes fatores orgânicos seriam o seu "verdadeiro fundamento"[172]. Estava fixado, portanto, o substrato moral da ordem jurídica: buscar a maior felicidade possível para o maior número de pessoas (maximização da felicidade)[173]. Mas onde entrou a economia nessa história?

Ela se inseriu a partir do instante em que Bentham afastou o bem-estar humano da existência de Deus (ou de qualquer outra entidade metafísica) e direcionou sua atenção para as consequências do ato, verificando se o resultado obtido traria, de fato, algum benefício palpável[174]. A ideia-chave agora era a de aferir a utilidade da regra jurídica a partir de uma relação de custo-benefício. A melhor norma, ou a moralmente correta, seria a que maximizasse o bem-estar humano, quando visto no seu conjunto.

---

(171) Cf. SHAPIRO, Ian. *Os fundamentos morais da política*. Trad. Fernando Santos. São Paulo: Martins Fontes, 2006. p. 23-24, KYMLICKA, Will. *Filosofia política contemporânea*. Trad. Luís Carlos Borges. São Paulo: Martins Fontes, 2006. p. 15-16 e HART, Herbert L. A. *Ensaios sobre teoria do direito e filosofia*. Trad. José Garcez Ghirardi, Lenita Maria Rimoli Esteves. Rio de Janeiro: Elsevier, 2010. p. 205-206.
(172) SHAPIRO, Ian. *Op. cit.*, p. 26.
(173) KYMLICKA, Will. *Op. cit.*, p. 11-12 e 15. HART, Herbert L. A. *Ensaios sobre teoria do direito e filosofia*, p. 206-212 e ROSS, Alf. *Direito e justiça*. 2. ed. Trad. Edson Bini. Bauru: Edipro, 2007. p. 336-337.
(174) NINO, Carlos Santiago. *Introducción al análisis del derecho*. 2. ed. 13. reimpresión. Buenos Aires: Editorial Astrea, 2005. p. 391-392 e ROSS, Alf. *Op. cit.*, p. 338.

Assim, quanto maior fosse o número de indivíduos beneficiados pelo direito, maior seria a sua utilidade e, por derivação, a sua legitimidade. Contudo, para efetuar este cálculo, três acréscimos teóricos foram implementados[175]: (1) atribuiu-se igual peso à satisfação de cada indivíduo; (2) selecionou-se o dinheiro como medidor da utilidade majoritariamente preferida (criou-se o "utilitômetro"); e (3) supôs-se que quanto mais dinheiro a pessoa possuísse, menos utilidade seria atribuída a cada unidade monetária adicional (princípio da utilidade marginal decrescente).

Essa primeira aproximação entre direito e economia, via utilitarismo clássico, teve certamente os seus pontos positivos. Como exemplo, destacam-se a atribuição de importância ao bem-estar humano e a determinação de que as normas devem ser testadas, pondo-se, como parâmetro de correção, as consequências advindas de sua implementação prática[176].

Todavia, as críticas à teoria de Bentham atingiram um patamar nada desprezível. Na verdade, elas se multiplicaram por todos os flancos. Indo desde a impossibilidade de se reduzir a utilidade ao prazer sensível (merecendo destaque a famosa alegoria construída por Robert Nozick, segundo a qual, ainda que houvesse uma máquina que nos proporcionasse os nossos maiores desejos, muitos não aceitariam perder o controle de suas vidas para nela ficarem conectados eternamente[177]), passando pelas questões sobre a exploração das minorias (mulheres, negros ou deficientes) e a dificuldade de medição de certos bens em dinheiro (incomensurabilidade da amizade, da autoestima ou do casamento). Isso sem falar dos problemas a respeito das comparações interpessoais (o que é bom para mim pode não ser para você), da indiferença em relação à distribuição dos direitos (quem sai ganhando), da dúvida a respeito de quem controlaria o "utilitômetro" e da descrença quanto à diminuição da utilidade do dinheiro para quem já o possuísse (sendo mais apropriado acreditar na máxima "quanto mais você tem, mais você quer")[178].

De toda sorte, para o que importa a este estudo, vale frisar que todas estas críticas e outras mais não puseram termo ao impulso inicial — dado por Bentham — para a junção do direito à economia. O que ocorreu, desde então, foi o aperfeiçoamento das suas ideias[179].

Neste sentido, destaco, dentro da reformulação da concepção hedonista, a substituição da ideia de prazer (como estado mental) pela de "satisfação de preferências", como critério apto a justificar o direito[180]. Contudo, esta nova versão também não foi a mais confiável, uma vez que nem sempre a satisfação do que queremos, num determinado momento, nos colocará numa situação melhor. Esta "falsa consciência" poderá acontecer quando realizamos nosso desejo mais imediato (pedir uma pizza, por exemplo), sem que tenhamos conhecimento de todas as informações

---

(175) KYMLICKA, Will. *Op. cit.*, p. 14 e 25. HART, Herbert L. A. *Ensaios sobre teoria do direito e filosofia*, p. 228-229 e SHAPIRO, Ian. *Op. cit.*, p. 32-33 e 36.
(176) KYMLICKA, Will. *Op. cit.*, p. 14.
(177) A semelhança com o filme "Matrix" não é mera coincidência.
(178) Cf. SHAPIRO, Ian. *Op. cit.*, p. 34-47. ROSS, Alf. *Op. cit.*, p. 339-340. PARIJS, Philipe van. *O que é uma sociedade justa?*, p. 30-32.
(179) NINO, Carlos Santiago. *Op. cit.*, p. 392. KYMLICKA, Will. *Op. cit.*, p. 15-17.
(180) KYMLICKA, Will. *Op. cit.*, p. 18.

relevantes que, porventura, poderão alterar nosso julgamento (se soubéssemos que a pizzaria escolhida não cumpre as normas de vigilância sanitária)[181].

Daí por que se passou a defender o conceito de "preferências racionais ou informadas". O principal bem humano seria a satisfação das preferências que não se baseiam num estado de coisas equivocado[182]. É claro que a vagueza, a incerteza ou a mera impressão não são eliminadas com este formato, pois ainda não temos como saber quais preferências as pessoas escolheriam racionalmente, caso estivessem bem informadas. E isso acontece por dois motivos muito simples: nunca se tem (ou nunca se sabe, com certeza, quando se tem) todas as informações necessárias à tomada de decisão e, mesmo que isso fosse possível, nem sempre o ser humano é completamente racional[183].

Dito isso, fica a sensação de naufrágio iminente. Por que insistir nesta viagem, do direito rumo à economia, se a travessia se faz num "barco teórico" tão inconsistente? Por que usar a teoria econômica para saber o que é juridicamente útil ao trabalhador, se ela fornece instrumentos tão precários de aferição? Não seria melhor retornar ao porto seguro da deontologia e largar de mão esta tentativa deveras arriscada?

Quem responde a estas provocações de modo muito interessante é Richard Posner. Para este autor, "A economia do direito pode muito bem ser um campo fraco, compartilhando a fragilidade geral da economia e outras fragilidades que lhe são específicas. Contudo, será forte a psicologia do direito? A sociologia do direito? A antropologia jurídica? A filosofia do direito como teoria positiva do direito? Esses campos de estudo interdisciplinares, além de outros que aqui poderíamos citar, são mais antigos do que a Análise Econômica do Direito, mas ainda assim são candidatos mais fracos a um papel de liderança na configuração de uma teoria positiva do direito"[184].

Vejo aqui uma mensagem bastante clara, com a qual concordo e faço questão de repisar: a teoria econômica não é perfeita, mas tem a virtude de sinalizar aos juristas que o direito pode ser mais bem compreendido quando iluminado o seu resultado empírico. A dificuldade de se racionalizar o que é juridicamente útil ao indivíduo não é negada. O que se faz é reconhecer que este é um obstáculo inerente a todas as abstrações teóricas, as quais não têm como dissecar a totalidade de comportamentos humanos possíveis, sob pena de se tornarem inviáveis[185].

Logo, o que os defensores do *law and economics* dizem é que esta espécie de análise do direito pode contribuir para o seu aperfeiçoamento, na medida em que desbasta a realidade até chegar aos seus traços mais essenciais. E ao transformar esta simplificação num modelo matemático, cria uma rotina capaz de medir — para além dos assuntos do mercado — o grau de racionalidade da conduta humana, a partir do resultado que ela produz[186].

---

(181) *Idem*, p. 19.
(182) *Idem*, p. 20-21.
(183) POSNER, Richard. *Problemas de filosofia do direito*, p. 491. SUNSTEIN, Cass. *Op. cit.*, p. 4 e 7.
(184) POSNER, Richard. *Problemas de filosofia do direito*, p. 493.
(185) *Idem*, p. 491 e 494-502.
(186) COOTER, Robert; ULEN, Thomas. *Op. cit.*, p. 3. RODRIGUES, Vasco. *Análise econômica do direito*. Coimbra: Almedina, 2007. p. 25. POLINSKY, A. Mitchell. *An introduction to law and economics*. 2th Edition. Boston: Little, Brown and Company, 1989. p. xiii.

Não se deve, por isso, recusar os méritos desta modalidade teórica simplesmente porque se baseia numa suposição que nem sempre se confirma[187]. E que suposição seria essa? A de que o indivíduo faz escolhas racionais sobre o que é melhor para si, dadas as restrições com as quais se debate (tempo, energia, conhecimento etc.)[188]. A de que o indivíduo atua de forma racional diante dos constrangimentos às suas opções de vida[189] ou, dito de outro modo, a de que o indivíduo, diante de várias alternativas de ação construídas num contexto de escassez de recursos, escolherá a que lhe for mais benéfica, e, além disso, estará capacitado a criar uma ordem de preferências completa e transitiva, hierarquizando as alternativas de acordo com a extensão do benefício que elas lhe trarão[190].

Contudo, fica aqui um alerta: o fato de o indivíduo ser capaz de *maximizar* sua utilidade (escolhendo racionalmente o que lhe é mais benéfico), e de graduá-la em função do comportamento que vier a adotar, não se confunde com o "utilitômetro" de Bentham. Tentarei ser mais claro.

Enquanto Bentham achava possível fazer comparações interpessoais, isto é, cotejar utilidades selecionadas por dois ou mais indivíduos (servindo-se do dinheiro como medida comum)[191], os economistas contemporâneos (neoclássicos) não partem desta premissa[192]. Ao contrário, a análise econômica do direito atual considera que a utilidade "tal como a beleza, é uma escala subjectiva e ordinal"[193].

Diante desta realidade, tudo o que se pode fazer é a dedução empírica da ordem de preferências de um indivíduo a partir das suas escolhas reveladas para, em seguida, atribuir-se determinado valor numérico a cada uma delas. Por exemplo: se entre os sorvetes de manga, chocolate e flocos escolho primeiro o de chocolate, depois o de manga e por último o de flocos, é possível atribuir-se o valor 1 ao sorvete de flocos, o valor 2 ao de manga e o valor 3 ao de chocolate, hierarquizando-se o grau ou a intensidade da minha preferência, a partir da observação das minhas próprias escolhas[194].

Posto isso, já se consegue esboçar uma resposta à primeira pergunta introdutória: todos os direitos alocados no art. 7º da CF/88 são úteis para os empregados?

Úteis ao empregado são apenas os direitos do art. 7º da CF/88 que maximizam a sua satisfação pessoal, isto é, são aqueles direitos que, dentre as alternativas existentes numa situação de escassez, o empregado escolhe racionalmente, uma vez que maximizam o seu bem-estar individual.

---

(187) POLINSKY, A. Mitchell. *Op. cit.*, p. 2-5.
(188) COOTER, Robert; ULEN, Thomas. *Op. cit.*, p. 24.
(189) RODRIGUES, Vasco. *Op. cit.*, p. 17.
(190) "Completa" significa que entre as alternativas A e B, o indivíduo saberá compará-las e escolherá uma em detrimento da outra; "transitiva" significa que se o indivíduo preferir A em vez de B e B em vez de C, irá preferir A em vez de C. Cf. COOTER, Robert; ULEN, Thomas. *Op. cit.*, p. 16 e 22; RODRIGUES, Vasco. *Op. cit.*, p. 12-13 e 17.
(191) SHAPIRO, Ian. *Op. cit.*, p. 32-33.
(192) COOTER, Robert; ULEN, Thomas. *Op. cit.*, p. 23.
(193) RODRIGUES, Vasco. *op. cit.*, p. 15. Cf. também SHAVELL, Steven. *Op. cit.*, p. 596.
(194) É claro que o exemplo é reducionista, uma vez que abstrai circunstâncias complicadoras, tais como (i) a dos diferentes níveis de aversão ao risco atribuíveis a cada indivíduo (o receio de não alcançar a utilidade pretendida em situações de incerteza) ou (ii) a da origem arbitrária do valor atribuído a cada unidade. Mas, para o que se propõe nesta parte do estudo (convencer sobre a possibilidade de avaliação e hierarquização das escolhas individuais), é suficiente. Aos que almejam uma análise mais aprofundada, cf. PARIJS, Philipe van. *Op. cit.*, p. 38-40.

Este esboço, no entanto, está longe de ser suficiente para esclarecer alguma coisa, pois, em vez de apaziguar o espírito, traz ainda mais questionamentos. Como saber qual o máximo de satisfação a que um trabalhador subordinado deve almejar?

É sobre isso que irei me debruçar no próximo item.

§ 2º — Maximizando a utilidade do trabalhador subordinado

Para resolver este novo problema à moda econômica, é aconselhável separá-lo em dois[195].

Um, para ser solucionado com base em algumas ideias mais gerais da análise econômica do direito, e que será representado pela questão: como saber se a escolha de um direito é a mais adequada racionalmente?

Outro, para permitir uma sintonia mais fina desta primeira generalização com as peculiaridades da relação de emprego. Neste espaço, a dúvida se concretiza com a seguinte pergunta: como saber quais os direitos do art. 7º da CF/88 levam o indivíduo--empregado ao mais alto patamar possível de bem-estar?

Uma noção inicial muito cara à economia (e que merece ser destacada a fim de facilitar a formulação da primeira resposta) refere-se ao seu próprio objetivo. Este não se resume a avaliar o comportamento de cada ser humano *de per si*, mas, sim, a "perceber as consequências colectivas que resultam da interacção entre comportamentos individuais"[196]. Tal perspectiva ganha especial importância neste estudo. Isso porque pretendo alimentá-lo com conceitos econômicos justamente para esmiuçar a utilidade dos direitos voltados para os empregados. Direitos específicos que, embora titularizados por pessoas individualizáveis, não deixam de ser direitos setoriais, de uma coletividade, de uma classe, ou melhor, de um conjunto de indivíduos que, ao partilharem os mesmos dissabores do mundo do trabalho, assumiram uma "consciência de classe"[197]. De modo que a decisão de um trará, inexoravelmente, repercussão sobre a atuação dos demais.

Outra ideia relevante é a que os economistas chamam de *análise marginal*, ou seja, deve-se ponderar o acréscimo de vantagens (*benefício marginal*) usufruído pelos empregados em face do acréscimo de sacrifícios (*custo marginal*) que irão enfrentar, caso escolham determinado direito[198].

Mais uma diretriz que deve ser ressaltada tem a ver com o chamado *princípio do equilíbrio*. Nele, interessa a influência exercida pela interação social sobre a opção

---

(195) POLINSKY, A. Mitchell. *Op. cit.*, p. 3.
(196) RODRIGUES, Vasco. *Op. cit.*, p. 25.
(197) SHAPIRO, Ian. *Op. cit.*, p. 98-102; ROSS, Alf. *Op. cit.*, p. 411-415. Sobre o mencionado caráter setorial dos direitos dos trabalhadores, cf. CAUPERS, João. *Os direitos fundamentais dos trabalhadores e a constituição*. Coimbra: Livraria Almedina, 1985. p. 46-49 e 73. ANDRADE, José Carlos Vieira de. *Os direitos fundamentais na constituição portuguesa de 1976*. 2. ed. Coimbra: Livraria Almedina, 2001. p. 119. ARANGO, Rodolfo. *El concepto de derechos sociales fundamentales*. 1. ed. Bogotá: Legis, 2005. p. 89 e MIGUEL, Alfonso Ruiz. *Derechos liberales y derechos sociales*. Doxa n. 15-16, 1994. p. 663.
(198) RODRIGUES, Vasco. *Op. cit.*, p. 17.

feita pelo agente. Isso quer dizer que, num ambiente de mercado, onde — presume-se — as partes interagem livremente (sem coerção), aquele que detém certo recurso (vendedor) poderá ser convencido a cedê-lo para quem não os possui (comprador). Ou seja, o comprador deverá se sacrificar de alguma maneira (pagar um *preço*) para ter acesso ao recurso que ambiciona. Ou, ainda, o preço que está disposto a pagar é o *incentivo* capaz de seduzir o vendedor a lhe ceder o bem. A situação ideal — ou o "nível ótimo" — será aquela em que o benefício marginal (a vantagem que se espera obter) se iguale ao custo marginal que irá encarar[199]. Aqui se chega ao *preço de reserva*, isto é, ao preço máximo que o comprador está disposto a pagar para convencer o vendedor.

Pois bem. Plantada a base teórica inicial, pergunta-se mais uma vez: qual o máximo de satisfação, vantagem, utilidade ou benefício a que um trabalhador subordinado deve almejar?

Mediante a perspectiva econômica mais rudimentar (ou mais generalista), diz-se que tudo vai depender da *lei da oferta e da* procura[200]. Como expliquei há pouco, é o preço que vai motivar o vendedor a ceder seu recurso. Ocorre que, quando ele exige um preço muito alto, a tendência é no sentido de haver pouca procura, ou, em outras palavras, a tendência é no sentido de haver poucos compradores com disposição suficiente a se sacrificar tanto, em função daquele nível de vantagem. Um exemplo tornará mais fácil a compreensão.

Imaginem que Manuel, empresário do ramo de alimentos, decide contratar um padeiro para expandir os seus negócios. Põe um anúncio no jornal, no qual convoca os eventuais interessados a procurá-lo em seu estabelecimento, ressaltando que o valor do salário (ou o *preço*) será "a combinar". Este é, portanto, o incentivo que considera suficiente para chamar a atenção dos potenciais *vendedores*: a oferta de um emprego, isto é, de um trabalho remunerado. Imaginem agora que, diante da notícia, surgem dois candidatos, Pedro e João. Mas com um detalhe: ambos comparecem no mesmo dia e na mesma hora para a entrevista. Manuel, então, decide interrogá-los simultaneamente e em salas separadas. Após iniciar a conversa, descobre que os dois estão desempregados e precisam desesperadamente daquela vaga. Diante disso, pergunta a Pedro quanto ele gostaria de receber pelo serviço a ser prestado, esclarecendo, desde já, que faria a mesma pergunta a João. E, como prometido, repete a mesma conduta perante este candidato. Qual a resposta que os aspirantes a padeiro devem fornecer? Ou, valendo-me da linguagem econômica, até onde os dois estarão dispostos a se sacrificar (*custo marginal*) em busca do emprego possível (*benefício marginal*)?

Esta é uma simulação que guarda muita semelhança com a chamada Teoria dos Jogos Simultâneos (*Game Theory*)[201]. Neste caso, o "nível ótimo" de ação de um candidato dependerá da escolha do outro. Não há como Pedro saber o *preço de reserva* de Manuel, sem, antes, conhecer a proposta de salário efetuada por João. Em verdade, o quanto Manuel estará disposto a pagar permanecerá uma incógnita, uma vez que a

---

(199) RODRIGUES, Vasco. *Op. cit.*, p. 18. COOTER, Robert; ULEN, Thomas. *Op. cit.*, p. 26.
(200) ARAÚJO, Fernando. A análise econômica do contrato de trabalho. In: MARTINEZ, Paulo Romano (coord.). *Estudos do instituto de direito do trabalho.* V. I. Coimbra: Almedina, 2001. p. 191-192 e 207-208.
(201) Cf. COOTER, Robert; ULEN, Thomas. *Op. cit.*, p. 38 *et seq.* RODRIGUES, Vasco. *Op. cit.*, p. 124 *et seq.* ARAÚJO, Fernando. *Op. cit.*, p. 203-204.

sua estratégia de ação foi justamente a de acirrar a competição entre os candidatos. Assim, no final, sempre sairá ganhando. O que poderia ser uma negociação direta entre vendedor (trabalhador) e comprador (empresário), transforma-se numa relação triangular, onde apenas uma das partes (Manuel) será beneficiada.

Ora, suponha-se que Pedro inicie o lance com um salário de R$ 600,00. Ao tomar ciência disso, João tem apenas duas alternativas: ou faz a mesma oferta (suprimindo o critério objetivo de contratação) e corre o risco de uma decisão subjetiva (arbitrária) de Manuel, ou reduz o seu *preço* e, com isso, permite que Manuel volte a contar com o parâmetro monetário para decidir. É claro que, se adotar a primeira posição, o risco de João perder o emprego será muito maior do que se adotar a segunda. Logo, é mais provável que, racionalmente, escolha reduzir o valor do seu salário, visto que tal conduta facilitaria a obtenção do benefício esperado.

Isso poderia se repetir indefinidamente, ora Pedro reduzindo o seu preço, ora João. E aí surge o dilema: qual deve ser o patamar (o *preço mínimo*) da vantagem, utilidade ou benefício que os candidatos devem almejar? Onde eles devem fixar a linha de corte abaixo da qual o custo marginal de suas escolhas superará o benefício correspondente, inviabilizando a contratação? Mais ainda, devem fixá-la no mesmo lugar ou cada qual deve cuidar de si, testando o limite do seu "adversário" até onde consiga aguentar?

Levanto estas questões porque este tipo de ambiente (de livre negociação), no qual o sacrifício do comprador é minorado em face da concorrência entre os vendedores, reflete — numa leitura superficial — o que se considera um mercado equilibrado[202]. À medida que o preço vai caindo, aumenta o interesse do comprador por determinado bem (lei da procura)[203]. Ou, vistas as coisas por outra perspectiva, na medida em que o custo da venda supera o seu benefício, a quantidade de bens/vendedores (*in casu*, trabalho/empregados) irá diminuir (lei da oferta)[204].

Sendo assim, não haveria resposta às questões acima, porquanto o próprio mercado se encarregaria de resolver o quebra-cabeça, corrigindo de maneira trivial as draconianas regras do jogo estabelecidas por Manuel: deixaria de oferecer os candidatos à função de padeiro que ele tanto necessita. Será?

Neste ponto, já se mostra importante desenvolver a segunda metade do problema mencionado linhas atrás. Falo da importância de se atentar para as peculiaridades do mercado adjetivado, do mercado "de trabalho"[205]. E, tal como antes, vale a pena destacar mais alguns conceitos econômicos burilados ao longo do tempo, que serviram exatamente para aperfeiçoar a realidade desenhada até agora.

O primeiro deles é a própria indefinição do que seja mercado. O segundo é a elasticidade dos preços. E o terceiro é um *mix* de desemprego estrutural, somado à situação de necessidade do desempregado e à visualização da relação de emprego como relação de autoridade. Vejamos um a um.

---

(202) RODRIGUES, Vasco. *Op. cit.*, p. 19; COOTER, Robert; ULEN, Thomas. *Op. cit.*, p. 16-17. POLINSKY, A. Mitchell. *Op. cit.*, p. 87.
(203) COOTER, Robert; ULEN, Thomas. *Op. cit.*, 29.
(204) RODRIGUES, Vasco. *Op. cit.*, p. 20-21.
(205) Cf. ARAÚJO, Fernando. *Op. cit.*, p. 194-197.

O mercado é um arranjo institucional[206]. É o espaço destinado à interação social dos indivíduos, a fim de que eles consigam maximizar seu bem-estar. Acontece que esta arrumação pode ser remodelada de diversas maneiras, funcionando diferentemente de acordo com o tipo de bens que ali se negocia (peixes, bicicletas, valores mobiliários, roupas de segunda mão etc.)[207].

Partindo-se desta premissa, começa-se a perceber que também a lei da oferta e da procura se comporta com esse mesmo padrão, ou seja, também ela varia de acordo com o que é ofertado ou procurado, ou melhor, com a *elasticidade* do preço respectivo. Se, por exemplo, eu possuir um bem cuja procura aumenta sensivelmente na medida em que seu valor de mercado diminui, estarei diante de algo com uma bruta elasticidade. Existe a elasticidade da procura e a elasticidade da oferta. Assim ocorre quando a variação da procura é grande no embalo do aumento ou diminuição do preço, como também quando a variação da oferta é afetada em sintonia direta com o mesmo aumento ou diminuição[208].

Pode-se dizer, portanto, que se um determinado bem é *elástico*, a redução do seu preço em, digamos, 50% acarretará o aumento de sua procura em 75%. Numa versão matemática, explica-se este fenômeno atribuindo-se ao produto ofertado uma medida (designada pela vogal "*e*") maior do que 1 ($e > 1$). Voltando ao exemplo referido, atribuiu-se ao bem um índice "*e*" de 1.5, donde 1.5 x 50% (de redução de preço) totalizou 75% (de aumento de procura). Na outra ponta, se um bem qualquer se submeter à mesma redução de preço (50%) e tiver sua procura majorada em apenas 25%, estará determinada a sua baixa elasticidade ou a sua *inelasticidade*, pois, aqui, o valor de "*e*" será menor do que 1 (no caso, valerá 0.5)[209].

Desse pouco que foi dito sobre o grau de elasticidade do bem, já se consegue deduzir quão insuficiente é a lei da oferta e da procura para analisar as interações mantidas no mercado de trabalho, tendo em vista que ela relaciona apenas duas variáveis: o preço e a quantidade[210].

No entanto, é público e notório que a quantidade procurada de um bem se altera em função de inúmeros outros fatores para além do seu preço. Basta pensar, por exemplo, no rendimento do potencial comprador. Para o Bill Gates, a variação do preço de um *notebook* será uma informação irrelevante para a sua decisão de adquiri-lo ou não (será um bem *inelástico*). Já para a recepcionista da Microsoft esta circunstância será essencial (para ela, trata-se de um bem *elástico*). Pense-se, ainda, na existência de bens alternativos[211]. Se aquele *notebook* que aumentou de preço não possuir um equivalente no mercado, certamente haverá a diminuição de sua elasticidade em relação à recepcionista. Mas se houver dois ou três equivalentes com um preço inferior, o aumento da elasticidade do *notebook* (do grau de variação de sua procura em função da variação do seu preço) será inevitável.

---

(206) RODRIGUES, Vasco. *Op. cit.*, p. 24.
(207) *Idem, ibidem*.
(208) *Idem, ibidem*.
(209) COOTER, Robert; ULEN, Thomas. *Op. cit.*, p. 29 e nota de rodapé n. 7.
(210) RODRIGUES, Vasco. *Op. cit.*, p. 24.
(211) COOTER, Robert; ULEN, Thomas. *Op. cit.*, p. 30.

Em suma: enquanto a lei da oferta e da procura trouxer a suposição de que as demais variáveis permanecem inalteradas (a chamada cláusula *ceteris paribus*), ela não será um bom critério de arrumação institucional do mercado de trabalho. E isso ocorre porque este é um modelo de mercado no qual, mais do que nos outros, não há como se restringir a racionalidade do comportamento dos indivíduos à variação do preço e da quantidade do bem que lhes aumentará a utilidade pessoal. Neste campo de atuação humana, é imprescindível atentar também para (i) o desemprego estrutural ao sistema; (ii) a situação de necessidade do desempregado; e (iii) a visualização da relação de emprego como relação de autoridade.

Deste modo, posso afirmar — sem medo de errar — que a existência de um contingente permanente de desempregados transforma qualquer emprego à vista num bem extremamente inelástico[212]. Para aquela pessoa que está sem os recursos necessários à alimentação, ao pagamento do aluguel, do colégio dos filhos ou da conta de luz, a primeira oportunidade de emprego que surgir será tão preciosa que, sozinha, ela não terá condições de avaliar se a quantidade de trabalho que lhe é exigida ou se a espécie de trabalho que lhe é imposta compensa o pagamento que irá receber. Imaginem se, ainda por cima, tiver que disputar a vaga com outro indivíduo igualmente necessitado! Numa situação como essa, a distorção será tanta, que a própria ideia de equilíbrio será subvertida.

Ora, não se pode esquecer que, subjacente à otimização do bem-estar produzido num mercado competitivo, está a premissa de que nenhuma das partes negociantes deve possuir o controle absoluto sobre a determinação do preço[213]. Contudo, se o número de vendedores for "sempre" (estruturalmente) maior do que o de potenciais compradores, é praticamente inevitável que estes últimos estejam — por assim dizer — com a faca e o queijo nas mãos, já que estarão atuando perante uma concorrência para lá de imperfeita.

Além disso, não se pode mais falar aqui em espontaneidade ou liberdade de escolha, confundindo-se a busca do emprego com um diletantismo extravagante. Haverá, sim, um fortíssimo constrangimento fático, uma inescapável coação (econômica, psicológica ou até mesmo fisiológica) que tornará impossível ao indivíduo pensar com clareza. E é por esta primeira razão que o Estado deverá intervir[214].

No entanto reparem bem. O que estou dizendo ainda não faz alusão a diretrizes morais de qualquer espécie. Pelo menos ainda não diretamente. A intervenção estatal se torna necessária, neste contexto, simplesmente para garantir a escolha racional de um dos agentes do mercado[215], ou seja, para garantir um dos pressupostos sobre o qual se estrutura toda a teoria econômica: o de que a conduta individual executada proporcione, no mínimo, um benefício equivalente ao custo dela advindo. Um resultado *eficiente*.

E alguém, nos dias de hoje e em sã consciência, tem alguma dúvida de que uma situação de concorrência desenfreada no mercado de trabalho provocará um custo

---

(212) ARAÚJO, Fernando. *Op. cit.*, p. 204-209.
(213) POLINSKY, A. Mitchell. *Op. cit.*, p. 87.
(214) Cf. SHAVELL, Steven. *Op. cit.*, p. 327 e 335-337. COOTER, Robert; ULEN, Thomas. *Op. cit.*, p. 5.
(215) RODRIGUES, Vasco. *Op. cit.*, p. 131.

para o empregado muito superior ao benefício porventura colhido? Pois se o que impera na análise econômica é a verificação das consequências, está aí a conhecida e desavergonhada exploração do trabalhador subordinado, nos idos da Revolução Industrial, que não me deixa mentir[216].

Só que este é apenas um dos lados da moeda. Ainda tem outro: o da posição de superioridade negocial do comprador, que acaba por transformar a relação de emprego numa relação de autoridade[217]. Aquele que paga pelos serviços de outrem está, normalmente, numa situação de vantagem, pois não só tem dinheiro sobrando (supõe-se que já satisfez suas necessidades básicas e está usando a quantidade excedente para investir), como também decide qual será a destinação destes recursos[218]. Já o que vende o seu trabalho e, por sua vez, vende a si próprio, costuma encontrar-se em situação de desvantagem, visto que, normalmente, esta é a única forma de que dispõe para ter acesso aos recursos do comprador, recursos estes indispensáveis à sua sobrevivência.

Por certo que existem aqueles casos excepcionais em que o vendedor do trabalho (empregado) é abastado ou dele não necessita para viver (quando, *v. g.*, recebe uma renda mínima ou renda básica universal[219]), bem como situações há em que o comprador do trabalho (empregador) precisa urgentemente de determinado profissional especializado para prosperar no seu empreendimento. Só que seguirei aqui a lógica simplificadora da análise econômica e me restringirei à hipótese que, por ser a mais geral (ou a mais comum), é a mais adequada à compreensão da realidade que nos rodeia[220].

Retornando, assim, mais uma vez, à tentativa de responder à primeira pergunta deste Capítulo, afirmo que úteis para os empregados são apenas os direitos do art. 7º da CF/88 que lhes conferem as condições primordiais para que, numa futura negociação, sejam capazes de maximizar sua satisfação pessoal. Ou seja, úteis são os direitos que maximizam sua felicidade, na medida em que (1) corrigem a deficiência de racionalidade (e liberdade) inerente à sua condição de necessitado (ou "hipossuficiente") e (2) reajustam o desnível negocial, decorrente da posição de autoridade do detentor de recursos (o empregador)[221].

Esta é uma definição um pouquinho mais acurada. Seu grande mérito é o de indicar um critério eficiente e, por isso, apto a integrar o arsenal argumentativo dos que se incomodam com o elevado subjetivismo presente nas discussões sobre o grau de importância dos direitos específicos dos trabalhadores, principalmente daqueles positivados na Constituição de 1988. E, a rigor, este é o ponto: eficiência. Em toda a teoria do *law and economics,* esta é a pedra de toque que norteia a alocação de recursos[222].

---

(216) Cf., por todos, SÜSSEKIND, Arnaldo *et alli*. *Instituições de direito do trabalho*, p. 32-48.
(217) Sobre a importância do poder de negociação (*bargaining strengths*) nos efeitos contratuais, cf. POLINSKY, A. Mitchell. *Op. cit.*, p. 123.
(218) RODRIGUES, Vasco. *Op. cit.*, p. 19.
(219) Cf. PARIJS, Philipe van. *Op. cit.*, p. 177 *et seq.*
(220) RODRIGUES, Vasco. *Op. cit.*, p. 25; POLINSKY, A. Mitchell. *Op. cit.*, p. 4.
(221) ARAÚJO, Fernando. *Op. cit.*, p. 197-200 e 261-263.
(222) Por todos, POLINSKY, A. Mitchell. *Op. cit.*, p. xv.

Como saber se a concessão deste ou daquele direito levará aos objetivos acima traçados? Como saber se os efeitos provocados pela intervenção do Estado no mercado de trabalho levarão a uma maior autonomia (escolha racional) do empregado e a um maior equilíbrio transacional com o empregador? E os terceiros? Como verificar as consequências (as externalidades) desta intervenção protetora do indivíduo sobre os demais participantes da sua categoria profissional? Qual o método capaz de aferir esta enormidade de efeitos?

Para dirimir tantas controvérsias, é chegada a hora de reinserir a segunda pergunta feita na introdução deste estudo e que, de um modo geral, as sintetizam: qual o critério capaz de mensurar o grau de eficiência da alocação de direitos feita pelo Estado?

III — A EFICIÊNCIA ENTRA EM CENA: QUAL CRITÉRIO ADOTAR?

Política e direito. O primeiro conceito determina o segundo, que, por sua vez, condiciona a construção do primeiro[223]. Política, direito e economia. É isso o que faço desde o início deste Capítulo. Acrescento àquela equação fundamental este novo elemento, a fim de que a organização social implementada pelo primeiro por meio do segundo possa ser melhor efetuada com a participação do terceiro. Na interseção destes três mundos, procura-se aquela característica comum que, aos olhos mais desconfiados, os enfraquece, mas que, sob uma visão menos apaixonada, os fortalece. Falo da *flexibilidade*[224].

Procura-se aqui o oposto do que se tinha quando a verdade era axiomática, suprapositiva, imune à vontade política ou às contingências mundanas[225]. O problema é encontrar o ponto certo, isto é, diferenciar os ingredientes normativos indispensáveis à escolha racional do indivíduo e ao bom andamento da livre negociação, daqueles acessórios que poderão até dar um impulso a mais, só que, além de não serem imprescindíveis, correm o risco de nos fazer tropeçar. E — não se enganem — isso certamente acontecerá, pois, de quando em quando, o caminho que era plano vai se tornar acidentado. Daí a importância daquele velho ditado popular: a pressa é a maior inimiga da perfeição.

É neste contexto interdisciplinar que entra em cena a *eficiência*. Como instrumento de matriz econômica, ela surge nas esferas jurídica e política, respectivamente, quando se propõe a analisar os resultados obtidos com a aplicação de uma determinada lei (aspecto descritivo), sugerindo mudanças que venham a aumentar a qualidade do estado de coisas conquistado ou, quem sabe, aproximá-lo um pouco mais do que a Constituição definiu como programa de ação (aspecto normativo).

A grande sacada — repito — é a suposta "neutralidade moral" desta aferição, no sentido de não se deixar influenciar por valores pessoais[226]. Afasta-se, por conseguinte,

---

(223) Cf., GRIMM, Dieter. *Constituição e política*. Trad. Geraldo de Carvalho. Belo Horizonte: Del Rey, 2006. p. 09-17.
(224) Cf. SHAVELL, Steven. *Op. cit.*, p. 620. Cf., também, mais à frente, o Capítulo VII deste estudo.
(225) GRIMM, Dieter. *Op. cit.*, p. 5.
(226) SHAPIRO, Ian. *Op. cit.*, p. 52. RODRIGUES, Vasco. *Op. cit.*, p. 26.

qualquer incidência de noções tais como beleza, solidariedade, deveres morais etc. As ações do homem sujeitar-se-iam apenas "a cálculos de retorno", pois, em verdade, tratar-se-ia de um *homo economicus*, isto é, de "um agente movido exclusivamente pelo próprio interesse"[227]. Nestes termos, a economia não vestiria um figurino costurado sob o pano de fundo da moralidade. Ao invés disso, recortaria a sua indumentária da noção precisa de eficiência ou, melhor dizendo, da maximização da eficiência das instituições sociais, incluindo-se, dentre elas, a ideia de direito[228].

No próximo item, despenderei alguma energia apresentando as explicações teóricas — tidas como as mais relevantes — a respeito de como se opera este conceito, para, em seguida, transportá-lo novamente à nossa temática, a fim de responder à questão-síntese que encerrou o tópico anterior.

§ 1º — Variações sobre o mesmo tema: a eficiência se tornando mais eficiente

Retomando o exemplo que mencionei há pouco, suponham comigo que o Estado resolveu intervir. E, com o intuito de "melhorar" aquela situação, entendeu por bem modificar a legislação em vigor. Diante disso, já se pode intuir que, ao realizar uma alteração para melhorar aquele estado de coisas, certamente o Estado agiu com eficiência. Agiu mesmo? Porque quando se diz, de modo tão genérico, que algo "melhorou", muita coisa pode estar embutida ali, nas entrelinhas, e, dependendo do ponto de vista, o mais apropriado seria dizer que tudo "piorou". Por exemplo, se o Estado interveio para determinar um salário mínimo (ou preço mínimo) abaixo do qual Pedro e João não poderiam mais competir, certamente, Manuel dirá que a situação anterior lhe era muito mais favorável.

Inicio a exposição dessa maneira, a fim de chamar a atenção do leitor para a real importância de gastarmos alguns parágrafos tentando entender o que significa *eficiência*. E uma das mais engenhosas metodologias criadas para manusear esta noção foi aquela divulgada por Vilfredo Pareto.

De acordo com este economista italiano, somente seria possível a criação de uma sólida base teórica para o estudo das relações humanas se abdicássemos de discussões éticas e investíssemos na observação objetiva dos fatos empíricos, testando-os e experimentando-os. Com isso, chegou a defender uma espécie de "darwinismo social", colocando-se contra redistribuições humanitárias de longo prazo (dos fortes para os fracos), na medida em que isso preservaria os elementos inferiores da sociedade[229]. A rigor, nada muito diferente da tão propalada "desigualdade biológica", sustentada por alguns até a segunda guerra mundial[230].

Seja por esta ou por outra razão, o que importa é que a distribuição inicial de bens tornou-se um dado irrelevante na teoria de Pareto. Na sua concepção, haveria *melhoria* sempre que, alterando-se determinada situação fática, fosse aumentado o

---

(227) GALDINO, Flávio. *Op. cit.*, p. 241.
(228) *Idem*, p. 242-243.
(229) SHAPIRO, Ian. *Op. cit.*, p. 64, nota de rodapé n. 23.
(230) SUPIOT, Alain. *Homo Juridicus*, p. 19.

benefício de pelo menos uma pessoa, sem que nenhuma outra fosse prejudicada. Isso se repetiria sucessivamente, uma vez que a resultante seria *superior* à sua antecedente. Quando não mais se pudesse realizar qualquer modificação (sob pena de piorar a situação de alguém), haveria o que se convencionou chamar de condição *ótima* ou *Pareto-eficiente*[231]. Na mão contrária, haveria *ineficiência* quando determinada situação ainda comportasse certa margem de mudança e ela não fosse efetivada, impedindo-se que alguém melhorasse de posição, ainda que não acarretasse prejuízo a qualquer outro indivíduo[232]. Em suma: a ideia central é a de que cada um pode estar em melhores condições (melhoria de Pareto) ou em condições ótimas (ótimo de Pareto), caso a sociedade esteja organizada de modo eficiente[233].

Entretanto, como mencionei antes, em momento algum se cogitou de saber quem era o beneficiado, o que ele já possuía no momento da distribuição ou o que passou a possuir. Como bem explica o professor Vasco Rodrigues, se "duas pessoas famintas tiverem que distribuir entre si dois quilos de arroz e uma se apoderar de toda a comida, a situação resultante é um ótimo de Pareto: não é possível aumentar a satisfação da pessoa que não recebeu arroz sem prejudicar a da que dele se apropriou"[234].

Sendo assim, o problema da eficiência da intervenção estatal, com vistas a criar as condições primordiais para que, numa futura negociação, os potenciais empregados sejam capazes de maximizar sua satisfação pessoal, está diretamente relacionado com o não prejuízo do empregador. Dentre as possíveis alternativas de atuação do Estado, será eficiente toda intervenção que resultar numa melhoria da capacidade de negociação do empregado, reduzindo sua condição de necessitado e amenizando a superioridade negocial do empregador, sem que este último saia em desvantagem. Como já se pode perceber, isso é praticamente impossível.

Como a análise econômica não admite a realização de comparações interpessoais, o grau do benefício ou do custo levantado por qualquer intervenção fica sob o critério subjetivo da parte que o suportou. Daí por que ser praticamente impossível evitar que uma modificação na legislação seja refutada pelo empregador, sob o manto dos mais variados prejuízos que sua imaginação seja capaz de elaborar. A falta de operacionalidade prática da teoria de Pareto nos deixa aqui num beco sem saída.

Surge, então, a necessidade de um novo conceito de eficiência, agora associado à noção de *compensação*[235]. Isso quer dizer que, sobrevindo uma modificação geradora de benefícios para uma pessoa em detrimento de outra, a eficiência só existirá se a primeira estiver disposta a compensar a segunda, a fim de que a nova situação seja efetivada. Os beneficiados estarão prontos a salvar a melhoria sugerida, mesmo que, para isso, tenham que compensar os eventuais prejudicados. Mas que tipo de compensação será essa? Como fazer para avaliá-la se — vale relembrar mais uma vez — a utilidade é subjetiva, isto é, não é passível de comparação interpessoal?

---

(231) RODRIGUES, Vasco. *Op. cit.*, p. 26-27.
(232) POLINSKY, A. Mitchell. *Op. cit.*, p. 7, nota de rodapé n. 4. Cf., também, GALDINO, Flávio. *Op. cit.*, p. 242-243. DWORKIN, Ronald. A riqueza é um valor? In: *Uma questão de princípio*. Trad. Luís Carlos Borges. São Paulo: Martins Fontes, 2001. p. 353-354.
(233) POLINSKY, A. Mitchell. *Op. cit.*, p. 7.
(234) *Op. cit.*, p. 27.
(235) *Idem*, p. 28.

Para superar esta dificuldade recorrente, decidiu-se converter estas utilidades (benefícios ou vantagens subjetivas) em valores monetários[236]. Nada mais do que um resgate do que Bentham já havia falado séculos atrás[237]. Obviamente que tanto ele quanto os neoclássicos sabiam que esta é uma equivalência aproximada e, portanto, imperfeita. Mas na medida em que o dinheiro se torna um meio de conversão universal e que não há uma melhor alternativa disponível, supõe-se que esta solução seja suficiente para resolver o problema "contábil" da compensação acima requerida[238].

Assim, fincado o paradigma no plano pecuniário, o resultado deverá ser analisado da seguinte maneira: primeiro, estima-se quanto o beneficiado pela alteração estaria disposto a pagar para mantê-la; depois, estima-se quanto o prejudicado estaria disposto a pagar para não ter que tolerá-la; por fim, compara-se um com o outro e conclui-se: se o primeiro montante exceder o segundo, considera-se a alteração uma *melhoria* e determina-se a sua implementação, já que promoverá uma situação *eficiente*. Este critério ficou conhecido como o de *Kaldor-Hicks*[239].

Tudo poderia estar pacificado com este raciocínio, se não fosse uma sutileza chamada *externalidade*. Para os economistas, isto significa que determinada interação social não impõe custos ou benefícios apenas às partes que se relacionam, mas também a terceiros[240]. E, na medida em que isso ocorra com mais intensidade, haverá grandes chances de que a eficiência anteriormente conquistada fique desguarnecida. Por exemplo: se o Estado intervém na relação de emprego e a abarrota de legislação protetora, o empregador não será o único prejudicado. A bem da verdade, para além dos custos privados direcionados ao empreendedor, haverá também uma enorme precipitação de custos para a sociedade. E aí vale a pena frisar: é aqui, justamente neste detalhe, que mora um dos piores dilemas de toda análise econômica do direito do trabalho. Os referidos *custos sociais* da legislação trabalhista acabarão concentrados, principalmente, nos terceiros chamados "excluídos", trabalhadores informais que ou aceitam o emprego à margem daquela pujante intervenção estatal ou, simplesmente, ficarão à mercê da própria sorte[241].

Serão estes indivíduos que, da maneira mais dramática, irão arcar com a má vontade dos empregadores. Isso porque a *compensação* dos custos provenientes dos empregados formalizados ("incluídos") se dará com a criação de um gigantesco mercado paralelo de mão de obra, onde o desrespeito aos requisitos indispensáveis ao equilíbrio estrutural será a tônica do negócio. Cooperativas fraudulentas, trabalho sem registro, falsas pessoas jurídicas... Enfim, ao invés de corrigir a deficiência de racionalidade e liberdade inerente à condição de empregado necessitado (ou "hipossuficiente") e de reajustar o desnível negocial decorrente da posição de autoridade do detentor de recursos (o empregador), a legislação paternalista excessiva acarretará o efeito contrário[242]. Dito de forma mais clara: o resultado da lei protetora será o oposto da sua finalidade.

---

(236) *Idem*, p. 29.
(237) SHAPIRO, Ian. *Op. cit.*, p. 32-33.
(238) SHAPIRO, Ian. *Op. cit.*, p. 33. RODRIGUES, Vasco. *Op. cit.*, p. 29-30.
(239) COOTER, Robert; ULEN, Thomas. *Op. cit.*, p. 47-48.
(240) RODRIGUES, Vasco. *Op. cit.*, p. 41.
(241) Em sentido semelhante, cf. ARAÚJO, Fernando. *Op. cit.*, p. 252-253.
(242) *Idem*, p. 268.

Como se resolve isso? Com uma nova intervenção do Estado, de modo a obrigar o mau empregador a "internalizar" os custos sociais que provoca[243]. Seria o caso, *v. g.*, de se aumentar a fiscalização das relações de trabalho, de se majorar as multas por descumprimento da lei ou de se aparelhar melhor o Poder Judiciário, para que a resposta a estas aberrações fosse a mais rápida e efetiva possível. Ao menos era isso que se podia cogitar, antes de se trazer ao debate o famoso *Teorema de Coase*.

Escrito por Ronald Coase no ano de 1961, o conhecido artigo *The Problem of Social Cost* pretendeu demostrar que, nem sempre, esta segunda intervenção do Estado é a alternativa mais eficiente para se resolver as coisas. Em linhas gerais, Coase apregoa que certas circunstâncias especiais podem, muitas vezes, ajudar a definir os limites dentro dos quais o direito resultará eficiente[244].

No entanto, diferentes autores formularam de diferentes maneiras o teorema de Coase[245], de forma que o retorno ao exemplo construído no item anterior poderá me ajudar a ser mais direto e, assim, menos enfadonho.

Relembremos, portanto, o caso de Manuel, Pedro e João. Imaginem que a intervenção do Estado tenha produzido uma lei estipulando o valor mínimo de R$ 800,00 para o salário dos trabalhadores em geral. Como Manuel compensaria esta imposição externa? Provavelmente, se continuasse precisando de um padeiro e dispusesse de R$ 1.200,00, contrataria formalmente apenas um dos dois (Pedro, por exemplo). Até aí, nada de novo. O problema é que se num curto espaço de tempo surgir outra vaga, talvez Manuel não possua os recursos suficientes para pagar, a ambos, o preço mínimo estabelecido legalmente. O que fazer então, sabendo que João ainda está desocupado e ansioso pelo emprego? Manuel pode simplesmente propor a João uma contratação oficiosa, na qual lhe pagaria um salário de R$ 400,00, isto é, inferior ao mínimo legal. Por certo que, ao agir assim, Manuel corre o risco de, flagrado na sua ilicitude, ser obrigado não só a complementar a diferença, como também a pagar as multas, juros e correções monetárias dali decorrentes. No final, pode acabar sofrendo um prejuízo bem maior. Mas como existem certos lugares ("bonitos por natureza") onde a impunidade é a regra, o exemplo ainda se mostra razoável.

Agora imaginem novamente a situação pelo avesso. Suponham que a lei do salário mínimo tenha sido declarada inconstitucional, sob o argumento de que "excede o justo valor dos serviços prestados (...) quantifica uma exação compulsória do empregador (...) [e] coloca arbitrariamente sobre os seus ombros um fardo que, se pertence a alguém, pertence à sociedade"[246].

Em virtude de o mercado ser um arranjo institucional, é certo que ele ainda deverá contar com algum tipo de regulamentação[247]. Por isso, imaginem que a norma jurídica existente apenas proteja a livre negociação, a estipulação do seu conteúdo e

---

(243) RODRIGUES, Vasco. *Op. cit.*, p. 44.
(244) COOTER, Robert; ULEN, Thomas. *Op. cit.*, p. 85.
(245) *Idem, ibidem.*
(246) Foi exatamente este o fundamento utilizado pela Suprema Corte dos EUA, no caso *Adkins v. Children's Hospital*, por ocasião da invalidação da lei do salário mínimo. Cf. SUNSTEIN, Cass. *Op. cit.*, p. 229 (tradução livre).
(247) *Idem*, p. 230.

os direitos de propriedade. Nessa hipótese, a probabilidade de acontecer aquela competição fratricida ou uma "licitação negativa", entre Pedro e João, é a mais forte[248]. Assim, mesmo que a necessidade mínima de ambos gire em torno de R$ 600,00, as chances de um dos dois aceitar receber um salário de R$ 400,00 para conseguir o emprego seria bastante acentuada. E mais: tão logo surgisse uma nova oportunidade, Manuel iria correndo atrás do que não foi bem-sucedido da primeira vez, a fim de contratá-lo para a mesma função. Agora, com uma vantagem adicional: Manuel não correria o risco de multas ou processos, visto que estaria atuando na mais perfeita licitude, e ainda ficaria com uma sobra líquida de R$ 400,00 em caixa.

Pois bem. Diante deste quadro, qual é a solução mais eficiente? É bom frisar mais uma vez que a análise que se faz (ou que se pretende fazer) até este momento é *puramente* econômica. Digo isso porque a nossa intuição manda que solucionemos este tipo de problema com base no critério mais justo. E, para alguns, o senso de justiça apontaria num piscar de olhos para a primeira solução. Ocorre que, segundo o teorema de Coase, a resposta mais eficiente é contraintuitiva[249]. Mas enganam-se os que pensam ser ela a segunda proposição. Na realidade, a eficiência está longe das duas saídas normativas acima delineadas[250].

Para começarmos a compreender o que nos diz o teorema de Coase, é importante que imaginemos como as partes negociantes resolveriam a situação, se agissem em *cooperação*[251]. Parafraseando Cooter e Ulen, suponham que Pedro e Manuel tenham se apaixonado, casado e decidido combinar seus interesses[252]. Eles, então, tentariam maximizar suas vantagens, de modo que o contrato — como sói acontecer — lhes propiciasse uma verdadeira melhoria de Pareto[253]. Sendo pessoas racionais, poderiam negociar juntos e se acertar em termos cooperativos[254]. Consequentemente, a escolha levaria em conta tanto a capacidade de pagamento de Manuel quanto as necessidades básicas de Pedro. E, assim, poderiam estabelecer um salário de R$ 600,00, valor este que satisfaria os anseios mais imediatos do empregado e preservaria a possibilidade de o empregador contratar mais uma pessoa, no caso de a demanda aumentar.

Pode-se visualizar, portanto, que o resultado mais eficiente foi atingido num ambiente distinto daqueles até agora apresentados, isto é, daquele informado pela lei em favor do empregado e daquele outro, onde prevalece o mais desabrido formalismo negocial. Por meio do consenso obtido num ambiente mais acolhedor, modelado a quatro mãos pela *cooperação*, as partes puderam minorar os seus possíveis prejuízos privados, além de reduzir os custos sociais e dividir entre si os benefícios advindos da contratação[255]. Isso explica o porquê de o teorema de Coase afirmar que, quando as partes negociam de modo eficiente, torna-se irrelevante a alocação inicial de direitos. A eficiência existe, a despeito da lei ou do que ela dispõe[256].

---

(248) ARAÚJO, Fernando. *Op. cit.*, p. 197, 220-221 e 264.
(249) KYMLICKA, Will. *Op. cit.*, p. 63-64.
(250) COOTER, Robert; ULEN, Thomas. *Op. cit.*, p. 86.
(251) *Idem*, p. 87.
(252) *Idem*, *ibidem*.
(253) SHAVELL, Steven. *Op. cit.*, p. 293.
(254) COOTER, Robert; ULEN, Thomas. *Op. cit.*, p. 87.
(255) *Idem*, p. 88.
(256) *Idem*, *ibidem*.

Mas, então, qual o motivo para que isso não aconteça? Para Coase, a resposta é uma só: *os custos de transação*. Para haver negociação, é preciso que haja comunicação entre as partes. Esta comunicação envolve diversos custos, tais como os de arrumar um local para conversar e reunir ali todos os interessados no negócio, contratar alguém para formalizar o que foi dito, gastar tempo ouvindo, contra-argumentando, colhendo as informações necessárias para municiar o debate e por aí afora[257]. Todos estes "custos de comunicação" são os que bloqueiam ou dificultam o sucesso da negociação. São eles que impedem o predomínio do ambiente cooperativo e o estímulo à produção de um resultado eficiente. São eles que devem ser reduzidos a zero para que a eficiência aconteça[258].

Depois deste breve comentário, já se consegue entender razoavelmente a ideia contida no teorema de Coase. E ela pode ser formulada da seguinte maneira: "Quando os custos de transação são iguais a zero, o uso eficiente dos recursos resulta da negociação privada, a despeito da distribuição legal dos direitos"[259].

Posto isso, creio que a segunda pergunta estabelecida na introdução deste estudo já pode ser restabelecida: qual o critério capaz de mensurar o grau de eficiência desta alocação?

O critério capaz de mensurar o grau de eficiência da alocação de direitos feita pelo Estado é o de *maximização da cooperação*.

No entanto, para que ele prevaleça, deve-se (1) reduzir os custos de transação e (2) fomentar o diálogo livre e racional (sem o déficit oriundo da situação de necessidade) e com um mínimo de paridade (com a redução da elevada posição de autoridade do detentor de recursos).

O direito do trabalho faz isso?

§ 2º — O direito do trabalho na berlinda: algumas provocações para apimentar o debate

No Brasil, o direito do trabalho foi muito acolá de uma mera regulamentação contratual. Por estas plagas, recrudesceu-se, dentre outras deformidades, o dirigismo econômico desmesurado e o corporativismo não menos desmedido. Isso faz com que a discussão não seja das mais amenas. Na realidade, esta situação concede a deixa para algumas críticas tão extremadas quanto o é a própria intervenção estatal.

Neste sentido, uma voz estrangeira que pode fazer ruído por aqui, e reverberar com força no debate nacional, é a do o professor da Universidade de Chicago, Richard Posner. Dele vêm algumas posições que, descobertas pelos libertários brasileiros, serão música para os seus ouvidos. Por isso, já antecipo que não sou seguidor de suas opiniões, discordando de boa parte (para não dizer de quase tudo) do que ele diz a respeito do direito do trabalho. Todavia, como penso que não há nada melhor do que

---
(257) Idem, p. 89. RODRIGUES, Vasco. *Op. cit.*, p. 54.
(258) POLINSKY, A. Mitchell. *Op. cit.*, p. 10. ARAÚJO, Fernando. *Op. cit.*, p. 216-217.
(259) COOTER, Robert; ULEN, Thomas. *Op. cit.*, 89 (tradução livre).

uma boa polêmica teórica para se avançar na prática jurídica, destacarei, a seguir, algumas passagens de sua obra, a fim de apimentar o embate acadêmico. Como se diz nestas horas: se é possível complicar, para que simplificar[260]?

Logo de saída, esse autor questiona, com bastante ênfase, a importância dos sindicatos para o desenvolvimento das relações de trabalho[261]. Mais do que isso, Posner qualifica os sindicatos como verdadeiros "*labor cartel organizer*"[262], ou seja, monopólios utilizados para limitar o suprimento de trabalhadores e, por conta disso, evitar que o empregador se aproveite da competição natural do mercado para controlar o preço do trabalho. Aliás, este autor observa que o "bloqueio" realizado pelos sindicatos traz prejuízos que não se restringem aos próprios empregadores. Para além destes empresários, também são lesados os consumidores dos seus produtos (porque os custos da produção lhes serão repassados)[263] e os trabalhadores daquelas cercanias (porque os altos salários exigidos pelos sindicatos acarretarão, ou a transferência do estabelecimento para outro lugar livre de sua influência, ou a diminuição dos postos de trabalho disponíveis)[264].

Assim, conclui ele, o *National Labor Relations Act* funciona de forma inversa ao *Sherman Act*: enquanto o primeiro estimula a cartelização do mercado de trabalho, o segundo visa a desencorajar a cartelização dos produtos de mercado[265]. Contudo, esta distorção estaria com os dias contados, já que, como ele mesmo afirma, os monopólios e os cartéis trazem consigo os germens da sua própria destruição. Neste sentido, seria previsível a constatação de que, nos locais onde a força de trabalho é sindicalizada, o mercado se encontra em declínio[266].

Passando para a temática da dispensa arbitrária, Posner também não altera o tom de suas críticas. Na sua perspectiva, as decisões dos tribunais que exigem a demonstração de boas razões para convalidar certos despedimentos (ocorridos quando os empregados estavam exercendo um direito[267]), não lhes traz qualquer benefício[268]. A rigor, se tais justificações fossem eficientes, teriam sido negociadas voluntariamente pelas partes contratantes. E se isso não aconteceu, foi porque o custo de o empregador demonstrar boas razões se mostrou maior do que os benefícios trazidos para os empregados. Em verdade, a persistir-se nesta posição, custos extras seriam agregados ao contrato de emprego, fazendo com que o empregador diminuísse o montante que estaria disposto a pagar em salários, tal como ocorreria também (num raciocínio análogo) se fossem majoradas as contribuições sociais que por ele são devidas[269].

---

(260) Cf., em sentido semelhante, BORGES, José Souto Maior. *Op. cit.*, p. 35, onde o autor alerta que: "O pensamento profundo não receia a vertigem do abismo ou o ar rarefeito das alturas a que conduziu o pensar guiado pela ousadia intelectual. Nem deve recusar o combate com as dificuldades que o ofício do pensar envolve."
(261) POSNER, Richard. *Economic analysis of law*. Fifth edition. New York: Aspen Law & Business, 1998. p.349.
(262) *Idem*, p. 353.
(263) *Idem*, p. 351.
(264) *Idem*, p. 350-351.
(265) *Idem*, p. 353.
(266) *Idem*, p. 352.
(267) Por exemplo, o de testemunharem contra seus empregadores, em processos movidos pelo governo por evasão fiscal. *Idem, ibidem*.
(268) *Idem*, p. 359.
(269) *Idem, ibidem*.

Posner menciona ainda a questão do salário mínimo. De acordo com a sua opinião, a lei federal do salário mínimo reforça os efeitos da sindicalização sobre os níveis salariais, ao limitar a competição com os trabalhadores não sindicalizados[270]. Sofisticando um pouco mais o seu argumento, o autor propõe a seguinte suposição. Imagine-se que numa parte do país os sindicatos sejam fracos e, portanto, os níveis salariais sejam menores dos que nos demais lugares[271]. As empresas situadas nestas áreas possuiriam uma vantagem competitiva, fato este que as habilitaria a crescer às custas das empresas situadas em locais sindicalizados. E, num verdadeiro efeito dominó, o mais provável seria a redução da demanda por trabalho nestas últimas regiões[272].

A lei do salário mínimo interromperia esta lógica econômica, na medida em que forçaria para cima os salários dos trabalhadores não sindicalizados. Se antes da intervenção eles eram os mais cobiçados, agora haveria uma diminuição da sua procura, haja vista o desequilíbrio ali (indevidamente) provocado[273].

Pior do que isso, os efeitos do desemprego causado pelo salário mínimo estariam concentrados entre os trabalhadores marginalizados (*e. g.*, mulheres de meia-idade, jovens, negros e negros adolescentes). O estabelecimento de um patamar mínimo de remuneração não atingiria a demanda por trabalhadores cuja produtividade fosse alta, pois, justamente por este motivo, eles já receberiam salários maiores do que o mínimo legal[274].

Diante de todos estes fatores, e também por tornar mais difícil a obtenção de empregos pelos trabalhadores marginalizados e em regime de treinamento (impedindo que os empregadores compensem a sua menor eficiência com salários mais baixos)[275], a conclusão de Posner não poderia ser mais taxativa: o salário mínimo não se apresenta como uma medida eficiente de combate à pobreza[276].

Pois bem. Acaso transportássemos estas opiniões para o contexto jurídico brasileiro, quais seriam as consequências para o nosso objeto de estudo?

Acredito que, vistas as coisas pelos olhos do professor da Universidade de Chicago, não sobraria um único direito do trabalhador para contar história. Tenho essa impressão porque, seguindo-se a sua linha de raciocínio, todos os direitos positivados no art. 7º da Constituição de 1988 seriam acusados ou de estar dificultando a geração de novos empregos (bem-estar individual) ou de estar atrapalhando o crescimento econômico do país (bem-estar social). Daí a se apoiar a supressão imediata deste dispositivo (com todos os seus incisos), seria um passo. Um passo bem pequeno, pois vale a pena repisar: no modelo proposto pela escola do *law and economics* (tal como capitaneado por Richard Posner), a "instituição de direitos, e as atribuições de direitos, são justificadas apenas na medida em que promovem a riqueza social com mais eficácia que outras instituições ou alocações"[277].

---

(270) *Idem*, p. 361.
(271) *Idem, ibidem*.
(272) *Idem, ibidem*.
(273) *Idem, ibidem*.
(274) *Idem*, p. 361-362.
(275) *Idem*, p. 362.
(276) *Idem, ibidem*.
(277) DWORKIN, Ronald. *A riqueza é um valor?* In: *Op. cit.*, p. 362.

Está lançada a semente da discórdia.

O que fazer? Perseverar na busca da *maximização da utilidade do trabalhador* e da leitura da eficiência como *maximização da cooperação*? Ou ver nessa empreitada uma tentativa estéril, uma ingênua cruzada em busca de uma alocação de direitos que não mais se mantém de pé nos dias de hoje?

IV — LIMITES E POSSIBILIDADES DA ANÁLISE ECONÔMICA DO DIREITO DO TRABALHO: PONDO OS PÉS NO CHÃO

§ 1º — Fazendo o teste de impureza: quanto maior, melhor

Como foi visto até agora, as ideias traçadas pela análise econômica serviram de ponto de partida para a solução de um dos maiores problemas da teorização do direito: a dificuldade de pensá-lo cientificamente, ou, dito de outro modo, a dificuldade de se racionalizar (objetivar) soluções práticas para as inúmeras *questões sociais*.

Uma citação curiosa a respeito desta dúvida cruel foi feita, não faz muito tempo, pelo poeta Fernando Pessoa. Ele que, para além das coisas do espírito, dava lá os seus palpites nos assuntos mundanos, chegou a dizer: "A lei aparentemente mais justa, a lei mais de acordo com os nossos sentimentos de equidade, pode ser contrária a qualquer lei natural, pois pode bem ser que as leis naturais nada tenham com a nossa "justiça" e em nada se ajustem às nossas ideias do que é bom e justo. (...) Ninguém ainda provou, por exemplo, que a abolição da escravatura fosse um bem social. Ninguém o provou, porque ninguém o pode provar. Quem nos diz que a escravatura não seja uma lei natural da vida das sociedades sãs?"[278]

Pois bem. Essa tensão latente entre ciência e direito, entre verdade empírica e a sua versão normativa, entre as exigências das leis naturais e o livre-arbítrio humano, enfim, entre estes dois vetores oriundos do mesmo imaginário racional iluminista, nunca foi totalmente eliminada[279]. E, creio eu, isso jamais aconteceu porque não era para ser. Nesta esfera do conhecimento, quanto mais diversificadas forem as opiniões e as experimentações, quanto mais mescladas forem as intuições e as observações, quanto mais maculadas forem as ideologias e suas manifestações, quanto mais impuras forem as tentativas de se organizar as relações humanas, melhor. Foi por isso que falhou a teoria pura do direito de Kelsen e não é por outra razão que a pureza metodológica do *law and economics* precisa ser corrompida, e com urgência. Como já se disse em outro lugar: "Em qualquer reflexão crítica sobre o potencial e os limites da análise econômica do direito, os fundamentos filosóficos assumem um papel central."[280]

Sendo assim, nas linhas que se seguem, tentarei iniciar esta contaminação da análise econômica, atingindo exatamente aquele ponto onde ela se pretende mais castiça: o da sua suposta "neutralidade moral".

---

(278) PESSOA, Fernando. Privatização. In: FRANCO, Gustavo H. B. (org.). *A economia em Pessoa*. Rio de Janeiro: Reler, 2006. p. 41-42.
(279) Cf. SHAPIRO, Ian. *Op. cit.*, p. 20-22.
(280) MATHIS, Klaus. *Op. cit.*, p. 206 (tradução livre).

§ 2º — A moralidade sem pudor: por que não se deve escondê-la?

O pensamento econômico respaldou toda sua teoria na premissa de que o ser humano racional é um *puro* ser calculista: age para maximizar o seu interesse. E, a partir daí, desenvolveu toda uma coleção de argumentos pautados na ideia de que o comportamento do homem, por ser previamente calculável, é também programável mediante mais variados incentivos[281]. A lei, ou melhor, o direito seria um destes estímulos[282].

No entanto, embora todos saibamos que a análise econômica se apoia em simplificações, esta aí de cima, a do homem consequente e egoísta, padece de dois equívocos tão graves, que pode pôr em risco as próprias bases do seu edifício teórico.

Desabar tal qual um castelo de cartas ou submeter-se a uma reforma epistemológica?

Eis aí uma questão sobre a qual não há muito o que hesitar. Chega-se, portanto, à necessidade de inclusão de dois novos pilares dogmáticos que devem fazer parte da estrutura argumentativa do *law and economics*: (1) o ato de raciocinar não se reduz à capacidade de calcular[283]; e (2) compreender que existe uma gama enorme de coisas cuja característica principal não é a "cardinal"[284].

Com efeito, se raciocinar fosse o mesmo que calcular, tudo o que não se conseguisse quantificar seria considerado irracional[285]. Um modo inteligente de se salvar deste reducionismo suicida seria o alargamento do sentido da palavra cálculo, a fim de que, ao associá-la à imagem de raciocínio, abrangesse algo mais do que a mera avaliação quantitativa, na qual tudo e todos estão submetidos a mesma régua monetária[286]. Numa atitude consciensiosa, deixar-se-ia aflorar uma nova dimensão do calcular (do raciocinar) que aperfeiçoa o pragmatismo e o aproxima da deontologia. Falo, é claro, da sua dimensão moral[287].

Como bem nos relembra Supiot, o *homo juridicus* contemporâneo nada mais é do que o modo ocidental de se coligar estas duas dimensões inevitáveis[288]: a dimensão simbólica (ou moral) e a biológica (ou material)[289]. Mas não fiquemos apenas nisso.

De frente para esta dicotomia primordial, podemos afirmar que a primeira parte representa um valor em si, um ideal autônomo identificado com alguma das nossas

---

(281) SUPIOT, Alain. *Op. cit.*, p. 13.
(282) RODRIGUES, Vasco. *Op. cit.*, p. 34.
(283) SUPIOT, Alain. *Op. cit.*, p. 12.
(284) *Idem*, p. 13. Sobre a incomensurabilidade de certos bens, cf., por ora, SUNSTEIN, Cass. *Op. cit.*, p. 80 *et seq.* ROSS, Alf. *Op. cit.*, p. 338-342. Veja também, mais à frente, o item 3.2, § 2º, II do Capítulo IV.
(285) SUPIOT, Alain. *Op. cit.*, p. 12.
(286) SUPIOT, Alain. *Op. cit.*, p. 13. SUNSTEIN, Cass. *Op. cit.*, p. 6 e 113.
(287) Em sentido semelhante, cf. SHAVELL, Steven. *Op. cit.*, p. 601.
(288) SUPIOT, Alain. *Op. cit.*, p. 10.
(289) Para evitar confusões semânticas, é importante esclarecer, desde logo, que, ao usar a expressão "dimensão simbólica" no campo da moralidade humana, refiro-me à sua dimensão metafísica, e não àquela outra referida pelo professor Marcelo Neves, no sentido de dimensão enfraquecida (ou não efetiva) da Constituição. Cf. NEVES, Marcelo. *A constitucionalização simbólica*, p. 5 *et seq.*

intuições sobre o que é justo, sobre o que é bom[290], ao passo que aquela outra materializa a versão instrumental do primeiro seguimento[291]. Existe, portanto, uma interdependência que leva esta segunda extensão a conjugar elementos exteriores (tais como recursos, escassez e eficiência), de maneira a garantir *pragmaticamente* a preservação da sua outra face dimensional. E, neste instante, vem à tona o paradoxo: ao mesmo tempo em que abona a sua fração autônoma, a parcela instrumental da dimensão humana é por ela limitada[292].

Com isso se quer dizer que considerar ultrapassada a redução do homem à dinâmica do cálculo utilitarista não é o mesmo que sugerir a sua ausência. Ao contrário, esta calibragem continua bem presente. Só que, agora, ela vem equipada com uma nova versão, com um *up grade* conceitual capaz de chamar a atenção para o seguinte detalhe: a dimensão moral também aumenta o nosso bem-estar pessoal[293]. Altruísmo, caridade, generosidade e atividades filantrópicas de um modo geral podem muito bem ser a preferência racional de inúmeras pessoas[294]. E isso importa, principalmente, para aquelas situações nas quais estamos um pouco perdidos, quando não sabemos exatamente o que nos aumentará a satisfação. Pois é aí, no momento da dúvida sobre o que fazer, que a noção moral funciona como um guia[295].

Esta aproximação entre o bom e o útil, entre a justiça e a eficiência, fica ainda mais evidente quando nos damos conta de que o homem precisa conferir um sentido a si mesmo e à realidade que o envolve, a fim de se tornar (e se manter) racional[296]. E isso tanto é verdade, que não há Estado atual (mesmo o mais laico de todos) que consiga se organizar sem mobilizar certas crenças "fundantes", que fogem de toda demonstração experimental e que determinam sua maneira de agir[297]. Vem daí, portanto, a inexorabilidade da deontologia na confecção do cálculo utilitário.

Neste ponto, é importante ressaltar que a distribuição inicial de direitos não é tão inocente quanto nos fez crer Ronald Coase com o seu teorema. Primeiro, porque ela sempre vai existir, a menos que se aceite viver na mais completa anarquia[298]. Segundo, porque o bem-estar humano está diretamente relacionado àquilo que o direito permite que as pessoas tenham acesso[299]. A alocação inicial serve como uma "presunção" de legitimidade, no tocante à titularidade do direito[300]. E quando isso acontece, a disposição do beneficiado de "pagar" para que não tenha alterado o seu *status quo* se mistura com o seu senso de justiça.

---

(290) Cf. KYMLICKA, Will. *Op. cit.*, p. 9. NINO, Carlos Santiago. *Op. cit.*, p. 403. SHAVELL, Steven. *Op. cit.*, p. 601-602 e 644. SARMENTO, Daniel. A proteção judicial dos direitos sociais: alguns parâmetros ético-jurídicos. In: SARMENTO, Daniel; SOUZA NETO, Cláudio Pereira de. *Direitos sociais:* fundamentos, judicialização e direitos sociais em espécie. Rio de Janeiro: Lumen Juris, 2008. p. 574-575.
(291) SHAVELL, Steven. *Op. cit.*, p. 609-610 e 644-645. SUNSTEIN, Cass. *Op. cit.*, p. 7. SILVA, Mariana Duarte. *Op. cit.*, p. 40.
(292) Em sentido semelhante, cf. SARMENTO, Daniel. *Op. cit.*, p. 576.
(293) SHAVELL, Steven. *Op. cit.*, p. 604.
(294) RODRIGUES, Vasco. *Op. cit.*, p. 16.
(295) SHAVELL, Steven. *Op. cit.*, p. 604.
(296) SUPIOT, Alain. *Op. cit.*, p. 7.
(297) *Idem, ibidem.*
(298) SUNSTEIN, Cass. *Op. cit.*, p. 229.
(299) *Idem*, p. 124-125.
(300) SHAVELL, Steven. *Op. cit.*, p. 643.

Trocando em miúdos: mesmo na ausência de custos de transação, o ambiente cooperativo pode estar bloqueado. Tudo vai depender do quão psicologicamente arraigado o indivíduo esteja àquele direito que já é seu, mas que, agora, está em jogo[301]. Em verdade, ambas as partes sofrem forte sugestão da distribuição inicial, dando ensejo a um certo "efeito de dotação" (*endowment effect*) capaz de influir no grau da eficiência a ser conquistada[302]. A aversão ao risco demonstrada (especialmente pelos trabalhadores) em tais situações, faz com que se associe uma certa "viscosidade" aos direitos tidos como adquiridos, de maneira a gerar uma enorme resistência à modificação do *status quo*[303].

Deste modo, volto a insistir na importância do direito como um sistema de incentivos para a promoção do bem-estar individual e coletivo. Ocorre que também se deve adicionar nesta conta objetivos outros que, apesar de não se identificarem diretamente com a assepsia econômica, terão a sua cota de legitimidade assegurada[304].

Querendo-se ou não, a moralidade, definitivamente, entra na estimativa[305].

§ 3º — Acertando os ponteiros: por uma justiça eficiente e uma eficiência justa

Não obstante tudo o que foi dito no item anterior, não há como negar que, vez por outra, pode acontecer um pequeno estranhamento entre a dimensão moral (autônoma) do homem e a sua versão instrumental (pragmática). Um exemplo muito comum é o da maioria política eventual que "prefere" determinada forma de agir e "escolhe racionalmente" executá-la. Numa visão pragmática mais estreita, seria o caso típico de uma melhoria do bem-estar social que merece ser protegida, por representar o somatório de várias utilidades individuais.

Entretanto, se isso nos levar à violação daquela outra dimensão humana (simbólica), surgirá um bloqueio instransponível, ainda que ao custo de se reduzir a maximização da felicidade geral[306]. A isso, alguns teóricos da análise econômica denominam de conflito do Teorema de Pareto[307]. E é a isso que muitos filósofos do direito chamam de nota antidemocrática dos direitos fundamentais[308].

É uma prática que gera ineficiência? Dependendo do que se entender por ineficiência, pode até gerar. Mas, depois do holocausto promovido pela maioria nazista, é difícil encontrar alguém no horizonte que não esteja disposto a arcar com ela. As minorias agradecem.

Contudo, o grande problema continua a ser este limite mínimo abaixo do qual a humanidade plena deixa de existir[309]. Saber quais são as formas de tratamento tão

---

(301) Cf. SHAVELL, Steven. *Op. cit.*, p. 600 e 645.
(302) SUNSTEIN, Cass. *Op. cit.*, p. 248-251.
(303) ARAÚJO, Fernando. *Op. cit.*, p. 204, 254, 257-258.
(304) SUNSTEIN, Cass. *Op. cit.*, p. 9.
(305) SHAVELL, Steven. *Op. cit.*, p. 635.
(306) POLINSKY, A. Mitchell. *Op. cit.*, p. 125-127.
(307) SHAVELL, Steven. *Op. cit.*, p. 610-611.
(308) Cf., por todos, ALEXY, Robert. *Teoría de los derechos fundamentales*, p. 432-433.
(309) SILVA, Mariana Duarte. *Op. cit.*, p. 36. SARMENTO, Daniel. *Op. cit.*, p. 27.

fundamentais, que, se não atendidas, tornarão a convivência intolerável[310]. Desvendar quais são as alocações de direito tão imperiosas que, independentemente dos custos de transação que venham a criar ou das oportunidades que venham a sacrificar, devam ser efetivadas. Esta é a pedra de toque que uma análise econômica totalmente *depurada* das ferramentas morais mostra-se incapaz de responder, ou, mesmo quando aparentemente a responde, corre o risco de não ser levada a sério ou de, por incrível que pareça, ser taxada de ideológica.

Eis aí mais um motivo para que o *law and economics* baixe a sua guarda e conceda a certos espaços normativos alguma imunidade contra a funcionalização. Tentar um "equilíbrio reflexivo" à moda rawlsiana[311]. Nem que seja por uma questão de custo-benefício, pois serão justamente estes *bunkers* autônomos que irão zelar pela racionalidade da eficiência concebida na esfera instrumental, na medida em que estarão autorizados a restringir determinadas alternativas de ação, ainda que, economicamente, sejam as menos custosas.

Este é o preço que devemos pagar para não nos embrutecermos. E, pensadas as coisas pela ótica do trabalho, este é o preço que devemos pagar para que o ser humano não volte a ser uma mera peça de engrenagem, esvaziado de toda dimensão simbólica que o identifica enquanto tal. Um preço muito baixo, portanto.

De tudo o quanto foi dito, pode-se vislumbrar o seguinte resultado para o nosso estudo:

(1) uma *justiça eficiente* é aquela dá a cada um o que for necessário para corrigir o seu déficit de racionalidade (e liberdade), permitindo-lhe interagir para *maximizar o seu próprio bem-estar*, e que retira de cada um o suficiente para corrigir o desnível negocial envolto em sua posição de autoridade;

(2) já uma *eficiência justa* é aquela que busca reduzir ao máximo os custos de transação e que objetiva fomentar o diálogo livre, racional e paritário, tudo com vistas a *maximizar a cooperação* das partes negociantes.

E agora cabe, finalmente, responder à última pergunta lançada na introdução deste Capítulo: como o juiz deve lidar com este aparato jurídico-econômico, a fim de tomar a sua decisão?

Por agora, posso afirmar que o papel do magistrado, diante deste aparato jurídico-econômico, será, simplesmente, o de empregar todos os meios disponíveis para conferir a maior *efetividade* possível àquelas duas maximizações[312]. Fazer valer o que foi normatizado (autônoma ou heteronomamente). Com isso, estará matando dois coelhos com uma única cajadada: promoverá a *justiça* (presente na distribuição iniciada pelo legislador) e fomentará a *segurança* (ao reduzir o risco do descumprimento arbitrário)[313].

---

(310) SILVA, Mariana Duarte. *Op. cit.*, p. 36.
(311) RAWLS, John. *Justiça como equidade*, p. 43.
(312) Neste sentido, foi o que ficou estabelecido no art. 461, § 4º do CPC. Sobre a importância de um judiciário efetivo para a ampliação da eficiência alocativa nos contratos, cf. RODRIGUES, Vasco. *Op. cit.*, p. 128-130. SHAVELL, Steven. *Op. cit.*, p. 293 *et seq*.
(313) Para maiores considerações, cf., adiante, o § 3º, II do Capítulo IV.

V — CONCLUSÃO

Metafísica. **O**ntologia. **R**acionalidade. **A**xiologia. **L**egislação: **MORAL**. Esta é a palavra que se contrapõe à **EFICIÊNCIA**. Destacada logo no início, ela, eficiência, serviu de mote para algumas das ideias levantadas neste Capítulo. Ela, que desperta o gostinho de "quero mais" e que me faz visualizar esta conclusão como um prólogo de novas e futuras divagações. A sua conjugação com a moral foi o mistério que me instigou e ao qual me propus desvendar, com o intuito de aplacar as desconfianças dos que não conseguem compreendê-las como noções complementares.

Essa ânsia pela reconciliação, entre o sonhador e o pragmático que convivem (ou colidem) dentro de nós, já mereceu algumas outras abordagens que o tempo e o espaço não me permitiram abordar. Um exemplo conhecido é a famosa "fórmula da ponderação" de Robert Alexy[314]. Nela, este jusfilósofo tenta aprofundar a "matematização" do postulado da proporcionalidade, a fim de lhe emprestar um viés mais racional (e, portanto, objetivamente mais controlável). Tudo para responder às severas críticas à suposta irracionalidade da ponderação, isto é, à avaliação judicial do custo-benefício entre a promoção de um direito fundamental em detrimento de outro, cuja supressão seria mais importante no caso concreto.

Vã ilusão.

Apesar do nobre esforço, Alexy comete dois erros que o afundam ainda mais no cipoal de censuras que tanto o incomoda: (1) realiza comparações interpessoais (do direito fundamental de um indivíduo com o de outra pessoa diferente) pautado na atribuição de valores arbitrários (leve — 2^0, moderado — 2^1 e grave — 2^2), sem sequer valer-se de uma unidade de medida comum (como fizeram os economistas com o dinheiro); e (2) cai na armadilha de reduzir o raciocinar ao quantificar, àquele calcular desfalcado da moralidade que, como já foi visto, é de uma simplicidade (e de uma irrealidade) indefensável.

De toda sorte, isso mostra o quão difícil é lidar com a tensão latente entre a justiça e a eficiência. E como é ainda mais difícil exigir que os juristas e os juízes as manuseiem com desenvoltura, quando não foram treinados para isso. Mas nunca é tarde para começar.

Do modo como as coisas vão, se não incutirmos na mente dos teóricos e dos aplicadores do direito a necessidade de prestarem atenção nos resultados das suas escolhas, corremos o risco de regredir para o patamar anterior, onde a subsunção era o máximo que poderiam fazer. É claro que este método ainda é de crucial relevância e, a rigor, serve muito bem para resolver uma grande parcela dos problemas. Só que, se não tomarmos o devido cuidado, a possibilidade de recorrermos diretamente aos princípios, seja para justificar a promoção, seja para justificar a restrição de algum direito do trabalhador, estará com os dias contados.

Este é apenas um dos motivos pelos quais a análise econômica do direito do trabalho é importante. Ela nos põe a todos (juízes, legisladores, administradores,

---

(314) ALEXY, Robert. *Epílogo a la teoría de los derechos fundamentales*. Trad. Carlos Bernal Pulido. Madrid: Centro de Estúdios del Colegio de Registradores de la Propiedad, Mercantiles y Bienes Muebles de España, 2004. p. 60-79 e 94-97.

teóricos e cidadãos em geral) com os pés no chão. Com ela conseguimos ver de perto o que acontece, fazer comparações, previsões e, a partir daí, retirar subsídios para produzirmos um direito do trabalho melhor: uma alternativa mais eficiente. Com a análise econômica, podemos orientar nossas decisões sobre o que *deve ser* mantido (e protegido), alterado (ou reformado) e suprimido, atentando para as compensações que se fizerem necessárias. Será esta mais-valia instrumental que, ao fim e ao cabo, nos permitirá continuar a discussão sobre a dimensão simbólica e autônoma da humanidade que a tudo influencia, buscando incessantemente uma saída para o subjetivismo que a enfraquece[315].

Bem nutridos, bem instruídos e bem informados a respeito do mundo em que vivemos, estaremos aptos a travar um diálogo franco e respeitoso sobre qual o melhor sistema de incentivos normativos para *maximizar a cooperação* entre empregado e empregador. Enxergar o direito do trabalho tanto como a dimensão moral do indivíduo--trabalhador que lhe foi distribuída (e, assim, legitimada), quanto como um fato econômico que merece ser equacionado sobre as lentes pragmáticas da eficiência. Eis aí o desafio que está apenas começando.

O segredo para não desconfiarmos mais da economia, e deixarmos de encará-la como uma "visão cínica" dos fatos submetidos ao direito do trabalho[316], já foi divisado há algumas décadas atrás pelo presidente Franklin Roosevelt, quando se viu obrigado a enfrentar o preconceito contra a intervenção do Estado, tão enraizado na Suprema Corte norte-americana durante a conhecida "Era Lochner". Como ele bem ressaltou: "as leis da economia não são feitas pela natureza. Elas são feitas por seres humanos."[317]

Não há distribuição de direitos imutável ou sacrossanta, mas também não há uma fórmula mágica que nos indique a quantidade exata de fatias que podemos retirar do bolo, principalmente quando ele não está em crescimento[318]. O importante é não perdermos o norte moral neste mar de escassez e de incertezas. Pois num mundo voltado apenas para os números, onde o fetichismo da razão pura ignora a realidade que o cerca, o exagero na redução de custos e na maximização desenfreada dos lucros pode criar uma aparência de eficiência no mínimo suspeita.

Isso prosseguirá até chegar o dia em que aquele segmento esquecido (ou escondido) decidir avançar sobre o "conto de fadas econômico" e espalhar a crueza das suas entranhas para todos os lados, já que, moralmente falando, não haverá mais nada a lhe nortear. Aí, será arcar com as consequências.

Quando a dimensão simbólica da realidade for calada, quando aquele restinho de moralidade, que nos mantinha coesos apesar dos pesares, estiver exaurido, as consequências serão inevitáveis: a imagem que o homem fazia de si estará demolida; e o seu valor autônomo enquanto tal será desconstruído. E aí... Bem, no dia em que indivíduo for "coisificado" para fins de cálculo, estarão coisificadas também as suas emoções, as suas ambições e os seus ideais. Neste dia, eu é que não quero estar por perto! Pois num mundo de homens desumanizados, a pergunta será uma só: o que tenho a perder? E se a resposta for "nada"... Será um salve-se quem puder.

---

(315) KYMLICKA, Will. *Op. cit.*, p. 64-65.
(316) RODRIGUES, Vasco. *Op. cit.*, p. 36.
(317) SUNSTEIN, Cass. *Op. cit.*, p. 229 (tradução livre).
(318) MATHIS, Klaus. *Op. cit.*, p. 183.

CAPÍTULO III

OS DIREITOS MORAIS DOS TRABALHADORES

I — INTRODUÇÃO

Retomarei, neste momento, algo que foi mencionado no Capítulo anterior e que, sem sombra de dúvida, merece uma atenção mais demorada. Falo daquela dimensão filosófica, moral ou simbólica do direito[319].

Em verdade, nas páginas que seguem, lançarei algumas considerações sobre a relação entre o direito e a moral. Mas, para o leitor já enfadado com esta interminável discussão, justifico a minha investida com dois motivos bem determinados: (1) aprimorar o critério pragmático antecedente (na medida em que, nele, a deontologia é um traço inevitável); e (2) elaborar um novo critério, exclusivamente pautado na ideia de ética normativa.

Não é demais relembrar que o ponto central da primeira parte deste estudo é a identificação de parâmetros, isto é, a construção de critérios argumentativos aptos a racionalizar (e, por que não dizê-lo, a influenciar) o debate ideológico em torno da fundamentalidade material dos direitos específicos dos trabalhadores. Neste sentido, pode até soar estranho (para não dizer contraditório) tentar desobstruir esta contenda valorativa recorrendo a valores. Ocorre que o meu objetivo é exatamente o de apresentar uma exposição coerente o bastante para que, juntos, cheguemos todos a uma zona de convergência axiológica. Um setor da moralidade que, por representar um "consenso soreposto", consiga apaziguar os ânimos ao iniciarmos a travessia institucional em direção ao mundo do direito. Este será o meu alvo. Localizar o marco zero de onde devemos começar o enfrentamento dialógico em torno da dúvida que não quer calar: quais são os direitos fundamentais dos trabalhadores?

Dito dessa forma, penso que já se percebe com mais clareza o porquê de ser imprescindível ultrapassar as fronteiras impostas pela Constituição. Ir além do seu texto não é uma alternativa de ação. É a única atitude razoável para quem almeja analisá-la naquilo que ela tem de mais importante[320]. Só assim escaparemos do "paradoxo de Ross", ou seja, da autorreferência inexplicável em torno da legitimação do direito positivo[321].

---

(319) SUPIOT, Alain, *Homo Juridicus*, p. 10. ALEXY, Robert. *Teoría del discurso y derechos constitucionales*. 1. ed. 1. reimpressão. Trad. Pablo Larrañaga. México, D.F.: Distribuiciones Fontamara, 2007. p. 47.
(320) TRIBE, Laurence. *The invisible Constitution*, p. 22-38. ALEXY, Robert. *Teoría del discurso y derechos constitucionales*, p. 48.
(321) Cf. NINO, Carlos Santiago. *La validez del derecho*. 1. ed. 2. reimp. Buenos Aires: Editorial Astrea, 2003. p. 74-79 e *Derecho, moral y política: una revisión de la teoría general del Derecho*. 1. ed. Barcelona: Editorial Ariel, 1994. p. 56-57 e 73, onde usa literalmente esta expressão. Cf. também o próprio ROSS, Alf. *Op. cit.*, p. 96-97.

Pensem, por exemplo, no repouso semanal remunerado (art. 7º, XV da CF/88). Se nos contentarmos apenas com uma resposta formal sobre o seu grau de importância, de duas, uma será a consequência: ou defenderemos a tese da dupla fundamentalidade, segundo a qual o mero registro formal de um direito como fundamental conduz à sua justificação material e vice-versa[322], ou rejeitaremos a tão propalada "guilhotina de Hume".

No primeiro caso, levando-se em conta o que foi mencionado no primeiro Capítulo deste estudo a respeito do nível de detalhamento do nosso texto constitucional, tamanha desconfiança em relação à democracia criará uma despolitização (ou um insulamento) tão grande do direito, que o feitiço acabará virando contra o feiticeiro: a ruptura institucional será praticamente inevitável[323].

Na segunda hipótese, estaremos diante de uma incongruência lógica assaz conhecida. Seremos compelidos a aceitar que de um fato social (a promulgação da Constituição em 5.10.1988) consegue-se (racionalmente) extrair uma norma (*in casu*, o direito de descansar um dia a cada semana)[324]. Algo tão simples como dizer que devemos obedecer à Constituição porque ela é a Constituição. Enfim, nada muito diferente do que veremos adiante, quando chegarmos aos becos sem saída a que nos levam a "norma fundamental" de Kelsen ou a "regra de reconhecimento" de Hart[325].

É claro que tal postura questionadora, típica da filosofia em geral e da filosofia do direito em especial, não nos coloca numa posição confortável[326]. Longe disso, ela conduz a inúmeras armadilhas pelo percurso, muitas das quais são bastante difíceis de se evitar[327].

Mas não é para isso que a teoria existe? Diferentemente dos que a visualizam como uma boa "arrumadeira de conceitos", dos que enxergam uma simbiose entre a "ciência" do direito e o papel exclusivamente "descritivo" do jurista[328], creio que o caráter normativo/provocador da doutrina deve soar cada vez mais alto no espaço acadêmico, principalmente naquele reservado ao pensador brasileiro[329]. Pois — não

---

(322) MIRANDA, Jorge. *Manual de direito constitucional.* Tomo IV, p. 8-9. SARLET, Ingo Wolfgang. *A eficácia dos direitos fundamentais*, p. 88-89.
(323) Neste ponto, é importante resgatar a advertência feita pelo professor Daniel Sarmento, no sentido de que "a exacerbação da dimensão utópica da Constituição encerra riscos que não podem ser negligenciados, dentre os quais a própria erosão da sua força normativa". Direito adquirido, emenda constitucional, democracia e a Reforma da Previdência. In: TAVARES, Marcelo Leonardo (coord.). *A reforma da previdência social:* temas polêmicos e aspectos controvertidos. Rio de Janeiro: Lumen Juris, 2004. p. 40-41.
(324) CARRIÓ, Genaro R. *Sobre los límites del lenguaje normativo.* 1. ed. 1. reimp. Buenos Aires: Editorial Astrea, 2001. p. 78-85. NINO, Carlos Santiago. *Derecho, moral y política*, p. 27, 55 e 63-64. BOBBIO, Norbeto. *Direito e poder*. Trad. Nilson Moulin. São Paulo: Ed. Unesp, 2008. p. 166.
(325) Neste sentido, NINO, Carlos Santiago. *Direito, moral y política*, p. 72-79.
(326) BARCELLOS, Ana Paula de. As relações da filosofia do direito com a experiência jurídica. Uma visão dos séculos XVIII, XIX e XX. Algumas questões atuais. In: MOREIRA, Eduardo Ribeiro; PUGLIESI, Marcio (coord.). *20 Anos da Constituição Brasileira*. São Paulo: Saraiva, 2009. p. 511
(327) VIEIRA, Oscar Vilhena. *A Constituição e sua reserva de justiça*, p. 222.
(328) Cf. KELSEN, Hans. *Teoria pura do direito*, p. 79-84. HART, Herbert L. A. *O conceito de direito*, p. 300-301. BOBBIO, Norbeto. *Direito e poder*, p. 65.
(329) Neste sentido, cf. BORGES, José Souto Maior. *Op. cit.*, p. 27-28. Cf., também, sobre esta nova tarefa da teoria jurídica. NINO, Carlos Santiago. *Introducción al análisis del derecho*. 2. ed. 13. reimpresión. Buenos Aires: Editorial Astrea, 2005. p. 338-347.

nos esqueçamos — de que foi justamente este silêncio eloquente dos teóricos nacionais que permitiu, no passado, a aplicação tranquila de uma emenda constitucional espúria como a n. 1, de 17.10.1969 (que, a rigor, nada mais era do que um ato de força), e que, no presente, pouco contesta a contraditória atuação do STF, que ora age como legislador positivo[330], ora afirma não lhe caber esta função[331].

Poder, direito e *moral*. Eis aí as três palavras-chave com as quais irei dialogar, a fim de alcançar a maior adesão possível ao critério moral que está por vir. Será com este triunvirato, ou melhor, com o relacionamento entre estes elementos que tentarei superar o que está posto, sem me transformar num jusnaturalista "de carteirinha". Será, portanto, da interseção destas três noções fundamentais que surgirão as respostas para as seguintes questões:

(1) Por que a Constituição obriga?

(2) Que discurso adotar?

(3) Para que serve a Constituição?

De posse destas preciosas conclusões, penso que metade do caminho já terá sido percorrido, restando ainda energia suficiente para avançarmos sobre a outra metade. Com isso, espero que, ao final, eu tenha em mãos mais um critério (complementar ao anterior) capaz de ajudar na busca incansável (porque sempre provisória) de um consenso ao redor dos direitos fundamentais dos trabalhadores.

Que a marcha tenha início.

II — PODER E DIREITO

Voltemos à EC n. 1/69. Sua origem é anômala: foi "promulgada" (é assim que está lá escrito) pelos ministros do exército, marinha e aeronáutica. Seu conteúdo é ainda mais *sui generis*: abrange praticamente todas as matérias da Constituição de 1967, fato este que a levou a ser considerada, por alguns, uma nova Constituição[332].

Creio que, na história recente do Brasil, este seja um bom exemplo de um típico ato desprovido de qualquer respaldo legitimador que não o das armas. Um produto bem acabado da força bruta. Mas, ainda assim, ele não foi atacado. Muito ao contrário. Durante a sua vigência, inúmeras leis foram produzidas, sentenças proferidas e benesses concedidas, como se tudo se passasse na mais perfeita harmonia institucional. E é em vista disso que faço a primeira provocação: o sistema jurídico estruturado a partir desta norma constitucional era válido? Toda e qualquer norma jurídica produzida de acordo com os critérios formais da EC n. 1/69 era válida?

Relembremos a famosa "Lei da Anistia"[333]. Ela era válida? Se quisermos complicar um pouquinho mais, devemos perguntar: ela foi recepcionada pela Constituição de

---

(330) Súmula Vinculante n. 11.
(331) Súmula Vinculante n. 4.
(332) Cf., por todos, SILVA, José Afonso. *Curso de direito constitucional positivo*. 28. ed. São Paulo: Malheiros, 2007. p. 87.
(333) Lei n. 6.683/79.

1988? Trata-se de uma discussão que foi recentemente reaberta no país, gerando uma polêmica enorme sobre a possibilidade de se levar os militares envolvidos em tortura às barras dos tribunais[334]. Mas o assunto foi definitivamente resolvido pelo STF, que optou pela validade[335].

Por que estou trazendo este tema à baila? Porque é com ele que podemos ilustrar a dinâmica de um sistema jurídico pautado exclusivamente na ideia de poder.

A bem da verdade, saber quem produz o direito é uma das questões cruciais para melhor compreendê-lo. O poder de produção normativa está no centro do sistema, a ponto de não podermos dissociá-lo do próprio conceito de norma jurídica[336]. Trocando em miúdos: é jurídica a norma que tenha sido produzida pelo poder autorizado para tal. São as duas faces da mesma moeda[337]. Contudo, aqui mora o perigo. Poder e norma. Norma e poder. Quem vem primeiro?

Este será o ponto de partida escolhido, de onde tentarei responder à primeira pergunta colocada na introdução: por que a Constituição obriga?

§ 1º — Poder originário?

É bastante conhecida a solução encontrada na Modernidade para o problema da origem do direito. Falo da ideia recorrente do poder constituinte originário. Este conceito, formulado pelo abade Sieyès, ganhou o mundo do direito positivo de matriz romano-germânica, com especial destaque para o Brasil[338]. Por estas plagas, ele é repetido em quase todos os manuais de direito constitucional[339]. A rigor, virou um lugar-comum. O aluno quer saber de onde veio a Constituição? Poder constituinte originário. De onde veio o conteúdo da Constituição? Poder constituinte originário. De onde vieram as limitações procedimentais, circunstanciais e materiais aos poderes do Estado instituído pela própria Constituição? Poder constituinte originário. Ora, mas o que é o poder constituinte originário? Difícil responder.

Segundo Jorge Miranda, "O poder político é, por consequência, um poder constituinte enquanto molda o Estado segundo uma ideia, um projecto, um fim de organização. (...) O poder constituinte como poder de auto-organização originária é um poder da comunidade, e não evidentemente dos governantes instituídos por essa organização. (...) [mas] é ainda um direito suprapositivo e natural que obriga o Estado a manter-se sujeito às suas próprias leis. O preceito jurídico que isso determina é o mesmo que serve de fundamento à obrigatoriedade do direito positivo"[340].

---

(334) Cf. <http://oglobo.globo.com/pais/mat>, publicado em 14.1.2009.
(335) ADPF n. 153-6/800, Rel. Min. Eros Grau, DJ 30.4.2010 (para o inteiro teor da decisão, cf. Informativo n. 588).
(336) BOBBIO, Norberto. *Direito e poder*, p. 155-157.
(337) Idem, ibidem.
(338) Cf., por todos, CERQUEIRA, Marcelo. *A Constituição na História:* da Revolução Inglesa de 1640 à crise do Leste Europeu. 2. ed. Rio de Janeiro: Revan, 2006. p. 122-128.
(339) Neste sentido, BERCOVICI, Gilberto. O Poder Constituinte do povo no Brasil: um roteiro de pesquisa sobre a crise constituinte. In: COUTINHO, Jacinto Nelson de Miranda; LIMA, Martorio Mont´Alverde Barreto (orgs.). *Diálogos constitucionais:* direito, neoliberalismo e desenvolvimento em países periféricos. Rio de Janeiro: Renovar, 2006. p. 218.
(340) *Teoria do Estado e da Constituição.* Rio de Janeiro: Forense, 2002. p. 214, 216 e 218.

De acordo com André Ramos Tavares, "O poder constituinte originário, ao contrário das manifestações constituintes que se têm constatado, é a força, a possibilidade e a liberdade pertencente aos indivíduos de se autodisciplinar da forma que desejarem, dentro dos princípios que restarem assentes em dado momento histórico na consciência popular, que então se verá refletida em suas aspirações no texto da Carta Magna"[341].

Já para Kildare Gonçalves Carvalho, "O poder constituinte é a fonte de produção das normas constitucionais, o poder de fazer uma Constituição e ditar as normas fundamentais que organizam os poderes do Estado. O poder constituinte é o poder onipotente e expansivo, extraordinário no tempo e no espaço. (...) Soberano que seja, o poder constituinte não é, todavia, absoluto; acha-se vinculado (...) pelos valores e princípios historicamente localizados, os quais deverão influir na sua obra originária"[342].

Luís Roberto Barroso afirma que o conceito de poder constituinte, "Em pouco mais de duzentos anos de existência, (...) conservou seu núcleo essencial, mas sofreu variações significativas de conteúdo. Trata-se do poder de elaborar e impor a vigência de uma Constituição. Situa-se ele na confluência entre o Direito e a Política, e sua legitimidade repousa na soberania popular. Modernamente, a reaproximação entre o Direito e a Ética (...) inspiram a percepção da existência de limites ao poder constituinte"[343].

E para Gilmar Ferreira Mendes, "A autoridade máxima da Constituição, reconhecida pelo constitucionalismo, vem de uma força política capaz de estabelecer e manter o vigor normativo do Texto. Essa magnitude que fundamenta a validez da Constituição, desde a Revolução Francesa, é conhecida com o nome de poder constituinte originário. (...) Se o poder constituinte é a expressão da vontade política da nação, não pode ser entendido sem a referência aos valores éticos, religiosos, culturais que informam essa mesma nação"[344].

Dois para lá (poder e força), dois para cá (consciência e ética). Como não trocar o passo e tropeçar, diante desta valsa embalada ao ritmo do direito? Para que os amantes desta sinfonia normativa chamada Constituição não desafinem, tem-se como irrecusável o convite da força bruta "para o terreno problemático da legitimação"[345].

Não é por outro motivo que o meu incômodo, manifestado linhas atrás, permanece inalterado. Por que este "poder" tem a atribuição de "originar" o direito? Ah, dirão alguns, porque ele é um poder soberano[346]. Então quer dizer que a soberania é a nova "pedra filosofal". O Estado soberano e democrático, porque ilimitado internamente, tem o

---

(341) *Curso de direito constitucional*. 5. ed. São Paulo: Saraiva, 2007. p. 58.
(342) *Direito constitucional*. 13. ed. Belo Horizonte: Del Rey, 2007. p. 261 e 267.
(343) *Curso de direito constitucional contemporâneo: os conceitos fundamentais e a construção do novo modelo*. São Paulo: Saraiva, 2009. p. 97.
(344) MENDES, Gilmar Ferreira; COELHO, Inocêncio Mártires; BRANCO, Paulo Gustavo Gonet. *Curso de direito constitucional*. São Paulo: Saraiva, 2007. p. 187 e 189.
(345) CANOTILHO, José Joaquim Gomes. *Direito constitucional e teoria da constituição*. 7. ed. Coimbra: Livraria Almedina, 2003. p. 67.
(346) BERCOVI, Gilberto. *Soberania e Constituição*. São Paulo: Quartier Latin, 2008. p. 19-20 e 23-24.

poder de criar o direito de acordo com a sua vontade⁽³⁴⁷⁾, ou melhor, de acordo com a vontade do seu povo⁽³⁴⁸⁾.

Então a vontade soberana do povo pode tudo? Com esta pergunta, pode parecer que estou forçando a barra, provocando de uma maneira desmesurada. Contudo, releiam a questão sob as lentes desta versão clássica de soberania. Ora, com ela, todo poder não emana do povo?

Em face desta última assertiva (que, por sinal, está escrita no art. 1º, parágrafo único da CF/88), sinto-me à vontade para esticar um pouco mais a corda. Se nós abstrairmos a intrincada questão a respeito de sabermos quem é o povo⁽³⁴⁹⁾ e deixarmos de lado as críticas voltadas à crise constituinte ou ao bloqueio da nossa soberania nacional⁽³⁵⁰⁾, talvez possamos concluir que ele — o povo — enquanto titular deste poder, tem a faculdade de criar, por exemplo, uma Constituição que proíba as mulheres de trabalhar. Que ele pode, digamos, criminalizar o homossexualismo, ou, quiçá, delegar ao governo constituído o poder de censurar previamente as publicações da imprensa. Mais ainda, que ele pode instituir a pena de morte. Não é isso? Porque se os valores da comunidade, se a consciência popular localizada historicamente chegar a estas deliberações, estará tudo resolvido. Ou não?

Eis aí o nó-cego a que nos leva esta linha de raciocínio. Enquanto decidimos as questões do dia a dia aplicando as leis ordinárias (ou a própria Constituição) sem qestionarmos o que elas prescrevem, não há problema. Ocorre que se decidirmos confrontar a validade (diga-se, legitimidade) de uma Constituição que estipule a discriminação racial, aí as coisas se complicam, e muito. Pois qual é o critério objetivo capaz de justificar, numa sociedade complexa e plural, o porquê de a Constituição ser válida, isto é, o porquê de o seu conteúdo ser obrigatório?

Se não quisermos (ou não pudermos) ir além de um poder originário e de uma aplicação automática do que foi por ele disposto, ficaremos sem resposta⁽³⁵¹⁾. Ficaremos reféns do conceito de direito como a organização do uso da força⁽³⁵²⁾. Por quem? Por

---

(347) Para uma análise da relação entre soberania nacional e Estado de Direito, cf. PEREZ-LUÑO, Antonio Henrique. Soberania Popular y Estado de Derecho. In: LAPORTA, Francisco J. (org.). *Constituición:* problemas filosóficos. Madrid: Centro de Estudios Políticos y Constitucionales, 2003. p. 45-74. NEVES, Marcelo. Soberania do Estado e soberania do povo no Estado democrático de direito. In: TÔRRES, Heleno Taveira (coord.). *Direito e poder:* nas instituições e nos valores do público e do privado contemporâneos. Barueri: Manole, 2005. p. 413-425 e BARACHO, José Alfredo de Oliveira. As novas perspectivas da soberania. Reflexos no direito interno, no direito internacional e no direito comunitário. In: TÔRRES, Heleno Taveira (coord.). *Direito e poder...*, p. 335-389.
(348) Sobre a titularidade popular do poder soberano no Estado democrático, como uma resposta da teoria política ao problema de legitimidade, cf. HABERMAS, Jürgen. Sobre a legitimação dos direitos humanos. Trad. Cláudio Molz: In: MERLE, Jean-Christophe e MOREIRA, Luiz. *Direito e legitimidade.* São Paulo: Landy, 2003. p. 69.
(349) PEREZ-LUÑO, Antonio Enrique. *Op. cit.*, p. 53. BARACHO, José Alfredo de Oliveira. *Op. cit.*, p. 345. Cf. também MÜLLER, Friedrich. *Fragmento (sobre) o poder constituinte do povo.* Trad. Peter Naumann. São Paulo: Revista dos Tribunais, 2004. p. 60-74.
(350) Cf. BERCOVICI, Gilberto. O Poder Constituinte do povo no Brasil, p. 223-224. Cf. também NEVES, Marcelo. *Op. cit.*, p. 414, onde faz a distinção entre o conceito real e o normativo de soberania.
(351) Em sentido semelhante, LARENZ, Karl. *Derecho justo:* fundamentos de ética jurídica. Trad. Luis Díez-Picazo. 1. ed. reimp. Madrid: Editorial Civitas, 1993. p. 25. CARRIÓ, Genaro R. *Op. cit.*, p. 57.
(352) ROSS, Alf. *Op. cit.* p. 78.

aqueles que a detêm[353]. Poderíamos resumi-lo no velho aforisma: manda quem pode, obedece quem tem juízo.

Exemplo clássico desta situação é a do bando de salteadores que impõe suas normas num determinado território[354]. Para quem preferir um sabor mais tropical, poderíamos mencionar um grupo de traficantes que domina uma favela local. O que impede de considerarmos a atuação deste grupo organizado como a de um ato de poder originário/soberano e, assim, interpretarmos as suas ordens como formadoras de um sistema jurídico? Se naquele espaço territorial não existe nenhum outro poder superior ao da quadrilha de marginais, qual o fundamento de validade atrelado ao direito, que o diferencia do conjunto normativo mafioso? Por que uma determinada manifestação de poder conquista o adjetivo "jurídico", ao passo que outra é tida como puro ato de coação?

Este é o dilema sobre o qual diversos filósofos do direito têm se debatido por anos a fio[355], mas diante do qual muitos positivistas já capitularam. Vejam, por exemplo, o que nos diz um dos seus mais sofisticados representantes: "cuando el bandido logra hacerse obedecer con una cierta permanencia y generalidad, cuando es capaz de delegar en sus inferiores, creando un entramado de normas, no hay manera de distinguir su "orden" normativo de un orden jurídico. De ahí que las formas de delincuencia organizada, como las sociedades mafiosas o terroristas, sean calificadas como contraordenamientos, ostentando un "caráter institucional y cuasi jurídico."[356]

Rendição mais acachapante, impossível.

1. O exemplo de Carrió

A fim de analisar esta confusão de ideias que nos deixa sem direção, vem bem a calhar o didático exemplo elaborado por Genaro Carrió: a consulta ao doutor K[357].

Num certo dia, o doutor K — advogado sério e estudioso — recebeu a visita de três clientes, os srs. X, Y e Z. Ao iniciar a entrevista, estes senhores se apresentaram como oficiais de alta patente, integrantes de postos-chave na estrutura militar do país. Sem maiores rodeios, perguntaram ao doutor K se eles possuíam as atribuições necessárias para (1) substituir o governo em vigor; e (2) reformar a Constituição para adequá-la à revolução que estaria em vias de ocorrer. Dito de forma ainda mais direta: gostariam de saber se possuíam "competência atual" para implementar um novo governo e modificar a Constituição por via revolucionária[358].

Passada a estupefação, o doutor K identificou o problema central da questão posta à queima-roupa: os atos praticados seriam válidos ou inválidos? Se respondesse afirmativamente, cairia numa falácia, na medida em que estaria concluindo pela possi-

---

(353) CARRIÓ, Genaro R. *Op. cit.*, p. 43 e 51.
(354) Cf., por todos, KELSEN, Hans. *Op. cit.*, p. 48 *et seq.*
(355) LARENZ, Karl. *Op. cit.*, p. 40.
(356) PRIETO SANCHÍS, Luis. *Apuntes de teoría del derecho*. Madrid: Editorial Trotta, 2005. p. 82.
(357) *Op. cit.*, p. 28.
(358) *Idem*, p. 29-30.

bilidade de uma ordem jurídica conferir atribuições para quem pretende substituí-la pela força. Caso a resposta fosse negativa — pensou —, ela pareceria imperdoavelmente simplista ou até mesmo irrelevante, pois os revolucionários sabem que, se tomam o poder e conseguem a obediência às suas ordens gerais, estas serão, mais cedo ou mais tarde, reconhecidas como válidas[359]. Daí por que o doutor K se deu conta de que "una pregunta que no admite respuesta sensata es una pregunta insensata, y que a las preguntas insensatas hay que rechazarlas"[360].

Contudo antes de incorrer em tamanha ironia com seus clientes, o doutor K achou por bem analisar o que os teóricos do direito constitucional diziam sobre o assunto. E não deu outra: deparou-se com o paradoxo do poder constituinte originário.

Depois de investigar as características deste fenômeno — inicial, autônomo, incondicionado, unitário, indivisível, permanente, inalienável, incontrolável e insubordinado —, percebeu que se tratava de uma competência *anterior* a toda normatização. Uma competência absolutamente primeira e total, que servia como um conceito legitimador da criação revolucionária de normas constitucionais[361]. Conquistaria autoridade a partir da sua identificação com a faculdade soberana do próprio povo de se organizar politicamente. Uma força histórica efetiva (com "eficácia atual"), apta a realizar os fins a que se propõe. Logo, o seu titular não é o que quer nem o que acredita sê-lo. É o que *pode* criar normas e concretizá-las[362].

Pois bem. Em face desta descrição, Carrió (já despido do personagem referido) afirma sem meias palavras: usar a noção de poder constituinte originário é uma empresa insensata! Cuida-se de querer falar normativamente para lá dos limites externos da linguagem normativa[363]. Vejamos mais de perto o que o jusfilósofo argentino quis dizer com isso.

De imediato, ele relembra o conceito de "Deus" elaborado por Spinoza (como sendo uma substância única, absolutamente livre, indeterminada, ilimitada e infinita — *Natura naturans*) para, em seguida, associá-lo ao poder constituinte originário[364]. Também menciona o pensamento kantiano, segundo o qual os homens possuem a tendência para conceber uma "superrealidade ilimitada", atribuindo-lhe o caráter de fundamento último de suas limitadas possibilidades. Seria uma ideia forjada pela razão para produzir uma unidade sistemática total do nosso conhecimento[365]. E, neste ponto, vem o seu contra-ataque.

Com efeito, Carrió observa que temos aqui uma razão que nos leva a acreditar em "Algo" que não foi causado por uma experiência empírica anterior. Repito: um "Algo" que não foi causado. Ao contrário, é causa de si mesmo e causa mediata de tudo o que existe. Em suma: temos um "Algo" que está fora do mundo dos sentidos[366].

---

(359) *Idem*, p. 31-32.
(360) *Idem*, p. 33.
(361) *Idem*, p. 36-39.
(362) *Idem*, p. 40-43.
(363) *Idem*, p. 44.
(364) *Idem*, p. 44-45. Cf. também p. 86, onde o autor se disse inspirado por Carl Schmitt (em sua Teoria da Constituição) e em Hans Kelsen (quando fala de soberania), de modo a realizar a analogia com Deus. Sobre o tema, cf. LEVINSON, Sanford. *Constitutional faith*. Princeton: Princeton University Press, 1989 e, no Brasil, BRITTO, Carlos Ayres. *Teoria da Constituição*. Rio de Janeiro: Forense, 2003.
(365) CARRIÓ, Genaro R. *Op. cit.*, p. 46-47.
(366) *Idem*, p. 47.

Esta forma de raciocínio se mostrara gravemente deficiente, uma vez que não seria possível usar a ideia de "causalidade" para se passar (sucessivamente) de uma existência empírica a outra (por exemplo, validar a publicação de uma lei pela competência legislativa conferida pela Constituição) e, no fim da linha, darmos um "salto" para fora deste mundo fático e atingirmos um mundo "nominal" (por exemplo, validar a promulgação da Constituição por meio de "algo" que não existe no mundo concreto: uma competência originária). Haveria, neste instante, uma clara violação do limite dentro do qual a palavra "competência" poderia operar com algum significado. Falar de poder constituinte originário seria falar de uma competência total e ilimitada. Ocorre que a ideia de competência é conceitualmente limitada, pois só funciona *dentro* de uma ordem jurídica previamente existente. A rigor, toda competência deriva de uma regra que, ao mesmo tempo em que confere poder, exclui aquelas coisas para as quais o poder não foi concedido[367]. Pensar de modo diferente serio o mesmo que defender a existência de "filhos sem pais"[368].

Além disso, Carrió faz questão de enfatizar a ambiguidade da palavra "poder". Uma hora ela significa competência (capacidade, atribuição ou potestade), outra, significa força (domínio, potência ou poderio). Quando se fala em poder constituinte originário, costuma-se misturar ambas as acepções, gerando-se um conceito híbrido ou, como ironiza o autor, um conceito "Jekyll-Hyde". Isso é feito para que se consiga identificar o titular deste poder supremo, o qual possuirá atribuições para ditar normas (competência/Jekyll) e para fazê-las acatar (força/Hyde)[369]. Essa via de mão dupla cria um raciocínio circular difícil de ser rompido: um ato de competência originária só seria reconhecido como tal *a posteriori*, isto é, depois de ter sido, de fato, plenamente consumado. A invocação da força possuiria um papel legitimador semelhante ao da invocação da vontade divina[370].

Como eu disse no início deste Capítulo, a ideia de um poder originário faz com que defendamos a obediência de uma norma constitucional porque ela está na Constituição. Mas esse truísmo não traz implícita a ideia de que aquele que produziu a Constituição tenha competência para tanto. Seria o mesmo que dizer "a chuva molha" e que, por isso, ela tem "competência" para molhar[371].

Solução? Diante de uma transgressão tão grosseira da linguagem normativa, de um tamanho "desaforo linguístico", Carrió afirma que a expressão "poder constituinte originário" confunde mais do que esclarece. Que esta é uma noção que responde a uma tendência irreprimível da razão: a da busca do incondicionado, da fonte única e suprema de toda normatização jurídica, de toda justificação jurídica. E conclui: "Tal fuente, si la hay, está más allá de nuestras posibilidades de conocimiento y expresión"[372].

Tanto esforço para isso? Reconhecer que a ideia de um "poder originário" é um absurdo teórico para, no fim, abandonar-nos com esta batata quente nas mãos. Algo

---

(367) *Idem*, p. 49.
(368) *Idem, ibidem*.
(369) *Idem*, p. 50-51.
(370) *Idem*, p. 52.
(371) *Idem*, p. 53.
(372) *Idem*, p. 57.

parecido com o que fez Norberto Bobbio, por ocasião da tentativa de explicar o caráter normativo dos costumes. Fatos que, num passe de mágica, tornam-se normas. Mais uma vez se disse: "A solução é incerta."[373]

§ 2º — Poder arbitrário?

Decisionismo. É tudo o que nos resta enquanto permanecermos fincados neste ponto da caminhada. Um terreno tão arenoso, que apenas a defesa de uma "decisão política fundamental" se apresenta como o oásis disponível. Vamos, então, beber da mesma água que Carl Schmitt[374]?

Penso que não. Mas não sou o único a pensar desta maneira. Muito antes de mim, um autor do calibre de Hans Kelsen também considerou o oásis shmittiano como nada mais do que uma miragem normativa. Uma miragem bastante perigosa.

De fato, a aclamação legitimadora (proporcionada por uma decisão política fundamental) permitiu que o regime nazista se instalasse com as bênçãos do povo todo soberano[375]. A bem da verdade, cuidou-se de uma legitimação tão intensa, que os destinatários deste "poder" absoluto se sentiram no "direito" (natural?) de ultrapassar as leis que se contrapunham à ideologia dominante. Acima de tudo, preservar a vontade popular, ou melhor, acima de tudo, obedecer ao *Führer*, o verdadeiro representante do povo[376].

Para fugir desta enrascada, a doutrina de Kelsen parece interessante. O sistema jurídico seria "dinâmico". Suas normas seriam criadas por ato de vontade de uma autoridade habilitada a fazê-lo. Por exemplo: uma sentença (norma individual) seria proferida por um juiz (autoridade competente). Esta autoridade, por sua vez, conquistaria a autorização de uma outra autoridade, que lhe seria superior. Por exemplo: o juiz do trabalho possuiria a atribuição para decidir sobre os conflitos envolvendo "relação de trabalho", porque o legislador constituinte lhe teria autorizado (art. 114, I da CF/88). Esse encadeamento de ideias continuaria se repetindo até que chegássemos à pergunta final: mas quem autorizou o legislador constituinte a produzir a Constituição? Ou, traduzindo para o nosso tema: quem autorizou o poder constituinte originário a entrar em cena?

Para essa questão, Kelsen responde: "Tratando-se de uma Constituição que é historicamente a primeira, tal só é possível (...) desde que pressuponhamos uma norma por força da qual o ato a interpretar como ato constituinte seja de considerar como um ato criador de normas objetivamente válidas (...) Esta não é uma norma

---

(373) *Direito e poder*, p. 187.
(374) *Teoría de la Constituición*. Trad. Francisco Ayala. Madrid: Alianza Editorial, 1982. p. 45-49.
(375) Para uma crítica contundente a respeito da participação do povo alemão na construção/legitimação do ideário nazista, cf. VOEGELIN, Eric. *Hitler e os Alemães*. Trad. Elpídio Mário Dantas Fonseca. São Paulo: É Realizações, 2008.
(376) Cf. GUETTI, Pablo Sanges. Da teoria da constituição ao desafio da legitimidade: a trajetória de radicalização do poder constituinte na obra de Carl Schmitt. In: MAIA, Antonio Cavalcanti *et alli* (orgs.). *Perspectivas atuais da filosofia do direito*. Rio de Janeiro: Lumen Juris, 2005. p. 518 e 525.

posta através de um ato jurídico positivo, mas (...) uma norma pressuposta, pressuposta sempre que o ato em questão seja de entender como ato constituinte, como ato criador da Constituição."[377]

Esta é a famosa *Grundnorm* kelseniana. A norma hipotética é o último fundamento de validade da ordem jurídica[378]. O que ela diz? Primeiro, que o poder supremo está autorizado a produzir direito. Depois, que os destinatários das ordens emanadas do poder supremo devem obedecê-lo[379].

As diferenças entre as ideias de Kelsen e Schmitt estão tanto na origem, quanto no conteúdo do sistema normativo. Aquela, para Kelsen, é apenas uma noção formal ou uma hipótese de trabalho. Uma norma lógica de fechamento do sistema, necessariamente pressuposta, a fim de evitar que a validação da norma inferior pela superior regredisse ao infinito[380]. Já para Schmitt, esta origem era algo real, dava-se de modo existencial e categórico[381]. Era a realização de uma unidade política anterior à Constituição, uma decisão consciente e concreta do conjunto da sociedade[382].

Quanto ao conteúdo, Kelsen dizia: pode ser qualquer um[383]. Não que ele, com isso, "concordasse" com a proliferação de "aberrações morais ou religiosas", tais como as do regime nazista (do qual, não esqueçamos, ele foi vítima)[384], o que este autor defendia — por coerência teórica — era a natureza científica do direito, ou seja, que sendo a norma jurídica produzida de acordo com os critérios exigidos por uma outra a ela superior, a sua validade formal tornaria irrelevante (para o cientista) a legitimidade material subjacente. Bom ou ruim? Justo ou Injusto? Não importa. O conteúdo normativo estaria posto validamente e pronto[385]. Na visão de Carl Schmitt, as coisas não eram tão "puras" assim. Seria necessário compaginar a matéria normativa com aquela decisão fundamental que, antes de tudo, legitimava o próprio sistema. Conteúdo originário *versus* conteúdo secundário. O primeiro (densificado na Constituição) teria primazia sobre o segundo (muitas vezes, diluído — apenas formalmente — em leis constitucionais)[386].

Vejam que situação! Como se diz por aí, estamos entre a cruz e a caldeirinha. Para onde quer que olhemos, uma única palavra se sobressai: arbítrio. Arbítrio do poder constituinte originário kelseniano, que recebia carta branca de uma norma hipotética pressuposta e vazia. Arbítrio de uma decisão política fundamental, tomada por quem as massas consagrassem. Além de uma origem desconhecida, uma capacidade decisória ilimitada ou, no máximo, limitada pelos humores políticos do momento.

Ao fim e ao cabo, um poder assustador.

---

(377) *Op. cit.*, p. 51.
(378) *Idem, ibidem*.
(379) BOBBIO, Norberto. *Direito e poder*, p. 175.
(380) *Idem*, p. 159.
(381) *Op. cit.*, p. 34 e 94.
(382) *Idem*, p. 35, 46 e 93.
(383) *Op. cit.*, p. 53-55.
(384) BOBBIO, Norberto. *Direito e poder*, p. 25. NINO, Carlos Santiago. *La validez del derecho*, p. 188.
(385) BOBBIO, Norberto. *Direito e poder*, p. 26-33.
(386) *Op. cit.*, p. 94. Sobre a distinção entre Constituição e "leis constitucionais", cf. *idem*, p. 37 *et seq*.

1. Aceitando as regras do jogo: Hart, Nino e o ponto de vista interno

Imaginem-se numa degustação constitucional. Entrada: medo puro e simples servido com uma ilusão levemente adocicada. Prato principal: ideologia bastante apimentada, acompanhada de um belo desencanto em banho-maria. Sobremesa: fundamentalismo à temperatura ambiente, seguido de um gelado ceticismo. Estão todos forçosamente convidados.

Não preferem, no entanto um cardápio diferente?

Em vista da absoluta falta de opção, sugiro um ingrediente peculiar, de modo a evitarmos uma provável indigestão. Um toque especial à resposta que nos será servida e que está subjacente à primeira dúvida levantada linhas atrás: por que a Constituição obriga? O segredo do sucesso é: "aceitação"[387].

Decisionismo ou norma fundamental pressuposta? Nada disso, ou melhor, antes disso, o que faz o indivíduo obedecer ao direito posto é a sua aceitação da decisão política fundamental ou da norma fundamental pressuposta. É a sua crença no caráter legitimador que está ali, subjacente[388]. Como observou Hart L. A. Hart, o que importa é o "ponto de vista interno"[389].

Pensem em um sistema jurídico montado para servir a uma sociedade complexa. Religiões diferentes. Interações assimétricas. Mundivisões e preferências para lá de conflitantes. De acordo com o antigo professor de Oxford, a argamassa que mantém tudo isso coeso é a *afirmação interna* dos indivíduos participantes do sistema, aqueles que o aplicam cotidianamente sem declarar (expressamente) que *aceitam* a regra de reconhecimento legitimadora do que é ordenado, proibido ou permitido[390].

Aceitar o critério de identificação do direito. *Aceitar* como válida (obrigatória) a "prática social" utilizada para esclarecer o que pertence (e o que não pertence) ao ordenamento jurídico. O juiz britânico não aceita que o Parlamento tenha primazia na formulação do direito? O juiz brasileiro não aceitou a obrigatoriedade da regra do repouso semanal remunerado prevista no art. 7º, XV da CF/88? Não aceitou que a EC n. 26/85 instituiu uma assembleia nacional constituinte e que ela estava legitimada a estabelecer uma nova Constituição? Enfim, ele não aceitou como válidas as normas obtidas mediante esta deliberação democrática tão festejada após os "anos de chumbo"?

Este é o momento de virada. Numa apreciação superficial, pode não dizer muito. Bem de ver, pode parecer mais do mesmo. Mais fatos transformados em normas, não se sabe muito bem como. Só que a passagem aqui não se baseia no "fato" da aceitação constatada por terceiros. Ao contrário, trata-se de uma manifestação positiva (interiorizada) daquele incumbido de decidir. Algo que foi "hipoteticamente" pressuposto ao sistema (Kelsen) ou "categoricamente" homogeneizado (e hipostasiado) de uma maneira consciente (Schimitt). Não há como negar: a moral, finalmente, encontrou o seu ponto de infiltração.

---

(387) HART, H.L. Herbert. *Op. cit.*, p. 112.
(388) Cf. NINO, Carlos Santiago. *La validez del derecho*, p. 120. VÁZQUEZ, Rodolfo. *Entre la libertad y la igualdad*. Introducción a la filosofía del derecho. Madrid: Editorial Trotta, 2006. p. 39 e 44.
(389) *Op. cit.*, p. 113.
(390) *Idem*, p. 114.

Ora — poder-se-ia contestar —, seria um contrassenso afirmar que a moralização do direito se deu a partir da teoria de um reconhecido (e autointitulado) positivista, de alguém contrário à aproximação conceitual entre o direito e a moral[391]. Mas é exatamente isso o que eu defendo aqui[392].

Quando Hart fez a sua famosa distinção entre o ponto de vista interno (do participante) e o ponto de vista externo (do observador), ele atirou no que viu e acertou no que não viu[393]. Raciocinem comigo, ou melhor, raciocinem com Carlos Santiago Nino. Existem diversos motivos não morais para se aceitar uma regra. Pensem nos seguintes exemplos: cálculo egoísta, preocupação altruísta ou um mero ato de imitação. O primeiro representa uma razão prudencial (evitar uma sanção, se for o caso). O terceiro, um fato que sequer pode figurar (diretamente) como premissa normativa. Restou-nos o segundo exemplo: o caso central de uma razão moral[394]. A pergunta é: por que só esta última versão constitui a aceitação do participante?

Percebam o detalhe. No instante em que o aplicador "usa" a regra secundária de reconhecimento para validar um comando normativo, encontra-se implícita, no seu raciocínio, a "aceitação" daquele critério de identificação. Ocorre que, desde o ponto de vista interno, só vale — como aceitação — aquela pressuposta na *formulação de juízos normativos*. Sendo mais didático: para decidir o que fazer, o participante só aceita como resposta os juízos que permitam justificar a sua ação[395]. Como? Qualificando-a deonticamente. No tocante ao observador, ele — que não está na fogueira — apenas constata o "fato" de o participante aceitar um determinado critério para respaldar juridicamente a sua decisão. Um, está no campo da validade; o outro, no terreno da efetividade. Em qual dos dois se encontra o juiz? Hart responde: no primeiro[396].

Essa conclusão é corroborada com uma ilustração de Nino. Segundo este autor, um raciocínio do tipo "1) Me convém aceitar a regra ditada por *P*; 2) *P* estabeleceu que *R* (alguém diferente de mim) faça *X*; Ergo: *R* deve fazer *X*" é claramente inválido, pois ou ele não se aplica diretamente a mim (e, por consequência, não me leva a aceitar a regra), ou a validade estaria associada a um princípio segundo o qual eu devo fazer o que convém prudencialmente aos demais. Nesta hipótese, haveria um princípio altruísta, ou seja, um paradigma de um princípio moral[397].

Em outro lugar, Nino foi ainda mais enfático na sua crítica à resistência hartiana em reconhecer o caráter moral da aceitação. Após afirmar que apenas os direitos derivados (direta ou indiretamente) de princípios morais serviriam como razões para

---

(391) Idem, p.331.
(392) Para que não se diga que estou sozinho, cf. VÁZQUEZ, Rodolfo. *Op. cit.*, p. 39-40, onde o autor menciona a interpretação de Ernesto Garzón Valdés, no sentido de que o "ponto de vista interno" hartiano é um "ponto de vista moral".
(393) Cf. NINO, Carlos Santiago. *El constructivismo etico*. Madrid: Centro de Estudios Constitucionales, 1989. p. 28-29.
(394) *Idem*, p. 29. Cf. também Oscar Vieira. A Desigualdade e a Subversão do Estado de Direito. In: SARMENTO, Daniel; IKAWA, Daniela; PIOVESAN, Flávia (coord.). *Igualdade, diferença e direitos humanos*. Rio de Janeiro: Lumen Juris, 2008. p. 200-203.
(395) NINO, Carlos Santiago. *El constructivismo etico*, p. 29.
(396) *Op. cit.*, p. 113 e 116.
(397) NINO, Carlos Santiago. *El constructivismo ético*, p. 29 (tradução livre).

agir, Nino se apoiou no exemplo de raciocínio jurídico justificatório mais evidente que encontrou, a fim de atestar suas ideias: o efetuado pelo juiz para fundamentar sua decisão[398]. Qualquer semelhança com o que foi visto acima não é mera coincidência. Tentarei ser mais claro.

De início, o autor argentino definiu "proposição justificatória de uma ação ou decisão" como sendo aquela "cuja formulação implica certa inconsistência prática com a não realização da ação (ou com a adoção de uma decisão oposta)"[399]. Além disso, Nino tomou como conceito de "norma jurídica" o de juízo normativo, conforme referido há pouco, ou seja, o de um juízo que, para justificar uma ação, a qualifica como proibida, permitida ou obrigatória. Diante destas explicações, surge o manual de funcionamento do raciocínio prático com a seguinte instrução: haverá uma inconsistência prática insolúvel sempre que o juiz formular um juízo normativo (*v. g.*, o locatário que não pagar dois meses de aluguel deve ser despejado) e se negar a efetivá-lo.

Até aí, está tudo tranquilo? Não. Aparentemente tranquilo. Esta falsa sensação de segurança termina no momento em que se faz a seguinte indagação: como saber se o juízo normativo utilizado pelo juiz (para fundamentar sua decisão) é uma norma jurídica[400]?

Kelsen responderia a essa pergunta apontando para a ideia de sanção. Mas esta não seria uma boa resposta. Se você concorda que existem normas jurídicas sem sanção (*v. g.*, as que atribuem competência)[401] e juízos morais com caráter de punição (*e. g.* os que pregam a pena de morte para os estupradores)[402], há de concluir que fica complicado — para não dizer dificílimo — distinguir as espécies de juízo normativo a partir do conteúdo[403]. Passemos, então, para uma alternativa: a origem[404].

A juridicidade da norma estaria embutida na sua fonte produtora, isto é, na autoridade (legislativa ou convencional) que a formulou. Assim, bastaria que o juiz, no seu raciocínio prático, aceitasse a juridicidade do repouso semanal remunerado tão somente pelo fato de ser produto da vontade legislativa. Certo? Já vimos que não. Antes de aceitar a autoridade normativa do legislador, o juiz aceitou a validade da norma que lhe conferiu tal autoridade. Aceitou a validade da Constituição. E voltamos ao mesmo lugar.

Todos já devem estar exaustos de me ouvirem repetir o mesmo mantra: a descrição de um "fato" (o legislador prescreveu a concessão de um repouso semanal remunerado aos trabalhadores) não conduz, por si só, à justificação de uma conduta (o juiz deve condenar o empregador a conceder o repouso). Para que o julgador acate esta determinação, ele deve, antes, aceitar o juízo normativo segundo o qual "o legislador

---

(398) *Sobre los derechos morales.* Doxa n. 7, 1990. p. 317.
(399) *Idem, ibidem* (tradução livre).
(400) *Idem,* p. 318-319.
(401) Cf. NINO, Carlos Santiago. *La validez del derecho,* p. 197-207, onde ele argumenta, dentre outras coisas, que a declaração de nulidade de contratos entabulados por pessoas incapazes não possui caráter sancionador.
(402) NINO, Carlos Santiago. *Sobre los derechos morales,* p. 319.
(403) NINO, Carlos Santiago. *La validez del derecho,* p. 58-59.
(404) NINO, Carlos Santiago. *Sobre los derechos morales,* p. 319.

deve ser obedecido"[405]. Mas esta aceitação só acontecerá se rompermos com aquela sequência potencialmente infinita. A aceitação de um juízo normativo final, que confira legitimidade ao legislador. Uma norma moral pura como fonte de legitimação: eis aí a única saída que nos resta[406].

Com isso, afasta-se, por exemplo, a tentativa de Kelsen de validar o sistema com uma "eficácia continuada". Para os que não se recordam, Kelsen não restringia o fundamento de validade de um sistema jurídico à suposição de uma norma básica. Ele dizia que o sistema, para existir juridicamente, deveria ter a capacidade de ser obedecido ao longo do tempo, possuir uma eficácia duradoura[407]. Uma confusão entre o ponto de vista interno e o externo, convenhamos, pois uma coisa é aceitar internamente o critério de pertencimento do direito, legitimando-o por meio de uma norma pressuposta, de uma decisão política arbitrária ou de uma prática social habitualmente compartida pelos juízes, outra é a verificação externa da existência do sistema em si, ou seja, o registro fático de que ele é possuidor de eficácia social. Aceita-se (e legitima-se) primeiro; utiliza-se (e efetiva-se) depois[408].

É claro que, com isso, não estou a defender uma divisão estanque entre ambos os pontos de vista. Afinal, o juiz não é um marciano que decide o que se passa na Lua[409]! Por ser um homem concreto cujas raízes sociais estão bem plantadas no tempo e no espaço, ele estará inevitavelmente sujeito às influências culturais, históricas, afetivas e familiares do seu entorno. Enfim, estará embebido, dos pés à cabeça, de uma pré-compreensão que lhe foi inculcada desde a tenra infância. Algo que, certamente, irá influenciar a sua conduta e o seu modo de ver o mundo[410]. Como já dizia Ortega y Gasset, o homem é ele e suas circunstâncias.

Seria incorrer num ledo engano insistir, nesta altura do campeonato, na separação absoluta entre sujeito (ser humano) e objeto (juízo normativo), numa espécie de *revival* ontológico à moda jusnaturalista. O ato de compreender não é essencialmente objetivo (não existe uma substância prévia), nem tampouco puramente subjetivo (pois também não existe um pensador alheio a tudo e a todos). Ele é, simplesmente, reflexivo[411]. E uma reflexão que tende a ocorrer de que maneira? Mediante da experimentação do indivíduo, levada a cabo ao longo da sua história (biográfica) e da comunidade (social) onde atua[412].

Entretanto, esta influência marcante do meio não é uma prisão sem janelas. Por se tratar de um ser racional, o juiz estará habilitado a desenvolver uma *reflexão crítica* sobre a realidade à sua volta (incluindo aí, por óbvio, a realidade constitucional),

---

(405) *Idem*, p. 320.
(406) *Idem*, p. 324.
(407) *Op. cit.*, p. 55.
(408) HART, H. L. Herbert. *Op. cit.*, p. 114-116.
(409) Em sentido semelhante, cf. SUNSTEIN, Cass R. *A constitution of many minds*, p. 214-215. WEINREB, Lloyd L. *A razão jurídica:* o uso da analogia no argumento jurídico. Trad. Bruno Costa Simões. São Paulo: Martins Fontes, 2008, p. 109.
(410) Cf. ROSS, Alf. *Op. cit.*, p. 87. GADAMER, Hans-Georg. *Verdade e método I:* traços fundamentais de uma hermenêutica filosófica. Trad. Flávio Paulo Meurer. 5. ed. Petrópolis: Vozes, 2003. p. 354-361 e 368-369.
(411) KAUFMANN, Arthur. *Filosofia do direito*, p. 397.
(412) Cf. *Idem*, p. 319-320.

enxergando para além dos preconceitos que o cercam. Seu ponto de vista interno não ficará refém das tradições. Mais do que isso — e sem querer antecipar muito do que falarei daqui a instantes —, pode-se afirmar que haverá uma primazia do seu ponto de vista interno sobre aquele outro, externo[413]. O importante, por ora, é frisar: neste embate inevitável entre o fático (moral social positivada) e o normativo (moral crítica ou ideal), o último leva vantagem[414].

Como salienta o próprio Hart, inverter esta lógica é procurar uma alternativa para interpretações metafísicas sobre as "propriedades misteriosas que não podem ser detectadas por meios empíricos"[415]; ou, diria eu, é uma tentativa de tapar o sol com a peneira. Mas isso, como se sabe, é um erro. Por que? Porque "consiste em negligenciar a natureza especial da afirmação interna e tratá-la como uma afirmação externa acerca da actuação oficial"[416].

Acontece que Hart também não se deixou escapar deste equívoco. Apesar da sua clarividência a respeito do tipo de raciocínio necessário à convalidação do direito, ele não foi além. Concluiu que a regra de reconhecimento era o ponto final do encadeamento lógico de identificação das regras primárias e... hesitou. Quando perguntado o porquê de aceitarmos tal regra secundária, ele deu de ombros, atestando a complexidade do assunto e a possibilidade de não admitir uma resposta clara e determinada[417]. Valendo-se de um evidente artifício retórico para contornar o problema, afirmou que só necessitamos da palavra "validade" para respondermos a questões que se colocam "dentro" do sistema[418]. Uma explicação tão falha que chega a espantar. Numa passagem do seu livro, ele deixa entrever o tamanho do seu desconforto, ao afirmar que: "Este aspecto das coisas arranca a alguns um grito de desespero: como poderemos demonstrar que as disposições fundamentais de uma constituição, que são sem dúvida direito, o são realmente?"[419]

Todavia, o professor de Oxford não ficou com este grito tão sufocado assim. Como não poderia deixar de ser, Hart acabou dando a mão à palmatória e, ainda que rapidamente, declarou: "Para que [a regra de reconhecimento] possa sequer existir, tem de ser considerada do ponto de vista interno como um padrão público comum de decisão judicial correta e não como algo a que cada juiz meramente obedece apenas por sua conta."[420]

Recobrando, pois, o que verificamos com Nino linhas atrás: para a legitimação do direito (e da Constituição), devemos convalidá-lo por meio de uma norma que está fora do sistema jurídico. Devemos aceitar uma norma "final", mas não porque ela se originou de uma autoridade. Ela deve ser aceita em virtude dos seus próprios méritos: uma norma moral pura. Só assim escaparemos do regresso ao infinito[421].

---

(413) NINO, Carlos Santiago. *El constructivismo ético*, p. 25-27.
(414) *Idem*, p. 32-33. Cf. também, do mesmo autor, *Ética y derechos humanos:* un ensayo de fundamentación. 2. ed. Buenos Aires: Editorial Astrea, 1989. p. 92-96.
(415) HART, H.L. Herbert. *Op. cit.*, p. 116.
(416) *Idem, ibidem.*
(417) *Idem*, p. 120.
(418) *Idem, ibidem.*
(419) *Idem*, p. 123.
(420) *Idem*, p. 127.
(421) NINO, Carlos Santiago. *Sobre los derechos morales*, p. 320.

Eis aí, portanto, a resposta à nossa primeira pergunta. Por que a Constituição obriga? Porque ela é aceita. E por que ela é aceita? Porque, internamente, os seus aplicadores, depois de a submeterem a uma avaliação crítica, consideram-na um critério justo de identificação do direito. Um critério que agrega, por si só, uma mais-valia às suas decisões: a correção[422].

Como se vê, a moral chegou para ficar.

III — DIREITO E MORAL

Todo juízo de validade jurídica é um juízo moral. Ele realiza o que Nino chama de "juízo de adesão normativa", isto é, o juízo de adesão moral a uma norma jurídica[423]. Mas, se é assim, de onde vem esta aceitação moral do direito? De uma norma autônoma, responde o mesmo autor[424]. De uma norma que os seres racionais dão a si próprios, independentemente dos seus desejos ou da existência de alguma autoridade prévia[425]. Seria como que o último tribunal de apelação, que encontra sua validade em si mesmo[426]. Um mandamento que, por ser ele próprio valioso, é aceito. E que, por ser aceito, transfere a sua legitimidade (o seu valor) para a Constituição e para as decisões onde ela é aplicada[427].

Esta nova forma de ver as coisas nos remete, mais uma vez, ao problema anterior, àquela curiosidade, quase infantil (e infinita), de querer saber o porquê de tudo a nossa volta, com especial atenção para o que nos obriga. Por que *devo* fazer isso? Por que *não devo* fazer aquilo? Porque sim. Ou não? Em verdade, deve-se ou não praticar um ato porque é assim determinado por uma norma moral, cuja validade — como já dizia Kant — é autônoma.

Situações como estas são pródigas em gerar alguns "porquês" bastante embaraçosos, justamente porque não admitem mais "porquês". Conseguimos fugir do círculo vicioso envolvendo o fato (força ou competência) e a norma (dever ou obrigação), para recairmos na famosa arapuca jusnaturalista. Direito e moral? Claro que não. Moral primeiro; direito depois[428].

Entretanto, de onde vem essa autonomia do juízo moral?

Para responder a esta pergunta, prosseguirei com o meu raciocínio, apoiando-me — ironia do destino — em outro positivista renomado: Alf Ross. Será com a sua

---

(422) HABERMAS, Jürgen. Sobre a legitimação pelos direitos humanos, p. 67-68.
(423) *La validez del derecho*, p. 140.
(424) Cf. *Fundamentos de derecho constitucional: análisis filosófico, jurídico y politológico de la práctica constitucional*. 1. ed. 3. reimpresión. Buenos Aires: Editorial Astrea, 2005. p. 18 e *Sobre los derechos morales*, p. 320.
(425) *Introducción al análisis del derecho*, p. 410.
(426) *La validez del derecho*, p. 65.
(427) Idem, p. 66.
(428) RADBRUCH, Gustav. Statutore Lawlessness and Supra-Statutory Law. In: DYZENHAUS, David; MOREAU, Sophia Reibetanz; RIPSTEIN, Arthur (ed.). *Law and morality:* readings in legal philosophy. 3th edition. Toronto: University of Toronto Press, 2007. p. 132-133. Cf., também, do mesmo autor traduzido para o português, *Filosofia do direito*. Trad. Marlene Holzhausen. São Paulo: Martins Fontes, 2004. p. 66.

ajuda que tentarei explicar o que, nos dias de hoje, parece inexplicável: a legitimação moral da Constituição. Mas é claro que não o visitarei sozinho. Novamente, pedirei a gentileza de Carlos Santiago Nino para me fazer companhia.

§ 1º — A razão que explica, mas não justifica

A última ideia mencionada — a respeito da validade constitucional — foi a de aceitação. Aceitação que, de acordo com Hart, estava ínsita no ponto de vista interno do aplicador do direito. E no que consiste este ponto de vista interno? Com a palavra, Alf Ross.

Segundo este professor dinamarquês, sempre que pensamos em princípios morais, normas categóricas ou na retidão do direito positivo, devemos lembrar que estamos lidando com apreensões *a priori*[429]. Liberdade, igualdade e segurança? Intuições. Conceitos cuja validade seria conhecida sem a contaminação empírica dos nossos sentidos físicos, ou, numa palavra, conceitos "metafísicos"[430]. E foi neste instante que ele abriu seu coração positivista para afirmar de maneira taxativa: "Toda metafísica é uma quimera e só há um conhecimento, a saber, o empírico".[431]

Diante de tamanha resistência às regulações válidas por si mesmas, a Ross só restou buscar um outro fundamento de validade para as normas de ação. E sua pesquisa o dirigiu para o ponto de vista do agente. Como ele se constituía? Do somatório de atitudes e crenças[432]. Ambas seriam formas primárias, fenômenos irredutíveis da consciência[433].

A atitude, volitiva e emocional, funcionaria como uma centelha intelectual a desencadear a atividade humana. Bipolar por definição, ela seria derivada ora do amor, ora do ódio, ora do desejo, ora da aversão, ora da atração, ora da repulsa, e assim por diante[434].

Já a crença englobaria o ato de apreensão do conhecimento sobre a natureza da realidade. Seria algo que os sujeitos julgam verdadeiro ou provável. Por si só, não seria capaz de gerar uma ação[435]. Pensem num indivíduo inteligente, mas despojado de qualquer interesse ou vontade. Ainda que acreditasse em algo (possuísse algum conhecimento das coisas), isso não lhe diria nada, porquanto a ausência de paixões e sentimentos lhe deixaria apático, desmotivado em relação a tudo que o circundasse[436]. Diz o autor: "O conhecimento de que um perigo ameaça minha vida, a menos que me mova do lugar em que me encontro, me deixará frio, sem interesse e passivo se não alimento o desejo de preservar a minha vida".[437]

---

(429) *Op. cit.*, p. 343.
(430) *Idem*, p. 344.
(431) *Idem, ibidem*.
(432) *Idem*, p. 352.
(433) *Idem*, p. 349-350.
(434) *Idem*, p. 347.
(435) *Idem*, p. 345.
(436) *Idem*, p. 345.
(437) *Idem, ibidem*.

Sob a perspectiva prática, não haveria a menor chance de um conhecimento desinteressado (ou de uma norma autônoma) levar a uma ação[438]. A sequência seria assim: as ações seriam motivadas por atitudes (interesses) que, combinadas a crenças (conhecimentos empíricos), levariam a novas atitudes (novos interesses), movimentando uma roda viva, acelerada no embalo do temor, da esperança e do desejo. Não foi à toa que Ross afirmou: "Todos nós temos uma forte tendência a considerar como verdadeira qualquer coisa que possa acalmar nosso temor, estimular nossas esperanças, afagar nossos desejos".[439]

Haveria aí uma fusão tão íntima entre estas duas noções, que seria extremamente difícil dizer quem veio antes ou quem veio depois. Diante de uma conexão tão profunda, seria quase impossível fragmentá-las[440]. Contudo, isso não será necessário. Para o nosso estudo, o que nos foi dito já basta. Passemos a palavra, agora, ao professor Santiago Nino.

Este filósofo argentino apresentou argumentos que, numa leitura superficial, seriam bastante semelhantes ao de Ross. Contudo, se repararmos bem, encontraremos ali uma sutil colocação que faz toda a diferença. Falo da separação entre "razão explicativa" e "razão justificatória".

Deveras, quando Ross afirmou que uma atitude associada a uma crença motivaria uma ação, ele não estava errado. O que faltou foi ele dizer que, neste contexto, aquela dupla dinâmica estaria "explicando" a "causa" de uma ação. E, por isso, ambas funcionariam como "fatos psicológicos" vistos "desde fora". Irredutíveis? Talvez. Fenômenos neurofisiológicos? É possível. No entanto, de todo modo, ainda fatos[441]. Logo, Ross não teria sintonizado bem o seu argumento, ou melhor, ele não teria evoluído seu raciocínio ao ponto de apresentar uma legitimação do direito, pois como pensava ser impossível encontrá-la racionalmente, almejou apenas fundamentar as normas de ação individual, deixando de procurar pelos juízos normativos (internos) que as justificassem, e voltando-se para explicações fáticas geradoras de um motivo ou — repito — de uma causa[442].

Desde dentro, ou seja, a partir da análise reflexiva do indivíduo racional, o que importa é o *conteúdo* da crença e da atitude, e não o *fato* da aceitação deste conteúdo. Afinal, o que são a crença e o interesse, senão a crença e o interesse em "algo"[443]? Por isso, relevante é o juízo valorativo sobre a atratividade de um estado de coisas. Por que ele deve ser desejável? Esta é a pergunta que põe ordem na casa, porque é com base nela que encontraremos a premissa do raciocínio prático a ser desenvolvido: a razão justificatória[444].

---

(438) *Idem*, p. 346.
(439) *Idem*, p. 349.
(440) *Idem*, p. 348.
(441) NINO, Carlos Santiago. *El constructivismo ético*, p. 23-24. Cf. também REALE, Miguel. *O direito como experiência*. 2. ed. 4. tiragem. São Paulo: Saraiva, 2010. p. 100-101.
(442) Em sentido semelhante, diferenciando a "fundamentação" do direito (a sua causa ou origem) da "legitimação" (tida como a aceitação ou justificação localizada fora do ordenamento), cf. TORRES, Ricardo Lobo. *Tratado de Direito Constitucional Financeiro e Tributário — Valores e princípios constitucionais tributários*. Rio de Janeiro: Renovar, 2005. p. 206-210.
(443) NINO, Carlos Santiago. *El constructivismo ético*, p. 26.
(444) *Idem*, p. 24. Cf. também DWORKIN, Ronald. Liberty and Moralism. In: DYZENHAUS, David; MOREAU, Sophia Reibetanz. RIPSTEIN, Arthur (ed.). *Law and morality:* readings in legal philosophy. 3th edition. Toronto: University of Toronto Press, 2007. p. 394.

Fica aqui porém, uma ressalva: esta razão justificatória materializa um *juízo primitivo* cujo objeto não pode ser a própria crença e/ou desejo que deram causa à ação. Do contrário, haverá um raciocínio circular que, como sói acontecer, desembocará numa tautologia a toda prova: a crença e o desejo representarão a aceitação do conteúdo do juízo normativo, conteúdo este que será preenchido pela crença e o desejo que o ratificam.

Para fugirmos deste *non sequitur*, a saída só pode ser uma: a primazia do ponto de vista interno. Como nos diz Dworkin, é a posição moral (o "algo") que deve justificar as reações emocionais (o "fato"), e não o contrário[445]. Sem juízos de valor (independentes dos interesses e crenças empíricas) não há ação, salvo aquelas produzidas por meros impulsos automáticos[446].

Depois desta pequena explanação, creio que já podemos voltar à dificuldade inicial. De fato, ao analisá-la agora, em face das impressões deixadas para trás, a resposta salta aos olhos: o juízo moral pessoal — de validação — é proveniente de uma norma imune aos interesses humanos[447]. Haveria aí uma dose de intuicionismo no domínio simbólico do direito difícil de negar[448]. Na realidade, alguns filósofos fazem o oposto, chegando mesmo a dizer que "o fato é que possuímos uma percepção intuitiva de certo e errado e que é natural, na verdade, inevitável, que tentemos determinar suas implicações"[449]. Trata-se do conhecido "problema dos universais" ou dos "termos gerais", que remonta a Platão e Aristóteles e cujas dimensões ontológica, epistemológica, linguística e, até mesmo, psicológico-cognitiva o tornam continuamente presente no pensamento humano[450].

No entanto, isso não significa que uma intuição inexorável, amiga do improvável ou, pior, parceira do descontrole reflexivo seja tudo o que nos resta[451]. Para os que ainda confiam na capacidade de racionalização humana, torna-se uma questão central demonstrar como essas normas categóricas, esses juízos morais primeiros (autônomos ou autorreferentes), enfim, como essas convicções que permeiam a nossa vida prática e legitimam o direito podem ser racionalizados. Fazendo minhas as palavras do professor Miguel Reale: "enquanto o mundo sempre agitado e imprevisível dos valores (...) desafia nossas forças intuitivas e racionais, o mundo dos fins resulta de uma *filtragem racional* daquilo que é valorado, importando numa *opção intelectual* por um dos caminhos possíveis."[452]

O novo lema é: apresentar critérios de orientação[453]. Racionalizar da melhor forma possível o que, *a priori*, nos parece irracional[454]. Eis aí a tarefa fundamental da filosofia do direito a ser retomada com vigor[455].

---

(445) DWORKIN, Ronald. *Liberty and moralism*, p. 395 (tradução livre).
(446) NINO, Carlos Santiago. *El constructivismo ético*, p. 25-26.
(447) Cf. ROSS, Alf. *Op. cit.*, p. 343, 344 e 349. NINO, Carlos Santiago. *La validez del derecho*, p. 86-87.
(448) Cf. WEINREB, Lloyd L. *A razão jurídica*, p. 105-106 e 137-138. RAWLS, John. *Uma teoria da justiça*. Trad. Almiro Pisetta e Lenita Maria Rímoli Esteves. São Paulo: Martins Fontes, 2002. p. 37-39.
(449) KYMLICKA, Will. *Op. cit.*, p. 9.
(450) WEINREB, Lloyd L. *A razão jurídica*, p. 137-139.
(451) Neste sentido, cf. FERRAZ, Selma. *Justiça e razão:* filosofia clássica e o liberalismo antropológico de F. Von Hayek. São Paulo: Quartier Latin, 2007. p. 135-136.
(452) REALE, Miguel. *O direito como experiência*, p. XXVI.
(453) RAWLS, John. *Uma teoria da justiça*, p. 42-44. KYMLICKA, Will. *Op. cit.*, p. 63-66.
(454) KAUFMANN, Arthur. *Filosofia do direito,* p. 72.
(455) Neste sentido, e apostando na "razoabilidade" como a ponte entre o direito e a moral, cf. BUSTAMANTE, Thomas da Rosa de. A razoabilidade na dogmática jurídica contemporânea: em

No entanto é possível racionalizar um fenômeno geneticamente alheio à razão? Porque se isso não for admissível, a pergunta deve ser: qual irracionalidade moral deve imperar? A minha ou a sua? A do seu vizinho ou a do seu pai? A do seu dentista ou a do seu empregador? Ou não seria melhor deixarmos tudo como está? Obedecer ao poder de fato que se autointitulou constituinte e originário não seria uma boa pedida?

Se você não confia na possibilidade de justificar racionalmente o fundamento moral do direito, o caminho é o positivismo. O direito é um ato de vontade e o que importa é a decisão do legislador ou dos tribunais. Neste contexto, sugiro duas opções: Hans Kelsen (normativista) ou Alf Ross (realista)[456]. Se você não pensa assim, então deve começar a se mexer, pois, nem de longe, está resolvido o problema da justificação moral ou da legitimação do direito[457]. Mas se você ainda está em dúvida, vou me esforçar um pouco mais para convencê-lo, uma vez que, como já deve ter notado, eu estou ali no segundo grupo: o dos que confiam.

Enfatizar a origem intuitiva do juízo moral[458]. Reconhecê-la como o "calcanhar de Aquiles" de qualquer teoria normativa (justificadora) dos direitos por ela legitimados: os direitos morais. Nada além de honestidade intelectual. Contudo, isso não quer dizer que ela — teoria — não consiga racionalizar o que é *a priori* irracional ou que ela não seja capaz de aperfeiçoar (ou até mesmo refutar) a impressão normativa inicial posta na mesa, permanecendo amarrada à versão tradicional do intuicionismo. Uma versão que, solta aos ventos de maneira displicente, defenderia uma apreensão da verdade moral independente da atividade (e da inteligência) humana[459], ou seja, o contrário de tudo o que venho dizendo por aqui.

Não confundamos, pois, bananas com maçãs. Uma coisa é intuir, sentir, desejar, querer e acreditar no que é bom ou ruim, certo ou errado, justo ou injusto para, depois, agir. Isso todos nós fazemos. É isso o que nos protege de um "niilismo suicida". É isso o que nos impede de vermos a nós mesmos como um "brinquedo do absurdo"[460]. Outra, completamente diferente, é conseguir justificar racionalmente o conteúdo proposicional desta atuação[461]. Uma racionalização sem pudor algum de perguntar: por que o juízo normativo (meu ou do outro) deve ser aceito[462]? Ratificar, aprimorar ou, quiçá, eliminar as premissas (intuitivas) desta discussão. É sobre isso que os filósofos do direito devem se debruçar: propor argumentos convincentes[463].

---

busca de um mapa semântico. In: NOVELINO, Marcelo. *Leituras complementares de direito constitucional:* controle de constitucionalidade e hermenêutica constitucional. 2. ed. Salvador: Podivm, 2008. p. 71-94.
(456) KELSEN, Hans. *Op. cit.*, p. 276 e ROSS, Alf. *Op. cit.*, p. 94-100.
(457) NINO, Carlos Santiago. *Ética y derechos humanos*, p. 199.
(458) FERRAZ, Selma. *Op. cit.*, p. 139-141.
(459) RAWS, John. *O liberalismo político*. Trad. Dinah de Abreu Azevedo. 2. ed. São Paulo: Ática, 2000. p. 136.
(460) NIETZSCHE, Friedrich. *Genealogia da moral:* uma polêmica. Trad. Paulo César de Souza. 5. reimpressão. São Paulo: Companhia das Letras, 1998. p. 149.
(461) Cf. ALEXY, Robert. *Teoria del discurso e derechos constitucionales*, p. 54, onde o autor explica que, ao cercarmos as nossas intuições de argumentos, elas deixam de ser irracionais.
(462) Em sentido semelhante, cf. ACKERMAN, Bruce. *La justicia social en el estado liberal*. Trad. Carlos Rosenkrantz. Madrid: Centro de Estudios Constitucionales, 1993. p. 36. ALEXY, Robert. *Teoría del discurso y derechos humanos*. Trad. Luis Villar Borda. 1. ed. 4. reimpresión. Bogotá: Universidad Externado de Colômbia, 2004. p. 85.
(463) KYMLICKA, Will. *Op. cit.*, p. 10.

A minha estratégia, nos próximos parágrafos, será: (**§ 2º**) apresentar uma teoria capaz de estruturar a justificação moral do direito enquanto razão para agir (ética analítica), para (**§ 3º**) indicar, com base nesta mesma teoria, qual *deve ser* a moral substantiva escolhida, a fim de legitimar a fundamentalidade material dos direitos específicos dos trabalhadores (ética normativa)[464]. pois, no fim das contas, este é o foco principal do nosso estudo e não deve ser esquecido.

§ 2º — Que discurso adotar?

"Es imposible *justificar* una acción o decisión que verse sobre materias en las que estén en conflicto intereses de diversos indivíduos sin apelar en última instancia a un conjunto de principios ideales, o sea a la Constituición en este sentido [normativo]."[465]

Isso nós já vimos. O problema agora não é recorrer a um punhado de princípios ideais. Antes, é saber como encontrá-los numa sociedade moderna, complexa e plural. John Rawls e Jürgen Habermas são dois autores que, recentemente, se dispuseram a isso, conquistando grande repercussão com suas investidas[466]. Contudo, não pretendo ser repetitivo. Reverberar, em minúcias, duas teorias fartamente conhecidas, não está nos meus planos[467]. Irei me pautar numa terceira opinião que, a meu ver, põe um pouco de água nesta discussão altamente inflamável. Falarei, portanto, com base no construtivismo ético de alguém que já considero um velho companheiro de viagem: Carlos Santiago Nino.

Uma pequena pausa, porém, se faz necessária. Para realizar esta travessia em busca da racionalidade perdida, precisaremos de algumas provisões teóricas indispensáveis. Sendo assim, penso que três são os suportes empíricos que não podem faltar na bagagem intelectual de qualquer um que pretenda nos acompanhar neste caminho sinuoso: (1) o homem é um ser discursivo; (2) sem a presença "do outro" não faz o menor sentido falar em direito; e (3) sobrevivência e escassez: duas incontornáveis dificuldades da existência humana que dão o que falar.

No tocante ao primeiro acessório, Robert Alexy o sintetiza com precisão cirúrgica: "si alguien nunca ha participado en alguna práctica discursiva, no habrá participado, entonces, en la forma más general de la vida humana. Los seres humanos son "criaturas discursivas." [468] Com amparo nesta observação, o professor de Kiel vai mais longe e acrescenta que a renúncia à nossa habilidade de participar de debates e discussões equivaleria a uma autodestruição. Daí por que apenas uma "escolha existencial" — no

---

(464) NINO, Carlos Santiago. *Introducción al análisis del derecho*, p. 353-354.
(465) NINO, Carlos Santiago. *Fundamentos de derecho constitucional*, p. 18.
(466) Cf. RAWLS, John. *Uma teoria da justiça*. Trad. Alimiro Pisetta e Lenita Maria Rímoli Esteves. 2. ed. São Paulo: Martins Fontes, 2002. HABERMAS, Jürgen. *Direito e democracia:* entre a facticidade e validade. V. I e II. Trad. Flávio Beno Siebeneichler. 2. ed. Rio de Janeiro: Tempo Brasileiro, 2003.
(467) Para uma análise da teoria da justiça de Rawls, cf., por todos, GARGARELLA, Roberto. *As teorias da justiça depois de Rawls:* um breve manual de filosofia política. Trad. Alonso Reis Freire. São Paulo: Martins Fontes, 2008. Para um estudo da obra de Habermas, cf., por todos, MAIA, Antonio Cavalcanti. *Jürgen Habermas:* filósofo do direito. Renovar: Rio de Janeiro, 2008.
(468) *Teoría del discurso y derechos constitucionales*, p. 58 e *Teoría del discurso y derechos humanos*, p. 83-84.

sentido de abandonar a necessidade de dar e pedir razões — talvez pudesse aplacar esta nossa natureza. E o "talvez" aí não foi posto ao acaso, visto que uma escolha de tal envergadura não se processa na forma do tudo ou nada. Sendo mais direto, Alexy diz (e eu concordo): "el grado de discursividad depende de (...) la aceptación de nuestra naturaleza discursiva o (...) de la aceptación de nosotros mismos."[469]

O segundo acessório é uma adaptação da velha máxima aristotélica reforçada por Arthur Kaufmann: o direito é relacional[470]. Ora, quando questionamos a respeito do último fundamento de validade do direito e concluímos que ele deve ser moral, estávamos inseridos, inevitavelmente, num contexto em que não só a minha, mas também a moral dos outros se fazia presente[471].

O direito só existe em sociedade e o seu fundamento (a sua origem ou a sua causa) é a ela imanente[472]. Vulnerabilidade e igualdade aproximadas, altruísmo, conhecimento e capacidade de raciocínio limitados, além de interesses divergentes surgidos num contexto de coexistência territorial. Aqui estão alguns dos motivos pelos quais devemos justificar o conteúdo das nossas crenças e desejos, daquilo que impulsiona o nosso comportamento[473]. Caso contrário, cairemos no discurso vazio ou, quem sabe, no primeiro sinal de uma esquizofrenia tardia. A não ser que estejamos ouvindo vozes que nos contrariem, justificar algo que não traz repercussão na vida dos outros é um exercício de solipsismo inútil. Pois se apenas eu me importo com o que estou fazendo, se não há o menor sinal de conflito na linha do horizonte, por que (ou para quem) racionalizar minha conduta?

Pensem numa mulher adulta, solteira e com nível superior de instrução, que tem por hábito acordar às duas da manhã para beber um copo de leite. Se com essa atitude ela não atrai a atenção, o interesse ou não ofende a crença de nenhum outro ser racional, por que deve justificar o seu comportamento? Mas e se esta senhora decidisse conscientemente se prostituir na sua própria casa? Bem, nesse caso, tenho certeza de que haveria uma vizinhança inteirinha pronta a travar com ela uma acalorada discussão. Diante disso, justificar a sua conduta não seria mais uma simples faculdade.

Por que ela não pode fazer isso se não está causando dano a ninguém? Porque — diria o moralista empedernido — o prejuízo seria a ameaça a longo prazo dos valores da sociedade, e não a mera existência de algum dano concreto (e eventual) a um indivíduo determinado. Mas como saber se o prejuízo social é real o suficiente para que o juízo moral dos outros prevaleça sobre o da mulher? Ou ainda: por que esta moral social deve ganhar prioridade em face da opinião da prostituta sobre o que ela deve ou não fazer com sua vida? Mais uma vez, Lord Devlin e Herbert Hart têm um encontro marcado no parlamento mais próximo da sua casa[474].

---

(469) *Teoría del discurso y derechos constitucionales*, p. 59.
(470) KAUFMANN, Arthur. *Filosofia do direito*, p. 219.
(471) NINO, Carlos Santiago. *El constructivismo ético*, p. 32.
(472) TORRES, Ricardo Lobo. *Tratado de direito constitucional financeiro e tributário — valores e princípios constitucionais tributários*, p. 206.
(473) HART, Herbert L. A. *Op. cit.*, p. 210-212. VÁZQUEZ, Rodolfo. *Op. cit.*, p. 131.
(474) Sobre a discussão, no direito inglês, a respeito da criminalização do homossexualismo e da prostituição, onde a controvérsia entre Lord Patrick Devlin e Herbert Hart girou em torno da prevalência de uma suposta moral social (pública) em face da moral crítica (individual), cf. DWORKIN, Ronald.

Malas prontas, devemos partir. Para onde? Para o destino que a nossa percepção inicial determinar. Mas e se o seu juízo primitivo for diferente do meu? O caminho não é um só e os nossos recursos não são infinitos[475]. Logo — já inserindo o terceiro acessório —, se eu decido ir para a direita e você para a esquerda, a solução passará pela confrontação da razão justificadora da sua decisão com a minha.

Numa sociedade altamente complexa e marcada pela escassez, em que os conteúdos proposicionais são variados, onde os participantes são naturalmente discursivos e, como é de hábito, relacionam-se entre si para garantir uma melhor sobrevivência[476], não são poucas as chances de ocorrer uma luta desenfreada pelo poder[477]. Em verdade, esse é um resultado quase certo, pois, como já nos dizia Karl Popper: "Não pode haver sociedade humana que careça de conflitos: uma sociedade tal seria uma sociedade não de amigos, mas de formigas."[478] Quanto maior for o meu poder de fogo, maiores serão as minhas chances de suprimir qualquer um que questione minha escolha sobre o que devemos fazer[479].

Ocorre que mesmo o mais egoísta dos tiranos, mesmo aquele que só pensa em maximizar sua utilidade pessoal, sabe que apenas o uso da força não é suficiente. Além de muito custoso, ele é também instável e arriscado[480]. Daí por que a argumentação moral se apresenta como uma técnica social imprescindível. Para quê? Para legitimar o juízo normativo de modo econômico e seguro[481]. Em suma: até o mais violento e obtuso dos ditadores não abre mão de superar os conflitos e facilitar a cooperação pelo consenso[482].

É por meio do diálogo que os participantes "pretendem chegar a pontos de vista [internos] comuns, tentando convencer-se mutuamente de algo mediante argumentos"[483]. E, bem aqui neste ponto, onde se impõe a dimensão discursiva da moral, resgato a minha segunda pergunta introdutória: mas que discurso adotar? Ou, reformulando: para que haja convergência de crenças e atitudes, quais deverão ser as condições do discurso? Quais devem ser as suas regras ou princípios de legitimação[484]?

Levando os direitos a sério. Trad. Nelson Boeira. São Paulo: Martins Fontes, 2002. p. 372 *et seq.* NINO, Carlos Santiago. *Introducción al análisis del derecho*, p. 424-426. VÁZQUEZ, Rodolfo. *Op. cit.*, p. 46-48.
(475) HART, Herbert L.A. *Op. cit.*, p. 212. VÁZQUEZ, Rodolfo. *Op. cit.*, p. 131.
(476) HART, Herbert L.A. *Op. cit.*, p. 213. VÁZQUEZ, Rodolfo. *Op. cit.*, p. 42
(477) ACKERMAN, Bruce. *Op. cit.*, p. 36 e, em sentido semelhante, HONORÉ, Tony. The necessary connection between law and morality. In: DYZENHAUS, David; MOREAU, Sophia Reibetanz; RIPSTEIN, Arthur (ed.). *Law and morality:* readings in legal philosophy. 3th edition. Toronto: University of Toronto Press, 2007. p. 150.
(478) *Apud* PEREZ LUÑO, Antonio Enrique. *Derechos humanos, estado de derecho y constitución.* 8. ed. Madrid: Tecnos, 2003. p. 146 (tradução livre).
(479) ACKERMAN, Bruce. *Op. cit.*, p. 36.
(480) ALEXY, Robert. *Teoría del discurso y derechos humanos*, p. 88. VILHENA, Oscar Vieira. *A desigualdade e a subversão do Estado de direito*, p. 200-201.
(481) ALEXY, Robert. *Teoría del discurso y derechos humanos*, p. 88.
(482) NINO, Carlos Santiago. *El constructivismo etico*, p. 34. *Ética e derechos humanos*, p. 97-98. VÁZQUEZ, Rodolfo. *Op. cit.*, p. 31 e 131. HONORÉ, Tony. *Op. cit.*, p. 150. VILHENA, Oscar Vieira. *A desigualdade e a subversão do Estado de direito*, p. 197-198.
(483) HABERMAS, Jürgen. *Sobre a legitimação pelos direitos humanos*, p. 70-71. Cf. também ACKERMAN, Bruce. *Op. cit.*, p. 389 *et seq.*
(484) NINO, Carlos Santiago. *Ética e derechos humanos*, p. 103. TORRES, Ricardo Lobo. *Tratado de direito constitucional financeiro e tributário* — valores e princípios constitucionais tributários, p. 203 *et seq.*

A dificuldade, agora, encontra-se na formulação de algum tipo de arranjo comunicativo capaz de produzir a legitimidade moral tão necessária à validação do direito e, é claro, da Constituição. Racionalizar as intuições morais subjetivas (pessoais) de modo a torná-las intersubjetivas (impessoais)[485]. Socializar a aceitação individual sobre o que é moralmente ordenado, proibido e permitido. Como? Por meio de um procedimento, isto é, por meio de regras puramente processuais[486]. Desde a famosa virada kantiana iniciada por John Rawls, é o mais próximo que chegaremos de uma (provisória) objetivação dos juízos morais substantivos indispensáveis à validação do direito[487]. Uma objetivação cuja fragilidade (ou abertura) será diretamente proporcional, por exemplo, à capacidade das gerações futuras de revisarem criticamente a tradição que lhes foi imposta, alterando o conteúdo proposicional de suas atitudes e crenças de acordo com as suas próprias idiossincrasias.

Fixação pela repetição: o critério ou o arranjo comunicativo adotado deve ser elaborado de forma a extrair um juízo moral substantivo que dê conta de nossas convicções intuitivas particulares[488]. Algo na linha de um "amplo equilíbrio reflexivo" entre o que consideramos intrinsecamente razoável e o que os outros geralmente assim consideram[489]. E, neste sentido, concordo com Rawls, quando ele nos diz que o que há de melhor no mercado de ideias (para atingirmos esse objetivo) é o modelo de justiça processualmente pura. Deixemos que ele nos explique com suas próprias palavras: "A ideia intuitiva é conceber o sistema social de modo que o resultado seja justo qualquer que seja ele, pelo menos enquanto estiver dentro de certos limites".[490]

Ocorre que o artefato moral consensualmente forjado no calor do debate não se preservará para todo o sempre. Como já disse no correr deste estudo, a oxidação do argumento será inevitável. O ponto de vista interno de hoje não será, necessariamente, idêntico ao de amanhã, assim como não foi igual ao de ontem. E isso por um motivo óbvio: as premissas justificatórias (inseridas no raciocínio prático) variam ao sabor das reflexões dos indivíduos participantes da prática discursiva, os quais serão — querendo ou não — influenciados pela realidade que os cerca[491].

Certamente, o homem do século XVI apresentaria argumentos substantivos justificadores de suas ações (conteúdos de suas crenças e desejos) completamente diferentes daqueles defendidos pela mulher do século XXI, ainda, a mulher do século XXI de 30 anos não pensará necessariamente o mesmo quando atingir os 60. Numa linguagem mais clara, pode-se dizer que a moral positivada (pelo consenso) num determinado tempo ou lugar não se queda "petrificada" eternamente. Existe, latente, um processo de constante erosão axiológica gerado por variações internas do indivíduo, aberto que está às influências do meio. O que era "pétreo" pode virar pó em poucos minutos.

---

(485) PEREZ LUÑO, Antonio Enrique. Op. cit., p. 181.
(486) RAWLS, John. Uma teoria da justiça, p. 89. NINO, Carlos Santiago. Ética e derechos humanos, p. 104.
(487) Sobre a virada kantiana, cf. TORRES, Ricardo Lobo. Op. cit., p. 3, 41, 56, 83 e 136 et seq. Quanto à inevitabilidade de critérios morais substantivos para a validação do direito, cf., por todos, NINO, Carlos Santiago. Sobre los derechos morales, p. 324. KAUFMANN, Arthur. Filosofia do direito, p. 303. BUSTAMANTE, Thomas da Rosa de. A razoabilidade na dogmática contemporânea, p. 85.
(488) NINO, Carlos Santiago. Ética e derechos humanos, p. 105-106.
(489) Cf. RAWS, John. Justiça como equidade, p. 42-43. NINO, Carlos Santiago. Ética e derechos humanos, p. 116.
(490) RAWLS, John. Uma teoria da justiça, p. 90-91.
(491) NINO, Carlos Santiago. Ética e derechos humanos, p. 121.

Diante desse interminável devir humano, em que a *primazia* do ponto de vista interno (na formulação do último fundamento de validade normativa) *não significa* a *imunização absoluta* ao que lhe é (faticamente) *externo*, ganhou força a ideia de depuração do discurso moral, numa linha semelhante à tentada por Kant, com o seu imperativo categórico. Criar um modelo ideal de procedimento radicalmente alheio à faticidade, àquelas circunstâncias comunicativas do dia a dia, que acabam dificultando a produção do consenso moral ou a sua maior duração. Só assim construiremos uma norma verdadeiramente autônoma, universal e categórica[492]. Só assim iremos convergir para ela: por meio do debate idealmente regrado.

O raciocínio é interessante:

• *se* o juízo moral é produto de um ponto de vista interno cujo descolamento do ponto de vista externo nunca é total;

• *se*, por isso, as razões justificatórias dos nossos juízos normativos (percepções intuitivas) estão sempre contaminadas pelas razões explicativas (os motivos fáticos) de nossas ações, levando, na maior parte das vezes, ao "efeito papagaio", isto é, à confusão entre o que é o *meu* juízo moral (conteúdo valorativo interno) e o que é mera aceitação circunstancial de um outro conteúdo externamente difundido (o do nosso vizinho, por exemplo)[493];

• *se* a crescente presença dos outros acentuou a escassez e gerou uma sociedade cada vez mais complexa, plural e conflagrada, estimulando, historicamente, a prática social de discussão coletiva sobre os diferentes pontos de vista morais, a fim de se facilitar a sobrevivência pela eliminação dos conflitos e do aprofundamento da cooperação consensual[494];

• *então*, por que não tentar aperfeiçoar a busca deste consenso, subtraindo (das regras processuais do discurso) o fator que continuamente cria problema? Em outras palavras: por que não colocar a argumentação moral substantiva num traçado formal, desvinculado das contingências fáticas que nos são externas? Afinal, se queremos "testar as credenciais do consenso" obtido[495], um procedimento blindado contra a conjuntura da vez não seria uma boa ideia?

É a partir desta pergunta que se entende melhor a tão falada "circunstância contrafática": uma situação ideal do discurso (porque imune às intempéries mundanas), na qual o ponto de vista interno poderá ser desenvolvido no seu maior potencial. Uma idealização do procedimento cujo objetivo é um só: turbinar ao máximo a capacidade humana de racionalizar (justificar) as suas impressões subjetivas, fortalecendo, na maior medida possível, o poder de convencimento dos argumentos morais substantivos a respeito das nossas ações e decisões. Creio que é a isso que Carlos Santiago Nino se refere, quando fala de "construtivismo ético"[496].

---

(492) Sobre as características das normas morais segundo a deontologia kantiana, cf. NINO, Carlos Santiago. *Introducción al análisis del derecho*, p. 403.
(493) DWORKIN, Ronald. *Liberty and moralism*, p. 396 (tradução livre).
(494) NINO, Carlos Santiago. *El constructivismo ético*, p. 34. *Ética e derechos humanos*, p. 97-98. ACKERMAN, Bruce. *Op. cit.*, p. 36. HONORÉ, Tony. *Op. cit.*, p. 150.
(495) DWORKIN, Ronald. *Liberty and moralism*, p. 400 (tradução livre).
(496) *El constructivismo ético*, p. 70. *Ética y derechos humanos*, p. 92 *et seq*. Em sentido semelhante, cf. o excelente artigo da professora Jane Reis Gonçalves Pereira: Princípios morais e direitos humanos na obra de Carlos Santiago Nino. In: TORRES, Ricardo Lobo (org.). *Legitimação dos direitos humanos*. Rio de Janeiro: Renovar, 2002. p. 324.

As críticas às tentativas de depuração processual do debate são inúmeras. Uma das mais contundentes é a dos comunitaristas[497]. Nesta corrente filosófica, não se aceita um modelo justificador "desencarnado", que não abra os olhos e apure bem os ouvidos para o que é considerada uma *boa vida* no mundo real. A rigor, eles não aceitam a completa ruptura (idealmente promovida) entre os pontos de vista interno (moral crítica) e externo (moral social), o que — diga-se de passagem — também não é defendido aqui[498].

Apesar de considerar o argumento comunitarista uma importante advertência contra o risco de se incensar uma utopia procedimental nociva (ou uma ficção inoperante) à solução dos graves problemas da vida prática, irei me posicionar aqui ao lado dos construtivistas. Farei isso em vista de uma razão singela: o consenso moral — que é almejado por todos, inclusive pelos comunitaristas — será tanto mais universal e duradouro, quanto mais indivíduos conseguirem internalizar o juízo normativo resultante do processo discursivo. E uma tal maximização do que é "bom" só ocorrerá por meio de um modelo de justiça cujo formato, exatamente por ser desmaterializado, estará aberto a todo e qualquer conteúdo (intuitivo) que queira testar a sua sorte.

Argumentem com suas convicções mais íntimas! Divirjam entre si! Mas como chegar a um porto seguro? O que *devemos fazer* para que a discussão moral não descambe para a balbúrdia?

Se a busca do consenso é o que se pretende, não há nada melhor para a fluidez discursiva do que interditar, logo de início, procedimentos incapazes de *filtrar* a subjetividade, digamos, "exaltada" de alguns argumentos substantivos. Pensem em asserções que, de tão embriagadas de preconceitos (*v. g.*, a crença na inferioridade natural dos negros[499]) e/ou emoções (*e. g.*, o desejo de eliminar todo homossexual da face da Terra[500]), trariam pretensões de correção fortemente enraizadas e, por isso, pouco preocupadas com a aceitação do outro. Para muitos dos que pensam assim, tais afirmações conteriam verdades tão autoevidentes, que sequer precisariam ser justificadas. Elas, por si sós, já seriam uma forma de "razão" especial[501].

As regras formais do discurso devem estar aptas a detectar rapidamente estas deformações argumentativas. Poderiam, por exemplo, afastá-las quando aqueles que as defendem para os outros fossem incapazes de aplicá-las em suas próprias vidas. Se o seu filho fosse homossexual você continuaria defendendo a sua eliminação? Você conseguiria escapar desta contradição performática, desta complicada inconsistência prática[502]?

---

(497) Cf., por todos, WALZER, Michael. *As esferas da justiça:* uma defesa do pluralismo e da igualdade. Trad. Jussara Simões. São Paulo: Martins Fontes, 2003. *Thick and Thin:* moral argument at home and abroad. Notre Dame: University of Notre Dame, 1994. SANDEL, Michael. *O liberalismo e os limites da justiça.* Lisboa: Fundação Calouste Gulbenkian, 2005. CITTADINO, Gisele. *Pluralismo, direito e justiça distributiva.* Elementos da filosofia constitucional contemporânea. 2. ed. Rio de Janeiro: Lumen Juris, 2000. SAMPAIO, José Adércio Leite. A tradição comunitarista. In: SARMENTO, Daniel (coord.). *Filosofia e teoria constitucional contemporânea.* Rio de Janeiro: Lumen Juris, 2009. p. 245 *et seq.*
(498) Cf. NINO, Carlos Santiago. *El constructivismo ético*, p. 34-35.
(499) DWORKIN, Ronald. *Liberty and moralism*, p. 395.
(500) *Idem*, p. 395-396.
(501) *Idem*, p. 397.
(502) Cf. ALEXY, Robert. *Teoría del discurso y derechos humanos*, p. 101. NINO, Carlos Santiago. *Introducción al análisis del derecho*, p. 362. TORRES, Ricardo Lobo. *Op. cit.*, p. 209. DWORKIN, Ronald. *Liberty and moralism*, p. 397.

Que elas sempre vão existir, não resta dúvida. Mas que os participantes, ao menos, sintam-se obrigados a apresentá-las como uma "exceção" à norma geral que defendem, porque aí, neste caso, deverão *justificá-las* com base em novas razões, distintas das que fundamentam a norma válida pra todos. Não vão mais poder se fiar apenas naquela razão especial (autoevidente) que quase nada dizia[503]. Vejam, portanto, duas regras discursivas: *sinceridade* e *não contradição*[504].

Os participantes do diálogo devem se passar por pessoas sérias, genuínos interlocutores preocupados em convencer o outro com argumentos que realmente acreditam e que estão dispostos a levar adiante[505]. É claro que, com isso, não vão estar impedidos de fingir. Lançar argumentos à sorrelfa, escondidos, camuflados pela óbvia razão de que, muito provavelmente, jamais serão aceitos pelos demais, tornando-se intersubjetivos (impessoais). O (falso) consenso poderá até ser obtido. Mas quando descoberta a verdadeira razão justificadora omitida — o que será só uma questão de tempo diante de um procedimento ideal —, que o dissenso resultante consiga ser imediatamente reformado[506]. Caso contrário, estará instalado o veneno social mais mortífero de que se tem notícia: a desconfiança. E dependendo da intensidade da infecção, poderá levar gerações até sermos desintoxicados.

Feitas estas considerações — reconheço — um pouco alongadas, acredito que o modelo de procedimento ideal mais adequado, capaz de liberar as premissas do debate e, ao mesmo tempo, controlá-lo de modo a rastrear "el potencial racional existente en la realidad humana"[507], foi o apresentado por Carlos Santiago Nino. Este autor estruturou o seu arquétipo procedimental-discursivo a partir das teorias de John Rawls e Jürgen Habermas, ambas, como mencionado, altamente badaladas. Vejamos o que ele diz.

1. Nino e o seu modelo processual de discurso

De início, Nino analisou a teoria de Rawls. Constatou que este autor se valeu de praticamente todos os recursos metaéticos disponíveis na história da filosofia (com exceção do teológico), a fim de fundamentar os seus princípios de justiça[508]. Ao destacar a utilização do consentimento, autointeresse, intuição e pressupostos formais do raciocínio moral como ferramentas teóricas rawlsianas, Nino percebeu que cada uma delas, isoladamente, possuía o seu defeito congênito.

O consentimento sozinho não seria capaz de gerar arranjos sociais produtores de obrigações válidas, já que a própria ideia de consentir (como ato voluntário) envolve

---

(503) DWORKIN, Ronald. *Liberty and moralism*, p. 397.
(504) ALEXY, Robert. *Teoría del discurso y derechos humanos*, p. 49 e 76-78.
(505) NINO, Carlos Santiago. La autonomía constitucional. In: BOUZAT, Gabriel; CARRIÓ, Alejandro D.; NINO, Carlos S.; ROSENKRANTZ, Carlos F. La autonomia personal. *Cuadernos y debates*, n. 37. Madrid: Centro de Estudios Constitucionales, 1992. p. 42 e 45. PEREIRA, Jane Reis Gonçalves. *Princípios morais e direitos humanos na obra de Carlos Santiago Nino*, p. 337-338.
(506) ALEXY, Robert. *Teoría del discurso y derechos humanos*, p. 103-110.
(507) Idem, p. 86.
(508) NINO, Carlos Santiago. *El constructivismo ético*, p. 93.

a existência prévia de consequências normativas[509]. O autointeresse, típico do indivíduo racional e egoísta que almeja ampliar sua utilidade, teria sido anulado pelo próprio Rawls, por meio do seu "véu da ignorância": para quem o possuísse, a palavra "auto" não faria mais sentido[510]. A intuição, inserida no conceito de equilíbrio reflexivo (entre ela e princípios gerais *prima facie* plausíveis), funcionaria como última instância de validez (ao menos a de Rawls e as dos seus leitores), caindo no vazio[511]. Por fim, haveria o recurso menos explícito aos pressupostos formais do discurso, subentendidos a partir de restrições formais como as de generalidade, universalidade, publicidade e finalidade[512]. E este é o ponto.

Com efeito, este *puzzle* metaético começaria a fazer sentido a partir deste último recurso (o dos pressupostos formais do raciocínio moral), numa base de "exclusividade justificatória". Deste modo, as peças entrariam em harmonia se fossem arrumadas da seguinte maneira: a posição originária seria uma dramatização destes requisitos formais, cuja encenação se daria com o recurso ao autointeresse, coberto por um véu da ignorância condicionador da imparcialidade. E para fechar o quebra-cabeça, a intuição apareceria como um valor indicativo, isto é, como "expressão da forma moral que cada um tem de si mesmo", servindo de "indício" para a aplicação dos pressupostos formais aos juízos sobre casos concretos[513].

Entretanto, de tudo isso, o que realmente nos importa é a percepção de Nino a respeito de qual discurso foi adotado por Rawls: o da *reflexão individual*. A troca de opiniões teria o seu valor epistêmico. Mas o acesso à verdade, em questões morais, só nos seria franqueado como resultado de nossa própria reflexão. Valeria aqui a máxima: "Obedecer ao outro sempre parece implicar seguir nossas próprias razões, sejam estas morais ou prudenciais."[514]

Passemos agora à análise de Habermas. De acordo com este filósofo alemão, as condições de validade dos juízos morais dependeriam de uma lógica do discurso prático. Neste tipo de discurso, os participantes coordenariam seus planos de comportamento por meio de interações comunicativas, argumentando contra ou a favor das diferentes pretensões de validade. O fim seria o mesmo: obter consenso. O "princípio da universalização" seria a chave para alcançá-lo. Ele representaria a ideia de imparcialidade, imprescindível à aceitação da validade de uma norma moral por todos aqueles que fossem por ela afetados[515].

Para fugir do velho regresso ao infinito, Habermas teria optado por fundamentar a validade universal num "pragmatismo-transcendental", apoiado em requisitos formais do discurso prático. Neste sentido, ele observa que todo aquele que pretende convencer alguém de alguma coisa, pressupõe (necessariamente) o princípio da universalização travestido de imparcialidade. E acrescenta: os céticos só poderiam se livrar deste pressuposto, afastando-se de toda e qualquer comunidade onde se argumenta. Ou seja, algo impossível[516].

---

(509) *Idem*, p. 96.
(510) *Idem*, p. 94.
(511) *Idem*, p. 94-95.
(512) *Idem*, p.95.
(513) *Idem*, p.97 (tradução livre).
(514) *Idem*, p. 98-99 (tradução livre).
(515) *Idem*, p. 100-101.
(516) *Idem*, p. 101.

A discordância entre Habermas e Rawls se sobressai exatamente neste instante. Enquanto o professor norte-americano acreditava que a universalidade/imparcialidade estaria satisfeita com a reflexão individual (quando quem formula o juízo moral se põe ficticiamente no lugar do outro), o filósofo germânico insiste que a argumentação moral não pode ser desenvolvida monologicamente, requerendo, ao contrário, um grande esforço cooperativo. Por isso, ele afirma: "a validez das normas expressa uma vontade compartilhada que se remete a um interesse geral discernível discursivamente."[517]

Pois bem. Aqui chegamos ao que nos interessa. Ambos os autores convergem para a importância de regras formais voltadas ao discurso moral. No entanto, divergem quanto ao modelo discursivo a ser adotado: para Rawls, um discurso individual e subjetivo; para Habermas, uma prática social de discurso intersubjetivo[518].

E o que Carlos Santiago Nino trouxe de inovador? Em verdade, ele fez algo melhor do que formular uma proposta original. Ele tentou, de uma maneira bastante engenhosa, combinar as duas principais receitas discursivas contemporâneas[519].

No entanto, para tornar sua mistura palatável, tratou de eliminar as principais deficiências dos ingredientes utilizados. De um lado (Rawls), a pouca valorização dos benefícios advindos da prática social discursiva, além de uma supervalorização da reflexão individual capaz de nos levar à anarquia ou à ditadura ilustrada[520]. De outro (Habermas), a excessiva confiança na deliberação coletiva, cujo ápice se encontraria num indigesto populismo moral, onde a maioria estaria sempre correta[521].

Feitos os ajustes, Nino produziu o seu modelo discursivo ideal em duas camadas.

Na primeira — de caráter *ontológico* —, defendeu que a verdade moral se constituiria pela *satisfação dos pressupostos* de uma prática discursiva social destinada a evitar conflitos e obter a cooperação. A base, aqui, seria o consenso de todos, em condições de imparcialidade, racionalidade e conhecimento dos fatos.

Na segunda — de natureza *epistemológica* —, Nino argumenta que o acesso mais confiável a essa verdade moral estaria na discussão e decisão intersubjetivas, haja vista que o intercâmbio de ideias e a necessidade de justificação perante os demais (1) amenizariam nossa parcialidade; (2) ampliariam o nosso conhecimento; e (3) permitiriam a detecção de nossos erros de raciocínio.

Como visto, o arranjo epistemológico se aproxima do ontológico, na medida em que ambos privilegiam a discussão coletiva regulamentada como a produtora de um resultado mais confiável, isto é, de um resultado que *provavelmente* será o mais acertado[522]. Mas perceberam a sutileza? O discurso moral deliberativo funcionaria como fundamento epistêmico dos juízos morais[523]. Habermas sai na frente. No entanto,

---

(517) *Idem*, p. 103 (tradução livre).
(518) *Idem*, p. 104.
(519) Em sentido semelhante, cf. VÁZQUEZ, Rodolfo. *Op. cit.*, p. 130-131. PEREIRA, Jane Reis Gonçalves. *Princípios morais e direitos humanos na obra de Carlos Santiago Nino*, p. 332.
(520) NINO, Carlos Santiago. *El constructivismo ético*, p. 108.
(521) *Idem*, p. 109.
(522) *Idem*, p. 41 e 109-110.
(523) *Sobre los derechos morales*, p. 324.

"esto no excluye que por vía de la reflexión individual alguien pueda acceder al conocimiento de soluciones correctas"[524]. Rawls está de volta ao páreo.

De toda sorte, o leitor mais atento já deve ter percebido a presença de uma certa *substância* neste baião de dois jusfilosófico, à moda de Carlos Santiago Nino. Seja entre muitos ou sozinho com seus botões, de uma coisa você pode ter certeza: sem autonomia, não há discussão moral que resista.

§ 3º — Legitimando o discurso legitimador: igual autonomia do início ao fim

Por que a Constituição obriga? Já sabemos que, para justificar a resposta que está por vir, o nosso raciocínio prático busca por normas morais autônomas (válidas por seus próprios méritos). Mais do que isso, já estamos cientes de que a natureza comunicativa do ser humano, associada a uma vida coletiva levada a cabo num ambiente de vulnerabilidade, igualdade aproximada, conhecimento limitado e recursos escassos, faz com que a discussão moral seja a melhor alternativa para se evitar conflitos e promover a cooperação. Melhor alternativa?

Sim. Com essa afirmação, está cada vez mais explícito o que apenas insinuei no final do parágrafo anterior. Deixando de rodeios: a "aceitação" desta técnica social (da discussão moral) não é uma opção neutra. Ela representa o modelo *liberal* de organização da sociedade, estruturado na limitação do poder arbitrário e na valorização da razão humana[525]. Limita-se normativamente (através do direito moral) a faticidade (do poder soberano) por meio da valorização *a priori* da capacidade de valorar[526].

No *liberalismo*, a autonomia moral é a estrela em ascensão. Ela é o juízo primitivo, a intuição, o conteúdo material da norma moral pura, a partir da qual se deflagra o processo de tomada de decisão (coletiva e/ou individual)[527]. É com ela que conseguimos passar da regulação de meros atos de fala (discurso) para a normatização da ação (moral)[528]. É com ela que não nos tornamos fetichistas da forma em detrimento do conteúdo[529]. Em suma: trata-se de uma "moeda de curso forçado na prática social do discurso moral que não podemos deixar de aceitar"[530].

Mas alto lá! Isso não é uma virada de mesa em favor do comunitarismo. Ao contrário do que os seus partidários defendem, esta versão liberal do que é "bom" não autoriza uma leitura truncada do que é justo, corrompendo a pureza do procedimento legitimador[531]. Existe aqui uma peculiaridade que permite uma saída honrosa aos

---

(524) *El constructivismo etico*, p. 105.
(525) Cf., por todos, ALEXY, Robert. *Teoría del discurso y derechos humanos*, p. 70-71. VILHENA, Oscar Vieira. *A desigualdade e a subversão do Estado de Direito*, p. 196.
(526) NINO, Carlos Santiago. *La autonomía constitucional*, p. 35.
(527) Cf., por todos, NINO, Carlos Santiago. *Ética y derechos humanos*, p. 125-126. VÁZQUEZ, Rodolfo. *Op. cit.*, p. 127.
(528) ALEXY, Robert. *Teoría del discurso y derechos humanos*, p. 124-125.
(529) "El diálogo Neutral es sólo una *condición necesaria* de la legitimidad del deseo de cada ciudadano de usar su poder para llevar adelante la vida que encuentre más valiosa. Forzar a los ciudadanos a gastar sus vidas al servicio del diálogo es convertirlo en inútil, es como esclavizar todo al mismo idel que nos liberaría". ACKERMAN, Bruce. *Op. cit.*, p. 291.
(530) NINO, Carlos Santiago. *La autonomía constitucional*, p. 35 (tradução livre).
(531) Cf. PEREIRA, Jane Reis Gonçalves. *Princípios morais e direitos humanos na obra de Carlos Santiago Nino*, p. 342.

construtivistas. A autonomia da vontade, enquanto conteúdo moral inicial do liberalismo, determina simplesmente que todos os argumentos substantivos lançados pelos participantes sejam levados a sério. Valiosa *ab initio* é a capacidade de escolher e materializar planos e estilos de vida, por mais variados que sejam[532].

O "bom" liberal significa ser capaz de intuir, criar, elaborar suas escolhas morais, defendê-las quando for preciso e concretizá-las sempre que possível. Por isso, eu repito: o pressuposto material da justiça processual não traz impurezas que contaminam a aceitação crítica (refletida) do resultado. Ele simplesmente solidifica a abertura inicial (ao permitir a livre manifestação de ideias) e final do sistema axiológico (pois o consenso nunca será definitivo). Uma abertura calcada na autonomia do indivíduo e que servirá de base para a legitimação (atual e futura) do sistema jurídico[533]. Em síntese: trata-se de uma substância "translúcida".

Veja bem. Se você aceita participar seriamente da deliberação coletiva sobre qual ponto de vista moral *devemos* obedecer, é porque pressupõe implicitamente que o seu interlocutor é um sujeito autônomo[534]. Isto é, você parte da premissa de que ele é um indivíduo racional, capaz de justificar (interna e externamente) o seu próprio juízo de valor a respeito do que é bom ou é ruim para si (bem pessoal) e para os demais (bem impessoal), estando disposto a agir de acordo com tais convicções[535].

Caso contrário, qual seria o sentido de buscar-se o convencimento ou o consenso[536]? Se a opinião (e a ação) do outro não é produzida autonomamente, mas colhida (e repetida) de outro lugar, por que eu deveria tentar convencê-lo de algo? Não seria melhor eu abandonar a discussão e enfrentar diretamente a instância produtora do valor que ele tão somente reverberou? Caminhar para o infinito (divino, hipotético, irremediavelmente desconhecido) ou pressupor que o argumento tem origem na autonomia do indivíduo? O liberalismo adota esta última posição[537].

Deste modo, mesmo que você dê pouca importância à autonomia do seu interlocutor, isso não poderá ser explicitado, pois a legitimidade (a aceitação compartilhada ou a validade intersubjetiva) do seu argumento moral só existirá na medida em que a pessoa que você pretende convencer pense que as razões justificatórias, que ela está apresentando, tenham idêntico patamar de importância que as suas[538]. Ambos os argumentos deverão ser expostos na arena pública em pé de igualdade axiológica, para avaliação recíproca. Ambos os participantes deverão ser tratados com igual respeito e consideração[539].

---

(532) NINO, Carlos Santiago. *Ética y derechos humanos*, p. 209-210. VÁZQUEZ, Rodolfo. *Op. cit.*, p. 128.
(533) TORRES, Ricardo Lobo. *Op. cit.*, p. 43.
(534) ALEXY, Robert. *Teoría del discurso y derechos humanos*, p. 100.
(535) NINO, Carlos Santiago. *El constructivismo ético*, p. 38-39. ALEXY, Robert. *Teoría del discurso y derechos humanos*, p. 106.
(536) NINO, Carlos Santiago. *Ética y derechos humanos*, p. 230-232.
(537) ALEXY, Robert. *Teoría del discurso y derechos humanos*, p. 101.
(538) RAWLS, John. *Justiça como equidade,* p. 186. DWORKIN, Ronald. *A virtude soberana:* a teoria e a prática da igualdade. Trad. Jussara Simões. São Paulo: Martins Fontes, 2005. p. IX e XV.
(539) DWORKIN, Ronald. *Uma questão de princípio*. Trad. Luis Carlos Borges. São Paulo: Martins Fontes, 2001. p. 283-287 e 303-304. *Levando os direitos a sério*, p. 419-421. VILHENA, Oscar Vieira. *A desigualdade e a subversão do Estado de direito*, p. 202. Cf. também ACKERMAN, Bruce. *Op. cit.*, p. 48-52.

Daí por que a pressuposição da autonomia moral (da liberdade) como independência ser tão valiosa. Querem um exemplo? Exatamente porque ela nos obriga a considerar o *"status* de uma pessoa como independente e igual e não como subserviente"[540], devemos descartar, logo de plano, a ideia de "argumento de autoridade"[541]. No âmbito da discussão moral, não possui mais peso o argumento oriundo de uma determinada fonte emissora, tão somente em razão de sua posição social (empresário, trabalhador, doutor, juiz, ministro, presidente da república etc.). É claro que se deslocarmos este debate para um foro institucionalizado, os pesos relativos das razões justificadoras irão se alterar. Mas sobre isso eu falarei mais à frente, quando abordar a relação entre o poder e a moral.

Voltando, portanto, à discussão exclusivamente moral (ainda não institucional), não há como se sustentar a supremacia *a priori* deste ou daquele argumento substantivo. Se tal coisa existisse, mais uma vez a própria deliberação moral deixaria de ser valiosa[542]. Primeiro, porque não haveria consenso, mas, sim, imposição. Depois, porque não haveria a possibilidade de se revisar o resultado da deliberação, enquanto a referida autoridade não mudasse de ideia. Um convencimento de mão única que transformaria todos os participantes em meros instrumentos para a consecução do fim alheio: o contido no argumento *a priori* superior da autoridade.

Se tudo isso não bastasse para se verificar a incoerência desta ideia, valeria a pena ainda retornar aos objetivos da discussão moral: evitar conflitos e promover a cooperação[543]. Como implementá-los sem introduzir a aceitação universal do argumento moral construído dialogicamente? E como garantir esta universalidade, senão através de uma justificação imparcial? E como proteger o discurso imparcial sem, antes, concebermos os seus participantes como pessoas igualmente capazes de formular livremente juízos morais autônomos a respeito do que deve ser obrigatório, proibido ou permitido[544]?

Em primeiro lugar, a *autonomia* como pressuposto necessário, seja para fazer escolhas, isto é, para fazer asserções a respeito do que é bom para si (bem pessoal) ou para os outros (bem impessoal), seja para concretizá-las futuramente[545]. Depois, o *igual respeito e consideração* pelas manifestações de todos os participantes do debate, haja vista estarmos diante de seres racionais, igualmente capazes de questionar, argumentar e refletir sobre o que *deve ser* realizado[546]. Eis aí o critério número um do debate moral pautado pelo liberalismo igualitário: *conferir igual autonomia para todos*[547].

---

(540) DWORKIN, Ronald. *Levando os direitos a sério*, p. 404.
(541) VÁZQUEZ, Rodolfo. *Op. cit.*, p. 135. PEREIRA, Jane Reis Gonçalves. *Princípios morais e direitos humanos na obra de Carlos Santiago Nino*, p. 327.
(542) NINO, Carlos Santiago. *Ética y derechos humanos*, p. 109.
(543) *Idem*, p. 106-107.
(544) ACKERMAN, Bruce. *Op. cit.*, p. 88-93.
(545) NINO, Carlos Santiago. *La autonomía constitucional*, p. 36 e 42-45.
(546) ALEXY, Robert. *Teoría del discurso y derechos humanos,* p. 68.
(547) Cf., por todos, TORRES, Ricardo Lobo. *Op. cit.*, p. 83, 90-91e 154-160. ALEXY, Robert. *Teoría del discurso y derechos humanos*, p. 123-129. PEREIRA, Jane Reis Gonçalves. *Op. cit.*, p. 343-344. Cf. Também VÁZQUEZ, Rodofo. *Op. cit.*, p. 127-128, onde o autor apresenta brevemente as outras modalidades de liberalismo (utilitarista, libertário e perfeccionista).

A partir dele é que começamos a derivar aqueles outros postulados legitimadores a serem observados pelos participantes do discurso. A *universalidade* do argumento, por exemplo, é uma decorrência inevitável para quem pretenda torná-lo aceitável pelos outros, a partir de um exame centrado nos seus próprios pontos de vista (internalização do argumento)[548]. Além disso, não poderia faltar a *imparcialidade* na construção do resultado final, de modo a não antecipá-lo unilateralmente em virtude da sobrevalorização *a priori* de algum argumento em face dos demais[549]. Some-se isso à *sinceridade* (real ou aparente) e à *não contradição* (lógica) e teremos em mãos alguns critérios procedimentais aptos a legitimar o consenso obtido por meio da discussão moral[550].

Valorizar *prima facie* a capacidade de valorar as cartas normativas postas na mesa: autonomia pressuposta no começo da deliberação[551]. Algo imprescindível para a construção do modelo liberal do discurso moral. Em verdade, algo que traz consigo outras exigências normativas correlatas, como, por exemplo, a de se dar igual peso, respeito ou importância aos argumentos de todos os participantes, tão somente pelo fato de eles serem racionais, infungíveis, independentes e estarem genuinamente dispostos a defender não só os seus pontos de vista, como também a praticá-los em suas próprias vidas.

Diante isso, o resultado da deliberação moral ganha muito em credibilidade, a ponto de possuir primazia epistemológica em relação à reflexão solitária. As opiniões autônomas convergentes e livremente aceitas se coletivizam, tornam-se públicas. Mas fica a ressalva: desfeito o arranjo, ou feito sem a observância do seu primeiro requisito estrutural, a crítica individualizada passa a concorrer, lado a lado, com a opinião da maioria. O resultado construído pela autonomia pública (a Constituição, por exemplo) estará sempre na berlinda, pois o primeiro pressuposto à discussão moral é o mesmo que, ao final do processo, pode apontar as suas falhas.

Legitimidade, sim. Mas para que ela aconteça, já está mais do que na hora de se conferir *igual autonomia para* todos os participantes do discurso moral, do início ao fim. O problema é: com base em que devemos equiparar as autonomias? Torná-las iguais em que sentido?

1. Necessidade e reconhecimento: uma justificação bidimensional para a intervenção igualitária

Finalmente, um critério ético-normativo para a legitimação da Constituição: igual autonomia para todos[552]. Desde Kant, ele se põe como antecedente necessário do

---

(548) ALEXY, Robert. *Teoría del discurso y derechos humanos*, p. 70-71. Cf., também, BARCELLOS, Ana Paula de. *Ponderação, racionalidade e atividade jurisdicional*. Rio de Janeiro: Renovar, 2005. p. 125-132.
(549) ALEXY, Robert. *Teoría del discurso y derechos humanos*, p. 116-117.
(550) *Idem*, p. 62-70. Cf. também TORRES, Ricardo Lobo. *Op. cit.*, p. 221 *et seq.*, onde o autor apresenta a ponderação, a razoabilidade, a igualdade, a transparência e a clareza como os mais importantes princípios de legitimação do debate moral.
(551) NINO, Carlos Santiago. *Ética y derechos humanos*, p. 234.
(552) ALEXY, Robert. *Teoría del discurso y derechos humanos*, p. 126.

modelo liberal igualitário de discurso moral, de modo que a reflexão individual, o processo deliberativo e o seu resultado estejam legitimados[553]. Para onde quer que se olhe, lá estará ele. Tentem a visão macroscópica: a autonomia (ou o poder) de todos estará limitada pelo respeito à igual autonomia de cada um. Voltem-se, agora, para o outro lado, microscópico: "la igual libertad de quienes me rodean configura el ámbito en el que mi libertad puede desarrollarse plenamente."[554] Eis aí, de um jeito ou de outro, o critério capaz de amolecer os corações que ainda precisam ver para crer.

Sendo assim, a pergunta principal agora é: como garantir essa igualdade de autonomia aos participantes da deliberação coletiva? Em primeiro lugar, é preciso definir qual o elemento de comparação. Para eu dizer se há mais ou menos autonomia de um participante em relação ao outro, é indispensável que exista um *tertium comparationis*[555]. Procura-se, agora, um aspecto comum ao desenvolvimento de suas capacidades de valoração. Alguma sugestão? Eu, na companhia de Antonio Henrique Perez Luño, Carlos Bernal Pulido, Carlos Santiago Nino e Rodolfo Vázquez, apresento uma: necessidade básica[556]. Este é o primeiro ponto de apoio. Vejamos por quê.

Para desfrutarmos igualmente da nossa autonomia, devemos fazer jus à satisfação de certas necessidades básicas que, de certa forma, constituem um constrangimento decorrente de nossa própria constituição física[557]. Comida, roupa, abrigo e descanso, por exemplo. Eles compõem o que Perez Luño chama de "pressuposto antropológico" do discurso moral[558]. Neste sentido, estamos situados numa esfera de atuação não intencional do indivíduo, numa área da vida humana que independe do nosso estado mental (dos nossos desejos), uma vez que está enlaçada pela realidade que a cerca[559].

No entanto, o que parece de fácil aceitação começa a ganhar ares de aporia quando perguntamos: devemos satisfazer tais necessidades categóricas, pressupostas à *criação* da autonomia, mesmo que, para isso, tenhamos que abrir mão de alguma preferência conscientemente escolhida pelo *exercício* desta mesma autonomia? Ou seja, a satisfação das necessidades biológicas (sem as quais não sobrevivemos) é mais importante do que a satisfação dos nossos desejos (sem os quais não realizamos nossos planos de vida)?

Para os mais impacientes, esta é uma hesitação que não se sustenta ao primeiro golpe argumentativo. Eu mesmo já desferi algumas pancadas com a seguinte justificação: "Num mundo onde as necessidades são crescentes e os recursos cada vez mais escassos, onde as prioridades (públicas e privadas) se multiplicam ao infinito,

---

[553] TORRES, Ricardo Lobo. *Op. cit.*, p. 159.
[554] PEREZ LUÑO, Antonio Enrique. Dimensiones de la igualdad. *Cuadernos Bartolomé de las Casas*, n. 34. Madrid: Dykinson, p. 68, 2005.
[555] *Idem*, p. 18.
[556] GOMES, Fábio Rodrigues. *O direito fundamental ao trabalho*, p. 53-58. PEREZ LUÑO, Antonio Enrique. *Derechos humanos, Estado de derecho y Constitución*, p. 168-184. BERNAL PULIDO, Carlos. *El derecho de los derechos*. Bogotá: Unversidad Externado de Colombia, 2005. p. 292-300. NINO, Carlos Santiago. Autonomía y necesidades básicas. Doxa, n. 7, 1990. p. 21 *et seq*. VÁZQUEZ, Rodolfo. *Op. cit.*, p. 128-134.
[557] TORRES, Ricardo Lobo. *Op. cit.*, p. 48.
[558] *Derechos humanos. Estado de derecho y Constitución*, p. 167.
[559] NINO, Carlos Santiago. *Autonomía y necesidades básicas*, p. 21.

em que a pluralidade de opções individuais deve ser coordenada com o bem-estar de toda a população, a ideia de liberdade jurídica não pode ser dissociada das constrições fáticas a que está submetida a vontade do indivíduo. (...) Pois de que adiantaria, por exemplo, a proteção formal da liberdade de expressão, se à pessoa humana não é garantido também o direito à educação? Quem teria melhores condições de exercitá-la: o bacharel em direito ou um indivíduo analfabeto?"[560]

Entretanto, nada melhor do que um dia após o outro para que apuremos as nossas ideias. Maturá-las, deixá-las expostas ao tempo e aos humores da terra, mantendo-as em permanente processo de evolução. Algo semelhante — se me permitem — ao que se faz no mundo dos vinhos. Lá, como aqui, "A sabedoria nos diz que, por mais que tente, ninguém conseguirá fabricar a originalidade — não, pelo menos, aquela que perdura"[561]. Sendo assim, sinto-me mais leve para introduzir alguns pequenos ajustes às minhas afirmações de outrora. E começo, desde logo, reavaliando o elemento da realidade que transforma aquela divisão (em tese) ilusória numa separação digna de nota. Falo da escassez[562].

Diante desta (por enquanto) inevitável circunstância que nos oprime, não há como negar a finitude dos bens disponíveis para a satisfação, seja das nossas necessidades básicas, seja dos nossos desejos conscientes (ou necessidades radicais)[563]. Virar as costas para este dado empírico é o mesmo que não desviar o curso de uma embarcação diante de um "*iceberg*". O resultado da teimosia será o oposto do que se almejava: não sobrará nada para ninguém. De maneira que, tomando-se consciência de que a liberdade em "si mesma" é, na verdade, a liberdade "com" os demais[564], não é muito prudente asseverar a obrigatoriedade da promoção da igual liberdade "real" dos seres humanos, sem antes resolver para onde deslocar esta realidade. Para a possibilidade real de igual criação das alternativas de escolha (necessidades básicas) ou para a possibilidade real do igual exercício das condutas escolhidas (desejos ou preferências)? Ambas não são igualmente importantes[565]? A rigor, trata-se de um problema de distribuição[566].

Comecemos pelo exercício. Como foi dito, sem a possibilidade de efetivar as nossas escolhas, a autonomia seria gravemente antingida. Mas existe alguém em sã consciência que imagina ser possível tornar obrigatória a satisfação de *todas* as escolhas de *todos* os indivíduos simultaneamente? Depois da queda do muro de Berlim, ainda há alguém ingênuo o bastante para acreditar numa igualdade de bem-estar[567]?

---

(560) GOMES, Fábio Rodrigues. *O direito fundamental ao trabalho*, p. 188-189.
(561) KRAMER, Matt. *Os sentidos do vinho*. Trad. Patricia De Cia. São Paulo: Conrad Editora do Brasil, 2007. p. 10.
(562) GOMES, Fábio Rodrigues. *O direito fundamental ao trabalho*, p. 58-61.
(563) ACKERMAN, Bruce. *Op. cit.*, p. 93-94.
(564) PEREZ LUÑO, Antonio Enrique. *Dimensiones de la igualdad*, p. 70. NINO, Carlos Santiago. *El constructivismo ético*, p. 133.
(565) ACKERMAN, Bruce. *Op. cit.*, p. 292.
(566) NINO, Carlos Santiago. *Autonomía y necesidades básicas*, p. 24.
(567) Cf., por todos, GOMES, Fábio Rodrigues. *O direito fundamental ao trabalho*, p. 187-191. TORRES, Ricardo Lobo. *Op. cit.*, p. 152. DWORKIN, Ronald. *A virtude soberana*, p. 3-77. NINO, Carlos Santiago. *Autonomía y necesidades básicas*, p. 25-26.

Se você concorda comigo que isso é algo extremamente difícil de se defender, então deve estar se perguntando: estamos num beco sem saída? Se o centro de gravidade da legitimação do direito — a autonomia moral — não consegue ser concretizada, o sistema normativo não cairá, tal qual um castelo de cartas? Seremos obrigados a pedir perdão, constrangidos, aos positivistas renitentes? Não. Ao menos se nos lembrarmos de uma outra divisão fundamental, diluída sutilmente pelas páginas antecedentes: bem pessoal e bem impessoal. Ou seja, mais do mesmo: mais autonomia para todos. Explicarei melhor.

Repensem o dilema: deve-se conferir igual autonomia de escolha ou de exercício para o participante do discurso moral? Caminhando para o lado do exercício, esbarramos na parede intransponível da escassez, tornando impossível satisfazer a todos, em todos os lugares e em todos os tempos. Só que, na verdade, a pergunta estava mal colocada. Ela deve ser reescrita da seguinte maneira: quem deve ser o responsável pela satisfação das nossas escolhas? Resposta: depende do tipo de escolha que se está fazendo[568]. Ela é *pessoal* (afeta apenas a vida do agente) ou é *impessoal* (interfere na vida dos outros)?

Se for impessoal, a satisfação só acontecerá depois de submetida ao crivo da discussão moral, onde todos os potenciais afetados estarão genuinamente dispostos a opinar livremente, com igual respeito e consideração. Agora, se a satisfação for de um bem pessoal... Neste caso, estaremos todos obrigados a ajudar na sua realização[569]. Caso contrário, a autonomia daquele indivíduo estaria seriamente ameaçada, pois se o plano de vida que elegeu para si não tiver a menor possibilidade de ocorrer, ele irá se perguntar: o que estou fazendo aqui? Pensem isso em larga escala. Vocês, assim como eu, já podem imaginar o que teremos pela frente: ou um bando de "kamikazes" sem nada a perder, ou um suicídio coletivo sem precedentes[570].

O problema aqui se complica. Para além da distribuição dos suprimentos materiais, torna-se necessária uma "política de reconhecimento". A ideia pode soar estranha: a concessão de igual autonomia para todos só acontecerá plenamente quando incluir a valorização das nossas diferenças. Não basta aquinhoar o indivíduo com fartas provisões.

Como observou Nancy Fraser, a justiça aqui, para ser completa, deve ser bidimensional[571]: (1) redistribuição de necessidades básicas; e (2) reconhecimento da

---

(568) NINO, Carlos Santiago. *Autonomía y necesidades básicas*, p. 28.
(569) *Idem*, p. 29.
(570) Em sentido semelhante, cf. VILHENA, Oscar Vieira. *A desigualdade e a subversão do Estado de direito*, p. 207-208.
(571) FRASER, Nancy. Redistribuição, reconhecimento e participação: por uma concepção integrada de justiça. In: SARMENTO, Daniel; IKAWA, Daniela; PIOVESAN, Flávia (coord.). *Igualdade, diferença e direitos humanos*. Rio de Janeiro: Lumen Juris, 2008. p. 167, p. 181 e 188-189. Como se vê acima, utilizei (e utilizarei), ao longo do texto, a versão normativa "bidimensional" da política de reconhecimento, tal como formulada por Nancy Fraser. Entretanto, para quem almeja se aprofundar no assunto e confrontá-lo com outros pontos de vista, cf. HONNETH, Axel. *Luta por reconhecimento*: a gramática moral dos conflitos sociais. Trad. Luiz Repa. 1. ed. São Paulo: 34, 2003, onde o autor apresenta sua visão normativa "monista" do reconhecimento, tida, por ele, como a categoria fundamental de onde deriva a necessidade (e a luta) pela redistribuição de recursos, e TAYLOR, Charles. *As fontes do self*: a construção da identidade moderna. Trad. Adail Ubirajara Sobral Dinah de Abreu Azevedo. 1. ed. São Paulo: Edições Loyola, 1997, onde o autor enfatiza a sua versão da identidade moderna, cuja construção

"distintividade individual". Devemos experimentar uma perspectiva dualista, cuja análise envolverá, normativamente, ambas as estratégias referidas (material e cultural)[572]. A redistribuição influencia o reconhecimento (*v. g.*, a reestruturação econômica da relação de emprego melhorando o *status* do empregado) e o reconhecimento se reconduz à redistribuição (*e. g.*, a remuneração da trabalhadora — "colarinho rosa" — sendo equiparada à do trabalhador — "colarinho branco"), mas sem que haja redução de um ao outro[573].

Assim, para que se concretize uma "participação paritária" entre seres racionais, autônomos e merecedores de igual respeito e consideração, o bem pessoal de cada um não deve ser menosprezado *a priori*. Mas isso não é só. Em determinados contextos, ele deve ser desbloqueado, por meio de medidas especiais de valorização e reconhecimento das suas, das minhas ou das nossas diferentes individualidades[574].

Tudo muito bem? Mais ou menos. Porque novamente recaímos no mesmo problema. Para que um terceiro (o Estado, por exemplo) seja obrigado a reconhecer como valiosas e satisfazer as escolhas pessoais de cada um, ele terá que dispor de recursos infinitos. Desde a bicicleta do menino de 13 anos até a Ferrari do rapaz de 35, todos estariam lá, no mesmo patamar de exigibilidade. Quer dizer, estariam caso não percebêssemos que estamos de frente para uma velha conhecida: a falácia naturalista.

Raciocinem comigo. Quando alguém deseja algo para si (bem pessoal), este "algo" só é valioso (válido) para ele próprio, uma vez que a razão justificadora do seu ponto de vista não é compartilhada. Lembram do exemplo da mulher que acorda no meio da noite para beber um copo de leite? Logo, para o observador há tão somente o "fato" da escolha pessoal e nada mais[575].

Como eu já disse à exaustão, de um fato não se retira uma norma. Ou, no caso, do fato de alguém autonomamente escolher algo para si (beber um copo de leite às duas da manhã) não se retira a obrigatoriedade de todos os demais se esforçarem para satisfazê-lo (fornecer os litros de leite que deseja). Por trás desta norma de conduta, existe uma outra norma moral que lhe dá sustentação: a valorização do ato mental de escolha. É a isso que se pretende proteger.

Não é a escolha individual em si (vista como fato) que produz o dever geral de agir. É a norma moral que, ao valorizar a capacidade de escolha do indivíduo, alarga a sua autonomia para incluir ali a ideia de autorrealização, isto é, de uma realização

---

está lastreada na superação do liberalismo procedimental de matriz kantiana, por meio da introdução da nossa intuição moral na diversidade social de onde emergiu, vinculando-a a um "hiperbem" (moral social), numa interação mútua que, ao fim e ao cabo, levará a uma noção variável de reconhecimento. Além disso, cf. também FRASER, Nancy; HONNETH, Axel. *Redistribution or recognition?* A political-philosophical exchange. Translation Joel Golb, James Ingram and Christiane Wilke. London/New York: Verso, 2003, onde a autora trava um instigante debate com Axel Honneth, em torno de suas visões contrapostas a respeito da interação entre reconhecimento e distribuição. Outrossim, para uma opinião nacional sobre o tema, cf. MATTOS, Patrícia. *A sociologia política do reconhecimento:* as contribuições de Charles Taylor, Axel Honneth e Nancy Fraser. São Paulo: Annablume, 2006.
(572) *Idem*, p. 186-187.
(573) *Idem*, p. 172, notas de rodapé n. 4, 176 e 187-188.
(574) *Idem*, p. 189 e NINO, Carlos Santiago. *La autonomía constitucional*, p. 40.
(575) NINO, Carlos Santiago. *Autonomía y necesidades básicas*, p. 29-30.

autônoma. E autônoma é a realização de escolhas pessoais por conta do próprio indivíduo, e de mais ninguém[576].

Isso, porém, não é tudo. A autorrealização induz o sujeito e a todos nós que valorizamos sua autonomia a nos preocuparmos constantemente em atualizar nossas habilidades[577]. Muito bem, mas qual delas? A habilidade de ler, de escrever, de calcular, de desenhar ou de julgar? Todas conjuntamente e nenhuma exclusivamente. A solução é promover a "criatividade" na exploração destas infinitas alternativas[578]. E isso só poderá ser feito quando a pessoa estiver com as suas necessidades básicas satisfeitas. Para sonhar, precisamos estar alimentados. Antes de decidir o que fazer, um bom punhado de maná não será nada mal! Mas atenção: cada um deve ter a sua cota distribuída de maneira a preservar sua individualidade e, assim, sentir-se reconhecido como merecedor de igual respeito e consideração[579].

Por certo que a precedência das atenções dos terceiros (de todos nós e do Estado, inclusive) sobre a satisfação das necessidades categóricas do seu semelhante não significa uma desatenção insensível aos seus desejos mais recônditos. Acontece que a limitação de recursos nos faz colocar ênfase na distribuição igualitária daquilo que nos permitirá desejar, deixando por nossa própria conta a criação do nosso conto de fadas pessoal, para que depois tentemos concretizá-lo. Ou a emancipação (liberalismo igualitário), ou cairemos (1) num mundo onde a realização da maioria dos desejos se fará ao custo dos desejos da minoria (utilitarismo); ou (2) numa terra em que os nossos desejos individuais de nada valerão (perfeccionismo)[580].

Redistribuição das necessidades básicas e reconhecimento da igual importância dos nossos desejos e crenças: este é o novo desafio que devemos enfrentar, a fim de que todos vejam a si mesmos com autorrespeito, plenos daquela substância (autonomia criativa) que lhes permitirão (1) distinguir-se dos demais; (2) idealizar os seus planos de vida; (3) realizá-los dentro de suas possibilidades; e, caso venham a esbarrar nos propósitos alheios, (4) defendê-los seriamente num debate moral coletivo, onde todos os possíveis afetados sejam reconhecidos como agentes merecedores de igual respeito e consideração.

Ah sim... E quanto à lista de necessidades? Procurem pelo mínimo existencial: tudo o que precisamos para sermos mais do que meros animais, tudo o que devemos receber dos nossos semelhantes para que criemos os nossos próprios fins e não fiquemos reduzidos à condição de meio para os fins alheios[581].

---

(576) NINO, Carlos Santiago. *Autonomía y necesidades básicas*, p. 31-32. ACKERMAN, Bruce. *Op. cit.*, p. 91 e 98.
(577) NINO, Carlos Santiago. *Autonomía y necesidades básicas*, p. 31.
(578) *Idem, ibidem*.
(579) ACKERMAN, Bruce. *Op. cit.*, p. 95. FRASER, Nancy. *Op. cit.*, p. 181. Em sentido cf., também, HART, Herbert L. A. *Ensaios sobre teoria do direito e filosofia*, p. 234-235.
(580) NINO, Carlos Santiago. *Autonomía y necesidades básicas*, p. 27-28.
(581) *Idem*, p. 34. Sobre o mínimo existencial, cf., inicialmente, TORRES, Ricardo. *O direito ao mínimo existencial*. Renovar: Rio de Janeiro, 2009. Sobre a composição do mínimo existencial, cf. também, BARCELLOS, Ana Paula de. *A eficácia jurídica dos princípios constitucionais*. O princípio da dignidade humana. Rio de Janeiro: Renovar, 2002. p. (educação fundamental, saúde preventiva, assistência social e acesso à justiça) e ARANGO, Rodolfo. *El concepto de derechos sociales fundamentales*. 1. ed. Bogotá: Legis, 2005. p. (direito à alimentação, ao teto, aos cuidados médicos, à educação escolar, ao trabalho e à seguridade social). Cf. também SOUZA NETO, Claudio Pereira de Souza. *Teoria*

Já no tocante às políticas de reconhecimento, um aviso: "Tudo depende do que as pessoas atualmente não reconhecidas necessitam para que possam participar como pares na vida social. E não há razão para pressupor que todas elas precisem da mesma coisa em todos os contextos. (...) Quais pessoas precisam de quais tipos de reconhecimento e em quais contextos, depende da natureza dos obstáculos que elas enfrentam em relação à participação paritária."[582]

Portanto, não se esqueçam: expandir a nossa humanidade e amainar (ou, às vezes, até mesmo esquecer por alguns instantes) a nossa selvageria. Este é o objetivo da *deliberação moral coletiva*, levada a cabo por indivíduos racionais, autônomos e, por isso, reconhecidamente merecedores de igual respeito e consideração[583].

Na sua melhor forma, ela costuma dar voz ao que há de melhor em nós. O seu resultado (a Constituição, por exemplo) não costuma ser um cântico em uníssono, mas um coral coeso, inspirado e complexo. Empates morais, dilemas insolúveis e indeterminação normativa estarão ali, gerando algumas dissonâncias difíceis de entender[584]. No entanto, isso não invalidará o procedimento[585]. Mesmo para os ouvintes mais exigentes, o importante será (1) a garantia das condições materiais mínimas para a criação autônoma de melodias morais, associada à (2) construção de uma cadência discursiva apta a submetê-las — todas — ao teste de audição (aceitação) perante os demais. Com isso, teremos um atrativo duradouro o bastante para que a harmonia final seja apreciada por muitas gerações.

IV — PODER E MORAL

Poder sem moral é fato. Está longe do direito.

Direito sem moral é poder. Uma falácia.

Moral com poder... Estamos quase lá. Moral discursiva e aberta aos juízos normativos, conteúdos materiais ou às razões justificadoras das nossas intuições sobre o que devemos fazer... Falta pouco. Se houver o compromisso do poder com a justa formatação das regras do discurso (racionalização, neutralização e informação), de modo que os participantes tenham igual oportunidade de argumentar com as suas morais substantivas... Estamos em vias de concordar. Garantindo-se, na sequência, a igual autonomia criativa de todos os afetados por esta deliberação... Aí sim! Agora temos o protótipo do casamento (consenso) ideal, a fim de se evitar os conflitos e promover a cooperação.

A ideia-chave, agora, é *institucionalizar*[586]. Também poderia ser expressada como identificar a autoridade normativa[587]. De onde vem o direito? Ou melhor, de

---

constitucional e democracia deliberativa: um estudo sobre o papel do direito na garantia das condições para a cooperação na deliberação democrática. Rio de Janeiro: Renovar, 2006. p. 254 (onde acrescenta o ensino médio). GOMES, Fábio, *O direito fundamental ao trabalho*, p. 194-197 (onde eu acrescento a educação profissionalizante).
(582) FRASER, Nancy. *Op. cit.*, p. 182.
(583) ACKERMAN, Bruce. *Op. cit.*, p. 95 e 100-101.
(584) PEREIRA, Jane Reis Gonçalves. *Princípios morais e direitos humanos na obra de Carlos Santiago Nino*, p. 328.
(585) *Idem, ibidem.*
(586) Cf. MACCORMICK, Neil. *Retórica e o Estado de Direito.* Trad. Conrado Hübner Mendes. Rio de Janeiro: Elsevier, 2008. p. 3.
(587) *Idem*, p. 4-5.

onde provém a determinação para que certo juízo de valor seja obedecido, sob pena de sanção? De uma autoridade bem definida, institucionalizada e com o monopólio do uso da força. Então toda e qualquer decisão normativa tomada por ela será obrigatória? E se eu não concordar? A insegurança seria gigantesca, mas a possibilidade é mais do que real: é legítima.

Isso tudo seria verdade se ainda estivéssemos navegando pelos mares positivistas. Mas já faz tempo que mudamos de rumo. O meu (ou o seu) argumento moral tem, sim, legitimidade, e pode, sim, ser confrontado com o da autoridade. Só que isso não será tão fácil se a autoridade também estiver legitimada[588]. Como? Ackerman responde: "Cada una de las estructuras de poder — genética, educacional, material, transaccional — han sido arregladas de tal manera que pueden justificarse con un diálogo perfectamente Neutral."[589]

A norma moral pura, que dá sustentação à minha opinião pessoal e que independe da chancela de uma autoridade prévia, também estará por trás da coercibilidade derivada do descumprimento das decisões públicas oficiais (as chamadas normas jurídico--morais ou direitos institucionais)[590]. Mas isso desde que elas sejam construídas dialogicamente, isto é, desde que elas sejam produto de uma estrutura de poder que: (1) promova uma deliberação atenta às regras formais do discurso; (2) não viole o princípio de igual autonomia para todos; e (3) garanta, pela intervenção, a igual distribuição daquelas necessidades básicas indispensáveis à criação dos nossos planos de vida e o reconhecimento das diferenças que nos definem.

Em suma: respeito aos *direitos morais* (*não institucionais*) diretamente construídos da norma moral pura, seja para proteger, fomentar ou aperfeiçoar a nossa humanidade. Será o estado de coisas delineado por estes direitos — *também chamados de fundamentais* — o norte de conduta das instituições (legislativa, executiva e judiciária), a fim de que elas nasçam, cresçam e permaneçam legitimadas[591]. Mas, como tudo na vida, legitimação em excesso às vezes atrapalha. Confiram o que eu digo.

Por certo que alguns vão lembrar que nem sempre o produto da deliberação moral será o mais adequado[592]. *Prima facie*, por força do maior valor epistemológico da discussão coletiva, o que vier dali terá prioridade em face da nossa vontade pessoal. Mas e se um participante inconformado decidir simplesmente desobedecer, amparado naquela saída de emergência individual mencionada por Nino? E se ele sustentar, por exemplo, que o seu bem pessoal (tornar-se prostituta ou casar com uma pessoa do mesmo sexo), obstruído pela maioria (pela criminalização), não causa dano a ninguém e que a deliberação coletiva resultou numa violação irracional de sua autonomia? Ainda assim deverá ser punido?

A tensão entre a legitimação direta (direitos fundamentais) e a legitimação indireta (direitos institucionais) será uma nota peculiar à formulação jurídica oficial (positivação)[593].

---

(588) NINO, Carlos Santiago. *El constructivismo ético*, p. 114-115.
(589) *Op. cit.*, p. 237.
(590) NINO, Carlos Santiago. *Sobre las normas morales*, p. 322-323.
(591) *Idem*, p. 323.
(592) Cf. PEREIRA, Jane Reis Gonçalves. *Princípios morais e direitos humanos na obra de Carlos Santiago Nino*, p. 331-332.
(593) NINO, Carlos Santiago. *Sobre las normas morales*, p. 323.

Algo semelhante à dificuldade de conciliação — percebida por Neil Maccormick — entre (1) a incerteza proveniente do caráter argumentativo do direito; e (2) a segurança esperada do arranjo governamental centrado na ideia de Estado de Direito[594].

Ao examinar o problema, Robert Alexy nos fornece três boas razões para aplacar esta sobrecarga moral. Em verdade, Alexy é incisivo neste ponto. Para ele, a melhor maneira de evitarmos um curto-circuito axiológico será a confiança num particular modelo institucional: o Estado de Direito Democrático e Constitucional[595].

Com efeito, existem três problemas cruciais que nos conduzem à necessidade de institucionalização: o problema do conhecimento (não há procedimento capaz de nos fornecer um resultado definitivo), o problema da execução (ainda que seja conhecida a norma legítima, nada impede que ela seja descumprida) e o problema da organização (as inúmeras demandas morais não conseguirão ser resolvidas pela ação individual ou pela cooperação espontânea)[596].

Diante disso, Alexy defende que a adoção de um modelo especial de democracia — a deliberativa — será o primeiro passo em direção à pacificação, uma vez que transmitirá para o mundo real (*Sein*) aquela legitimidade derivada do formato ideal onde se desenvolve o discurso moral (*Sollen*). É claro que a democracia não materializará uma justiça processual "pura", variando o seu grau de contaminação de acordo com a proximidade que mantiver com o procedimento ideal[597]. Por isso, ao DNA desta justiça "impura" (ou, como diria Habermas, co-originariamente a ele) será inoculado um anticorpo chamado Constituição, cujo núcleo material conterá os direitos morais indispensáveis à proteção da igual autonomia criativa de todos os participantes do debate. E, para entrincheirá-los contra as investidas das maiorias eventuais, institucionalizar-se-á também o controle de constitucionalidade das deliberações coletivas. Vez por outra, um *check-up* jusfundamental deverá ser realizado, a fim de se avaliar o nível de saturação ideológica do debate: o aumento da toxidade será diretamente proporcional ao desrespeito aos direitos morais do indivíduo.

Este exame especial deverá ter um caráter discursivo semelhante ao da deliberação democrática, só que numa maior medida, pois será uma "espécie" de discurso moral no qual a racionalidade da argumentação e o seu conteúdo serão ainda mais restritos do que o geralmente praticado[598]. Neste contexto, os argumentos institucionais (leis e precedentes judiciais, por exemplo) lastrearão a sua precedência *prima facie* na legitimidade transferida *ab initio* à autoridade que os produziu. Assim, para serem afastados pelo órgão controlador (ou pelo indivíduo inconformado), deverão ser confrontados com argumentos substantivos que só contarão com a força da correção

---

(594) *Op. cit.*, p. 17-23.
(595) *Teoría del discurso y derechos humanos,* p. 53, 63 e 129-131. Cf., também, em sentido semelhante, MACCORMICK, Neil. *Op. cit.*, p. 6-7.
(596) ALEXY, Robert. *Teoría del discurso y derechos humanos,* p. 94-95.
(597) NINO, Carlos Santiago. *El constructivismo ético,* p. 127.
(598) ALEXY, Robert. *Teoria da Argumentação Jurídica*: a teoria do discurso racional como teoria da justificação jurídica. Trad. Zilda Hutchinson Schild Silva. São Paulo: Landy, 2001. p. 26-29, 212-213 e 272-274. MACCORMICK, Neil. *Op. cit.*, p. 23-42. Cf. também VILHENA, Oscar Vieira. *A desigualdade e a subversão do Estado de Direito,* p. 204.

do seu conteúdo⁽⁵⁹⁹⁾. Mas isso não será um problema. Ao contrário, será isso que manterá vivo o ideal legitimador implícito ao discurso moral (judicial e democrático)⁽⁶⁰⁰⁾.

Pois bem. Depois de diagnosticado o modelo institucional capaz de legitimar moralmente a autoridade normativa, volta à tona a terceira pergunta lançada por mim na introdução deste estudo: para que serve a Constituição?

Ela serve para nos indicar (1) quais deverão ser as regras do discurso moral aptas a validar o seu resultado, e (2) quais são os direitos morais substantivos, antecedentes ao próprio discurso e (por óbvio) à sua institucionalização democrática, cujo conteúdo, vinculado ao reconhecimento de igual autonomia criativa, tem o poder de reformá-lo ou, quiçá, deslegitimá-lo de uma vez por todas.

Por outras palavras: uma das funções mais importantes da Constituição (ou, carregando nas tintas, a sua "razão de ser") é a de se equiparar a uma "carta de navegação", a um critério complementar para a identificação das normas morais fundamentais⁽⁶⁰¹⁾.

§ 1º — O direitos fundamentais dos trabalhadores: em busca de um poder patronal legítimo

É chegada a hora "H". Direitos fundamentais "dos trabalhadores", ou melhor, direitos morais especificamente construídos para alguns indivíduos, diferenciados pela atividade que executam com o fim de sobreviver e/ou desenvolver os seus planos de vida⁽⁶⁰²⁾.

No entanto, por que o indivíduo que trabalha merece uma atenção especial? Porque, em alguns casos, ele se insere numa relação de poder⁽⁶⁰³⁾.

Até agora tentei convencê-los a abandonar o conceito positivista de poder constituinte (originário, ilimitado, absolutamente soberano e arbitrário), para que adotem a ideia de um "poder legítimo". Quando fruto da institucionalização de uma deliberação moral coletiva, racional, imparcial e informada, onde os participantes são reconhecidos como indivíduos autônomos e distintos entre si, sendo tratados com igual respeito e consideração, o poder adquire a legitimidade indispensável para que a sua decisão seja (1) aceita (internamente) por todos os que forem por ela afetados e, na pior das hipóteses, (2) imposta coercitivamente àqueles que resolvam desobedecê-la⁽⁶⁰⁴⁾.

---

(599) Cf. ALEXY, Robert. *Teoría del discurso y derechos constitucionales,* p. 60-61. *Teoría del discurso y derechos humanos,* p. 110-131.
(600) *Teoría del discurso y derechos humanos,* p. 58-59.
(601) Cf. NINO, Carlos Santiago. *Fundamentos de derecho constitucional,* p. 29-30. BERNAL PULIDO, Carlos. *El derecho de los derechos,* p. 51.
(602) Sobre o conceito de "trabalho" como o de toda atividade humana voltada para a subsistência e/ou desenvolvimento dos planos de vida, cf. GOMES, Fábio Rodrigues. *A relação de trabalho na Constituição:* fundamentos para uma interpretação razoável da nova competência da Justiça do Trabalho à luz da EC n. 45/04. Rio de Janeiro: Lumen Juris, 2006. p. 17 *et seq.*
(603) SUPIOT, Alain. *Critique du droit du travail.* Paris: Universitaires de France-PUF, 2002. p. 109-110.
(604) VILHENA, Oscar Vieira. *A desigualdade e a subversão do Estado de direito,* p. 201-203.

Acontece que o resultado dessa deliberação não é construído do nada. Parafraseando MacCormick, ninguém começa a discutir a partir de uma folha em branco e tenta alcançar uma conclusão razoável *a priori*[605]. Para ser razoável, tal conclusão não deve ser moldada a vácuo[606]. Deve ser, sim, o produto de uma genuína confrontação de visões de mundo, de argumentos a favor ou contra a implementação de determinado bem pessoal (moral substantiva) que, por se imiscuir na vida do outro, deve se tornar impessoal (ou intersubjetivo). Conquistar a aceitação (interna) dos demais é imprescindível, já que todos são merecedores de igual respeito e consideração.

Neste passo, a proteção da capacidade individual de criação dos seus próprios ideais deve ser a preocupação número um de qualquer esfera de poder que almeje a legitimação. Promover a igual distribuição das necessidades básicas (não intencionais) indispensáveis ao ser humano: eis aí o dever de qualquer instância normativa que pretenda ser aceita espontaneamente por todos aqueles que devem agir de acordo com as suas ordens, proibições e permissões. Indivíduos/destinatários que, não obstante estarem institucionalmente subordinados à autoridade normativa, são reconhecidos como seres que pensam por si próprios, estando a qualquer momento prontos a desafiá-la. Conflito *versus* cooperação, ilegitimidade *versus* legitimidade, desacordo *versus* consenso entre seres humanos livres e iguais. É disso que se trata.

Toda essa configuração funciona como uma "vacina" moral contra um ceticismo (ou até mesmo um nihilismo) subjacente a uma relação de poder que, por não acreditar na possibilidade de racionalização das diferentes opiniões sobre o que é "bom", acaba impondo uma única versão: a dominante. E, assim, transforma-se. Perde a sua legitimidade e aparece aos olhos dos outros como uma *relação de exploração*[607]. O primeiro sinal desta mutação aparecerá toda vez que o diálogo estiver bloqueado. Seja pelo medo, seja pela fome, seja pela simples desinformação ou pela incapacidade física, psíquica, política ou institucional do indivíduo formular as suas escolhas e levá-las adiante, sem, nem mesmo, poder submetê-las à avaliação dos seus semelhantes. É isso o que o dever de justificação moral procura evitar. É com isso que o poder, para ser legítimo, deve se preocupar.

Caso contrário, estaremos diante de uma relação de poder onde (1) a *invisibilidade* da parte mais fraca estará patenteada na ausência de reação moral ou política aos desmandos dos mais privilegiados; (2) a *demonização* dos que desafiam este sistema de iniquidades será a tônica das instituições; e (3) a *imunização* e a impunidade dos poderosos serão os atrativos que faltavam para que este ciclo de malvadezas não tenha fim[608]. Como bem alerta Oscar Vilhena: "A lei e os direitos sob essas circunstâncias podem, com frequência, ser vistos como uma farsa, como uma questão de poder, para que aqueles que estão entre os mais afortunados possam negociar os termos de suas relações com os excluídos."[609]

Volto ao ponto. Como evitar que a relação de poder, na qual o indivíduo-trabalhador está sujeito às ordens, proibições e permissões do outro (empregador), se transforme numa relação de exploração?

---

(605) MACCORMICK, Neil. *Op. cit.*, p. 31.
(606) *Idem, ibidem.*
(607) ACKERMAN, Bruce. *Op. cit.*, p. 267-269.
(608) VILHENA, Oscar Vieira. *A desigualdade e a subversão do Estado de Direito*, p. 207-212.
(609) *Idem*, p. 207.

A resposta é simples: conferindo, àquele que está subordinado, os direitos morais indispensáveis à preservação da sua igual autonomia criativa sobre o que considera bom para si. Reconhecer as suas peculiaridades, de modo a manter, nas mãos do homem que trabalha sob as diretrizes alheias, a capacidade de valorar as suas alternativas de ação e de escolher livremente qual delas executar. Esta é a função dos direitos fundamentais dos trabalhadores subordinados ao poder patronal. Esta é a justificativa moral apta a imunizar os direitos constitucionais dos empregados, positivados/institucionalizados na Constituição histórica, dos ataques oriundos das maiorias eventuais e/ou dos poderes (de fato) nacionais e globais.

Neste contexto, penso que se encaixa como uma luva a advertência feita por Bruce Ackerman: "Si un ciudadano tiene una ventaja transaccional sobre sus conciudadanos, debe responder a la misma cuestión de legitimidad que encuentran los poseedores de ventajas genéticas, educacionales o materiales. Más que marcar una limitación arbitraria en el alcance de sus principios de legitimidad, el diálogo liberal gobierna *todas* las dimensiones de la lucha por el poder, con independencia de si se refieren a micro-interacciones entre dos individuos o a macrocuestiones entre generaciones."[610]

Onde a escassez de recursos venha a afetar desigualmente a autonomia moral dos participantes de uma relação de poder, interrompendo o diálogo e fragilizando o reconhecimento recíproco de igual respeito e consideração, a norma moral típica do liberalismo igualitário obriga à autoridade normativa a intervir, de modo que (1) o mais vulnerável mantenha sua humanidade; (2) esta mesma autoridade (enquanto detentora do poder institucionalizado); e (3) o outro (enquanto genuíno participante do debate moral) mantenham, respectivamente, suas legitimidades[611].

O problema agora é: até onde ir? Qual deve ser o alcance desta intervenção?

§ 2º — Paternalismo, perfeccionismo e renúncia pessoal: o direito constitucional do trabalho na linha de fogo

"Una Constitución comprometida con la autonomía de la persona debe tomar en cuenta que la vida laboral y económica en general es, por razones obvias, uno de los terrenos en que esa autonomía está puesta permanentemente a prueba."[612]

Esta frase não foi colhida ao acaso. Ela sintetiza, com simplicidade, o cerne da minha investigação: avaliar a fundamentalidade material dos direitos dos trabalhadores positivados na Constituição de 1988, em vista do critério ético-normativo que a legitima.

Qual critério? Conferir e proteger a igual autonomia criativa de todos os seres humanos, independentemente (ou em função) de suas diferenças. Rico ou pobre, alto ou baixo, gordo ou magro, homem ou mulher, pedreiro, professora, jurista ou agricultor. Dependendo do contexto, nada disso importa ou tudo isso irá importar. O segredo da convalidação da Constituição histórica será a sua capacidade de se aproximar, o

---

(610) *Op. cit.*, p. 231.
(611) PEREZ LUÑO, Antonio Enrique. *Dimensiones de la igualdad,* p. 72-74.
(612) NINO, Carlos Santiago. *La autonomía constitucional,* p. 71.

máximo possível, daquele modelo ideal de discurso. Um modelo que possui como premissa material o dever de fomentar e preservar a igual autonomia criativa de todos os seus atuais (e potenciais) participantes, reconhecendo a todos como merecedores de igual respeito e consideração.

Pensemos, portanto, no participante que trabalha sob o comando do outro. Antes, ele foi partido ao meio pelo poder privado: de um lado, deixou-se o seu corpo (objeto do contrato); de outro, apagou-se a sua mente (dominada pelo instinto de sobrevivência, ou melhor, tolhida pela vontade de viver)[613]. Foram necessários séculos de lutas ferozes para que a reunião fosse conquistada. Para que "corpo e mente" voltassem a coabitar no indivíduo que trabalha sob as ordens alheias, foi preciso que um terceiro devidamente legitimado (o Estado, poder institucional) fizesse todo um esforço de "civilização" do detentor do poder de fato (econômico e não institucional).

Eis aí o principal objetivo do direito do trabalho: *legitimar* o poder privado, isto é, transmitir-lhe a sua legitimação. Chocados? Acredito que não todos. Mas para os esquerdistas mais arraigados, sugiro que observem o seguinte encadeamento lógico de ideias:

(1) A norma moral pura (igual autonomia criativa para todos) legitima o resultado da deliberação coletiva, na medida em que constitui o seu pressuposto inafastável.

(2) A fiel adoção institucional deste modelo discursivo-procedimental legitima, por sua vez, as decisões resultantes da autoridade normativa assim constituída.

(3) Uma destas decisões — a de intervir nas relações privadas de poder — acabará legitimando, por derivação, as escolhas particulares ali estabelecidas, seja porque (3.1) a intervenção já traz embutida aquela legitimação constitutiva *ab initio*, seja porque (3.2) ela terá por fim preservar a igual autonomia moral dos participantes/contratantes.

Em suma: o consentimento aparecerá como algo justo[614], na medida em que seja regido também por razões justificadoras (devo aceitar o emprego porque é bom para mim) e não apenas por razões explicativas (aceitei o emprego porque estava faminto).

Harmonizar a vontade das partes, e não proteger uma delas[615]. Proteger, sim, a igual autonomia criativa e discursiva de ambas, compensando aqui e acolá, onde a realidade crua e nua esteja em vias de abocanhar a vontade livre e consciente do indivíduo. Evitar o "perfeccionismo"[616] e a "colonização" do mundo da vida[617], para tentar alcançar parâmetros normativos típicos de um paternalismo legítimo[618]. Esse é o ponto de equilíbrio a ser perseguido pelos direitos fundamentais do trabalhadores positivados por um legítimo poder institucional.

---

(613) GOMES, Fábio Rodrigues. *O direito fundamental ao trabalho*, p. 61 et seq. SUPIOT, Alain. *Critique du droit du travail*, p. 39-40.
(614) SUPIOT, Alain. *Critique du droit du travail*, p. 116.
(615) Neste sentido, ROMITA, Arion Sayão. Direito e Justiça — lucubrações etimológicas (algo fútil) sobre o princípio da proteção. *Revista LTr*, São Paulo, ano 73, p. 20-25, jan. 2009.
(616) NINO, Carlos Santiago. *Ética y derechos humanos*, p. 205-211.
(617) HABERMAS, Jürgen. *O discurso filosófico da modernidade:* doze lições. Trad. Luiz Sérgio Repa, Rodnei Nascimento. 1. ed. 2. tiragem, São Paulo: Martins Fontes, 2002. p. 501-502.
(618) NINO, Carlos Santiago. *Ética y derechos humanos*, p. 413-420.

Mas ainda permanece uma dúvida: pode o empregado abrir mão de sua própria autonomia?

Porque — não se enganem — é disso que tratamos ao justificarmos a validade do contrato de emprego: "o paradoxo de uma subordinação livremente consentida."[619]

Pode ou não pode o empregado abrir mão de sua autonomia? Claro que pode, desde que a sua decisão seja, ela própria, autônoma[620]. O importante é que ele mantenha o seu valor intrínseco, isto é, que ele mantenha a sua "individualidade"[621]. Se a autonomia pressupõe a capacidade de o ser humano criar escolhas e efetivá-las, seria um contrassenso menosprezá-lo porque emitiu sua vontade livre e consciente de reduzir o seu poder de decisão[622]. Pior do que isso, só mesmo impedi-lo de concretizar o seu plano de vida. Portanto, não façamos confusão. O fato de ele proceder assim não significa que esteja diminuindo o seu valor enquanto agente moral. Levantar essa bandeira é um equívoco. Não há nada mais falso e maniqueísta do que pensar desta maneira.

O importante é perceber se, em tal circunstância, a pessoa mantém sua identidade singular, a continuidade de seus processos mentais, memórias, intenções, a sua unidade individual e a separabilidade de sua perspectiva interna[623]. Enfim: o importante é que reconheça em si mesmo aquela sua "distintividade individual"[624]. Se isso estiver garantido, a sua individualidade também estará em lugar seguro. O indivíduo que se autolimitou continuará percebendo a si mesmo como um ser humano livre e racional, merecedor de igual respeito e consideração[625].

O grande embaraço, aqui, é impedir que fatores externos (a escassez de recursos, por exemplo) solapem a vontade do indivíduo, a ponto de ele entrar numa enrascada. Para que sua decisão de comprometer a sua própria autonomia deva ser legitimamente autorizada — algo chamado por Nino de "princípio da dignidade humana"[626] — todos devem analisar, com cuidado, se a espontaneidade da ação está prejudicada por fenômenos causais, que influenciem desigualmente os participantes/contratantes[627]. Porque, quando isso acontece, devemos todos e, institucionalmente, deve o Estado intervir. Haverá um paternalismo, mas um paternalismo legitimado pelo princípio da inviolabilidade do indivíduo, segundo o qual está proibido de "imponer a los hombres, contra su voluntat, sacrificios y privaciones que no redunden en su propiro beneficio"[628].

Já vimos esse filme. A vontade humana, quando desprovida de um mínimo de condições materiais, está a léguas de distância da verdadeira autonomia criativa. Daí por que a lembrança recorrente ao imperativo categórico kantiano[629]. Os indivíduos

---

(619) SUPIOT, Alain. *Critique du droit du travail*, p. 111 (tradução livre).
(620) NINO, Carlos Santiago. *La autonomía constitucional*, p. 42.
(621) *Idem*, p. 40.
(622) *Idem*, p. 42-43.
(623) *Idem*, p. 41.
(624) FRASER, Nancy. *Op. cit.*, p. 181.
(625) NINO, Carlos Santiago. *La autonomía constitucional*, p. 41.
(626) NINO, Carlos Santiago. *Ética y derechos humanos,* p. 267 *et seq.* Neste mesmo sentido, cf. também PEREIRA, Jane Reis Gonçalves. *Op. cit.*, p. 339-341.
(627) NINO, Carlos Santiago. *La autonomía constitucional*, p. 43. PEREZ LUÑO, Antonio Enrique. *Dimensiones de la igualdad*, p. 37-38.
(628) NINO, Carlos Santiago. *Ética y derechos humanos,* p. 239.
(629) *Idem*, p. 240.

(potenciais empregados) que estão jogados no poço sem fundo da miséria, da ignorância, da doença, do desabrigo e do desespero famélico não poderão ser resgatados para o terreno firme da humanidade, enquanto não desfrutarem dos direitos morais que os habilite a estipular, eles próprios, os seus planos de vida. E aqueles outros (potenciais empregadores) que se aproveitam disso para se locupletar, que veem a degradação alheia como uma vantagem à ampliação de suas próprias metas, deverão ser impedidos o quanto antes por quem (ainda) detém força física e moral para tanto. Ou isso, ou estaremos coniventes com a coisificação do ser humano, alienado como um "meio" para a realização de fins que lhe são estranhos.

Temos, portanto, que a autorrestrição da autonomia não é algo ruim *a priori*. Ao contrário, efetivá-la é uma decorrência lógica da própria valorização da autonomia. O problema está na construção das fronteiras normativas legitimadoras deste tipo especial de decisão. Sem estas linhas divisórias, corre-se o risco de uma autolimitação espontânea tornar-se uma limitação unilateral e arbitrária da autonomia de um pela autonomia do outro.

Todavia, já não concordamos que, para o conflito entre o bem pessoal de alguém com o bem pessoal de outra pessoa, a solução surgirá da construção intersubjetiva de um bem impessoal? O resultado de um debate moral paritário, atento às regras discursivas e traduzido como direitos morais especificamente cinzelados para o trabalhador sujeito às diretrizes alheias, será a resposta para este problema. Eis aí o que queremos para que esta autorrestrição da autonomia esteja legitimada antes, durante e depois do contrato. Sua positivação, na Constituição, será apenas uma consequência natural de toda instância de poder preocupada tanto em evitar os conflitos e promover a cooperação, quanto em preservar aquele critério ético-normativo indispensável à aceitação de suas intervenções por todos os possíveis afetados.

No entanto, vale a pena avisar mais uma vez: cuidado com o furor intervencionista!

Esse foi um dos males da nossa Constituição de 1988 e o que acabou me levando a investir na apresentação de critérios para separar o joio do trigo. Diziam os antigos: nem tudo que reluz é ouro. Afirmam os liberais igualitários: nem sempre a deliberação moral coletiva está correta. E, diria eu (em boa companhia): nem tudo o que está no Título II da CF/88 é direito fundamental específico do trabalhador subordinado[630].

O cuidado, ao qual me referi, fez-me procurar aquela saída de emergência rawlsiana (a reflexão individual), de modo a divisar o que foi fruto de uma intervenção perfeccionista (o joio) do que foi resultado de uma atuação legitimamente paternalista (o trigo).

A primeira ocorre quando se restringe a possibilidade de o empregado decidir autonomamente a sua autolimitação[631]. Como esta decisão diz respeito somente a ele próprio, o Estado (terceiro) estaria lhe impondo um bem pessoal goela abaixo, um bem que, a rigor, de pessoal não teria nada. O excesso destes "bens" acabaria se

---

(630) Neste mesmo sentido, cf. BRANDÃO, Rodrigo. São os direitos sociais cláusulas pétreas? Em que medida? In: SOUZA NETO, Claudio Pereira; SARMENTO, Daniel (coord.). *Direitos sociais:* fundamentos, judicialização e direitos sociais em espécie. Rio de Janeiro: Lumen Juris, 2008. p. 477-479.
(631) NINO, Carlos Santiago. *La autonomía constitucional*, p. 44.

convertendo numa brutal indigestão, na medida em que a autonomia criativa do "beneficiado" estaria sendo destruída pela criação antecipada de bens. Ao invés de reforçar a capacidade individual de criação (a criatividade), o Estado estaria fazendo as vezes do criador, formulando, para a criatura, as finalidades que considera mais adequadas. E olhem que estou falando apenas do suposto favorecido. Se por acaso nos voltarmos para o outro lado, veremos que não há, sequer, justificativa razoável para a restrição desmesurada da autonomia moral do empregador: restringi-la mais por que, se o consentimento autônomo do empregado já está material e normativamente garantido?

É com a segunda espécie de intervenção que devemos ficar. Com o paternalismo legítimo não restringimos a autonomia moral do indivíduo que almeja um emprego. Se ele quer se subordinar ao poder alheio, o Estado não tem nada a ver com isso. Os seus objetivos devem ser outros. De um lado, garantir a formulação institucional e a preservação efetiva dos direitos morais, vinculados à capacidade de cada um tomar suas próprias decisões. De outra parte, reconhecer uma característica assaz peculiar do contrato de emprego: a sua natureza "autofrustrante"[632].

Vocês ainda se recordam do Capítulo anterior, quando suscitei o exemplo do salário mínimo? Naquela situação, os dois candidatos ao emprego (Pedro e João) entraram numa espiral descendente de concessões, cada vez mais acelerada pela competição que travavam entre si, enquanto o contratante (futuro empregador) assistia a tudo de camarote.

Diante de disputas autofágicas como esta, o Estado estará legitimado a intervir na decisão do indivíduo (candidato ao emprego)[633]. Não para limitar sua autonomia, mas, sim, para favorecer a concretização das decisões que estabeleceu para si, em vista dos seus próprios interesses[634]. Nas palavras de Nino: "la coacción que se ejerce sobre los individuos no es para imponerles intereses que no tienen, sino para satisfacer sus preferencias subjetivas que no pueden satisfacer por sí mismos debido a la dinámica de acción coletiva auto-frustrante"[635].

Dito isso, coloquemos as lentes da igual autonomia criativa e olhemos para a Constituição brasileira de 1988. Agora, sim, podemos perguntar: quais dos direitos ali institucionalizados são filhos legítimos dos direitos morais dos trabalhadores subordinados?

§ 3º — Esquadrinhando a Constituição de 1988

1. Primeira parte: a satisfação das necessidades básicas

Para começar a filtragem do texto constitucional por meio do critério normativo sugerido, a intervenção estatal institucionalizadora da norma fundamental deveria ter

---
(632) Idem, p. 44 e 72-73.
(633) Idem, p. 74.
(634) Idem, p. 44.
(635) Idem, p. 74.

sido voltada para a satisfação das necessidades básicas do ser humano. Mas não de todo e qualquer ser humano, obviamente. Dentro do nosso contexto, nunca é demais lembrar que estão na berlinda apenas as necessidades não intencionais daquele que se põe nas vestes de empregado.

O que está em jogo é a preservação dos meios materiais minimamente necessários à manutenção da liberdade de escolha do indivíduo que, paradoxalmente, a está restringindo. Devemos procurar pelo "mínimo existencial" trabalhista que torne aceitável a sua decisão de dialogar com o empregador e, mais do que isso, de se submeter às suas preferências, legitimando-as. Um mínimo, portanto, que deve ser identificado com aquelas "prestações positivas obrigatórias do Estado independentes da vontade da maioria e, por isso mesmo, suscetíveis de adjudicação até mesmo pela jurisdição constitucional"[636].

Neste sentido, dou início à varredura textual, de cima para baixo, e aponto os incisos II, IV, VI, VII, X, XIII, XIV, XV, XVII, XXI, XXII e XXIV, XXVIII do art. 7º da CF/88, como os primeiros direitos fundamentais materiais dos trabalhadores subordinados.

Seguro-desemprego, salário mínimo, irredutibilidade salarial, garantia de pagamento não inferior ao mínimo para os que percebem remuneração variável e aposentadoria (incisos II, IV, VI, VII e XXIV) são intervenções aptas a afastar o medo, a fome, a incerteza e a insegurança desnorteadores. Sem elas, a discussão sequer terá início, na medida em que o candidato ao emprego não terá voz nem vez. Não será nem mesmo um ser racional que estará ali, pois, como já tive a oportunidade de argumentar no Capítulo II, a probabilidade de ele deflagar uma disputa insana com o seu concorrente é alta, perigosamente alta[637].

Caso estas normas fundamentais não sejam reconhecidas e providas ao empregado, aquele que dispõe dos recursos necessários para saciá-lo poderá se aproveitar da sua fragilidade física e mental. Daí a necessidade da intervenção redistributiva: evitar que o exercício do poder patronal, legitimado pela aceitação racional e espontânea, transforme-se no mais puro arbítrio do forte contra o fraco. Garantir uma quantia mínima para a realização das necessidades básicas do trabalhador, seja antes, durante ou depois do contrato de emprego: só assim a exploração começará a se dissipar.

Contudo, é justamente em razão deste notório caráter alimentar do salário, em geral, e do salário mínimo, em especial, que a criminalização de sua retenção dolosa aparece como uma garantia procedimental de igual envergadura jusfundamental (inciso X). Ora, de que adianta traçar, com uma das mãos, a linha de corte quantitativa abaixo da qual a autonomia do empregado será violada se, com a outra, permite-se que o detentor do poder de fato o sufoque lentamente? Também surge, neste momento, a dimensão procedimental do direito fundamental ao trabalho. Algo semelhante ao que já

---

(636) TORRES, Ricardo Lobo. *O direito ao mínimo existencial*, p. 243-244.
(637) Cf., em sentido semelhante, ARAÚJO, Fernando. *Op. cit.*, p. 220, onde é atribuída ao seguro-desemprego a natureza de "salvaguarda de elasticidade" dos trabalhadores inseridos no mercado, especialmente diante da escassez de vagas e da inevitável "licitação negativa" a ser implementada entre os candidatos.

defendi anteriormente, em relação à possibilidade de prisão civil para os devedores voluntários e inescusáveis de salário, isto é, de obrigação alimentar (art. 5º, LXVII da CF/88)[638].

No tocante à definição de limites diário e semanal para o exercício do trabalho subordinado, à imposição de descansos semanais e anuais, à determinação para que se persiga a redução dos riscos inerentes à saúde, higiene e segurança do trabalhador, à obrigatoriedade de securitização contra os acidentes de trabalho e à responsabilização do empregador imprevidente (incisos XII, XIV, XV, XVII, XXII e XXVIII), a ideia é preservar a higidez psíquica e fisiológica do indivíduo.

Mas não só isso. Persegue-se também a "compreensão integral da vida humana", deixando para trás o "credo da apologia do trabalho", que nos reduz a instrumentos produtores de renda, neutralizados, esvaziados de conteúdo moral[639]. Tal como nos ensina Miguel Reale: "o homem não trabalha porque quer, mas porque não pode deixar de trabalhar, assim como não pode deixar de pensar, de amar, de ensinar, de admirar ou de possuir".[640] Entretanto, isso não significa que a sua vida se reduza a essa atividade[641]. Junto a ela, de modo complementar, deve-se ter em mente que é "tão importante e decisivo ensinar a trabalhar, como a "não trabalhar"[642]. Não para que se prestigie a indolência, a preguiça ou a vagabundagem. Longe disso. É para que, no "processo dialético de complementaridade", o ser humano dê vazão a todo o seu potencial ainda inexplorado[643]. Ou isso, ou estaremos diante de uma macabra alquimia. O elixir da autonomia — elaborado por de uma atividade propiciadora da sobrevivência digna e da realização dos sonhos de vida — decairá rapidamente numa poção altamente venenosa: ao primeiro gole, o trabalhador altivo se transformará num verdadeiro zumbi, um homem de olhar perdido perambulando pelos portões das fábricas e incapaz de reconhecer a si próprio como alguém merecedor de igual respeito e consideração.

Em síntese: "O homem (...) não pode ser tratado como uma máquina que tem intervalos de inércia para evitar o desgaste e a ruína do material. O "direito de não trabalhar" é visto antes como exigência de plenitude existencial, como imperativo de perfectibilidade cultural e ética"[644].

No entanto, a quantidade de tempo posto à disposição do trabalhador para descansar não deve ser uma substância inelástica, uma vez que, a depender das circunstâncias, a necessidade de repouso (diário, semanal, mensal ou anual) poderá modificar-se. O próprio legislador — o constitucional e o ordinário — atentou para esta importante adaptação, ao permitir a flexibilização da interferência estatal (incisos XIII e XIV do art. 7º da CF/88 e arts. 59, § 2º, 130-A e 143 da CLT). Como definir, então, a linha divisória entre a justa eficiência e a exploração? Tratarei destas e de algumas outras questões mais à frente, nos Capítulos IV e VII.

---

(638) GOMES, Fábio Rodrigues. *O direito fundamental ao trabalho*, p. 234 *et seq.*
(639) REALE, Miguel. O direito de não trabalhar. In: BARROS JR., Cássio de Mesquita Barros (coord.). *Tendências do direito do trabalho contemporâneo*. V. 1. São Paulo: LTr, 1980. p. 116-118.
(640) *Idem*, p. 119.
(641) GOMES, Fábio Rodrigues. *O direito fundamental ao trabalho*, p. 61-67.
(642) REALE, Miguel. *O direito de não trabalhar*, p. 119.
(643) *Idem*, p. 120.
(644) *Idem*, p. 117.

Por último, mas não menos importante, cito o aviso prévio (inciso XXI). Saber de antemão quando a fonte irá secar é algo precioso. Com esta informação, seremos capazes de nos reposicionar mais facilmente no mercado de trabalho, tentando minorar os potenciais efeitos danosos às nossas vidas, decorrentes da decisão do empregador. Se a surpresa não é bem-vinda na maior parte das vezes em que contratamos algo, imagem se este "algo" for substituído por um "alguém"!

Além disso, para ele, empregador, não custa quase nada — literalmente falando — disponibilizar ao empregado este tipo de informação. A rigor, trata-se de uma conduta que demonstra respeito e consideração por aquele que serviu aos seus interesses de modo regular e que, portanto, não deu "justa causa" à resolução do contrato. O princípio da boa-fé objetiva aplaudirá de pé esta fundamentalização.

Neste passo, merece destaque a Lei n. 12.506, de 11.10.2011, que, finalmente, veio regulamentar o art. 7º, XXI da CF/88. De acordo com o seu art. 1º, *caput*, o aviso prévio continuará na proporção de trinta dias para os empregados com até um ano de tempo de serviço. Contudo — e aí vem a novidade — o seu parágrafo único dispõe que, para cada ano excedente ao primeiro, deverão ser acrescentados três dias ao aviso, até o máximo de sessenta dias, perfazendo o total de noventa dias.

É interessante notar que a letargia legislativa foi rompida a partir do julgamento conjunto de quatro Mandados de Injunção, em 22.06.2011, pelo STF, todos sob a relatoria do Ministro Gilmar Mendes[645].

Naquela oportunidade, os Ministros convergiram para a procedência do pedido de concretização normativa do art. 7º, XXI da CF/88. Todavia, não chegaram a um denominador comum quanto ao modo de regulamentação. Só para que se tenha uma ideia do tamanho da divergência, o Ministro Marco Aurélio sugeriu a majoração de dez dias para cada ano excedente de serviço. Já o Ministro Luiz Fux sugeriu o pagamento de três salários adicionais para cada dez anos de trabalho, enquanto o Ministro Cezar Peluso propôs o pagamento de um salário adicional para cada cinco anos. Por conta deste panorama confuso, o julgamento foi suspenso "para a explicitação do seu dispositivo final". E foi exatamente durante este interregno que o Congresso atuou rapidamente para sanar em menos de quatro meses a sua inércia de mais de vinte e três anos.

Porém, é de bom alvitre salientar que esta movimentação legislativa está longe de pacificar o nosso sistema de direitos fundamentais dos trabalhadores subordinados. Isso porque, depois de sua publicação, várias dúvidas foram surgindo ao longo do tempo como, por exemplo, aquelas em torno de sua potencial retroatividade, de sua extensão aos empregados domésticos e mesmo aos empregadores, na hipótese de pedido de demissão.

Teóricos mais ousados, como o Desembargador Federal do Trabalho José Geraldo da Fonseca, já se anteciparam à jurisprudência[646]. Neste sentido, e mediante uma interpretação em abstrato, José Geraldo posicionou-se contra a retroatividade da lei

---

(645) MI n. 943/DF, MI n. 1010/DF, MI n. 1074/DF e MI n. 1090/DF (cf. Informativo n. 632 do STF).
(646) FONSECA, José Geraldo. O novo aviso prévio. Disponível em <http://www.poisze.com.br> e <http://www.diritto.it/dirittostraniero> Acesso em: 14 jan. 2012.

(por força do art. 5º, XXXVI da CF/88 c/c o art. 1º, § 2º da LICC), a favor da inclusão dos domésticos no rol de destinatários da norma (em razão do art. 7º, XXI e seu parágrafo único, além do próprio art. 1º, *caput* da Lei n. 12.506/11, que não faz distinção), bem como em favor da extensão legal em benefício do empregador, no caso de pedido de demissão.

Esta última hipótese é, a meu ver, uma das mais problemáticas, seja porque o texto legal valeu-se da expressão "empregados" (um limite semântico que não deve ser subestimado), seja porque o sinalagma trabalhista é imperfeito por natureza (isto é, nem tudo o que vale para um deve, necessariamente, ser aplicado ao outro), seja porque foi o art. 7º, XXI da CF/88 o dispositivo regulamentado, e, como é cediço, ele apresenta um direito subjetivo do trabalhador subordinado. Ocorre que, de outra parte, existem argumentos contrários interessantes, como, *v. g.*, o da importância do aviso prévio também para o empregador, na medida em que dele se utiliza para contratar novo empregado (e quanto mais qualificado ou experiente na função for o anterior, mais difícil será substituí-lo a contento).

De toda sorte, o que importa neste instante é realçar a jusfundamentalidade do aviso prévio e a sua bem-vinda regulamentação pelo legislador, pois, certamente, em um futuro próximo, os tribunais acabarão por aparar as suas arestas hermenêuticas, preservando o seu —agora reforçado — núcleo essencial.

Deixei de fora o *caput* e os incisos III, VIII, IX, XI, XII, XVI, XVII (em parte), XXIII e XXIX do art. 7º da CF/88 e o art. 10, I do ADCT.

Vejam bem. O (1) *caput*, juntamente com (2) o FGTS e a indenização de 40%, (3) o 13º salário, (4) o salário-família e (5) o terço adicional de férias, com toda certeza, auxiliam na melhoria das condições de vida do trabalhador subordinado (incisos III, VIII, XII e XVII do art. 7º da CF/88 e o art. 10, I do ADCT). Ocorre que, entre ampliar a zona de conforto e impedir que ela deixe de existir, vai um diferença para lá de impactante.

Por outras palavras, por mais que:

(1) o legislador esteja autorizado a interferir mais e mais na relação de emprego;

(2) que, junto a isso, o empregado brasileiro esteja habituado a contar com a sua "poupança forçada", associada a uma indenização sobre ela tarifada, estando ambas disponíveis por ocasião da rescisão imotivada;

(3) que ele esteja acostumado a receber um 13º "salário" sem o trabalho respectivo (pois, deixando de lado a ficção jurídica, o ano possui apenas 12 e não 13 meses);

(4) que tenha normalizado a ajuda estatal para o sustento dos seus filhos; e

(5) que receba, há décadas, um *plus* remuneratório para ampliar o seu lazer, tais prestações não devem ser tidas como imprescindíveis para a satisfação de suas necessidades básicas e, menos ainda, para a manutenção da sua capacidade de escolha, de decisão ou de ação comunicativa.

A rigor, sob o ponto de vista estritamente monetário, é o salário — durante a vigência do contrato — e o seguro-desemprego — devido após o seu encerramento involuntário — que cumprem esta função. O hábito remuneratório, para além daqui, não faz o monge. Do contrário, bastaria o decurso do tempo para que um fato (o pagamento daquelas prestações pecuniárias mencionadas no parágrafo anterior) se transformasse em norma fundamental. Uma metamorfose já devidamente guilhotinada por David Hume e impugnada ao longo de todo este Capítulo[647]. E, apenas para corroborar esta conclusão, não custa lembrar que o TST já se posicionou, no sentido de que não há incidência do terço constitucional sobre os 10 dias de férias vendidos pelo trabalhador[648]. Já existe, portanto, decisão judicial onde se descaracteriza a natureza jusfundamental desta contraprestação. Uma posição que não apresenta maiores desconfortos, caso concordemos que não se trata de uma necessidade básica pressuposta à igual autonomia criativa dos empregados[649].

Quanto à remuneração do trabalho noturno superior à do diurno, à participação nos lucros ou resultados desvinculada da remuneração, à remuneração do serviço extraordinário superior à do normal e aos adicionais de penosidade, insalubridade e periculosidade (incisos III, VIII, IX, XI, XVI, XXIII), pode-se chegar à mesma conclusão: eles não são indispensáveis à preservação da igual autonomia criativa dos empregados. A sua capacidade de escolha, de decisão ou de ação comunicativa não estará comprometida, caso estas prestações deixem de existir. E, tanto é assim, que não representa "violação ao direito adquirido ou ao princípio da irredutibilidade salarial eventual alteração promovida, com repercussão na satisfação do respectivo adicional"[650].

Por que, então, elas foram incluídas no texto constitucional? Na minha opinião, elas estão ali não em função do seu alto grau de importância moral, mas, sim, como incentivos ou desestímulos meramente pragmáticos. Mais do que isso, são medidas direcionadas ao empregador, de modo a produzir determinadas consequências[651].

Se o empregador se dispuser a partilhar os lucros e resultados do empreendimento com seus empregados, muito provavelmente colherá uma maior cooperação na execução de suas tarefas contratuais, pois, ao fim e ao cabo, todos se beneficiarão. Mas, como o próprio legislador advertiu ao desvincular esta parcela da remuneração, o seu pagamento não possui cunho alimentar, isto é, não é indispensável para a preservação da igual autonomia criativa do trabalhador subordinado. Não que, com isso, se esteja depreciando a participação. O descolamento foi feito exatamente para prestigiá-la, pois o resultado por ela produzido é muito bom: a cooperação entre o empregado e o empregador. Entretanto, dizer que este mecanismo normativo é

---

(647) Sobre a impossibilidade de se deduzir logicamente, de algo que *é*, algo que *deve ser*, traduzida na famosa "guilhotina de Hume", cf. SÁNCHEZ VÁZQUEZ, Adolfo. *Ética*. Trad. João Dell´Anna. 24. ed. Rio de Janeiro: Civilização Brasileira, 2003. p. 249-253.
(648) RR n. 60500-29.2007.5.08.0005, Rel. Min. Horácio Raymundo de Senna Pires, DJ 20.11.2009.
(649) Cf., também, BELMONTE, Alexandre Agra. Os direitos fundamentais juslaborais e a Convenção n. 158 da Organização Internacional do Trabalho. In: *Op. cit.*, p. 382-384, onde o autor discorre sobre a ineficácia da indenização compensatória de 40% sobre o FGTS para a proteção do emprego.
(650) BELMONTE, Alexandre Agra. Arts. 7º ao 11. In: BONAVIDES, Paulo; MIRANDA, Jorge e AGRA, Walber de Moura (coord.). *Comentários à Constituição Federal de 1988*. Rio de Janeiro: Forense, 2009. p. 423. Cf., também, no mesmo sentido, a Súmula n. 248 do TST: "A reclassificação ou a descaracterização da insalubridade, por ato da autoridade competente, repercute na satisfação do respectivo adicional, sem ofensa a direito adquirido ou ao princípio da irredutibilidade salarial."
(651) Para uma leitura muito interessante sobre o tema, cf., por todos, SUNSTEIN, Carl R.; THALER, Richard. *Nudge:* improving decisions about health, wealth and hapiness. 1. ed. London: Penguin UK, 2009.

intangível é o mesmo que atacar frontalmente o seu objetivo principal. Pois qual empregador aceitará implementá-lo se nunca mais puder retroceder? Não devemos nos esquecer de que a cooperação é uma via de mão dupla e, se quisermos percorrê-la, devemos conhecer não só o caminho de ida, mas também o de volta.

No tocante às remunerações majoradas (horas extraordinárias e noturnas) e aos adicionais para os trabalhos penosos, insalubres ou perigosos, eles aparecem como desestímulos ao empregador. Se exigir atuação do empregado além do limite institucional ou contratual, o empregador pagará mais caro por isso, além de, possivelmente, ter que arcar com pesadas multas administrativas[652]. Se propuser ao indivíduo o trabalho das 22 h às 5 h, invertendo o seu relógio biológico e atrapalhando a sua convivência social e familiar, também pagará mais caro por este serviço[653]. E, no pior dos casos, se o empregador optar por empreender numa atividade econômica permitida pelo Estado, mas classificada por ele como penosa, insalubre ou perigosa, aqueles que contratar para desenvolvê-la também custarão mais caro, haja vista os riscos à saúde embutidos na sua atuação[654].

Em verdade, quando lidamos com atividades insalubres, perigosas ou penosas, o cerne da questão não é o pagamento de adicionais compensatórios e, sim, a eliminação (por completo, se possível) dos riscos que lhes são inerentes[655]. É o respeito à integridade física e psíquica do trabalhador, mediante construção de um meio ambiente de trabalho saudável e equilibrado, que deverá nortear o grau de importância normativa do direito constitucional positivado. Por isso, a regra deve ser a da proporcionalidade inversa: quanto mais próxima de zero for a possibilidade de lesão à saúde do empregado, menor será a relevância da imposição estatal do adicional respectivo.

Em suma: ao falarmos das remunerações majoradas e dos adicionais, é importante relembrar que a sua natureza pragmática é complementar à fundamentalidade da definição de limites diário e semanal para o exercício do trabalho subordinado (incisos XIII e XIV), da imposição de descansos semanais e anuais (incisos XV e XVII), da determinação da elaboração das normas de segurança, saúde e higiene (inciso XXII), bem como da sua estrita e cuidadosa observância pelo empregador, sob pena de responsabilização (inciso XXVIII).

Algo que vem a calhar, mas que não se confunde com a constituição da igual autonomia criativa do empregado. Esta continuará existindo, ainda que aqueles valores monetários se evaporem. Mas caso haja a supressão pecuniária, de um lado, e, posteriormente, venha a ocorrer um acidente de trabalho ou a exigência abusiva e extenuante de trabalhos extras ou em horários pouco usuais, sem qualquer justificativa plausível, a mão firme do Estado deverá pesar cada vez mais forte. Em resumo: o patrimônio do empregador deverá ser atingido tanto mais intensamente, quanto piores forem as circunstâncias encontradas no meio ambiente de trabalho onde tudo aconteceu.

---

(652) Art. 75 da CLT.
(653) Art. 73 da CLT.
(654) Arts. 192 e 193, § 1º da CLT.
(655) Neste sentido, cf. Súmula n. 80 do TST: "A eliminação da insalubridade mediante fornecimento de aparelhos protetores aprovados pelo órgão competente do Poder Executivo exclui a percepção do respectivo adicional."

Finalmente, creio que não há maiores dificuldades argumentativas para se rejeitar a fundamentalidade material da previsão de prescrição trabalhista (inciso XXIX).

Em primeiro lugar, porque o decurso do prazo para se exigir o cumprimento do dever (legal ou contratual) é uma espada de Dâmocles sobre a cabeça do empregado, ou seja, está a léguas de distância de se configurar — para ele — um direito subjetivo (ou uma razão justificativa para agir) indispensável à satisfação de suas necessidades básicas.

Em segundo lugar, porque o art. 11 da CLT e também o art. 206, § 2º e § 5º, II do CC regulamentam situações idênticas ou bastante semelhantes àquela contida na Constituição. Algo que, a bem de ver, só corrobora o açodamento do legislador constituinte, na medida em que é a única hipótese de prazo prescricional contida em todo o documento normativo, incluindo aí as disposições transitórias. Um açodamento que, como já foi dito antes, tem sua explicação fundada na enorme desconfiança do que estava por vir[656].

2. Segunda parte: o reconhecimento das diferenças que nos definem

Indo adiante, devemos enfatizar o outro lado da bidimensionalidade da justiça: o reconhecimento das nossas diferenças. Tal como mencionado linhas atrás, esta é a outra face do igual respeito e consideração pela autonomia do indivíduo (a minha, a sua e a do outro), na medida em que promove a sua (a dele e a minha) criatividade, isto é, a sua (a dele e a minha) diferente individualidade.

De fato, foi percebido o falso dilema em torno da autonomia de escolha *versus* autonomia de exercício. E isso foi visto quando, ao invés de se perguntar quem deve ser o responsável pela satisfação de nossos desejos, indagou-se qual o tipo de desejo se estava postulando. Se fosse um "bem pessoal" (afeto apenas ao agente), o Estado deveria intervir. Não para satisfazer a todos os desejos de todas as pessoas em todos os tempos. O que ele deveria valorizar não era o "fato" da escolha em si, mas o "ato de escolher", o momento em que o indivíduo reflete sobre si, sobre o seu lugar no mundo e decide o que fazer da sua vida.

Pensemos, por exemplo, no empregado. Para iniciar a sua marcha rumo ao emprego desconhecido, ele precisará levar na bagagem algumas provisões básicas, indispensáveis à sua sobrevivência digna e à manutenção de sua individualidade. Isso já foi visto acima. Contudo, o que não podemos esquecer é a distintividade de cada um: se eu preciso de 2000 calorias por dia para manter minha capacidade de trabalho, o meu amigo ali ao lado pode precisar de 1500 ou, talvez, de 2500 calorias. São aspectos bifrontes, incindíveis e, mais do que isso, marcados pela influência recíproca. E, neste sentido, devem ser levados em conta neste processo de investigação textual da Constituição de 1988.

Sendo assim, seleciono os incisos I, V, XVIII, XIX, XX, XXVI, XXX, XXXI e XXXII e XXXIII do art. 7º, os incisos I e V do art. 8º e o art. 9º da CF/88, além do art.

---

(656) Cf. a *Introdução deste estudo*.

10, inciso II, alíneas *a* e *b* do ADCT, como a segunda leva de direitos fundamentais materiais dos trabalhadores subordinados.

A proibição genérica de dispensa arbitrária de todo e qualquer empregado e a proibição específica de dispensa arbitrária do empregado participante da CIPA, a proporcionalidade da retribuição salarial de acordo com a sua complexidade e extensão, a proibição de diferença de salários, tratamento e admissão em razão do sexo, idade, cor ou estado civil, a proibição de discriminação do trabalhador portador de deficiência e a proibição de distinção entre o trabalho manual, técnico e profissional (incisos I, V, XXX, XXXI, XXXII e art. 10, II, *a* do ADCT) estão centradas, todas, na ojeriza ao comportamento desigual desprovido de um porquê alentador[657].

Ausência de justificação com o objetivo de mascarar a violação de algum direito fundamental do empregado (inciso I) ou com a finalidade de retaliar silenciosamente aquele que se põe em defesa da segurança e da saúde dos seus pares (art. 10, II, *a* do ADCT), a existência de um consenso sobreposto ao redor do caráter odioso de determinados critérios de diferenciação (incisos XXX e XXXI) e a falta de uma razão plausível para a não observância das peculiaridades da atividade exercida (inciso V) ou, ao contrário, a ênfase posta sobre traços distintivos, mas irrelevantes, da atuação do empregado (inciso XXXII): eis aí os motivos pelos quais o parlamento andou muito bem, ao reconhecer e esmiuçar os direitos fundamentais dos trabalhadores, especificamente voltados para as idiossincrasias que lhes preservam a individualidade.

Já a licença à gestante, a licença-paternidade, a proteção do mercado de trabalho da mulher, a proibição de trabalho noturno, perigoso ou insalubre aos menores de 18 anos e de qualquer trabalho aos menores de 16 anos, salvo na condição de aprendiz (incisos XVIII, XIX, XX, XXVI e XXXIII), e a concessão de estabilidade à gestante (art. 10, II, *b* do ADCT) mostram-se como intervenções agregadoras de uma série de diferentes valores, mas todos destinados ao mesmo desiderato: a manutenção da igual autonomia criativa de empregados em circunstâncias ainda mais especiais que a dos outros.

Preservação da família e proteção da infância e da adolescência, de um lado, e atenção à educação — especialmente à profissionalizante —, do outro (incisos XVIII, XIX, XXXIII e art. 10, II, *b* do ADCT). Põe-se, ainda, uma pitada de ação afirmativa em prol da mulher trabalhadora, em função da sua histórica submissão e desvalorização social no mercado de trabalho, muito por causa de sua realidade fisiológica — como, por exemplo, a provável e referida maternidade (inciso XX) —, e tem-se em mãos as razões justificadoras do alto grau de importância destas normas constitucionais.

É interessante notar, todavia, que a fundamentalidade do inciso XX — como sói acontecer com medidas de discriminação positiva — terá dia e hora para acabar[658]. Isso porque a imposição de incentivos em benefício da mulher somente se justificará

---

(657) Cf., em sentido semelhante, ao defender a obrigatoriedade de motivação do ato de dispensa, BELMONTE, Alexandre Agra. Os direitos fundamentais juslaborais e a Convenção n. 158 da Organização Internacional do Trabalho. In: *Op. cit.*, p. 383-384 e 390-391.
(658) Cf. BERNAL PULIDO, Carlos. *El derecho de los derechos*, p. 298.

enquanto a desigualdade a que ela atualmente está submetida não for culturalmente desenraizada do nosso país. Haverá, pois, a necessidade de uma aferição empírica permanente da imperiosidade deste dispositivo: constatada a prática habitual e consolidada do igual respeito e consideração da mulher trabalhadora, cessarão — ao menos enquanto ela perdurar — a interferências corretivas[659]. Uma medida que não deve causar estranheza ou desconforto, haja vista o inescapável caráter histórico, axiológico e, principalmente, dinâmico (discursivo) dos direitos fundamentais.

Por derradeiro, penso que o reconhecimento das convenções e acordos coletivos, a autonomia sindical, a liberdade sindical, a participação do aposentado na deliberação coletiva e o direito de greve encerram a relação de direitos fundamentais específicos dos trabalhadores subordinados (art. 7º, XXVI, art. 8º, I, V, VII e VIII e art. 9º da CF/88).

Como me dedicarei mais demoradamente sobre estas intervenções normativas no Capítulo IV[660], peço licença para dizer, por ora, que elas adquirem seu *status* materialmente fundamental por conta do reconhecimento da desigualdade estrutural contida na relação de emprego[661].

Ainda que o trabalhador seja altamente qualificado, a sua posição será sempre a de obediência ou, como se costuma dizer, de sujeição. Por outras palavras, o fato de ele aceitar autonomamente reduzir a sua autonomia em benefício da autonomia de outrem gera um paradoxo difícil de se resolver, caso se insista em isolar o empregado dos seus pares[662]. O risco de perder a sua voz será elevado demais, tornando extremamente importante a valorização da sua liberdade de agir coletivamente[663].

Mais do que isso, valorizar as decisões coletivas tomadas por meio da deliberação democrática dos diretamente interessados é uma decorrência lógica desta valorização. Principalmente para os que optaram por participar. Uma participação que, a propósito, deve ser aberta aos aposentados, na medida em que serão potencialmente afetados pelo que se vier a decidir.

Além disso, não se deve esquecer de que a proteção e o estímulo à capacidade de organização coletiva, associados à proibição de interferência, são instrumentos indispensáveis para a concretização da autonomia dos que se encontram à merce do poder alheio (art. 7º XXVI e art. 8º, I, V e VII). E, tanto é assim, que se chegou ao ponto de legitimar-se — acertadamente — o ato do grupo de indivíduos com o objetivo de paralisar temporariamente os seus afazeres, como forma de pressionar o empregador a ouvi-los e com eles dialogar (art. 9º). Dito de outro modo: permite-se que o indivíduo recupere coletivamente a sua autonomia individual quase perdida, ainda que, para isso, seja obrigado a apertar o torniquete com suas próprias mãos[664].

---

(659) Observe-se que isto já é feito. Cf., por exemplo, <http://www.ibge.gov.br/home/estatistica/indicadores/trabalhoerendimento/pme_mulher/Suplemento_Mulher_2008.pdf>.
(660) Cf. os §§ 1º e 2º do item II.
(661) Sobre a "desigualdade estrutural" do contrato de emprego, cf. SINGER, Reinhard. Direitos fundamentais no direito do trabalho. In: MONTEIRO, António Pinto; NEUNER, Jörg e SARLET, Ingo (org.). *Direitos fundamentais e direito privado: uma perspectiva de direito comparado.* Coimbra: Almedina, 2007. p. 332-336.
(662) SUPIOT, Alain. *Critique du droit du travail*, p. 110-111.
(663) *Idem*, p. 140 (tradução livre).
(664) Cf., por enquanto, BILBAO UBILLOS, Juan María. *La eficacia de los derechos fundamentales frente a particulares*, p. 659-669.

A estabilidade do dirigente sindical acompanha esta linha de raciocínio (art. 8º, VIII). Ora, de que adianta reconhecer a situação especial do conjunto de indivíduos empregados sob as ordens alheias, se o seu porta-voz estiver sujeito à pior das retaliações, a perda do emprego? Por certo que a sinceridade do debate — uma nota típica dos participantes livres e iguais — somente ocorrerá se ambos os debatedores estiverem despidos do medo em relação ao seu interlocutor. Medo e cooperação, definitivamente, não andam de mãos dadas.

Excluí os incisos XXVII e XXXIV do art. 7º, os incisos II, III, IV, VI do art. 8º e os arts. 10 e 11 da CF/88.

A proteção em face da automação não resgata, preserva ou fomenta qualquer característica especial dos trabalhadores subordinados (inciso XXVII). A bem de ver, esta diretriz deve ser vista como um chamamento à valorização da educação dos indivíduos inseridos (ou prestes a se inserirem) no mercado de trabalho. Algo que sinaliza para a importância desta necessidade básica universal, cujo conteúdo, nos dias de hoje, abarca não apenas o ensino fundamental e o ensino médio, como também o ensino profissionalizante[665].

Em verdade, a positivação desta diretriz resgata a necessidade ancestral do trabalhador brasileiro ser melhor educado. Algo que já era defendido por Tavares Bastos no século XIX, quando apregoava em alto em bom som[666]:

"A escola para todos, para o filho do negro, para o próprio negro adulto, eis tudo! Emancipar e instruir são duas operações intimamente ligadas. Onde quer que, proclamada a liberdade, o poder viu com indiferença vegetarem os emancipados na ignorância anterior, a abolição, como nas colônias francesas, não foi mais que o contentamento de vaidades filantrópicas, não foi a reabilitação de uma raça... Ei-lo, portanto, assaz indicado o alvo dos nossos esforços; emancipemos e eduquemos. A despesa que com isso fizermos, civilizando infelizes compatriotas, é muito mais eficaz para o nosso progresso do que a difícil importação de alguns milhares de imigrantes."

De toda sorte, este dispositivo *de per si* não deve ser alçado à dimensão moral dos direitos do trabalhador, até mesmo porque nada indica que a automação será sempre o seu algoz. Na esfera do lazer ou da prevenção de acidentes, por exemplo, pode mostrar-se um instrumento extremamente promissor[667].

A equiparação de direitos entre o empregado com vínculo permanente e o avulso, por sua vez, não lhe traz qualquer benefício imediato. Na realidade, o inciso XXXIV representa uma cláusula de abertura extremamente alargada em benefício desta forma especial de trabalho. Fica, portanto, bastante difícil justificar sua fundamentalidade material, uma vez que arrasta para si todos os direitos positivados na Constituição de

---

(665) Neste sentido, cf. GOMES, Fábio Rodrigues. *O direito fundamental ao trabalho*, p. 187 *et seq.*
(666) Cf. MORAES FILHO, Evaristo de. Tavares Bastos e as questões do trabalho. In: BARROS JR., Cássio de Mesquita Barros (coord.). *Tendências do direito do trabalho contemporâneo*. V. 1. São Paulo: LTr, 1980. p. 199.
(667) REALE, Miguel. *O direito de não trabalhar*, p. 117.

1988 em prol dos empregados, independentemente do seu grau de importância moral. A fundamentalidade material dos direitos dos trabalhadores avulsos, portanto, não mora neste dispositivo. Ela continua a orbitar o mesmo critério aqui proposto: igual autonomia criativa do início ao fim. Logo, se suas necessidades básicas forem as mesmas dos subordinados e as suas diferenças provocarem o mesmo nível de atenção, os seus direitos fundamentais deverão seguir as ideias acima delineadas.

Já a determinação da unicidade sindical, da exclusividade e da obrigatoriedade do sindicato defender os interesses dos indivíduos pertencentes à determinada categoria e a participar de negociações coletivas, sem esquecer, ainda, da previsão de contribuição confederativa, são todos artefatos corporativos, cuja natureza fundamental, além de inexistir, são uma afronta ao modelo do Estado Democrático e Constitucional de Direito. Por isso, peço vênia mais uma vez para remetê-los ao Capítulo seguinte, quando terei a oportunidade de falar a respeito do infeliz e longevo desenho institucional do sindicalismo brasileiro.

Numa linha inversa, os arts. 10 e 11 da CF/88 contêm configurações institucionais mais afeitas à democracia atual. Contudo, isto não é suficiente para lhes transformar em norma fundamental ou moral, porquanto são meros direitos institucionais passíveis de aperfeiçoamento, adaptação ou até mesmo supressão, em virtude dos resultados oriundos de sua implementação prática. Apesar de louváveis provisões em busca da democratização das instâncias públicas de decisão e do ambiente de trabalho, se tais alterações ocorrerem em virtude de sua comprovada ineficiência, a igual autonomia criativa dos empregados continuará em pleno vigor. Isso porque nada impede que os próprios interessados a exercitem diretamente e, depois de um amplo processo de deliberação conjunta, adotem uma nova estruturação. Qual? A que melhor lhes aprouver[668]. Assim, ela será muito mais legítima do que aquela camisa de força institucional costurada pelo Estado, principalmente quando ela resulte ineficaz[669].

2.1. Um parágrafo único para um empregado ainda mais especial

Uma última palavra deve ser dita sobre um caso à parte. Falo do empregado doméstico.

No Brasil, a situação — fática e jurídica — desta classe de empregados sempre foi a de "marginalização social"[670]. Nada de muito surpreendente. Ao menos para quem conhece o nosso passado escravocrata e a sombra por ele lançada no correr da nossa história em torno do trabalho, subordinado ou não[671]. Vejam, por exemplo, o que já nos dizia Monteiro Lobato — sim, ele mesmo —, a respeito desta nódoa presente no imaginário brasileiro:

---

(668) Cf. RAMALHO, Maria do Rosário Palma. *Negociação colectiva atípica.* Coimbra: Almedina, 2009.
(669) Como mencionei acima, cf., adiante, o **Capítulo IV** deste estudo, para uma exposição mais acurada sobre o refinamento democrático (e institucional) do arcabouço jurídico trabalhista brasileiro.
(670) Neste sentido, cf. RODRIGUES, Marcelo. Trabalhador doméstico. In: VILLATORE, Marco Antônio César; HASSON, Roland (coord.); ALMEIDA, Ronald Silka de (org.). *Direito constitucional do trabalho vinte anos depois.* Curitiba: Juruá, 2008. p. 489.
(671) Cf. GOMES, Fábio Rodrigues. *O direito fundamental ao trabalho*, p. 335 *et seq.*

"Com o tirar ao trabalho a sua nobreza, e o desmerecê-lo como coisa de escravo e, portanto, degradante, ela deu origem a essa linha divisória, que ainda se não apagou, entre os que trabalham e os que ou promovem o trabalho alheio ou dele vivem, aparasitados. (...)

Uma modificação de mentalidade correlativa àquela modificação do regime social não era coisa factível com outra Lei Áurea, e deixamos que o processo lento da evolução natural corrigisse o desequilíbrio criado.

Esse desequilíbrio tem sido a causa indireta de todos os males morais, sociais, econômicos e financeiros que nos afligem. Até que aprenda a andar com o coto da tíbia, quem sempre caminhou pelo amplo, sólido e achatado pé africano..."[672]

Se este preconceito já era uma realidade para o trabalho como um todo, ele aprofundou-se muito mais intensamente no espaço reservado ao empregado doméstico. Justamente ele, o que atua dentro de nossas casas e convive com as nossas famílias, sentiu mais de perto, na própria pele, toda esta carga negativa fortemente enraizada na cultura popular.

Digo isso porque durante anos a fio este espectro de trabalhadores laborou num verdadeiro "limbo jurídico"[673]. Quando muito, a eles se referiram, *en passant*, o Código de Postura Municipal de São Paulo de 1886, o Código Civil de 1916, o Decreto n. 16.107/23 e o Decreto-Lei n. 3.078/41, mas sempre com menções superficiais que em nada alteravam o vazio em que se encontravam aqueles indivíduos[674]. A própria CLT chegou a mencioná-los, só que para excluí-los terminantemente do seu âmbito de incidência[675].

Tudo permaneceu assim, até que a insensibilidade foi atenuada pela Lei n. 5.859, de 11 de dezembro de 1972[676]. Não que muita coisa tenha sido ajeitada, pois esta benesse ditatorial rendeu apenas o direito à formalização do contrato na CTPS, à inscrição como segurado obrigatório da Previdência Social e a férias de 20 dias úteis, além de ter delineado mais claramente os contornos normativos deste contrato especial. Como já se disse antes, produziu-se um mínimo de cidadania que, a rigor, se traduzia numa "cidadania mínima"[677]. Tão mínima que sequer o salário mínimo lhe era garantido.

Foi, portanto, neste contexto tardio de um quase *laissez-faire* novecentista que surgiu a Constituição de 1988. E, com ela, uma novidade: o seu art. 7º, parágrafo único, dedicado especificamente a esta categoria de trabalhador subordinado.

---

(672) A doutorice. In: LOBATO, Monteiro. *Fragmentos, opiniões e miscelânia*. São Paulo: Globo, 2010. p. 148-149.
(673) DELGADO, Mauricio Godinho. *Curso de direito do trabalho*. 6. ed. São Paulo: LTr, 2007. p. 374.
(674) BARROS, Alice Monteiro de. *Curso de direito do trabalho*. 2. ed. São Paulo: LTr, 2006. p. 315. CASSAR, Vólia Bonfim. *Direito do trabalho*. Niterói: Impetus, 2007. p. 352.
(675) Art. 7º, alínea "a".
(676) GOMES, Orlando; GOTTSCHALK, Elson. *Curso de direito do trabalho*. 18. ed. Rio de Janeiro: Forense, 2008. p. 98.
(677) DELGADO, Mauricio Godinho. *Curso de direito do trabalho*, p. 374.

Ao estender-lhes os direitos ao salário mínimo, à irredutibilidade salarial, ao 13º salário, ao repouso semanal remunerado, às férias anuais remuneradas acrescidas de um terço, à licença-gestante, à licença-paternidade, ao aviso prévio e à aposentadoria (incisos IV, VI, VIII, XV, XVII, XVIII, XIX, XXI e XXIV), o documento constitucional apresentou-se como um avanço retumbante para o empregado doméstico. Valendo-me de uma expressão corriqueira nos dias de hoje, "nunca antes na história deste país", o Estado interveio tão contundentemente na sua vida profissional[678].

Entretanto, o avanço não parou por aí. Considerado taxativo num primeiro instante[679], não demorou muito para que as instituições redemocratizadas passassem a defender o alargamento do parágrafo único do art. 7º da CF/88. De um lado, estava o Judiciário, determinando a concessão de férias de 30 dias e pagamento em dobro no caso de atraso, seja com base no Decreto Regulamentar n. 71.885/73[680], seja por conta da aplicação dos princípios da isonomia e da dignidade da pessoa humana[681]. Do outro, o Legislativo, aprovando a concessão de vale-transporte[682], a permissão (facultativa) para o pagamento de FGTS pelo empregador[683], a estipulação de piso salarial estadual[684], a majoração das férias para 30 dias corridos e a previsão de estabilidade para as empregadas gestantes[685]. Vê-se, pois, que a tendência atual é a de aproximar--se mais e mais o empregado doméstico da rede normativa traçada ao redor do empregado ordinário, regido, na maior parte das vezes, pela CLT.

No entanto, cabe aqui a seguinte pergunta: isso é necessário? Ou, colocando as coisas sob o enfoque deste estudo, pergunto novamente: os direitos trazidos pelo parágrafo único do art. 7º da CF/88 são suficientes para preservar e promover a igual autonomia criativa dos empregados domésticos?

Não. Penso que a Constituição não positivou o bastante, apesar de ter estipulado parcelas não fundamentais em seu benefício. Comecemos pelo fim.

Como mencionei há pouco, o 13º salário e o acréscimo de um terço ao pagamento das férias tornam mais confortável a vida de qualquer trabalhador, incluindo-se aí a do doméstico, é claro. Mas não são indispensáveis (não são necessidades básicas) para lhes sustentar a igual autonomia criativa. E, não sendo assim, esfarela-se a justificativa para a sua imunização contra as deliberações das maiorias eventuais. Sindicatos e legisladores ordinários possuem legitimidade para redistribuir estes recursos e, por exemplo, parcelar os pagamentos respectivos ou, ainda, poderá o constituinte reformar o texto normativo para retirá-los de lá.

---

(678) Em sentido semelhante, cf. DELGADO, Mauricio Godinho. *Curso de direito do trabalho*, p. 375. RODRIGUES, Marcelo. *Op. cit.*, p. 490.
(679) Cf., por todos, VILHENA, Paulo Emílio Ribeiro de. *Relação de emprego:* estrutura legal e supostos. 2. ed. São Paulo: LTr, 1999. p. 551. LEITE, Carlos Henrique Bezerra. *Constituição e direitos sociais dos trabalhadores*. São Paulo: LTr, 1997. p. 41.
(680) TST-RR n. 5402400-89.2002.5.06.0900, Rel. Min. Lelio Bentes Corrêa, DJ 19.03.2010 e TST--RR n. 1337040-09.2001.5.09.0003, Rel. Min. Márcio Eurico Vitral Amaro, DJ 20.11.2009.
(681) TST-RR n. 200700-43.2007.5.04.0411, Rel. Min. Aloysio Corrêa da Veiga, DJ 13.11.2009.
(682) Lei n. 7.418/85.
(683) Lei n. 10.208/01.
(684) Lei Complementar n. 103/00.
(685) Lei n. 11.324/06.

Por mais chocante que possa parecer, estas são algumas das consequências — sem meias palavras — da sua "desfundamentalização". Não que se defenda aqui esta supressão ou qualquer outra forma de redução normativa unilateral como uma panaceia para todos os males. Como deixei claro na introdução deste estudo, o meu objetivo é abordar os direitos constitucionais dos trabalhadores sob uma perspectiva criteriosa e não o de produzir um manifesto político-ideológico.

Dito isso, vem ao caso frisar que, a par de inclusões desimportantes em benefício dos domésticos, houve omissões para lá de relevantes. Não se positivou, por exemplo, a proibição contra dispensa arbitrária, a estabilidade gestacional, a concessão de seguro-desemprego, a criminalização da retenção dolosa de salário, a limitação da jornada diária, a proteção do mercado de trabalho da mulher, a redução dos riscos à saúde e à segurança, o reconhecimento das decisões coletivas, a securitização dos acidentes de trabalho e a responsabilização subjetiva do empregador, nem, tampouco, as regras limitadoras da capacidade (idade) laboral ou proibitivas de tratamento discriminatório (incisos I, II, X, XIII, XIV, XX, XXII, XXVI, XXVIII, XXX, XXXI e XXXII e XXXIII do art. 7º e art. 10, inciso II, alínea b do ADCT). Isso sem falar da completa ausência de previsão de autonomia e liberdade sindicais e direito de greve (incisos I e V do art. 8º e o art. 9º da CF/88).

E tais omissões tornam-se ainda mais emblemáticas quando se tem em vista a aprovação da Convenção n. 189 da OIT, juntamente com a Recomendação n. 201[686]. Isso sem olvidar das Propostas de Emenda Constitucional ns. 58/11, ns. 59/11, ns. 62/11 e 64/11, as quais, de um modo ou de outro, almejam ampliar os direitos constitucionais dos empregados domésticos[687].

Este é o ponto. O que é considerado materialmente fundamental para o empregado em geral deve ser imediatamente "transplantado" para o empregado doméstico?

Novamente, a resposta é não. Reconhecer as diferenças que o definem é, agora, mais importante do que nunca, a fim de que consigamos delimitar quais destas intervenções são pressupostas à manutenção da sua igual autonomia criativa.

A maior parte dos autores que se dedicou ao assunto fez questão de enfatizar as "peculiaridades" que envolvem esta espécie de relação de emprego. Por parte do empregador, o fato de ele só poder ser pessoa física (singularmente ou em conjunto, por intermédio da família) e de não poder exercer atividade lucrativa (pois o serviço deve ser efetuado exclusivamente em prol do cotidiano familiar), faz com que se sobressaia a sua qualidade de titular de direitos fundamentais[688]. Por parte do

---

(686) Cf. GAMBA, Juliane Caravieri Martins. Reflexões sobre a Convenção n. 189 da OIT — trabalhadores domésticos — e o recente acórdão do TRT da 2ª Região (horas extras para a empregada doméstica). In: *Revista LTr*, ano 76 n. 02, p. 188-201, fev. 2012.
(687) *Idem*, p. 196-197.
(688) Cf., por todos, RODRIGUES, Marcelo. *Op. cit.*, p. 496. CASSAR, Vólia Bonfim. *Op. cit.*, p. 354-358 e 364-365. NASCIMENTO, Amauri Mascaro. *Direito do trabalho na Constituição de 1988*, p. 209. DELGADO, Mauricio Godinho. *Curso de direito do trabalho*, p. 373-374, VILHENA, Paulo Emílio Ribeiro de. *Op. cit.*, p. 544-549. SÜSSEKIND, Arnaldo *et alli*. *Instituições de direito do trabalho*, p. 182. GOMES, Orlando; GOTTSCHALK, Elson. *Curso de direito do trabalho*, p. 97. BARROS, Alice Monteiro de. *Curso de direito do trabalho*, p. 316-317 e 320.

empregado, o fato de ele estar continuamente à disposição e, o que é mais relevante, desfrutar de uma pessoalidade e uma confiança praticamente sem paralelo no mundo do trabalho, alteram a natureza da sua subordinação[689].

Em virtude destas particularidades é que, aqui, a isonomia pura e simples não aparenta ser um bom critério. Na medida em que ele é pautado tão somente no fato de o indivíduo ser empregado, desconsiderando-se a sua adjetivação, este critério poderá acarretar um conflito de necessidades básicas que, normalmente, não aconteceria. A bem de ver, não é só por preconceito que a CLT não deve servir de parâmetro normativo[690].

Vejam, por exemplo, o caso da estabilidade à gestante. Há autores que defendem a sua inconstitucionalidade, uma vez que ofenderia a privacidade do empregador, obrigado — literalmente — a manter alguém dentro de sua residência contra a sua vontade[691]. Pensem, também, na alta probabilidade de majoração dos custos de contratação, acarretando o efeito perverso da exclusão de muitos trabalhadores, jogando-os de volta ao espaço jurídico vazio[692]. Este é um argumento pragmático que cresce em importância, porquanto o empregador, nesta hipótese, não se utiliza do trabalho para lucrar ou desenvolver atividades outras que não sejam as destinadas ao seu bem-estar pessoal e familiar.

Um problema sério e de dificílima solução é o atinente à limitação da jornada de trabalho. Não há como negar que a ausência de imposição de um teto para a quantidade de tempo trabalhado pelo empregado doméstico coloca-o perigosamente perto de um precipício de arbitrariedades patronais. Contar com o "bom-senso" do empregador é a sua única alternativa[693]? Mas, se não for assim, como operacionalizar este limite? Cartão de ponto na cozinha, na sala, no banheiro ou na portaria do edifício[694]?

Além disso, não se deve esquecer de que a necessidade de controle pode variar enormemente de uma residência para outra. Para o empregado que fica com a chave que lhe foi confiada pelo empregador, cujo trabalho praticamente o impede de ficar em casa, é uma. Para o caseiro que mora na chácara de fim de semana, é outra. Para o acompanhante que atua em regime de plantão de 12x36, certamente, não é a mesma. Isso já mostra que a ideia de lacuna normativa não é uma constante para este tipo de empregado. O que aparenta ser para um não é, necessariamente, para o outro.

E os direitos de greve e à associação sindical? Será que a residência de um empregador inadimplente, com mais de um empregado, não poderá ser alvo de uma paralisação coletiva? Por que não conferir validade jurídica ao que foi conjuntamente

---

(689) Por todos, NASCIMENTO, Amauri Mascaro. *Direito do trabalho na Constituição de 1988*, p. 211. DELGADO, Mauricio Godinho. *Curso de direito do trabalho*, p. 367 e 380. SÜSSEKIND, Arnaldo *et alii*. *Instituições de direito do trabalho*, p. 185. BARROS, Alice Monteiro de. *Curso de direito do trabalho*, p. 324-329, 332 e 345. CASSAR, Vólia Bonfim. *Op. cit.*, p. 397.
(690) Em sentido contrário, defendendo a aplicação complementar (e parcial) da CLT para a efetivação do art. 7º, parágrafo único da CF/88, cf. CASSAR, Vólia Bonfim. *Op. cit.*, p. 366-368.
(691) BARROS, Alice Monteiro de. *Curso de direito do trabalho*, p. 331-333.
(692) GOMES, Orlando; GOTTSCHALK, Elson. *Curso de direito do trabalho*, p. 98. RODRIGUES, Marcelo. *Op. cit.*, p. 495-496.
(693) RODRIGUES, Marcelo. *Op. cit.*, p. 496.
(694) Em sentido semelhante, GAMBA, Juliane Caravieri Martins. *Op. cit.*, p. 198.

reivindicado e combinado com o empregador? Retornando ao argumento pragmático, esta medida não seria mais eficiente, uma vez que equalizaria o poder de fogo discursivo das partes, criando um ambiente mais favorável à cooperação?

Quando a proximidade com as minudências do problema está nos dificultando enxergar a solução, a saída deve ser uma só: dar um passo atrás. Este é um caso perfeito, na minha opinião, para se utilizar de uma "retaguarda argumentativa" defendida por mim em outro lugar. Falo do direito fundamental ao trabalho[695].

Reflitam comigo. As peculiaridades inerentes ao contrato de emprego doméstico surgem em função da natureza do seu ambiente de trabalho. Não se trata nem mesmo do seu grau de qualificação[696]. Piloto de avião, motorista particular, arrumadeira, babá, cozinheira ou professor: o cerne do problema se encontra na circunstância de o indivíduo trabalhar para a residência de outra pessoa. E o que acontece dentro destas paredes (ou, quando para além delas, durante a convivência pessoal de ambas as partes) é extremamente difícil de ser demonstrado para (e avaliado por) um terceiro. Por isso, nos vemos ora diante da claudicância do legislador, ora diante do seu açodamento. É por estas e outras que, neste contexto diferenciado, generalizações normativas supostamente generosas podem truncar o diálogo e, em situações extremas, reduzir a autonomia do trabalhador, ao invés de resguardá-la.

Não resta, portanto, outra opção que não a da análise pontual dos casos concretos, baseada na ideia do trabalho — esteja ele onde estiver — como uma atividade humana voltada para a sobrevivência e/ou para o desenvolvimento dos planos de vida[697]. Neste sentido, o direito fundamental ao trabalho surge como uma primeira antepara normativa à coisificação do indivíduo: se a sua atuação não lhe estiver assegurando a satisfação de suas necessidades básicas ou se a sua individualidade estiver sendo violada por causa das diferenças que o definem, a intervenção estatal estará legitimada. A construção dialógica da fundamentalidade do direito proposto ao empregado doméstico encontrará, gradativamente, o seu lugar. Não há como ser diferente. Principalmente, porque a prognose legislativa, mesmo apressada, não conseguirá alcançá-lo a tempo, ao menos não em todas as suas nuances.

Peguemos três situações palpáveis para exemplificar.

Situação n. 1: Imaginem que, numa família de classe média composta por um casal e dois filhos menores, o pai e a mãe tenham, ambos, perdido o emprego. Imaginem também que, justamente naquele dia, a empregada doméstica lhes tenha informado que estava grávida. O que deverá prevalecer: a estabilidade ou a sobrevivência da família, o pagamento da indenização correspondente ou o carnê do colégio e o aluguel?

Situação n. 2: Suponham que um motorista trabalhe quatro vezes por semana para o seu empregador, levando-o e buscando-o do trabalho. Contudo, suponham que depois de uma transferência para um lugar mais próximo de sua residência, o

---

(695) GOMES, Fábio Rodrigues. *O direito fundamental ao trabalho*, p. 92-94.
(696) GOMES, Orlando; GOTTSCHALK, Elson. *Curso de direito do trabalho*, p. 97. DELGADO, Mauricio Godinho. *Curso de direito do trabalho*, p. 371-372.
(697) GOMES, Fábio Rodrigues. *A relação de trabalho na Constituição*, p. 23.

empregador combine com o motorista que o leve e o busque apenas duas vezes na semana e que, por conta disso, proponha a redução do seu salário nesta mesma proporção. Se o empregado concordar, a sua aceitação deverá ser invalidada?

Situação n. 3: Pensem, agora, que um indivíduo extremamente religioso tenha admitido um caseiro para trabalhar na sua chácara. Depois de quatro ou cinco meses de contrato, o empregador descobre que o seu empregado é homossexual e, por este motivo, decide despedi-lo sem justa causa. Este ato poderá ser declarado nulo e/ou gerar indenização por dano moral?

Para o trabalhador subordinado regular, uma situação semelhante à de n. 1 foi resolvida diretamente pelo art. 7º, I da CF/88 c/c o art. 10, I, *b* do ADCT. Para o doméstico, a resposta foi dada pela Lei n. 11.324, de 2006. E, ao que parece, o legislador não se preocupou com estas e outras questões, como, por exemplo, a de o empregador não estar mais satisfeito com os serviços do seu empregado (pelos mais diversos motivos) e, ainda assim, estar obrigado a vê-lo diariamente na sua casa.

A correção desta subinclusão legislativa passa pelo reforço da igual autonomia criativa: deliberação no início para que não haja surpresas no fim[698]. A melhor maneira de sistematizar as necessidades básicas do empregador doméstico com as do seu empregado é a previsão de que os dois convencionem previamente o que devem fazer. O ajuste antecipado, nesta situação, impedirá que os empregadores aleguem dificuldades para cumprir o que foi acordado, pois já sabiam de antemão o que poderiam esperar. E, por conseguinte, transformar a concessão de estabilidade numa faculdade, tal qual foi feito com o FGTS, é o modo mais razoável para se solucionar casos difíceis como este acima exposto. Deste modo, tem-se o "assentimento do empregador doméstico (...) como espécie de condição (suspensiva) de validade em concreto da norma"[699].

Na situação de n. 2, a solução não difere muito da anterior: verificar a qualidade da deliberação travada entre as partes. Transparência, boa-fé e espontaneidade serão sempre bem-vindas, na medida em que as necessidades básicas do indivíduo estiverem sendo observadas e o igual respeito e consideração por sua individualidade esteja permanentemente preservado[700]. Não por coincidência, o TST vem entendendo que, em situações como esta, o ajuste prévio é suficiente para convalidar a alteração contratual[701] (até porque, aqui, não há a limitação do art. 468 da CLT), bem como que o valor atribuído ao salário mínimo deve levar em consideração a quantidade de tempo disponibilizado, permitindo-se o pagamento proporcional[702].

---

(698) Neste sentido, cf. o excelente artigo de GOMES, Renato Rodrigues. Estabilidade temporária da empregada doméstica: uma análise da constitucionalidade à luz dos postulados da proporcionalidade e da proibição de excesso. In: GOMES, Fábio Rodrigues (coord.). *Direito constitucional do trabalho:* o que há de novo? Rio de Janeiro: Lumen Juris, 2009. p. 195-198.
(699) *Idem*, p. 195.
(700) Sobre a importância da transparência, boa-fé e espontaneidade no contrato de emprego doméstico, cf. GAMBA, Juliane Caravieri Martins. *Op. cit.*, p. 198-199, onde a autora destaca o Acórdão n. 20111178066, prolatado pelo Desembargador Marcos Neves Fava em Recurso Ordinário, no qual convalidou-se cláusula verbal limitadora da jornada de trabalho, firmada entre as partes de uma relação de emprego doméstico.
(701) AIRR n. 10200-06.2001.5.05.0022, Rel. Min. Rosa Maria Weber Candiota da Rosa, DJ 28.3.2008. Na doutrina, cf. DELGADO, Mauricio Godinho. *Curso de direito do trabalho*, p. 1032.
(702) Cf. OJ n. 358 do SDI-I do TST. Na doutrina, cf. BARROS, Alice Monteiro de. *Curso de direito do trabalho*, p. 340.

Já na situação de n. 3, estamos de frente para um caso típico de "funcionalização" do direito fundamental ao trabalho, por meio de uma das modalidades de dispensa arbitrária[703]. O ato de restrição silenciosa do direito ao trabalho é, *a priori*, permitido pelo sistema jurídico brasileiro. Mas, na medida em que mascara uma discriminação odiosa ou a violação desproporcional de um direito fundamental do empregado (por exemplo, a sua liberdade de opção sexual), deve ser, sim, declarado nulo e acarretar a compensação pelo desrespeito injustificado pelas escolhas de vida do indivíduo[704]. Mormente quando estas escolhas em nada interferem no desenvolvimento de sua atividade profissional[705].

Método casuístico e raciocínio jurídico analógico. Pressuposta a lacuna regulatória (ou seja, a ausência de solução genérica, abstrata e hipotético-condicional antecipada pela legislação), as respostas judiciais convincentes, repetidas e, quiçá, sumuladas, poderão dar azo a metodologias mais sofisticadas e/ou a servir de inspiração para que o próprio legislador também contribua na construção da melhor solução dos problemas inerentes ao contrato de emprego doméstico[706].

Mas isso, desde que os vazios normativos sejam alimentados por uma boa proposição geral (ou ideia reguladora)[707]. As semelhanças deverão ter por base (ou ponto de comparação) a igual autonomia criativa dos indivíduos envolvidos (*in casu*, empregado e empregador doméstico), de modo a permitir que o raciocínio analógico cumpra a sua função elementar, dentro de um Estado Democrático e Constitucional de Direito[708]. Satisfeita a condição central desta maneira de pensar, expansões normativas não previstas explicitamente — como, por exemplo, a liberdade de sindicalização ou a imposição de idade mínima — poderão se legitimar[709].

A bem da verdade, isso já vem sendo feito pelos juízes, ainda que indiretamente. Vejam o caso, por exemplo, de uma empregada doméstica que foi atacada por um cão da raça *rottweiler*, na cozinha do seu empregador. Pela visão estreita da taxatividade do parágrafo único do art. 7º da Constituição de 1988, a discussão se tornou mais difícil, na medida em que demandou a aplicação de princípios inespecíficos e a utilização subsidiária do direito comum[710]. Agora, se esta situação fosse analisada de acordo

---

(703) GOMES, Fábio Rodrigues. *O direito fundamental ao trabalho*, p. 221-225.
(704) Cf., também, SÜSSEKIND, Arnaldo *et alii*. *Instituições de direito do trabalho*, p. 184, onde os autores apontavam para dever de o empregador reparar os danos causados ao empregado doméstico, na hipótese de descumprimento de obrigações não previstas expressamente no art. 7º, parágrafo único da CF/88.
(705) Para um esboço metodológico de resolução de conflitos entre direitos fundamentais na relação de emprego, cf. GOMES, Fábio Rodrigues. A eficácia dos direitos fundamentais na relação de emprego: algumas propostas metodológicas para a incidência das normas constitucionais na esfera juslaboral. In: *Revista do Tribunal Superior do Trabalho*, Brasília, v. 71, n. 3, p. 47-77, 2005.
(706) Sobre a utilização da analogia na argumentação jurídica, cf. BUSTAMANTE, Thomas da Rosa de. *Teoria do direito e decisão racional*: temas de teoria da argumentação jurídica. Rio de Janeiro: Renovar, 2008. p. 378-404.
(707) WEINREB, Lloyd L. *A razão jurídica*, p. XIV-XV
(708) *Idem*, p. 119 *et seq*.
(709) Cf., neste sentido, BARROS, Alice Monteiro de. *Curso de direito do trabalho*, p. 346, GOMES, Orlando; GOTTSCHALK, Elson. *Curso de direito do trabalho*, p. 96. CASSAR, Vólia Bonfim. *Op. cit.*, p. 394. Sobre a possibilidade de construção interpretativa de "direitos não enumerados", cf. PEREIRA, Jane Reis Gonçalves. *Interpretação constitucional e direitos fundamentais*, p. 43.
(710) Neste sentido, cf. RR n. 116300-75.2007.5.04.0030, Rel. Min. Maria Cristina Irigoyen Peduzzi, DJ 24.09.2010.

com a ideia proposta neste estudo, ela poderia ser inserida no conceito de "acidente de trabalho", e, a partir de então, estaríamos diante do art. 7º, XXVIII da CF/88, cuja extensão analógica ao caso concreto seria muito bem-vinda, eis que facilitaria bastante a solução do problema.

É o modelo ideal? Provavelmente não. Mas não devemos nos esquecer de que esta e as demais discussões jurídicas perpassam, inevitavelmente, pela dimensão moral do direito. E que, por isso, a utilização da Constituição de 1988 como ponto de referência normativa não esgota as suas possibilidades jusfundamentais. A ela deve ser dada a devida deferência, em virtude de sua natureza democrático-deliberativa. Mas nada impede que apenas parte do que foi dito (ou do que nela deixou de ser inscrito) adquira um alto grau de importância. Tudo irá depender da sua sintonia fina com a norma fundamental da igual autonomia criativa.

Promove a redistribuição de recursos indispensáveis à satisfação de nossas necessidades básicas ou preserva e reconhece as diferenças que nos definem? Ao fim e ao cabo, é sobre isso que o Estado interventor deverá se perguntar antes de meter a colher numa relação tão dinâmica, especial e relevante, para o indivíduo e para a sociedade contemporânea, como é a relação de emprego.

V — CONCLUSÃO?

Chegamos ao fim? Porque — sejamos francos — foi apresentado um critério material capaz de identificar o nível de importância dos direitos do trabalhadores positivados na Constituição. Um parâmetro que, usado corretamente, tornará mais imparcial, racional e, quiçá, mais aceitável o resultado oriundo de uma discussão moral sobre a tão famosa "flexibilização" do direito do trabalho[711]. Não que, com ele, estejamos protegidos dos argumentos mais apressados[712], ou daqueles outros, mais matreiros, que mexem com as nossas emoções. Este é o perigo de se tentar moralizar as instituições. Estamos brincando com fogo, diria Alf Ross, para quem "é muito fácil crer nas ilusões que excitam as emoções pelo estímulo das glândulas suprarrenais"[713].

Esta é uma advertência para a qual não se pode virar as costas. Do mesmo modo que reconheci o papel das intuições na justificação dos direitos morais em geral e dos trabalhadores em particular, também devo aceitar a possibilidade da discussão descambar para o extremismo apaixonado. Algo que, se no plano individual é lamentável (mas às vezes inevitável), na esfera pública leva a consequências desastrosas.

Por isso, a válvula de escape contida no grito de um homem só. Uma só voz capaz de reafirmar a nossa "independência-dentro-da-interdependência"[714]. Vinda de

---

(711) Cf., mais à frente, o **Capítulo VII**.
(712) Neste sentido, afirmando de uma maneira um tanto quanto ligeira que "Os próprios incisos do art. 7º da Constituição, a nosso ver, **não são cláusulas pétreas**", cf. MARTINS FILHO, Ives Gandra. Valorização da negociação coletiva e flexibilização das normas legais trabalhistas. In: ROCHA, Maria Elizabeth Guimarães Teixeira; MEYER-PFLUG, Samantha Ribeiro (coord.). *Lições de direito constitucional:* em homenagem ao professor Jorge Miranda. Rio de Janeiro: Forense, 2008. p. 459.
(713) *Op. cit.*, p. 321.
(714) MACCORMICK, Neil. *Op. cit.*, p. 23.

um ser racional, autônomo e, como tal, reconhecido na sua individualidade como merecedor de igual respeito e consideração, poderá refrear o efeito de manada a que, ocasionalmente, nos vemos enredados. Nada do que devamos nos envergonhar... Acontece nas melhores famílias. Basta que sejamos sérios o suficiente para reconhecermos o nosso erro e mudarmos de opinião. Simples assim.

Então, não posso dizer que chegamos ao fim. Seria uma contradição com essa abertura salutar (e muitas das vezes salvadora) a que me referi. Imaginem se todos resolvessem me ouvir! A dúvida e o risco de falhar devem ser nossas acompanhantes obrigatórias na temática dos direitos fundamentais dos trabalhadores. Graças às duas, estaremos sempre vigilantes quanto ao nosso ponto de vista. Elas nos ajudarão a evitar a soberba dos que se acham portadores da palavra final.

Sendo assim, concluo dizendo: o critério sugerido não põe fim à discussão moral. Porque esse é um tipo de discussão que *não deve* ter fim[715]. No entanto, permito-me afirmar que o ideal de *igual autonomia criativa para todos, mediante redistribuição dos recursos aptos a satisfazer nossas necessidades básicas e do reconhecimento das diferenças que nos definem* serve, de um modo muito interessante, para o fim proposto.

Em virtude daquela sua natureza especial — que chamei de "translúcida" —, esta norma moral pura consegue estar em dois lugares ao mesmo tempo: no início do debate, quando iguala a relevância de toda e qualquer razão justificadora que se apresente e no final da deliberação, instante em que legitimará o consenso obtido, apesar de também ser capaz de desafiá-lo.

A partir daí, desta zona de convergência axiológica, o *poder* estará com tudo pronto para intervir. Intervir naquelas relações assimétricas, nas quais um se submete ao outro de um jeito bastante peculiar: põe a sua atividade e a sua vontade a serviço de um fim alheio. Se a decisão institucional conseguir preservar um bom bocado de autonomia pessoal ao lado de uma farta porção de individualidade, a legitimidade *moral* de tamanha submissão estará garantida.

Só desta forma, o poder, o direito e a moral serão capazes de interagir de modo suficiente a nos permitir responder: mas afinal, quais são os direitos fundamentais dos trabalhadores subordinados?

---

(715) Em sentido semelhante, ao mencionar a impossibilidade de um "acordo último", cf. NEVES, Marcelo, *Transconstitucionalismo*, p. 40.

PARTE II

Direitos Fundamentais dos Trabalhadores: como manuseá-los?

Capítulo IV
O PRINCÍPIO DEMOCRÁTICO NA RELAÇÃO DE EMPREGO

I. INTRODUÇÃO

A partir deste momento, tentarei realizar uma fusão dos dois critérios anteriormente delineados. Com isso, almejo destacar um terceiro parâmetro, cujas características me ajudarão a alcançar um dos objetivos deste estudo: aperfeiçoar a operacionalização eficiente dos direitos fundamentais do trabalhadores. Para isso, será necessário colocar à prova os instrumentos de racionalização do discurso, elaborados nos dois Capítulos antecedentes. Algo que, para ser feito de modo adequado, impõe a derivação de um novo critério. Falando assim, de chofre, pode parecer que um terceiro requisito é uma redundância. Alguns poderão perguntar: se ele comparece de braços dados com os outros dois, o que teria a acrescentar? Acontece que o método que tenho em mente não se reduz ao que já foi visto. Ele vai um pouco mais além.

De fato, reconheço que este terceiro critério não é um novato no mundo normativo. Muito ao contrário. Ele já está por aí há um bocado de tempo e foi mencionado em algumas páginas desta tese, principalmente nas do Capítulo III. O que o torna digno de nota é o modo como ele veio sendo construído ao longo dos anos, com as suas potencialidades pragmáticas e legitimadoras ganhando cada vez mais espaço. Justamente o que, na minha opinião, pode transformá-lo numa "zona de conforto" para as tórridas discussões sobre o direito constitucional do trabalho, vem sendo pouco a pouco estimulado. Já descobriram sobre o que estou falando? Deliberação democrática voltada para a cooperação[716]. Este é o terceiro critério a que chamarei de "institucional". Relembrem comigo e vejam se ele não é uma derivação natural de tudo o que foi dito até aqui.

O primeiro critério apresentado — o pragmático — foi estruturado da seguinte maneira: úteis para os empregados são os direitos aptos a (1) corrigir a deficiência de racionalidade (e liberdade) inerente à sua condição de necessitado (ou "hipossuficiente"); a (2) reajustar o desnível negocial, decorrente da posição de força do detentor de recursos (o empregador); e a (3) maximizar a cooperação, mediante redução dos custos de transação, de modo a fomentar o diálogo livre, racional e com um mínimo de paridade.

Ocorre que ele, sozinho, mostrou-se incompleto, uma vez que reduzia o indivíduo a uma máquina de calcular: (realocação do direito) + (redução dos custos de transação)

---

(716) Cf., por todos, SOUZA NETO, Claudio Pereira de Souza. *Teoria constitucional e democracia deliberativa*, p. 156 *et seq*.

= (cooperação). Entretanto, como enfatizado, o pensamento humano vai muitas vezes de encontro à lógica cartesiana. Emoção e razão, em algumas ocasiões, ocupam o mesmo lugar no tempo e no espaço.

Daí por que a dimensão simbólica do direito se tornou imprescindível. Sem ela, a sua redistribuição jamais se efetivaria de modo eficiente, eis que seria incapaz de gerar bem-estar. Num piscar de olhos, tudo poderia estar comprometido, bastando apenas que ultrapassássemos aquela linha imaginária da moralidade, enraizada em cada um de nós. Eficiência justa e justiça eficiente, um jogo de palavras que se torna tanto mais vazio quanto mais nos afastamos da trincheira moral que nos identifica. Mas até onde estendê-la?

Surge, então, o segundo critério — o moral —, que foi elaborado com o seguinte conteúdo: fundamental para os empregados são os direitos que lhes conferem igual autonomia criativa, pela redistribuição dos recursos para a satisfação de suas necessidades básicas e do reconhecimento das diferenças que os definem. E, em razão do caráter "translúcido" desta norma moral pura, existirá uma variação permanente do que deve ser ordenado, proibido ou permitido, estando tudo a depender da aceitação, pelos demais, do argumento lançado pelo indivíduo dotado de autonomia. Pois — não devemos esquecer — a nossa natureza discursiva, associada à convivência com o outro, num ambiente de escassez, faz com que a demarcação do espaço normativo deva acontecer por meio do diálogo.

Será a deliberação coletiva que melhor agregará legitimidade (aceitação compartilhada ou validade intersubjetiva) ao argumento moral produzido pelo indivíduo autônomo. Como a sua razão justificatória possui idêntico patamar de importância a dos demais (uma presunção inevitável, caso você deseje convencê-los de alguma coisa), a melhor saída para se evitar o conflito e promover a cooperação deve ser a construção dialógica do consenso, visto que amenizaria nossa parcialidade, ampliaria o nosso conhecimento e permitiria a detecção de nossos erros de raciocínio.

Deste modo, a igual autonomia criativa estará em dois lugares ao mesmo tempo: como pressuposto do debate coletivo, quando equipara o grau de importância de todo e qualquer argumento justificador que se apresente e, no final da deliberação, instante em que legitimará o acordo obtido. Mas sempre lembrando: esta mesma autonomia será capaz de desafiá-lo quando ela própria for por ele (acordo) ameaçada.

Depois de rememoradas estas noções gerais dos dois critérios apresentados, é possível correlacioná-los e, com isso, visualizar a interseção geradora do terceiro parâmetro mencionado.

Vejam só:

(1) intervenção para corrigir o déficit de racionalidade e reduzir o desnível negocial, fortalecendo-se a igual autonomia criativa pela redistribuição de recursos (ou direitos) para a satisfação das necessidades básicas e do reconhecimento das diferenças; e

(2) arrumação do debate (do procedimento discursivo) com vistas a maximizar a cooperação, mediante redução dos custos da discussão moral coletiva, entre indivíduos merecedores de igual respeito e consideração.

Estes são os pressupostos para a plena democratização do diálogo entre sujeitos livre e iguais, sobre o que deve ser obrigatório, proibido ou permitido na relação de emprego. Mais do que isso, estas são as condições indispensáveis para que o resultado desta deliberação produza uma convergência de esforços na mesma direção. Busca-se incessantemente a eficiência, sem se esquecer de que a sua realização não será dificultada pelos direitos fundamentais do trabalhadores. Ao contrário, deve-se relembrar a todo instante que, na ausência destes bloqueios morais às deliberações pragmáticas das maiorias, o resultado obtido será racionalmente inaceitável e, muito provavelmente, acarretará uma ensurdecedora ineficiência.

Comecei pelo fim. Já apresentei os parâmetros normativos para a identificação e operacionalização dos direitos fundamentais dos trabalhadores. Fim da história? Ainda não. A estratégia inicial deste estudo não vai estar completa se não for ressaltado que o discurso moral — travado sob tais limitações materiais e procedimentais — não deve ocorrer num espaço público qualquer. Ele deve, ao contrário, acontecer num tipo bem especial: o espaço público institucionalizado[717].

De fato, tal como referido no Capítulo anterior, a relação entre o poder e a moral se equilibra quando delegamos a capacidade de produção normativa a uma autoridade que seja legítima. E o arranjo institucional que melhor propicia a aquisição de uma legitimidade estável, duradoura e confiável é o provido pelo Estado de Direito. Mas, como acabei de dizer, não um Estado de Direito qualquer. E menos ainda aquele enrijecido, fixo, autoritário ou ancorado estritamente numa moldura positivista[718]. Falo aqui do Estado de Direito Democrático e Constitucional. Um modelo culturalmente entrosado, capaz de agregar aceitação e cooperação às intervenções estatais, exatamente por resolver os problemas — de conhecimento, execução e organização — das demandas humanas, por meio de um procedimento aberto à constante regeneração[719].

A rigor, o processo de institucionalização democrática traz cinco grandes vantagens em relação à deliberação moral pura[720]: (1) apresenta um critério procedimental objetivo (exterior) que permite ao não participante fiscalizar a "validade" do resultado; (2) evita a retração excessiva da moral autônoma para os domínios privados, domesticando a argumentação; (3) atribui força vinculante às expectativas de comportamento juridicizadas, na medida em que lhes "acopla" a potencial sanção estatal; (4) alivia as pessoas privadas do esforço exigido para a solução moral dos conflitos de ação; e (5) ressalta o papel instrumental do direito, apresentando-o como um "meio" para as finalidades morais fundacionais, ou seja, destaca o "entrelaçamento", por ele realizado, entre a moral e a política.

E, o melhor, é que tudo isso é feito sem desrespeitar a direção prática (pragmática ou cooperativa) para onde deliberamos avançar, uma vez que o acionamento do freio

---

(717) HABERMAS, Jürgen. *Direito e democracia:* entre a facticidade e validade. V. II. 2. ed. Trad. Flávio Beno Siebeneichler. Rio de Janeiro: Tempo Brasileiro, 2003. p. 214-216.
(718) Cf. HONNETH, Axel. A superinstitucionalização da eticidade em Hegel. In: MERLE, Jean-Christophe; MOREIRA, Luiz (org.). *Direito e legitimidade.* São Paulo: Landy, 2003. p. 84-85.
(719) *Idem,* p. 86-87 e 92-93.
(720) HABERMAS, Jürgen. *Direito e democracia:* entre a facticidade e validade. V. II, p. 216-219.

moral de que dispõe não é visto como uma manobra perfeccionista. Desde que, é claro, mantenha como finalidade principal evitar as derrapagens nas curvas discursivas ou uma colisão fatal com algum "beco sem saída" envolvendo os pressupostos argumentativos.

Pensem, portanto, no que lhes já foi apresentado e imaginem que foram identificados (e condensados) os dois pontos cardinais (de justificação e utilização prática) dos direitos fundamentais dos trabalhadores: a eficiência pragmática das decisões coletivas pode ser por eles legitimada (e, por vezes, limitada), estando tudo a depender da dimensão moral a eles atribuída pelos seus destinatários.

A questão principal agora é: como desenhar as instituições por meio das quais o fluxo discursivo obedeça a estes dois requisitos complementares?

Não é demais lembrar que de nada adiantará a produção desenfreada de juízos normativos, se a sua qualidade — pragmática e moral — for posta em xeque. Ou seja, quanto mais ineficientes e arbitrárias forem as ordens, proibições e permissões, maiores as chances de serem recusadas pelos seus destinatários, sejam eles empregados ou empregadores. E, neste sentido, "A questão de quais instituições devem ser responsáveis pela garantia das condições para a cooperação democrática também é central para o constitucionalismo contemporâneo. A possibilidade de um amplo debate público, pressuposta pela democracia deliberativa, depende de certas instituições"[721].

De fato, esta dependência institucional não é uma mera circunstância formal, um apêndice pouco importante com o qual devemos lidar por conta de um preciosismo exagerado. Ao contrário, trata-se de uma análise indispensável, na medida em que a conformação institucional da discussão moral não só influenciará, como também será capaz de limitar as escolhas efetuadas pelos participantes, ensejando uma via de mão dupla que não deve ser secundada[722].

Repetindo o óbvio: as escolhas (ou os conteúdos de nossas decisões) estarão diretamente associadas ao ambiente em que foram produzidas. Se numa assembleia ordinária aberta a todos os associados e sujeita a regras de procedimento sugeridas, serão umas; se num baile de carnaval proibido para menores de 18 anos, serão outras. Sendo assim, o contexto institucional que envolve a prática argumentativa deve ser redesenhado com atenção estrita àqueles dois critérios afins.

Por isso, volto a perguntar de modo ainda mais direto: quais devem ser as formas das instituições voltadas para uma democratização cooperativa da relação de emprego?

Parafraseando Ian Shapiro, será este o "desafio criativo" a que me proponho enfrentar neste Capítulo. O caráter "não optativo" da democracia nos obriga a estruturar as coisas de modo que "as demandas de grupo para a ampliação da representação ou

---

(721) SOUZA NETO, Claudio Pereira de Souza. Deliberação pública, constitucionalismo e cooperação democrática. In: SARMENTO, Daniel (coord.). *Filosofia e teoria constitucional contemporânea*. Rio de Janeiro: Lumen Juris, 2009. p. 101.
(722) GOODIN, Robert E. Institutions and their design. In: GOODIN, Robert E. (Ed.). *The theory of institucional design*. Cambridge: Cambridge University Press, 1996. p. 5-7.

da autodeterminação se expressem de maneira mais compatível" com ela⁽⁷²³⁾, ou de modo que, ao menos, não a enfraqueça⁽⁷²⁴⁾.

Em suma, efetuar um exercício de engenharia institucional que permita "que a gente viva em condições de participação inclusiva e de não dominação"⁽⁷²⁵⁾. Algo que, no nosso caso, onde vislumbramos uma relação de poder, significa (1) promover a cooperação democrática (1.1) entre os próprios empregados e (1.2) entre os empregados e o empregador, sem embargo de, ao mesmo tempo, (2) reequilibrar as condições de deliberação, a partir das quais se manifestam as maiorias eventuais e/ou o detentor do maior poder em estado bruto.

Não havendo mais tempo a perder, sigamos em frente. Mas fica aqui uma advertência final: o desenho institucional (pautado pelo critério democrático-cooperativo), esboçado ao longo destas páginas, não deve ser visto como definitivo e não deve ser tampouco considerado um marco zero. Tal como alerta Philip Pettit, a ideia de "desenho institucional" significa examinar os arranjos existentes para verificar se eles são satisfatórios e sugerir as alterações necessárias. Isto é, cuida-se de um projeto (modesto, é claro) para remodelar as coisas, ao invés de lhes conferir a sua forma inicial⁽⁷²⁶⁾.

Portanto, vale repisar a minha intenção: repensar o que já existe, de modo a sintonizar as principais instituições trabalhistas brasileiras com as diretrizes normativas acima expostas. E, neste sentido, o Sistema Sindical e a Justiça do Trabalho serão os meus alvos preferenciais. São ambientes hostis ou favoráveis à democratização cooperativa da relação de emprego? Eles atendem aos pressupostos pragmático-morais de deliberação? Sim ou Não?

Trazer a teoria até agora elaborada para o dia a dia destas duas instâncias de decisão. Será este o meu propósito, lembrando sempre que se trata de um processo, de algo que, justamente por não estar imune aos resíduos do passado, deve estar aberto permanentemente às novas demandas do presente⁽⁷²⁷⁾.

Resumindo: democratização criteriosa dos espaços públicos de deliberação a respeito do que deve ser ordenado, proibido ou permitido na relação de emprego⁽⁷²⁸⁾. Este deve ser o remédio ministrado, a fim de se evitar os descolamentos pragmáticos ou as cristalizações morais capazes de gerar um perigoso "enfarto institucional".

---

(723) SHAPIRO, Ian. Aspiraciones grupales y política democrática. In: KOH, Harold Hongju y SLYE, Ronald C. *Democracia deliberativa y derechos humanos.* Barcelona: Editorial Gedisa, 2004. p. 174 e 180 (tradução livre).
(724) SUNSTEIN, Cass R. Constitutions and democracies. In: ELSTER, Jon and SLAGSTAD, Rune (ed.). *Constitucionalism and democracy.* Cambridge: Cambridge University Press, 1993. p. 353.
(725) SHAPIRO, Ian. Aspiraciones grupales y política democrática, p. 184. Cf. também SILVA, Sayonara Grillo Coutinho Leonardo da. *Relações coletivas de trabalho:* configurações institucionais no Brasil contemporâneo. São Paulo: LTr, 2008. p. 493.
(726) Cf. Institucional design and rational choice. In: GOODIN, Robert E. (Ed.). *The theory of institucional design.* Cambridge: Cambridge University Press, 1996. p. 55.
(727) GOODIN, Robert E. *Op. cit.*, p. 10-11.
(728) Cf. GALLARDO MOYA, Rosario. *Democracia sindical interna:* un análisis jurídico. Madrid: Editorial Trotta, 1996. p. 18 e 25-26.

II. DEMOCRATIZANDO A RELAÇÃO DE EMPREGO

Os direitos fundamentais dos trabalhadores, de acordo com o que defendo neste estudo, não possuem um caráter protetor[729]. Na minha opinião, esta palavra está mal colocada e, portanto, deve ser substituída por outra mais condizente com a diretriz moral que o impulsiona: a de legitimar as escolhas feitas pelos empregados e, por via indireta, pelo empregador[730]. E só com a garantia da igual autonomia criativa e discursiva de ambas as partes é que se alcançará tal finalidade, pois os que (1) detêm a capacidade de decisão sobre o seu próprio destino e os que (2) estão preparados para assumir a responsabilidade pelas consequências de suas decisões, saberão, melhor do que ninguém, proteger a si mesmos contra as investidas exteriores.

Como já frisado, esta é uma ideia típica do liberalismo igualitário. E a sua extensão para a relação de emprego ocorreu em função de suas idiossincrasias (afinal de contas, o fato de ser um contrato entre privados não o impediu de ser visto como uma relação de poder), as quais ganham contornos mais definidos quando nos debruçamos sobre a já referida paródia do "paradoxo democrático"[731]: deve ser considerado livre o empregado que livremente abre mão de sua liberdade em favor da liberdade do empregador?

E, para complicar ainda mais, não se deve esquecer da seguinte aporia: como compatibilizar estas duas forças opostas ("livre" subordinação), quando existe ali um terceiro interessado (ou desempregado), para quem a espontaneidade alheia pode significar a supressão da sua própria vontade?

Questões difíceis, formuladas numa sociedade cada vez mais conturbada: eis aí o caldo de cultura apropriado para se buscar o diferente. Foi graças a ele que o mundo do trabalho girou e desencadeou a construção de uma inusitada novidade institucional.

Sem maiores rodeios, pode-se dizer que a "invenção do coletivo" foi o desenho institucional rabiscado apressadamente pelas mãos calejadas dos trabalhadores oprimidos, com a finalidade de superar a contínua violação de sua humanidade[732]. Evitar a concorrência fratricida e a sanha incontrolável dos detentores do capital, através da produção de um espaço de deliberação comum, onde todos pudessem se aconchegar e a partir de onde todos pudessem reagir[733]. Um esboço genial que, devidamente atualizado com as colorações democrático-cooperativas sugeridas neste

---

(729) Cf. o § 2º, IV do Capítulo III.
(730) Em sentido semelhante, falando de "civilizar" o poder patronal, cf. SUPIOT, Alain. *Critique du droit du travail*, p. 124.
(731) Sobre o "paradoxo democrático", cf. HOLMES, Stephen. Precommitment and the paradox of democracy. In: ELSTER, Jon; SLAGSTAD, Rune (ed.). *Constitucionalism and democracy*. Cambridge: Cambridge University Press, 1993. p. 195 *et seq*. Cf. também, do mesmo autor: El constitucionalismo, la democracia y la desintegración del Estado. In: KOH, Harold Hongju; SLYE, Ronald C. (comp.). *Democracia deliberativa y derechos humanos*. Trad. Paola Bergallo y Marcelo Alegre. Barcelona: Editorial Gedisa, 2004. p. 151.
(732) SUPIOT, Alain. *Critique du droit du travail*, p. 124.
(733) FERNANDES, Antonio Lemos Monteiro. *Direito do trabalho*. 11. ed. Coimbra: Almedina, 1999. p. 626-627.

estudo, terá o condão de não só efetivar os direitos fundamentais dos trabalhadores, como também de legitimar as decisões resultantes desta efetivação. Mas — como não poderia deixar de ser — as coisas não são tão simples como parecem.

Surgida no século XIX, esta ideia original foi o ponto de partida para diversas formulações institucionais, testadas ao longo dos anos nos mais variados países, com o objetivo de equacionar o paradoxo e a aporia acima suscitados. Ocorre que, ao contrário do que se poderia intuir, a coletivização dos problemas comuns aos trabalhadores não conduziu, necessariamente, à democratização de suas soluções. E, dependendo do ponto de vista adotado (do empregado, do empregador ou do Estado), as coisas ficaram tão confusas, que se tornou quase impossível falar em democracia, sendo — para os mais exaltados — quase uma heresia mencionar a possibilidade de cooperação.

Dito isso, passarei os próximos parágrafos colocando uma lupa sobre os modelos institucionais trabalhistas desenhados pela Constituição brasileira de 1988 (basicamente, Sistema Sindical e Justiça do Trabalho), a partir de uma análise combinatória das perspectivas dos seus três principais atores sociais: empregado, empregador e Estado. Tudo com vistas a inspecionar os graus de correção e, no caso de ser constatado algum excesso, indicar o que deve ser feito para reconfigurá-los e colocá-los na direção certa: a da democratização cooperativa[734].

Este é o caminho a ser seguido. É provável que ele seja percorrido com mais vagar do que a nossa ansiedade requer? Com certeza. Mas, como diz o adágio popular, a pressa é inimiga da perfeição. Ou, como já foi dito em outro lugar: "O rumo certo (...) costuma ser mais importante do que a velocidade."[735]

§ 1º — A democracia interna: dialogando consigo mesmo

Quando a reunião dos empregados é pensada como uma das melhores saídas para a sua crônica ausência de autonomia, costuma-se indicar a fraternidade como o principal motivador desta coesão[736]. Sofrimentos e dissabores, anseios, revoltas e ambições em comum: seriam estes os sentimentos capazes de gerar uma coalização duradoura entre os trabalhadores. Algo semelhante ao que ocorre por força do parentesco ou em função da localidade em que se vive[737]. Uma conjunção sentimental, portanto, seria a centelha inicial da dimensão coletiva (e institucional) dos direitos fundamentais dos trabalhadores. Ou não?

Como eu disse há pouco, a invenção do coletivo, tal como formatado na esfera trabalhista, é algo novo. E, neste sentido, diferencia-se das vinculações fraternais concebidas entre parentes ou entre sujeitos que exerçam a mesma atividade.

---

(734) Em sentido semelhante, cf. GALLARDO MOYA, Rosario. *Op. cit.*, p. 20.
(735) BARROSO, Luís Roberto. Vinte anos da Constituição de 1988: a reconstrução democrática do Brasil. In: MONTESSO, Cláudio José; FREITAS, Marco Antônio de; STERN, Maria de Fátima Coêlho Borges (coord.). *Direitos sociais na Constituição de 1988:* uma análise crítica vinte anos depois. São Paulo: LTr, 2008. p. 329.
(736) Cf. ALEMÃO, Ivan. *OAB e sindicatos:* importância da filiação corporativa no mercado. São Paulo: LTr, 2009. p. 50-51. Cf., também, GOMES, Orlando; GOTTSCHALK, Elson. *Op. cit.*, p. 2-3.
(737) SÜSSEKIND, Arnaldo *et alli*. *Instituições de direito do trabalho*, p. 1098.

No primeiro caso, a sensação de pertencimento surge em razão do reconhecimento de uma ascendência comum, embutindo-se um conteúdo místico que legitima, ao mesmo tempo, a igualdade (irmandade) e a hierarquia (*status*) dentro do grupo social. Trata-se de um sentimento comunitário (tradicional e/ou afetivo) que funciona, simultaneamente, como fonte de inclusão (nós) e exclusão (eles)[738].

Já a segunda situação — exercício da mesma atividade — traz uma semelhança muito mais aparente do que efetiva em relação aos trabalhadores assalariados. E esta distinção foi muito bem retratada pelas corporações de ofício medievais. Nelas, os mestres de um determinado ofício, residentes numa certa localidade, exerciam o monopólio ferrenho da fabricação, venda e regulamentação dos seus produtos. Isso sem mencionar que a principal finalidade de sua associação era a de se contrapor aos interesses dos compradores, e não a de se insurgir contra a outra parte de um eventual contrato de trabalho[739].

Vê-se, deste modo, porque não é muito adequada a transposição automática da ideia de fraternidade para o cerne da discussão coletiva estimulada pelos próprios empregados. A bem da verdade, o que separa este movimento de convergência de interesses comuns dos seus anteriores é um elemento presente em todo o nosso estudo, e que, de certa forma, é a marca distintiva da modernidade: a racionalização da ação humana com a consequente limitação do poder arbitrário[740].

Como já é público e notório, foi a partir da revolução industrial e da violenta reestruturação social por ela promovida que a chamada "questão social" surgiu com força total ou — como seria apropriado dizer — a pleno vapor[741]. Compreendida como "a questão da redistribuição econômica de uma próspera minoria de elite para as massas empobrecidas"[742], foi ela que contextualizou toda a discussão em torno de como a relação de emprego deveria ser encarada: como uma relação individual e acintosamente desigual entre o forte e o fraco. Diante disso, a coletivização não apareceu em razão de uma tradição ou uma afeição prévias, mas, sim, como um "instrumento" de objetivação dos interesses comuns dos empregados[743].

O assim chamado "Direito Coletivo do Trabalho" se apresentou, portanto, como o melhor arcabouço institucional disponível, na medida em que supria os numerosos empregados com as ferramentas necessárias para uma atuação conjunta, racional e organizada[744]. Para quê? Para conseguir se comunicar de maneira eficiente.

---

(738) SUPIOT, Alain. *Critique du droit du travail*, p. 127-128.
(739) GOMES, Orlando; GOTTSCHALK, Elson. *Curso de direito do trabalho*, p. 537-538.
(740) SUPIOT, Alain. *Critique du droit du travail*, p. 129.
(741) Sobre a importância da descoberta da máquina a vapor por Thomas Newcomen, em 1712, e o seu aperfeiçoamento, na segunda metade do século XVIII, por James Watt, cf., por todos, GOMES, Orlando; GOTTSCHALK, Elson. *Op. cit.*, p. 2-4.
(742) KAHN, Paul W. Democracia y filosofía: una réplica a Stotzky y Waldron. In: KOH, Harold Hongju; SLYE, Ronald C. (comp.). *Democracia deliberativa y derechos humanos*. Trad. Paola Bergallo y Marcelo Alegre. Barcelona: Editorial Gedisa, 2004. p. 296. (tradução livre)
(743) SUPIOT, Alain. *Critic du droit du travail*, p. 129-130. FERNANDES, Antonio Lemos Monteiro. *Op. cit.*, p. 626.
(744) GOMES, Orlando; GOTTSCHALK, Elson. *Op. cit.*, p. 535.

O indivíduo, pragmático, cedeu espaço ao grupo, que passou a desafiar o empregador com uma só voz. Um limite coletivamente discutido para depois ser corajosamente emitido em alto e bom som. E foi justamente aqui que se estabeleceu o ponto de virada. Neste instante, aflorou a consciência de que a criação de um projeto de organização racional dos diferentes (mas interdependentes) interesses individuais não era uma questão de capricho pessoal. Era, muito ao contrário, uma atuação pautada pelo "risco da existência"[745].

Em certas condições de pressão e temperatura, o interesse pontual, individualista, deveria sofrer uma redução de importância em face do interesse coletivo: o pertencente "à pluralidade (todos ou a maioria) dos componentes de uma dada colectividade de pessoas indeterminadas e [que] seja sentido por cada um dos membros da mesma enquanto tal, isto é, considerado na sua condição de membro daquele grupo e não como uma pessoa isolada, considerada independentemente da sua pertença ao mesmo"[746]. Mas que não se confunda esta primazia com o retorno ao organicismo aristotélico, onde o todo valia mais do que a porção[747].

A bem de ver, o interesse coletivo se sobressai em virtude de três características que lhe dão a cara e a coragem de ir adiante: (1) a instrumentalidade; (2) a indivisibilidade; e (3) a estrutura não distributiva.

A *instrumentalidade* significa que a construção (deliberada) de um interesse comum é apenas e tão somente um meio para que o interesse individual do empregado continue a existir[748]. A *indivisibilidade* quer dizer que o interesse coletivo deve ser identificado com algo diferente de um mero somatório de interesses individuais, sendo, ao contrário, algo compartilhado ao mesmo tempo por todos, mas nunca por um sujeito solitário[749]. E a *estrutura não distributiva* deve ser entendida como a sua capacidade de reduzir externalidades, uma ideia que vem ao encontro do anseio diluído pelo "mercado de trabalho"[750]. Assim, a efetivação do interesse coletivo não afeta, impede ou bloqueia automaticamente a satisfação do interesse individual, fazendo exatamente o oposto, pois, em tese, este último não lhe é estranho, na medida em que ajudou a conformá-lo[751].

Submersa nesta inovação conceitual, a liberdade individual, agora, já não servia apenas para contratar ou se deixar contratar. Ela foi ampliada para a "liberdade individual

---

(745) SUPIOT, Alain. *Critic du droit du travail*, p. 130 (tradução livre).
(746) FERNANDES, Antonio Lemos Monteiro. *Op. cit.*, p. 627.
(747) Sobre as teorias organicistas, cf. ZIPPELIUS, Reinhold. *Teoria geral do Estado*. 3. ed. Trad. Karin Praefke-Aires Coutinho. Lisboa: Fundação Calouste Gulbenkian, 1997. p. 35-38.
(748) Cf., em sentido semelhante, ALEXY, Robert. *El concepto y la validez del derecho*. 2. ed. Trad. Jorge M. Seña. Barcelona: Editorial Gedisa, 2004. p. 199 e 202.
(749) Cf., por todos, SÜSSEKIND, Arnaldo. *Direito constitucional do trabalho*, p. 335. FERNANDES, Antonio Lemos Monteiro. *Op. cit.*, p. 635. CUNHA, Alexandre Teixeira de Freitas Bastos. *El convenio colectivo en el sistema de fuentes del derecho en Brasil*, p. 19-21. Disponível em: <http://www.trt1.jus.br>. Acesso em: 19 dez. 2009.
(750) Cf. § 1º, item III do Capítulo II.
(751) Cf. ALEXY, Robert. *El concepto y la validez del derecho*, p. 186-187. FERNANDES, Antonio Lemos Monteiro. *Op. cit.*, p. 627.

de agir coletivamente"⁽⁷⁵²⁾. O individual e o coletivo seriam as duas faces inseparáveis de uma mesma relação jurídica: a primeira, mantida na pessoa do empregado, dono de seus valores, intuições e vontades, mas sem a capacidade fática de vocalizá-los; a segunda, complementar à anterior, na medida em que constrói uma saída institucional para a concorrência autofágica e para o déficit de legitimidade de suas decisões, resolvendo-se o dilema da "livre" subordinação, na medida em que se restituiu ao indivíduo, coletivamente, a plenitude de sua autonomia discursiva, já quase perdida. E a institucionalização por excelência desta segunda dimensão — que chamarei de *comunicativa* — se deu por intermédio do sindicato⁽⁷⁵³⁾.

O agrupamento sindical surgiu como um maquinário adaptado à reivindicação (*grievance machinery*) e, de certo modo, à redução dos "custos de supervisão e [do] risco moral ínsito a uma degradação de condições de laboração que não fosse tempestivamente detectada"⁽⁷⁵⁴⁾. Neste sentido, ele nada mais é do que "o exercício de uma liberdade dentro de um quadro ditado por fatos econômicos objetivos"⁽⁷⁵⁵⁾. Ou, por outras palavras, é o desenho institucional elaborado com a finalidade de: (1) viabilizar a efetiva autonomia discursiva (ou capacidade comunicativa) dos empregados entre si e com os demais; e, assim, (2) reduzir o déficit de racionalidade, legitimando as escolhas efetuadas por uma determinada classe social, no mais das vezes sufocada por circunstâncias econômicas avassaladoras.

É claro que a institucionalização desta "liberdade coletiva" (*rectius*, comunicativa) não aconteceu do dia para a noite. Em verdade, a noite antecedeu o dia, tendo sido ela, no primeiro momento, severamente reprimida (*v. g.*, Lei Chapelier de 1791 e Código Penal de 1810, ambos franceses), sendo tolerada no segundo (*v. g.*, revogação da proibição de coalizões pela França em 1864), para, finalmente, ter sido possível divisar o alvorecer, quando foi aceita normativamente no terceiro instante (*v. g.*, Lei Waldeck--Rosseau de 1884, também francesa)⁽⁷⁵⁶⁾.

Hoje, o sol vai alto e não há mais sequer o que iluminar, pois a liberdade sindical coletiva já foi alçada, pelo mundo afora, ao patamar constitucional⁽⁷⁵⁷⁾. Tem-se, desta forma, ao menos em tese, uma clareira institucional, onde a igual autonomia criativa e discursiva do trabalhador assalariado consegue ser preservada. A atuação eficiente, por sua vez, acontecerá na medida em que os sindicatos funcionem como um canal de comunicação (ou de deliberação moral) com o outro, seja aquele portador dos mesmos interesses profissionais, seja aquele detentor de um interesse econômico antagônico. Mas, em ambos os casos, igualmente merecedores de respeito e consideração.

---

(752) SUPIOT, Alain. *Critic du droit du travail*, p. 140 (tradução livre).
(753) MORAES FILHO, Evaristo de. *O problema do sindicato único no Brasil:* seus fundamentos sociológicos. 2. ed. São Paulo: Alfa-Ômega, 1978. p. 7.
(754) ARAÚJO, Fernando. *Op. cit.*, p. 199.
(755) SUPIOT, Alain. *Critic du droit du travail*, p. 131 (tradução livre).
(756) Cf., por todos, SÜSSEKIND, Arnaldo *et alli. Instituições de direito do trabalho*, p. 1103-1104. SUPIOT, Alain. *Le droit du travail*, p. 13-20. MORAES FILHO, Evaristo de. *Op. cit.*, p. 85-98.
(757) Cf. NASCIMENTO, Amauri Mascaro. *O direito do trabalho na Constituição de 1988*, p. 219-223 e, do mesmo autor, *Compêndio de direito sindical*. 6. ed. São Paulo: LTr, 2009. p. 86-98.

Dito isso, penso que, depois de melhor apreendidas as atribuições do Direito Coletivo do Trabalho, ele deveria mudar de nome. Sugiro a designação "Direito Comunicativo do Trabalho", pois com ela se consegue visualizar, logo à queima-roupa, do que se trata: ampliação à última potência da capacidade comunicativa dos empregados entre si, bem como deles com o empregador e de todos com o Estado.

Como o subtítulo deste parágrafo esclarece, cuidarei, por agora, da primeira fatia, a da comunicação/deliberação dos empregados entre si, pois é aqui, neste espaço — digamos — interno, que o bem subjetivo (pessoal) poderá se converter em um bem intersubjetivo (impessoal), transformando o diálogo com o outro, ao fim e ao cabo, em um diálogo consigo mesmo[758].

Pois bem. Como anda o direito coletivo do trabalho brasileiro, neste ponto em particular? Já estaria ele em condições de ser chamado de comunicativo? E as suas instituições? Já estão de acordo com o critério democrático-cooperativo inicialmente proposto?

Estas perguntas são importantes não apenas para demarcar o terreno discursivo por onde iremos transitar, como também para que não esqueçamos do que falei no início e nos precipitemos sobre uma confusão conceitual. Quero, com isso, deixar claro que a coletivização, como mecanismo institucional (e instrumental) de racionalização, comunicação e redefinição do poder, pode até ser uma condição necessária, mas não é, nem de longe, suficiente para a plena democratização cooperativa das instituições trabalhistas, a começar pelas existentes em nosso país.

Vejamos, portanto, mais de perto, algumas das nossas "jabuticabas" institucionais, a fim de podermos verificar mais facilmente a possibilidade de sua adequação à nova nomenclatura e ao critério de formatação sugeridos. Iniciarei a análise com base nas seguintes indagações:

(1) Quem comunica?
(2) Em nome de quem comunica?
(3) O que comunica?

1. Monopólio sindical: pague para não entrar e esteja certo de não poder sair

A resposta à primeira pergunta é facilmente encontrada no direito positivo brasileiro. Basta uma leitura apressada do art. 8º, VI da CF/88 para se constatar que a comunicação coletiva é efetuada por uma única e exclusiva instituição: o sindicato.

De acordo com o desenho institucional contido na Constituição brasileira de 1988, só serão atribuídos efeitos jurídicos às escolhas coletivas efetuadas por intermédio dos sindicatos. Sem eles, nada vale. É como se o legislador dissesse que, fora a sua própria autoridade, a única maneira de se atribuir legitimidade (e imperatividade) a

---
(758) Cf., em sentido semelhante, ZIPPELIUS, Reinhold. *Introdução ao estudo do direito.* Trad. Gercélia Batista de Oliveira Mendes. Belo Horizonte: Del Rey, 2006. p. 132.

uma norma sobre a relação de emprego será passando pelo crivo sindical. Mas por que deve ser assim? Como fazer para justificar este monopólio da validade?

Esta é a oportunidade tão esperada para testarmos o critério democrático-cooperativo.

Quanto mais o sindicato respeitar o pressuposto material de (1) correção do déficit de racionalidade e redução do desnível negocial, fortalecendo a igual autonomia criativa pela redistribuição de recursos (ou direitos) para a satisfação das necessidades básicas dos empregados e do reconhecimento das diferenças que lhe são inerentes, mais legítima será a introdução de sua participação na vida individual do trabalhador assalariado. E quanto mais ele se estruturar de modo a (2) maximizar a cooperação, buscando incessantemente a redução dos custos da discussão com o empregador, melhores serão as suas chances de democratizar o procedimento de tomada de decisão, habilitando-se a permanecer legitimamente (apesar de obrigatoriamente) à frente do debate coletivo.

Portanto, que se faça a pergunta-chave: o sistema sindical brasileiro traz, em si, um viés democrático-cooperativo tão forte, ao ponto de poder deixar de lado as escolhas dos que não participem das suas instituições?

O professor Arnaldo Süssekind, enfaticamente, nos diz que não. Com a propriedade de quem refletiu sobre os problemas atinentes ao contrato de emprego por mais de 60 anos[759], ele afirma, sem meias palavras, que a organização sindical montada pela Constituição de 1988 reproduziu, surpreendentemente, a Constituição de 1937[760]. Indo além, declarou que a sua reforma é "pressuposto fundamental para a atualização da legislação trabalhista"[761]. E ele está longe de ser uma voz isolada[762].

Vejamos mais de perto por que tantas vozes se levantaram contra o que foi positivado na Constituição de 1988. Para isso, não precisamos de muito esforço, pois basta seguirmos à risca o que foi receitado pelo legislador, para encontrarmos um gravíssimo problema de legitimidade. Um exemplo ajudará a nossa perspectiva.

Suponham que exista um sindicato dos trabalhadores das empresas de telecomunicação, cuja última deliberação não tenha tratado da participação nos lucros e resultados[763]. Imaginem agora que um grupo de 100 empregados não sindicalizados tenha se reunido com seu empregador e formado uma comissão intraempresarial. Tomando as rédeas de suas vidas, discutiram entre si e chegaram a um consenso, daí resultando uma

---

(759) Cf. GOMES, Angela de Castro; PESSANHA, Eliana G. da Fonte; MOREL, Regina de Moraes. *Arnaldo Süssekind:* um construtor do direito do trabalho. Rio de Janeiro: Renovar, 2004.
(760) SÜSSEKIND, Arnaldo. Os direitos constitucionais trabalhistas. In: MONTESSO, Cláudio José; FREITAS, Marco Antônio de; STERN, Maria de Fátima Coêlho Borges (coord.). *Direitos sociais na Constituição de 1988:* uma análise crítica vinte anos depois. São Paulo: LTr, 2008. p. 48.
(761) *Idem, ibidem.*
(762) Cf., no mesmo sentido, por todos, ROMITA, Arion Sayão. *Sindicalismo, economia e Estado democrático:* estudos. São Paulo: LTr, 1993. p. 18-21. GOMES, Orlando; GOTTSCHALK, Elson. *Op. cit.*, p. 608-609 e DELGADO, Mauricio Godinho. *Curso de direito do trabalho*, p. 1364-1369. Cf., também, ALEMÃO, Ivan. *Op. cit.*, p. 98-107, onde o autor critica o corporativismo inserido na Constituição de 1988, mas não o identifica com o sistema desenhado nas suas predecessoras.
(763) Art. 7º, XI da CF/88 e Lei n. 10.101/00.

"negociação coletiva atípica", porque passada ao largo do sindicato[764]. Se isso for feito, a consequência será uma só: de nada valerá[765]. Perceberam o tamanho do problema?

Não é sequer o caso da chamada "ditadura da maioria", um risco latente a todo e qualquer regime democrático[766]. A suposição propõe um caso no qual um grupo de empregados, fora do espaço sindical, não apenas dele se afastou, como o ignorou completamente. Preferiu tratar dos seus assuntos entre si para, depois, ir comunicar-se diretamente com o empregador. Uma iniciativa coletiva que o sistema institucional trabalhista, tal como enxergado atualmente no Brasil, inviabiliza, na medida em que nos impõe a participação obrigatória do sindicato[767]. Ou isso, ou uma "norma para inglês ver", sem a menor imperatividade. Estarão os dissidentes — coletivamente (ou comunicativamente) falando — num beco sem saída?

Alguns poderiam dizer que não, que este raciocínio está equivocado. Ora, já que preferem suas próprias decisões, por que os 100 empregados não constituem, eles mesmos, a sua armadura institucional? Se, com isso, matariam dois coelhos com uma só cajadada (comunicariam suas decisões, com a expectativa real de normatizá-las, e manteriam a sua independência em relação a um sindicato que existe, e do qual querem distância), por que não fazê-lo?

Por um motivo muito simples: o art. 8º, II da Constituição de 1988 não lhes permite agir assim. Como já nos explicou o Ministro Sepúlveda Pertence, decisões coletivas (públicas ou privadas), que contradigam esta configuração institucional, estão proibidas, pois introduzem "um mecanismo típico de sindicalismo de empresa, que o nosso sistema constitucional não admite"[768].

E, para piorar a situação, o TST decidiu, recentemente, que o sindicato não só detém a exclusividade de comunicação, como também pode escolher quem, dentre os seus, será agraciado pelas suas conquistas. Explicando melhor: os benefícios conquistados pelo sindicato da categoria, por meio de ação coletiva, devem ser restringidos àqueles indivíduos expressamente mencionados na petição inicial[769], ou seja, ao lado de um monopólio inquebrantável, põe-se, nas mãos do monopolizador, o direito de escolher quem será ou não ungido pela benção sindical. Uma combinação para lá de explosiva.

1.1. Duas doses de categorização forçada e uma de territorialismo predefinido: a receita de um sindicalismo confuso, algemado e sufocado

Unicidade. Esta é a palavra de ordem posta na mesa, quando se esboça uma solução negociada, alheia ao sindicato "oficial"[770]. Só ele pode falar. Mas, como a sua

---

(764) RAMALHO, Maria do Rosário Palma. *Negociação colectiva atípica*, p. 70-72.
(765) Cf. situação semelhante em TST-RR n. 784863-24.2001.5.03.5555, Rel. Min. Dora Maria da Costa, DJ 4.4.2008.
(766) Sobre a ditadura da maioria como a "percepção de que as maiorias podem perpetrar ou acumpliciar-se com a barbárie", cf. SARMENTO, Daniel. O Neoconstitucionalismo no Brasil. In: LEITE, George Salomão; SARLET, Ingo Wolfgang. *Direitos fundamentais e estado constitucional:* estudos em homenagem a J. J. Gomes Canotilho. São Paulo: Revista dos Tribunais, 2009. p. 8 *et seq.*
(767) RAMALHO, Maria do Rosário Palma. *Op. cit.*, p. 43 e 61.
(768) Cf. STF-ADI n. 1.861-MC, Rel. p/ o ac. Min. Sepúlveda Pertence, DJ 6.9.2007.
(769) E-RR n. 148900-61.2005.5.05.0461, Rel. Min. Maria Cristina Irigoyen Peduzzi, DJ 4.6.2010.
(770) Cf. STF-RE n. 310.811-AgR, Rel. Min. Ellen Gracie, DJ 5.6.2009.

adjetivação já deixa entrever, ele não é um qualquer. Ele é o único reconhecido como instituição, isto é, com a autoridade necessária para produção de normas vinculantes. E quem chegar primeiro leva o prêmio[771]. De acordo com o desenho institucional contido na Constituição de 1988, a legitimidade é medida pela velocidade com a qual o sindicato se registra no Ministério do Trabalho e Emprego[772]. Quanto mais rápido for, maior certeza obterá de que monopolizou o canal de comunicação.

Além disso, o dimensionamento do seu monopólio se dá de duas maneiras[773]: (1) qualitativa, tomando por base a "categoria"; e (2) quantitativa, observando o alcance territorial de sua voz.

Respondendo, pois, à segunda pergunta, pode-se dizer que o sindicato comunica suas intenções em nome de toda a categoria, num espaço físico mínimo equivalente ao do Município onde esteja sediado. Sindicalizados ou não, distantes ou não do centro de decisões, todos os indivíduos inseridos na categoria associada ao sindicato oficial serão por ele representados e, pior, estarão irremediavelmente vinculados às suas decisões.

Inúmeras dúvidas transbordam deste manancial inesgotável de potenciais arbitrariedades[774]. Mas, de todas elas, a que melhor direciona a nossa linha de raciocínio é a seguinte: o que é uma "categoria"? Antes de partirmos para o ataque, existe uma premissa lógica: a de sabermos sobre o que estamos argumentando. Esclareçamos, pois.

Tradicionalmente, a ideia de categoria profissional é conceituada como uma derivação da sua contraparte, a categoria econômica. Esta, por sua vez, é definida como o vínculo social básico constituído pela solidariedade de interesses econômicos dos que empreendem atividades idênticas, similares ou conexas.

De onde saquei estas classificações? Do art. 511, § 2º da CLT. Neste ponto, é importante frisar que o poder público não se sentiu nem um pouco acanhado ao distribuir definições a torto e a direito. Impávido colosso, o Estado brasileiro destacou certos empregados do lugar-comum e, levando em consideração as suas "funções diferenciadas em função do estatuto profissional especial ou em consequência de condições de vida singulares", qualificou-os de "categoria diferenciada"[775]. Mas não termina aí.

Além de se conceituar a categoria econômica e de colocá-la como referência da categoria profissional de cada trabalhador, chegou-se a produzir um "Quadro de Atividades e Profissões"[776]. Uma intromissão, na verdade, sem o sabor de uma típica

---

[771] Cf. STF-RE n. 209.993, Rel. Min. Ilmar Galvão, DJ 22.10.1999 e STF-RE n. 199.142, Rel. Min. Nelson Jobim, DJ 14.12.2001.
[772] Súmula n. 677 do STF e OJ n. 15 da SDC do TST. Cf. também STF-Rcl n. 4.990-AgR, Rel. Min. Ellen Gracie, DJ 27.3.2009 e TST-RODC n. 129800-35.2006.5.15.0000, Rel. Min. Fernando Eizo Ono, DJ 10.5.2010.
[773] Cf., por todos, CUNHA, Alexandre Teixeira de Freitas Bastos. Op. cit., p. 32-33.
[774] Sobre as várias perguntas sem resposta deixadas pela Constituição de 1988, cf. NASCIMENTO, Amauri Mascaro. Compêndio de direito sindical, p. 178-182.
[775] Art. 511, § 3º da CLT.
[776] Arts. 570 e 577 da CLT.

jabuticaba nacional, pois foi importada do corporativismo italiano pela Carta de 1937. Tendo servido de referência obrigatória durante décadas[777], encontra-se, atualmente, desprovido de qualquer valor jurídico, haja vista o que dispõe o art. 8, I da CF/88[778]. Mas, de toda sorte, persiste uma função residual, meramente indicativa[779].

Diante de tamanha obra de arte institucional, transportada quase integralmente para a Constituição de 1988, não é de se estranhar que, ainda nos dias de hoje, seja utilizada uma expressão um tanto quanto "policialesca": o "enquadramento sindical"[780]. A par do seu profundo mau gosto, ela gera o seguinte problema: como realizá-lo?

Antes era relativamente fácil, uma vez que cabia à Comissão de Enquadramento Sindical sugeri-lo e ao Ministro do Trabalho ratificá-lo (ou não), atualizando, se preciso, o Quadro acima mencionado[781]. Agora, com a proibição expressa de interferência estatal contida no art. 8º, I da CF/88, sacudiu-se o sistema sindical brasileiro com a sutileza de um elefante. A rigor, acrescentou-se mais uma pergunta, sem a preocupação de respondê-la. E isso tanto para os empregados, quanto, principalmente, para os empregadores. Sim, também para os empregadores, pois, na medida em que passíveis de categorização, estariam subjugados coletivamente à vontade dos sindicatos que lhes são correspondentes[782]. Saber a qual deles devem se adequar passa a ser um exercício de "adivinhação" fadado ao insucesso, uma vez que a complexidade da vida econômica não para de crescer.

Conceito em mãos, qual a primeira conclusão? Os trabalhadores estão confusos e sufocados. Como vimos, a sua capacidade comunicativa plena só se viabiliza mediante a coletivização de seus interesses comuns. Acontece que o modo como isso foi institucionalizado no país reduziu acentuadamente a plenitude da autonomia discursiva. Quer falar alguma coisa? Só por intermédio do sindicato. Mas, se já houver um sindicato na vizinhança, nem pense em formar o seu, pois ele não será ouvido e tampouco reconhecido. A não ser que a sua categoria profissional não se encaixe na já existente ou que dela se diferencie. Contudo, como saber?

Dito isso, se você, leitor, voltar atrás por apenas um segundo, perceberá facilmente por que coloquei o conceito "em mãos" no parágrafo anterior. Simplesmente, porque é ali que ele melhor expressa a sua finalidade: deixá-las bem atadas. Confunde e sufoca, de um lado, e algema, do outro. Para quem está "enquadrado", esta é a realidade. E, não se enganem, todos estão. Empregados e empregadores, sem exceção[783].

---

(777) RMS n. 16218-DF, Rel. Min. Gonçalves de Oliveira, DJ 23.3.1966, RMS n. 13040, Rel. Min. Hermes Lima, DJ 2.6.1965, RMS n. 9340-DF, Rel. Min. Gonçalves de Oliveira, DJ 16.11.1962, RE n. 49250, Rel. Min. Antonio Villas Boas, DJ 2.10.1962 e AI n. 14678, Rel. Min. Macedo Ludolf, DJ 12.1.1953.
(778) AI n. 149184-AgR, Rel. Min. Ilmar Galvão, DJ 3.11.1995 e RE n. 134300-DF, Rel. Min. Sepúlveda Pertence, DJ 14.10.1994.
(779) GOMES, Orlando; GOTTSCHALK, Elson. *Op. cit.*, p. 603.
(780) *Idem*, p. 584-585 e 603 *et seq*. Sobre o surgimento do "enquadramento sindical" por meio da Lei n. 1.402 de 05 de julho de 1939, cf. ALEMÃO, Ivan. *Op. cit.*, p. 67.
(781) Arts. 517, § 1º, 519, *caput*, 570, 575, 576 e 577 da CLT.
(782) CUNHA, Alexandre Teixeira de Freitas Bastos. *Op. cit.*, p. 34.
(783) Cf. ALEMÃO, Ivan. *Op. cit.*, p. 75-76. SANTOS, Ronaldo Lima dos. *Teoria das normas coletivas*. 2. ed. São Paulo: LTr, 2009. p. 211.

1.2. O free rider *no caminho sindical brasileiro: como evitá-lo?*

Na medida em que concluímos que não há alternativa e que todos serão regidos pela batuta sindical, surge a pergunta: o que fazer com aqueles que não participam (ou que não querem participar), mas que, mesmo assim, são afetados pelas deliberações coletivas?

Pensem, por exemplo, nos que são por elas beneficiados. Porque é óbvio que a gravíssima deficiência de legitimidade acima diagnosticada não significa que todo e qualquer sindicato no Brasil seja um poço de maldades, de onde só se extraem medidas inúteis ou injustas para os seus representados. Certamente que algumas das suas decisões trazem melhorias para a vida dos trabalhadores. Inseridos, portanto, na sua "categoria" de referência, serão automaticamente agraciados[784]. E aí voltamos ao problema: e o que fazer com estes *free riders*?

Nos Estados Unidos, já houve época em que "era mais fácil trocar de nacionalidade do que mudar de sindicato"[785]. Neste contexto, o *National Labor Relations Act* (também chamado de *Wagner Act*), de 1935, permitiu que os sindicatos propusessem cláusulas do tipo *agency shop*, isto é, que obrigassem os não associados a pagar pelos gastos comuns gerados pela negociação, como, por exemplo, as despesas demandadas pela sua iniciação[786].

Além desta, outras cláusulas coletivas (*union security clauses*), ainda mais agressivas, foram criadas para conter o risco de usufruto sem qualquer contrapartida, o *free riderism*. Exemplos clássicos são a *union shop* (quando o empregado, tão logo admitido, fica obrigado a se sindicalizar) e a *closed shop* (por meio da qual o empregador se compromete a só contratar indivíduos sindicalizados)[787]. O *Labor Management Relations Act* (conhecido como Lei *Taft-Hartley*), de 1947, proibiu a *closed shop*, mas manteve aberta a possibilidade da *agency shop*[788]. Quanto à *union shop*, ela caiu em desuso, haja vista a enorme hostilidade que lhe foi dirigida pelos próprios trabalhadores[789].

No Brasil, não se teve notícia de um histórico relevante de *union shop*, de *closed shop* ou, muito menos, de *agency shop*[790]. Mas isso não significa que a presença do *free rider* não estivesse em pauta, ainda que de maneira indireta. A bem da verdade, muito embora não tenha sido concebido como uma solução específica para o problema do "caroneiro" beneficiado pelo esforço coletivo sem que oferecesse nada em troca, o imposto sindical veio bem a calhar para resolvê-lo.

---

(784) Sobre a distinção entre "filiação" — sempre dependente da manifestação de vontade — e o "fenômeno da integração automática no âmbito da categoria", cf. STF-RE n. 189.960, Rel. Min. Marco Aurélio, DJ 10.8.2001.
(785) CHIARELLI, Carlos Alberto. *O trabalho e o sindicato*: evolução e desafios. São Paulo: LTr, 2005. p. 170.
(786) GOLD, Michael Evan. *An introduction to labor law*. 2nd ed. Ithaca: ILR Press/Cornell Paperbacks, 1998. p. 7 e 14. Cf., também, ROMITA, Arion Sayão. *Sindicalismo, economia, Estado Democrático*, p. 120.
(787) GOLD, Michael Evan. *Op. cit.*, p. 14-15.
(788) GOLD, Michael Evan. *Op. cit.*, p. 14-15. GOMES, Orlando; GOTTSCHALK, Elson. *Op. cit.*, p. 546-547.
(789) GOLD, Michael Evan. *Op. cit.*, p. 15-16. CHIARELLI, Carlos Alberto. *Op. cit.*, p. 173.
(790) ALEMÃO, Ivan. *Op. cit.*, p. 55.

De fato, a introdução deste tributo no sistema jurídico brasileiro aconteceu por meio do Decreto-Lei n. 2.377, de 8 de junho 1940, e, ao contrário do que alguns poderiam cogitar, não veio com a finalidade de fortalecimento do grupo. A rigor, o intuito era o de, simplesmente, custear uma estrutura formal desenhada pelo Estado[791]. Para os empregados, o seu valor corresponde ao da remuneração por um dia de trabalho. Atualmente, encontra-se regulamentado pelo art. 8º, IV da CF/88 e pelos arts. 578 e seguintes da CLT.

Como se percebe, o engenho legislativo pôs um ponto final na questão, ao expropriar, *manu militari*, um dia de trabalho do empregado (sindicalizado ou não), para depois transferi-lo ao sistema confederativo[792]. Uma decisão simples (ou melhor, simplória), autoritária e que enfraquece ainda mais a já combalida legitimidade sindical, mas que foi repetida pela Constituição de 1988 por meio de um "acordo exótico entre parlamentares do centro e algumas lideranças sindicais de trabalhadores e de empresários"[793]. E — não esqueçamos — ele foi ratificado pelo STF[794].

Mas o arsenal normativo não terminou aqui. Porque além de serem obrigados a aceitar o famigerado imposto (hoje chamado, ironicamente, de "contribuição") sindical[795], os empregados brasileiros foram abraçados por uma inovação constitucional: a contribuição confederativa.

Considerada por vários autores como uma nova modalidade de contribuição, discutiu-se durante algum tempo se a sua efetivação estaria condicionada a uma futura regulamentação legislativa[796]. Mas, novamente, veio o STF e disse que não, que "a contribuição prevista no art. 8º, IV, da Constituição, não depende, para ser cobrada, de lei integrativa"[797]. E disse mais: excluiu definitivamente, de sua natureza jurídica, qualquer insinuação tributária, para, com isso, estabelecer que "A contribuição confederativa de que trata o art. 8º, IV, da Constituição, só é exigível dos filiados ao sindicato respectivo"[798]. Colocou-se, assim, mais um encargo sobre os ombros de quem, por um acaso do destino, ainda queira sindicalizar-se.

Quanto ao *free rider*, conclui-se que, ao invés de evitá-lo, o sistema sindical, tal como institucionalizado no Brasil, só o fez crescer, eis que, diferentemente dos empregados mais "participativos", ele (o caroneiro descompromissado) só deve o imposto, e nada mais. Ora, se a contribuição confederativa, criada pela Constituição de 1988, não lhe deve ser dirigida, então muito menos a assistencial, estipulada unicamente em convenção coletiva deverá sê-lo, porquanto isso acarretaria uma violação descabida de sua liberdade individual de filiação (arts. 5º, XX e 8º, V da

---

(791) ALEMÃO, Ivan. *Op. cit.*, p. 55. Cf. também GOMES, Orlando; GOTTSCHALK, Elson. *Op. cit.*, p. 605, onde os autores são mais incisivos e afirmam que o objetivo estatal era o de "amestrar" ou, senão, o de "domesticar toda a vida sindical".
(792) Art. 589 da CLT.
(793) SÜSSEKIND, Arnaldo *et alli*. *Instituições de direito do trabalho*, p. 1126.
(794) ADI n. 1.076-MC, Rel. Min. Sepúlveda Pertence, DJ 07.12.2000.
(795) Decreto-Lei n. 27 de 14 de novembro de 1966.
(796) Cf., por todos, ROMITA, Arion Sayão. *Sindicalismo, economia, Estado Democrático*, p. 134-136.
(797) RE n. 199.019, Rel. Min. Octavio Gallotti, DJ 16.10.1998.
(798) Súmula n. 666 do STF.

CF/88)^(799). Somando-se a esta mistura uma pitada de extensão obrigatória dos benefícios obtidos com a negociação coletiva, e estará pronta a fórmula mágica do mais desabrido *free riderism*^(800).

É claro que se poderia mencionar a inserção das cláusulas *in pejus* nos instrumentos coletivos, como um mecanismo de incentivo à participação. Se a deliberação conjunta, num momento de crise, poderá resultar numa redução dos benefícios normativos ou, em casos mais agudos, numa flexibilização de direitos positivados na própria Constituição^(801), surge um estímulo nada desprezível para que os potenciais "prejudicados" entrem em ação.

Acontece que, diante do inóspito ambiente institucional que se desenhou, a ideia de "entrar em ação" para o empregado não associado significa "entrar com uma ação" em face ou do sindicato que supostamente o representa ou do próprio empregador. No primeiro caso, a fim de que seja declarada nula a cláusula redutora, supressora ou flexibilizadora do seu direito^(802); no segundo, condenando-o a realizar o pagamento retroativo^(803).

Em outras palavras, o modelo sindical brasileiro virou do avesso a "invenção do coletivo", na medida em que deixou de ser um instrumento institucional com vistas a efetivar a comunicação de interesses comuns, para se transformar numa ferramenta de burocratização da vida sindical^(804). E como toda estrutura hierárquica, autoritária, fechada ou — como já disseram — oligárquica^(805), não só abafou a voz do indivíduo, como o levou a virar as costas para os que deveriam ajudá-lo a se comunicar.

Respondendo, portanto, à terceira pergunta colocada algumas páginas atrás, posso dizer que no Brasil, sob a perspectiva do conteúdo da comunicação, tornou-se mais vantajoso ser o sindicato de um homem só.

2. Correções institucionais à vista: aplicando o critério democrático-cooperativo

Sindicatos para quê? Esta é a pergunta subjacente a todo o sistema institucional brasileiro. E adivinhem quem a formulou, num contexto sindical bem mais ameno — diga-se de passagem — do que o nosso? Ninguém menos do que o prêmio nobel de economia, Friedrich August von Hayek^(806).

---

(799) Neste sentido, cf. Precedente Normativo n. 119 do TST e OJ n. 17 da SDC do TST.
(800) Em sentido semelhante, cf. ROMITA, Arion Sayão. *Sindicalismo, economia, Estado Democrático*, p. 127. RAMALHO, Maria do Rosário Palma. *Op. cit.*, p. 52-54.
(801) Art. 7º, XIII, XIV e XXVI da CF/88.
(802) Cf. OJ n. 342, II do SDI do TST, que autorizou a redução do intervalo intrajornada para os condutores e cobradores de veículos rodoviários. Cf. também a decisão proferida em TST-RR n. 588437-10.1999.5.03.5555, Rel. Min. Ives Gandra Martins Filho, DJ 5.11.2004.
(803) Cf. TST-RR n. 435700-70.2005.5.09.0664, Rel. Min. Guilherme Augusto Caputo Barros, DJ 18.12.2009.
(804) GOMES, Orlando; GOTTSCHALK, Elson. *Op. cit.*, p. 604-605.
(805) CUNHA, Alexandre Teixeira de Freitas Bastos. *Op. cit.*, p. 5, 11 e 54-55.
(806) HAYEK, Friedrich A. *¿Sindicatos para qué?* Madrid: Unión Editorial, 2009.

Libertário notoriamente conhecido[807], Hayek foi um crítico mordaz da estrutura sindical inglesa, a qual, na sua opinião, detinha um poder "sacrossanto"[808]. Mas, com esta constatação, ele estava apenas se aquecendo. Capaz de obrigar alguns a se sindicalizar, de fazer uso da violência quando ninguém mais está autorizado a fazê-lo e de eliminar o mercado livre pelo monopólio da oferta de trabalho: eis aí outras notas características dos sindicatos[809]. Sem medo de errar, Hayek deixou bem claro que, na sua opinião, eles atuariam sob a falsa premissa de defesa dos interesses dos empregados, quando, na verdade, serviriam unicamente aos insensatos e inconsequentes dirigentes sindicais[810].

Estas ácidas colocações, feitas por um economista que se considerava amigo dos trabalhadores (apesar de, sabidamente, não parecê-lo)[811], foram fruto de um ambiente onde vigorava (1) o pluralismo sindical e (2) uma forte tradição de negociação coletiva (no lugar da regulamentação estatal detalhista)[812].

Logo, se, mesmo diante de um desenho indiscutivelmente mais democrático do que o brasileiro, a importância institucional dos sindicatos foi posta em xeque pelos libertários, o que eles não diriam por aqui?

É por estas e outras que a correção de rumo não deve esperar. Que as aspirações grupais devem ser democráticas, isso já foi bem repisado[813]. O que importa relembrar, portanto, é que a observância do pressuposto moral à discussão coletiva (redução estatal do déficit de racionalidade através da preservação e promoção de igual autonomia criativa) não deverá ser um empecilho para uma organização institucional (mirando a redução de custos na deliberação), com vistas a uma tomada de decisão coletiva eficiente. Ao contrário, como venho dizendo desde o Capítulo II, a autonomia e as consequências do que com ela se faz caminharão lado a lado nesta empreitada em busca da cooperação[814].

2.1. Pluralismo: ruim com ele, pior sem ele

A diluição dos sindicatos sempre foi vista como um elemento de enfraquecimento. Fragmentar a sua existência, mediante a pluralização das iniciativas de organização,

---

(807) Cf. BRANDÃO, Rodrigo. Entre a anarquia e o estado do bem-estar social: aplicações do libertarianismo à filosofia constitucional. In: SARMENTO, Daniel (coord.). *Filosofia e teoria constitucional contemporânea*. Rio de Janeiro: Lumen Juris, 2009. p. 553-567.
(808) HAYEK, Friedrich A. *Op. cit.*, p. 86.
(809) *Idem*, p. 20, 27, 73-75, 92 e 98.
(810) *Idem*, p. 28 e 49.
(811) *Idem*, p. 40.
(812) ALEMÃO, Ivan. *Op. cit.*, p. 44. Para uma visão crítica a respeito da regulamentação do sindicalismo inglês, demonstrando os revezes sofridos pelos trabalhadores — especialmente depois da promulgação do *Trade Union and Labour Relations (Consolidation) Act* (TULRCA) de 1992 —, cf. KAUFMANN, Marcus de Oliveira. Uma visão prospectiva da atuação jurisdicional em relação à organização sindical. In: *Revista LTr*, São Paulo, ano 73, n. 05, p. 570-571, maio de 2009.
(813) SHAPIRO, Ian. *Aspiraciones grupales y política democrática*, p. 173.
(814) Cf. também FARRELL, Martin D. Autonomia e consecuencias. In: KOH, Harold Hongju; SLYE, Ronald C. *Democracia deliberativa y derechos humanos*. Barcelona: Editorial Gedisa, 2004. p. 87.

seria o mesmo que aceitar um cavalo de troia dentro do sindicalismo brasileiro. Ora — arrematarão os que concordam com estas impressões —, a unidade sindical não é tida, por todos, como o ápice de sua organização[815]? Mas é justamente esta a brecha argumentativa capaz de viabilizar a correção do modelo desenhado pela Constituição de 1988. Pois todos também concordam que este ideal de unidade é o ponto de chegada de um longo processo de legitimação, e não um ponto de partida compulsório, como acontece no Brasil[816]. Por aqui, o ceticismo em relação à capacidade de aglutinação dos trabalhadores foi a desculpa perfeita para a confecção de uma verdadeira camisa de força institucional, que, sob a alegação de acelerar a formação da consciência de grupo, impediu qualquer movimento espontâneo neste sentido[817]. Entretanto, não é só por este motivo que o pluralismo deve ser inserido no sistema sindical brasileiro. É também, e principalmente, porque este é o formato que melhor se adequa ao *desacordo razoável*.

Esta expressão, difundida amplamente no âmbito da filosofia política, significa que, nas sociedades democráticas contemporâneas em que o "fato do pluralismo" é inevitável, existe um "profundo desacordo entre inúmeras "doutrinas abrangentes" de caráter moral, filosófico e religioso, *i. e.*, inúmeras concepções individuais e coletivas acerca do que vem a ser a vida digna"[818]. Daí por que ser imprescindível o desenvolvimento de "mecanismos institucionais" para lidarmos com este potencial enfrentamento, o qual reflete a existência permanente de paradoxos discursivos na sociedade contemporânea[819]. Almeja-se, assim, alcançar dois objetivos de uma única vez: permitir a convivência dos diferentes e fomentar a cooperação recíproca[820].

Em suma: a *reciprocidade* se torna a pedra de toque para a reflexão sobre as instituições, as quais serão testadas num ambiente naturalmente imerso no desacordo razoável[821]. E, para voltar ao ponto onde os deixei, basta lembrar que (1) se os sujeitos devem ser livres e iguais e (2) suas opiniões devem possuir o mesmo "peso" relativo, não lhes resta outra escolha, senão a de justificar mutuamente o motivo da aceitação das normas produzidas coletivamente, normas estas que vincularão a todos. Deliberar, pois, é o que se requer para que haja um meio-termo apto a gerar cooperação social[822]. Só assim o pressuposto moral de igual autonomia criativa será obedecido.

---

(815) Sobre a importância da "unidade" sindical — e não sobre a defesa da "unicidade corporativista" —, cf., por todos, MORAES FILHO, Evaristo de. *Op. cit.*, p. 155-156, 162-164 e 325-326. GOMES, Orlando; GOTTSCHALK, Elson. *Op. cit.*, p. 555.
(816) Cf. SÜSSEKIND, Arnaldo. *Direito constitucional do trabalho*, p. 321 e 332-333.
(817) ALEMÃO, Ivan. *Op. cit.*, p. 51-52.
(818) Cf., por todos, SOUZA NETO, Claudio Pereira de. *Teoria constitucional e democracia deliberativa*, p. 65.
(819) Cf. NEVES, Marcelo. *Transconstitucionalismo*, p. 274-275. MacCORMICK, Neil. *Op. cit.*, p. 155-156.
(820) SOUZA NETO, Claudio Pereira de. *Teoria constitucional e democracia deliberativa*, p. 66.
(821) GUTMANN, Amy; THOMPSON, Dennis. Deliberative democracy beyond process. In: FISHKIN, James S.; LASLETT, Peter (ed.). *Debating deliberative democracy*. Oxford: Blackwell Publishing, 2003. p. 33.
(822) *Idem*, p. 34. Cf. também, da mesma autora: Democracia deliberativa y regla de la mayoría: una réplica a Waldron. In: KOH, Harold Hongju; SLYE, Ronald C. (comp.). *Democracia deliberativa y derechos humanos*. Trad. Paola Bergallo y Marcelo Alegre. Barcelona: Editorial Gedisa, 2004. p. 276-277.

E aí vem a pergunta: como deliberar, com igual autonomia, se a sua opinião não é ouvida? Ou melhor: como deliberar, com igual autonomia, quando o diálogo está institucionalmente monopolizado? Porque — não se enganem — quando não há meios de se fazer ouvir, quando uma minoria está em desacordo razoável com as normas vinculantes estabelecidas pela maioria e, ainda por cima, não encontra alternativa para soltar a sua voz, a ideia de cooperação será a crônica do fiasco anunciado.

Estabelecido, portanto, o pluralismo como o desenho institucional mais adequado ao requisito fundamental da deliberação (isso sem falar na sua capacidade de estruturação e produção de resultados mais eficientes), vejamos como é possível calibrar o sistema sindical brasileiro, sem que seja necessário pegar em armas.

a. Quebra do monopólio: da fissura à fratura

A qualificação do sindicato como o canal obrigatório de comunicação coletiva não é tão obrigatória como faz crer o art. 8º, VI da CF/88. Se olharmos com bastante atenção, perceberemos uma pequena fissura na sua ortodoxia. Tão pequena que quase passa despercebida. Mas aí surge a beleza do pormenor: ele já estava lá desde o início (ou mesmo antes) da reconfiguração institucional. Sendo mais direto, falo da recepção do art. 611, § 1º da CLT[823] pela Constituição brasileira de 1988.

Recuemos alguns passos, a fim de recapitularmos alguns detalhes que fazem toda a diferença. Em primeiro lugar, a própria Constituição, no seu art. 7º VI e XXVI, refere-se expressamente ao "acordo coletivo", como meio de negociação entre os empregados e o empregador. Logo, soaria muito estranho — para dizer o mínimo — que o sindicato patronal também figurasse obrigatoriamente como porta-voz do empregador, na medida em que a própria lei (arts. 611, § 1º e 617, *caput* da CLT) traçava uma marcante distinção conceitual entre os instrumentos normativos, levando em conta, dentre outros fatores, o aspecto subjetivo da negociação[824]. De um lado, haveria o acordo coletivo, forjado diretamente com o empregador; de outro, a convenção coletiva, elaborada pela simetria sindical (categorias profissional e econômica, respectivamente).

Partindo-se, portanto, da premissa segundo a qual a Constituição de 1988 efetuou uma incorporação conceitual, chega-se à conclusão de que o enunciado contido no seu art. 8º, VI deve ser interpretado para além da superficialidade própria de uma interpretação gramatical[825]. Ou isso, ou até mesmo a participação das federações e

---

(823) "É facultado aos sindicatos representativos de categorias profissionais celebrar Acordos Coletivos com uma ou mais empresas da correspondente categoria econômica, que estipulem condições de trabalho, aplicáveis no âmbito da empresa ou das empresas acordantes às respectivas relações de trabalho."
(824) CUNHA, Alexandre Teixeira de Freitas Bastos. *Op. cit.*, p. 30-31.
(825) Sobre a possibilidade de incorporação pela Constituição de uma definição legal pretérita, cf. GOMES, Fábio Rodrigues. *O direito fundamental ao trabalho*, p. 215. Cf., também, ÁVILA, Humberto. Direitos fundamentais dos contribuintes e os obstáculos à sua efetivação. In: PIRES, Adilson Rodrigues; e TÔRRES, Heleno Taveira (org.). *Princípios de direito financeiro e tributário:* estudos em homenagem ao Professor Ricardo Lobo Torres. Rio de Janeiro: Renovar, 2006. p. 314.

das confederações deveria ser combatida, eis que o texto especifica o "sindicato" como agente obrigatório, e ninguém mais[826]. E para corroborar esta conclusão, autores fazem questão de enfatizar a finalidade por detrás desta determinação (*i. e.*, o reforço discursivo da parte mais fraca), deixando em destaque o fato de ser desnecessário ao empregador (porque detentor do maior poder de pressão) a companhia sindical[827].

Contudo, as rachaduras não terminam aí. Uma segunda é encontrada, novamente, a partir da mera leitura do texto constitucional (do seu art. 7º, XIII, para ser mais exato) e da interpretação que dele foi feita pelo TST. Ora, tendo em vista a estrutura sintática do dispositivo (colocando-se a palavra "acordo" antes da expressão "convenção coletiva" e, com isso, compreendendo-se que o constituinte autorizou a negociação direta entre o indivíduo-empregado e o empregador), o Tribunal convalidou o art. 59 da CLT[828] e, querendo ou não, esgarçou ainda mais a fissura previamente diagnosticada[829].

Repetindo para fixar: desde que escrito e haja uma lacuna normativa (ou uma permissão explícita), é perfeitamente válido o acordo individual entre o empregado e o empregador. E este ponto de vista foi consolidado pelo verbete da Súmula n. 85, II do TST[830].

Diante de uma porosidade conjuntural tão evidente, não é difícil que a próxima fissura a ser divulgada me permita constatar que, enquanto sistema, o nosso modelo sindical padece de uma inequívoca fratura. O tiro de misericórdia foi dado pelas centrais sindicais.

Tidas como extravagantes ou paradoxos ambulantes[831], as centrais sindicais impuseram uma abertura a fórceps do sistema sindical brasileiro. E não sou eu que o digo. Muito antes de mim, outros autores vislumbraram como elas romperam, sem dó nem piedade, o monopólio normativo fixado na base do modelo, para, em seguida, efetivar uma "pluralidade de fato na cúpula"[832]. A fim de deixar um pouco mais claro o quão desconfortável se tornou a presença deste "rabisco institucional" no sindicalismo oficial, nada melhor do que um caso recentemente submetido ao STF.

A polêmica se iniciou com a Lei n. 11.648 de 31 de março de 2008. De acordo com os seus arts. 1º, *caput*, II e 3º, e da nova redação conferida ao art. 589, II, *b*,

---

(826) Cf., em sentido semelhante, CUNHA, Alexandre Teixeira de Freitas Bastos. *Op. cit.*, p. 52-53.
(827) *Idem, ibidem*.
(828) "A duração normal do trabalho poderá ser acrescida de horas suplementares, em número não excedente de duas, mediante acordo escrito entre empregador e empregado, ou mediante contrato coletivo de trabalho."
(829) Cf., por todos, RR n. 524504-27.1998.5.02.5555, Rel. Min. Rider de Brito, DJ 13.10.2000, E-RR n. 323394-18.1996.5.03.5555, Rel. Min. João Batista Brito Pereira, DJ 10.11.2000, RR n. 556115-39.1999.5.10.5555, Rel. Min. Milton de Moura França, DJ 7.12.2000, RR n. 329874-12.1996.5.03.5555, Rel. Min. Ives Gandra Martins Filho, DJ 15.12.2000, RR n. 384090-02.1997.5.06.5555, Rel. Min. Luis Francisco Guedes de Amorim, DJ 6.4.2001.
(830) "O acordo individual para a compensação de horas é válido, salvo se houver norma coletiva em sentido contrário."
(831) Cf., por todos, SÜSSEKIND, Arnaldo. *Direito constitucional do trabalho*, p. 367 e *Instituições de direito do trabalho*, p. 1159.
(832) *Idem, ibidem*.

§§ 1º e 2º e aos arts. 591 e 593, todos da CLT, as centrais sindicais estariam habilitadas a participar das negociações nas quais os interesses da generalidade dos trabalhadores estivessem envolvidos, e a receber uma parcela da receita proveniente do imposto sindical.

Imediatamente, a minoria política ajuizou uma ADI perante o STF[833], postulando a neutralização da decisão majoritária, uma vez que as centrais ultrapassariam a noção de "categoria", não estando, por isso, inseridas no mundo sindical. Um fato que, a propósito, também inviabilizaria a transferência dos recursos oriundos da contribuição obrigatória.

Instado a se manifestar, o Advogado-Geral da União defendeu a constitucionalidade da lei com base nos seguintes argumentos:

(1) as centrais possuem natureza sindical — embora ausentes do art.8º da CF/88 —, não se devendo confundir omissão com proibição de criação de nova entidade;

(2) a limitação à categoria se aplicaria apenas às representações singulares e, como as centrais são associações civis de natureza plural, estariam fora desta restrição;

(3) as centrais possuem, de longa data, uma legitimidade de fato extremamente forte, só tendo a lei "formalizado" uma influência decisiva que já acontecia na prática;

(4) os objetivos legais seriam os de uniformizar o modo de atuação das centrais e a sua participação nos órgãos públicos e nos demais espaços de diálogo social, regulamentando o art. 10 da CF/88;

(5) o art. 8º, III da CF/88 não deve sofrer interpretação literal, sob pena de as federações e confederações estarem excluídas das negociações coletivas;

(6) a lei estipula critérios bem rígidos para o "reconhecimento de tais entidades" (centrais) — filiação de no mínimo 100 sindicatos distribuídos por 5 regiões diferentes — afastando as menores ou menos representativas;

(7) a representação não é uma exclusividade dos sindicatos, como se vê, por exemplo, no art. 11 da CF/88, nada impedindo a participação conjunta de mais de uma entidade nos processos de negociação ou nos foros públicos de discussão; e

(8) a transferência de recursos originários do imposto sindical não violaria o art. 149 da CF/88, na medida em que esta receita não estaria vinculada apenas ao interesse de uma categoria isolada, mas também ao interesse comum das diversas categorias, podendo-se demonstrar isso com a distribuição de parte da receita para a União, convalidada pelo próprio STF.

O Procurador-Geral da República, por sua vez, argumentou de modo bem mais sucinto, ao afirmar que:

(1) o sistema sindical brasileiro está inscrito num quadro fixo, o que impede a inclusão das centrais no seu rol de representantes;

---

(833) ADI n. 4.067-DF, Rel. Min. Joaquim Barbosa, DJ 3.3.2010 (julgamento suspenso por decisão do Ministro Gilmar Mendes).

(2) os recursos provenientes do tributo (contribuição compulsória) devem ser restritos aos representantes sindicais propriamente ditos; e

(3) as centrais sindicais possuem a natureza de associações profissionais e, como tais, representam os interesses de diversas categorias, devendo-se afastar a literalidade do art. 8º, III da CF/88, para que se permita a elas participar das negociações coletivas e da composição dos órgãos públicos.

Por ocasião do julgamento, o Ministro Joaquim Barbosa oscilou entre a inovação e o lugar-comum[834]. De início, observou que a Constituição de 1988 "teria fixado uma forma peculiar de unicidade e de monopólio de representação por categoria (...) incompatível com organização que abrangesse diversos órgãos de cúpula", excluindo as centrais sindicais do sistema.

Entretanto, ao continuar seu raciocínio, ele entendeu por bem ponderar a "rigidez da estrutura sindical" com as liberdades de associação e manifestação de pensamento, resultando daí uma interpretação dos arts. 1º, *caput*, II e 3º da Lei n. 11.648/08 que permite "a participação [das centrais] nas negociações em fóruns, colegiados de órgãos públicos e demais espaços de diálogo social (...) nos quais estejam em discussão assuntos de interesse geral dos trabalhadores". Com isso, não haveria prejuízo para a competência institucional dos sindicatos (de base ou de grau superior), porquanto não poderiam ser substituídos, mas, tão somente, acompanhados pelas centrais.

Quanto à (re)divisão do imposto sindical, o Ministro considerou que a titularidade do crédito tributário por entidades privadas (fenômeno da parafiscalidade) só seria possível quando houvesse uma relação de pertinência entre a sua forma de organização e a finalidade pública perseguida. Este seria o fundamento da destinação do recurso público. Logo, ao constatar que "a contribuição anual compulsória ("imposto sindical") teria sido instituída para auxiliar o custeio das entidades que compõem o sistema de representação sindical" e que as centrais "não fazem parte da estrutura sindical", declarou inconstitucionais as modificações efetuadas nos arts. 589, 590, 591 e 593 da CLT, onde se incluiu a expressão "central sindical".

Até aqui, como se pode ver, a fratura não foi completamente corrigida pelo STF, uma vez que, se por um lado, manteve o sistema fechado em si mesmo para fins de destinação dos recursos públicos e não escreveu uma linha sequer sobre os "requisitos" impostos para o "reconhecimento" oficial das centrais, por um outro ângulo, alargou bastante as suas fronteiras. Penso assim porque, na medida em que manteve o assento daquelas associações em todos os espaços onde estiver em jogo o "interesse geral" dos trabalhadores, estendeu (de modo inédito) o significado do texto contido no art. 8º, III da CF/88.

E vale a pena mencionar, ainda, os votos divergentes dos Ministros Marco Aurélio e Eros Grau. Segundo o ponto de vista adotado por ambos, o art. 8º da CF/88 cuida não só do sistema sindical, como também do associativo, de modo que, mesmo que as centrais não integrem o primeiro, isso não impede que exerçam a representação dos interesses dos trabalhadores, com amparo na sua liberdade de associação. Realizando, portanto, uma interpretação sistemática (e generosa) do art. 10 da CF/88,

---

(834) Cf. Informativo n. 552 do STF.

eles permitiram a participação de trabalhadores e empregadores em colegiados de órgãos públicos (das mais "diversas formas"), desde que ela fosse, antes de mais nada, efetiva.

No que se refere à partilha das contribuições, o Ministro Marco Aurélio afirmou, simplesmente, que se tratava de uma "opção política, legislativa, dos nossos representantes", não estando o valor arrecadado vinculado, por si só, ao sistema sindical, mas, sim, à proteção do emprego e do salário. O Ministro Eros Grau, por sua vez, pôs o acento com mais ênfase, ao declarar que "Ela [a contribuição] hoje se presta, nos termos do que dispõe o art. 149 da Constituição do Brasil, a prover o interesse de 'categorias profissionais ou econômicas'. Inclusive a permitir que trabalhadores se organizem em entidades associativas, não necessariamente sindicais".

De tudo o que foi dito, creio que o diferencial da controvérsia não se encontra na tímida inovação do relator ou naquela um pouco mais ousada dos votos divergentes. A meu ver, o grande divisor de águas está em um ponto de convergência extraído do conjunto argumentativo.

Todos, sem exceção, concordaram que *o sindicato não detém o monopólio de representação dos interesses dos trabalhadores*. Pelo oposto, existiria uma legitimação concorrente com outras associações profissionais que buscassem este mesmo objetivo. Além disso, ressaltou-se que, mesmo não integrando o sistema confederativo, a legitimidade destas associações não diminuiria um único milímetro, algo realmente digno de nota. E, aproveitando para acrescentar mais uma impressão, acredito que a interpretação acima construída, longe de prejudicar, favorece (e muito) a legitimação das associações "paralelas", uma vez que estarão livres do dinheiro fácil que entorpece a vontade de conquistar os corações e as mentes de novos associados.

No entanto, não fiquemos só nisso. Por que parar a discussão nas centrais sindicais? Por que restringirmos a ampliação da representatividade apenas a este tipo de associação, quando elas já começam a dar sinais de cooptação? Porque — convenhamos — se as centrais sindicais representaram um avanço no desenho institucional brasileiro, agora já estão com toda a pinta de retrocesso. Ou não devem ser assim consideradas entidades que aceitaram de bom grado o dinheiro expropriado dos trabalhadores, como também a imposição de limites externos (e bastante "rígidos", como disse o Advogado-Geral da União) para o seu reconhecimento oficial?

Isso sem falar do agravante há muito encontrado na doutrina, segundo o qual "o trabalhador que não concordar com a orientação doutrinária ou pragmática de determinada central, à qual se vinculou o sindicato de sua categoria, somente nele poderá ingressar como associado; e, ainda que não se sindicalize, será por ele representado em todas as questões de [seu] interesse"[835].

Deste modo, volto ao ponto para dizer que, se formos levar a sério o critério democrático-cooperativo, devemos aproveitar a fratura para rompermos, de uma vez por todas, com este monopólio institucional amordaçante. Não com bravatas ou proposições *de lege ferenda*. Mas, tal como enfatizado na introdução, com a

---

[835] SÜSSEKIND, Arnaldo. *Direito constitucional do trabalho*, p. 367-368.

reconfiguração do que está aí. Para tanto, o próprio STF já sinalizou o caminho, bastando um pouco da velha e boa interpretação conforme para que muita coisa seja resolvida. Vejam, por exemplo, o art. 519 da CLT[836]. Por que não promover o seu redesenho normativo e, assim, permitir a ascensão da *associação mais representativa* ao posto sindical[837]?

Reparem bem. Não é de hoje que se cogita a introdução de critérios para a aferição do sindicato mais representativo. Aliás, esta é uma discussão que existe desde a aparição do art. 389, § 3º, da Parte XIII do Tratado de Versalhes, em 1919[838].

Nos regimes onde vigora o pluralismo, esta seleção é feita de alguma maneira[839]: ou por meio da eleição realizada com votação secreta, ou mediante a verificação do número de associados, ou pela aferição do patrimônio acumulado, ou pelos serviços prestados aos empregados e ao país ou por meio, ainda, da antiguidade ou da independência[840].

O importante aqui é construir uma saída jurídica para a substituição do malfadado critério cronológico, pautado no mero registro no órgão competente, por um outro que contenha elementos capazes de emprestar uma maior aproximação entre o sindicato e o empregado[841].

E que outro critério seria esse? O democrático-cooperativo, é claro.

Contudo, para que esta ideia seja facilmente manuseada, alguns pequenos esclarecimentos devem ser feitos. Neste sentido, merecem atenção os parâmetros propostos por Alexandre Teixeira de Freitas e Marcus de Oliveira Kaufmann.

Para o primeiro, mais legítima seria a associação profissional que contasse com "a maior capacidade de mobilização da classe trabalhadora", aqui entendida como "a capacidade de aglutinar, num primeiro momento, a confiança de certo grupo de trabalhadores para, num segundo momento, transmutá-la em propostas e ações concretas, significantes dos anseios da coletividade"[842]. Já para o segundo, devemos nos valer das cláusulas gerais contidas no novo Código Civil, tais como "função social" e "boa-fé objetiva" (arts. 421 e 422), para que, no caso concreto, seja possível conferir maior operacionalidade ao critério, visando a uma "solução prospectiva e legítima" para o problema[843].

---

(836) "A investidura sindical será conferida sempre à associação profissional mais representativa, a juízo do Ministério do Trabalho, constituindo elementos para essa apreciação, entre outros: a) o número de associados; b) os serviços sociais fundados e mantidos; c) o valor do patrimônio."
(837) Cf., neste sentido, SÜSSEKIND, Arnaldo *et alli*. *Instituições de direito do trabalho*, p. 1141.
(838) GOMES, Orlando; GOTTSCHALK, Elson. *Op. cit.*, p. 557. CHIARELLI, Carlos Alberto. *Op. cit.*, p. 188.
(839) Cf. GOLD, Michael Evan. *Op. cit.*, p. 6-9.
(840) MORAES FILHO, Evaristo de. *Op. cit.*, p. 166-171. CHIARELLI, Carlos Alberto. *Op. cit.*, p. 189-190. GALLARDO MOYA, Rosario. *Op. cit.*, p. 18 e 67.
(841) Em sentido semelhante, cf. CUNHA, Alexandre Teixeira de Freitas Bastos. Ampliação da competência da justiça do trabalho: questões sindicais. In: CHAVES, Luciano Athayde; STERN, Maria de Fátima Coêlho Borges; NOGUEIRA, Fabrício Nicolau dos Santos (org.). *Ampliação da competência da Justiça do Trabalho*: 5 anos depois. São Paulo: LTr, 2009. p. 131-132.
(842) *Idem*, p. 132.
(843) KAUFMANN, Marcus de Oliveira. *Op. cit.*, pp 572-574.

Pergunto: com base nestes vetores, estaríamos prontos a avançar para um sistema em que o critério da anterioridade (atualmente em vigor) ficaria num segundo plano?

Penso que não. Digo isso porque a verificação qualitativa é que estaria no centro dos debates e, diante da enorme vagueza dos parâmetros acima mencionados, a dificuldade em dimensionar, por exemplo, qual associação se comunicou mais eficientemente com o empregador e o que daí foi resolvido, seria praticamente incontornável. Estaríamos muito longe de conseguirmos "uma valiosa pista de quem exerce, efetivamente, a representação"[844].

Entretanto este não é o principal elemento complicador. Alguns ainda poderão retrucar: quem vai decidir, na medida em que o ato de registro é vinculado e o Estado está proibido de interferir? Ora, havendo dúvida, caberia ao Judiciário se apresentar[845]. Afinal de contas, se levarmos em conta que a questão é de natureza constitucional e que o controle difuso integra o nosso modelo de *judicial review*, estaremos diante de uma hipótese onde se encaixará, à perfeição, a "grande lição a ser aprendida da experiência constitucional norte-americana"[846].

Por outras palavras: devemos associar, ao átrio judicial, o conceito rawlsiano de "fórum paradigmático da razão pública", tornando-o, assim, o espaço ideal para a geração de "um diálogo racional e informado (...) sobre o que é [e, no caso, sobre quem é] legítimo ou ilegítimo"[847].

Portanto, para que não se diga que a sentença será uma "intervenção estatal", no sentido perfeccionista do termo, penso que o critério da anterioridade deverá ser substituído por outro, cuja objetividade seja capaz de rivalizar à do seu predecessor. Pois — não devemos esquecer — o alto teor de subjetividade do debate judicial será inevitável, na medida em que dirá (1) sobre qual entidade é mais condizente com o pressuposto moral da discussão e (2) por meio de qual procedimento, previamente conhecido, ela será encontrada.

Ampla defesa, contraditório e possibilidade de produção de provas, culminando com uma decisão obrigatoriamente fundamentada, isto é, criteriosa[848]. Enfim, para sairmos de um modelo onde o que vale é a rapidez formal e o silêncio oportunista, para um em que a preocupação será a de demonstrar maior sintonia discursiva com os representados, precisamos facilitar a atuação judicial, e não idealizá-la a ponto de torná-la inviável[849].

---

(844) CUNHA, Alexandre Teixeira de Freitas Bastos. *Ampliação da competência da justiça do trabalho:* questões sindicais, p. 132.
(845) Cf. KAUFMANN, Marcus de Oliveira. *Op. cit.*, p. 573-574. GOMES, Orlando; GOTTSCHALK, Elson. *Op. cit.*, p. 558.
(846) BINENBOJM, Gustavo. Duzentos anos de juridição constitucional: as lições de Marbury v. Madson. In: SARMENTO, Daniel (coord.). *Filosofia e teoria constitucional contemporânea*. Rio de Janeiro: Lumen Juris, 2009. p. 244. Cf., também, GOLD, Michael Evan. *Op. cit.*, p. 21-25, onde o autor explicita a competência do *National Labor Relation Board* (NLRB) como o órgão responsável pela solução de disputas a respeito de representação sindical.
(847) BINENBOJM, Gustavo. *Duzentos anos de juridição constitucional*, p. 243-244.
(848) Arts. 5º, LIV e LV e 93, IX da CF/88. Sobre esta função institucional da Justiça do Trabalho, cf. o § 3º logo à frente.
(849) Cf. a formulação de critérios semelhantes a este em NASCIMENTO, Amauri Mascaro. *Compêndio de direito sindical*, p. 654-661.

Sendo assim, proponho a importação das soluções utilizadas por outros países que adotam o pluralismo sindical[850]: (1) eleição realizada com votação secreta pelos potenciais representados ou (2) verificação do número de associados efetivamente inscritos.

Deste modo, a preocupação não será mais a da mera constatação a respeito de qual burocracia sindical é a mais antiga. Agora, a atenção irá se concentrar na busca do canal de comunicação mais efetivo, com base em critérios democráticos que o legitimarão. E existirá, ainda, um benefício adicional: já não será tão fácil alcançar o bolso dos trabalhadores. De acordo com o critério apresentado, eles terão que ser ouvidos[851].

Diante disso, um círculo virtuoso provavelmente se formará. Para ter maior representatividade, a entidade deverá mobilizar mais empregados. Para mobilizar mais empregados (*e. g.*, colhendo assinaturas de adesão de associados e não associados), terá que convencê-los da razoabilidade (*"reasonableness"*) de suas posições, ações e declarações[852]. Para convencê-los disso, será obrigada a manter um diálogo mais direto, transparente, informado e constante com os potenciais destinatários de suas decisões. Estes possíveis afetados ganharão um renovado alento para participar mais ativamente da associação e defender as suas próprias ideias. E, assim, devagar e sempre, a comunicação alcançará o seu merecido lugar de destaque.

Igual autonomia individual no início e no decorrer da deliberação. Só assim as liberdades de associação, filiação, permanência, informação, expressão e participação serão verdadeiramente observadas[853]. Certamente que o desacordo razoável poderá acontecer e a decisão vir a ser tomada pelo voto[854]. Mas penso que, mesmo diante desta possibilidade, se a minoria derrotada acreditar que sua voz foi ouvida pelos demais, com igual respeito e consideração, o caminho para a cooperação final já estará bem aplainado[855].

Para os mais ambiciosos, este é um critério que deve funcionar, inclusive, na reinterpretação do art. 617, § 1º da CLT[856], ajudada pela aplicação imediata do art. 11 da CF/88, junto à Recomendação n. 91 e à Convenção n. 135, ambas da OIT[857]. Com

---

(850) GOLD, Michael Evan. *Op. cit.*, p. 26-38.
(851) Cf. *idem*, p. 7-9, onde o autor menciona o dever sindical da justa representação (*duty of fair representation*).
(852) Cf., *idem*, p. 8: *"(...) the union must always have good reasons for what it does."*
(853) MOYA GALLARDO, Rosario. *Op. cit.*, p. 54-67. MORAES FILHO, Evaristo de. *Op. cit.*, p. 143-148.
(854) GOLD, Michael Evan. *Op. cit.*, p. 24.
(855) Cf., em sentido semelhante, WALDRON, Jeremy. Deliberación, desacuerdo y votación. In: KOH, Harold Hongju; SLYE, Ronald C. (comp.). *Democracia deliberativa y derechos humanos.* Trad. Paola Bergallo y Marcelo Alegre. Barcelona: Editorial Gedisa, 2004. p. 255, 259 e 264-265.
(856) "Expirado o prazo de 8 (oito) dias sem que o Sindicato tenha se desincumbido do encargo recebido, poderão os interessados dar conhecimento do fato à Federação a que estiver vinculado o Sindicato e, em falta dessa, à correspondente Confederação, para que, no mesmo prazo, assuma a direção dos entendimentos. Esgotado esse prazo, poderão os interessados prosseguir diretamente na negociação coletiva, até final."
(857) Esta Convenção foi aprovada, no Brasil, pelo Decreto Legislativo n. 86, de 1989, ratificada em 18 de maio de 1990 e promulgada pelo Decreto n. 131, de 1991. Cf., também, BELMONTE,

o que eu concordo, pois, a rigor, daria voz ao conjunto de empregados de uma empresa que tomasse a dianteira da negociação com o empregador, diante da negligência preguiçosa do sindicato de classe. Caso a entidade sindical viesse, posteriormente, a questionar a validade do ajuste em virtude da sua ausência, a resposta negativa já estaria estruturada, no mínimo, em três fundamentos: (1) ela não é detentora do monopólio da representação; (2) o mero registro formal é fator secundário de legitimação; e (3) a sua mobilização não existiu, reduzindo ainda mais a credibilidade do seu inconformismo.

Somando-se a isso a demonstração de que a discussão foi travada num ambiente onde a igual autonomia criativa de todos esteve preservada, poder-se-ia visualizar uma situação ainda mais ousada, em que o sindicato estivesse presente e o conjunto de empregados dele discordasse. Uma polêmica substantiva teria início e — diria eu — poderia encontrar o ponto final na maior eficiência da decisão, algo que — não devemos esquecer — contará a favor dos trabalhadores reunidos.

Partindo-se da premissa de que o conjunto dos empregados (e/ou o seu representante) trabalha no estabelecimento, presume-se que adquire um conhecimento bem mais detalhado da realidade que o envolve, até mesmo porque possui um contato (espaço-temporal) com o empregador, bem maior do que o sindicato. Sendo assim, pode-se afirmar com relativa certeza que os custos de transação, muito provavelmente, serão menores do que os contabilizados numa negociação coletiva, feita nos moldes tradicionais. Com uma boa conversa olho no olho e uma eficiente máquina de calcular, até a associação "por empresa" se torna uma possibilidade quase real no nosso país.

Quase. Porque ainda falta saber o que fazer com a expressão "categoria", inserida no art. 8º, II da CF/88.

b. Categorização, sim; enquadramento, não

A base do grupo social chamado "sindicato" é a profissão[858]. É por meio dela que as vidas interagem, a comunicação é travada e, com isso, os pontos de interseção são conectados. Os interesses se tornam comuns só depois que os interessados começam a trabalhar e a perceber que a pessoa ao seu lado tem algo a dizer, ou melhor, tem o mesmo a reclamar. Logo, a categoria (enquanto classificação da atividade do trabalhador) surge a partir do exercício profissional e da conscientização coletiva dos problemas dali demandados. Antes, não. Trata-se, pois, de um conceito *a posteriori* e não *a priori*[859].

O que acontece no Brasil é a prevalência, por inércia, de uma flagrante subversão conceitual. Penso assim porque o desenho institucional, gestado em plena ditadura,

---

Alexandre Agra. Arts. 7º ao 11. In: *Op. cit.*, p. 465-466. CUNHA, Alexandre Teixeira de Freitas Bastos. *Ampliação da competência da justiça do trabalho:* questões sindicais, p. 130. ROMITA, Arion Sayão. *Sindicalismo, economia e estado democrático*, p. 176-178. SANTOS, Ronaldo Lima dos. *Op. cit.*, p. 202-204.
(858) MORAES FILHO, Evarito de. *Op. cit.*, p. 70, 77-80, 148-149, 151 e 154.
(859) NASCIMENTO, Amauri Mascaro. *Compêndio de direito sindical*, p. 228-229.

tem servido de justificativa para que se interprete o art. 8º, II da CF/88, ainda nos dias de hoje, à luz da CLT. Isso mesmo. O que se tem praticado por estas bandas não é sequer a interpretação da Constituição conforme a lei (o que já seria um rematado contrassenso), mas, sim, a interpretação da Constituição conforme um Decreto-Lei.

Por certo que a CLT tem os seus aspectos positivos e compatíveis com o Estado Democrático e Constitucional de Direito. É mais certo ainda, contudo, que ela está recheada de entulhos corporativos, os quais entraram de penetra no sistema jurídico atual. Um deles, já identificado e devidamente convidado a se retirar, foi o "Quadro de Atividades e Profissões".

Entretanto, outros ainda permanecem tão bem camuflados, que conseguiram ludibriar os "guardiões da Constituição"[860]. Um intruso exemplar, que se manteve intacto na CLT durante todos estes seus anos de redemocratização, é o art. 511, *caput* e seus quatro parágrafos.

De fato, por ser um dispositivo que contém definições das mais diversas (*v. g.*, categorias econômica, profissional e diferenciada[861]), o Supremo Tribunal Federal tem dele se utilizado para atribuir significado ao enunciado normativo "sindicato por categoria"[862]. E, ao agir desta forma, merece ser severamente criticado, uma vez que se deixou levar por um "mimetismo hermenêutico", ao invés de investigar a fundo o material aporético e tortuoso que lhe entregou o legislador[863].

Sublinhar os piores traços do panorama sindical brasileiro é a obrigação número um de quem é, por definição, defensor dos valores democráticos e constitucionais[864]. A de número dois seria a de melhorá-lo mediante a interpretação. Nada muito difícil, para quem aceita, tranquilamente, a "mutação constitucional" como instrumento idôneo de mudança informal da Constituição[865]. Todavia, isso ainda não foi feito.

No entanto, nem só de espinhos é feita a jurisprudência do STF nesta matéria. Conseguimos também colher algumas flores — um tanto quanto pálidas, é verdade — quando percebemos que a Corte encontrou uma saída alternativa, para amenizar a rigidez do corporativismo sindical.

Com efeito, por reiteradas vezes, o STF permitiu o "desmembramento" de sindicatos, seja pelo lado da categoria, seja pelo da base territorial. No primeiro caso, as decisões convergiram para uma espécie de "unicidade sindical mitigada", na qual se utiliza a "especificação" da atividade dos trabalhadores para permitir o seu descolamento da entidade mais abrangente[866]. No segundo, atentou-se para a inexistência de uma "intangibilidade da base territorial", autorizando-se os sindicatos a fragmentarem-se livremente, desde que observado o limite mínimo de um Município.

---

(860) ADI n. 2.010-MC, Rel. Min. Celso de Mello, DJ 12.4.2002.
(861) Art. 511, §§ 1º, 2º e 3º da CLT.
(862) RMS n. 24.069, Rel. Min. Marco Aurélio, DJ 26.6.2005.
(863) Cf. SÜSSEKIND, Arnaldo *et alii*. *Instituições de direito do trabalho*, p. 1144-1149 e *Direito constitucional do trabalho*, p. 337-340.
(864) Art. 102, *caput*, da CF/88.
(865) HC n. 91.361, Rel. Min. Celso de Mello, DJ 6.2.2009.
(866) RE n. 207.858, Rel. Min. Marco Aurélio, DJ 14.5.1999, RE n. 178.045, Rel. Min. Octavio Gallotti, DJ 3.4.1998 e RE n. 159.228, Rel. Min. Celso de Mello, DJ 27.10.1994.

Acontece que, como mencionei, esta é uma pálida solução. Flexibiliza? Sim. Porém, não resolve o problema. Na verdade, acaba fortalecendo as críticas ao pluralismo sindical, no sentido de que a pulverização seria o prenúncio do fim. Digo isso porque, no Brasil, a criação de sindicatos possui um incentivo gigantesco, que passa ao largo da intenção efetiva de se comunicar: é, antes de mais nada, a vontade de arrecadar[867]. Cada sindicato novo faz jus à parcela do imposto sindical. Daí, para que burocratas inescrupulosos montem sindicatos de fachada apenas para se locupletar, é um pulo.

Neste sentido, nunca é demais relembrar que sindicato "não é clube recreativo, que cada um funda e dissolve a seu bel-prazer, usando-o como divertimento"[868]. Antes disso, ele "representa a associação profissional de esperança e força de milhares de produtores reais da riqueza de uma nação"[869].

Em resumo: o que vem sendo feito pelo STF não basta. Para que o sistema seja reequilibrado de acordo com o critério democrático-cooperativo, torna-se imperioso que o Tribunal lance mão da interpretação para modificar o sentido do art. 8º, II da CF/88. Ao responder o que significa categoria, não deve olhar para baixo, uma vez que não encontrará nenhuma informação adequada ao regime constitucional. Por este motivo, deve olhar para o lado e para além, a fim de efetuar uma interpretação em conformidade com o pressuposto moral da instituição que pretende consertar: a preservação e promoção da igual autonomia criativa.

Nada de movimentos bruscos. Não estou postulando que o STF faça tábula rasa do texto constitucional e transforme o seu art. 8º, II em letra morta. Longe de mim defender tamanha postura antidemocrática. O que almejo é algo bem menos traumático e muito mais factível (e justificável). Penso que, estando de frente para um sistema que sempre foi visto de ponta-cabeça, devemos simplesmente girá-lo do avesso para conquistar a sua correta reconfiguração.

Quero dizer com isso que não devemos mais derivar a "categoria profissional" da "categoria econômica". Esta foi uma simbiose tão artificial que, para funcionar, necessitava de um esforço hercúleo do Estado, na atualização infinita, mas sempre incompleta, do seu famoso "Quadro de Atividades". Agora, sem ele, o enquadramento se tornou uma fábula sem final feliz, pois ninguém (juiz, empregado ou empregador) possui um critério objetivo para dizer quando um "desmembramento" é válido ou não. Do sindicato dos trabalhadores de empresas de ônibus, pode originar-se o sindicato dos apontadores? Para o TST, a resposta é negativa, pois esta não seria uma "categoria diferenciada"[870].

Acontece que, redesenhadas as coisas, a resposta para esta e todas as demais perguntas do gênero deve ser uma só: sim. Isso porque, no momento em que se retirou o caráter deontológico deste conceito, ele voltou a despertar sua natureza "sociológica"[871] ou "antropológica"[872].

---

(867) Em sentido semelhante, cf. ROMITA, Arion Sayão. *Sindicalismo, economia e estado democrático*, p. 105.
(868) MORAES FILHO, Evaristo de. *Op. cit.*, p. 174-175.
(869) *Idem, ibidem*.
(870) RR n. 1207306-20.2004.5.02.0900, Rel. Min. Emmanoel Pereira, DJ 18.9.2009.
(871) SÜSSEKIND, Arnaldo *et alii*. *Instituições de direito do trabalho*, p. 1143.
(872) ALEXY, Robert. *Teoria dos direitos fundamentais*, p. 145-146.

Em face disso, nada melhor do que lembrar a sábia lição de Evaristo de Moraes Filho, para melhor aferi-lo: a profissão deve ser vista como a matéria do sindicato, enquanto a categoria seria a mera forma que a sucede[873]. Ela — profissão — surge de uma necessidade de fato e possui como características a continuidade, a unidade e a diversidade. Continuidade, porque é exercida habitualmente. Unidade, porque possui particularidades que marcam os homens e mulheres que a exercem, com nomes, símbolos e linguagem próprios. Diversidade, porque o seu grau de complexidade vai se modificando na medida em que se altera o local de atuação[874].

Algumas vezes, é regulamentada quando a repercussão social dos afazeres merece uma atenção desigual[875]. Em outras, o seu exercício deve ser deixado ao livre-arbítrio do indivíduo, uma vez que não há justificativa razoável para condicioná-lo[876]. Tem-se, então, um conceito que exprime um gênero de atividades, cujas minúcias serão construídas *a posteriori* e, nas relações de emprego, de acordo com as tarefas que lhe forem entregues pelo empregador[877].

O que estou a defender é uma nova interpretação, calcada em dois movimentos bem sutis. Primeiro, a separação conceitual entre a categoria profissional e a econômica: o fim da simetria forçada. Depois, a atribuição do seguinte significado à expressão categoria profissional: "um rótulo, uma designação abreviada ou sintética que exprime o género de actividades contratado."[878]

Como se vê, não existe aqui uma revolução linguística de grandes proporções. Há apenas uma aproximação com o que se faz num país muito chegado à nossa realidade, do ponto de vista jurídico, histórico e cultural. Pois não custa dizer que, em Portugal, formalizou-se a Constituição de 1976 com um intuito bastante semelhante ao da nossa Constituição de 1988: apresentar uma linha divisória entre o passado autoritário e o futuro democrático[879]. E ao lê-la a partir deste novo influxo institucional, os intérpretes lusitanos também se utilizam da noção de "categoria", para melhor compreender o alcance da liberdade sindical. Só que no sentido ao qual acabei de me referir.

Por lá de trás dos montes, a ideia de categorização não se confunde com o nosso antigo enquadramento. Muito ao contrário, põe-se nas mãos dos agentes privados a primazia do desenho de suas características essenciais. De um modo geral, a categoria do empregado seria identificada pelo conjunto de atribuições para as quais foi contratado.

Um exemplo interessante, citado por Monteiro Fernandes, é o de "técnico administrativo". Numa mesma empresa, pode-se qualificar desta maneira tanto o

---

(873) MORAES FILHO, Evaristo de. *Op. cit.*, p. 70.
(874) *Idem*, p. 81.
(875) Por exemplo, a Lei n. 8.906 de 4 de julho de 1994.
(876) O exemplo mais recente (e mais polêmico) foi a invalidação da exigência de diploma para o exercício da atividade de jornalista. Cf. STF-RE n. 511.961-SP, Rel. Min. Gilmar Mendes, DJ 13.11.2009.
(877) FERNANDES, Antonio Lemos Monteiro. *Op. cit.*, p. 188.
(878) *Idem*, p. 195.
(879) Cf., por todos, CANOTILHO, J. J. Gomes. *Direito constitucional e teoria da Constituição*, p. 195 et seq.

responsável pelo "expediente próprio das relações com as instituições de Segurança Social", como o encarregado de "manter actualizado o ficheiro do pessoal da empresa"[880]. Em ambos os casos, possuem a mesma qualificação, não obstante as funções serem distintas.

Mais interessante ainda é observar o seguinte: apesar de a atribuição de sentido à categoria profissional se distanciar da atividade econômica preponderante do empregador, este ainda possuirá um papel crucial na sua redefinição. Isso ocorrerá porque será ele quem, via de regra, preencherá o objeto do contrato e posicionará o trabalhador no organograma empresarial. Para tanto, levará em conta a função de que necessita e as qualificações profissionais apresentadas[881]. Haverá o deslocamento da "preponderância", enquanto elemento de identificação. Ao invés de encontrar-se na atividade econômica, ela estará lotada na atuação do empregado, uma vez que a sua "função principal" será a responsável pela sua inserção numa determinada categoria definida pelo empregador[882].

Contínuo, pintor de automóveis, balconista, faxineiro ou operador de *telemarketing*, cada um pertencerá a sua categoria de acordo com a sua qualificação. Valendo-me das conceituações brasileiras de antanho, todas as categorias serão diferenciadas[883]. Nada mais do que a implementação prática do "princípio da especialidade"[884].

Por isso que nada impede que elas sejam predefinidas pela lei ou por convenções e acordos coletivos, estando tudo a depender da repercussão social da atividade exercida ou do grau de organização daqueles que a exercem. Pensem, por exemplo, nos professores e nos bancários, ou nos engenheiros, médicos, advogados, petroleiros, trabalhadores avulsos, atletas profissionais e músicos. Nestes casos, o empregador deverá adequar a organização do seu empreendimento, de maneira a qualificar corretamente determinado empregado, cuja designação e tarefas já tenham sido previamente normatizadas.

Quais as vantagens e desvantagens deste modelo?

Comecemos pelas vantagens. De imediato, já se pode dizer que haverá a valorização da pessoa do trabalhador, no sentido de que as suas habilidades individuais serão a chave da coletivização dos seus interesses. Neste novo desenho, a "profissionalidade" do indivíduo deverá ser considerada como o ponto de partida da reunião dos trabalhadores numa categoria[885]. Além de ter sido o motivo que o levou a ser contratado, será por meio deste seu amontoado de qualidades (consideradas relevantes pelo empregador) que a pessoa empregada se distinguirá dos que não as possuem e se sentirá atraída pelos que delas compartilham.

Outro fator favorável é a possibilidade de maior aproximação entre o sindicato e o empregador. Ora, se é o empregador que detém a prerrogativa de qualificar o

---

(880) FERNANDES, Antonio Lemos Monteiro. *Op. cit.*, p. 195.
(881) *Idem*, p. 196 e 204.
(882) *Idem*, p. 188-189.
(883) Art. 511, § 3º da CLT.
(884) GOMES, Orlando; GOTTSCHALK, Elson. *Op. cit.*, p. 560.
(885) FERNANDES, Antonio Lemos Monteiro. *Op. cit.*, p. 190.

empregado no momento da contratação (criando uma categoria "contratual"[886]), é certo que a comunhão de interesses trabalhistas girará em torno do que ele próprio organizou. Em algumas situações, será possível visualizar, inclusive, a formação de "sindicatos por empresa". Suponham, por exemplo, que a atividade econômica seja extremamente específica ou que o empregador esteja à frente de um verdadeiro monopólio. São hipóteses pontuais, é claro, mas que deixam transparecer a viabilidade de institucionalização sindical de dentro para fora. Viabilidade esta que proporciona um importante incentivo democrático-cooperativo, na medida em que a negociação descentralizada ou local acarretará menores custos de transação[887]. Isso ocorre porque os custos de aquisição das informações relevantes serão praticamente reduzidos a zero, diante da proximidade dos detentores destas informações, os quais são nada mais nada menos do que "os próprios interessados no resultado das negociações"[888].

Um terceiro elemento vantajoso é a maior proximidade do sindicato com os seus representantes. Quem é mais legítimo: o sindicato dos bancários ou o sindicato dos tesoureiros? O sindicato dos professores ou o sindicato dos professores de matemática? O sindicato dos trabalhadores das empresas de transporte de cargas ou o sindicato dos motoristas?

A par de estar muito mais ciente das peculiaridades da profissão, este modelo sindical fomentará uma democracia cooperativa menos teórica e mais efetiva. Ao discorrer sobre um assunto correlato, Robert Goodin bem lembrou que, numa sociedade de massa, as instituições democráticas funcionarão melhor, na medida em que houver maior sintonia entre os assuntos a serem debatidos[889].

Feitas as considerações, creio que a discussão, se travada de acordo com o novo modelo sugerido, estará num patamar epistemológico superior. Penso desta forma, porque será (1) menos custosa (porque tende a ser menos abrangente), (2) estará mais próxima do consenso (uma vez que os debatedores estarão falando a mesma língua), (3) valorizará mais a autonomia (pois a proximidade funcional levará a maior disposição do outro para ouvir) e, assim, (4) produzirá um resultado, ou melhor, uma postura institucional mais simpática à cooperação.

Uma última vantagem seria a de que a categoria não seria um "casulo" ou uma "prisão" para o empregado, nem, tampouco, para o empregador[890]. No que tange ao primeiro, ele poderia sair de uma e ingressar em outra, por exemplo, mediante a promoção, da conquista de um diploma ou da correção de um desvio de função (quando estiver atuando, de fato, numa categoria, apesar de lhe ser atribuído o nome de outra). Já para o empregador, é importante frisar, mais uma vez, que ele teria a primazia de categorizar a sua empresa, sendo apenas excepcionalmente limitado pelo legislador ou pelo instrumento coletivo a que aderiu direta ou indiretamente, caso seja um acordo ou uma convenção.

---

(886) *Idem*, p. 189, nota de rodapé n. 2, e 199.
(887) ARAÚJO, Fernando. *Op. cit.*, p. 201 e 219-221.
(888) *Idem*, p. 201.
(889) GOODIN, Robert E. Democratic Deliberation Within. In: FISHKIN, James S.; LASLETT, Peter (ed.). *Debating deliberative democracy*. Oxford: Blackwell Publishing, 2003. p. 59 (tradução livre).
(890) FERNANDES, Antonio Lemos Monteiro. *Op. cit.*, p. 202-203.

Quanto às desvantagens, duas me vêm à mente neste instante. Uma é a de que, por mais que se consiga o esboço de sindicatos por empresa em situações especiais, a regra continua a ser a do sindicato que lhe seja exterior. Para alguns, este não é um ponto contrário, uma vez que a circunscrição do sindicato ao empreendimento do empregador seria razão para vulnerabilidades e cooptações[891].

Como não penso assim — pois o importante é garantir os pressupostos do diálogo e a sua estruturação eficiente —, acredito que seja o engessamento institucional (e não o contrário) o que provoca uma baita desvantagem. Neste aspecto, espero já ter sido claro o suficiente para que os convença da minha posição, próxima à dos liberais igualitários: sempre que não se deixem sujeitos livres e iguais decidir por si mesmos o que consideram bom ou ruim, alguma coisa estará errada. Por isso, toda imposição perfeccionista deve ser rejeitada, ainda mais nesta questão sindical, onde ela é feita de fora para dentro.

O segundo problema seria um potencial aumento dos custos de transação. Se o empregador quiser negociar com o sindicato da categoria profissional, terá que sentar com cada um deles, sejam eles cinco, dez ou vinte, estando tudo a depender das particularidades do segmento econômico no qual atue[892].

Pois bem. Sopesados os prós e os contras, concluo que esta reconfiguração continua a valer a pena, pois as desvantagens apontadas não chegam a superar o que de bom ela produz.

A permanência do viés corporativo foi mitigada, mas não abolida, reconheço. Acontece que não há como desconsiderar completamente o texto constitucional, sob pena de se cair numa incoerência sem salvação: resgatar a democracia sindical ao preço de se esquartejar a vontade democrática do legislador constituinte. A mutação constitucional encontra, no enunciado, o seu limite intransponível, de modo que a mudança do modelo deve ser feita, sim, mas dentro das regras do jogo.

Quanto ao aumento de custos, às vezes, ele pode ser mais aparente do que efetivo. Dependendo do contexto em que as deliberações se desenvolvam, a majoração de uma parte poderá ser compensada pela redução em outra, haja vista a possibilidade de se discutir os pormenores de cada etapa empresarial. Por exemplo: como o salário pago aos caixas é menor do que o dos gerentes de banco, os primeiros podem negociar um aumento maior do que o auferido pelo segundo grupo, o que poderá ser vantajoso para o empregador, pois certamente o número dos ocupantes de cargo de confiança é sempre mais reduzido.

Além disso, a reunião de conjuntos menores para debater questões mais pontuais é geralmente menos trabalhosa (e menos cara) do que juntar todos (caixas, gerentes, contadores e tesoureiros) para falar de tudo. Numa perspectiva mais abrangente, a variação do custo pode não influenciar tanto assim.

É claro que muitas antigas incertezas continuarão e novas dúvidas ainda surgirão. Saber o que é acessório ou conexo à função do empregado, podendo-se dele exigir, e

---

(891) MORAES FILHO, Evaristo de. *Op. cit.*, p. 150. SÜSSEKIND, Arnaldo. *Direito constitucional do trabalho*, p. 317-318.
(892) Cf., por exemplo, a Súmula n. 374 do TST.

o que está situado numa outra categoria, gerando um desvio irregular, é apenas um entre inúmeros outros problemas[893].

Contudo não é algo que impeça a implementação imediata deste novo desenho institucional. Não que se esteja com pressa. Como destaquei no início, a minha preocupação é com a correção de rumo, e não com a sua velocidade. Contudo, o modelo apresentado é cauteloso o suficiente para permitir a readequação do sistema sindical ao critério democrático-cooperativo, sem embargo de permitir uma maior fluidez negocial, capaz de imprimir, ela própria, a maior rapidez, tão ansiada, na solução das aporias que estão escondidas por aí.

2.2. Uma dose de quota de solidariedade e duas de direito de oposição: o antídoto normativo para a asfixia institucional

O último entrave institucional à democratização sindical interna, ao qual eu gostaria de me debruçar, é o dos efeitos vinculantes das normas coletivas. Convenções e acordos coletivos: dois instrumentos que, no sistema em vigor, atingem indiscriminadamente todos os empregados, desde que devidamente "enquadrados". Sem dúvida alguma, cuida-se de uma das maiores demonstração de poder, dentro do mundo sindical[894].

Agora vejam só. Quando as cláusulas normativas se prestam a ampliar a gama de direitos, o maior dilema diz respeito à sua extensão temporal. As benesses se incorporam ou não aos contratos individuais?

O TST pacificou a questão ao aplicar, por analogia, o teor da Súmula n. 277, restringindo o prazo de vigência dos "novos direitos" ao período legal de dois anos (art. 614, § 3º da CLT)[895]. Recentemente, duas exceções foram abertas: (1) uma, no caso de as próprias partes negociantes decidirem alongar o seu tempo de duração[896]; (2) outra, quando a vantagem (v. g., estabilidade decorrente de doença profissional) se concretiza durante a vigência da norma coletiva e, por conta de sua natureza, ultrapassa o período legal[897].

A rigor, duas idas e vindas bastante razoáveis, levando-se em conta a sua inserção num contexto no qual a interpretação é enriquecida com as peculiaridades fáticas do

---

(893) Para mais exemplos e situações problemáticas, cf. FERNANDES, Antonio Lemos Monteiro. *Op. cit.*, p. 198-214.
(894) SÜSSEKIND, Arnaldo. *Direito constitucional do trabalho,* p. 316.
(895) OJ n. 322 do SDI-I do TST: "Acordo coletivo de trabalho. Cláusula de termo aditivo prorrogando o acordo para prazo indeterminado. Inválida. Nos termos do art. 614, § 3º da CLT, é de 2 anos o prazo máximo de vigência dos acordos e das convenções coletivas. Assim sendo, é inválida, naquilo que ultrapassa o prazo total de 2 anos, a cláusula de termo aditivo que prorroga a vigência do instrumento coletivo originário por prazo indeterminado."
(896) RR n. 1248/2002-043-12-00.0, Rel. Min. Lélio Bentes, DJ 30.11.2007.
(897) OJ n. 41 do SDI-I do TST: "Estabilidade. Instrumento normativo. Vigência. Eficácia. Preenchidos todos os pressupostos para a aquisição de estabilidade decorrente de acidente ou doença profissional, ainda durante a vigência do instrumento normativo, goza o empregado de estabilidade mesmo após o término da vigência deste."

caso concreto. Todavia, no que toca ao *free rider*, ele continua sem o menor incentivo à participação sindical. Se as prestações foram majoradas sem que o caroneiro descompromissado movesse um dedo sequer, para que gastar seu precioso tempo indo a assembleias e, o que é pior, pagando contribuições associativas?

No entanto, pensemos nas cláusulas *in pejus*. A jurisprudência está repleta de exemplos. Só para citar três, imaginem: (1) uma norma coletiva posterior que revoga a estabilidade contida na anterior e a substitui por uma indenização adicional[898], ou (2) uma norma coletiva que diminua o intervalo de descanso previsto no art. 71, § 3º da CLT[899] ou, ainda, (3) uma norma coletiva que aumenta a jornada dos turnos ininterruptos de revezamento de 6 para 8 horas[900].

Nestas hipóteses, o *free rider* não apenas ficará feliz de estar fora do sindicato, como vai exercer o seu direito de opor-se à decisão coletiva, sob o argumento de que houve violação de seus direitos adquiridos. Em síntese, pode-se dizer o seguinte: para o bem ou para o mal, o *free riderism* continua muito mais vantajoso dentro do sistema sindical brasileiro. A questão é: qual o antídoto para essa anomalia?

Na verdade, não existe um solução rápida e indolor. O que se pode sugerir é um pacote de mudanças que atinjam os alicerces deste modelo envelhecido. Monopólio e enquadramento já são páginas viradas. O que proponho, neste momento, é uma reconfiguração gradativa do imposto sindical, em três estágios.

O primeiro deles é o mais fácil: pulverizar a receita obtida por todas as associações profissionais existentes. O que há alguns anos atrás pareceria uma quebra de sistema, conta, agora, com a aprovação de dois Ministros do STF: Marco Aurélio e Eros Grau. Ambos colocaram o dedo na ferida corporativa e concluíram que a finalidade destes recursos públicos é a melhoria das condições de vida dos trabalhadores em geral, o que inclui a possibilidade de constituírem associações paralelas ao sistema sindical. A mensagem de fundo ficou bem clara: que se abram as comportas. E, com este comentário certeiro, os dois julgadores da Suprema Corte brasileira permitiram que as centrais sindicais se servissem de uma grossa fatia do bolo tributário.

O que pretendo é aprofundar o raciocínio e ofertá-lo, também, às demais associações profissionais, cuja grande maioria está muita mais faminta de recursos do que as bem nutridas centrais sindicais. Principalmente depois de o veto presidencial à fiscalização do uso deste dinheiro público, pelos sindicatos, ter sido fundamentado na ideia de "autonomia sindical"[901]. Agora, nada mais justo do que distribuí-lo fraternalmente entre todos os grupos de trabalhadores que almejam se comunicar. Pois não só se estaria promovendo sua igual autonomia criativa, como se obrigaria a cada uma delas a buscar fontes alternativas de custeio, no caso dos valores recebidos não serem suficientes.

---

(898) RR n. 1744600-20.2002.5.02.0900, Rel. Min. Carlos Alberto Reis de Paula, DJ 19.12.2008.
(899) RR n. 141300-11.2006.5.17.0011, Rel. Min. Antônio José de Barros Levenhagen, DJ 26.2.2010.
(900) Súmula n. 423 do TST.
(901) Para uma análise das razões do veto ao art. 6º da Lei n. 11.648/08, que previa a fiscalização do uso dos recursos oriundos do imposto sindical pelo Tribunal de Contas da União, cf. Mensagem n. 139 de 31.3.2008, acessível em: <http://www.planalto.gov.br>.

O segundo passo já é bem mais difícil: "zerar" a alíquota da contribuição sindical. Poderia vir posteriormente, após a diluição do recurso para a generalidade dos grupos de empregados. Mas o trabalho judicial deve ser encerrado aqui, obviamente. Como é público e notório que o STF não admite a inconstitucionalidade de normas constitucionais originárias, não há manobra hermenêutica à vista, capaz de solucionar o ranço corporativo insculpido no art. 8º, IV da CF/88. Ao que tudo indica, a tarefa será do legislador ordinário. O que, em tese, exige menos esforço de coalizão do que uma emenda constitucional revocatória. Digo "em tese" porque, como já ressaltei no Capítulo I, até as vias de fato já recorreram, quando o parlamento "ameaçou" acabar com esta fonte inesgotável de recursos públicos[902].

Escapulir das garras fiscais dos pelegos[903]. É o que deve ser feito de imediato, para que os empregados se sintam mais estimulados a participar. Não porque o alívio da carga tributária vai lhes incutir, de uma hora para outra, o espírito de cidadania sindical. Mas, sim, porque depois de "secada a fonte", os dirigentes sindicais serão obrigados a sair às ruas e convencer os empregados da sua capacidade de representação efetiva. O Estado sai de cena e deixa os atores sociais dialogarem entre si. Cartas, comícios, grupos de discussão na internet, filmes, livros e propagandas: são apenas alguns exemplos de como a direção dos sindicatos pode angariar novos filiados. Ao fim e ao cabo, são todos meios legítimos de estímulo à reflexão individual sobre as questões coletivas, e que podem destacar o lado positivo da participação na vida associativa[904].

O lance seguinte deve ser o de se reescrever o sentido original da contribuição confederativa[905]. Alterar, mais uma vez, a interpretação realizada pelo STF[906]. Antes de ser mais explícito, é importante avisá-los de que a mutação oferecida talvez se assemelhe a um retrocesso. Mas os leitores logo perceberão que se trata de um alarme falso. A estratégia utilizada aqui é aquela velha conhecida: dar um passo atrás, para avançar dois à frente. Acompanhem-me.

Em um cenário onde já não houvesse imposto sindical, haveria espaço para a concretização da primeira parte do art. 8º, IV da CF/88. A contribuição confederativa, estipulada em assembleia pelos próprios interessados, seria, então, irradiada para todos os trabalhadores da categoria, a fim de custear o núcleo da atividade sindical: a negociação coletiva. Mais uma vez: todos contribuiriam, não só os filiados. Diferentemente do que a jurisprudência vem falando em uníssono, existiria, sim, a possibilidade de a contribuição confederativa ser cobrada de quem não é sindicalizado. Como? Por quê? Trocar seis por meia dúzia. Uma ideia esdrúxula, gritarão alguns. Contudo, volto a dizer: parece retrocesso, mas não é.

Indo direto ao ponto, não estou legitimando a extensão da contribuição associativa ao que não é associado, uma contradição lógica explicitamente bloqueada pelo

---

(902) Cf. item II, § 1º.
(903) GOMES, Orlando; GOTTSCHALK, Elson. *Op. cit.*, p. 608-609.
(904) Sobre o manuseio de instrumentos de reflexão individual, a fim de se aperfeiçoar (e tornar menos fictícia) a deliberação coletiva nas sociedades de massa, cf. GOODIN, Robert E. *Democratic deliberation within*, p. 62-70.
(905) ROMITA, Arion Sayão. *Sindicalismo, economia e estado democrático*, p. 137.
(906) Súmula n. 666.

arts. 5º, XX e 8º, V da CF/88. O que pretendo não tem nada a ver com isso. Ao contrário, quero destacar a necessidade de mais uma arrumação dogmático-analítica[907], imposta pelo critério institucional. De um lado, afastar o conceito de contribuição associativa da definição de contribuição confederativa; de outra parte, identificar esta última com a noção de "quota de solidariedade". Porque, como o próprio nome indica, trata-se de uma contribuição direcionada para a confederação. Não para sustentar a distribuição de cafezinhos, mas para criar um ambiente menos propício ao *free riderism* e mais simpático à reciprocidade.

Ora — os críticos poderão insistir —, o quadro sindical brasileiro não positivou a hipótese da quota de solidariedade. Por aqui se cogitou da contribuição compulsória, da contribuição associativa, da contribuição assistencial e, a mais nova de todas, da contribuição confederativa[908]. E o que fez o STF? Acabou por confundir a segunda com a quarta. Tanto assim que permitiu a sua elaboração independentemente de lei (prestigiando a liberdade sindical coletiva) e proibiu a sua cobrança de quem não fosse membro (protegendo a liberdade sindical individual). Um caso típico de contribuição associativa.

Mas aí vem a pergunta: será que a Constituição de 1988 possibilita uma interpretação diferente? Resposta: ela não só permite, como, de acordo com o critério democrático-cooperativo, exige que seja feita.

A ideia de "quota de solidariedade" não seria mais uma jabuticaba nacional. Na verdade, a contribuição confederativa é que pode ser assim classificada. Na sua primeira versão, era tida como uma forma de contribuição assistencial, um antepasso para o fim do imposto sindical[909]. Conchavos políticos de última hora introduziram a expressão "independentemente da contribuição prevista em lei" no art. 8º, IV da CF/88, legando uma redação confusa e uma novidade institucional de difícil interpretação[910]. Não foi à toa, portanto, que o STF acabou por considerá-la um sinônimo de contribuição associativa. Mas isso pode e deve ser revisado.

Reflitam comigo. Em grande parte das democracias ocidentais contemporâneas, é permitida a cobrança de quota de solidariedade. Portugal, Itália, México, Estados Unidos, Inglaterra, Áustria, Suíça, Alemanha e Espanha são exemplos disso[911]. Nelas, consolidou-se a ideia de instituir uma contribuição com o objetivo de "compensar os gastos em que incorreu o sindicato no esforço de negociação coletiva"[912]. Nada excessivo. Em alguns lugares, chega-se a limitar o valor ao equivalente ao de uma contribuição associativa. O importante é eliminar a inconveniente situação onde alguns pagam mais, e outros, menos, para obterem as mesmas regalias. Diminuir ao máximo o *free riderism*. E ainda há uma vantagem adicional, inexistente no atual modelo contributivo-tributário: o direito de oposição[913].

---

(907) ALEXY, Robert, *Teoria dos direitos fundamentais*, p. 33-34.
(908) ROMITA, Arion Sayão. *Sindicalismo, economia e estado democrático*, p. 109.
(909) *Idem*, p. 110 e 137.
(910) *Idem, ibidem*.
(911) ROMITA, Arion Sayão. *Sindicalismo, economia e estado democrático*, p. 117-124. GOLD, Michael Evan. *Op. cit.*, p. 7 e 15-16.
(912) ROMITA, Arion Sayão, *Sindicalismo, economia e estado democrático*, p. 124.
(913) *Idem*, p. 144-145.

No caso de a minoria derrotada entender que os seus direitos fundamentais (os pressupostos morais do discurso) foram vulnerados pelo resultado da negociação, estarão abertas as portas do Judiciário para que se rediscuta a questão. Pensem, por exemplo, nas convenções coletivas que condicionam o direito à estabilidade das empregadas gestantes à comunicação expressa ao empregador[914]. Haverá uma clássica manifestação da jurisdição constitucional que ultrapassa, até mesmo, o círculo restrito das minorias, transformando-se numa saída de emergência individual (tal como mencionada no Capítulo III) em face do risco potencial da ditadura das maiorias[915].

A verdadeira novidade, todavia, será para os não associados. Não em relação ao que foi dito no parágrafo anterior, o que para eles é bastante corriqueiro. Neste ambiente redesenhado, descortina-se uma segunda possibilidade. Como não participarão das discussões, eles poderão se recusar a pagar pelos custos da transação, com as seguintes consequências: (1) ou abrirão mão das benesses angariadas; (2) ou ficarão de fora das flexibilizações negociadas.

O que não será mais aceito é a omissão disfarçada do caroneiro descompromissado e egoísta, que visa apenas o bônus (vantagens sem custeios) e jamais o ônus (compartilhar, com os demais, o esforço de deliberação). E com mais um detalhe: se quiser ficar de fora da flexibilização, pelo simples fato de não integrar a instituição sindical, que se coloque sob as luzes da ribalta e apareça como o individualista que é, pouco preocupado com as externalidades de suas decisões... Até que um dia, elas venham bater à sua porta.

Em síntese, a mistura de uma quota de solidariedade com duas de oposição (uma material e outra formal) aperfeiçoará o sistema sindical brasileiro de três maneiras diferentes: (1) acentuará a autonomia coletiva (pois será o próprio sindicato, e não mais o Estado, a fixar o valor da contribuição); (2) preservará a autonomia individual (na medida em que, ao contrário do pagamento do imposto, viabilizará o direito de oposição); e (3) legitimará — retroativamente, é claro — o veto presidencial contido na Mensagem n. 139, de 31.3.2008, uma vez que, nestes termos, a fiscalização pelo TCU não será realmente necessária.

§ 2º — A democracia externa: dialogando com o outro

A partir deste instante, o enfoque deixa de ser o introspectivo, o do empregado *vis-à-vis* com seu semelhante. Agora, é a interação de todos eles — já devidamente agrupados — com o empregador, que estará no centro da discussão. Por outras palavras: é a democratização externa da relação de emprego que deve emergir.

Para tanto, não repetirei aqui as mazelas do ambiente sindical, eis que já bastante esmiuçadas no parágrafo anterior. Em verdade, o importante a destacar, por agora, é

---

(914) STF-RE n. 234.186, Rel. Min. Sepúlveda Pertence, *DJ* 31.8.2001 e TST-RR n. 4704600-24.2002.5.02.0900, Rel. Min. Walmir Oliveira da Costa, DJ 4.12.2009. Cf. também a Súmula n. 244, I do TST.
(915) Cf. item III, § 2º, 1.

o fato de que os referidos fatores de condensação forçada se entronizaram de tal modo na cultura jurídica brasileira, que, por estas bandas, preferir a solução negociada, ao invés da legislada, é quase uma provocação. A rigor, a chamada "flexibilização" tornou-se sinônimo de retrocesso social, diminuição da proteção ou mesmo de um verdadeiro massacre dos trabalhadores assalariados[916]. Um raciocínio equivocado, mas compreensível, uma vez que surgiu de uma realidade distorcida[917].

Minha intenção será exatamente a de pôr as coisas nos seus devidos lugares. Analisar o que acontece quando a armada coletiva — reequipada com os recursos sugeridos — entra em ação. Antes disso, porém, é necessário saber como os atuais instrumentos disponibilizados pelo legislador constituinte funcionam, pois, com uma flotilha ou outra, um dado empírico incontornável continua a permear o embate entre (1) o conjunto de indivíduos que precisa trabalhar para sobreviver e (2) aquele que lhes concede esta oportunidade. Falo do desequilíbrio do poder de barganha[918].

Para que esta interação deixe de ser vista como uma batalha entre inimigos e passe a ser encarada como um diálogo entre sujeitos imbuídos do espírito cooperativo, é imprescindível a intervenção do Estado, com o intuito de implementar algumas "alterações institucionais" em favor da parte mais fraca. E, como já repisei diversas vezes, esta interferência exterior restará justificada, na medida em que promova a autonomia discursiva e acarrete, por tabela, a eficiência do resultado obtido.

Assim sendo, penso que as principais perguntas, que deverão subordinar a estratégia argumentativa deste tópico, são as seguintes:

(1) Existe um escudo normativo capaz de equiparar a autonomia criativa dos interlocutores?

(2) A conformação estatal desta conversação conduz, efetivamente, à redução do déficit de legitimidade (e racionalidade) dos empregados e à equiparação de forças?

(3) O sistema atual facilita a redução dos custos da (potencial) transação a ser efetuada com o empregador, com vistas a majorar a cooperação?

Responderei a estas e outras mais, valendo-me de quatro institutos que, sem embargo de bastante conhecidos do direito constitucional do trabalho brasileiro, são os que, na minha opinião, necessitam urgentemente de uma nova formatação: a estabilidade sindical, o direito de greve, o critério de escolha da norma (e da condição) mais benéfica e a dispensa coletiva.

São estes os direitos coletivos (*rectius*, comunicativos) que *devem ser* redesenhados de acordo com o critério democrático-cooperativo. Com isso, espero transformar o panorama de maneira tal que, revistas as coisas sob o ângulo correto, o conflito econômico-normativo deixe de ser um entrave ao desenvolvimento, assemelhando-se, cada vez mais, a uma "janela de oportunidade" para a negociação justa, porque plural, paritária e eficiente.

---

(916) Sobre as razões históricas que conduziram a esta conclusão preferencial da lei sobre a negociação coletiva, cf., SANTOS, Ronaldo Lima dos. *Op. cit.*, p. 279-283.
(917) Cf., mais à frente, o Capítulo VII.
(918) ARAÚJO, Fernando. *Op. cit.*, p. 197-200.

1. Estabilidade sindical: a volta ao passado para garantir um futuro melhor

A proteção do emprego daquele que exerce a liderança sindical é, sem sombra de dúvida, um consenso. Num rápido sobrevoo do passado para o presente, veremos que, ao sairmos do art. 1º, itens 1 e 2, *b* da Convenção n. 98 da OIT, de 1949[919], passando pelo art. 543, § 3º da CLT (com a redação da Lei n. 7.543, de 1986) para aterrissarmos no art. 8º, VIII da CF/88, a noção de fundo permanece a mesma: a manutenção do emprego daquele indivíduo, que exerce um cargo na administração sindical ou a representação profissional da categoria, é uma medida essencial para lhe garantir independência[920].

Trata-se de uma intervenção relativamente fácil de ser explicada, pois se o dirigente sindical estivesse despido de qualquer garantia extraordinária, a espada de Dâmocles (pendente sobre a cabeça de qualquer trabalhador assalariado) fatalmente ceifaria a sua já na primeira contenda, quando contrariasse algum interesse específico do seu empregador ou algum outro, mais genérico, comum a ele e aos demais participantes de sua categoria econômica.

Contudo, a simplicidade explicativa desta couraça institucional muitas vezes pode esconder alguns excessos que, ao contrário de aumentar a autonomia discursiva dos empregados como um todo, irão reduzir, arbitrariamente, a liberdade de atuação do empregador. A jurisprudência é recheada de exemplos: conselho de ética[921], conselho consultivo[922], conselho fiscal[923], delegado sindical[924], comissão sindical de fábrica[925], cargo em comissão[926] e estágio probatório[927]. Em todos estes casos, os tribunais concluíram que a função não demandava a garantia de emprego do trabalhador que a exercia.

Se considerarmos que o direito coletivo é, a rigor, um *direito comunicativo*, podemos justificar o encurtamento do cobertor institucional, ao menos em relação aos conselheiros, com base na ausência de atribuições discursivas dentre as suas tarefas ordinárias. Isto é, os membros dos conselhos de ética, consultivo e fiscal falam para dentro, e não diretamente com o empregador. De modo que, ao não integrarem a linha de frente da negociação, não necessitam de um escudo protetor voltado especificamente para a interlocução moral.

Já os ocupantes do posto de delegado sindical e de participante da comissão sindical de fábrica se comunicam com o empregador. Então por que não fazem jus à estabilidade? Penso que deve ser assim porque eles atuam em nome da direção

---

(919) Aprovada no Brasil pelo Decreto Legislativo n. 49 de 1952, ratificada em 18 de novembro de 1952 e promulgada pelo Decreto n. 33.196, de 1953.
(920) SÜSSEKIND, Arnaldo. *Direito constitucional do trabalho*, p. 387 e Súmula n. 197 do STF.
(921) TST-RR n. 182500-72.1999.5.17.0001, Rel. Min. Rosita de Nazaré Sidrim Nassar, DJ 3.9.2004.
(922) TST-AIRR n. 9140-24.2002.5.02.0902, Rel. Min. João Oreste Dalazen, DJ 3.12.2004.
(923) OJ n. 365 do SDI-I do TST. Cf., também, TST-AERR n. 58500-46.2002.5.01.0031, Rel. Min. Maria Cristina Irigoyen Peduzzi, DJ 19.12.2006.
(924) OJ n. 369 do SDI-I do TST. Cf., também, TST-ERR n. 32700-97.2007.5.02.0003, Rel. Min. Maria Cristina Irigoyen Peduzzi, DJ 27.11.2009.
(925) TST-RR n. 539647-22.1999.5.02.5555, Rel. Min. Ives Gandra Martins Filho, DJ 20.6.2003.
(926) STF-RE n. 183884, Rel. Min. Sepúlveda Pertence, DJ 13.8.1999.
(927) STF-RE n. 208436, Rel. Min. Ilmar Galvão, DJ 26.3.1999.

sindical. Logo, por não terem sido escolhidos pelos seus companheiros para defenderem os interesses comuns (sendo selecionados — indiretamente — pela liderança), não passam de porta-vozes ou, no máximo, de fiscais do sindicato. Não precisam confrontar diretamente o empregador, quando algo lhes soe mal. Basta que informem os dirigentes sobre o que está acontecendo, a fim de que estes, sim, atuem, pois se candidataram com esse propósito.

Quanto aos que estão em cargo comissionado e sob estágio probatório, a razão da não extensão da garantia é a mesma: a precariedade da função. Haveria uma rematada incoerência se o empregador fosse impedido de despedir estes indivíduos, uma vez que a vinculação entre eles depende ou de uma confiança acentuada, na primeira hipótese, ou da demonstração satisfatória, ao administrador público, de sua capacidade profissional, na segunda.

Portanto, incluir estabilidade sindical nestas situações as afetaria tão bruscamente, que seria difícil compreender sobre o que estamos falando, pois vale lembrar: ou o empregador não confia mais e, por isso, não precisa que aquela pessoa exerça a função comissionada, ou o empregado público não se saiu bem e, por conseguinte, deve ser desvinculado.

O que não se pode aceitar é que o empregador seja obrigado a compartilhar decisões cruciais para sua empresa com um indivíduo no qual não mais acredita, ou esteja obrigado a manter nos seus quadros — geridos com a ajuda do erário — um empregado incompetente. Em ambos os casos, estou convencido de que a autonomia discursiva do conjunto dos trabalhadores estaria severamente comprometida, uma vez que a animosidade do empregador com o dirigente eleito não teria nada a ver com a defesa dos interesses comuns. Além disso, o diálogo estaria travado, desde o início, por uma desconfiança tão profunda, que não haveria como se falar em resultado eficiente: a racionalidade supostamente ampliada, de um lado, seria toldada pela interferência arbitrária, do outro.

Estes exemplos, porém, não esgotam os riscos institucionais encontrados pelo caminho. Outro excesso em potencial, corrigido a tempo pela jurisprudência, diz respeito ao número de dirigentes sindicais eleitos. São abundantes as decisões que se referiram à violação do princípio da razoabilidade, quando os juízes se deram conta da elevada quantidade de dirigentes integrantes da organização sindical. É claro que, em problemas desta natureza, o fio da meada deve ser desenrolado a partir de um critério numérico preestabelecido. Saber onde colocar a linha de corte era a chave da questão. E não era uma questão qualquer. Era uma questão hermenêutica das mais tormentosas, visto que o art. 8º, I da CF/88 proíbe a intervenção do Estado na organização sindical.

Entretanto, o TST e o STF não divergiram neste assunto e acolheram de bom grado o art. 522 da CLT no sistema jurídico constitucional atualmente em vigor[928]. Se havia, logo ali, um parâmetro pronto e acabado para ser utilizado, por que não fazê-lo?

---

(928) Cf. Súmula n. 369, II do TST. Vejam, também, STF-RE n. 193.345, Rel. Min. Carlos Velloso, DJ 28.05.1999, AI n. 277.432-AgR, Rel. Min. Nelson Jobim, DJ 27.10.2000, STF-AI n. 735.158-AgR, Rel. Min. Cármen Lúcia, DJ 7.8.2009, TST-E-ED-RR n. 614055-54.1999.5.03.5555, Rel. Min. Milton de Moura França, DJ 19.5.2006, TST-AIRR n. 52540-91.2003.5.09.0665, Rel. Min. Aloysio Corrêa da Veiga, DJ 30.6.2006.

Para alguns, a resposta não seria tão óbvia assim. Isso porque, ao abrigarem o art. 522 da CLT, os tribunais trouxeram, a reboque, um nefasto efeito colateral: o nivelamento de todos os sindicatos, independentemente de suas idiossincrasias[929]. Haveria quebra de isonomia material, pois não se estaria levando em consideração diferenças relevantes, como, por exemplo, o tamanho da estrutura sindical, o número de filiados, as complexidades da profissão, etc. Mas a crítica não se encerra aqui. Uma outra investida contra a manutenção do art. 522 da CLT no sistema jurídico atual foi formulada por Paulo Roberto Lemgruber Ebert[930].

De um modo criativo, este autor se propôs a investigar o dispositivo, com base na teoria dos sistemas de Niklas Luhmann. Depois de uma breve explanação sobre o assunto (ao referir-se à sistematização específica e autopoiética, aos códigos binários e à simplificação normativa idealizada para estabilização das expectativas, aos acoplamentos estruturais entre os sistemas e às irritações internas provocadas pelas modificações do entorno, geradoras de variações, seleções e novas estabilizações), o autor concluiu que: "o art. 522 da CLT (...) foi formulado em um contexto espaço-temporal (entorno/ambiente) datado e específico, que, à ocasião, provavelmente dava vazão às suas expectativas normativas."[931] Todavia — continua ele —, as alterações do ambiente circundante ao art. 522 da CLT "acabam por reduzir significativamente a possibilidade de processamento dos desapontamentos por parte do dispositivo em apreço", impedindo a "sua evolução autopoiética" e a continuação de sua justificativa existencial[932].

O que fazer então? Para Paulo Ebert, a solução é uma só: expurgar o "enunciado férreo" do art. 522 da CLT. Ocorre que ele não se contentou em efetuar este extermínio com os argumentos luhmannianos. Ele decidiu agregar a ideia de direito "como integridade" de Ronald Dworkin para reputar o art. 522 da CLT "incompatível com os princípios da democracia, do pluralismo e da autonomia sindical insculpidos na Carta Magna vigente", deslocando para o Poder Judiciário a função de analisar "caso a caso" as questões envolvendo a composição das diretorias sindicais[933].

Esta é uma conclusão acertada? Creio que não. Digo isso porque, além de existir uma contradição difícil de ser superada, há também o esquecimento de uma máxima bastante apropriada para a solução do problema: o ótimo é inimigo do bom.

Começando pela incongruência argumentativa, ressalto a seguinte pergunta: o que se pretende priorizar, a redução das complexidades e a estabilização das expectativas normativas ou a justiça (tópica) do caso concreto? Generalizações simplificadoras ou individualizações (a rigor, o autor fala de "discursos de aplicação" à moda de Klaus Günther) que levem em conta "todas" as circunstâncias peculiares a cada sindicato em particular[934]?

Penso que reunir duas teorias tão díspares, para justificar uma única resposta correta, acarretará um inevitável curto-circuito interpretativo. Defender a estabilização

---

(929) NASCIMENTO, Amauri Mascaro. *Compêndio de direito sindical*, p. 355-358.
(930) Cf. A limitação legal ao número de dirigentes sindicais estáveis — da insubsistência do art. 522 da CLT na ordem instituída pela Constituição de 1988. *Revista LTr*, São Paulo, ano 72, n. 04, p. 463 *et seq.*, abril de 2008.
(931) *Idem*, p. 468.
(932) *Idem*, p. 471 e 475.
(933) *Idem*, p. 481-482.
(934) *Idem*, p. 480.

das expectativas normativas mediante decisões judiciais casuísticas é o mesmo que — mal comparando — interceder pela transformação do MST numa sociedade anônima, com ações negociadas na bolsa de valores: um paradoxo ideológico e conceitual.

Como esclarece Marcelo Neves, a teoria de sistemas de Luhmann pressupõe uma concepção de direito normativamente fechada e cognitivamente aberta[935], de tal modo que o sistema jurídico permaneceria infenso aos interesses econômicos e às referências éticas, enquanto estes elementos (exteriores) não fossem selecionados pelos processos seletivos de filtragem conceitual interiores ao próprio sistema[936]. Numa versão autopoiética do direito, as expectativas normativas só vigorariam (ou se estabilizariam) depois de serem por ele internalizadas. E isso só aconteceria com a positivação do sistema pelo legislador[937], o qual, de acordo com o próprio Luhmann, é a "instância de apreensão institucionalizada do direito"[938].

Ao compararmos esta visão luhmanniana com a compreensão de Ronald Dworkin sobre o direito como "integridade", o choque de ideias é inevitável[939]. De fato, este autor norte-americano rompe com a lógica positivista no que ela tem de mais característica: o seu critério de identificação ou pertencimento. Ao contrário do que defende Luhmann, não há lugar para mecanismos tão rigorosos no sistema normativo dworkiano, na medida em que ele é dinâmico.

Segundo Dworkin, caso insistam neste formato regulatório estanque, o direito acabará não dando conta do recado. Neste sentido, a sua leitura moral é inevitável ou, por outras palavras, a distinção absoluta entre direito e moral é uma ilusão. Uma ilusão que se queda patente nos chamados *hard cases*, onde o uso dos princípios (não escritos e, pois, não submetidos à filtragem sistêmica) socorre frequentemente os julgadores. Em apertada síntese: para Dworkin, o direito não é um produto acabado, mas um "enfoque", um projeto em constante construção, cuja coerência (integridade) se mantém graças aos princípios por ele compartilhados com a moralidade social em vigor.

Depois desta singela explanação, já se consegue entender melhor por que não acredito na reunião destas duas teorias para justificar a invalidação do art. 522 da CLT. Trata-se de uma empreitada suicida. Contudo, pretendo enfatizar ainda mais a minha opinião com uma outra estratégia argumentativa. Portanto, mudarei o ponto de vista e retornarei ao ditado popular há pouco referido.

Tal como defendem alguns pragmáticos, nem sempre a visão de mundo ideal é a que melhor soluciona os dilemas do dia a dia. Muitas vezes, devemos colocar os pés no chão e nos contentarmos com o *second best*, isto é, com algo que, em tese, não é o preferível, mas que, na prática, acaba sendo visto deste modo, em razão das mais diversas variáveis[940].

---

(935) Cf. De la autopoieses a la alopoieses del derecho. *Doxa* n. 19, 1996, p. 409.
(936) *Idem, ibidem.*
(937) *Idem*, p. 408.
(938) *Sociologia do direito*, vol. II, p. 37-38.
(939) Cf. CASALMIGLIA, Albert. ¿Por que es importante Dworkin? *Doxa* n. 2, 1985, El concepto de integridad en Dworkin. *Doxa* n. 12, 1992, Postpositivismo, *Doxa* n. 21, 1998. GOMES, Fábio Rodrigues. *O direito fundamental ao trabalho*, p. 11-44.
(940) Neste sentido, cf. STRUCHINER, Noel. Posturas interpretativas e modelagem institucional: a dignidade (contingente) do formalismo jurídico. In: SARMENTO, Daniel (coord.). *Filosofia e teoria constitucional contemporânea*. Rio de Janeiro: Lumen Juris, 2009. p. 463-479.

Suponham que o STF tivesse declarado inconstitucional o art. 522 da CLT, uma vez que incompatível com o art. 8º, I da Constituição de 1988. Simples assim. Qual seria a primeira consequência extraída desta decisão? Eu acredito que vivenciaríamos a mais desabrida insegurança jurídica. Um juiz acharia normal (e, pois, razoável[941]) que o sindicato dos metalúrgicos contasse com 200 indivíduos na sua direção, ao passo que o seu colega, na Vara ao lado, apontaria para o clássico abuso de direito. Até que os tribunais superiores fossem provocados e, depois de quilos e quilos de papel, conseguissem calibrar um ponto intermediário, o ambiente sindical e, juntamente com ele, as negociações coletivas, estariam seriamente degradados.

Tem-se, pois, a seguinte conclusão: enquanto o legislador não apresentar uma regulação mais adequada aos diferentes contornos sindicais, a guarida dada ao art. 522 da CLT estará amparada por uma decisão prudente o bastante para, (1) sob a perspectiva do pressuposto discursivo, preservar a modelagem institucional necessária à comunicação independente, com a vantagem adicional de, (2) sob o enfoque pragmático, reduzir os custos da transação até o ponto de incentivar o empregador a retornar para a mesa de discussão disposto a ouvir e, quiçá, a cooperar.

E, reforçando a ideia de cooperação, os julgadores acolheram a necessidade de prévia comunicação da candidatura ao empregador, a fim de que a estabilidade lhe atinja (art. 543, § 5º da CLT)[942]. Respeitada a opinião minoritária[943], penso que a maioria está com a razão, porque não se pode presumir que o empregador é onisciente. Trocando em miúdos, não se pode prescindir da nota escrita quando o empregado estiver participando da eleição sindical, até mesmo porque, depois de iniciado o processo eleitoral, o menor passo em falso do empresário lhe causará grandes dissabores. Além de ser obrigado a reintegrar o trabalhador despedido imotivadamente, poderá ser acusado de discriminação, obstrução da liberdade sindical e por aí afora, com o risco potencial de desembolsar uma lauta indenização pecuniária[944].

No sentido inverso, desloca-se o raciocínio para a porta de saída, quando o empregador se depara com a comunicação tardia. Se, após ele denunciar o contrato — e o aviso prévio tiver sido deflagrado —, o empregado apresentar a comunicação, esta não surtirá qualquer efeito[945]. Como acabei de mencionar, a comunicação visa a permitir que o empregador adeque os seus atos à estrutura institucional desenhada pelo legislador. Assim, se a sua decisão foi tomada antes que esta engrenagem estivesse em funcionamento, não é de bom-tom presumir a sua onisciência e, junto a ela, a sua má-fé, sem que haja uma justificativa minimamente plausível.

Como se vê, nada melhor do que uma comunicação azeitada para que os problemas se amenizem. Esta é a palavra de ordem nas questões coletivas. Por certo que, em algumas ocasiões, as vozes poderão calar, ou por vontade própria (*v. g.*,

---

(941) ÁVILA, Humberto. *Teoria dos princípios*, p. 152-155.
(942) Súmula n. 369, I do TST, STF-RE n. 509.168-AgR, Rel. Min. Eros Grau, DJ 23.5.2008 e RE n. 224.667, Rel. Min. Marco Aurélio, DJ 4.6.1999.
(943) AIRR n. 507/2003-008-15-40.8, Rel. Mauricio Godinho, DJ 12.9.2008.
(944) AIRR n. 139440-66.2003.5.22.0002, Rel. Min. Kátia Magalhães Arruda, DJ 19.3.2010.
(945) Súmula n. 369, V do TST.

quando o dirigente renuncia à função institucional[946]), ou por circunstâncias mais ou menos alheias à vontade de quem quer que seja (quando, por exemplo, diante de uma crise econômica de grandes proporções, o empregador fecha o estabelecimento onde o dirigente trabalhava e, por este motivo, efetua a sua dispensa[947]). Mas, de toda sorte, a ideia comunicativa continuará alimentando a construção institucional, sempre atenta ao imperativo de democratização externa da relação de emprego.

Pois bem. Diante deste — digamos — primeiro elo da corrente, parece que não há muito o que mudar. De um modo geral, a inserção da estabilidade sindical no texto constitucional, somada à modulação institucional que ela vem sofrendo pelas mãos da jurisprudência, causaram uma boa impressão. Contudo, forçando um pouco mais a abertura pluralista defendida no parágrafo anterior, penso que é chegada a hora de encampar uma pequena operação de resgate. É tempo de recuperar, do passado não muito longínquo, uma percepção um tanto quanto embotada, mas por razões que, nos dias que correm, não resistem a um sussurro discursivo. Refiro-me à retomada do antigo Enunciado n. 222 do TST, com alguns ajustes pontuais.

Relembremos a sua redação: "Dirigentes de associação profissional. Estabilidade provisória. Os dirigentes de associações profissionais, legalmente registradas, gozam de estabilidade provisória no emprego." Implementado pelo TST em 19.9.1985, pela Resolução de n. 14, ele foi cancelado em 20.8.1998, pela Resolução n. 84, o que foi referendado em 21.11.2003, por meio da Resolução n. 121.

Por que houve o cancelamento? Porque, segundo a opinião dominante no TST, a Constituição de 1988 desenhou a estabilidade como um instrumento de garantia institucional das entidades sindicais, e não mais das associações em geral[948]. Para os ministros, somente no modelo anterior é que havia motivo para se envolver — também — o dirigente da associação profissional neste arcabouço normativo, uma vez que, no ápice da intervenção estatal corporativa, exigia-se o registro das associações, como uma etapa prévia e obrigatória do futuro surgimento do organismo sindical[949].

Em virtude do arejamento democrático promovido pelo art. 8º, I da CF/88, não é mais permitido ao Estado constranger tão fortemente a vontade coletiva, de modo a antepor obstáculos formais à livre criação dos sindicatos. Logo, deixa de existir o fundamento indispensável à extensão da estabilidade para os diretores associativos, na medida em que deixaram de ser vistos como o embrião dos sindicatos.

Ora bem, depois de tudo que foi dito até agora, acredito que não preciso sofisticar demais o argumento para convencê-los de que esta interpretação está incompleta. Com efeito, o simples fato de as associações profissionais terem se desgarrado dos sindicatos existentes, em virtude da democratização do sistema, não é razão para desguarnecer-lhes o flanco discursivo. Muito ao contrário! Exatamente porque houve a democratização é que elas se tornaram uma via de acesso à comunicação das

---

(946) AIRR n. 37240-25.2006.5.01.0013, Rel. Min. Aloysio Corrêa da Veiga, DJ 19.3.2010.
(947) Súmula n. 369, IV do TST.
(948) AIRR n. 770700-97.2002.5.06.0906, Rel. Min. Guilherme Augusto Caputo Bastos, DJ 9.10.2009.
(949) Arts. 512 e 558 da CLT.

minorias, dos dissidentes e dos pouco afeitos às decisões do sindicalismo oficial, fazendo jus — tão ou mais que os outros porta-vozes — à proteção de sua representação. A legitimidade de suas opiniões não é menos importante do que a dos dirigentes sindicais, principalmente quando lembramos que a unicidade anda por aí, serelepe e bem faceira.

Se levarmos adiante a reconfiguração institucional sugerida no parágrafo anterior — no sentido de pormos de lado o critério da anterioridade, a fim de substituí-lo pelo da maior representatividade — para selecionarmos a entidade merecedora da alcunha sindical, chegaremos ainda mais rapidamente à conclusão: o Enunciado n. 222 do TST deve voltar à ativa.

Esqueçam o fato de o art. 543, § 3º da CLT ter sido burilado pelo viés perfeccionista[950]. Pensem que, agora, o critério democrático-cooperativo facilita a sua reinterpretação, na medida em que clama por uma estrutura institucional capaz de promover a igual autonomia criativa do conjunto dos empregados, entre si e com os empregadores. Algo que só será efetivado na medida em que os canais de comunicação forem ampliados, seja no seu alcance, seja na quantidade de sintonias.

Qual formato é o mais *legítimo* ou o mais *justo*: o que dispõe de uma única emissora com um alcance indeterminado ou o que possui inúmeras emissoras com alcances variados? Se ainda estão em dúvida, imaginem que a única emissora está lá por conta de um monopólio financiado com dinheiro público, com um locutor que apresenta diariamente o mesmo programa, sem o menor espaço para o que pensa diferente.

E qual formato é o mais *eficiente*: o que dispõe de uma única emissora, com um locutor que monopoliza a programação e é pago pelo Estado para falar a todos, mesmo que esteja alheio aos seus incontáveis interesses e tenha a obrigação de atingir os rincões mais distantes? Ou o que se abre para várias emissoras, independentemente do seu tamanho, de quem fala ou do conteúdo que propaga, uma vez que ouve quem quer, pois quem não quiser, basta trocar de canal?

Se por acaso vocês concordam comigo e pensam que o segundo modelo é o melhor, devem ser coerentes e defender a garantia do emprego não só do locutor oficial, como a dos demais, que falam pelas minorias e pelas comunidades locais de trabalhadores. Como estão fora do sistema de cooptação, presente há décadas no desenho sindical brasileiro, as chances de dizerem algo que importa ao conjunto dos empregados e que, além disso, consigam travar uma negociação mais justa e eficiente para todos — incluindo aí o empregador — é bem maior.

Por fim, não se deve esquecer dos ajustes pontuais ao Enunciado, para que ele volte à cena sem máculas escondidas.

---

(950) "Fica vedada a dispensa do empregado sindicalizado **ou associado**, a partir do momento do registro de sua candidatura a cargo de direção ou representação de entidade sindical **ou de associação profissional**, até 1 (um) ano após o final do seu mandato, caso seja eleito, inclusive como suplente, salvo se cometer falta grave devidamente apurada nos termos desta Consolidação." (grifei)

A primeira correção deve ser a da sua expressa excepcionalidade. Ora, todos conhecem o suficiente a história brasileira para saber que muitas de nossas boas intenções se transformaram em gigantescas aberrações. Neste passo, não é difícil imaginar a reprodução indiscriminada de associações profissionais pelo país afora, simplesmente para que os seus dirigentes conquistem estabilidades para lá de abusivas. Portanto, que a ressurreição do Enunciado n. 222 do TST apareça como uma possibilidade excepcional de representatividade dos empregados, permanecendo a regra geral da estabilidade do dirigente sindical. Penso que, mesmo assim, esta interpretação será de grande valia para os trabalhadores, ao menos enquanto eles permanecerem reféns de um sistema como o nosso, formalizado de modo a proteger o sindicato oficial, corporativo e perigosamente alheio (porque imune) às suas necessidades.

Sedimentado o primeiro acerto do Enunciado, o segundo deve vir para suprimir a expressão "legalmente registradas" do seu texto normativo. Mas alguns poderiam perguntar: por que, ao invés de retirá-la, não podemos substituí-la pela construção "legalmente constituídas", conferindo-lhe o sentido de associações detentoras de personalidade jurídica independente?

Porque, na minha opinião, não apenas as associações "de direito" devem ser vistas — excepcionalmente — como legítimas comunicadoras dos interesses comuns dos empregados. Isso também poderá ser feito por associações "de fato" como, por exemplo, as reunidas dentro da empresa, pelo representante dos trabalhadores (art. 11 da CF/88). E não apenas quando a situação se encaixar no art. 617, § 1º da CLT[951]. Tal como defendi há pouco, a garantia institucional do emprego do representante deve existir sempre que ele estiver negociando diretamente com o empregador, pois, na medida em que preservado o pressuposto discursivo e o conjunto dos empregados discordar da orientação sindical, ele estará legitimado a verbalizar seus interesses[952].

Esta seria uma reconfiguração muito bem-vinda no sistema sindical brasileiro. E não seria tão difícil de ser implementada. Em verdade, quando nos voltamos para o Judiciário e percebemos que ele estendeu a estabilidade para os suplentes dos representantes dos empregados nas CIPAs, pelo puro exercício de hermenêutica[953], que concedeu estabilidade aos dirigentes de sindicatos ainda não registrados no Ministério do Trabalho e Emprego[954] e que considerou o empregado dirigente de sindicato patronal merecedor de idêntica deferência institucional[955], podemos concluir que subir mais um ou dois degraus na escalada evolutiva, rumo à maior democratização, não será, assim, tão extenuante.

---

(951) "Expirado o prazo de 8 (oito) dias sem que o Sindicato tenha se desincumbido do encargo recebido, poderão os interessados dar conhecimento do fato à Federação a que estiver vinculado o Sindicato e, em falta dessa, à correspondente Confederação, para que, no mesmo prazo, assuma a direção dos entendimentos. Esgotado esse prazo, poderão os interessados prosseguir diretamente na negociação coletiva, até final."
(952) RAMALHO, Maria do Rosário Palma. *Negociação colectiva atípica*, p. 70-72.
(953) Súmula n. 339, I do TST.
(954) TST-RR n. 63900-09.2006.5.07.0007, Rel. Min. Maria Cristina Irigoyen Peduzzi, DJ 5.3.2010 e STF-RE n. 205.107, Rel. Min. Sepúlveda Pertence, DJ 25.9.1998.
(955) STF-RE n. 217.355, Rel. Min. Maurício Corrêa, DJ 2.2.2001.

2. A greve no contexto constitucional brasileiro: uma violência consentida?

Tolerância com a autotutela dos trabalhadores assalariados, como se eles possuíssem uma licença especial para agir. Com uma missão institucional própria dos filmes de ação, eles receberiam permissão para se soltar temporariamente das amarras lançadas pelo Estado de Direito e, assim, atuar com mais liberdade. Às vezes, se preciso for, com mais agressividade. Uma espécie de "violência compreendida e consentida"[956]. Será esta a melhor definição sobre o que é o direito de greve?

Penso que não. Até porque alguns continuaram alérgicos a ele até o fim, exatamente por causa da composição aparentemente "justiceira" do movimento paredista. Como se ele se escorasse numa certa complacência do Estado com pessoas que almejam fazer justiça com as próprias mãos[957].

O meu objetivo, neste tópico, não será o de fazer uma revisão histórica do direito de greve no Brasil. Seus altos e baixos normativos, mediante sua proibição pela Carta de 1937 e liberação pelas Constituições de 1946, 1967 (com exceção do setor público e das atividades essenciais), 1969 e 1988, acrescidas das regulações contidas, sucessivamente, no Decreto-Lei n. 9.070, de 15.3.1946, na Lei n. 4.330, de 1º.6.1964, no Decreto-Lei n. 1.632, de 4.8.1978, na Lei n. 6.620, de 17.12.1978 e na Medida Provisória n. 59, de 26.3.1989, transformada, posteriormente, na Lei n. 7.783 de 28.6.1989, são bastante conhecidos[958].

Para não fugir à partitura colocada na introdução, o meu papel aqui será o de reger este direito coletivo de acordo com o critério institucional. Como um direito comunicativo que é, a apresentação do direito de greve não deve fugir da cadência argumentativa marcada nestas páginas. Não porque eu receie cair em contradição. Afinal de contas, a premissa justificadora é bem forte, visto que este é um direito tão aceito, que foi parar no Título II da Constituição de 1988[959]. A readequação do direito de greve ao nosso compasso discursivo visa, simplesmente, a acertar alguns dos seus acordes conceituais. E, de modo tal, que nem mesmo os libertários mais empedernidos conseguirão atacá-lo sem ficarem, ao menos, levemente desafinados.

Dançar conforme a música institucional tocada por aqui. Sob a clave democrático-cooperativa, a preocupação número um dos empregados deve ser a de não trocar o passo, quando a melodia estiver sincopada. A de número dois deve ser a de não atravessá-la açodadamente, quando for necessário aumentar o tom para serem ouvidos. Acertar no sustenido legitimador ou no bemol eficiente não é tão simples como acreditam os mais confiantes. Mesmo que suas vozes sejam altas e sua técnica apurada, todo o cuidado é pouco, ao fazerem uso deste poderoso instrumento de pressão.

---

(956) SÜSSEKIND, Arnaldo et alii. Instituições de direito do trabalho, p. 1252.
(957) HAYEK, Friedrich A. Op. cit., p. 97-98. Cf., também, RUSSOMANO, Mozart Victor. Direito sindical: princípios gerais. Rio de Janeiro: José Konfino Editor, 1975. p. 242-244.
(958) Cf., por todos, SÜSSEKIND, Arnaldo et alii. Instituições de direito do trabalho, p. 1251-1252
(959) Sobre a função legitimadora da Constituição escrita, cf. item IV do Capítulo III.

Disto isso, começo a ritmar a nossa discussão por meio desta última assertiva: a greve nada mais é do que um vigoroso "instrumento" para pressionar momentaneamente o empregador[960].

Entretanto, imediatamente surge a questão: pressionar para quê?

Respondê-la "com o intuito de melhorar as condições de trabalho" é o mais corriqueiro[961]. Entretanto, esta não é a melhor resposta. Ela queima etapas. Pior, ela fornece munição aos que visualizam o direito de greve como o epílogo da barbárie. Também os consumidores querem melhorar suas condições, e os idosos, as mulheres, os afrodescendentes, enfim, todos os que se encontram historicamente numa situação desfavorável. Então por que somente os trabalhadores subordinados estão autorizados a pressionar diretamente o seu opositor, à margem do monopólio estatal na composição dos conflitos?

Porque a licença especial, concedida institucionalmente ao conjunto de empregados, é para buscar o diálogo[962]. Comunicar a sua mensagem pode não ser suficiente, quando a outra parte faz ouvidos de mercador. Por isso, existe o direito de greve: a fim de assegurar a igualdade de autonomia discursiva, pautada no igual respeito e consideração. Mas este não é o único motivo. Ele também é um incentivo excepcional para que a negociação ocorra o mais rápido possível, e de modo efetivo, na medida em que, a cada dia que passa, os custos de transação estarão galgando níveis nada desprezíveis.

Uma equiparação e uma majoração que se encontram na própria razão de ser desta ferramenta[963]. Tanto que, se posta em prática, ela não será desculpa para eventual punição, no caso de o empregador não assimilar muito bem o golpe econômico[964]. E pior será se ele quiser punir disfarçadamente, pegando um empregado como bode expiatório. Deverá voltar atrás e pagar uma polpuda indenização, em virtude do seu comportamento discriminatório[965].

Contudo, como frisei acima, todo o cuidado é pouco na execução deste direito[966]. Sua maior liberalidade — explicitada no art. 9º da CF/88 e repetida no art. 1º da Lei n. 7.783/89 — pode servir de estímulo aos mais desequilibrados.

De fato, a abertura semântica dos enunciados normativos ("competindo aos trabalhadores decidir sobre a oportunidade de exercê-lo e sobre os interesses que devam por meio dele defender"), gera o risco potencial de uma metamorfose bastante perigosa: de um típico instrumento de pressão dialógica, surgirá uma verdadeira metralhadora ideológica. Os trabalhadores poderão até mirá-la aleatoriamente, mas

---

(960) Cf. NASCIMENTO, Amauri Mascaro. *Compêndio de direito sindical*, p. 557.
(961) Cf., por todos, GODINHO, Mauricio Godinho. *Curso de direito do trabalho*, p. 1414.
(962) GOMES, Orlando; GOTTSCHALK, Elson. *Op. cit.*, p. 641.
(963) CUNHA, Alexandre Teixeira de Freitas Bastos. *Ampliação da competência da justiça do trabalho*: questões sindicais, p. 136.
(964) Súmula n. 316 do STF. Cf., também, STF-ADI n. 3.235, Rel. para o acórdão Min. Gilmar Mendes, DJ 12.3.2010 e TST-AIRR n. 80040-33.2008.5.24.0086, Rel. Min. Alberto Luis Bresciani de Fontan Pereira, DJ 30.3.2010.
(965) Cf. TST-RR n. 378487-83.1997.5.01.5555, Rel. Min. Carlos Alberto Reis de Paula, DJ 17.10.2003.
(966) Neste sentido, cf. o § 2º do art. 9º da CF/88 e o art. 15 da Lei n. 7.783/89.

alguma bala perdida acertará o empregador, mais cedo ou mais tarde. E, dependendo da extensão do dano, poderão feri-lo de morte, haja vista a natureza financeira altamente destrutiva deste armamento institucional. Este é o caso, por exemplo, da "greve política".

Ao que parece, a maioria esmagadora dos autores e dos juízes consideram-na irregular[967]. Dentre as suas variadas razões, eu destacaria a seguinte: como pressionar o empregador a conversar sobre algo que está fora da sua alçada? Seria o mesmo que obrigar um lutador de vale-tudo (MMA[968]) a discorrer sobre o Bóson de Higgs, sob pena de ser eliminado do campeonato[969]. Mas suponham que o empregador, pacientemente, aceite dialogar sobre o assunto, por mais esdrúxulo que fosse. Qual seria a finalidade desta interlocução? Certamente, não será a "concertação"[970].

Vê-se, portanto, que a greve política não é um instrumento adequado ao critério institucional, uma vez que é um movimento situado a léguas de distância da promoção da igual autonomia discursiva, sem embargo de não gerar a menor possibilidade de redução de custos, o que, obviamente, inviabiliza qualquer tentativa de cooperação em torno dos interesses inerentes à relação de emprego.

Muito bem. Mas e as demais "greves atípicas"? Todas devem merecer o mesmo tratamento?

Greve de solidariedade, greve por turnos (ou rotativa), greve nevrálgica, greve de rendimento (ou de "braços cruzados"), greve da mala, enfim, movimentos que se caracterizam pela "não colaboração dos trabalhadores com o empregador"[971]. Greves que não se vestem à moda do art. 2º da Lei n. 7.783/89, eis que não há, necessariamente, a paralisação (total ou parcial) do trabalho pelo conjunto dos empregados ou, quando há, não é pelo motivo habitual.

Antes de mais nada, estas articulações poderiam ser chamadas de "greve"? Ou este conceito é restrito ao movimento coletivo de pressão, por meio da cessação plena (ainda que parcial), pacífica e temporária do trabalho?

Penso que, independentemente da maneira como se articulem ou da adjetivação que lhe seja imputada, os trabalhadores estarão exercendo — conceitualmente — o direito de greve, desde que:

(1) o empregador se recuse arbitrariamente a dialogar, a levar a sério os interesses profissionais dos seus empregados (concentrados na sua pauta de reivindicações) ou

---

(967) Cf., por todos, NASCIMENTO, Amauri Mascaro. *Compêndio de direito sindical,* p. 551-552, 567 e 583-584. GOMES, Orlando; GOTTSCHALK, Elson. *Op. cit.,* p. 652-653. SÜSSEKIND, Arnaldo et alii. *Instituições de direito do trabalho,* p. 1274-1275. Na jurisprudência, cf. TST-RODC n. 454136-20.1998.5.01.5555, Rel. Min. Valdir Righetto, DJ 6.8.1999. Em sentido contrário, defendendo a legitimidade da greve política, cf. DELGADO, Mauricio Godinho. *Curso de direito do trabalho,* p. 1423.
(968) O esporte adquiriu grande notoriedade nos EUA, onde é atualmente designado como *mixed martial arts* (artes marciais mescladas).
(969) Para uma leitura bastante informativa e interessante a respeito da física de partículas subatômicas, cf. GLEISER, Marcelo. *Criação imperfeita:* cosmo, vida e o código oculto da natureza. 3. ed. São Paulo: Record, 2010, com especial destaque para as páginas 163-179.
(970) NASCIMENTO, Amauri Mascaro. *Compêndio de direito sindical,* p. 571.
(971) *Idem,* p. 588-593.

a cumprir o que já foi convencionado⁽⁹⁷²⁾ (não sendo à toa que o legislador os obrigou a comunicar a decisão de entrar em greve antes que ela venha, de fato, a ser implementada⁽⁹⁷³⁾; talvez seja este o empurrão que faltava para que a deliberação aconteça);

(2) a atuação coletiva almeje pressioná-lo a sentar-se à mesa de negociação para tratar de suas reivindicações comuns (e não outras alheias ao contrato), exigindo respeito e consideração pelas suas demandas profissionais⁽⁹⁷⁴⁾; e

(3) a equiparação da autonomia discursiva seja o ponto de partida, para que uma negociação sincera e eficiente tenha lugar, com vistas ao entendimento centrado na cooperação (e não na imposição, a qualquer preço, de um resultado prévio e unilateralmente definido)⁽⁹⁷⁵⁾.

Em síntese: será a imperatividade da discussão em si, associada ao delineamento do seu entorno, que estará em jogo. A recusa teimosa do empregador e/ou a sua arrogância desmedida abrirão a deixa para que os trabalhadores se organizem e o "incentivem" a mudar de ideia ou de postura. Mas se isso puder acontecer sem que a paralisação seja integral, melhor ainda; a eficiência agradece⁽⁹⁷⁶⁾. Como nos lembra Amauri Mascaro Nascimento, "a não colaboração é menos prejudicial do que a paralisação total da produção (...) [e] a conflitividade é maior com a greve-paralisação do que com a greve-não-colaboração. É melhor para a empresa manter uma produção reduzida do que nada produzir"⁽⁹⁷⁷⁾.

Uma hipótese interessante, para ilustrar a conceituação que acabei de defender, é o "estado de greve"⁽⁹⁷⁸⁾. Vejam o que aconteceu.

O Tribunal *a quo* declarou a nulidade do ato de dispensa de 52 empregados e determinou as respectivas reintegrações, sob pena de multa diária. E por que decidiu assim? Porque os empregados estavam em "estado de greve" quando o empregador os despediu.

A rigor, o que havia era uma intensa negociação entre os trabalhadores e o empregador. Foi feito um dia de greve, como sinal de alerta, e as conversas recomeçaram, tendo os empregados retornado ao serviço. Não mais do que de repente, o empregador escolheu 52 dentre eles e os despediu sumariamente. Qual foi a interpretação do Tribunal Regional? O objetivo da conduta patronal foi o de frustrar o movimento grevista, algo terminantemente proibido pelo art. 6º, § 2º da Lei n. 7.783/89. E não parou por aí. Equiparou o estado de greve à greve em si mesma e concluiu pela afronta do art. 7º da referida lei, anulando as dispensas, como foi acima exposto.

---

(972) Art. 3º da Lei n. 7.783/89.
(973) Arts. 3º, parágrafo único, e 13 da Lei n. 7.783/89.
(974) Estariam inseridas, neste contexto, as situações de *holdout*, isto é, aquelas em que "as partes podem tentar "tomar o pulso" uma à outra (...) pondo à prova a elasticidade da contraparte (...) até que fique evidente que a demora na conclusão das negociações, para lá de agravar com custos de trasacção a eficiência das empresas, com repercussões para ambos os lados, é marcadamente mais onerosa para um dos lados do que para o outro". Cf. ARAÚJO, Fernando. *Op. cit.*, p. 202.
(975) Neste sentido, cf. ALEXY, Robert. *Teoria da argumentação jurídica*, p. 323-324.
(976) Em sentido semelhante, cf. GODINHO, Mauricio Godinho. *Curso de direito do trabalho*, p. 1420-1421.
(977) *Compêndio de direito sindical*, p. 593.
(978) Cf. TST-RR n. 503024-73.1998.5.17.5555, Rel. Min. João Oreste Dalazen, DJ 14.5.2001.

Entretanto, o acórdão originário foi reformado pelo TST. De plano, o relator do recurso, o Ministro João Oreste Dalazen, ressaltou as razões do recorrente (empregador), para quem a legislação não alcançou "o estado de espírito dos trabalhadores, nos períodos de expectativa do desenrolar das negociações" e que, por isso, houve violação do art. 5º, II da CF/88 e do art. 7º da Lei n. 7.783/89. Indo além, analisou o problema, a partir das seguintes premissas fáticas: (1) a dispensa ocorreu no intervalo entre o dia de greve e a greve anunciada para o futuro; (2) os empregados haviam retornado ao trabalho; e (3) a negociação estava em andamento, com data prefixada para nova greve, caso fosse malograda.

Mesmo diante deste quadro, o Ministro entendeu que a decisão judicial anterior estava equivocada. Pensou desta maneira porque, na sua opinião, a proteção inscrita no art. 7º, parágrafo único da Lei n. 7.783/89 está vinculada ao efetivo exercício do direito de greve. Nas suas palavras: "ao contrário do que afirma o v. acórdão recorrido, "estado de greve, greve não é." No caso, vivia-se uma fase de iminente e anunciada greve, caracterizada pela negociação em andamento. Contudo, somente se deturparmos o conceito doutrinário e legal de greve poder-se-á equiparar a situação estampada nos autos à de uma típica e característica greve.

Somente no contexto específico de uma greve, durante o seu exercício, é que haveria o guarda-chuva institucional. Fora daí, não.

Só que, ao final de seu raciocínio, o Ministro realizou poucas, breves, mas importantes digressões pessoais. Em primeiro lugar, afirmou que a Lei n. 7.783/89 deveria ser aperfeiçoada, a fim de estender a vedação de dispensa para os momentos que antecedem a deflagração da greve. Neste ponto, ela se mostra claramente insatisfatória, uma vez que permite, ao empregador, frustrar as intenções dos trabalhadores, com condutas intimidatórias "ou de represália às lideranças". Mais do que isso, reconheceu ser, provavelmente, este o caso dos autos, chegando a dizer que, nas circunstâncias em que se deram as 52 dispensas, a intolerância do empregador o impressionava. Todavia, como vivemos num Estado de Direito, a obediência à lei não é uma faculdade. E como ela protege os empregados apenas "durante o exercício da greve", não há proibição para as despedidas.

Pois bem. Depois de descrito o embate e o seu desfecho, percebe-se claramente por que este julgamento serve, à perfeição, para a argumentação teórica que venho desenvolvendo. O cerne da questão, aqui, é a dissonância conceitual sobre o que deve ser considerado greve. Para o tribunal *a quo*, inclui-se nele o "estado de greve"; para o TST, não. Sendo bem objetivo, penso que a razão está com a instância ordinária.

Notem bem. Para esculpir o sentido da palavra greve, defendo que seja utilizado um critério bem específico: o institucional ou democrático-cooperativo. Isso já foi explanado à exaustão. Logo, valendo-me desta referência normativa pressuposta, irei efetuar a leitura do art. 7º, parágrafo único da Lei n. 7.783/89 e tentar encontrar a sua *coerência normativa* em relação ao ordenamento jurídico como um todo, de modo a construir o significado daquele direito coletivo.

Algo que — diga-se de passagem — não se confunde com a *coerência narrativa*, apesar de a ela estar conectado. Esta última materializa "o fluxo de eventos no tempo"[979]; aquela outra (a coerência normativa) é afeita à racionalidade jurídica moderna, focada na "qualidade sistêmica" do conjunto normativo[980].

A interseção entre elas ocorre quando nos apercebemos que a decisão é datada, que se desenvolve a partir de um passado, isto é, que tem "a sua própria história"[981]. A dissociação acontece, porém, na medida em que não estamos obrigados a repetir os erros ou os acertos dos nossos ancestrais; devemos exercitar o nosso raciocínio crítico[982].

Encontrar a coerência normativa no curso da argumentação é, por vezes, tarefa árdua. Principalmente quando nos esquecemos de que a sistematicidade do direito é um "ideal regulatório", e não uma realidade palpável. Por isso que relembrei mais uma vez — mesmo correndo o risco de ser enfadonho — o critério institucional. Nesta situação envolvendo o art. 7º, parágrafo único da Lei n. 7.783/89, ele figurará como o eixo ao redor do qual as ideias devem orbitar, porquanto a projeção do caráter comunicativo dos direitos coletivos somente será bem compreendida se a ancorarmos, com firmeza, no parâmetro democrático-cooperativo. Aceita esta "base comum de validade", todo o restante ficará mais fácil, pois ela estará a assegurar a "consistência" das normas do sistema[983]. Haverá *consistência*, mais uma noção correlata à coerência normativa e que com ela não se confunde.

Enquanto a coerência normativa estipula que as normas não devem se contradizer, na medida em que possuem um propósito comum (afastando a possibilidade do direito ser arbitrário), a consistência se apresenta como a "ausência de contradição lógica"[984]. A primeira estrutura-se pelo entendimento comum a respeito do princípio subjacente ao sistema; a segunda aporta o estofo de racionalidade lógica necessário para que os argumentos não se percam no vazio. E, como nos ensina MacCormick, "elas interagem na prática"[985].

Portanto, com a ajuda da (1) coerência narrativa, da (2) coerência normativa e da (3) consistência, pergunto: o estado de greve não deve ser englobado no (ou equiparado ao) conceito de greve?

(1) De acordo com o próprio Ministro Dalazen, a sequência de eventos traz a forte presunção de que o empregador atuou com o intuito inequívoco de intimidar os empregados e de frustrar a futura paralisação.

(2) Além disso, a ideia de greve — redesenhada pelo critério institucional — significa o instrumental necessário para resgatar a igual autonomia discursiva do

---

(979) MACCORMICK, Neil. *Op. cit.*, p. 298.
(980) *Idem, ibidem*. Para uma leitura mais aprofundada sobre "sistema jurídico", cf. BULYGIN, Eugenio. Algunas consideraciones sobre los sistemas jurídicos. *Doxa* n. 9, 1991. p. 257-279, onde o autor propõe a distinção conceitual entre ordem jurídica (sequência de sistemas jurídicos) e sistema jurídico (conjunto de normas), e analisa o problema de identificação normativa (critérios de pertencimento à ordem jurídica e/ou ao sistema jurídico).
(981) *Idem*, p. 305.
(982) Cf. Capítulo III.
(983) MACCORMICK, Neil. *Op. cit.*, p. 299.
(984) *Idem*, p. 300-301.
(985) *Idem*, p. 303.

trabalhadores e a eficiência da negociação, pois diminui o enorme fosso que existe entre o poder de barganha dos antagonistas e, junto a isso, pressiona os custos de transação até o ponto em que se torna mais vantajoso dialogar do que silenciar.

(3) E, para fechar o raciocínio, a decisão tomada pelo TST produz, como consequência, uma violenta contradição: como explicar, logicamente, que durante a greve os empregos estão garantidos, mas que, no intervalo entre duas greves, com a "negociação em andamento" e o ambiente tão conflagrado quanto, os trabalhadores estejam à deriva?

A despeito da minha discordância com relação à concepção positivista de direito externada pelo Ministro Dalazen[986], creio que o problema pode ser resolvido apenas no terreno analítico.

Acompanhem o meu raciocínio: se entendermos que o estado de greve significa o estado em que o empregador está ciente de que os empregados estão no limiar da paciência e prontos a paralisar o trabalho se não houver (re)negociação, então, proporcionar-lhe a idêntica conceituação dispensada à greve passa a ser pouco. A bem da verdade, segundo o critério defendido ao longo deste estudo, o estado de greve deve capitanear a compreensão institucional deste direito comunicativo, pois traz a possibilidade de alcançar o mesmo resultado, só que com menores prejuízos para todos (os empregados não terão o contrato — e os salários — suspensos; e o empregador não terá interrompida a produção). Ou seja, a cooperação será ou não uma realidade mais presente?

Por fim, gostaria de abordar dois outros pontos, antes de passar para o próximo parágrafo. O primeiro refere-se à titularidade do direito de greve; o segundo cuida das atividades essenciais.

No tocante ao poder de entrar em greve, acredito que os leitores já devem ter antecipado minha opinião: ele não é restrito aos sindicatos. Esta é uma interpretação que foi facilitada pela própria positivação constitucional, quando foram inseridos "os trabalhadores" no polo ativo da relação jurídica, não havendo menção à entidade sindical de qualquer natureza.

Sendo assim, reafirmo que também o conjunto de empregados, liderado pelo seu representante na empresa (art. 11 da CF/88), e/ou organizado na forma de associação profissional (incluindo-se aí as centrais sindicais), pode deliberar sobre a necessidade de paralisação, nas hipóteses anteriormente ventiladas. Se o objetivo é puxar o empregador para a mesa de negociação e, antes disso, partindo da premissa de que estes outros agrupamentos são tão ou mais representativos do que os sindicatos oficiais, nada mais óbvio do que permitir que eles também sejam portadores deste robusto mecanismo de pressão[987].

Algumas exceções, porém, são inevitáveis. O trabalhador isolado, por exemplo, não está autorizado a entrar em greve. Não pelo argumento fácil de que o dispositivo

---

(986) Cf. Capítulo III.
(987) Em sentido contrário, porque parte do princípio oposto, no sentido de que a negociação coletiva só pode ser realizada pelas entidades sindicais, cf. SÜSSEKIND, Arnaldo *et alii*. *Instituições de direito do trabalho*, p. 1272-1273.

foi escrito no plural. Mas, sim, pela natureza coletiva deste direito que, como mencionei linhas atrás, se notabiliza pela sua instrumentalidade, indivisibilidade e estrutura não distributiva. Na minha opinião, esta é uma boa razão para impedir que, por exemplo, o empregado doméstico, sozinho, entre em greve contra o seu empregador. Agora, se forem dois ou três, dentro da mesma residência, não enxergo motivo razoável para impedir-lhes o manuseio desta ferramenta institucional[988].

Quanto às limitações do direito de greve, peço licença para deixar de lado a questão relativa aos servidores públicos. Não custa lembrar que as minhas atenções, nesta tese, estão voltadas apenas para os trabalhadores assalariados que não se vinculam diretamente à Administração Pública direta e que não são regidos por estatuto próprio[989].

Neste sentido, atenho-me ao problema inerente às atividades essenciais. E ele se deve às externalidades derivadas do instituto.

O "terceiro" por excelência a sentir o impacto da paralisação é o consumidor, individualmente considerado, ou a sociedade, pensando-se em larga escala. Em face da relevância que alguns serviços possuem, nada mais natural do que impor determinadas restrições formais (procedimentais) à greve, desde que não desvirtuem os seus objetivos essenciais (autonomizante e produtor de eficiência discursiva) e não altere o conteúdo das reivindicações.

A Constituição de 1988, ao contrário da sua antecessora, não proibiu a greve dos empregados nesta situação específica (art. 9º, § 1º da CF/88), mas autorizou o legislador a condicionar a execução do direito e a listar os casos em que isto deve ser feito (art. 10 da Lei n. 7.783/89). O cuidado que deve ser tomado na interpretação destes dispositivos diz respeito à enorme indeterminação das expressões escolhidas pelo parlamento, todas girando em torno da proteção da vida, saúde e segurança dos usuários[990].

Em suma: uma ferramenta tão poderosa que, eventualmente, precisa ser contida nos seus efeitos. Efeitos estes que, em situações extremas, transbordam para muito além das fronteiras do contrato. Por esta razão, o fundamento da relativização deve ser o alcance das externalidades para o público em geral, o que não tem nada a ver com o mérito das discussões travadas com o empregador. Daí por que o benefício da limitação do direito de greve em atividades essenciais, para ele (empregador), deve ser, no máximo, indireto, mas nunca ao ponto de deixá-lo confortável o suficiente para continuar a ignorar a tentativa de comunicação dos seus empregados.

3. Pluralismo de decisões: qual norma aplicar?

A pergunta é certeira para quem se dispõe a interpretar. Justificar externamente ou explicitar qual o critério metodológico deve reger o raciocínio argumentativo, em

---

(988) Em sentido semelhante, cf. GOMES, Orlando; GOTTSCHALK, Elson. *Op. cit.*, p. 649. Cf., também, o item 2.1, § 3º, IV do Capítulo III deste estudo.
(989) Para o aprofundamento da questão, depois que o STF modificou seu entendimento e conferiu plena efetividade ao direito de greve dos servidores públicos, por meio da aplicação analógica da Lei n. 7.783/89, cf. MI n. 708, Rel. Min. Gilmar Mendes, DJ 31.10.2008 e MI n. 712, Rel. Min. Eros Grau, DJ 31.10.2008.
(990) NASCIMENTO, Amauri Mascaro. *Compêndio de direito sindical*, p. 616-618.

busca da norma mais adequada. É o mínimo que se espera do julgador[991]. Por isso, insisto na questão: qual norma deve ser aplicada na resolução do conflito entre os interesses comuns dos empregados e o interesse econômico do empregador, a fim de que a decisão final seja legítima?

Antes de prosseguir, farei uma rápida advertência: não cuidarei, neste momento, da clássica preferência nacional em favor da norma estatal, quando comparada com a norma convencional[992]. A flexibilização do direito constitucional do trabalho — é assim que este assunto costuma ser intitulado — será objeto do Capítulo VII, o último desta tese.

Por ora, o que abordarei criticamente será o problema relativo à seleção de uma das normas formuladas diretamente pelos próprios interessados, quando ambas estão em vigor: convenção coletiva *versus* convenção coletiva, convenção coletiva *versus* acordo coletivo ou acordo coletivo *versus* acordo coletivo. Este é o ponto. Até porque a eventual antinomia entre a norma coletiva (convenção ou acordo) e o contrato individual será versada mais abaixo (separadamente, porque a "metanorma" usualmente escolhida é outra) e o conflito entre a norma coletiva e a sentença normativa será apreciada no § 3º, ainda deste Capítulo, quando estudarei a aplicação (já em curso e a que deve ser aprofundada) do critério institucional no redesenho da Justiça do Trabalho.

Feito o adendo, retomarei o argumento central.

Na cultura jurídica brasileira, uma "metanorma" costuma ser utilizada abertamente para responder à pergunta inicial: é o "princípio da norma mais favorável ao trabalhador" que deve nortear a escolha do julgador[993]. Este é o critério hermenêutico consensual para se evitar as dificuldades inerentes à identificação da premissa maior no raciocínio silogístico.

Entretanto, este é um "postulado" ou uma "norma de segundo grau" que, ao invés de constituir um método confiável de "aplicação de outras normas situadas no plano do objeto da aplicação"[994], gera dois efeitos extremamente deletérios: (1) dá azo ao perfeccionismo moral e (2) enobrece o arbítrio judicial.

Para melhor visualizar o tamanho do problema, é importante jogar os holofotes na seguinte interrogação: o que significa ser "mais favorável"?

Logo de plano é importante ressaltar que o ambiente pluralista, defendido no correr destas páginas, torna esta questão extremamente complexa. No instante em que a distribuição do poder de negociação coletiva é efetuada generosamente a mais de um grupo organizado de trabalhadores, aumenta-se exponencialmente a possibilidade de um conjunto de empregados considerar a sua própria norma mais favorável do que aquela elaborada pelos outros, ainda que sejam todos da mesma categoria[995].

---

(991) Cf., por todos, ATIENZA, Manuel. *As razões do direito*, p. 50-51.
(992) Neste sentido, cf. SANTOS, Ronaldo Lima dos. *Op. cit.*, p. 273-274 e 282-283.
(993) Cf., por todos, SÜSSEKIND, Arnaldo *et alii*. *Instituições de direito do trabalho*, p. 144-145. DELGADO, Mauricio Godinho. *Curso de direito do trabalho*, p. 199-201. SANTOS, Ronaldo Lima. *Op. cit.*, p. 309-310. PLÁ RODRIGUEZ, Américo. *Princípios de direito do trabalho*. 3. ed. 2. tir. São Paulo: LTr, 2002. p. 123-13. SILVA, Luiz de Pinho Pedreira da Silva. *Principiologia do direito do trabalho*. 2. ed. São Paulo: LTr, 1999. p. 65-98.
(994) ÁVILA, Humberto. *Teoria dos princípios*, p. 122.
(995) Cf. CREHUET-FERNÁNDEZ, Federico. Una aproximación teórico-jurídica al convenio colectivo. *Doxa* n. 26, 2003. p. 798-800 e 808.

Imaginem, por exemplo, que o representante dos empregados da empresa X tenha com ela entabulado um acordo coletivo, no sentido de congelar os salários por dois anos em troca de estabilidade por igual período. Mas saibam que, na mesma época, a associação profissional destes trabalhadores ajustou algo diferente ou, pior, diametralmente oposto: a majoração anual dos salários em 10%, sem qualquer garantia de emprego.

Pensem, agora, que o sindicato da categoria firmou com o sindicato do empregador X uma convenção coletiva, cujo teor não tem nada a ver com o que foi cinzelado no chão da fábrica: combinou-se, tão somente, a redução do intervalo intrajornada para 15 minutos, com a fixação da jornada diária máxima em 7 horas. Saibam, no entanto, que ele (sindicato) chamou o empregador X para negociar diretamente e formatou um acordo coletivo nos seguintes termos: extensão do plano de saúde por seis meses além do término do contrato, para os empregados despedidos sem justa causa.

E então: qual destas normas coletivas deve vigorar? Todas? Nenhuma? Uma só? É sobre isso que estamos conversando. Alguns poderiam dizer que saber o que é "mais favorável" para o trabalhador, num contexto tão bagunçado, é uma tarefa digna do Juiz Hércules ou, quiçá, do Juiz Júpiter. Em verdade, imbuído da implementação prática do critério institucional, sigo os que levantam a incompetência funcional de ambos e entrego o problema nas mãos do Juiz Hermes[996].

3.1. O prelúdio da democratização da justiça: o Juiz Hermes pede passagem

Júpiter, Hércules e Hermes: três figuras mitológicas que serviram de mote para o jusfilósofo belga François Ost repensar a atuação dos juízes. Vejamos o que ele disse e qual a relação de suas ideias com o objeto deste estudo.

Consoante a perspectiva de Ost, o Juiz Júpiter representa o Judiciário do século XIX: atento à vontade da lei (ou do legislador), na medida em que ela significava o ápice da sapiência humana[997]. Fazendo uma aproximação entre o louvor rousseauniano à vontade geral e a geometria normativa kelseniana, Ost afirma que os códigos ocuparam o "vértice da pirâmide", sendo para lá que os julgadores deveriam olhar, a fim de alcançar a resposta genérica, abstrata e correta por definição para os problemas que lhes aparecessem no cotidiano dos tribunais[998]. Na ponta, brilhavam as soluções para todos os problemas, as quais deveriam ser diluídas pela base, cada vez mais alargada.

A própria ascensão da Constituição escrita, em pleno século XX, se encaixaria bem nesta construção, porquanto seria a face tangível do marco jurídico inicial. Um marco que, por sua vez, seria derivado de uma "norma fundamental" emitida por uma autoridade imaginária, pressuposta ou, na visão de Ost, uma forma de laicização da suprema *potestas* divina[999]. Sistematicidade e autoridade legislativa, soberania e

---

(996) Cf. OST, François. *Júpiter, Hércules, Hermes:* tres modelos de juez. Doxa n. 14, 1993. p. 169.
(997) *Idem*, p. 170 e 172.
(998) *Idem*, p. 173.
(999) *Idem, ibidem*.

consenso nacional, racionalidade dedutiva e linear garantida pela racionalidade coesa (consistente e coerente) do legislador: estas seriam as travas de segurança indispensáveis à atuação consequente do Juiz Júpiter[1000].

Entretanto, as certezas divinas começaram a se esfarelar na mesma velocidade com que as agruras humanas foram aumentando em tamanho e complexidade. A clareza, a simplicidade e a fácil comunicabilidade do modelo entraram em crise quando os problemas sociais se avolumaram nas prateleiras da Justiça, sem que o Juiz Júpiter encontrasse a resposta correta no manual legislativo[1001]. A situação se tornou tão grave que se defendeu uma inversão radical: a pirâmide foi posta de ponta-cabeça e se tornou um funil. E, para manuseá-lo, chamaram Hércules, o semideus que, graças à sua proximidade com as dificuldades mundanas, saberia dar a resposta adequada para cada caso concreto[1002]. Júpiter era o homem da lei; Hércules seria um engenheiro social[1003].

Esta renovação (ou revolução) hermenêutica teve lugar de destaque na jurisdição constitucional. Tanto realistas, como Oliver Wendell Holmes, quanto liberais igualitários, como Ronald Dworkin, enfatizaram a enorme relevância da atuação judicial na formulação do direito (sobre o que deve ser feito). O ideário comum era o de relativizar a supremacia do legislador, abrindo espaço para que o Juiz Hércules apresentasse a melhor resposta possível[1004]. Mas esta atomização do direito não iria levar à anomia, nem tampouco à anarquia. Da mesma forma que Júpiter poderia tentar se humanizar, ampliando o contato com a população, antes de aplicar as suas leis, Hércules também poderia lançar mão de sua feição divina e acessar uma racionalidade superior. Como defende Dworkin, ele estaria habilitado a buscar a resposta correta, sem descuidar da integridade do sistema[1005].

Júpiter teria sido enredado pelo excesso de legalidade, o que toldou a sua visão para a legitimidade (a origem) e para a efetividade (o fim) do que fazia. Ocorre que Hércules incorreu num equívoco semelhante. Fazendo referência à "lei da bipolaridade dos erros" de Gaston Bachelart, Ost observou que uma posição errônea foi abandonada, senão para ocupar-se a posição imediatamente oposta, mas igualmente reducionista[1006]. Preocupado com a efetivação de suas decisões, Hércules teria simplesmente alterado a ordem de prioridades: deixou a legitimidade e a legalidade de suas decisões para trás[1007]. Mas o pior ainda estava por vir: o Juiz Hércules não estaria suportando o peso de suas novas atribuições.

Os mitos até então acessados não conseguiram dar vazão às demandas reais. Primeiro, o mito da racionalidade irretocável do legislador; depois, o mito da fortaleza racional do julgador. Em ambos os casos, a pressão social esmagou as melhores

---

(1000) *Idem*, p. 174-175.
(1001) *Idem*, p. 175.
(1002) *Idem*, p. 176.
(1003) *Idem*, p. 177.
(1004) *Idem*, p. 177-179.
(1005) *Idem*, p. 180.
(1006) *Idem*, p. 175-176.
(1007) *Idem*, p. 178.

expectativas. Para François Ost, é chegada a hora de abandonar não só o monismo, o absolutismo binário e a racionalidade linear do Juiz Júpiter como também a dispersão, o ceticismo e a circularidade viciosa do Juiz Hércules. O momento é o de apostar no pluralismo dos atores sociais, na gradualidade da aplicação normativa e no discurso jurídico radicado no diálogo. E quem pode fazer isso, melhor do que os outros dois, é o Juiz Hermes[1008].

De acordo com a sagaz percepção de Ost, Hermes possui o perfil ideal para desempenhar o papel do juiz contemporâneo, ou melhor, o juiz contemporâneo é que deve mirar-se nos traços característicos desta figura mitológica, a fim de desempenhar o seu papel. Deus da comunicação e da intermediação, Hermes seria o mais capacitado a fazer travessias desconhecidas, assegurar o trânsito das coisas e servir de elo de ligação entre o céu, a terra e o inferno[1009]. Em sendo o direito um meio para a circulação incessante de sentidos e de informações emitidas por uma multiplicidade de atores sociais, nada melhor do que um Juiz Hermes para canalizar esta realidade complexa, multidirecional e plural, desenvolvida no espaço público[1010]. A ele caberia transformar a monofonia numa polifonia, evitando o risco da cacofonia, isto é, do ruído carente de significação[1011].

Nas palavras de Ost, o direito, como signo linguístico, deve ser interpretado e, enquanto manifestação de vontade, deve ser aceito (interiorizado), de modo que será algo necessariamente inacabado, sempre relançado e indefinidamente retomado. O legislador e o juiz não disputariam o monopólio da última palavra. Em verdade, eles a dividiram com os próprios destinatários (ou usuários) desta intrincada rede normativa, participando todos do trabalho conjunto de conformação, aceitação e, eventualmente, de resistência em face do direito posto. A multiplicação dos níveis de poder amenizaria o problema da justiça das decisões, mas isto só seria viável com a circulação do argumento[1012].

Neste ponto do texto, Ost destaca a importância da procedimentalização do discurso e da criação de mecanismos de preservação da sua circularidade. Defende a institucionalização democrática e a garantia dos direitos fundamentais, que funcionariam como "linhas de força" condutoras da argumentação. Serviriam de regras do jogo discursivo, dentro de sua teoria lúdica do direito. Visto como um jogo, o direito possuiria uma parte regrada e uma outra aberta ao improviso. A primeira seria estruturada de acordo com as suas "metas fundamentais"; a segunda existiria com o escopo de abarcar um mínimo de incerteza, algo imprescindível para que não se descambe para a beatitude eterna ou para a mais pura violência[1013].

Em suma: jurisdicionaliza-se o conflito para se assegurar a observância dos requisitos discursivos. O Juiz Hermes não deve apenas universalizar o direito à palavra; deve, no mínimo, igualá-lo e, indo além, deve garantir ao participante o direito de fazer valer o seu ponto de vista[1014].

(1008) *Idem*, p. 181.
(1009) *Idem*, p. 171 e 182.
(1010) *Idem*, p. 181-182.
(1011) *Idem*, p. 182.
(1012) *Idem*, p. 183-187.
(1013) *Idem*, p. 187-190.
(1014) *Idem*, p. 191.

3.2. O Juiz Hermes e a norma mais favorável ao trabalhador

Depois desta rápida travessia pelo Olimpo judiciário, nada mais tentador do que transportar a mitificação para a pergunta de abertura, de modo a reformulá-la nos seguintes termos: qual é o juiz que escolhe a norma mais favorável ao trabalhador?

Trata-se de uma questão essencial, pois, dependendo de quem esteja no cargo, o sentido do que seja "mais favorável" irá modificar-se significativamente. Acontece que, no Brasil, existe uma disfunção que complica ainda mais o problema. Por aqui, o juiz encarregado de escolher é um misto de Júpiter e Hércules. Um Juiz "Janus", diria eu. Um julgador com duas faces e que, a despeito de olhar ao mesmo tempo para lados opostos, tenta justificar uma única decisão. E — o que é mais grave — sempre o faz monologicamente[1015].

Reparem bem. O Juiz Janus brasileiro inicia seu argumento com base em duas decisões legislativas[1016]: o art. 620 da CLT[1017] e o art. 3º, II da Lei n. 7.064/82[1018]. Mas, na hora de encerrá-lo, busca suas razões numa teoria italiana que ganhou grande prestígio por estas paragens: a teoria do conglobamento[1019]. Ou seja, começa como Júpiter e termina como Hércules, mas continua solitário do início ao fim. Serei mais claro.

A doutrina nacional lastreou a justificação externa da solução mais favorável ao trabalhador — quando de frente para um conflito normativo (*in casu*, entre normas coletivas) — em três diferentes espécies de metodologia: a da acumulação, a do conglobamento e a da incindibilidade de institutos[1020].

A primeira determina a construção de um verdadeiro mosaico normativo, com a junção de "pedaços" mais favoráveis dos diferentes instrumentos coletivos em vigor, a fim de formar um terceiro, distintos dos anteriores[1021]. A segunda recusa esta atividade seletiva, afirmando que, dentre outras coisas, ela desconsidera as "concessões recíprocas" efetuadas pelas partes negociantes, na medida em que deixa apenas uma delas livre de ônus, sem embargo de permanecer com todos os bônus. Para corrigir esta distorção, defende a comparação global das diferentes normas coletivas, a fim de se verificar qual das duas é mais favorável[1022].

(1015) Sobre a crítica à "teoria do direito solipsista de Dworkin" e a forma de atuação do Juiz Hércules, ressaltando a necessidade de libertá-lo "da solidão de uma construção teórica empreendida monologicamente", de maneira a transferir o "fardo das exigências ideais" que pesam sobre os seus ombros para a "teoria da argumentação jurídica", cf. HABERMAS, Jürgen. *Direito e democracia:* entre a facticidade e validade. V. I, p. 276-280.
(1016) TST-RR n. 13200-04.2007.5.18.0002, Rel. Min. Alberto Luiz Bresciani de Fontan Pereira, DJ 18.12.2009.
(1017) "As condições estabelecidas em Convenção, quando mais favoráveis, prevalecerão sobre as estipuladas em Acordo."
(1018) "a aplicação da legislação brasileira de proteção ao trabalho, naquilo que não for incompatível com o disposto nesta Lei, quando mais favorável do que a legislação territorial, no conjunto de normas em relação a cada matéria."
(1019) TST-AIRR n. 720143-92.2000.5.17.5555, Rel. Min. Ronaldo Lopes Leal, DJ 5.9.2001.
(1020) Cf., por todos, PLÁ RODRIGUEZ, Américo. *Op. cit.*, p. 128 et seq. SANTOS, Ronaldo Lima dos. *Op. cit.*, p. 303 *et seq.*
(1021) Por todos, PLÁ RODRIGUEZ, Américo. *Op. cit.*, p. 128-129. SANTOS, Ronaldo Lima dos. *Op. cit.*, p. 303-304.
(1022) Por todos, PLÁ RODRIGUEZ, Américo. *Op. cit.*, p. 128-129. SANTOS, Ronaldo Lima dos. *Op. cit.*, p. 304.

Já a terceira almeja um meio-termo entre os dois postulados anteriores. Neste passo, pleiteia uma análise das convenções e acordos a partir da identidade da matéria, do assunto ou do instituto regulamentado (*v. g.*, férias, salário ou jornada de trabalho), o que manteria, de uma só vez, a coesão argumentativa inerente a cada um deles, sem perder a chance de, sempre que possível, favorecer o trabalhador[1023].

É interessante notar que, independentemente de qual metanorma se adote (e, como mencionei, a do conglobamento é a mais aceita[1024]), todas se assentam sobre duas concepções de direito incapazes de conviver.

De um lado, aceitam a estrutura escalonada do ordenamento jurídico, bem ao sabor kelseniano (ou jupiteriano)[1025]. Mas, de outra parte, recusam a obediência à sua hierarquia estática, redimensionando a sua hierarquia dinâmica[1026]. Numa atitude iconoclasta digna de Hércules, o "princípio da norma mais favorável" é compreendido como um corolário necessário à própria existência do direito do trabalho e, com isso, é colocado como um fator de subversão, tendente a autorizar que uma norma inferior se sobreponha àquela que lhe é superior. De acordo com a opinião judicial sobre qual critério é o "mais favorável", uma norma pode fazer tábula rasa daquela de onde retirou o seu fundamento de validade.

Assim, o decreto "mais favorável" poderia superar a lei[1027], da mesma forma que a lei poderia contradizer a Constituição[1028] e o acordo (ou a convenção) poderia

---

[1023] Por todos, PLÁ RODRIGUEZ, Américo. *Op. cit.*, p. 129-131. SANTOS, Ronaldo Lima dos. *Op. cit.*, p. 305-306.
[1024] Cf., na doutrina brasileira: LONGHI, Dânia Fiorin. *Teoria do conglobamento* — conflito de normas no contrato de trabalho. São Paulo: LTr, 2009. p. 99-109. DELGADO, Maurício Godinho, *Curso de direito do trabalho*, p. 200-201. CUNHA, Alexandre Teixeira de Freitas Bastos. *El convenio colectivo en el sistema de fuentes del derecho en Brasil*, p. 299-300. Na jurisprudência, cf. TST-RR n. 1207306-20.2004.5.02.0900, Rel. Min. Emmanoel Pereira, DJ 18.9.2009; TST-RR n. 240785-10.1996.5.09.5555, Rel. Min. Francisco Fausto, DJ 10.9.1999; TST-RR n. 276578-10.1996.5.09.5555, Rel. Min. Francisco Fausto, DJ 5.2.1999; TST-RODC n. 426144-03.1998.5.04.5555, Rel. Min. Armando de Brito, DJ 14.8.1998; TST-RODC n. 309155-09.1996.5.03.5555, Rel. Min. Armando de Brito, DJ 25.4.1997; TST-RR n. 214745-57.1995.5.15.5555, Rel. Min. Armando de Brito, DJ 18.4.97.
[1025] Por todos, PLÁ RODRIGUEZ, Américo. *Op. cit.*, p. 45-51 e 111-113. SANTOS, Ronaldo Lima dos. *Op. cit.*, p. 266-269.
[1026] Por todos, FERNANDES, António Lemos Monteiro. *Op. cit.*, p. 116-119. PLÁ RODRIGUEZ, Américo. *Op. cit.*, p. 123-125. SANTOS, Ronaldo Lima dos. *Op. cit.*, p. 269-275.
[1027] Por exemplo, quando o art. 2º do Decreto n. 71.885/73 estende o capítulo da CLT referente às férias para os empregados domésticos, apesar de o art. 7º, alínea *a* da CLT expressamente excluí-los de seu âmbito de incidência. Cf. TST-RR n. 5402400-89.2002.5.06.0900, Rel. Min. Lelio Bentes Corrêa, DJ 19.3.2010; TST-RR-669567/2000.6, Rel. Min. Vieira de Mello Filho, DJ 23.11.2007; TST-RR n. 759.894-96.2001.5.01.5555, Rel. Juiz Convocado Luiz Ronan Neves Koury, DJ 27.4.2007;TST-RR-248/2003-906-06-00.0, Rel. Min. Barros Levenhagen, DJ 11.11.2005.
[1028] Como ocorre, atualmente, com a aplicação do art. 927, parágrafo único do CC na relação de emprego, de modo a responsabilizar objetivamente o empregador que exerça "atividade de risco", a despeito do art. 7º, XXVIII da CF/88 mencionar expressamente o "dolo ou culpa" como condicionantes da responsabilização. Cf. RR n. 113600-95.2006.5.13.0003, Rel. Min. Maria Cristina Irigoyen Peduzzi, DJ 10.2.2010; E-RR n. 84700-90.2008.5.03.0139, Rel. Min. João Batista Brito Pereira, DJ 11.12.2009; RR n. 17800-25.2006.5.02.0301, Rel. Min. Rosa Maria Weber, DJ 13.11.2009; AIRR n. 1240-72.2007.5.05.0015, Rel. Min. Lelio Bentes Corrêa, DJ 9.10.2009; AIRR n. 103440-57.2005.5.12.0008, Rel. Min. Dora Maria da Costa, DJ 25.9.2009; E-RR n. 153800-56.2006.5.12.0009, Rel. Min. Aloysio Corrêa da Veiga, DJ 13.2.2009.

prevalecer sobre todos, desde que fosse mais favorável[1029]. Mas de onde vem a explicação para esta "quebra da lógica" normativista, tão cara aos positivistas kelsenianos de plantão?

Resposta à queima-roupa: do princípio de proteção ao trabalhador[1030]. É nesta fonte jupiteriana que o Juiz Janus retira toda a sua força hercúlea e se torna capaz de transformar o que era curvo numa reta sem imperfeições. Ao invés de olhar para o vértice de uma pirâmide bem definida, ele estaria diante de uma construção móvel. Ontem, uma mobilidade extraída da própria essência do direito do trabalho; hoje, uma mobilidade irradiada pela Constituição. Mas, tanto no passado, como no presente, uma mobilidade posta em xeque[1031].

Como já frisei neste estudo, a regulamentação do contrato de emprego não visa à proteção do trabalhador[1032]. Ao contrário, visa a preservar, promover e estimular a igual autonomia criativa de ambos os contratantes. Se proteção há, ela se refere à autonomia dos indivíduos, às suas capacidades de escolher os rumos de suas próprias vidas. Por certo que, estando o empregado numa clara desvantagem na posição de largada, a intervenção estatal, para ser eficiente, deve lhe conferir maior atenção. Garantir a redução do seu déficit de racionalidade, sem falar da preocupação constante com a redução dos custos da transação e do incentivo à cooperação: eis aí o que o Estado deve mirar para que a linha de chegada seja o marco final de uma competição saudável.

Contudo, para que este ambiente salutar aconteça, os que cruzarem aquela linha devem fazê-lo com as próprias pernas, como indivíduos confiantes, repletos de energia e merecedores de igual respeito e consideração. O Estado, enquanto terceiro regulador, deve cuidar para que os instrumentos institucionais reflitam (e mantenham) o equilíbrio entre os competidores, ao ponto de, em determinado instante, estimulá-los a não mais competir, e, sim, a cooperar entre si.

Todavia, isso será possível se o Juiz Janus insiste em tratar o empregado como uma "parte débil", praticamente um incapaz[1033]? Como ordenar aos empregadores

---

(1029) TST-ROAA n. 25900-50.2007.5.24.0000, Rel. Min. Dora Maria da Costa, DJ 26.2.2010, TST--RR n. 132300-36.2008.5.24.0006, Rel. Min. Aloysio Corrêa da Veiga, DJ 5.2.2010; TST-RR n. 206100-72.2003.5.02.0463, Rel. Min. Rosa Maria Weber, DJ 11.12.2009, TST-RR n. 46600-12.2005.5.24.0002, Rel. Min. Maria de Assis Calsing, DJ 4.12.2009.
(1030) Por todos, PLÁ RODRIGUEZ, Américo. *Op. cit.*, p. 83 et seq. SÜSSEKIND, Arnaldo *et alii*. *Instituições de direito do trabalho*, p. 144. SILVA, Luiz de Pinho Pedreira da. *Op. cit.*, p. 26 *et seq*. DELGADO, Mauricio Godinho. *Curso de direito do trabalho*, p. 198-199. FERNANDES, António Lemos Monteiro. *Op. cit.*, p. 30-31 e 114-116. PALOMEQUE LÓPEZ, Manuel Carlos. El principio de favor en el Derecho del Trabajo. In: VILLA GIL, Luis Enrique de la; CUMBRE LÓPEZ, Lourdes (dir.). *Los principios del derecho del trabajo*. Madrid: Centro de Estudios Financieros, 2003. p. 17-19.
(1031) ROMITA, Arion Sayão. *O princípio da proteção em xeque:* e outros ensaios. São Paulo: LTr, 2003. p. 74-75.
(1032) Cf. o § 2º, IV do Capítulo III.
(1033) Cf. PLÁ RODRIGUEZ, Américo. *Op. cit.*, p. 87. DELGADO, Mauricio Godinho. *Curso de direito do trabalho,* p. 198; SILVA, Luiz de Pinho Pedreira. *Op. cit.*, p. 25-27.

que tratem seus empregados como dignos de igual respeito e consideração, se o próprio Estado não age assim[1034]?

Em verdade, mais do que qualquer outra instituição, o Judiciário brasileiro, representado pelo Juiz Janus (Júpiter e Hércules de uma só vez), considera-se habilitado a substituir a vontade do grupo de empregados e do empregador, para impor a sua própria decisão. As circunstâncias cambiantes podem prejudicar a sua clareza de raciocínio? Não importa, ainda assim ele diz — sozinho — o que é "mais favorável" ao trabalhador, sem pestanejar.

Acumulação, conglobamento ou incindibilidade do instituto? Não importa. São todas teorias que partem da mesma premissa equivocada: a de que o Juiz — isolado na sua torre de marfim — está melhor equipado para decidir o que é bom para o conjunto dos empregados, mesmo que contra a sua vontade coletivamente construída.

a. Um pequeno excurso sobre a incomparabilidade e a igual autonomia criativa

Precipitar-se sobre os conteúdos postos à sua frente, independentemente de quem os concebeu, para quem eles se destinam ou da sua (in)capacidade institucional de aferir (ou comparar) grandezas que, muitas das vezes, são, à primeira vista, incomensuráveis[1035]. Este é o lema.

Um lema que atropela a toda velocidade as enormes dificuldades (morais, pragmáticas, estéticas ou prudenciais) envolvidas na avaliação:

(1) da existência de algum ponto de contato entre as opções controvertidas numa dada situação (*choice situation*);

(2) do critério de seleção dos potenciais valores (*covering value*) apresentados para aferir a escolha a ser tomada (*evaluative comparison*); ou, até mesmo,

(3) da necessidade de se efetuar uma comparação para que a decisão possa ser justificada racionalmente (*noncomparativ justification*)[1036].

(1034) ROMITA, Arion Sayão. *O princípio da proteção em xeque*, p. 68-69 e 399-401.
(1035) Sobre o problema da irracionalidade das decisões práticas e da ausência de um denominador comum para a comparação entre dois ou mais bens, cf., por todos, CHANG, Ruth. Introduction. In: CHANG, Ruth (ed.). *Incommensurability, incomparability and practical reason*. Cambridge: Harvard University Press, 1997. p. 1-34. D´AGOSTINO, Fred. *Incommensurability and commensuration:* the common denominator. Hampshire: Ashgate, 2003. KELSEN, Hans. *A justiça e o direito natural*. Trad. João Baptista Machado. Coimbra: Almedina, 2009. p. 69-71. ALEXY, Robert, *Teoria dos direitos fundamentais*, p. 176-179. BERNAL PULIDO, Carlos. *El principio de proporcionalidad y los derechos fundamentales*. 3. ed. Madrid: Centro de Estudos Políticos y Constitucionales, 2007. p. 165-178 e 182-189. BRANCO, Paulo Gustavo Gonet. *Juízo de ponderação na jurisdição constitucional*. São Paulo: Saraiva, 2009. p. 193-201. WEINREB, Lloyd L. *A razão jurídica*, p. 82-95. HABERMAS, Jürgen. *Direito e democracia:* entre a facticidade e validade. V. I, p. 314-323 e, especificamente no direito coletivo, LONGHI, Dânia Fiorin. *Op. cit.*, p. 89, 91-92, 111-112 e 117-119.
(1036) CHANG, Ruth. *Introduction, op. cit.*, p. 4-13.

Quanto ao empregador? Este não é sequer consultado, devendo ser, até mesmo, afastado, na medida em que é tido como o vilão da história. Se existe um "princípio protetor" cujo estado de coisas é composto por um outro (sub)princípio — o da "norma mais favorável" —, é porque, a despeito da gigantesca intervenção implementada pelo Estado brasileiro ao longo dos últimos anos, o trabalhador continua longe de possuir as habilidades para proteger a si mesmo, sendo uma presa fácil e em potencial do predador sempre à espreita: o empregador.

Pois bem. É no embalo do critério institucional que convoco o Juiz Hermes a tomar parte desta discussão. Diferentemente dos seus pares (Júpiter e Hércules, sem esquecer do complicado Janus), o Juiz Hermes irá valorizar, antes de mais nada, a observância dos pressupostos do discurso pelas partes negociantes. Observadas as normas fundamentais, de modo a permitir a livre circulação de argumentos em igualdade de condições, muito provavelmente não terá nada a fazer. Se implementadas com a finalidade consciente de produzir um resultado eficiente, então só poderá aplaudir e garantir o seu fiel cumprimento.

Deste modo, quando um conflito entre normas coletivas for apresentado ao Juiz Hermes, ele deverá se perguntar: quem está questionando e com base em que critério?

Para os que não mais se recordam, defendi, no Capítulo III deste estudo, uma espécie de axioma axiológico. Depois de adotar uma visão liberal-igualitária do direito, alcei a ideia de "igual autonomia criativa" à condição de norma fundamental. Ela seria "a" norma, capaz de justificar todas as demais normas jurídicas, independentemente do seu patamar hierárquico ou da sua origem institucional. Mas o seu diferencial seria a "abertura" constante, de modo que, não obstante ser condição de possibilidade para o início da deliberação moral, estaria presente no seu desenvolvimento e também no seu encerramento, quando serviria de saída de emergência, no caso de o resultado obtido ter sido fruto de sua violação. Uma substância "translúcida", foi como a referi[1037].

Dito isso, defendo a igual autonomia criativa como o critério de comparação a ser utilizado por Hermes, a fim de medir o grau de favorecimento da norma ajustada. Quanto mais do critério, maior a presunção de favorecimento. Por certo que esta medição valorativa, em termos não valorativos, é altamente controvertida. Exemplificando: pensem no caso da amizade[1038]. Uma grande quantidade deste valor não equivale, necessariamente, à sua maior promoção. Às vezes, ser amistoso demais é prejudicial à finalidade pretendida: o excesso pode gerar animosidade[1039].

Entretanto, penso que esta objeção não se sustenta em relação à igual autonomia criativa. Penso assim porque, neste caso específico, a ideia de que "o mais não significa o melhor" traduz, simplesmente, a sua outra face complementar: a noção de responsabilidade. Concordo que mais autonomia não gera, por si só, a melhor decisão. Todavia, aquele que tomou a decisão autonomamente deve arcar com as consequências de sua escolha, pois, caso contrário, não haverá real autonomia. Principalmente se for destacado o fato de que a autonomia de um existe simultaneamente com a do outro. Caso a autono-

---

(1037) Cf. § 3º do Capítulo III.
(1038) CHANG, Ruth. *Introduction, op. cit.*, p. 16-17.
(1039) *Idem*, 17.

mia inconsequente de alguém não seja considerada uma verdadeira autonomia, certamente a autonomia do outro não estará sendo valorizada da mesma maneira.

Portanto, volto a dizer que o critério é plenamente defensável, mesmo que *o mais* não se equipare, necessariamente, *ao melhor*. Além disso, devo acrescentar uma outra situação: em algumas ocasiões, a igual autonomia criativa poderá ser quantificada numericamente[1040]. Basta mencionar o mesmo exemplo já utilizado no Capítulo II: o salário mínimo. Quanto maior o valor quantitativo do salário mínimo, melhor assegurada estará a igual autonomia criativa do empregado.

Isso poderia gerar dúvidas a respeito da utilização da igual autonomia criativa como critério de comparação, na medida em que bastaria ao juiz ter uma máquina de calcular para verificar se o ajuste foi ou não mais favorável ao trabalhador. Contudo, para compatibilizar esta hipótese com o que foi falado há pouco, torna-se imprescindível agregar o viés pragmático à equação. Afinal de contas, o critério democrático-cooperativo também é composto por esta dimensão.

Logo, nos casos em que for plausível a quantificação aritmética da igual autonomia criativa, o Juiz Hermes deve atentar para o fato de que as próprias partes interessadas terão maior chance de implementá-la de modo eficiente, desde que, obviamente, não estejam aviltando as condições de deliberação.

Por outras palavras: se o Juiz Hermes estiver seguro de que os pressupostos discursivos permanecem hígidos, deverá sair de cena e deixar que os interessados deliberem a respeito da melhor maneira de distribuírem os recursos entre si. Em virtude do prévio equilíbrio de racionalidade discursiva e do nivelamento negocial, assim como em face do menor impacto que uma discussão direta promove nos custos da transação, é bem provável que o resultado encontrado seja mais eficiente do que aquele imposto unilateralmente pelo julgador.

b. De volta ao assunto

Feita a breve digressão, vejam, agora, com outros olhos, o caso do acordo coletivo forjado no interior da empresa.

Diversos autores colocam o seu conteúdo num patamar hierárquico normativo inferior ao da convenção coletiva, o que já permite ao Juiz Janus, de antemão, invalidá-lo a pedido de qualquer pessoa, sem maiores preocupações democrático-cooperativas[1041]. Repensadas as coisas a partir das duas perguntas acima ventiladas, este é um nivelamento difícil de prosperar. Principalmente quando lembramos que a formatação do acordo, além de ser tratada frente a frente com o próprio empregador, tem a sua assembleia franqueada a todos os trabalhadores, associados ou não[1042]. Isto é, há um aprofundamento eficiente do jogo democrático, que passa ao largo da feitura das convenções[1043].

(1040) Idem, ibidem.
(1041) Para um panorama bastante completo, cf. SANTOS, Ronaldo Lima dos. *Op. cit.*, p. 280, nota de rodapé n. 41.
(1042) Art. 617, § 2º da CLT.
(1043) CUNHA, Alexandre Teixeira de Freitas Bastos. *El convenio colectivo en el sistema de fuentes del derecho en Brasil*, p. 31.

Enfim, quando interrogado sobre qual a "norma mais favorável", o Juiz Hermes responderá: é aquela mais legítima, na medida em que os seus destinatários a aceitaram livremente, depois de terem deliberado guardando igual respeito e consideração. O que importa agora são as partes negociantes e o grau de legitimidade de sua participação, pois quanto maior for o respectivo coeficiente de representatividade, mais favorável será o resultado final (o conteúdo) de sua decisão. Afinal de contas, a premissa fundamental (*covering value*), defendida neste estudo, é a de que os indivíduos dotados de igual autonomia criativa sabem o que é melhor para si.

Neste sentido, há uma notícia bastante alvissareira: o Juiz Hermes já está entre nós. A bem de ver, não é outro o perfil encontrado em alguns julgamentos colhidos no TST.

Confiram, por exemplo, a decisão proferida no RR n. 1335/2003-659-09-00.0, pelo Ministro Antônio José de Barros Levenhagen[1044].

No caso em questão, afirmou-se abertamente que o acordo coletivo deve prevalecer sobre a convenção coletiva, uma vez que contém normas mais específicas — porquanto feitas diretamente pelo sindicato e pelo empregador — e que, por isso, atendem mais prontamente às peculiaridades das partes envolvidas. O julgador não cogitou de valorar, comparar ou opinar sobre qual dos conteúdos normativos era o mais favorável. Ele, simplesmente, enfatizou a maior legitimidade da deliberação, cujo resultado foi democraticamente estabelecido pelos seus destinatários.

Outros dois exemplos também dignos de nota são os do AIRR n. 18230/2002-900-01-00.3, julgado pelo juiz convocado Luiz Antonio Lazarim[1045], e do RR n. 5089/2002-921-21-00.0, julgado pelo Ministro Renato de Lacerda Paiva[1046].

No primeiro, lançou-se o encargo argumentativo nas mãos do empregado (recorrente), no sentido de que ele deveria demonstrar o prejuízo sofrido em razão da prevalência do acordo sobre a convenção. No segundo, ressaltou-se a possibilidade de o acordo estipular a renúncia de reajuste salarial contido em sentença normativa que lhe era anterior, na medida em que a negociação coletiva abrange concessões recíprocas: incorpora-se uma desvantagem aqui, para se conquistar um benefício acolá. Em ambos os casos, a ideia de fundo é a mesma: os destinatários do comando normativo são os melhores indicados a dizer o que lhes é mais ou menos favorável.

Três pequenas amostras de que a democratização cooperativa do direito coletivo do trabalho pode e deve ser levada a sério pelas instituições brasileiras, especialmente pela Justiça do Trabalho.

Na medida em que ela contar com menos juízes Júpiter, Hércules e Janus nas suas fileiras, recrutando mais juízes Hermes para a sua linha de frente, o avanço na direção certa — em busca da construção de um legítimo direito *comunicativo* do trabalho — será cada vez mais seguro, rápido e eficaz.

(1044) DJ 02.2.2007.
(1045) DJ 28.4.2006.
(1046) DJ 26.5.2006.

3.3. Um por todos ou todos contra um?

Antes de passar para o último instituto a que me propus analisar, é importante discorrer — ainda que brevemente — sobre o enfrentamento entre a autonomia individual e a autonomia coletiva.

É claro que isso já foi antecipado, de certa forma, quando mencionei o problema do *free riderism*[1047]. Todavia, o que almejo, neste instante, não é confrontar o empregado egoísta com o seus pares. Quanto a ele, já ficou decidido que poderá até não querer compartilhar do ônus, mas ao preço de jamais usufruir do bônus. Ao contrário disso, o que pretendo, agora, é apontar as "saídas de emergência" disponíveis para o trabalhador que, não obstante possa ser um participante engajado, está com a suas esferas patrimonial e (às vezes também) existencial ameaçadas pela maioria eventual. Enfim, um esclarecimento de acordo com o critério institucional proposto, sabidamente influenciado pelas lições de Carlos Santiago Nino[1048].

Para ilustrar as nuances deste entrevero em potencial, começarei com um exemplo: o julgamento do RR n. 100600-50.2002.5.15.0120, pelo Ministro José Simpliciano Fontes de F. Fernandes[1049].

Naquela ocasião, alguns aposentados questionaram a validade de um acordo coletivo, no qual o sindicato abria mão de reajuste salarial de 5,5% previsto na convenção coletiva, em troca de garantia de emprego para os empregados em atividade. Os aposentados afirmavam que se deveria dar prevalência à convenção, pois, além de ser a norma mais benéfica, era a que melhor traduzia o regulamento interno da empresa, onde estava prevista a paridade entre eles e os empregados. Por fim, alegaram que a não aplicação da convenção chancelaria uma discriminação inaceitável. Contudo, suas razões não convenceram.

Resumindo a decisão, falou-se da especificidade do acordo coletivo e da sua maior aptidão para resolver as pendências inerentes a um universo bem definido. Mas os motivos que mais se destacaram, para o nosso propósito atual, são os seguintes: (1) "se durante anos e anos os aposentados receberam os mesmos reajustes e vantagens como se na ativa estivessem, não seria lícito que agora pudessem desfrutar de benefícios que não foram estendidos aos empregados da ativa"; (2) "é importante ressaltar que em uma negociação coletiva devem preponderar os interesses que afetam a maioria dos integrantes da categoria, ainda que em detrimento dos interesses da minoria"; e (3) "no caso, não prevalece a norma mais favorável ao Reclamante, e sim a norma mais benéfica à categoria profissional".

Todos integram a fundamentação do acórdão, mas foram reproduzidos a partir da decisão do Tribunal *a quo* e de outro julgamento semelhante do TST. O Ministro Simpliciano não é uma voz isolada nesta matéria.

Voltando ao ponto em questão, vejam o que foi dito: não houve discriminação, pois ninguém recebeu reajuste (empregados ou aposentados) e a vontade da maioria é a que mais condiz com o benefício da categoria, uma vez que é ela (a maioria) que representa a coletividade.

(1047) Cf., acima, os itens 1.2 e 2.2 do § 1º.
(1048) Cf. Item 1, § 2º, item III do Capítulo III.
(1049) DJ 19.5.2006.

Se relembrarmos as características principais do interesse coletivo (instrumentalidade, indivisibilidade e estrutura não distributiva) e, além disso, destacarmos que a maior legitimidade do acordo coletivo não foi atacada, tendo sido, a rigor, prestigiada, é provável que concordemos com esta conclusão. Entretanto, para não darmos ensejo à tão decantada ditadura da maioria, é crucial que se façam algumas ressalvas. Por outras palavras, se lhes perguntarem se a vontade coletiva deve se sobrepor à vontade individual (ou minoritária), vocês devem responder com toda a desenvoltura: depende. Mas depende do que?

Antes de lhes dar a minha opinião, confiram mais dois exemplos.

O primeiro caso foi por mim apreciado no Processo n. 0117500-73.2009.5.01.0243, que tramitou perante a 3ª VT de Niterói, pertencente ao TRT da 1ª Região[1050].

Eis os fatos: uma empresa pública instituiu a concessão de auxílio-alimentação para os seus empregados, pagando-o em espécie desde o início. Ocorre que, na ata onde se materializou esta prestação (de 1970), declarou-se expressamente que "em nenhuma hipótese o presente auxílio poderá ser concedido em dinheiro". Exatamente isso. O empregador criou o benefício, proibiu a sua concessão em dinheiro, só que, de maneira completamente incoerente, assim procedeu desde sempre. E, o que é pior, não apresentou qualquer justificativa para a sua conduta e permitiu que, no caso de falecimento do empregado/aposentado, a parcela fosse dividida "proporcionalmente entre os dependentes de acordo com o percentual fixado pela Previdência Social, para pagamento da pensão".

Neste sentido, repito o que disse antes, pois "é claro que, do ponto de vista do trabalhador, o dinheiro que lhe era entregue, independentemente da titulação, possuía o caráter remuneratório, na medida em que era (1) habitual, (2) decorrente da sua atuação profissional e, para terminar, (3) a sua utilização não estava restrita (ao menos, quando se percebe que era entregue em moeda corrente). Acontece que, sob a perspectiva do empregador, a ideia original poderia até ter sido a de "indenizar" gastos com alimentação. Só que, além de não ter sido implementada desta maneira, gerou uma situação que só pode ser vista como cláusula contratual, cuja alteração, de acordo com o direito do trabalho brasileiro, é bastante difícil".

Quando o INSS e a Receita Federal começaram a analisar o problema e a encaminhar suas interpretações, ambas no sentido do caráter remuneratório do auxílio-alimentação, o empregador buscou uma alternativa bastante inusitada. Mediante uma verdadeira alquimia negocial, tentou transmutar a natureza jurídica da parcela, valendo-se de sucessivos acordos coletivos. E isso foi feito, desde 1997, com a participação incontestável do sindicato de classe.

Depois desta rápida explanação, pergunto mais uma vez: os acordos coletivos — sufragados pela maioria — possuem a capacidade de alterar uma cláusula contratual tácita ou expressamente convencionada pelo empregado e o empregador?

Imaginem, agora, uma nova situação, apreciada no RR n. 29600-24.2003.5.22.0002, cujo relator foi o Ministro Horácio Senna Pires[1051]. Nela, avaliou-se um acordo coletivo

---

(1050) Inteiro teor da decisão acessível em <http://www.trt1.jus.br>.
(1051) DJ 16.4.2010.

que, num mesmo movimento, atribuiu "natureza indenizatória" ao abono pago aos empregados e deixou de lhes conceder reajuste salarial. Novamente em virtude de uma norma interna, na qual se previa a paridade entre os trabalhadores da ativa e os aposentados, estes últimos levantaram a dúvida a respeito da classificação da parcela coletivamente ajustada, porquanto poderia tratar-se de um aumento disfarçado. Um caso, portanto, onde se questiona seriamente a legitimidade da decisão da maioria.

Entretanto, de modo singelo, a decisão fez referência à OJ n. 346 do SDI-I do TST[1052], para reiterar o entendimento consolidado naquela instância judicial, no sentido de que o acordo coletivo é uma manifestação da autonomia da vontade coletiva, ou seja, uma manifestação de vontade do conjunto dos trabalhadores, devidamente autorizada pelo art. 7º, XXVI da CF/88, com o fim de estipular suas próprias regras de convivência com o empregador. Não houve uma única palavra sobre o dilema da maioria *versus* minoria.

Pois bem. Três exemplos diferentes, onde se visualiza uma clara dissonância entre a autonomia individual e a autonomia coletiva. De um lado, a "maioria" dos trabalhadores (ao menos, dos que são sindicalizados) decidindo de um jeito; de outra parte, uma "minoria" de afetados (ao menos, sob o ponto de vista da deliberação coletiva oficial). Quando uma ou outra deve prevalecer?

Logo de plano, descarto a solução, aparentemente fácil, encontrada em uma conhecida metanorma do direito do trabalho: a da condição mais benéfica[1053]. Faço aqui as mesmas observações contidas no item anterior, no sentido de que o juiz não é necessariamente o mais habilitado a dizer o que é melhor ou pior para as partes, sejam elas indivíduos singulares ou entidades plurais. Além disso, aproveito a oportunidade para acrescentar que este postulado, porque envolve a sucessão de normas no tempo, costuma trazer confusões com a ideia de direito adquirido, o que se apresenta bastante inadequado para resolver quem está com a razão, se a maioria ou a minoria[1054].

De fato, ainda que o empregado cumpra certos requisitos para desfrutar de determinada prestação, ele não a "incorpora" no seu patrimônio jurídico. Nada impede que uma norma posterior (*in casu*, convencional[1055]) altere as regras do jogo contratual ou coletivo e, por consequência, modifique a natureza ou a extensão do direito

---

(1052) "Abono previsto em norma coletiva. Natureza indenizatória. Concessão apenas aos empregados em atividade. Extensão aos inativos. Impossibilidade. A decisão que estende aos inativos a concessão de abono de natureza jurídica indenizatória, previsto em norma coletiva apenas para os empregados em atividade, a ser pago de uma única vez, e confere natureza salarial à parcela, afronta o art. 7º, XXVI da CF/88."
(1053) Sobre o assunto, cf. PLÁ RODRIGUEZ, Américo. *Op. cit.*, p. 131-139. DELGADO, Mauricio Godinho, *Curso de direito do trabalho*, p. 202-203. SILVA, Luiz de Pinho Pedreira. *Op. cit.*, p. 99-121. OJEDA AVILÉS, Antonio. El principio de condición más beneficiosa. In: VILLA GIL, Luis Enrique de la; CUMBRE LÓPEZ, Lourdes (dir.). *Los principios del derecho del trabajo*. Madrid: Centro de Estudios Financieros, 2003. p. 171 et seq. TOLOSA TRIBIÑO, César. La aplicación práctica del principio de condición más beneficiosa. In: VILLA GIL, Luis Enrique de la; CUMBRE LÓPEZ, Lourdes (dir.). *Los principios del derecho del trabajo*. Madrid: Centro de Estudios Financieros, 2003. p. 189 et seq.
(1054) CUNHA, Alexandre Teixeira de Freitas Bastos. *El convenio colectivo en el sistema de fuentes del derecho en Brasil*, p. 306-307.
(1055) Sobre as alterações implementadas pela lei, cf., mais adiante, o Capítulo VII.

anteriormente em vigor[1056]. Relembrem, por exemplo, o teor da Súmula n. 277, I do TST, relativo à proibição genérica da ultratividade dos direitos negociados[1057] ou, ainda, a permissão contida na Súmula n. 51, II do TST, de modo a possibilitar que o empregado opte pelo regulamento de empresa que melhor lhe aprouver[1058].

Dito isso, penso que, a partir do parâmetro democrático-cooperativo, o pêndulo normativo deverá pesar para o lado:

(1) da autonomia coletiva, quando a decisão individual produzir externalidades incontornáveis para a maioria dos trabalhadores; ou

(2) da autonomia individual, (2.1) quando a decisão individual não gerar externalidades aferíveis pela coletividade e/ou (2.2) quando a desconsideração da decisão individual resultar numa restrição desproporcional dos direitos fundamentais formadores dos pressupostos discursivos.

Sempre que o descumprimento da norma coletiva acarretar o benefício de um (ou de poucos) em detrimento da maior parte dos integrantes da categoria, é a vontade da maioria que deverá ser obedecida. Quem ainda se recorda da competição fratricida entre Pedro e João, desencadeando um achatamento salarial sem limites para a conquista do emprego[1059]?

Esta é uma possibilidade real e bastante didática, que reforça a união do grupo em torno de uma mesma ideia amadurecida e aceita no curso de uma deliberação efetiva. Como já cansei de repisar, desde que aberta a todos os destinatários em potencial, com transparência de informações e garantia de igual liberdade de pensamento e expressão (respeito e consideração), a presunção deverá ser a do maior grau de acerto epistemológico atribuído à norma (e à autonomia) coletiva.

Neste contexto, os empregados devem utilizar "suas liberdades comunicativas, não apenas como liberdades subjetivas de ação para a defesa de interesses próprios, mas também como liberdades comunicativas para fins do 'uso da razão pública'"[1060]. É vital que "troquem seu papel de sujeitos privados do direito e assumam a perspectiva de participantes em processos de entendimento que versam sobre as regras de sua convivência"[1061].

Mas e as saídas de emergência? Onde elas estão?

Neste momento, eu vislumbro apenas duas exceções salvadoras:

(i) quando — de acordo com o critério (2.1) acima indicado — a manifestação de vontade individual não gerar repercussão na esfera patrimonial ou existencial dos demais[1062]; ou

---

(1056) CUNHA, Alexandre Teixeira de Freitas Bastos. *El convenio colectivo en el sistema de fuentes del derecho en Brasil*, p. 307-308.
(1057) "As condições de trabalho alcançadas por força de sentença normativa, convenção coletiva ou acordo coletivo vigoram no prazo assinalado, não integrando, de forma definitiva, os contratos individuais de trabalho."
(1058) "Havendo a coexistência de dois regulamentos da empresa, a opção do empregado por um deles tem efeito jurídico de renúncia às regras do sistema do outro."
(1059) Cf. § 2º, item II do Capítulo II.
(1060) HABERMAS, Jürgen. *Direito e democracia:* entre a facticidade e validade. V. II, p. 323.
(1061) *Idem, ibidem.*
(1062) Cf., por exemplo, a Súmula n. 85, II do TST, especialmente a sua parte final, quando ressalta que o acordo individual deixará de valer quando houver norma coletiva dispondo em contrário.

(ii) quando — de acordo com o critério (2.2) acima indicado —, havendo ou não externalidade, ocorrer violação desproporcional dos direitos fundamentais componentes dos pressupostos discursivos[1063].

Um adendo, porém, deve ser feito com relação à porta de saída de n. (2.2): ela deverá ser aberta com a ajuda do "princípio da vedação de retrocesso social"[1064].

Com efeito, creio que seria muito proveitoso transportar esta norma constitucional implícita para o ambiente de deliberação coletiva, especialmente quando dela sobrevier a afetação, para pior, de direitos fundamentais específicos ou inespecíficos da minoria. Sendo assim, a autonomia coletiva estará autorizada a diminuir a eficácia social de alguns destes direitos fundamentais, desde que, por exemplo, não atinjam o seu núcleo essencial. E um dos indicativos mais evidentes desta violação excessiva seria quando ele (direito fundamental) fosse simplesmente suprimido, sem que absolutamente nada fosse colocado no seu lugar[1065].

Havendo uma redução justificável, contudo, a decisão estará abrangida pelo seu legítimo poder de deliberação[1066]. A não ser, é claro, que o próprio poder coletivo em si (a representação da categoria propriamente dita) estivesse na fogueira. Porque, se isso acontecer, deve-se levar a sério o ambiente pluralista mais afeito ao critério institucional defendido por aqui, de maneira que a discussão flexibilizadora não seja sequer iniciada.

Feito o esclarecimento, retomarei os três exemplos colocados ao longo do texto, a fim de testar as exceções sugeridas.

(1063) Cf., *v. g.*, a mesma Súmula n. 85, IV do TST, que invalida o instrumento normativo, quando o próprio empregador o desrespeita e obriga seus empregados a trabalharem, habitualmente, além da jornada pactuada.
(1064) Cf., sobre o tema, SARLET, Ingo Wolfgang. *A eficácia dos direitos fundamentais*, p. 434-461. ANDRADE, José Carlos Vieira de. *Os direitos fundamentais na Constituição portuguesa de 1976*, p. 390-392. MIRANDA, Jorge, *Manual de direito constitucional*. Tomo IV, p. 397-400. CANOTILHO, J. J. Gomes. *Direito constitucional e teoria da constituição*, p. 338-340. MENDONÇA, José Vicente dos Santos. *Vedação de retrocesso*: o que é e como perder o medo, p. 205-236. DERBLI, Felipe. *O princípio da proibição de retrocesso social na Constituição de 1988*. Rio de Janeiro: Renovar, 2007. QUEIROZ, Cristina. *O princípio da não reversibilidade dos direitos fundamentais sociais*. Coimbra: Coimbra Editora, 2006. Para uma visão mais voltada ao direito do trabalho, cf. CAUPERS, João. *Op. cit.*, p. 42-44. MENEZES, Claudio Armando Couce; LOPES, Gláucia Gomes Vergara; CALVET, Otávio Amaral; SIVOLLELA, Roberta Ferme. *Direitos humanos e fundamentais*. Os princípios da progressividade, da irreversibilidade e da não regressividade social em um contexto de crise. Acessível em: <http://www.trt1.jus.br>.
(1065) Cf., por exemplo, a OJ n. 342 do SDI-I do TST, inciso I: "É inválida cláusula de acordo ou convenção coletiva de trabalho contemplando a supressão ou redução do intervalo intrajornada porque este constitui medida de higiene, saúde e segurança do trabalho, garantido por norma de ordem pública (art. 71 da CLT e art. 7º, XXII, da CF/1988), infenso à negociação coletiva." Na doutrina, por todos, veja SARLET, Ingo Wolfgang. *A eficácia dos direitos fundamentais*, p. 446-447.
(1066) Cf., *v. g.*, OJ n. 342 do SDI-I do TST, inciso II: "Ante a natureza do serviço e em virtude das condições especiais de trabalho a que são submetidos estritamente os condutores e cobradores de veículos rodoviários, empregados em empresas de transporte público coletivo urbano, é válida cláusula de acordo ou convenção coletiva de trabalho contemplando a redução do intervalo intrajornada, desde que garantida a redução da jornada para, no mínimo, sete horas diárias ou quarenta e duas horas semanais, não prorrogada, mantida a mesma remuneração e concedidos intervalos para descanso menores e fracionados ao final de cada viagem, não descontados da jornada." Na doutrina, SARLET, Ingo Wolfgang. *A eficácia dos direitos fundamentais*, p. 458-461.

No primeiro caso, a maioria deliberou e considerou mais valiosa a garantia de emprego do que o aumento salarial pontual. Ambas as reivindicações eram produtoras de externalidades, afetando não só os empregados, como também os aposentados e os desempregados que almejassem inserir-se naquela categoria.

Portanto, a única hipótese de a minoria fazer valer a sua opinião seria se o seu direito fundamental ao salário digno tivesse sido desproporcionalmente comprimido pela maioria. Uma situação que, convenhamos, não ocorreu, pois não houve redução salarial e, sim, manutenção da renda (da fonte de sustento) de todos, tanto dos empregados, quanto dos que já conquistaram o direito de receber um benefício previdenciário (aposentados).

Logo, inexistindo maiores problemas em relação à legitimidade da discussão coletiva (pois isto não foi suscitado em momento algum), concordo com a decisão do TST, no sentido de que a vontade da maioria deve predominar.

No segundo exemplo, a perspectiva se altera da água para o vinho. Já de início, pode-se duvidar da produção de externalidade, a partir da preservação da natureza salarial do auxílio-alimentação (habitual e tacitamente reconhecida pelo empregador). Se era assim para os que trabalhavam antes do primeiro acordo coletivo, pouca relevância terá para os que forem contratados depois, uma vez que não sofrerão qualquer consequência. Entretanto, se for invertida a equação, a fim de realizar-se a conversão do auxílio-alimentação para o patamar meramente indenizatório, haverá uma questão que (se não interessa exatamente a todos) interessará certamente a uma parcela.

Em verdade, esta é uma luta encampada apenas pelos antigos destinatários do pagamento. O problema aqui, contudo, é que estes últimos tendem a ser a minoria da vez. Na medida em que o tempo passa, a rotatividade de mão de obra torna-se inevitável, seja porque alguns são despedidos, seja porque outros se aposentam.

Mas, de toda sorte, a probabilidade é que os novos contratados formem uma maioria. Uma maioria que, justamente porque nunca usufruiu da prestação nos termos pretéritos, não enxerga desvantagem na modificação da sua classificação. Até mesmo porque podem estar ganhando algo em troca indiretamente. Pensem, por exemplo, na hipótese de o empregador oferecer um valor maior de auxílio-alimentação, caso seja abolida a sua natureza salarial. Neste caso, a externalidade aparecerá para todos, retrocedendo, inclusive, para a situação de mera preservação do *status quo*, em favor dos antigos.

Como sustentar, então, o acerto da decisão? Direcionando-a para os pressupostos discursivos: maioria ou não, o resultado será inválido quando retroceder desproporcionalmente a eficácia social dos direitos fundamentais dos seus destinatários. Se vocês concordam que a deliberação coletiva impôs uma redução salarial que afetará a qualidade de vida da minoria, já estaremos a meio caminho da conclusão.

No entanto, caso ainda tenham dúvidas, invertam mais uma vez o raciocínio e tragam à baila as externalidades produzidas pela manutenção da natureza salarial.

Será que elas seriam mais ou menos intensas do que as geradas pela sua mutação indenizatória? Sendo mais direto: os efeitos da manutenção da natureza salarial do auxílio-alimentação para a minoria são mais (ou menos) perniciosos para a maioria, do que os efeitos que esta lança sobre aquela, quando lhes retira uma parcela salarial consolidada há décadas?

Estamos diante de um conflito onde há um importante retrocesso social para alguns, ao passo que não há um mínimo aperto para outros. Acredito que, em face de uma quebra de segurança, de proteção da confiança e de isonomia tão avantajada, a restrição social da minoria, por menor que seja, adquire uma dimensão nada desprezível, de modo que, por este motivo, deve ser invalidada.

Para finalizar, reflitam sobre o terceiro caso. Ali, os abonos foram criados *ad nihil*. Não havia nada e, por uma pura e simples decisão coletiva, foi instituída uma transferência de recursos para os trabalhadores da ativa, sob a condição de serem classificados como abonos indenizatórios.

A pergunta agora é: esta deliberação produz externalidades? Para os aposentados, a resposta é positiva, pois consideram que a maioria abriu mão, egoisticamente, de um aumento salarial, já que o dinheiro que teria em mãos lhe supriria uma necessidade não extensível à minoria. Em suma: acusam a maioria de perpetrar uma manobra ardilosa, cujo prejuízo, para os aposentados, era quase que um requisito para angariarem o benefício acordado.

Por mais incrível que pareça, este último caso é, para mim, o de mais difícil solução. A sua análise deve envolver, dentre outras coisas, o nível de representatividade da entidade sindical, o grau de participação e informação da minoria, sem olvidar da sua capacidade de opinar e influenciar a decisão final. Mas isso não é só. Deve-se também demonstrar o conluio entre o representante da categoria e o empregador, no sentido de ambos terem "maquiado" o reajuste salarial, com o intuito consciente de afastar a sua extensão dos aposentados. Uma discussão que pode calhar de ser extremamente complexa e, o que é pior, deixar aquele sabor amargo de injustiça, qualquer que seja o seu desfecho.

Por mais que o Juiz Hermes se esforce na resolução deste problema, pode ficar sempre com a impressão de que deixou escapar algo. Penso que esta seja uma das razões para o surgimento da OJ n. 346 do SDI-I do TST: na dúvida, presume-se que a autonomia coletiva foi legitimamente exercida e, por mera transferência institucional, produziu um resultado igualmente legítimo.

Não há que se falar nem mesmo em vedação de retrocesso social, porquanto teria havido, no máximo, uma omissão[1067]. Simples assim. Ou não? Porque — não esqueçam — muitas vezes, o ato comissivo, produtor de um retrocesso social inaceitável, estará nas entrelinhas de uma suposta omissão. Comissão por omissão: este deverá ser um novo ponto a ser aprofundado, caso o julgador aceite o argumento da minoria e decida avançar sobre a proporcionalidade da manutenção do *status quo* salarial.

(1067) Neste sentido, cf. DERBLI, Felipe. *Op. cit.*, p. 240-242.

Por certo que no direito de matriz argumentativa, as respostas jamais serão definitivas[1068]. O que importa, por ora, é deixar claro que a vontade coletiva é construída pela troca de ideias individuais. Logo, será um contrassenso se uma destas ideias, abolida pela maioria, vier a valer mais do que todas as outras ou do que a outra que angariou maior aceitação. Por isso, e apenas por isso, é que se deve partir da premissa segundo a qual o interesse coletivo tem ascendência sobre o individual, pois o primeiro é, ao fim e ao cabo, um filho dileto do segundo.

Todavia, se a concretização do interesse individual nada tem a ver com vida profissional dos demais (insisto: se não produz externalidades) e, deste modo, passa longe de maiores considerações coletivas, não há por que inviabilizar o seu aspecto normativo. A não ser, é claro, que esta decisão isolada tenha sido fruto de uma vontade viciada, coagida de tal maneira que a igual autonomia criativa do trabalhador não passava de uma quimera. A violação da razão de fundo, direcionadora do processo argumentativo, é a sentença capital do seu resultado.

Creio ser interessante, ainda, para finalizar este tópico, fazer um paralelo com algo muito semelhante ao que foi nele abordado: a competição entre o interesse público e o interesse privado.

Neste passo, faço aqui uma analogia com a distinção defendida por Luís Roberto Barroso, entre o interesse público primário e o secundário. O primeiro, atinente à razão de ser do Estado, aos fins que ele deve promover; o segundo, identificado com a majoração da receita e a redução das despesas[1069]. *Mutatis mutandis*, diria que há um interesse coletivo primário e um secundário. O primeiro, representativo da preservação e da promoção da autonomia comunicativa dos trabalhadores, em conjunto e/ou singularmente considerados: a razão de ser do movimento associativo. O segundo, preocupado com o varejo de suas reivindicações: a melhoria das condições de trabalho para além do mínimo necessário (art. 7º, *caput* e XXVI da CF/88).

Negociar a ampliação da jornada de trabalho, por exemplo, tangencia o primário. Postular o pagamento de um adicional por tempo de serviço se aproxima do secundário. O importante é ter em mente que "em nenhuma hipótese será legítimo sacrificar o interesse público [coletivo] primário com o objetivo de satisfazer o secundário. A inversão da prioridade seria patente, e nenhuma lógica razoável poderia sustentá-la"[1070].

O interesse individual do empregado se releva quando trazemos à tona o confronto entre o interesse coletivo primário "consubstanciado em uma meta coletiva" e o interesse público primário "que se realiza mediante a garantia de um direito fundamental". Aí, sim, haverá a abertura para os novos critérios normativos e para as novas ferramentas metodológicas, tais como a proibição de retrocesso social e a ponderação, cujo manuseio, pelo Juiz Hermes, deve ser efetivado mediante a lembrança da dignidade humana (ou da preservação e promoção da igual autonomia criativa individual) e da razão pública[1071].

(1068) Cf., por todos, BARROSO, Luís Roberto. *Curso de direito constitucional contemporâneo*, p. 338-346.
(1069) *Idem*, p. 69.
(1070) *Idem*, p. 70.
(1071) *Idem*, p. 71-72.

Com isso, não se está a requerer um "princípio" que já passou do ponto: o da "supremacia do interesse público". Nem, tampouco, deve-se confundir o que foi dito com uma concepção organicista ou utilitarista da autonomia coletiva. Como já frisei ao longo deste estudo, é a pessoa humana o elemento nuclear de toda e qualquer compreensão normativa que se pretenda legítima. A parte não é mais importante que o todo e o todo não é o mero somatório das partes[1072]. Existe, sim, um todo construído dialogicamente por indivíduos autônomos, cujas palavras e ideias são portadoras de igual respeito e consideração.

A arrumação conceitual trazida por mim, para este contexto, propicia, simplesmente, uma adequação do critério democrático-cooperativo ao Estado de Direito brasileiro, cujo viés personalista, antropocêntrico e fiel aos direitos fundamentais da pessoa humana adquiriu o patamar de um verdadeiro consenso sobreposto[1073]. Nada disso impede, todavia, que a maioria dos trabalhadores seja vista, ao menos em tese, como a titular da razão (discursiva), sem embargo de, vez por outra, o coletivo poder sofrer alguns reveses em favor da garantia dos direitos fundamentais especificamente voltados ao indivíduo empregado: daqueles que garantem a sua igual autonomia criativa.

Assim, quando eles (direitos fundamentais) forem postos à prova, a lógica jurídica deverá ser invertida, de maneira a gerar dois efeitos consecutivos e imediatos: (1) a precedência *prima facie* do direito fundamental do indivíduo, a fim de se exigir — sempre — uma "justificação suficiente" para a sua compressão pela vontade coletiva[1074]; e (2) a implementação de um "escrutínio muito mais rigoroso, com um maior ativismo do Judiciário" na fiscalização dos atos majoritários[1075].

4. A dispensa coletiva: até onde o Juiz Hermes deve ir?

Aproveitando a deixa contida no final do item anterior, destaco o último tema deste parágrafo: a "dispensa coletiva".

Faço isso porque a anomia que a envolve concentra um punhado de questões sem resposta: como deve se comportar o Juiz Hermes diante de empregados surpreendidos por uma despedida coletiva? Deve ele observar o mesmo tratamento desenhado para a dispensa individual? Deve preveni-la? Deve revertê-la? Caso contrário, como minorar os seus efeitos nocivos ao direito fundamental ao trabalho daqueles indivíduos?

Quando ressalto que não existe uma ou várias soluções prontas e acabadas para estas perguntas, não almejo me valer de uma figura de retórica. Não pretendo

---

(1072) Cf., por todos, SARMENTO, Daniel. Interesses públicos versus interesses privados na perspectiva da teoria e da filosofia constitucional. In: SARMENTO, Daniel (org.). *Interesses públicos versus interesses privados:* desconstruindo o princípio de supremacia do interesse público. Rio de Janeiro: Lumen Juris, 2005. p. 52-65.
(1073) *Idem*, p. 71-79.
(1074) ALEXY, Robert. *El concepto e la validez del derecho*, p. 207-208.
(1075) SARMENTO, Daniel. Interesses públicos versus interesses privados na perspectiva da teoria e da filosofia constitucional, p. 112.

enfatizar as incertezas apenas para criar mais ansiedades. A bem da verdade, as questões de abertura visam única e simplesmente a destacar a perplexidade normativa embutida no fenômeno da dispensa em massa (ou coletiva)[1076]. Um fenômeno que, para além de descortinar a inércia legislativa brasileira, colocou a Justiça do Trabalho na berlinda[1077]. Vejam, por exemplo, o caso da Empresa Brasileira de Aeronáutica S.A. — Embraer.

Recentemente, a mídia conferiu enorme destaque para a sua decisão de dispensar 4.400 empregados. Diante da crise financeira que se iniciou nos EUA e que, em pouquíssimo tempo, avançou a passos largos pelo mundo afora, esta empresa nacional foi reestruturada de modo a se adequar à brutal queda de demanda de seus produtos (algo em torno de 30%). Como sói acontecer, optou pelo corte de 20% dos postos de trabalho, como estratégia principal de redução de custos.

Até aí, nada de muito novo. O que realmente deu o que falar foi um outro aspecto desta decisão empresarial. Ou melhor, a polêmica esquentou para valer quando uma outra decisão — agora de natureza judicial — pôs em xeque a validade do famoso direito potestativo do empregador. Mediante uma liminar proferida no Dissídio Coletivo n. 00309-2009-000-15-00-4, o desembargador José Antonio Pancotti, do TRT da 15ª Região, suspendeu o efeito jurídico do ato patronal, impedindo o encerramento unilateral dos 4.400 contratos de emprego[1078].

A partir deste instante, as reações da mídia, contrárias à Justiça do Trabalho, foram para lá de destemperadas, isso para dizer o mínimo. Um exemplo interessante, sobre o quão acirrados ficaram os ânimos de algumas pessoas, é encontrado no artigo do jornalista Nelson Motta.

Conhecido produtor musical e especialista na vida e obra do cantor Tim Maia, este profissional escreveu um artigo para o jornal O Globo, cujo título "Arrojados e Justiceiros" já deixou entrever o que estava por vir[1079].

Quem se dispôs a ler sua opinião, encontrou ali colocações tão "amenas", que algumas até merecem ser transcritas. Reparem a tirada: "Ninguém deve se surpreender se, a essas alturas, algum sindicato entrar com uma ação na Justiça para obrigar os acionistas que lucraram com uma empresa no tempo das vacas gordas a devolverem seus ganhos para indenizar os desempregados pela crise. E que algum juiz com espírito arrojado e justiceiro lhes dê ganho de causa. Seria puro "Direito achado na rua" ".

(1076) Cf. NASCIMENTO, Amauri Mascaro. *Compêndio de direito sindical*, p. 392-394. MANNRICH, Nelson. *Dispensa coletiva:* da liberdade contratual à responsabilidade social. São Paulo: LTr, 2000. p. 13.
(1077) No mesmo sentido, cf. ALMEIDA, Renato Rua de. Subsiste no Brasil o direito potestativo do empregador nas despedidas em massa? *Revista LTr*, São Paulo, ano 73, n. 04, p. 391, abril de 2009.
(1078) Para uma leitura do inteiro teor das decisões liminar e definitiva, cf. <http://www.trt15.jus.br/consulta/owa/pDecisao.wAcordao?pTipoConsulta=PROCESSO&n_idv=944968>. Acesso em: 14 nov. 2009.
(1079) Cf. <http://oglobo.globo.com/pais/moreno/posts/2009/03/13/arrojados-justiceiros-168370.asp>. Acesso em: 14 nov. 2009.

No que tange à Justiça do Trabalho, o mais novo "jurista" da praça (à moda haberleniana da sociedade aberta dos intérpretes) afirmou sem medo de errar: "A Justiça do Trabalho, outra peculiaridade brasileira, é um campo fértil para o "Direito achado na rua", afinal, mesmo que cumpra a legislação, pague salários dignos e participações nos lucros, o patrão é, por definição, o opressor, e o empregado, por pior que seja, será sempre o oprimido."

Este é o cenário onde os juízes do trabalho se encontram. Cercados por uma dinâmica social e econômica cada vez mais complexa e, o que é pior, desprovidos de um aparato legislativo capaz de lhes fornecer as respostas para uma gama de conflitos que só fez aumentar ao longo dos anos[1080], estes profissionais do direito estão, por assim dizer, entre a cruz e a caldeirinha. Se, por um lado, apontam uma lacuna normativa e permanecem silentes, correm o risco de aumentar o descrédito do Poder Judiciário, que será tido como cúmplice da impunidade reinante no país. Se, de outro modo, adotam uma postura mais ativa e ousam preencher, com suas próprias mãos, o vazio normativo, correm o risco, ainda maior, de serem taxados de ideológicos, tacanhos, obtusos, voluntaristas... Verdadeiros justiceiros.

Pois bem. Tal como mencionei no início, as questões em torno da proteção contra a dispensa coletiva e da suposta anomia que a envolve servirão de mote para que, ao final deste item, seja possível resgatar a imagem da Justiça do Trabalho brasileira e fornecer aos seus integrantes as ferramentas institucionais necessárias à legitimação de suas decisões.

Para tanto, adotarei, nas próximas páginas, a seguinte estratégia reflexiva:

(1) utilizar a dogmática empírica, isto é, analisar o processo envolvendo a Embraer como ponto de partida, uma vez que se trata de verdadeiro *leading case* sobre a dispensa coletiva no direito brasileiro[1081];

(2) sublinhar algumas dúvidas e críticas que, após uma leitura atenta da decisão judicial, ainda podem dificultar a sua aceitação; para, por fim,

(3) tentar ajustar as ideias diluídas ao redor da noção de dispensa coletiva, objetivando estruturar, de acordo com o critério democrático-cooperativo, o instrumental que deve ser utilizado em situações futuras semelhantes.

4.1. Anatomia judicial: dissecando o caso paradigmático

A apreciação das razões lançadas no processo mencionado será de importância indiscutível para a elucidação do nosso problema. Penso assim porque a nota diferencial desta contenda não se encontra (apenas) na sua enorme repercussão midiática. A

(1080) Referindo-se ao "aumento sem precedente nas demandas judiciais trabalhistas" após a promulgação da CF/88, cf. CARDOSO, Adalberto; LAGE, Telma. *As normas e os fatos*: desenho e efetividade das instituições de regulação do mercado de trabalho no Brasil. Rio de Janeiro: FGV, 2007. p. 99 *et seq*.
(1081) Sobre a importância da dogmática empírica (jurisprudência), cf., por todos, ALEXY, Robert. *Teoria dos direitos fundamentais*, p. 34-35.

rigor, será o seu conteúdo, ou seja, será o conjunto de argumentos pró e contra a invalidação da dispensa coletiva que poderá nos auxiliar a caminhar com passos mais firmes daqui para frente. Vejamos, então, o que disseram as partes envolvidas.

a. Tese: os argumentos a favor da nulidade

O Sindicato dos Metalúrgicos de São José dos Campos (em litisconsórcio com alguns outros mais) construiu a sua linha de raciocínio, basicamente, com uma "argamassa principiológica".

Dignidade humana, valorização social do trabalho, justiça social, função social da empresa, direito fundamental à informação, transparência e boa-fé objetiva, sem olvidar da interveniência sindical e negociação coletiva obrigatórias antes de se proceder uma dispensa coletiva (arts. 1º, III e IV, 5º, XIV, 8º, III e VI da CF/88, Convenção n. 98 e Recomendações ns. 94 e 163 da OIT e arts. 187 e 422 do CC). Eis aí alguns dos princípios arrolados pelos autores, com a finalidade de sustentar o seu pedido de declaração de nulidade da dispensa em massa dos empregados.

b. Antítese: os argumentos contrários à nulidade

Já do lado do réu (Embraer), o que se percebe? Ali existiram dois tipos distintos (e complementares) de discurso.

Numa primeira aproximação, destacaram-se os argumentos pragmáticos: dificuldades econômico-financeiras circunstanciais e, como derivação lógica, necessidade de redução de custos para sobrevivência da empresa e manutenção dos empregos restantes.

Num segundo momento, municiou-se a artilharia argumentativa com a concepção positivista do direito: dissídio coletivo que foge aos conceitos tradicionais (econômico e jurídico), uma vez que não busca criação de nova condição de trabalho ou interpretação de regra preexistente; utilização indevida do poder normativo; ausência de lei regulamentando o art. 7º, I da CF/88, o que levaria à sua não aplicação e, pois, à ausência de impedimentos normativos sobre a decisão do empregador (art. 5º, II da CF/88); denúncia da Convenção n. 158 da OIT, reforçando a eficácia limitada daquela regra constitucional; e exercício regular do direito postestativo de dispensa, o qual teria sido efetivado com cuidado e respeito pelos empregados.

c. Síntese: os argumentos que fundamentaram a decisão judicial

Depois de tentativas infrutíferas de conciliação e de encerrado o contraditório, o relator proferiu a sua decisão, que, a meu ver, seguiu um roteiro silogístico bastante peculiar.

Verifiquemos, em primeiro lugar, as premissas manejadas:

Premissa 1 — o dissídio coletivo possui natureza instrumental e publicista, devendo o Poder Judiciário intervir para dirimi-lo, na medida em que representa um inequívoco interesse público. E, justamente por este motivo, deve-se pôr o formalismo de lado e interpretar o seu procedimento de maneira a viabilizar a solução dos novos dilemas que surgem no conturbado (e complicado) mundo contemporâneo.

Premissa 2 — o poder normativo da Justiça do Trabalho não foi alterado pela EC n. 45/04, restando plenamente possível a sua aplicação, quer nos dissídios coletivos de natureza jurídica, quer nos de natureza econômica.

Premissa 3 — a atividade empreendedora da Embraer é de suma importância para o desenvolvimento econômico e social do país. No entanto, isso não justifica a absoluta falta de sensibilidade do seu corpo diretor, que não mostrou a menor intenção de discutir uma solução negociada diretamente com o sindicato-autor. Sentou-se à mesa somente quando se deparou com uma liminar judicial que lhe foi desfavorável.

Premissa 4 — a dispensa em massa (ou coletiva) é um destes fatos novos e inusitados dos dias de hoje e deve ser considerada mais grave do que a dispensa individual, em virtude do seu impacto socioeconômico.

Premissa 5 — no âmbito dos sistemas jurídicos estrangeiros (União Europeia, Espanha, Portugal, Itália, França, México e Argentina), a negociação coletiva surge como o único caminho disponível para se legitimar o procedimento de dispensa coletiva.

Premissa 6 — no direito brasileiro, só se cogitou de proteção contra a dispensa individual, não havendo qualquer regramento acerca da dispensa coletiva. Encontram-se, no máximo, medidas legislativas que visam a prevenir ou minorar os seus efeitos (PDVs, férias coletivas, redução da jornada de trabalho e suspensão temporária do contrato). Em função desta apatia do legislador, resta, ao juiz, recorrer aos princípios e ao direito comparado (art. 8º da CLT).

Premissa 7 — de acordo com a nova teoria do direito defendida por Ronaldo Dworkin, Robert Alexy e trazida ao Brasil por Paulo Bonavides, os princípios possuem indiscutível força normativa. Neste sentido, construiu-se um ambiente pós-positivista onde os princípios devem ser encarados como normas jurídicas aptas a solucionar os casos concretos debatidos nos tribunais, mormente naqueles em que o julgador se encontre diante de uma lacuna.

Premissa 8 — a normatização dos princípios (resgatando a ideia de justiça) associada às disposições contidas na Constituição de 1988, permitem ao tribunal reconhecer uma maior proteção ao trabalhador em caso de dispensa coletiva. Sendo assim, o fundamento normativo da proteção contra esta forma diferenciada de rescisão são os princípios constitucionais explícitos (arts. 1º, III e IV, 3º, I, II, III e IV, 4º, I e II, 6º, 7º e 193 a 232), haja vista a insuficiência da mera transposição do que se dispõe para as hipóteses de dispensa individual.

Premissa 9 — apesar de o número de postos de trabalho estar vinculado ao potencial produtivo da empresa e este, por sua vez, depender das oscilações econômicas do mercado, a discricionariedade absoluta do empregador conduz à violação dos princípios constitucionais acima referidos. Neste passo, o ato produtor de dispensa em massa, quando desprovido de negociação prévia com a entidade sindical, transforma-se num ato abusivo que deve ser judicialmente reprimido.

A partir destas constatações fáticas e afirmações jurídicas, pode-se entrever três conclusões, cuja estruturação — arrisco dizer — foi delineada da seguinte maneira:

Regra 1 — *se* não há negociação coletiva com o sindicato, *então* o ato de dispensa coletiva configura abuso do poder econômico.

Regra 2 — *se* houve abuso do empregador, *então* ele deve compensar financeiramente os empregados atingidos, não havendo que se falar em reintegração, porque inexiste estabilidade.

Regra 3 — *se* houver recomposição futura do número dos postos de trabalho, *então* os empregados dispensados em bloco devem possuir prioridade na contratação durante dois anos, desde que possuam as qualificações exigidas para o cargo disponível.

Depois de colocada sob a lente de aumento, já se pode dizer, com convicção, que a justificação elaborada pelo relator deste processo passa longe, muito longe, de qualquer "direito achado na rua". Não só isso. O cuidado argumentativo, encontrado nesta decisão, demonstra uma preocupação não apenas com a apresentação de um raciocínio jurídico coerente e respaldado no ordenamento jurídico brasileiro e estrangeiro, mas também uma vontade retumbante de conquistar a legitimação/aceitação dos seus destinatários. Justiça seja feita: este juiz não é um justiceiro[1082].

Entretanto, subtraídos os excessos de alguns críticos mais desavisados, ainda subsistem algumas dúvidas que podem dar pano pra manga. Dúvidas que podem fomentar novas críticas menos açodadas ao modo como a dispensa coletiva foi tratada neste conflito em especial, cuja riqueza de detalhes e natureza inovadora o transformou, sem sombra de dúvida, num caso paradigmático[1083].

Desta forma, cumpre-me desempenhar o papel de algoz e antecipar algumas destas dúvidas e críticas, a fim de que não deixemos escorrer pelos dedos uma oportunidade tão preciosa de regulação da dispensa coletiva. O impulso inicial já foi dado. O importante agora é saber o que fazer com ele: refreá-lo ou acelerá-lo?

4.2. Dúvidas e críticas: o que falta dizer e o que deve ser reformulado

a. A dúvida institucional: dificuldade contramajoritária e (in)capacidade técnica

A dúvida inicial se descortina tão logo nos damos conta de uma certeza bastante enfatizada neste estudo: a constitucionalização do direito, moldada pelo que se convencionou chamar de movimento pós-positivista, chegou com força no direito do trabalho[1084].

[1082] Neste sentido, vale a pena conferir as razões do próprio julgador, para além daquelas contidas em sua decisão, em PANCOTTI, José Antonio. Aspectos jurídicos das dispensas coletivas no Brasil. *Revista LTr,* São Paulo, ano 74, n. 05, p. 529 *et seq.*, maio 2010.
[1083] Neste sentido, vale conferir o julgamento do ED-RODC n. 30900-12.2009.5.15.0000, Rel. Min. Mauricio Godinho Delgado, DJ 4.9.2009.
[1084] Cf., por todos, GOMES, Fábio Rodrigues (coord.). *Direito constitucional do trabalho:* o que há de novo? Rio de Janeiro: Lumen Juris, 2009.

Este ponto já foi esmiuçado no Capítulo I. Todavia, o motivo que me estimulou a levantá-lo novamente foi o de trazer à baila uma de suas sequelas mais problemáticas: o ativismo judicial.

Com efeito, não é de se estranhar que esta importante reformulação teórica acarretasse consequências práticas não menos relevantes. E, como acabei mencionar, o novo papel institucional do Poder Judiciário representa o que há de mais evidente. Se no modelo jurídico anterior o juiz era a "boca da lei" (estando amarrado por uma severa separação de poderes), no contexto atual, ele vai além do mero descobridor da *mens legis* ou *legislatoris*. O próprio conceito de lacuna entra em crise, quando levado em conta o conceito semântico de norma. Isso porque a ausência de enunciado expresso não quer dizer que o julgador esteja desprovido de critérios normativos para decidir. Ele não só pode como deve recorrer aos princípios[1085]. E aí surge o nó górdio do pós-positivismo.

Ao manusear uma Constituição recheada de princípios, o juiz brasileiro adquiriu um poder potencialmente ilimitado. Tudo pode ser "constitucionalizado". Qualquer assunto, mesmo que conte com a aprovação unânime do parlamento, pode ser revisado e, quiçá, revogado pelos "guardiões da Constituição"[1086]. É neste compasso que chega ao Brasil, em boa hora, uma advertência feita há décadas atrás nos EUA: a dificuldade contramajoritária da jurisdição constitucional[1087].

Onde quer que exista uma Constituição normativa e um controle judicial voltado para a sua observância, aparece *ipso facto* o conflito institucional entre o legislativo e o judiciário. O primeiro sai na frente, porquanto está mergulhado num ambiente democrático, por ser eleito diretamente pelo povo. O segundo corre atrás do prejuízo, visto que não se submete ao voto popular e, pior do que isso, contrapõe-se, vez por outra, à vontade das maiorias parlamentares. Uma grave deficiência de legitimação que pode transformar a judicatura numa verdadeira "aristocracia de toga"[1088]. E, para criar mais embaraços, deve ser dito que este é um problema ainda não resolvido definitivamente nos Estados Democráticos e Constitucionais de Direito[1089].

Contudo, se não bastasse esta dificuldade, alguns teóricos têm salientado uma outra igualmente digna de nota: a incapacidade institucional do judiciário. Neste aspecto, é importante relembrar que o juiz, de um modo geral, não possui conhecimento técnico suficiente para efetuar escolhas melhores do que aquelas tomadas pelo administrador público, pelo legislador, pelos sindicatos ou pelo administrador privado[1090]. A intervenção

---

[1085] DWORKIN, Ronald. *Levando os direitos a sério*, p. 36 *et seq*.
[1086] Daniel Sarmento chega a falar em "Ubiquidade constitucional". Cf. *Livres e iguais*, p. 167-205. Cf. também VILHENA, Oscar Vieira. Supremocracia. In: SARMENTO, Daniel (coord.). *Filosofia e teoria constitucional contemporânea*. Rio de Janeiro: Lumen Juris, 2009. p. 483 *et seq*.
[1087] A expressão foi cunhada pelo jurista americano BICKEL, Alexander. Cf. *The least dangerous branch*. 2. ed. New Haven: Yale University Press, 1986.
[1088] SARMENTO, Daniel. *O neoconstitucionalismo no Brasil*, p. 133-139.
[1089] *Idem, ibidem*.
[1090] Sobre o assunto, cf. VERMEULE, Adrian. *Law and the limits of reason*. New York: Oxford University Press, 2009. BINEMBOJN, Gustavo; CYRINO, André Rodrigues. Parâmetros para a revisão judicial de diagnósticos e prognósticos regulatórios em matéria econômica. In: SOUZA NETO, Cláudio Pereira de; SARMENTO, Daniel; BINEMBOJN, Gustavo (coord.). *Vinte anos da Constituição Federal de 1988*. Rio de Janeiro: Lumen Juris, 2009. p. 743-753.

judicial, seja nos assuntos públicos, seja nas questões privadas, deve nortear-se pela consciência prévia de suas limitações epistemológicas. Sendo ainda mais direto: o juiz deve possuir humildade suficiente para considerar, com certa deferência, o que foi feito pelos atores sociais que com ele estão dialogando institucionalmente.

b. Análise crítica

Sob este primeiro enfoque, não vislumbro maiores problemas no julgamento do caso paradigmático selecionado (caso Embraer). Digo isso porque a opção do decisor pela utilização de princípios foi feita depois de um claro posicionamento a favor da concepção pós-positivista de direito. A confrontação entre Kelsen e Hart (positivistas), de um lado, e Dworkin e Alexy (pós-positivistas), do outro, não foi feita ao acaso, tendo sido, ao contrário, colocada cuidadosamente no início da decisão, de maneira a explicitar as premissas do raciocínio a ser entabulado. E, seguindo este diapasão, o poder normativo da Justiça do Trabalho deixou de ser uma peculiaridade para se converter na regra geral do jogo decisório[1091].

Além disso, embora não tenham sido referidas explicitamente, as dificuldades contramajoritária e institucional foram, sim, levadas em conta. Penso desta maneira, porque o juiz fez questão de frisar, mais de uma vez, a inexistência de regulamentação legislativa sobre a dispensa coletiva, o que, a meu ver, demonstra respeito pelas opções democráticas que porventura tenham sido tomadas pelo parlamento. Outrossim, as peças-chave de seu raciocínio (e da sua conclusão) foram tanto a obrigatoriedade de "o governo, as empresas e os sindicatos serem criativos" na construção de soluções para as dispensas coletivas (exatamente em função da ausência de previsão legislativa sobre o assunto), quanto a obrigatoriedade de "negociação prévia" entre os participantes da relação jurídica para a resolução dos impasses.

Em suma: a decisão coloca os agentes (titulares e destinatários dos direitos e deveres) como protagonistas, deixando o judiciário numa posição secundária, cuja aparição em cena só aconteceria na hipótese de os atores principais lhe darem a deixa.

Não obstante os méritos da decisão (sob este prisma), uma breve advertência lhe deve ser endereçada: o cuidado obsessivo com as palavras deve ser a tônica do discurso judicial[1092].

Mas por que estou dizendo isso? Porque, numa passagem do julgamento, o decisor afirmou que a dispensa coletiva é mais grave que a dispensa individual, em função do maior impacto socioeconômico que provoca. A pergunta que poderia ser feita é: com base em que critério (regra ou princípio) ele está se pautando?

(1091) Sobre a releitura do poder normativo da Justiça do Trabalho no ambiente pós-positivista, cf. PISCO, Claudia de Abreu Lima. Os dissídios coletivos e o poder normativo. In: GOMES, Fábio Rodrigues (coord.). *Direito constitucional do trabalho:* o que há de novo? Rio de Janeiro: Lumen Juris, 2009.
(1092) Sobre a importância da linguagem no discurso jurídico, cf. STRUCHINER, Noel. *Direito e linguagem:* uma análise da textura aberta da linguagem e sua aplicação ao direito. 1. ed. Rio de Janeiro: Renovar, 2002.

Se, por exemplo, for o da dignidade humana, haverá uma incongruência acachapante, eis que este princípio fundamental, haurido na Modernidade, tem como diretriz primordial a valorização do indivíduo, de sua autonomia existencial prevalecendo sobre o todo[1093]. Por isso, volto a insistir: o que se quis dizer com aquela gradação? Quais princípios ela representa? Este estado de coisas (maior importância do coletivo sobre o individual) atende qual diretriz normativa, se é que atende a alguma?

Registrado o aviso, aproveito para servir-me dele como ponte para o tópico seguinte, cujo cerne girará em torno de mais uma atitude prudencial: o cuidado com o excesso de princípios. Como tudo na vida, empapuçar-se gulosamente de princípios pode causar uma séria indigestão. E o resultado será aquele, bem previsível: dores de cabeça e muita indisposição, em vista das mais variadas acusações, culminando com ofensas ao julgador e à sua instituição.

Portanto, todo cuidado sugerido ainda será pouco. Senão vejamos.

c. A dúvida estrutural: o perigoso furor principiológico

A vinda dos princípios para o mundo normativo representou uma mudança nada desprezível na maneira como enxergamos o direito. Antes, desfrutávamos das lições kelsenianas, segundo as quais apenas as regras, estruturadas hipoteticamente (se A, então B) e emitidas pelo legislador, eram fontes do direito. Afastar-se deste modelo? Só com a autorização do próprio legislador, sob pena de invalidade da permissão, proibição ou ordem concebida[1094].

O pós-positivismo — ou neoconstitucionalismo, como queiram — alterou este quadro normativo ao escancarar o seu calcanhar de Aquiles: a política judiciária kelseniana ou a discricionariedade forte hartiana[1095]. Ambos os autores baixaram a guarda quando se depararam com a ausência de regras para situações específicas não previstas pelo legislador, bem como para a dubiedade e a vagueza de certas expressões que compunham o âmbito de proteção normativa (a textura aberta da linguagem). Era exatamente ali, naqueles *hard cases*, que o juiz poderia julgar por equidade e "criar" um novo critério de conduta, para, em seguida, aplicá-lo retroativamente.

Ocorre que, desde a divulgação pelo Brasil afora do famoso artigo de Ronald Dworkin, contestando este "cheque em branco" entregue aos juízes, que os princípios foram angariando cada vez mais admiradores, e o número só fez aumentar[1096].

(1093) Cf., por todos, GOMES, Fábio Rodrigues. *O direito fundamental ao trabalho*, p. 45 *et seq*. Cf. também SARMENTO, Daniel (coord.). *Interesse público* versus *interesses privados:* desconstruindo o princípio da supremacia do interesse público. Rio de Janeiro: Lumen Juris, 2005, onde são encontrados diversos artigos refutando a prevalência do interesse público sobre o interesse particular.
(1094) KELSEN, Hans. *Teoria geral das normas*. Trad. José Florentino Duarte. Porto Alegre: Sergio Antonio Fabris Editor, 1986. p. 120-128 e 342-344.
(1095) HART, Herbert L. A. *O conceito de direito*, p. 16-17.
(1096) Peço licença para remeter os leitores ao sistema de busca da internet "Google", e digitar a expressão "princípios constitucionais". A última vez que fiz isso, em 15.11.2009, encontrei cerca de 959.000 resultados.

Contudo, chegou-se a um ponto em que um limite invisível foi ultrapassado: a utilização judicial dos princípios foi banalizada. Para se ter uma ideia do que estou falando, basta lembrar do mais emblemático de todos: o princípio da dignidade da pessoa humana. Desde impedimentos de instauração de inquérito, passando por casos de bem de família, até chegarmos ao julgamento de irregularidades de procedimento licitatório, lá estará ela, a dignidade humana, servindo como argumento do autor, do réu, do juiz ou, ainda, de todos eles ao mesmo tempo[1097]. Como era de se esperar, a reação teórica não tardou.

Autores passaram a cultivar um contraponto ao chamado "furor principiológico". E ao fazerem soar o alarme, disseram com todas as letras para quem quisesse ouvi-los: "num conflito, efetivo ou aparente, entre uma regra constitucional e um princípio constitucional, deve vencer a regra."[1098]

Deveras, enquanto o princípio indica uma finalidade ou um estado de coisas, sem apresentar os meios para atingi-lo, a regra já traz uma resposta mais elaborada, por uma situação bem definida que, se preenchida faticamente, provocará a deflagração de sua consequência[1099].

Reparem bem. Em ocasiões de normalidade, deve-se dar preferência às regras. Em primeiro lugar, porque elas possuem maior densidade normativa, possuindo uma resposta mais detalhada para o problema. Em segundo lugar, porque elas detêm maior vigor democrático, eis que o legislador se esforçou muito mais para produzir um critério mais simples e seguro de ser utilizado em juízo[1100]. É com base nesta última estrutura normativa que se consegue, de modo mais eficiente, diminuir a arbitrariedade e a incerteza, gerando mais previsibilidade e segurança. E é por estas e outras características, típicas de um ordenamento regulatório, que já existe no Brasil um resgate da "dignidade do formalismo jurídico", no sentido de enfatizar o perigo real e iminente que mencionei linhas atrás: "Nos dias de hoje, qualquer coisa é um princípio e um princípio serve para qualquer coisa"[1101].

d. Análise crítica

Lido, mais uma vez, o nosso caso de referência, percebe-se facilmente o uso caudaloso de princípios. Tanto assim que o relator não se fez de rogado e chegou a

---

[1097] Sobre a utilização desmedida do princípio da dignidade da pessoa humana, cf. LEAL, Fernando Angelo Ribeiro. Argumentando com o Sobreprincípio da Dignidade da Pessoa Humana. In: TORRES, Ricardo Lobo; MELLO, Celso Abuquerque (dir.). *Arquivo de direitos humanos*. V. 7. Rio de Janeiro: Renovar, 2005. p. 41 *et seq.*, especialmente a nota de rodapé n. 3, de onde os exemplos foram retirados.
[1098] ÁVILA, Humberto. "Neoconstitucionalismo": entre a "Ciência do Direito" e o "Direito da Ciência". In: SOUZA NETO, Claudio Pereira de; SARMENTO, Daniel; BINENBOJM, Gustavo (coord.). *Vinte anos da Constituição Federal de 1988*. Rio de Janeiro: Lumen Juris, 2009. p. 191.
[1099] Cf., por todos, ÁVILA, Humberto. *Teoria dos princípios*, p. 40 *et seq.*
[1100] Para uma defesa de um modelo de regras, enfatizando o aspecto benéfico de suas generalizações, cf. SCHAUER, Frederick. *Profiles, probabilities and stereotypes*. Cambridge: Harvard University Press, 2003. Cf., também, ÁVILA, Humberto. *Teoria dos princípios*, p. 113-114. BARCELLOS, Ana Paula de. *Ponderação, racionalidade e atividade jurisdicional*, p. 165 *et seq.* BARROSO, Luis Roberto, *Curso de direito constitucional contemporâneo*, p. 393-394.
[1101] STRUCHINER, Noel. *Posturas interpretativas e modelagem institucional:* a dignidade (contingente) do formalismo jurídico, p. 463, nota de rodapé.

afirmar que nos "princípios basilares explícitos na Constituição da República encontram-se os fundamentos para sustentar que as demissões coletivas de trabalhadores por empresas".

No entanto, ficam aqui algumas perguntas sem respostas: qual foi o significado extraído dos mais de dez princípios arrolados (arts. 1º, III e IV, 3º, I, II, III e IV, 4º, I e II, 6º, 7º e 193 a 232)? O que eles almejam atingir? Muitos deles também não abarcariam as situações jurídicas mencionadas pelo empregador? Quais os mecanimos institucionais disponíveis para efetivá-los no mundo real?

Esta crítica tem por objetivo relembrar dois aspectos implícitos a tudo o que foi dito: (1) não devemos ficar deslumbrados com a força normativa dos princípios, sob pena de banalizarmos (e enfraquecermos) o seu potencial transformador; e (2) devemos economizar a sua utilização, uma vez que, sempre que mencionado, ele exigirá uma conceituação apropriada e a delimitação do estado ideal de coisas que intenta promover, sob pena de retirarmos qualquer chance de legitimação/aceitação da decisão.

e. A dúvida metodológica: o sopesamento em ação

A terceira e última dúvida que eu gostaria de destacar é a que condiz com o lado operacional do problema: como aplicar, no caso concreto, esta quantidade enorme de princípios que gravita ao seu redor?

Com o advento e a grande aceitação da concepção pós-positivista do direito, veio a reboque a necessidade de se repensar a forma adequada de concretizá-lo. Daí por que, nos dias de hoje, a teoria da argumentação jurídica ocupar um lugar de honra no estudo do direito como um todo. Também chamada de nova hermenêutica, ela proverá as ferramentas metodológicas indispensáveis para que a norma constitucional possa ser efetivada[1102]. Por outras palavras: a teoria da argumentação jurídica estará por trás do juiz, exigindo-lhe uma atuação racional e objetiva (ou intersubjetivamente) controlável[1103].

Teremos, agora, dois protagonistas: no primeiro ato, o legislador democraticamente eleito, veiculando as demandas políticas e sociais; no segundo, o juiz, decidindo o significado do texto escrito que lhe foi entregue previamente. Mas também teremos dois coautores: o primeiro, o legislador, prescrevendo o que deve ser encenado; e o segundo, o juiz, complementando a abertura do texto normativo (que — arbitrariamente — foi deixado de lado) ou construindo, sobre o vazio normativo, as pontes indispensáveis ao bom andamento da peça constitucional.

Em suma: não há mais norma de eficácia limitada. Ao menos, não no sentido tradicional, *a priori*. Limitação ocorrerá, mas depois de deflagrada a incidência normativa,

---

(1102) Cf. BARROSO, Luís Roberto (org.). *A nova interpretação constitucional:* ponderação, direitos fundamentais e relações privadas. Rio de Janeiro: Renovar, 2003.
(1103) Sobre a teoria da argumentação jurídica e a sua importância para a aplicação do direito, cf., por todos, ATIENZA, Manuel. *El derecho como argumentación*. 2. ed. Barcelona: Editorial Ariel, 2007, e, do mesmo autor, *As razões do direito:* teorias da argumentação jurídica. Perelman, Toulmin, MacCormick, Alexy e outros. Trad. Maria Cristina Guimarães Cupertino. 2. ed. São Paulo: Landy, 2002.

quando os argumentos forem confrontados e o juiz decidir (racionalmente) qual deverá prevalecer. Neste sentido, sim, pode-se dizer que sempre haverá norma de eficácia limitada, mas *a posteriori*[1104].

Tudo muito bem resolvido? Ainda não. É importante não deixar de iluminar o quão difícil é a confecção de todo este arcabouço argumentativo. A construção do raciocínio judicial que tem nos princípios as suas premissas é algo extremamente árduo e trabalhoso, que exige um esforço reflexivo muito mais intenso do que o bom e velho silogismo aristotélico.

Pensem, por exemplo, na ponderação, tida como o procedimento indicado para a aplicação dos princípios[1105]. Para que ela seja executada de modo a permitir a produção de uma decisão coerente, racional e, portanto, potencialmente legítima, o aplicador deve[1106]: (1) indicar os princípios objeto da ponderação; (2) indicar a justificação de utilização (seleção) de determinados princípios em detrimento de outros; (3) indicar os critérios reservados à atribuição de peso e, consequentemente, de prevalência entre eles; (4) justificar a comensurabilidade dos princípios em jogo e o método utilizado para compará-los; e (5) indicar quais fatos foram considerados relevantes para a realização do procedimento e os critérios sob os quais eles foram avaliados.

Será que os juízes brasileiros, com a brutal carga de trabalho enfrentada, isto é, diante do impactante volume de processos que só aumenta no dia a dia, estão em condições (físicas, até) de levar a cabo um procedimento com este nível de complexidade e sofisticação?

Penso que, num ou noutro caso esporádico, é até possível tentar a sorte e arriscar a sua utilização. Mas, no atacado, é praticamente inviável. Por isso, disse e repito: muita calma na utilização de princípios nas decisões judiciais, porquanto, mais cedo ou mais tarde, eles deverão ser aplicados.

f. Análise crítica

Logo na ementa de abertura, o julgador do caso em análise afirmou: "Submetido o fato à apreciação do Poder Judiciário, sopesando os interesses em jogo: liberdade de iniciativa e dignidade da pessoa humana do cidadão trabalhador, cabe-lhe proferir decisão que preserve o equilíbrio de tais valores".

Ocorre que em momento algum, no decorrer de sua exposição, ele se referiu ao "passo a passo" inerente ao sopesamento de valores. Como eu disse acima, a ponderação de princípios demanda um alto grau de sofisticação discursiva. Todavia, no curso da fundamentação, sequer vislumbrei a utilização dos postulados da

---

(1104) Cf. SILVA, Virgílio Afonso. *O conteúdo essencial dos direitos fundamentais e a eficácia das normas constitucionais*, p. 49-51.
(1105) Por todos, ÁVILA, Humberto. *Teoria dos princípios*, p. 143-145 e 173.
(1106) ÁVILA, Humberto. *Neoconstitucionalismo*: entre a "Ciência do Direito" e o "Direito da Ciência", p. 196.

adequação, necessidade e proporcionalidade em sentido estrito. O relator não se valeu das ferramentas metodológicas a ele disponibilizadas pela teoria da argumentação jurídica, com o fim de racionalizar as suas conclusões[1107]. E, neste caso em particular, cuida-se de um equívoco grave, uma vez que o próprio julgador fez questão de se referir aos ensinamentos de Robert Alexy, alçando as lições deste jusfilósofo alemão ao patamar de premissa desencadeadora de sua decisão.

Além disso, esta omissão complica algumas outras afirmações encontradas no desenvolvimento do seu raciocínio como, por exemplo, aquela no sentido de que a "liberdade de iniciativa deve ser contingenciada por interesses do desenvolvimento nacional e de justiça social".

Não que ela deva ser considerada certa ou errada. Mas justamente porque não se tem como avaliar como o julgador chegou a este resultado. Uma frase como esta, solta ao vento, poderia justificar, num contexto distinto, as atuações dos autoritários de plantão, os quais, sob a perspectiva da famigerada "razão de Estado", estariam prontos a confiscar propriedades privadas ou a fechar, sem maiores pruridos, os meios de comunicação que lhe fizessem oposição. Uma situação que, na América Latina contemporânea, nos é bastante palpável.

Por fim, penso que um último ponto da decisão também merece ser criticado. Mais uma vez, não pela conclusão em si, mas, sim, pela falta de detalhamento da argumentação. Falo da negativa de reintegração, mesmo depois de declarada a abusividade do ato do empregador. Foi dito que, porque não era hipótese de estabilidade, não seria pertinente reintegrar os 4.400 empregados da Embraer.

Acontece que a estabilidade não é a única razão capaz de gerar a reintegração. A proibição de dispensa arbitrária, prevista no art. 7º, I da CF/88 — na medida em que considerada um direito fundamental — também está habilitada a autorizar a reintegração[1108]. E está aí a jurisprudência do TST (determinando a reintegração dos empregados despedidos porque portadores do vírus HIV), que não me deixa mentir[1109].

4.3. Afinando o discurso: o caminho rumo à legitimação

Ultrapassadas as duas etapas a que me referi na introdução deste tópico, partirei, agora, para a abordagem de cunho propositivo. Neste instante, minha preocupação será a de aproximar o critério institucional da decisão proferida no nosso *leading case*, aperfeiçoando-o e, com isso, oferecendo aos juízes mais alguns elementos de racionalização do discurso. Enfim, teorizar para melhor praticar o direito envolvendo a proteção contra a dispensa coletiva.

Acontece que o critério democrático-cooperativo não deve ser ajustado em abstrato. Na minha opinião, é sempre importante tentar incuti-lo nos problemas

---

(1107) Cf. ALEXY, Robert. *Teoria dos direitos fundamentais*, p. 93-103.
(1108) GOMES, Fábio Rodrigues. *O direito fundamental ao trabalho*, 204 et seq.
(1109) RR n. 726101-42.2001.5.02.5555, Rel. Min. Rider Nogueira de Brito, DJ 6.2.2004 e RR n. 724/2002-034-02-00-0, Rel. Min. Maria Cristina Irigoyen Peduzzi, DJ 11.4.2006.

escondidos no cotidiano dos tribunais, uma vez que é ali, na labuta diária, que afiamos o nosso raciocínio, sob a pressão dos deveres de efetividade (fazer tudo ao nosso alcance para concretizar o comando normativo) e de celeridade (decidir o que deve ser feito no menor espaço de tempo possível)[1110].

Sendo assim, convido-os para um rápido passeio por um caso alternativo muito interessante, julgado por mim, no qual se discutiu a validade dos critérios elaborados por um empregador que também decidiu promover sua dispensa coletiva.

a. Exemplificando com um caso alternativo

Trata-se de um conflito real, ocorrido perante a 5ª Vara do Trabalho de Niterói, pertencente ao TRT da 1ª Região, cujo processo recebeu o n. 2227-2008-245-01-00-7[1111].

O ponto central desta demanda se iniciou com a argumentação da autora, no sentido de que o seu empregador havia estipulado alguns critérios para efetivar a dispensa de um determinado número de empregados. Não parando por aí, a postulante alegou que tais critérios eram inválidos, eis que promoviam a seleção (dos que seriam despedidos) em função da idade. Como este é um parâmetro expressamente proibido pelo legislador (art. 7º, XXX da CF/88), a solução só poderia ser uma: a declaração de nulidade do ato patronal, com a imediata reintegração da autora e pagamento de indenização pelos danos morais sofridos.

Posta a querela nestes termos, abri a análise do mérito da decisão judicial com a seguinte pergunta: "os critérios elaborados pela ré são válidos? Ou seja, eles são obrigatórios? E, se for assim, onde encontram o fundamento de sua imperatividade?"

Depois de verificar que, dentre os critérios de seleção, encontravam-se, por exemplo, (1) o de estar o empregado aposentado, (2) o de estar o empregado em condições de se aposentar, e (3) o de estar o empregado cedido a órgão não pertencente ao empregador, realizei a interpretação da seguinte maneira: eles (os critérios patronais) eram válidos, pois não estavam vinculados diretamente à idade do empregado. Vínculo havia, sim, mas à sua capacidade de "autossustentação" e ao seu "descolamento" das atividades para as quais o empregador o havia contratado. Entretanto, a decisão não se encerrou neste ponto.

Indo além, cogitei da possibilidade de haver uma "discriminação indireta", ou seja, uma "discriminação lícita na sua aparência exterior, mas cujos resultados práticos levariam a uma diferenciação proibida". A rigor, algo há muito conhecido pela doutrina[1112], mas pouco referido pelos tribunais. Portanto, com o intuito de averiguar intenções obscuras, submeti a controvérsia ao postulado da proporcionalidade, ou

---

(1110) Neste sentido, cf. DIDIER JR., Fredie. *Curso de direito processual civil.* V. 1: teoria geral do processo e processo de conhecimento. 12. ed. Salvador: Juspodivm, 2010. p. 57-59 e 67-68.
(1111) O inteiro teor da decisão está acessível em <http://www.trt1.jus.br>.
(1112) Cf., por todos, MARTINEZ VIVOT, Julio. *La discriminación laboral:* despido discriminatorio. Buenos Aires: Ciudad Argentina, 2000. p. 30-31.

seja, passei a examinar se os critérios de seleção cinzelados pelo empregador eram adequados, necessários e proporcionais em sentido estrito.

No tocante à adequação, disse que eles atendiam aos princípios da moralidade, impessoalidade e eficiência. Especificando o argumento: "Moralidade, porque buscou justificar o seu ato, mesmo havendo jurisprudência lhe indicando o caminho contrário (OJ n. 247, I do SDI e Súmula n. 390, II do TST[1113]). Impessoalidade, porque estipulou critérios objetivos e aplicáveis a todos. E eficiência, porque a ré foi bastante clara no seu propósito de restruturar-se administrativamente, com vistas a produzir melhores serviços e resultados. Em suma: almejou mais qualidade organizacional para desempenhar melhor a sua finalidade social."

Quanto à necessidade, resolvi assumir uma postura de autocontenção. Digo isso porque deixei bem claro que não conseguia "imaginar meios alternativos geradores de idêntica eficácia dos princípios constitucionais acima referidos e, simultaneamente, menos lesivos ao direito fundamental ao trabalho da autora". E, prosseguindo, fui taxativo: "ainda que eu conseguisse esboçar algo próximo a isso, a minha solução seria provavelmente bastante duvidosa, seja porque não sou especialista no assunto, seja porque não tenho como prever qual das duas (a minha ou a do empregador) seria, de fato, a menos lesiva. Desta forma, deve-se preservar aqui a autonomia da vontade do demandado, autonomia esta que está baseada na sua livre-iniciativa (art. 1º, IV c/c o art. 173, § 1º, II da CF/88)."

Por fim, quando me debrucei sobre a proporcionalidade em sentido estrito, realcei o caráter argumentativo da minha decisão, no sentido de que "não existe uma "fórmula mágica" ou uma "régua" capaz de medir qual é o "maior" direito", para, em seguida, concluir que os benefícios trazidos pela observância dos critérios estipulados pelo empregador justificavam os custos impingidos à esfera jurídica da empregada.

Feita esta última consideração, o caso parecia encerrado. Mas foi justamente neste ponto que a decisão sofreu uma guinada de 180º. Sendo mais objetivo, logo após convalidar os critérios de seleção formulados pelo empregador para a realização da dispensa coletiva, apreciei o argumento final da autora: alguns empregados, embora enquadrados nos mesmos critérios que ela, tiveram as suas dispensas revertidas, por conta de um ato arbitrário do empregador. E, ao atentar para a contestação, qual não foi a minha surpresa ao verificar que o empregador se defendeu alegando "puro ato de gestão da administração pública".

Diante do reconhecimento à queima-roupa de tamanha arbitrariedade, concluí que "tudo o que foi dito se transformou num "castelo de cartas"", pois, na medida em que o empregador não observava os critérios por ele próprio estipulados, não havia como considerá-los obrigatórios. Ou isso, ou o empregador estaria autorizado a ser incoerente, irracional e arbitrário, elaborando critérios que poderia descumprir ao seu bel-prazer, sem necessitar dizer o porquê de sua recusa.

(1113) OJ n. 247 do SDI: "I — A despedida de empregados de empresa pública e de sociedade de economia mista, mesmo admitidos por concurso público, independe de ato motivado para sua validade." Súmula n. 390, II: "Ao empregado de empresa pública ou de sociedade de economia mista, ainda que admitido mediante aprovação em concurso público, não é garantida a estabilidade prevista no art. 41 da CF/1988."

O pedido de reintegração foi julgado procedente, juntamente com o de condenação em indenização por danos morais, haja vista a violação do direito fundamental ao igual tratamento.

b. Voltando ao ponto: os dois princípios que não devem ser esquecidos

Proibição de discriminação arbitrária. Este é o primeiro princípio que, para além da dispensa individual, não deve ser esquecido nas situações conflituosas envolvendo dispensa coletiva. Raciocinem comigo.

A dispensa em massa ou dispensa coletiva nunca é arbitrária, no sentido de que, conceitualmente falando, ela sempre trará exposto um "fato objetivo", geralmente de natureza econômica, financeira ou administrativa[1114]. Isso, inclusive, foi muito bem enfatizado ao longo do julgamento do caso paradigmático.

Ocorre que o imbróglio inicial — ao que me parece — não está localizado neste fato objetivo (seja ele qual for), nem tampouco na circunstância de ele acarretar o rompimento de vários contratos de emprego numa única tacada. O primeiro grande entrave à convalidação do ato do empregador estará centrado no modo como ele seleciona quem vai ser despedido. Quais serão os empregados escolhidos? Por quê? Estas são as perguntas que deverão atormentá-lo[1115].

Para justificar esta minha conclusão, não é preciso ir muito longe. Basta lembrarmos do famoso imperativo categórico kantiano, que dispõe ser o homem um fim em si mesmo, não devendo servir de meio para os fins alheios. Ora, o que Kant formulou há quase dois séculos permanece extremamente atual para os trabalhadores brasileiros sujeitos à dispensa coletiva: todos continuam sob o risco iminente de "coisificação". A velha espada de Dâmocles continua pendendo sobre as suas cabeças. Ora, ao serem descartados coletivamente, isto é, em grupo, sequer os seus rostos serão vistos e os seus nomes lembrados, tornando-se, ao fim e ao cabo, mais um número na tabela de custos do empreendedor.

Acontece que o resgate da humanidade do empregado — e a imposição de limites ao poder patronal com o fim de efetivá-la — já são favas contadas na Constituição brasileira de 1988, seja porque ela é antropocêntrica, colocando a dignidade do indivíduo como seu centro de gravidade (ele é um valor em si mesmo e ponto final), seja porque esta sua característica não deixa de existir quando ele atravessa os portões da fábrica[1116]. De sorte que, o mínimo que o empregador tem a obrigação de saber, ao efetuar uma dispensa coletiva, é quem ele irá dispensar e por que irá fazê-lo, pois, só assim, estará considerando aquele indivíduo que lhe prestou serviço como um sujeito livre e merecedor de igual respeito e consideração[1117].

(1114) Cf. NASCIMENTO, Amauri Mascaro. *Compêndio de direito sindical*, p. 392. FERNANDES, Antonio Lemos Monteiro. *Op. cit.*, p. 574-575.
(1115) Em sentido semelhante, cf. MARTINEZ VIVOT, Julio. *Op. cit.*, p. 53.
(1116) GOMES, Fábio Rodrigues. *O direito fundamental ao trabalho*, p. 61-67.
(1117) *Idem, ibidem.*

Vistas as coisas por este ângulo, torna-se obrigatória a estipulação de critérios para a seleção dos empregados a serem dispensados coletivamente, o que abre a brecha para o princípio que não deve ser esquecido: a proibição de discriminação arbitrária.

Quando digo "arbitrária", não me refiro apenas à distinção de tratamento sem a indicação das razões subjacentes. Falo também daquela espécie de dispensa em massa que se vale de critérios proibidos expressamente pelo legislador, ou que causam, direta ou indiretamente, uma ofensa desproporcional a algum direito fundamental do empregado[1118].

Pensem, por exemplo, no caso de um dos critérios estipulados ser o de o empregado não ter se afastado da empresa por mais de dois meses. Na superfície, não haveria qualquer forma de discriminação de gênero, mas, levando-se em conta a teoria do impacto desproporcional, as mulheres que tivessem desfrutado de licença-maternidade certamente seriam as mais afetadas[1119].

O importante é deixar claro que a igualdade em si é vazia. Para ser preenchida, ela necessita de um elemento de comparação, ou seja, de um critério material[1120]. Mas não será suficiente que o empregador retire da cartola um parâmetro qualquer. Muito ao contrário. Ele deverá se pautar em critérios que (1) estejam conectados com uma finalidade e que (2) mantenham, com ela, uma relação de congruência[1121]. Em suma: critérios que sirvam a uma justificação objetiva, razoável e, pois, constitucionalmente defensável[1122].

Caso isso não seja observado, que se faça como na Espanha e nos EUA e se proceda a uma inversão do ônus argumentativo, despejando sobre os ombros do empregador todo o esforço de convencer ao juiz de que a dispensa coletiva não violou arbitrariamente a dignidade humana dos empregados por ele escolhidos[1123].

Pois bem. A obrigatoriedade de estipulação de critérios materiais objetivos, conectados coerentemente com uma finalidade legítima e constitucionalmente defensável, é algo imprescindível, a fim de que os empregados selecionados não sejam tratados como mais um número de uma tabela impessoal, um objeto descartável desprovido de sua individualidade, de sua igual autonomia criativa, de sua humanidade. Todavia esta é apenas a primeira antepara institucional. A sua junção com uma segunda comporta complementar, de natureza formal (procedimental), é a medida estrutural mais adequada, para que as decisões empresariais não produzam enxurradas de violações singulares e mantenham um grau de confiança minimamente indispensável à preservação de sua legitimidade.

Neste sentido, a resposta fornecida no julgamento do caso paradigmático é irretocável: a negociação prévia com o grupo de trabalhadores afetados é obrigatória.

(1118) Sobre os três significados normativos da dispensa arbitrária, cf. *idem*, p. 212-225.
(1119) Para outros exemplos sobre o tema, cf. SARMENTO, Daniel. *Livres e iguais*, p. 147-153.
(1120) MELLO, Celso Antônio Bandeira de. *Conteúdo jurídico do princípio da igualdade*. 3. ed. 10. tir. São Paulo: Malheiros, 2002. p. 9-14.
(1121) ÁVILA, Humberto. *Teoria dos princípios*, p. 150-151.
(1122) MARTINEZ VIVOT, Julio. *Op. cit.*, p. 30-32.
(1123) *Idem*, p. 31.

Uma "procedimentalização" imperiosa do ato de dispensa coletiva, extraída de uma gama de princípios constitucionais explícitos (arts. 1º, III e IV, 3º, I, II, III e IV, 4º, I e II, 6º, 7º e 193 a 232 da CF/88). Mas não apenas isso. Também a eles deve ser somado um conjunto de normas internacionais (Convenções ns. 98, 154 e 158 e Recomendações ns. 94 e 163 da OIT, além da Diretiva n. 98, de 20.06.1998 da União Europeia) e de direito comparado (art. 359 *et seq.* do Código do Trabalho português c/ c Seções 8(a) e 8(b)(3) do *Labor Act* vigente nos EUA c/c o art. 8º da CLT)[1124], dentre as quais figuram algumas que — diga-se de passagem — possuem *status* normativo idêntico aos princípios nacionais acima referidos, especialmente depois da EC n. 45/04 e do art. 5º, § 3º da CF/88[1125].

Como ressaltei ao longo do texto, o meu objetivo era o de aperfeiçoar a decisão proferida, e não o de substituí-la completamente. Por isso, faço coro ao que foi dito nela e alhures[1126], acrescentando ainda mais um argumento para reforçar a decisão: a eficácia direta do devido processo legal nas relações coletivas de trabalho[1127].

Ao partir da premissa — que não é adotada apenas por mim[1128] — de que os direitos fundamentais devem irradiar-se imediatamente sobre as relações privadas, por força de sua dimensão objetiva e especialmente quando não houver intermediação legislativa pertinente (como se discute por aqui), penso que a lembrança do devido processo legal vem bem a calhar na conformação institucional do problema.

A ideia de fundo de todo este Capítulo tem sido a de incentivar o diálogo na relação de emprego. Ser ouvido, participar (*rectius*, ter a oportunidade de participar) e influenciar as tomadas de decisão, ser informado sobre o motivo da decisão e poder contra ela se manifestar: são todas diretrizes extraídas diretamente do critério democrático-cooperativo e que valem indistintamente para os empregados (individualmente

---

(1124) Cf. NASCIMENTO, Amauri Mascaro. *Compêndio de direito sindical,* p. 387-392. Cf., também, GOLD, Michael Evans. *Op. cit.,* p. 39 *et seq.,* onde o autor explicita o dever de negociar (*"the duty to bargain"*) atribuído legalmente nos EUA, tanto ao empregador, como aos sindicatos.
(1125) Cf., adiante, o Capítulo VI.
(1126) Na doutrina, cf., por todos, MANNRICH, Nelson. *Op. cit.,* p. 543-565. SÜSSEKIND, Arnaldo *et alii. Instituições de direito do trabalho,* p. 1194-1199. E, na jurisprudência, cf. o já referido ED-RODC n. 30900-12.2009.5.15.0000, Rel. Min. Mauricio Godinho Delgado, DJ 4.9.2009.
(1127) Sobre as teorias da eficácia dos direitos fundamentais nas relações privadas, cf., por todos, BILBAO UBILLOS, Juan Maria, *La eficacia de los derechos fundamentales frente a particulares,* p. 29. ALEXY, Robert, *Teoria dos direitos fundamentais,* p. 523-542. SARMENTO, Daniel, *Direitos fundamentais e relações privadas,* p. 266. SARLET, Ingo Wolfgang. *Direitos fundamentais e direito privado:* algumas considerações em torno da vinculação dos particulares aos direitos fundamentais. In: SARLET, Ingo Wolfgang (org.). *A Constituição concretizada:* construindo pontes com o público e o privado. Porto Alegre: Livraria do Advogado, 2000. p. 143-154. *A eficácia dos direitos fundamentais,* p. 392-401 e "Direitos fundamentais sociais, "mínimo existencial" e direito privado: breves notas sobre alguns aspectos da possível eficácia dos direitos sociais nas relações entre particulares". In: *Op. cit.,*p. 582, STEINMETZ, Wilson. *A vinculação dos particulares a direitos fundamentais.* São Paulo: Malheiros, 2004. p. 182-185. PEREIRA, Jane Reis Gonçalves. *Interpretação constitucional e direitos fundamentais,* p. 486-497. GOMES, Fábio Rodrigues. *O direito fundamental ao trabalho,* p. 154-166. DIDIER JR., Fredie. *Op. cit.,* p. 49-51.
(1128) É importante destacar que o STF vem se posicionando favoravelmente à eficácia direita dos direitos fundamentais nas relações privadas, tendo, inclusive, mencionado (especificamente) o devido processo legal no julgamento do RE n. 158.215, Rel. Min. Marco Aurélio, DJ 07.06.1997 e do RE n. 201.819, Rel. para o acórdão Min. Gilmar Mendes, DJ 11.10.2005.

considerados ou em grupo) e o empregador. Ocorre que, para surpresa dos céticos, estas também são as linhas mestras do princípio do devido processo legal[1129].

Trata-se, portanto, de uma parceria que faltava pouco para ser firmada. Em verdade, faltava apenas um pequenino impulso, que foi encontrado nas palavras de Fredie Didier Jr.: "O princípio do contraditório é reflexo do princípio democrático na estruturação do processo. Democracia é participação, e a participação no processo opera-se pela efetivação da garantia do contraditório. O princípio do contraditório deve ser visto como exigência para o exercício democrático de um poder."[1130] Ainda em dúvida?

Bem, nesse caso, adiciono a eficácia direta do próprio princípio democrático na relação de emprego[1131]. E, para fechar o raciocínio, incluo o art. 616, *caput* da CLT[1132]. Na medida em que ele obriga uma das partes a negociar com a outra que a está convocando, deixa em aberto o ponto de infiltração necessário para o exercício da eficácia mediata (ou indireta) do devido processo legal e da democracia. Um procedimento hermenêutico menos abrasivo do que o sugerido, mas que resolve tão bem quanto a conturbada comunicação institucional[1133].

Em síntese: proibição de discriminação arbitrária e negociação coletiva obrigatória. Estes são os dois lados da moeda normativa que os juízes devem utilizar quando se depararem com a dispensa coletiva de trabalhadores assalariados.

Acredito que o Juiz Hermes, com tais instrumentos comunicativos, não encontrará maiores resistências à sua legitimação, nem tampouco ficará atolado nas movediças estruturas ou metodologias anteriormente mencionadas. Postando-se, perante os interlocutores, de maneira transparente, racional e justificada, ele estará plenamente habilitado a encaminhar soluções. E na medida em que suas decisões servirem para milhares de pessoas, surgindo apenas quando elas próprias não forem capazes de resolver por conta própria, o grau de aceitação aumentará significativamente.

§ 3º — A democracia garantida: o Juiz Hermes na Justiça do Trabalho

Encaminho-me para o terço final deste Capítulo: o da aplicação do critério institucional à Justiça do Trabalho. Democratizá-la para que seja uma fonte indutora de cooperação. Eis o que deve ser feito para torná-la mais legítima, tanto sob a perspectiva de suas decisões, como sob a ótica da sua própria existência.

Não é segredo que este ramo do Judiciário Federal surgiu num contexto autoritário. Sendo mais específico, a primeira Constituição brasileira que a ele se referiu foi a de

---

(1129) DIDIER JR., Fredie. *Op. cit.*, p. 41-57.
(1130) *Idem*, p. 52.
(1131) SARMENTO, Daniel. *Direitos fundamentais e relações privadas*, p. 350-355. SANTOS, Boaventura de Sousa. *Pela mão de Alice:* o social e o político na pós-modernidade. 9. ed. São Paulo: Cortez, 2003. p. 270-272.
(1132) "Os Sindicatos representativos de categorias econômicas ou profissionais e as empresas, inclusive as que não tenham representação sindical, quando provocados, não podem recusar-se à negociação coletiva."
(1133) Neste sentido, cf. NASCIMENTO, Amauri Mascaro. *Compêndio de direito sindical*, p. 394.

1934. Em seguida, veio referido pela "polaca", de 1937. Depois de ultrapassado o seu art. 136 — que definia o trabalho como um "dever social" —, encontramos, no seu art. 139, a classificação da greve como um "recurso antissocial" e, logo em seguida, a instituição da Justiça do Trabalho. Um começo nada promissor.

Vinculada a sua criação a uma etapa intervencionista e, portanto, bastante criticável da história nacional, a Justiça do Trabalho possui um ônus a mais na justificação democrática de sua existência. Tão só pelo fato do seu nascimento, leva consigo uma marca (ou um esteriótipo) que perdura até os dias de hoje.

Apesar do nome, os seus primeiros passos foram conduzidos pela mão forte do Poder Executivo, tendo o seu destino previamente traçado: dirimir, ou melhor, sufocar os conflitos entre empregados e empregadores. A instituição da Justiça do Trabalho materializou uma feição do Estado paternalista, cujo aparelhamento objetivava claramente anular a "luta de classes", a tônica do modelo varguista de então[1134].

No entanto, a redemocratização do país, associada à Constituição de 1946, não levou à sua extinção. Ela não só foi mantida, como aparentemente conseguiu desvencilhar-se do cerco ideológico a que estava submetida, pela sua incorporação ao Poder Judiciário (arts. 122 e 123). Dentro da mirada institucional a que me propus enveredar, penso que esta foi a primeira arrumação capaz de assegurar a presença da Justiça do Trabalho no cenário jurídico do atual Estado Constitucional e Democrático de Direito brasileiro.

Na medida em que angariou o *status* judicial, ela adquiriu a nota de imparcialidade, isto é, assimilou aquela característica inafastável desta função estatal, desde a fundação do Estado moderno de direito. A partir da Constituição de 1946, a Justiça do Trabalho não mais serviria aos "superiores interesses da produção nacional", nem, tampouco, deveria proteger um ou outro participante da relação de emprego. Daquele instante em diante, ela deveria adequar-se ao papel que a concepção positivista dominante atribuía às outras esferas do Judiciário: única e simplesmente interpretar (descobrir) e aplicar o direito posto[1135].

Acontece que a arrumação foi feita pela metade. Exatamente por causa da sua origem anômala, a Justiça do Trabalho foi dotada de alguns instrumentos pouco ortodoxos, ao menos para aquela época. Assim, com a maior desfaçatez, os políticos brasileiros varreram alguns entulhos corporativos para baixo do tapete. Sobre alguns deles, venho falando no decorrer destas páginas. Mas, por agora, dois outros mais devem ser mencionados: a presença dos vogais (denominados "juízes classistas" pela Constituição de 1988) e a preservação do poder normativo da Justiça do Trabalho.

O primeiro entrave corporativo, se pensadas as coisas a partir do viés pluralista, deveria ser louvado como uma fórmula bastante interessante para a democratização

---

(1134) ROMITA, Arion Sayão. *O princípio da proteção em xeque*, p. 400-401. Cf. também FAUSTO, Boris. *Getúlio Vargas:* o poder e o sorriso. São Paulo: Companhia das Letras, 2006. p. 86 *et seq.*
(1135) Por todos, cf. BARROSO, Luís Roberto. *Curso de direito constitucional*, p. 287-297.

do Judiciário. Neste sentido, é bom lembrar que uma das ideias fundadoras (*rectius*, justificadoras) da representação classista era a da "conciliabilidade", pois o "melhor meio de alcançar [a conciliação] é o da negociação entre os próprios sujeitos em conflito e seus representantes"[1136]. De fato, ainda hoje há quem defenda a "diversidade profissional" ou a abertura deste Poder a pessoas com formações alheias ao bacharelado jurídico, como forma de enriquecer as deliberações que ali são levadas a cabo, bem como o conteúdo das decisões que por lá são produzidas[1137].

A rigor, como esta composição inusitada se manteve intacta durante a vigência de cinco Constituições brasileiras, talvez esta riqueza argumentativa (e legitimadora) trazida pela pluralidade fosse uma justificativa plausível para tamanha resiliência. Entretanto, a sua origem maculada somada a uma prática anódina, acabou por estimular o segundo importante movimento de democratização da Justiça do Trabalho: a Emenda Constitucional n. 24, de 9.12.1999, que extinguiu a representação classista e, assim, pôs um ponto final numa história institucional, onde já se conseguia entrever qual era o desfecho desejado.

De fato, é interessante notar que a "recondução" do vogal, na sua origem, era ilimitada, o que acarretava uma "visível deturpação do caráter temporário da representação"[1138]. De modo que, já na CF/67 (art. 141, § 1º, *b*) ela foi restringida a duas oportunidades, tendo sido reduzida a apenas uma com a Constituição de 1988 (art. 116, parágrafo único)[1139]. Depois disso é que, finalmente, surgiu a EC n. 24/99, com o efeito pulverizador tão acalentado.

Digo isso porque esta participação mesclada, em todas as instâncias da Justiça do Trabalho, ao invés de lhe propiciar uma coloração democrática mais pujante do que a do seus pares, era motivo de descrédito e — por que não dizê-lo — de desprestígio perante a sociedade. Na realidade, o que se verificava era a existência de uma legião de indivíduos mais interessados em manter o seu cargo público em troca de favores políticos, a despeito de sua baixíssima produtividade e da questionável qualidade das decisões por eles geradas[1140]. Em suma: com a EC n. 24/99 rompeu-se um perigoso círculo vicioso de politização e enfraquecimento institucional de uma Justiça que, historicamente, ansiava por legitimação.

O segundo bloqueio corporativo à democratização cooperativa da Justiça do Trabalho estava na manutenção do seu poder normativo[1141]. Como me referi há pouco, a supressão da luta de classes era um dos ideais fundantes do Estado Novo. E já que a greve era proibida, restava apenas a Justiça do Trabalho para os trabalhadores reclamarem[1142].

Contudo, as reclamações não se restringiam aos problemas individuais vivenciados por cada qual. Havia, também, os *dissídios coletivos*. Dissídios que,

---

(1136) GOMES, Orlando; GOTTSCHALK, Elson. *Op. cit.*, p. 722.
(1137) Cf. VERMEULE, Adrian. *Law and the limits of reason*, p. 123 *et seq.*
(1138) Cf. GOMES, Orlando; GOTTSCHALK, Elson. *Op. cit.*, p. 720.
(1139) *Idem, ibidem.*
(1140) *Idem*, p. 723.
(1141) Sua implementação prática se deu com o Decreto-Lei n. 1.237, de 1939.
(1142) ROMITA, Arion Sayão. *O princípio da proteção em xeque*, p. 404-406.

dependendo do caso, poderiam dar enseja a *sentenças normativas*, uma nova forma de intervenção na relação de emprego, para além da lei e da tradicional decisão judicial[1143]. Com eficácia *erga omnes* e duração limitada no tempo e no espaço[1144], essas sentenças preenchiam as lacunas do direito do trabalho, uma vez que os próprios interessados não estavam autorizados a fazê-lo. Um verdadeiro "poder criativo", à imagem e semelhança do legislador[1145]. O espantoso é que um mecanismo deste jaez foi mantido com o passar dos anos, continuando a vigorar, na sua versão original, até mesmo depois do aparecimento da Constituição de 1988.

O meu espanto com a longevidade do poder normativo não se dá ao acaso. Ele acontece em função de dois fatores bem definidos: (1) a limitação institucional do Poder Judiciário brasileiro até a década de 90 do século passado, quando só então se começou a cogitar seriamente da força normativa da Constituição, dos princípios, dos direitos fundamentais e do "novo papel" conferido ao intérprete judicial[1146]; e por conta (2) do vigoroso resgate do Estado Democrático, cujo desenho personalista é incompatível com a restrição excessiva e autoritária na autonomia criativa (individual ou coletiva) da pessoa humana[1147].

De toda sorte, os breves soluços democráticos de nossa histórica, intercalados por décadas de regimes de exceção, acabaram por tornar conveniente, ao governante da vez, ter à mão um instrumento capaz de "cortar pela raiz" situações que poderiam fugir ao controle[1148]. E um bom exemplo deste tipo especial de conturbação social é o de um movimento grevista de grandes proporções.

Na verdade, já se afirmou que a chamada "Reforma do Judiciário" remodelou o poder normativo da Justiça do Trabalho, em virtude da Recomendação n. 90 da OIT[1149]. Esta "recomendação", por sua vez, teria surgido graças ao impasse decorrente da greve promovida pelos petroleiros, em maio de 1995, e da pesada punição que lhes foi imposta pelo TST, depois de declarada sua abusividade (R$100.000,00 por dia de paralisação para cada sindicato)[1150].

Trocando em miúdos: para evitar intromissões estatais excessivas nas questões coletivas, o legislador atravessou a EC n. 45/04 no meio do caminho, de modo que (1) os conflitos desta natureza só devam ser submetidos à Justiça do Trabalho quando

---

(1143) Cf. FAVA, Marcos Neves. O esmorecimento do poder normativo — análise de um aspecto restritivo na ampliação da competência da Justiça do Trabalho. In: COUTINHO, Grijalbo Fernandes; FAVA, Marcos Neves (coord.). *Nova competência da Justiça do Trabalho*. São Paulo: LTr, 2005. p. 281.
(1144) Arts. 867 a 871 da CLT.
(1145) FAVA, Marcos Neves. *Op. cit.*, p. 280.
(1146) BARROSO, Luís Roberto. *Curso de direito constitucional*, p. 265-266.
(1147) SARMENTO, Daniel. *Direitos fundamentais e relações privadas*, p. 211-220.
(1148) Em sentido semelhante, cf. MARTINS FILHO, Ives Gandra. *Processo coletivo do trabalho*. 4. ed. São Paulo: LTr, 2009. p. 20-21.
(1149) CUNHA, Alexandre Teixeira de Freitas Bastos. *Ampliação da competência da justiça do trabalho*: questões sindicais, p. 135, nota de rodapé n. 19.
(1150) Cf. GRAMACHO, Wladmir. In: *Jornal Gazeta Mercantil* de 29.5.1995. Posteriormente, houve a anistia destas punições por meio da Lei n. 9.689, de 14 de julho de 1998 e pela Lei n. 10.790, de 28 de novembro de 2003.

houver "comum acordo" das partes litigantes[1151] e que, (2) para sua resolução, fossem "respeitadas as disposições mínimas legais de proteção ao trabalho, bem como as convencionadas anteriormente"[1152].

Pois bem. É neste panorama que ponho ênfase no perfil mais indicado ao Juiz Federal do Trabalho: o do Juiz Hermes. Diante das macroalterações postas em curso até este momento, penso que, por ora, não é com elas que devo me preocupar[1153]. Sob a perspectiva estrutural, as melhorias já estão em andamento. É com a figura singular do juiz que devo concentrar minha energia, por ser ele, na minha opinião, o principal destinatário do critério democrático cooperativo aqui proposto.

Quero dizer, com isso, que a *postura* do magistrado é a pedra de toque da democratização cooperativa da Justiça do Trabalho. É sobre ela que o critério deve se irradiar. Mais precisamente, quando ele estiver exercendo, na prática, a sua função primordial. Agir como Hermes, e não como Júpiter, Hércules ou Janus. Assumir a função de guardião dos pressupostos discursivos e da legitimidade da decisão (individual ou coletiva) tomada pelos que são por ela afetados. Este é o mister fundamental do juiz do trabalho. Na partição final deste Capítulo, tentarei demonstrar que de nada adianta modificar o arcabouço corporativo de antanho, se quem o operacionaliza mantém suas pré-compreensões. Se o julgador não estiver disposto a deixar para trás velhos dogmas pouco afeitos ao critério indicado neste estudo, de pouca utilidade será qualquer reforma estrutural.

Como o juiz deve se portar? O que deve norteá-lo, quando de frente para uma possível colisão de opiniões (legislativas, convencionais, contratuais e/ou individuais)? E se esta colisão for resolvida fora de suas vistas? Convalidá-la seria uma opção, um dever ou uma heresia?

Estas devem ser as perguntas constantes, dentro de um universo institucional que se mostrou bastante variável no correr dos anos. Por isso, passarei a analisar, nos próximos parágrafos, o alto potencial democratizante do Judiciário trabalhista em favor da relação de emprego. E farei isso a partir da atuação dos seus próprios juízes, de modo a alertá-los sobre o caminho que considero mais acertado, na tentativa de afastá-los dos desvios que os conduzirão a um ponto sem retorno.

1. O renascimento do poder normativo da Justiça do Trabalho

1.1. Os precedentes letais: RE n. 197.911 e RE n. 114.836

Antes da promulgação da EC n. 45/04, a atuação criativa da Justiça do Trabalho já havia sido objeto de análise pelo STF. Uma decisão sempre citada é a proferida no RE n. 197.911, cujo relator foi o Ministro Octavio Gallotti[1154].

(1151) Art. 114, § 2º da CF/88. Cf. FAVA, Marcos Neves. *Op. cit.*, p. 283-286.
(1152) Art. 114, § 2º da CF/88. Cf. MARTINS FILHO, Ives Gandra. *Processo coletivo do trabalho*, p. 38-42.
(1153) Sobre a reformulação institucional da Justiça do Trabalho, cf. GOMES, Fábio Rodrigues. *A relação de trabalho na Constituição:* fundamentos para uma interpretação razoável da nova competência da Justiça do Trabalho à luz da EC n. 45/04. Rio de Janeiro: Lumen Juris, 2006.
(1154) DJ 7.11.1997.

Cuidava-se de recurso extraordinário ajuizado pelo Sindicato do Indústria de Açúcar e do Álcool no Estado de Pernambuco e pelo Sindicato dos Cultivadores de Cana-de--Açúcar do Estado de Pernambuco, em face de decisão do TST que manteve a sentença normativa oriunda do Tribunal Regional do Trabalho da 6ª Região.

Em linhas gerais, os recorrentes suscitaram a violação dos arts. 5º, II, 7º, I, IV, XXI, 22, I, 44, 48, 84, 93, IX e 114, § 2º da CF/88, em virtude do teor das cláusulas estipuladas pela decisão judicial. Com este fundamento, buscavam reformar: a cláusula 1ª (que determinou o reajuste salarial com base na TR, além do pagamento de gratificação por produtividade de 6%), a cláusula 2ª (que fixou o piso salarial no valor do salário mínimo acrescido de 20%), a cláusula 14ª (que determinou o pagamento antecipado da 1ª parcela do 13º salário), a cláusula 24ª (que estabeleceu garantia de emprego por 90 dias, a contar da publicação da decisão), a cláusula 29ª (que ampliou o aviso prévio para 60 dias), a cláusula 52ª (que criou a reparação em dobro, quando não houvesse o pagamento do dia trabalhado), a cláusula 59ª (que determinou a construção de abrigos ou barracas, para a proteção e a refeição dos trabalhadores), a cláusula 61ª (que obrigou o empregador a apresentar a relação de empregados) e a cláusula 63ª (que determinou a afixação de avisos importantes para a categoria).

Em contrarrazões, a Federação dos Trabalhadores da Agricultura do Estado de Pernambuco (representando 49 sindicatos rurais) observou que o art. 114, § 2º da CF/88 ordenava o respeito ao mínimo legal, não impedindo a ampliação (mesmo que pela criação) dos direitos trabalhistas.

O Ministério Público, por meio da Subprocuradora Geral, afirmou que, à exceção da vinculação da atualização monetária à TR, todas as outras questões traziam ofensas reflexas à Constituição, o que inviabilizaria o conhecimento do recurso. Quanto à Taxa Referencial, salientou que o STF já havia pacificado o entendimento, segundo o qual ela não seria um índice de correção monetária (ADI n. 959, Rel. Min. Sydney Sanches, DJ 13.05.1994), de modo que opinou pelo provimento parcial, em relação a este ponto específico.

Depois de todos estes argumentos, o Ministro Octavio Gallotti se posicionou. Logo de início, ele recusou a violação do art. 93, IX da CF/88 — pois existia fundamentação bastante — e não conheceu do requerimento em face da cláusula 1ª. E o fez, em primeiro lugar, porque sua impugnação anterior foi feita com respaldo em lei ordinária; em segundo plano, porque o emprego da TR, além de não ter sido suscitado previamente em qualquer instância, nada tinha a ver com aquele caso concreto, na medida em que, por ocasião da ADI n. 959, falou-se de contrato de financiamento, e não de contrato de emprego.

Passou, então, para os problemas de fundo. A fim de chamar atenção para a importância da controvérsia, o Ministro fez questão de frisar que "sem dúvida, [era] mister definir e delimitar o conteúdo da nova disposição [art. 114, § 2º da CF/88], que jamais poderá ser alçada, no contexto de nosso regime político, ao grau de um poder irrestrito de legislar, atribuído a órgão do Judiciário". E prosseguiu: "Assim, a primeira limitação, a estabelecer, há de ser resumida na singela afirmação de que não pode, a Justiça do Trabalho, produzir normas ou condições, contrárias à Constituição."

Perceberam a sutileza da afirmação? O Ministro Octavio Gallotti, de um modo quase direto, afastou o poder normativo da ideia hartiana de discricionariedade forte, uma vez que circunscreveu a atuação inovadora da Justiça do Trabalho à moldura constitucional construída em 1988. Como diria Robert Alexy, há uma margem de ação estrutural que não deve ser desconsiderada[1155].

Indo adiante, o Ministro dividiu a sua análise em três momentos: um, a partir da violação direta (e em potencial) das normas constitucionais; outro, quando a situação regulamentada judicialmente se defronta com a existência prévia de lei, cuidando do mesmo assunto; e, por último, quando a decisão do tribunal transborda sobre o vazio legislativo.

No primeiro caso, o Ministro enquadrou as cláusulas 2ª, 24ª e 29ª. Isso porque, respectivamente, atrelou-se o piso da categoria à variação do salário mínimo (a despeito da proibição contida no art. 7º, IV da CF/88), estipulou-se garantia de emprego que "não se coaduna" com o sistema montado pelo art. 7º, I da CF/88 c/c o art. 10 do ADCT, e invadiu-se área de atuação reservada especificamente à lei formal, tal como explicitado no art. 7º, XXI da CF/88.

Na segunda hipótese, o relator admitiu estar diante de "questão mais delicada". Disse isso porque visualizou um conflito entre a "competência excepcional concedida ao Judiciário" (art. 114, § 2º da CF/88) e os Princípios da Legalidade e Separação de Poderes, verdadeiros "esteios do nosso regime jurídico". Foi graças a esta constatação que o Ministro Gallotti — a meu ver, numa inequívoca utilização do postulado da concordância prática — tentou encontrar o equilíbrio decisório, ao identificar os dois extremos para onde não deveria se encaminhar: a negação de qualquer força criadora do direito, de um lado, eis que levaria a uma "interpretação ab-rogatória do art. 114, § 2º da CF/88", e a eficácia legislativa ilimitada, do outro, porquanto trataria a sentença normativa "como se fosse o produto de deliberação do Congresso".

O resultado significou, assim, o caminho do meio: atribuiu o caráter de "fonte formal de direito objetivo" à sentença normativa, a fim de reconhecê-la como autônoma na sua elaboração, mas restringiu o seu conteúdo, que só deveria ser alimentado de maneira subsidiária ou supletiva. Em face da supremacia da lei, as decisões proferidas em dissídios coletivos de natureza econômica seriam válidas se, e somente se, "criassem" normas onde o legislador não houvesse opinado anteriormente. Dito isso, ele reformou a cláusula 14ª, visto que cuidou de tema já abordado por lei específica (Lei n. 4.749/65).

Por fim, o Ministro Octavio Gallotti confirmou as demais cláusulas normativas (52ª, 59ª, 61ª e 63ª), uma vez que, todas, preencheram espaços descobertos "pelo campo da previsão da lei formal".

Constituição vinculante, precedência definitiva da lei sobre a decisão judicial e atuação restrita ao preenchimento de lacunas regulatórias: estes seriam os parâmetros para a operacionalização legítima do poder normativo. Ou não?

(1155) *Teoria dos direitos fundamentais*, p. 578-583.

De acordo com a decisão proferida, logo depois, pelo Ministro Maurício Corrêa, no RE n. 114.836, isto não foi suficiente[1156]. Prestem atenção na ementa:

> "A jurisprudência da Corte é no sentido de que as cláusulas deferidas em sentença normativa proferida em dissídio coletivo **só podem ser impostas se encontrarem suporte na lei. Sempre que a Justiça do Trabalho editar regra jurídica, há de apontar a lei que lho permitiu**. Se o caso não se enquadra na classe daqueles que a especificação legal discerniu, para dentro dela se exercer a sua atividade normativa, está a Corte Especializada a exorbitar das funções constitucionalmente delimitadas. A atribuição para resolver dissídios individuais e coletivos, necessariamente *in concreto*, de modo algum lhe dá a competência legiferante." (grifei)

Ao reproduzir a lição de Pontes de Miranda, o Ministro Maurício Corrêa acabou por se colocar num daqueles extremos referidos pelo Ministro Octavio Gallotti no precedente anterior: o da interpretação ab-rogatória do art. 114, § 2º da CF/88.

Raciocinem comigo:

(1) *se* o juiz está proibido de "criar" normas já preceituadas diretamente na Constituição ou que, a partir dela, sejam reservadas à lei formal;

(2) *se* o juiz está proibido de "criar" normas cujo conteúdo já se encontra previamente regulado por lei, mesmo quando não há exclusividade prévia para cuidar do assunto; e

(3) *se*, agora, o juiz está proibido de "criar" normas até mesmo no chamado "vazio legislativo", devendo contar, antes, com expressa permissão legal para usar o seu poder normativo;

então, surge a seguinte questão: ainda sobrevive algum resquício de normatividade ou de criatividade neste poder, cuja atuação somente ocorrerá se, e somente se, houver (a) clarão regulatório legal e constitucional e, além disso, houver (b) expressa autorização conferida pelo legislador, quando ele próprio não se interessou em cuidar do problema?

Na minha opinião, a polêmica em torno do poder normativo da Justiça do Trabalho tornou-se inócua faz tempo, pois ela já havia sido devidamente sepultada pelo STF. Reduzido, num primeiro momento, ao preenchimento de espaços vazios, o poder normativo foi definhando, devagar e sempre, até chegar ao ponto de não passar de uma atribuição extremamente fragilizada, na medida em que dependente da permissão legal. Uma permissão que — convenhamos — é praticamente impossível de acontecer. Ou alguém acredita que o legislativo, ao invés de cuidar do tema controvertido, vai, simplesmente, "passar a bola" e deixar que a Justiça do Trabalho decida por ele?

Em tempos de dificuldade contramajoritária, penso ser muito difícil sustentar tamanha contenção parlamentar. E — não se enganem —, mesmo depois de promulgada a EC n. 45/04, ainda persiste este entendimento na Corte Suprema brasileira, no sentido de corroborar uma dependência que, na prática, significa a revogação informal do art. 114, § 2º da CF/88[1157].

(1156) DJ 6.3.1998.
(1157) Cf., neste sentido, o RE n. 109.723, Rel. Min. Cezar Peluso, DJ 14.3.2006.

1.2. Ressurgindo das cinzas: legitimação espontânea ou automutilação

Noticiado às escâncaras o falecimento do poder normativo da Justiça do Trabalho, poder-se-ia perguntar: as razões encontradas no julgamento dos RE ns. 197.911 e 114.836 ainda são adequadas à interpretação do renovado art. 114, § 2º da CF/88? Enfim: diante de um renovado marco institucional, é possível ao juiz federal do trabalho ressuscitar o seu natimorto "poder normativo"?

Respondendo de pronto, penso que sim. Ao invés de sucumbir ao esgotamento criativo engendrado pelo STF, ele pode reverter a equação por meio de dois movimentos.

Em primeiro lugar, ele deve aproveitar a totalidade dos argumentos fornecidos pelo Ministro Octavio Gallotti e, ato contínuo, desconsiderar, por completo, a decisão proferida pelo Ministro Maurício Corrêa. Para tanto, é importante frisar uma alteração altamente relevante. Em verdade, ele deve destacar, antes de mais nada, o que — coincidência ou não — a redação atual do art. 114, § 2º da CF/88 visa promover: o critério democrático-cooperativo.

Com efeito, o novo teor do seu enunciado normativo é bem enfático, ao reduzir sobremaneira a porta de entrada judicial e ao inverter a ordem hierárquica das decisões. Dizendo de outro modo, o parlamento brasileiro proibiu a escolha unilateral da via judicial e, a par disso, conferiu primazia às normas "convencionadas anteriormente", em detrimento da opinião do juiz a respeito do mesmo assunto. Em suma: à precedência definitiva da lei, some-se, agora, a do resultado produzido pela deliberação autônoma.

O Judiciário só irá interferir quando os diretamente interessados concordarem que ele poderá ajudar a destravar a discussão[1158]. Trata-se, portanto, de uma reviravolta institucional de grande envergadura: surge uma inequívoca transferência de legitimidade.

A "permissão legal" para a concretização do poder normativo, inventada pelo STF para pulverizar a criação judicial, foi convertida pelo legislador constituinte numa "permissão autônoma" dos principais interessados. Pensando assim, pode-se dizer sem medo de errar: se quiser "criar" algo, o julgador deverá, obrigatoriamente, levar a sério a decisão espontânea tomada pelas partes envolvidas, seja porque o problema só lhe chegou às mãos porque ambas aceitaram (e autorizaram) a sua intervenção, seja porque, se não o fizer, a sua própria decisão — heterônoma — não poderá ser imposta aos supostos destinatários.

Ao invés de vestir a carapuça do Juiz Hércules, o padrão comportamental do juiz do trabalho deverá, por expressa determinação constitucional, estar mais familiarizado com o jeito conciliador e catalizador do debate, inerente ao Juiz Hermes.

Com isso, junto a sua toga, será costurada uma capa de legitimidade capaz de revitalizar as suas sentenças normativas e, quiçá, obrigar o STF a revisitar o seu posicionamento anterior. Compreensível enquanto tendente a livrar a Justiça do Trabalho de um daqueles entulhos corporativos varridos para baixo do tapete constitucional, a decisão proferida no RE n. 114.836 (e, mais recentemente, no RE n. 109.723) perdeu

---

(1158) Cf. BELMONTE, Alexandre Agra. *Instituições civis no direito do trabalho*, p. 65-68.

sua sintonia com a Constituição de 1988. Esta desarmonia se evidenciou a partir do instante em que ela — a Constituição — se redesenhou, apresentando uma nova faceta institucional que não deixou a desejar: em termos de promoção e preservação da democratização cooperativa da relação de emprego, o renascimento do poder normativo da Justiça do Trabalho tornou-se um poderoso instrumento.

Partes presentes de livre e espontânea vontade e juiz atuante, mas deferente à opinião pretérita dos envolvidos, sem se esquecer, jamais, da lei e da Constituição. Eis aí os elementos que definirão o resgate, ou melhor, a reciclagem de um mecanismo institucional que, até bem pouco tempo, trazia aquele componente corporativo altamente tóxico para o desenvolvimento livre e igual dos participantes do mundo do trabalho assalariado. Com a EC n. 45/04, o poder normativo transformou-se. E, neste sentido, a ajuda do Juiz Hermes pode ser de grande valia para reforçar a imagem do Judiciário Federal especializado.

Preocupado não só em garantir os pressupostos discursivos, como também em convencer e conquistar a aceitação da sua decisão "criativa" pelo jurisdicionado, Hermes estará atualizando o poder normativo de tal maneira, que o resultado encontrado será capaz de herdar a mesma legitimidade que deu ensejo ao procedimento decisório em si, e que foi a base de todo o seu desenvolvimento dialético[1159].

O segundo movimento indispensável ao renascimento do poder normativo da Justiça do Trabalho é o da sua simples difusão. A partir do instante em que o Poder Judiciário como um todo adotou uma postura mais pró-ativa, sem receio de efetivar a normatividade constitucional, apesar da (ou mesmo contra a) vontade do Legislativo, a resistência ideológica ao poder normativo irá desaparecer naturalmente.

Posto o preconceito de lado, basta reconhecermos que, no ambiente institucional acalentado pelo Estado Democrático e Constitucional de Direito, não é só o juiz do trabalho quem "cria" normas a torto e a direito. O juiz, sem adjetivações, compraz-se a burilar critérios para as suas decisões, (re)construindo-os por conta própria quando não os encontra de bandeja na legislação[1160].

O grande problema atual não é atividade "criativa" em si, mas a maneira como ela é feita. Mesmo não detendo um "algoritmo matemático de interpretação", o Judiciário deve assumir a responsabilidade de se empenhar ao máximo na formatação racional de sua decisão, a fim de não lacerar a sua legitimidade e, junto a ela, a divisão de tarefas institucionais[1161].

Sem um método adequado para a seleção e exposição dos seus motivos (das suas premissas decisórias), não haverá "razão" prática capaz de sobreviver[1162]. Sobrará

(1159) Sobre a "procedimentalização do direito" como "a resposta mais adequada ao desafio principal do Estado Democrático de Direito", cf. GUERRA FILHO, Willis Santiago. A pós-modernidade do direito constitucional: da gestação em Weimar à queda do muro de Berlim e subsequente colapso das torres gêmeas. In: SARMENTO, Daniel (coord.). *Filosofia e teoria constitucional contemporânea.* Rio de Janeiro: Lumen Juris, 2009. p. 651-654.
(1160) Cf. PRIETO SANCHÍS, Luis. *Interpretación jurídica y creación judicial del derecho.* Bogotá: Palestra Editores, 2007. p. 167 *et seq.* PEREIRA, Jane Reis Gonçalves. *Intepretação constitucional e direitos fundamentais,* p. 19 *et seq.* ÁVILA, Humberto, *Teoria dos princípios,* p. 30-35.
(1161) TRIBE, Laurence; DORF, Michael. *Hermenêutica constitucional.* Trad. Amarílis de Souza Birchal. Belo Horizonte: Del Rey, 2007. p. 19.
(1162) Cf. CHANG, Ruth. *Introduction, op. cit.,* p. 9-13.

apenas a "prática", sozinha, divorciada da razão. Fato que — deve ser dito — cria um incentivo e tanto para a arbitrariedade e a deslegitimação. Por incrível que pareça, o atual Estado Democrático e Constitucional brasileiro ensejou a normatização de todo o poder judicial, mas a tal ponto que, todo ele, corre o risco de se assemelhar ao antigo poder normativo da Justiça do Trabalho: sem limites e sem razão.

Tem-se, assim, um segundo argumento nada confortável para a defesa do renascimento do poder normativo da Justiça do Trabalho: todos o possuem. E se o STF insistir em retirá-lo, deverá ser coerente e, antes de mais nada, cortar na própria carne.

2. A atuação "conciliadora" da Justiça do Trabalho: algumas notas finais sobre o Juiz Hermes e a autonomia do empregado

A reconfiguração derradeira a ser proposta aos juízes, de modo a reavaliarem o seu papel institucional e o da Justiça do Trabalho, tem a ver com a ideia de "conciliar".

Por definição, esta é uma palavra encharcada de simbologia. Bem de ver, ela carrega consigo inúmeros valores tidos como imprescindíveis pela Constituição de 1988. Neste sentido, não é à toa que o "Movimento pela Conciliação" pautado pela frase "conciliar é legal" virou o *slogan* da vez. Levantando estas bandeiras, está aí, para quem quiser ver e ouvir, o CNJ, ao incentivar a realização de acordos judiciais como a melhor forma de solução dos litígios[1163]. Ou, ainda, o Ministro Cezar Peluso, no seu discurso de posse na presidência do STF, defendendo a importância dos meios alternativos de resolução dos conflitos, não só por conta da sobrecarregada infraestrutura judiciária, como também em função da "participação decisiva das próprias partes na construção de resultado que, pacificando, satisfaça seus interesses"[1164].

Vê-se, portanto, que é justamente a igual autonomia criativa o fator axiológico mais destacado no discurso institucional contemporâneo. Norma fundamental que deve estar presente no início, meio e fim do processo de deliberação democrática; é com ela que se consegue justificar o resultado alcançado pelos seus destinatários, seja porque todos ajudaram a construir a resposta para os seus próprios problemas, seja porque foram tratados com reciprocidade, isto é, com o mesmo respeito e consideração. Somando-se a isso as vantagens pragmáticas inerentes a um bom acordo (*v. g.*, redução de tempo e de recursos — dos custos de transação —, mediante normatizações mais ágeis e menos burocráticas) e teremos em mãos um modelo ideal e eficiente, na medida em que se aproxima da justa solução dos conflitos, sem embargo de ser uma fonte indutora de cooperação.

E, neste quesito, a Justiça do Trabalho tem o que falar. Com o *know-how* de quem se propõe a conciliar há mais de 70 anos, ela se converteu num foro privilegiado para o diálogo, tornando-se o local mais confortável para que o empregado e o empregador deliberem abertamente. É claro que nem sempre a discussão é sincera e algumas pedras são colocadas dolosamente no meio do caminho.

(1163) Cf. <http://www.cnj.jus.br>.
(1164) Para o inteiro teor do discurso de posse, cf. <http://www.stf.jus.br>. Acesso em: 23.4.2010.

Como exemplo, basta mencionar aquelas demandas "usadas" pelos maus empregadores, que só aceitam pagar o que devem no bojo de um acordo judicial, valendo-se do processo como um mecanismo redutor dos encargos trabalhistas. Entretanto, na medida em que os julgadores estiverem atentos para esta realidade (e — creio eu — a grande maioria está), eles estarão longe da indulgência. Com a independência que lhes é garantida (Súmula n. 418 do TST[1165]), tais distorções podem e devem ser equilibradas pela sua atuação severa, valendo-se do seu "poder geral de efetivação" e lançando mão dos "meios necessários" (art. 461, §§ 4º e 5º do CPC) para o cumprimento de deveres incontroversos ou cuja controvérsia foi mal disfarçada[1166].

Esta possibilidade, ou melhor, este risco ético e financeiro, implícito à conciliação judicial, faz com ela tenha boa aceitação, tanto na teoria, como na jurisprudência. Geralmente, diz-se que ela materializa uma transação entre as partes, na qual ambas aceitam fazer concessões recíprocas sobre uma questão nebulosa, com o intuito de chegar mais rapidamente a um porto seguro. Como eu disse antes, quando este procedimento é efetuado na presença do juiz, pouca gente faz objeção[1167]. E tanto é assim que praticamente se tornou pacífica a famosa cláusula de "quitação geral", por meio da qual os litigantes convencionam não mais discutir questões oriundas do contrato encerrado, ainda que elas não tenham sido postas na demanda[1168].

Por força da economia processual, da segurança jurídica promovida, da rapidez, do menor custo para a solução das pendências atuais e futuras e, acima de tudo, por privilegiar a igual e livre manifestação de vontade dos maiores interessados (porque destinatários) na construção da solução consensual, esta "quitação geral" ultrapassou as fronteiras da criação judicial e foi encampada pelo legislador, que a entregou ao particular.

Por isso que, hoje em dia, encontramos um raciocínio idêntico àquele efetuado em audiência por de trás do art. 625-E, parágrafo único da CLT. Ao atribuir "eficácia liberatória geral" aos acordos concebidos nas Comissões de Conciliação Prévia, o legislador nada mais fez do que privilegiar a eficiência do procedimento e a capacidade

---

(1165) "A concessão de liminar ou a homologação de acordo constituem faculdade do juiz, inexistindo direito líquido e certo tutelável pela via do mandado de segurança."
(1166) MARINONI, Luis Guilherme. Controle do poder executivo do juiz. In: DIDIER JR., Fredie (coord.). *Execução civil:* estudos em homenagem ao professor Paulo Furtado. Rio de Janeiro: Lumen Juris, 2006. p. 231-243. GOUVÊA, Marcos Maselli. *O controle judicial das omissões administrativas:* novas perspectivas de implementação dos direitos fundamentais. Rio de Janeiro: Forense, 2003. p. 293-301. DIDIER JR., Fredie. *Curso de direito processual civil.* V. 5: execução. 2. ed. Salvador: Juspodivm, 2010. p. 47-58. GOMES, Fábio Rodrigues. *O direito fundamental ao trabalho*, p. 234-263.
(1167) Por todos, cf. SÜSSEKIND, Arnaldo *et alli. Instituições de direito do trabalho*, p. 217-219.
(1168) Cf. OJ n. 132 da SDI-II do TST: "Ação rescisória. Acordo homologado. Alcance. Ofensa à coisa julgada. Acordo celebrado — homologado judicialmente — em que o empregado dá plena e ampla quitação, sem qualquer ressalva, alcança não só o objeto da inicial, como também todas as demais parcelas referentes ao extinto contrato de trabalho, violando a coisa julgada a propositura de nova reclamação trabalhista." Esta possibilidade institucionalizou-se de vez com a Lei n. 10.358/01, que alterou a redação do art. 584, III do CPC, e, posteriormente, com a Lei n. 11.232/06, que introduziu o atual art. 475-N, III do CPC.

de escolha das partes diretamente envolvidas. E aí apareceu um novo problema: o Juiz Hércules brasileiro não concordou com esta decisão parlamentar[1169].

Vejam que interessante. Ele, juiz, pode inserir a cláusula de "quitação geral" nos acordos, uma vez que foram entabulados na sua presença[1170]. Agora, se tais acordos saírem das suas vistas e, pior, contiverem convenção com este mesmo teor, serão considerados rematados "absurdos", a despeito de autorizados pelo legislador[1171].

Entretanto por que deve ser assim? Por que a transação judicial genérica é aceitável e a extrajudicial, nos mesmos termos, deve ser execrada? Por acaso as partes que se colocam diante do Juiz Hércules estão imunes ao conluio, ao arbítrio ou ao vício de consentimento, tão somente pela graça da sua presença? E, ao contrário, quando dele se afastam, os interessados (e, principalmente, os trabalhadores) serão engolfados por uma onda de constrangimento físico e mental, que os arrastarão, inevitavelmente, para as profundezas da invalidade?

Igual autonomia criativa. Mais uma vez, é sobre isso que se discute. Fora do Judiciário, ela é uma ficção de mau gosto. No seu interior, ela pode se tornar uma verdade. Presunção de ilegitimidade *versus* vontade "tutelada" judicialmente: qual das duas é a melhor escolha? Decerto que, vistas as coisas deste modo, a segunda opção vence de lavada. Contudo, se o leitor relembrar do critério institucional que almejo internalizar no Judiciário trabalhista, acredito que, junto a mim, fará questão de insistir: deve ser *sempre* assim? A decisão do legislador, de entregar às próprias partes a resolução de suas pendências atuais e potenciais, levará inexoravelmente ao massacre da vontade individual do empregado?

Ilustrarei este dilema com duas decisões voltadas à transação extrajudicial, para, depois, retornar ao problema. O primeiro caso envolve a adesão aos Planos de Desligamento Voluntário (PDV); o segundo, diz respeito ao posicionamento do TST em face do mencionado art. 625-E, parágrafo único da CLT.

2.1. Plano de Desligamento Voluntário (PDV): a vontade fatiada

No julgamento do RR n. 848/2002-001-11-00.5, a Ministra Maria de Assis Calsing resumiu muito bem a opinião dominante no TST (OJ n. 270 da SDI-I[1172]), a respeito da

---

(1169) Neste sentido, cf. o item 3 do Enunciado n. 18 do 1º Fórum de Direito Material e Processual do Trabalho do TRT da 1ª Região, realizado entre os dias 26 e 28 de agosto de 2009: "Não se caracterizando a fraude, a eficácia liberatória prevista no parágrafo único, do art. 625-E, da CLT, incide tão somente sobre as parcelas e os valores discriminados no termo de conciliação, sem alcançar diferenças que porventura se verifiquem naquelas parcelas ou outros títulos decorrentes da relação de emprego (art. 320 do Código Civil)."
(1170) Em sentido semelhante, CUNHA, Alexandre Teixeira de Freitas Bastos. *El convenio colectivo en el sistema de fuentes del derecho en Brasil*, p. 382. Cf., também, ROAR n. 13700-64.2008.5.10.0000, Rel. Min. Renato de Lacerda Paiva, DJ 23.04.2010.
(1171) Cf. BARROS, Alice Monteiro de. *Curso de direito do trabalho*, p. 199.
(1172) "Programa de incentivo à demissão voluntária. Transação extrajudicial. Parcelas oriundas do extinto contrato de trabalho. Efeitos. A transação extrajudicial que importa rescisão do contrato de trabalho ante a adesão do empregado a plano de demissão voluntária implica quitação exclusivamente das parcelas e valores constantes do recibo."

extensão dos efeitos da adesão individual ao Plano de Desligamento Voluntário: "estaria a alcançar, apenas, as parcelas discriminadas no recibo de quitação, ante a impossibilidade de se conferir validade à renúncia genérica, contida naquele documentos rescisório."[1173]

Ao fundamentar a sua decisão, a Ministra foi bem clara e asseverou que, por se tratar de uma transação extrajudicial, os seus efeitos deveriam ser limitados, haja vista "a incompatibilidade do ordenamento jurídico civilista com o caráter protetivo e irrenunciável dos princípios e normas de direito do trabalho". Além disso, observou que a transação deveria ser interpretada restritivamente (arts. 840[1174] e 843[1175] do CC), de maneira que seus "termos genéricos" não deveriam excluir questionamentos envolvendo matérias não explicitadas no ajuste.

Contudo, para o que nos interessa, dois pontos desta decisão devem ser postos em evidência: (1) a afirmação de que a "renúncia, neste caso, somente seria permitida caso fosse firmada em juízo, diante do Juiz do Trabalho, sem dar qualquer margem à possibilidade de fraude"; e (2) o fato de constar no recibo de quitação, por escrito, a eficácia liberatória geral que lhe era atribuída, tendo isto sido desconsiderado pela julgadora "ante a impossibilidade de se conferir validade à renúncia genérica, contida no termo de adesão ao PDV".

Antes de fechar o raciocínio, é importante acrescentar ainda dois outros elementos, extraídos dos julgamentos do RR n. 679300-23.2004.5.12.0014, relatado pelo Ministro Caputo Bastos, e do RR n. 562/2002-461-02-85.8, relatado pelo Ministro Aloysio Corrêa da Veiga[1176]. No primeiro caso, enfatizou-se a incompatibilidade da "quitação geral", aposta no PDV, diante do disposto no art. 477, §§ 1º e 2º da CLT[1177]. No segundo, verificou-se a existência de uma cláusula, no termo de ajuste, onde se "condiciona o exercício do direito de ação ao ressarcimento dos valores pagos ao autor como incentivo financeiro à dispensa".

Pois bem. De um modo geral, os Ministros partiram de uma ideia comum: a adesão ao PDV não é inválida, mas a abrangência dos seus efeitos deve ser limitada. E deve ser limitada porque a vontade do empregado está amarrada pelos (1) princípios da proteção e da irrenunciabilidade dos direitos indisponíveis, (2) pelo fato de a transação ter sido realizada fora das barras da justiça e (3) pelo conteúdo normativo do art. 477, §§ 1º e 2º da CLT e dos arts. 840 e 843 do CC.

Então eu pergunto: como a norma fundamental da igual autonomia criativa interage com estes três argumentos?

(1173) DJ 10.10.2008. O inteiro teor da decisão pode ser encontrado em <http://www.tst.jus.br>.
(1174) "É lícito aos interessados prevenirem ou terminarem o litígio mediante concessões mútuas."
(1175) "A transação interpreta-se restritivamente, e por ela não se transmitem, apenas se declaram ou reconhecem direitos."
(1176) DJ 14.5.2010 e DJ 22.5.2009.
(1177) "§ 1º O pedido de demissão ou recibo de quitação de rescisão do contrato de trabalho, firmado por empregado com mais de 1 (um) ano de serviço, só será válido quando feito com a assistência do respectivo Sindicato ou perante a autoridade do Ministério do Trabalho. § 2º O instrumento de rescisão ou recibo de quitação, qualquer que seja a causa ou forma de dissolução do contrato, deve ter especificada a natureza de cada parcela paga ao empregado e discriminado o seu valor, sendo válida a quitação, apenas, relativamente às mesmas parcelas."

Vários autores são categóricos ao declarar que a função do direito do trabalho é a de "bloquear" a autonomia de vontade do trabalhador, de modo a melhor assegurá-la[1178]. Ele não deve ser protegido unicamente contra o empregador, como também contra si mesmo. Em verdade, esta é uma diretriz teórica de grande aceitação na dimensão empírica do direito[1179]. É a partir desta premissa básica que o Juiz Hércules brasileiro toma a frente da discussão, cala a voz dos interessados e fala mais alto, para emitir a seguinte regra, em alto e bom som: *se* o acordo foi "prejudicial" ou *se* o seu objeto "suprime" direitos indisponíveis, *então* ele é ineficaz. Ponto final.

Existe, portanto, uma incontornável divergência sobre a função do direito do trabalho, quando comparada com o que é defendido nesta tese. Segundo a visão hercúlea, exemplificada pelos julgamentos anteriores, o direito se ramifica para que ele, juiz, "proteja" o hipossuficiente encontrado no mercado de trabalho. Vulnerável, coagido e desinformado, a solução deve ser uma só: cassar-lhe a palavra. Presume-se que o indivíduo não irá agir em benefício próprio, independentemente do que tenha decidido ou do contexto em que a sua decisão foi tomada. Em síntese, parte-se de noções diametralmente opostas àquelas capitaneadas pelo Juiz Hermes: a de presunção de racionalidade e a de valorização da igual autonomia criativa.

Como já repeti em diversas ocasiões, a norma fundamental que sustenta o direito como um todo é — e aí inclui-se o direito do trabalho — a de igual autonomia criativa do ser humano. Quando esta igualdade está desequilibrada pelo desconhecimento das diferenças que nos definem ou quando a autonomia está fragilizada pelas necessidades básicas que nos assolam, aí sim, justifica-se a intervenção estatal, de maneira a corrigir estas distorções.

Mas isso não é só. O modo como isso é feito tem imediata influência na utilidade da configuração normativa imposta desde fora. Para ser eficiente e, assim, ser útil ao trabalhador subordinado, o desenho institucional (e hermenêutico) deve se preocupar em reduzir o déficit de legitimidade (e de racionalidade), reajustar o desnível negocial decorrente da posição de força do detentor de recursos (o empregador) e maximizar a cooperação, pela redução dos custos de transação, de modo a fomentar o diálogo livre, racional e com um mínimo de paridade.

Contrapondo-me às três linhas de argumentação acima identificadas, tentarei facilitar a aceitação do meu modo de pensar, esmiuçando a pergunta anterior da seguinte maneira:

(1) O descarte de uma parte da decisão construída consensualmente num ambiente sincero e sem intermediários, com a prévia satisfação das necessidades básicas e do respeito pela paridade e pelo nivelamento negocial, está correto?

(2) Absolutizar a ineficácia tão somente da quitação geral inserida no acordo extrajudicial, sob o argumento de que o direito é "indisponível" ou "irrenunciável" e que deve permanecer assim (ao menos fora das vistas do juiz), é suficiente para garantir a justificação racional da decisão?

[1178] Por todos, cf. SÜSSEKIND, Arnaldo *et alii*. *Instituições de direito do trabalho*, p. 203 e 252. DELGADO, Mauricio Godinho. *Op. cit.*, p. 201-202. BARROS, Alice Monteiro de. *Op. cit.*, p. 182.
[1179] Neste sentido, cf. E-RR n. 1040/2006-005-10-00, Rel. Min. Maria Cristina Irigoyen Peduzzi, DJ 9.5.2008.

(3) Utilizar o art. 477, §§ 1º e 2º da CLT e os arts. 840 e 843 do CC, para enquadrar a situação onde o empregado recebe um valor maior do que a soma de todas as prestações previstas em lei para a dispensa imotivada, é o procedimento correto?

Respondendo à primeira questão, afirmo com tranquilidade que desconsiderar uma parte do PDV, sem que haja descumprimento das outras cláusulas do ajuste e, ao contrário, quando existe a sua observância e de todos os direitos previstos em lei, é o mesmo que autorizar o Juiz Hércules brasileiro a passar por cima da outra autonomia envolvida: a do empregador. E isso é feito sem que sequer se tenha cogitado (e tampouco comprovado) que o empregado foi discriminado ou que agiu sob a influência de algum tipo de restrição indevida da sua autonomia individual.

A presunção, neste caso, não é a da hipossuficiência (já que o empregado recebeu tudo e muito mais do que a legislação prevê). Ao fim e ao cabo, o que o julgador presume automaticamente é a *capitis diminutio* do empregador, pois — convenhamos — não o está tratando com igual respeito e consideração. Sejamos francos: sua autonomia vale menos. Do que a do empregado? Não, do que a do próprio Estado-Juiz. No sopesamento de vontades, o Hércules tropical substitui a manifestada pelo empregado pela sua e, o que é pior, acrescenta a ela pelo menos dez toneladas de normatividade, sem se incomodar muito em dizer de onde veio. E aí entra a segunda questão.

Hércules esboça uma justificativa ao dizer: o PDV é ineficaz na parte em que prevê "quitação geral" porque o direito do trabalho é "irrenunciável" e "indisponível". Retruco: estamos falando de renúncia ou de transação? Ou ainda: o direito é indisponível porque não pertence ao indivíduo (está fora da sua área de disposição) ou porque, mesmo lhe pertencendo, o Estado o colocou além do seu alcance?

Para começar, o empregado não renunciou a direito algum. Não é preciso, nem mesmo, iniciar a discussão provocada pela última pergunta, em torno da indisponibilidade dos direitos do trabalhador. Deixarei este problema para ser resolvido mais à frente, no Capítulo VII. O que importa, por ora, é enfatizar que o empregado não abriu mão, unilateralmente, de direito certo, seja ele qual for. O que ele fez foi deliberar com o empregador sobre as vantagens e desvantagens de efetuarem um distrato. De um lado, perderia a sua fonte de renda (o emprego); de outra parte, ganharia o equivalente pecuniário a todos os direitos estipulados para uma dispensa sem justa causa, acrescido de um *plus*, cujo montante foi estipulado pelo empregador. A dúvida de fundo é: o empregado transacionou livremente ou ele não teve escolha?

Se relembrarmos que o encerramento desmotivado do contrato — desde que não seja arbitrário — é permitido pelo sistema jurídico brasileiro[1180], e que, portanto, já era uma possibilidade real para ambas as partes, pode-se imaginar de afogadilho que o trabalhador estava numa encruzilhada. Se escolhesse o PDV, perderia o emprego; se não o escolhesse, poderia perdê-lo da mesma maneira, só que sem as vantagens adicionais. Entretanto, por mais dura que seja esta realidade, a escolha existia sim.

(1180) GOMES, Fábio Rodrigues. *O direito fundamental ao trabalho*, p. 215-234.

Se o empregado não quisesse aceitá-la, continuaria sujeito à dispensa do mesmo jeito, é verdade. Mas esta ansiedade era o preço a pagar em troca da manutenção do seu emprego.

A precariedade da continuação da relação empregatícia (repito: autorizada expressamente no direito brasileiro) não se modifica porque o empregador decidiu incentivar a rescisão, ao invés de realizá-la de supetão. Acontece que, diferentemente do que aderiu, o empregado remanescente não teria se comprometido a enterrar de vez os esqueletos que, porventura, estivessem escondidos nos armários da empresa (a famosa *res dubia*). E, a partir daí, não haveria qualquer autorrestrição capaz de refrear a sua vontade de processar o empregador, na busca dos deveres que considerou descumpridos. O que me leva agora ao terceiro argumento: o da aplicação do art. 477, §§ 1º e 2º da CLT e dos arts. 840 e 843 do CC.

Antes de mais nada, é imprescindível notar que a autonomia do empregador não foi secundada isoladamente. Fizeram-lhe companhia os princípios da boa-fé contratual e da igualdade de tratamento em relação aos demais empregados.

Ora bem, *se* o empregado sabia o que estava fazendo e optou porque quis, *se* não houve constrangimento físico ou psicológico, *se* a dispensa imotivada é uma possibilidade jurídica à disposição do empregador (e, pois, não deve ser identificada, por si só, com a coação) e *se* as cláusulas do PDV foram religiosamente cumpridas, *então* não seria razoável que a cláusula de "quitação geral" fosse analisada sob o prisma da boa-fé?

Lealdade e respeito à palavra dada, transparência dos argumentos, das propostas e das informações indispensáveis à tomada de decisão, deliberação conjunta e sincera sobre os termos da transação. Estes são apenas alguns indicativos do que deve nortear a adesão ao PDV, pois, ao fim e ao cabo, trata-se de uma transação regida, também, pelo art. 849, *caput* e parágrafo único do CC[1181]. Se, de fato, existiram os indicativos acima arrolados, o empregado atuaria, no mínimo, incoerentemente e, no máximo, com a mais desabrida má-fé, acaso assinasse o termo de acordo extrajudicial para, pouco tempo depois, fazer *tabula rasa* da sua própria vontade para reabrir a discussão.

Insisto neste ponto: se não queria encerrá-la, por que assinou, sabendo que continha uma cláusula de quitação geral? O "esquecimento" seletivo do empregado tem causado uma superação judicial injustificável dos preceitos acima indicados, ao ponto de o empregador mais cuidadoso se sentir obrigado a incluir uma nova cláusula — de "ressarcimento dos valores pagos ao autor como incentivo financeiro à dispensa" —, a fim de tornar explícita uma boa-fé que, naturalmente, deveria permear a aceitação recíproca do acerto previamente firmado.

Ao lado disso, não se deve deixar de lado a quebra de isonomia com os seus companheiros de trabalho. Os que decidiram segurar a ansiedade e permanecer, mesmo correndo o risco de serem despedidos, irão se perguntar: sofri tanto por nada?

(1181) "*Caput* — A transação só se anula por dolo, coação, ou erro essencial quanto à pessoa ou coisa controversa. Parágrafo único. A transação não se anula por erro de direito a respeito das questões que foram objeto de controvérsia entre as partes."

Suponham que o prazo de adesão tenha se encerrado e que o empregador não tenha atingido o nível de desligamento almejado. Certamente, dará vazão ao seu objetivo, por meio de novas dispensas, mas, agora, sem qualquer liberalidade extraordinária. Se os que aderiram ao PDV ingressarem na Justiça do Trabalho e conquistarem o direito de retomar a discussão sobre eventuais pendências contratuais, por que os que não aderiram e foram despedidos posteriormente ao plano, não fazem jus ao mesmo tratamento?

Na minha opinião, esta é uma das consequências mais negativas da OJ n. 270 da SDI-1 do TST: o gigantesco incentivo à demanda em face do empregador. Não satisfeito em estimular a litigiosidade dos trabalhadores que transacionaram, a opinião reinante naquela corte irá soterrar o empregador com um caminhão de processos originários dos outros empregados que não quiseram aderir. Diante deste quadro de rebaixamento axiológico e normativo da igual autonomia criativa, em prol de uma proteção hercúlea do Judiciário, é bem provável que os recalcitrantes dispensados mudem de ideia. Nas suas petições iniciais, eles irão dizer que também querem receber as benesses concedidas aos que transacionaram, na medida em que a transação não os impediu de continuar a questionar todos os pontos do contrato que consideraram violados. Perguntarão: por que só eles ficaram com o bônus e nós apenas com ônus?

Hércules terá dificuldades para responder. Já Hermes dirá sem pestanejar: o bônus e o ônus foram distribuídos de acordo com a livre opção de cada um. Para quem aderiu, o bônus econômico suplantou o ônus do desemprego e da resolução definitiva dos pormenores do contrato. Para os que não o fizeram, o bônus empregatício foi superior ao ônus do desemprego, ainda que servido com um valor a mais. Em suma: para Hermes, são as partes que decidem o que lhes é ou não "mais favorável", devendo assumir, com isso, a plena responsabilidade por suas escolhas. A não ser, é claro, que demonstrem não terem sido, as suas escolhas, fruto da igual autonomia criativa, ou porque foram discriminados, ou por causa da manipulação arbitrária de suas necessidades básicas.

Neste sentido, volto ao terceiro argumento para afirmar: o art. 477, §§ 1º e 2º da CLT é uma premissa adequada apenas para as dispensas ordinárias. Nas hipóteses onde houver um PDV, isto é, uma transação extrajudicial economicamente superior ao valor previsto para o cumprimento das prestações legais, e tendo sido ela aceita livremente pelo empregado (sabedor de que estava concordando com a quitação geral das controvérsias atuais e potenciais), deve-se levar em conta, sim, o disposto nos arts. 840 e 843 do CC. Mas para reforçar — e não para fatiar — a manifestação de vontade contida na transação, nos seus mais estritos limites.

Por analogia, poder-se-ia utilizar até mesmo o art. 625-E da CLT, como veremos a seguir.

2.2. Comissão de Conciliação Prévia: a institucionalização do medo

O enunciado normativo do parágrafo único do art. 625-E da CLT deixa pouca margem para dúvidas: "O termo de conciliação é título executivo extrajudicial e terá eficácia liberatória geral, exceto quanto às parcelas expressamente ressalvadas."

O que fez o legislador? Institucionalizou um espaço privado de deliberação autônoma. Para isso, (1) atribuiu força executiva ao conteúdo normativo do ajuste privado e (2) pôs uma pá de cal nas discussões entre o empregado e o empregador, a não ser que eles próprios decidissem ressalvar algum ponto em torno do qual não alcançaram o consenso.

Sendo assim, penso que tudo o que foi falado a respeito do PDV — enquanto transação extrajudicial — pode ser repisado neste espaço. E ainda com mais desenvoltura, uma vez que, no caso da CCP, a transferência de legitimidade foi muito mais intensa, pois foi institucionalizada. Uma institucionalização que — diga-se de passagem — atende perfeitamente ao critério democrático cooperativo adotado ao longo destas páginas.

Ocorre que, como toda obra de origem estatal, a CCP foi inaugurada com algumas imperfeições. Umas aparentes, outras nem tanto. Mas nem isso foi capaz de inviabilizá-la, uma vez que o Judiciário atuou bem e conseguiu aparar as arestas.

Uma primeira aresta, devidamente aplainada pelo STF por meio das ADIs n. 2.139-7, 2148-6 e 2160-5, foi a quebra da obrigatoriedade de submissão à Comissão de Conciliação Prévia. Ao menos como o art. 625-D da CLT vinha sendo interpretado pelo TST, se o empregado ajuizasse uma ação, sem que antes houvesse passado pela CCP, o processo deveria ser extinto, a despeito de o empregador não ter aceitado conciliar em nenhum momento e independentemente de a causa já possuir sentenças ou acórdãos proferidos pelas instâncias inferiores[1182].

Como terei a oportunidade de analisar esta dissonância jurisprudencial com mais vagar no Capítulo V, limito-me a dizer, por agora, que concordo com a posição do STF. Isso porque, na medida em que a igual autonomia criativa do empregado já começava fragmentada, ele não optava pela conversação. Ela lhe era imposta e, deste modo, todo o restante ficava altamente comprometido. Isso sem falar da supressão desproporcional do acesso à Justiça, decorrente da aplicação draconiana desta regra.

Contudo, acredito que até o STF corrigir esta primeira distorção, o estrago já estava feito. A resistência empedernida à CCP tornou-se ainda mais enraizada, com reflexos imediatos no dispositivo seguinte, o art. 625-E da CLT.

Este é o caso, por exemplo, do Ministro Mauricio Godinho Delgado. Recentemente, no julgamento do RR n. 41400-11.2007.5.03.0108, ele conseguiu convencer a 6ª Turma a ir de encontro à opinião do relator, Ministro Aloysio Corrêa da Veiga, de modo que, ao assumir a redação do acórdão final, declarou enfaticamente que o ato jurídico produzido na CCP "não possui eficácia para produzir quitação plena e irrestrita em relação a todos os créditos decorrentes do contrato de trabalho"[1183].

Não obstante a contundência da decisão, é interessante notar que ela é minoritária. Por enquanto, a grande maioria dos Ministros do TST vem conferindo "eficácia liberatória geral" às transações extrajudiciais construídas nas Comissões de Conciliação Prévia,

---

(1182) Neste sentido, cf., por todos, RR n. 1255/2006-059-01-00.1, Rel. Min. Ives Gandra Martins Filho, DJ 29.5.2009.
(1183) DJ 8.4.2010.

tal qual previsto no art. 625-E da CLT[1184]. Justamente por isso é que a decisão do Ministro Godinho se torna interessante. Porque ele está sendo totalmente coerente com a posição do TST, quando referida a outra espécie de transação extrajudicial: o PDV. A incoerência, por incrível que pareça, é da maioria, que ora intervém para restringir a eficácia geral do ajuste, ora intervém para garanti-la.

De toda sorte, continuo sustentando o que disse em relação ao item anterior: existentes os pressupostos discursivos, as partes têm o poder de definir onde e como colocar um ponto final nas pendências oriundas do contrato de emprego, principalmente naquelas mais nebulosas, capazes de ensejar um processo judicial.

Mas é importante frisar à exaustão: se o que aconteceu não foi uma transação, isto é, se não houve exercício da capacidade de escolha do empregado, se ele foi coagido a comparecer à CCP e a encarar um "prato feito", o acordo — por inteiro — deverá ser declarado nulo. Perceberam a diferença? Não se deve reduzir a eficácia do acordo, para excluir apenas uma de suas cláusulas. Todas elas, sem exceção, serão inválidas, haja vista terem sido o resultado de uma fraude, levada a cabo com o objetivo doloso de aviltar a dignidade do trabalhador.

Em resumo: a CCP é um foro alternativo à arena judicial e, por isso, vai quem quer. Se não quis ou se, lá comparecendo, não teve o direito de se comunicar e, muito menos, de negociar, sendo-lhe apresentado um termo de adesão, contendo pouco menos do que a lei já estipula, haverá um flagrante desvirtuamento da sua finalidade institucional, cujos efeitos anexos já estão previstos no art. 9º da CLT e no art. 203 do Código Penal. Caberá ao Juiz Hermes conferir-lhes efetividade.

III. CONCLUSÃO

O primeiro passo foi dado. Redesenhados estão os dois principais aparatos institucionais, encarregados de operacionalizar os direitos e os deveres dos empregados e dos empregadores.

Por precaução, é sempre prudente advertir que o meu propósito não foi o de esgotar todos os detalhes e rabiscar cada recanto do Sistema Sindical e da Justiça do Trabalho brasileiros. A ideia foi, simplesmente, mostrar que as ferramentas para tamanha empreitada existem e estão ao alcance de quem se dispuser a utilizá-las.

Outra advertência essencial foi sinalizada logo no início: não se cuidou de um desenho à mão livre. O traçado já estava pontilhado pelo critério democrático-cooperativo. Representando a síntese dos dois elementos fundacionais, extraídos dos Capítulos II e III deste estudo, foi por meio deste terceiro vetor que busquei calibrar a:

(1) intervenção para corrigir o déficit de racionalidade e reduzir o desnível negocial, fortalecendo-se a igual autonomia criativa pela redistribuição de recursos (ou direitos) para a satisfação das necessidades básicas e do reconhecimento das diferenças; e

---

(1184) Cf. AIRR n. 59740-03.2007.5.02.0311, Rel. Min. Lelio Bentes Corrêa, DJ 14.5.2010, RR n. 163000-81.2006.5.01.0013, Rel. Min. Dora Maria da Costa, DJ 7.5.2010, RR n. 69700-61.2005.5.17.0011, Rel. Min. Antônio José de Barros Levenhagen, DJ 7.5.2010 e RR n. 106500-63.2005.5.01.0034, Rel. Min. Ives Gandra Martins Filho, DJ 19.6.2009.

(2) arrumação do debate (do procedimento discursivo) com vistas a maximizar a cooperação, mediante redução dos custos da discussão moral coletiva, entre indivíduos merecedores de igual respeito e consideração.

O resultado prático institucional foi o exposto ao final do Capítulo III e durante todo este Capítulo IV. Mas, apesar deste esforço argumentativo, tenho consciência plena de que não se deve esquecer da peça crucial para a solidificação de tamanha estrutura. Sem embargo de já sabermos como deve ser montada, ainda permanece um certo desassossego sobre o material a partir do qual ela foi feita: os direitos fundamentais dos trabalhadores subordinados.

Provocar o desassombro. Esclarecer e especificar os pressupostos discursivos que devem ser observados para que todo este mecanismo funcione. Investigar a identidade dos direitos fundamentais especificamente voltados para assegurar a igual autonomia criativa do indivíduo empregado: este foi e continuará sendo o meu intuito principal.

O segredo do sucesso é não esquecer a sua composição: uma matéria "translúcida". Aberta a novas ideias, sem ser refratária às ideias antigas, trata-se de uma fisiologia dificílima de se manusear. De um lado, a deferência exagerada pode levá-la à cristalização, um fenômeno capaz de emperrar a fluidez institucional, gerar a sua completa deslegitimação e causar um desastre social. De outra parte, a displicência excessiva pode conduzi-la à irrelevância, uma ameaça de grande impacto na vida do trabalhador, na medida em que traz as sequelas da banalização e da coisificação de suas angústias, desejos e ambições. E — não nos esqueçamos — em ambos os casos a ineficiência será a moeda corrente.

Para não esbarrar em nenhum destes dois extremos tão próximos entre si, serei cuidadoso o bastante para relembrar a estratégia restante, a despeito de já apresentada na Introdução e reprisada no Capítulo I desta tese:

(1) no Capítulo V, dedicar-me-ei a visualizar como dois dos principais atores institucionais têm pensado e aplicado o direito constitucional do trabalho. Em tempos de judicialização do mundo da vida, um pouco mais de leitura das decisões do STF e do TST não será exorbitante;

(2) no Capítulo VI, olharei para além-mar. Acredito que o conhecimento a respeito de como as instituições internacionais têm lidado com as disposições fundamentais voltadas para os empregados será uma experiência extremamente relevante para enriquecer o debate;

(3) por fim, no Capítulo VII, tratarei de "flexibilizar" ainda mais a discussão. Será o instante em que, a partir da Constituição brasileira de 1988 e valendo-me de tudo o que foi dito até então, apresentarei algumas considerações sobre a maleabilidade dos direitos fundamentais dos trabalhadores, tentando convencê-los de como esta sua característica intrínseca é indispensável à sua durabilidade.

Portanto, vamos em frente, pois ainda resta um pouco menos da metade do caminho a percorrer.

Capítulo V
O DIREITO CONSTITUCIONAL DO TRABALHO NA JURISPRUDÊNCIA DO STF E DO TST

I. INTRODUÇÃO

O objetivo deste Capítulo é o de aprofundar ainda mais a investigação empírica em torno dos direitos fundamentais específicos dos trabalhadores subordinados. Tal como referi no encerramento do Capítulo IV e em outros lugares deste estudo, todo cuidado é pouco para quem se propõe a manusear o critério aqui escolhido: a efetivação da igual autonomia criativa. Por ser um material normativo altamente sensível, qualquer passo em falso poderá desencadear o seu enrijecimento destrutivo ou o seu esfacelamento banalizador. Numa ou noutra hipótese, o indivíduo empregado será o maior prejudicado. A rigor, a palavra "prejudicado" reflete uma doce metáfora, pois ele correrá o risco iminente de ser brutalmente coisificado, já que o cerne da sua humanidade estará em perigo.

Portanto, depois de apresentar a minha opinião sobre o molde ideal dos pressupostos discursivos da deliberação moral — cuja institucionalização, na sua melhor forma, dá ensejo à democracia cooperativa —, cuidarei de me cercar de algumas outras versões a respeito do assunto. E não encontro entrada mais apropriada do que aquela que vem sendo construída nos últimos anos pelo STF e pelo TST. Diante da "expansão da autoridade do Supremo Tribunal Federal e dos tribunais em geral"[1185], não será nada mal ver de perto como estas duas Cortes vêm manuseando o direito constitucional do trabalho. O objetivo agora é saber qual o "significado prático" que lhe vem sendo atribuído[1186].

Decerto que esta será uma exposição centrada na análise de casos. Mas não de casos sorteados ao léu. A seleção foi feita em função da sua importância prática para o dia a dia do empregado e do empregador, como também em razão da repercussão que angariou na Justiça do Trabalho. A propósito, faço aqui um parêntese para enfatizar que o relacionamento institucional entre esta Justiça Federal Especializada e a mais alta Corte do país não é dos mais estáveis, alternando-se momentos, ora de restrição, ora de ampliação da competência, isso sem falar das constantes colisões argumentativas. Para exemplificar o que estou dizendo, basta lembrarmos de dois julgamentos emblemáticos.

(1185) VILHENA, Oscar Vieira. *Supremocracia*, p. 484.
(1186) Sobre a importância do significado prático imputado aos textos constitucionais, cf. NEVES, Marcelo. *Transconstitucionalismo*, p. 78. Cf., também, ATIENZA, Manuel. *El derecho como argumentación*, p. 247 *et seq.*, AARNIO, Aulis. *Reason and Authority:* a treatise on the dynamic paradigm of legal dogmatics. Aldershot: Dartmouth, 1997. p. 22-24.

O primeiro, envolvendo a ADI n. 3.395-6/DF, cujo relator foi o Ministro Cezar Peluso[1187]. Nela, o Plenário do STF, por farta maioria (exceção feita ao Ministro Marco Aurélio e às observações do Ministro Sepúlveda Pertence), confrontou a decisão parlamentar positivada na EC n. 45/04[1188]. Digo isso porque, nesta ocasião, referendou-se a liminar concedida pelo então Ministro Nelson Jobim, no sentido de que a nova redação do art. 114, I da CF/88 não deveria abranger as relações jurídicas estatutárias e as regidas por contrato temporário.

Em verdade, para decidir o significado de uma expressão que acabara de sair do forno parlamentar — "relação de trabalho" —, resgatou-se uma ideia antiga, construída no julgamento da ADI n. 492-1/DF, com base numa matéria-prima completamente diferente[1189]. Uma interpretação retrospectiva ou, sendo mais específico, uma interpretação, ao mesmo tempo, em tese, estática e dissociativa[1190]. Algo, por si só, contraditório e incoerente, como já tive a oportunidade de me aprofundar[1191].

O segundo caso foi o julgamento do CC n. 7.204/MG, em que o relator foi o Ministro Carlos Ayres Britto[1192]. Nessa oportunidade, o Plenário do STF reverteu o entendimento há muito consolidado — e que, por sinal, havia acabado de ser confirmado mais uma vez[1193] — , a fim de deslocar a competência para o julgamento das controvérsias sobre acidente de trabalho, entre empregado e empregador, da Justiça Estadual para a Justiça do Trabalho.

Como mencionei, uma volatilidade institucional bem acentuada. Mas voltemos ao ponto. Na minha opinião, o estudo do direito constitucional do trabalho, a partir da jurisprudência do STF e do TST, tornou-se bastante relevante nos tempos atuais, graças a dois fenômenos aparentemente distintos: um, de índole teórico-normativa; outro, de natureza experimental. Muito rapidamente, vejamos um a um.

No cenário jurídico nacional, a normatividade da Constituição já é lugar-comum. As dúvidas e incertezas a respeito da sua aplicabilidade imediata e a efetividade daí decorrentes, principalmente quando estão em jogo direitos fundamentais, já são página virada dentro do modelo atual[1194]. Em verdade, hoje em dia se discute exatamente o

---

(1187) Ainda não houve decisão definitiva.
(1188) Para acesso ao inteiro teor da decisão, basta consultar <http://www.stf.jus.br>.
(1189) A redação do art. 114 da CF/88, à época deste julgamento era a seguinte: "Compete à Justiça do Trabalho conciliar e julgar os dissídios individuais e coletivos entre trabalhadores e empregadores, abrangidos os entes de direito público externo e da administração pública direta e indireta dos Municípios, do Distrito Federal, dos Estados e da União, e, na forma da lei, outras controvérsias decorrentes da relação de trabalho, bem como os litígios que tenham origem no cumprimento de suas próprias sentenças, inclusive as coletivas."
(1190) Cf. GUASTINI, Riccardo. *Teoría e ideología de la interpretación constitucional.* Prólogo de Miguel Carbonell. Trad. Miguel Carbonell y Pedro Salazar. Madrid: Editorial Trotta, 2008. p. 30, 60 e 62.
(1191) GOMES, Fábio Rodrigues. *A relação de trabalho na Constituição*, p. 89 et seq.
(1192) DJ 9.12.2005.
(1193) RE n. 438.639-9/MG, Rel. Min. Carlos Ayres Britto, DJ 9.3.2005.
(1194) Cf., por todos, BARROSO, Luís Roberto. Neoconstitucionalismo e constitucionalização do direito. In: *Revista de Direito Administrativo.* V. 240. Rio de Janeiro: Renovar, abr./jun. 2005.

oposto, isto é, o excesso de Constituição e os perigos que uma euforia descontrolada pode trazer para as instituições democráticas em geral, e para o próprio Judiciário em especial[1195].

Sendo assim, não é de se estranhar que o direito do trabalho não tenha ficado imune ao que se convencionou chamar de "constitucionalização do direito". Questões envolvendo a eficácia dos direitos fundamentais nas relações privadas e sobre a fundamentalidade material dos direitos dos trabalhadores estão na ordem do dia, tornando obrigatória a reflexão crítica a respeito dos limites e possibilidades encontradas no texto constitucional[1196]. Diante disso, fica mais fácil compreender a metamorfose argumentativa encontrada nas instituições jurídicas brasileiras, uma vez que — parafraseando Roscoe Pound — a teoria (*law in the books*) avançou a passos rápidos na sua direção (*law in action*)[1197].

A rigor, as estatísticas colhidas pelo próprio STF demonstram uma notável "inversão de curva", no tocante ao conteúdo decisório. Reparem bem: de 1997 a 2006, as disputas relacionadas ao direito do trabalho representaram aproximadamente 5,72% do total dos julgamentos proferidos pelo Tribunal[1198]. Contudo, a partir de 2007, uma inesperada expansão foi constatada, tendo-se aumentado a fatia para 7,54% neste ano, para 8,74% em 2008 e para 22,91% em 2009.

A fim de me precaver das críticas em potencial dos especialistas, deixo claro, desde já, que o meu modesto conhecimento científico sobre as regras de estatística me obriga a considerar a possibilidade desta variação ter sido fruto de uma casualidade inesperada. Um soluço estatístico que não chega a formar um padrão. Mas, de toda sorte, bastou uma simples leitura para que nós — os não iniciados — já conseguíssemos vislumbrar, ao menos, uma tendência recente de crescimento[1199].

Já sob o prisma do TST, creio que o duplo efeito (normativo e empírico) também se aplica. Digo isso porque tanto na doutrina quanto na jurisprudência é claramente perceptível o aumento da argumentação constitucional[1200].

No tocante a esta última dimensão, inclusive, dada a riqueza de detalhes contidos na Constituição de 1988, os julgadores recorrem facilmente aos direitos ali positi-

---

(1195) Cf. SARMENTO, Daniel. O Neoconstitucionalismo no Brasil. In: LEITE, George Salomão; SARLET, Ingo Wolfgang. *Direitos fundamentais e estado constitucional:* estudos em homenagem a J. J. Gomes Canotilho. São Paulo: Revista dos Tribunais, 2009.
(1196) Cf. Cf. o Capítulo I deste estudo. Cf., também GOMES, Fábio Rodrigues. *O direito fundamental ao trabalho:* perspectivas histórica, filosófica e dogmático-analítica. Rio de Janeiro: Lumen Juris, 2008. GOMES, Fábio Rodrigues (org.). *Direito constitucional do trabalho:* o que há de novo? Rio de Janeiro: Lumen Juris, 2009.
(1197) Cf. SUNSTEIN, Carl. *A constitution of many minds*, p. 199.
(1198) Os percentuais de cada ano em separado são os seguintes: 1997 — 9,67%; 1998 — 4,87%; 1999 — 4,83%; 2000 — 4,75%; 2001 — 4,98%; 2002 — 6,49%; 2003 — 5,56%; 2004 — 5,55%; 2005 — 5,29%; 2006 — 5,21%. Cf. em: <http://www.stf.jus.br>.
(1199) Cf. também VILHENA, Oscar Vieira. *Supremocracia*, p. 489, onde o autor faz menção a uma "explosão de litigiosidade constitucional".
(1200) Cf., por todos, COUTINHO, Grijalbo Fernandes; MELO FILHO, Hugo Cavalcanti; MAIOR, Jorge Luiz Souto; FAVA, Marcos Neves (coord.). *O mundo do trabalho*. V. I: leituras críticas das jurisprudência do TST: em defesa do direito do trabalho. São Paulo: LTr, 2009.

vados, seja para lhes conferir eficácia imediata (quando, por exemplo, determinam o recolhimento de FGTS em benefício do trabalhador rural, independentemente de lei[1201]), seja para lhes retirar este predicado (quando, *v. g.*, invalidam cláusula normativa ampliando o período de aviso prévio, porque teria invadido área destinada à reserva legal[1202]). Em suma, tanto faz que se olhe de cima para baixo ou de baixo para cima. Independentemente do ponto de vista adotado, é a Constituição e, por consequência, os direitos constitucionais dos trabalhadores que estão definindo as decisões judiciais.

Mas será que os juízes estão realmente atentos à complexidade da discussão? Será que eles estão se valendo de algum critério para demarcar os limites e as possibilidades do material normativo explicitado na Constituição? Ou será que ela é vista "simplesmente [como] um espelho por meio do qual é possível enxergar aquilo que se tem vontade"[1203]?

Enfim: como os Ministros do STF e do TST estão "metabolizando" o direito constitucional do trabalho[1204]?

A legitimidade pressuposta ao argumento de autoridade, somada à inevitabilidade do argumento moral no curso do procedimento interpretativo e à propensão judicial de estabelecimento de rotinas padronizadas de interpretação tornam imprescindível a análise de como as cortes brasileiras vêm desenvolvendo este ramo especial do direito[1205].

Retomando, portanto, o que destaquei logo na abertura, o meu intuito é o de encontrar alguns vestígios hermenêuticos capazes de me auxiliar na objetivação dos direitos fundamentais dos empregados. E, neste sentido, torna-se essencial compreender de que maneira eles vêm sendo postos a descoberto. Seguindo a lição de Lloyd Weinreb: "Se o estudo detido do processo de decisão judicial não proporciona nenhuma garantia de que as leis aplicadas são adequadas, é verdade também que, até que as leis sejam aplicadas, elas permanecem gerais e abstratas e, por mais adequadas que sejam em princípio, são vulneráveis a distorções e erros. Portanto, é fundamental que o processo de decisão judicial seja compreendido"[1206].

Com a finalidade exclusiva de manter a clareza da exposição, respeitarei a partição que se faz tradicionalmente nos livros e lançarei mão das designações "direito material do trabalho" e "direito processual do trabalho" para inserir os exemplos coletados. A bem da verdade, esta partição se tornou necessária em função de dois exemplos (relativos à Comissão de Conciliação Prévia e ao *jus postulandi*), cuja natureza processual acabou por afastá-los da classificação conjunta com os demais. Entretanto, como se trata de assuntos que angariaram intensa discussão nos foros acadêmicos e

---

(1201) RR n. 360976-34.1997.5.06.5555, Rel. Min. Vantuil Abdala, DJ 25.8.2000.
(1202) RODC n. 2033700-10.2007.5.02.0000, Rel. Min. Márcio Eurico Vitral Amaro, DJ 21.5.2010.
(1203) TRIBE, Laurence; DORF, Michael. *Hermenêutica constitucional*, p. 3.
(1204) Tomei emprestada a expressão de VILHENA, Oscar Vieira. *Supremocracia*, p. 493.
(1205) Neste sentido, cf. RAZ, Joseph. *Between authority and interpretation*. New York: Oxford, 2009. p. 235-237. E sobre a importância do "método casuístico", cf. WEINREB, Lloyd L. *A razão jurídica*, p. 111 *et seq.*
(1206) *A razão jurídica*, p. 135.

nos tribunais superiores, considerei indispensável a sua presença, sem esquecer, ademais, que, no tocante à CCP, os comentários feitos por aqui se destinarão a complementar o que já foi dito no item 2.2 do § 3º, contido no item II do Capítulo anterior.

Sem maiores delongas, vamos a eles.

II. O DIREITO MATERIAL DO TRABALHO: GUINADAS PARA LONGE E PARA O MESMO LUGAR

O direito material do trabalho no Brasil se notabiliza, antes de mais nada, por ser o resultado de uma intervenção heterônoma. Por outras palavras, aqui, a primazia da solução dos conflitos não se encontra no diálogo direto entre os interessados. É por intermédio, do Estado que as controvérsias se assentam.

Para explicar esta intrusão estatal em assuntos particulares, não precisamos ir muito longe. Basta retornarmos aos idos da modernidade para entendermos por que o Estado, pela primeira vez, resolveu sair da sua placidez institucional e interferir contundentemente numa relação que, de tão desequilibrada, dava margens às explorações mais absurdas do ser humano, fossem eles homens, mulheres ou crianças. O potencial altamente explosivo do movimento operário incentivou, portanto, a mediação estatal, a fim de evitar as consequências imprevisíveis da sempre conturbada "questão social"[1207].

De volta ao Brasil contemporâneo e ao direito individual do trabalho por ele produzido, creio que a maior dificuldade não é a falta ou, nem mesmo, o excesso de intervenção. A rigor, o entrave mais grave é o da ausência de um critério para que isso — a interferência — seja feito. Neste sentido, os casos abaixo indicados representam exatamente esta ausência de parâmetros, o que acabou por acarretar uma desconfortável incompatibilidade discursiva entre as duais principais instituições responsáveis pela apreciação do assunto: o STF e o TST.

§ 1º — Adicional de insalubridade

A fixação da base de cálculo do adicional de insalubridade é um exemplo perfeito para chamar a atenção. Isso por um bom motivo: trata-se de um tema relativamente simples, mas que gerou diversos desencontros interpretativos entre os dois tribunais. Observem.

Antes da vigência da Constituição de 1988, o adicional de insalubridade já possuía a sua delimitação quantitativa estabelecida em lei. Sendo mais preciso, a Lei n. 6.514, de 1977 redefiniu o art. 192 da CLT, estipulando que esta prestação deveria ser calculada com base no salário mínimo.

Pois bem. A nova Constituição entrou em vigor e, no que parecia uma mudança de rumo, proibiu expressamente a vinculação ao salário mínimo para qualquer fim

---

(1207) Cf., por todos, SÜSSEKIND, Arnaldo *et alii*. *Instituições de direito do trabalho*, p. 37-42.

(art. 7º, IV). Em suma: o salário mínimo não deveria ser utilizado como fator de atualização monetária (indexador). Ocorre que, não obstante esta diretriz, o TST manteve a interpretação anterior, fincando pé na validade da base de cálculo estabelecida no art. 192 da CLT. E, para não deixar dúvidas, sumulou a questão nos seus verbetes ns. 17 e 228 (resgatado e atualizado, respectivamente, pela Resolução n. 121, de 2003)[1208].

Entretanto, em tempos de "supremocracia", não tardou para que esta dissonância hermenêutica fosse ouvida na mais elevada instância judicial. Para ser justo, não foi exatamente este o problema que gerou a intervenção do STF. A rigor, os Ministros se aprumaram a partir do julgamento do RE n. 565.714[1209], no qual se constatou a incompatibilidade entre o art. 3º, *caput* e § 1º da Lei Complementar n. 432/85 do Estado de São Paulo e o art. 7º, IV da CF/88. Foi por conta desta discussão que o Supremo atinou para a importância do assunto (para a sua "transcendência", em relação aos interesses das partes envolvidas) e lhe atribuiu repercussão geral.

Sobre o que falavam os dispositivos invalidados? Sobre a utilização do salário mínimo como base de cálculo do adicional de insalubridade pago aos servidores públicos estaduais.

Daí, para a edição da Súmula Vinculante n. 4, deu-se um salto de pequena envergadura. A partir de agora, o STF possui posição firmada, no sentido de que: "Salvo nos casos previstos na Constituição Federal, o salário mínimo não pode ser usado como indexador de base de cálculo de vantagem de servidor público ou de empregado, nem ser substituído por decisão judicial."

E o TST? Bem, de início o Tribunal reformulou a sua Súmula n. 228[1210], cuja redação passou a dizer o seguinte: "A partir de 9 de maio de 2008, data da publicação da Súmula Vinculante n. 4 do Supremo Tribunal Federal, o adicional de insalubridade será calculado sobre o salário básico, salvo critério mais vantajoso fixado em instrumento coletivo."

Algum novo conflito à vista? Certamente.

1. Análise crítica

Ao confrontarem os dois pontos de vista acima, peço que sublinhem a parte final de ambas as Súmulas. A primeira enfatiza a impossibilidade institucional de o Judiciário preencher a lacuna legislativa; a segunda, por sua vez, autoriza o preenchimento com o "salário básico", conferindo-se primazia, entretanto, ao salário formatado pela negociação coletiva. Existe ou não curto-circuito argumentativo?

(1208) Súmula n. 17 do TST: "O adicional de insalubridade devido ao empregado que, por força de lei, convenção coletiva ou sentença normativa, percebe salário profissional será por ele calculado." Súmula n. 228 do TST: "O percentual do adicional de insalubridade incide sobre o salário mínimo de que cogita o art. 76 da CLT, salvo as hipóteses previstas na Súmula n. 17."
(1209) Rel. Min. Cármen Lúcia, DJ 7.11.2008.
(1210) Cf. Resolução n. 148, de 2008.

Tanto existe, que o STF cassou, liminarmente, a Súmula n. 228 do TST[1211]. E, além disso, tem reafirmado, por diversas vezes, o teor da sua jurisprudência, a fim de reformar decisões das instâncias ordinárias que lhe foram contrárias[1212]. Ora, então qual seria a confusão? A maior hierarquia institucional, prevista na Constituição, não teria reservado a palavra final ao STF? Mas aí é que está o problema. A última palavra não foi bem a última. De acordo com a decisão colegiada, ela foi a "penúltima".

Os Ministros do Supremo foram bastante enfáticos, ao não permitirem que os magistrados dessem o passo seguinte à declaração de nulidade do art. 192 da CLT. Porém, com isso, criaram um refluxo de dúvidas, que há muito estavam esquecidas. Pensem comigo. De um lado, os julgadores relegaram a trintenária base de cálculo do adicional de insalubridade ao poço dos inválidos; de outra parte, entregaram ao legislador (e a mais ninguém) a prerrogativa de substituí-la. E o que fez o legislador? Nada. Até este instante, enquanto escrevo estas linhas, não houve a produção legislativa de uma nova base de cálculo para o adicional de insalubridade. O que não me surpreende, diante do histórico das omissões parlamentares a respeito do direito constitucional do trabalho[1213].

Como ficamos? O adicional de insalubridade deve deixar de ser aplicado até que o legislador se movimente? Não, ele deve continuar a ser efetivado. Mas a maneira como isso deve ser feito, ou seja, a solução encontrada pelo STF para que isso seja feito é o que eu chamaria de uma "guinada de 360°". Passo a palavra para o Ministro Ives Gandra Martins Filho, do TST, a fim de que ele nos explique melhor[1214].

"ADICIONAL DE INSALUBRIDADE — BASE DE CÁLCULO — SALÁRIO MÍNIMO (CLT, ART. 192) — DECLARAÇÃO DE INCONSTITUCIONALIDADE SEM PRONÚNCIA DE NULIDADE (*UNVEREINBARKEITSERKLÄRUNG*) — SÚMULA N. 228 DO TST E SÚMULA VINCULANTE N. 4 DO STF. 1. O STF, ao apreciar o RE-565.714-SP, sob o pálio da repercussão geral da questão constitucional referente à base de cálculo do adicional de insalubridade, editou a Súmula Vinculante 4, reconhecendo a inconstitucionalidade da utilização do salário mínimo, mas vedando a substituição desse parâmetro por decisão judicial. Rejeitou, inclusive, a tese da conversão do salário mínimo em sua expressão monetária e aplicação posterior dos índices de correção dos salários, uma vez que, sendo o reajuste do salário mínimo mais elevado do que a inflação do período, restariam os servidores e empregados postulantes de uma base de cálculo mais ampla prejudicados ao receberem como prestação jurisdicional a redução da vantagem postulada. 2. Assim decidindo, a Suprema Corte adotou técnica decisória conhecida no Direito Constitucional Alemão como declaração de inconstitucionalidade sem pronúncia da nulidade (*Unvereinbarkeitserklärung*), ou seja, a norma, não obstante ser declarada inconstitucional, continua a reger as relações obrigacionais, em face da impossibilidade de o Poder Judiciário se substituir ao legislador para definir critério diverso para a regulação da matéria. 3. O Direito Constitucional pátrio encampou tal técnica no art. 27 da Lei n. 9.868/99, o qual dispõe que, ao declarar a inconstitucionalidade de lei ou ato normativo e tendo em vista razões de segurança jurídica ou de excepcional interesse social, poderá o Supremo Tribunal Federal, por maioria de

---

(1211) Rcl n. 6.266-DF, Rel. Min. Gilmar Mendes, DJ 15.7.2008.
(1212) Cf. RE n. 452.445-AgR, Rel. Joaquim Barbosa, DJ 16.10.2009; AI n. 469.332-AgR, Rel. Min. Ellen Gracie, DJ 9.10.2009; RE n. 585.483-AgR-ED-ED, Rel. Min. Eros Grau, DJ 14.8.2009; RE n. 541.915-AgR, Rel. Min. Cármen Lúcia, DJ 6.2.2009; RE n. 561.869-AgR, Rel. Min. Cezar Peluso, DJ 21.11.2008.
(1213) Cf. GOMES, Fábio Rodrigues. *Direito fundamental ao trabalho*, p. 123-124, onde cito a retenção dolosa de salário, o aviso prévio e o adicional de penosidade (art. 7º, X, XXI e XXIII da CF/88), como exemplos da injustificada leniência do legislador.
(1214) ED-AIRR n. 112140-78.2005.5.04.0029, DJ 13.6.2008.

dois terços de seus membros, restringir os efeitos daquela declaração ou decidir que ela só tenha eficácia a partir de seu trânsito em julgado ou de outro momento que venha a ser fixado. *In casu*, o momento oportuno fixado pela Suprema Corte foi o da edição de norma que substitua a declarada inconstitucional. 4. Nesse contexto, ainda que reconhecida a inconstitucionalidade do art. 192 da CLT e, por conseguinte, da própria Súmula n. 228 do TST, tem-se que a parte final da Súmula Vinculante n. 4 do STF não permite criar critério novo por decisão judicial, razão pela qual, até que se edite norma legal ou convencional estabelecendo base de cálculo distinta do salário mínimo para o adicional de insalubridade, continuará a ser aplicado esse critério para o cálculo do referido adicional, salvo a hipótese da Súmula n. 17 do TST, que prevê como base de cálculo o piso salarial da categoria que o possua (já que o piso salarial é o salário mínimo da categoria). Agravo de instrumento desprovido."

Eis aí, portanto, o quadro atualizado do adicional de insalubridade no direito do trabalho brasileiro. Em virtude do "risco de atuar como legislador positivo", o STF preferiu declarar a inconstitucionalidade de sua base de cálculo e, ato contínuo, proibir terminantemente o judiciário de fixar um novo parâmetro. Que o legislador legisle, diriam os Ministros.

Contextualizada esta decisão no atual ambiente jurídico brasileiro, altamente encharcado de normatividade constitucional, pode-se dizer que esta política de autorrestrição, apresentada pela Suprema Corte, merece até uma nota de distinção. Afinal de contas, estaria prestigiando o jogo democrático[1215]. Ocorre que uma lembrança fica latejando, bem lá no fundo, e fomentando uma recorrente indagação: por que o STF, em situações tão ou mais prosaicas do que esta, agiu de maneira diametralmente oposta? Basta recordar da decisão a respeito do uso de algemas, que deu ensejo à Súmula Vinculante de n. 11[1216].

Deveras, a interpretação que se construiu na cúpula do Poder Judiciário, a respeito do adicional de insalubridade, criou um fenômeno, no mínimo, inusitado. Ao invés de efetivá-lo — como se chegou a esboçar com a nova redação da Súmula n. 228 do TST, rapidamente abortada —, decidiu-se por mantê-lo onde está. Um caso típico de interpretação à moda de Tomasi di Lampedusa, descrita no seu livro "Il Gattopardo": modifiquemos as coisas, para que ela continuem como estão[1217].

§ 2º — A aposentadoria espontânea e o contrato de emprego

Passo, agora, para um caso em que, definitivamente, as coisas não permaneceram como antes. A bem de ver, o STF abalou fortemente umas das convicções mais antigas e sólidas do direito individual do trabalho brasileiro: a relação entre a aposentadoria voluntária e o encerramento do contrato de trabalho. Vejamos, portanto, quando e onde este edifício dogmático-normativo começou a ruir.

Antes de ingressarmos nas decisões em si, é inevitável que façamos uma pequena digressão histórica, para que este problema seja realmente compreendido. De fato, as

---

(1215) Cf. SARMENTO, Daniel. *O Neoconstitucionalismo no Brasil*, p. 38-40.
(1216) HC n. 91952/SP, Rel. Min. Marco Aurélio, DJ 19.8.2008.
(1217) Tomei emprestada a associação à obra de Lampedusa, a partir da opinião de dois autores: (1) a interpretação constitucional feita por Daniel Sarmento, mas em outro contexto temático (cf. , p. 44-45); e (2) a crítica feita por Arion Sayão Romita à reforma trabalhista discutida no Congresso brasileiro (cf. *O princípio da proteção em xeque*, p. 40-42).

idas e vindas legislativas geraram uma terrível confusão interpretativa na esfera judicial, como os leitores terão a oportunidade de acompanhar.

Creio que o marco temporal mais adequado para o primeiro contato com esta polêmica é o da Lei n. 5.890, de 8.6.1973. Nela, encontraremos o art. 10, § 3º, I que, explicitamente, condicionava a concessão de aposentadoria ao desligamento do emprego. Exatamente isso. Aos que estivessem trabalhando, o aviso era claro: o pedido de demissão era condição *sine qua non* para a fruição do direito à aposentadoria voluntária.

Contudo, as regras mudaram. Nada muito surpreendente, ao menos para quem acompanha o direito previdenciário e se aventura nas subidas e descidas de sua montanha-russa legislativa. Daí por que, rapidamente, saliento a Lei n. 6.887, de 10.12.1980. O que ela fez? Retirou a condicionante. A partir da sua entrada em vigor, os indivíduos que estivessem empregados não precisariam mais pedir demissão para terem as suas aposentadorias concedidas. Mas, cuidado, pois aí vem outra descida a toda velocidade: a Lei n. 6.950, de 4.11.1981. E, junto a ela, encontramos novamente a condição perdida. Confusos? Respirem fundo, pois ainda há muito pela frente.

Durante quase dez anos, a exigência de desligamento do emprego permaneceu vigorando como requisito indispensável para a concessão da aposentadoria proporcional. Primeiro, desligamento; depois, aposentadoria. Ocorre que veio a Lei n. 8.213, de 24.7.1991 e, no seu art. 49, I, *b*, suprimiu mais uma vez a condição referida, o que foi corroborado pelo art. 24 da Lei n. 8.870, de 15.4.1994.

Vigência, revogação, vigência e revogação de novo. Como não poderia deixar de ser — tendo em vista que o direito moderno é sistemático[1218] —, estas mutações extremadas no setor previdenciário acarretaram drásticas consequências na legislação trabalhista e na jurisprudência especializada. Notem o que aconteceu.

O art. 453 da CLT, na sua redação anterior a 1975, dizia o seguinte: "No tempo de serviço do empregado, quando readmitido, serão computados os períodos, ainda que não contínuos, em que tiver trabalhado anteriormente na empresa, salvo se houver sido despedido por falta grave ou recebido indenização legal." Ou seja, não havia uma linha sequer sobre a aposentadoria.

Entretanto, as dúvidas a esse respeito surgiram, e o Judiciário cumpriu a sua função, resolvendo o problema (ou, numa linguagem hermenêutica positivista, "integrando a lacuna"[1219]). Com isso, surgiu o Enunciado n. 21 do TST, dispondo que: "O empregado tem direito ao cômputo do tempo anterior à aposentadoria se permanecer a serviço da empresa ou a ela retornar."

Atento ao movimento judicial, o legislador também se mexeu e produziu a Lei n. 6.204, de 29.4.1975, acrescentando a expressão "ou se aposentado espontaneamente", como mais uma hipótese capaz de excepcionar o somatório dos períodos descontínuos

---

[1218] Cf. LOSANO, Mario G. *Sistema e estrutura no direito*. V. 1: das origens à escola histórica. São Paulo: Martins Fontes, 2008.
[1219] Cf. MAXIMILIANO, Carlos. *Hermenêutica e aplicação do direito*. 19. ed. Rio de Janeiro: Forense, 1991.

de trabalho para o mesmo empregador. Dali em diante, o empregado que se aposentasse espontaneamente não mais teria o direito de somar o período do contrato anterior com o novo ajuste que, eventualmente, estabelecesse com o seu antigo empregador.

Temos, então, um diálogo institucional sendo travado entre duas instâncias decisórias. Inicialmente, havendo um certo desacordo entre elas, com palavra final do legislador. Depois, entabulando-se uma convergência de opiniões. E, para que isso acontecesse, o TST emitiu a Resolução n. 30, de 1994 e cancelou o Enunciado n. 21. Ocorre que, num segundo instante, o diálogo continuou e, uma vez mais, destoou. Só que, agora, o TST resolveu a questão. Falo não mais do somatório do tempo em si, mas dos efeitos da aposentadoria voluntária sobre o contrato de emprego.

De um modo geral, a doutrina trabalhista brasileira sempre foi mais favorável à interpretação segundo a qual a concessão da aposentadoria espontânea encerra, *ipso iure*, a relação empregatícia. Um bom conjunto de opiniões teóricas, neste sentido, foi coletado no voto do Ministro João Oreste Dalazen, no qual se reafirmou este ponto de vista[1220]. E esta decisão estava longe de ser uma manifestação isolada naquela Corte.

Muito ao contrário, esta argumentação foi amplamente acolhida por diversos julgadores[1221], a ponto de ser condensada, em 8.11.2000, na OJ n. 177 do SDBI-I do TST, com a seguinte redação: "A aposentadoria espontânea extingue o contrato de trabalho, mesmo quando o empregado continua a trabalhar na empresa após a concessão do benefício previdenciário. Assim sendo, indevida a multa de 40% do FGTS em relação ao período anterior à aposentadoria."

Valendo-me da linha de argumentação desenvolvida pelo Ministro Dalazen, posso dizer que este entendimento partia das seguintes premissas[1222]: "a) o art. 12 da CLT permite ao intérprete concluir que os preceitos concernentes ao regime de seguro social são objeto de lei especial; b) o art. 453 da CLT dispõe que a aposentadoria espontânea, hipótese dos autos, impede a soma dos períodos descontínuos, revelando causa determinante da extinção do contrato de trabalho; c) a legislação previdenciária não se confunde com a trabalhista, embora uma seja dependente da outra no pedido de aposentadoria; d) a possibilidade de permanência no emprego para aguardar a concessão de aposentadoria (art. 49, I, da Lei n. 8.213/91) não significa a manutenção integral do contrato de trabalho; e) a aposentadoria espontânea extingue naturalmente o contrato de trabalho."

Em apertada síntese, era esta a interpretação que estava profundamente enraizada na Justiça do Trabalho. E tão profundas eram as raízes, que o legislador achou por bem generalizar esta orientação (sem força vinculante). A rigor, a iniciativa de positivação veio com a Medida Provisória n. 1.523-3, de 9.1.1997, posteriormente

---

(1220) Cf. E-RR n. 461344-28.1998.5.02.5555, DJ 13.10.2000.
(1221) Cf., por exemplo, RR n. 461400-82.1998.5.12.5555, Rel. Min. Vantuil Abdala, DJ 29.6.2001; RR n. 361027/97, Rel. Min. Rider Nogueira de Brito, DJ 19.5.2000; E-RR n. 316.452/96, Rel. Min. José Luiz Vasconcellos, DJ 8.11.99; E-RR n. 169.761/95, Rel. Juiz Convocado L. Ceregato, DJ 17.9.99; ROMS n. 356.388/97, Rel. Min. Moura França, DJ 20.8.99; E-RR n. 303.368/96, Rel. Min. Moura França, DJ 25.6.99; E-RR n. 266.486/96, Rel. Min. Candeia de Souza, DJ 18.6.99; RR n. 529558/99, Rel. Min. Armando de Brito, DJ 28.5.99; E-RR n. 93.162/93, Rel. Min. Nelson Daiha, DJ 7.5.99.
(1222) E-RR n. 461344-28.1998.5.02.5555, DJ 13.10.2000.

convertida na Lei n. 9.528 de 1997. O Presidente da República chancelou a opinião colegiada do TST e, depois disso, o Congresso acompanhou a ambos, acrescentando o § 2º no art. 453 da CLT para restabelecer a antiga condicionante, de maneira bastante explícita[1223].

Vê-se, portanto, que o art. 453, § 2º da CLT foi o ponto final de um longo e sinuoso diálogo institucional entre o Executivo, o Legislativo e o Judiciário. Só que ele acabou se tornando o ponto de partida para uma segunda rodada de discussões, agora no STF. E isso se deu mediante ajuizamento da ADI n. 1.721-3, em 27.11.1997, cujo relator foi o Ministro Ilmar Galvão.

Uma primeira análise do problema pelos Ministros do STF, em sede de cautelar, aconteceu na sessão plenária de 19.12.1997. Nesta ocasião, o relator apresentou o seu voto a favor da concessão de liminar, para suspender os efeitos deste dispositivo legal. Depois de ilustrar sua decisão com o excelente artigo do professor Arion Sayão Romita (onde concluiu que, nos dias de hoje, a legislação previdenciária não impõe o requisito do desligamento prévio do emprego para a fruição da aposentadoria e que, por isso, este fato não deve levar à extinção do contrato), o Ministro Ilmar Galvão partiu para uma nova forma de apreciação da questão: sob o ângulo constitucional.

Assim, salientou que a aposentadoria é um direito consagrado no art. 202, § 1º da CF/88, cuja efetivação decorre de um sistema atuarial-financeiro indiferente à vontade do empregador. Mais do que isso, entendeu que o art. 49, I, *b* da Lei n. 8.213/91, ao mesmo tempo em que tornou imbatível o argumento a favor da não extinção, fez com que o § 2º do art. 453 da CLT se transformasse numa "justa causa" para a despedida do empregado, na medida em que desonerou o empregador do pagamento de indenização. Em suma: uma afronta inaceitável ao art. 7º, I da CF/88. Foi acompanhado pelos Ministros Carlos Velloso, Sepúlveda Pertence, Néri da Silveira e Marco Aurélio.

O Ministro Nelson Jobim divergiu, concluindo ser legítima a opção legislativa de reincluir o requisito do desligamento prévio para a concessão da aposentadoria. Não exatamente por esta razão, foi acompanhado pelos Ministros Octavio Gallotti e Moreira Alves.

A liminar foi concedida e publicada em 16.3.1998. E aqui veio à luz um dos raríssimos momentos em que o TST, conscientemente, distanciou-se da decisão da Suprema Corte. Diferentemente do seu procedimento usual (bastante reverente ao posicionamento do STF), o Plenário do TST decidiu, por maioria, em 28.10.2003, manter o entendimento contido na OJ n. 177 da SDI-I. Uma situação inusitada que acabou gerando reclamações constitucionais, como, por exemplo, a de n. 2.368, relatada pelo Ministro Sepúlveda Pertence, e ajuizada em face da decisão do TST, proferida no AIRR n. 800343-63.2001.5.13.5555, relatada pelo Ministro Wagner Pimenta e publicada no DJ de 27.08.2002.

(1223) "O ato de concessão do benefício de aposentadoria a empregado que não tiver completado 35 anos de serviço, se homem, ou trinta, se mulher, importa em extinção do vínculo de emprego."

A ADI n. 1.721-3 foi novamente colocada em pauta no dia 11.10.2006. Em virtude da passagem dos anos, o relator já era outro: o Ministro Carlos Ayres Britto. Para chegar ao âmago da questão, ele começou o seu voto pelo tracejar da moldura constitucional em torno da garantia de emprego. Neste sentido, observou que a Constituição de 1988 substituiu a antiga garantia "absoluta" (do art. 492 da CLT) pelo sistema positivado no seu art. 7º, I. Com ele, relegou-se à lei complementar a função de fixar as hipóteses em que não se poderá dispensar arbitrariamente, bem como a de estabelecer os parâmetros de indenização compensatória, quando esta decisão fosse tomada pelo empregador.

Contudo, o Ministro salientou que a Constituição se adiantou ao legislador ordinário e garantiu, ela mesma, a continuidade da relação de emprego em algumas situações especiais, citando as "estabilidades constitucionais relativas" do dirigente sindical (art. 8º, VIII da CF/88), do membro da CIPA e da empregada gestante (art. 10, II, a e b da CF/88). Seria neste quadro, portanto, que o "novidadeiro § 2º do art. 453 da CLT" estaria inserido. Na verdade, o Ministro foi além e já o classificou como uma "nova modalidade de extinção" do contrato, à margem do conceito de "falta grave" e da própria vontade do empregador, pois foi o "ato em si" da concessão da aposentadoria voluntária que passou a implicar automática extinção da relação laboral.

Nestes termos, o Ministro Carlos Ayres Britto discorreu sobre a natureza jurídica da aposentadoria, para dizer que, sendo ela um benefício que "se dá como efeito do exercício regular do direito", não poderia ser usada como um "malefício", na medida em que não poderia colocar o seu titular numa situação jurídica mais drástica do que se tivesse cometido falta grave. Porque, neste último caso, a vontade do empregador continuaria sendo necessária, uma vez que, caso houvesse o perdão do empregado, a sua má conduta não produziria qualquer efeito. Já o art. 453, § 2º da CLT determina o fim instantâneo do contrato pelo "exclusivo fato da opção do empregado por um tipo de aposentadoria (a voluntária) que lhe é juridicamente franqueado".

Ademais, na sua opinião, o legislador desconsiderou que a aposentadoria é fruto da relação jurídica entre o "segurado" do Sistema Geral da Previdência e o INSS. E como esta relação se mantém às expensas de um sistema atuarial-financeiro (e não às custas de um determinado empregador), a aposentadoria seria desenvolvida "do lado de fora da própria relação empregatícia".

Por isso, estaria equivocada a premissa segundo a qual a extinção do contrato de trabalho é "condição empírica" para o desfrute da aposentadoria voluntária. E esta conclusão se mantém, mesmo se considerarmos que a relação previdenciária "principia" com a relação de emprego, porquanto, "uma vez aperfeiçoada, se autonomiza perante ela", isto é, "ganha vida própria e se plenifica na esfera jurídica do segurado perante o sistema previdenciário em si".

Por fim, o Ministro Carlos Britto chegou a se referir à violação do postulado da "proporcionalidade em sentido estrito" (amplamente difundido no Brasil pela teoria de Robert Alexy[1224]), para dizer que as perdas infligidas à Constituição de 1988, com a

---

(1224) ALEXY, Robert. *Teoria dos direitos fundamentais*. Trad. Virgílio Afonso da Silva. São Paulo: Malheiros, 2008.

aceitação do art. 453, §2º da CLT, superariam, e muito, o eventual benefício trazido. Logo, porque haveria maior desrespeito ao sistema constitucional do que o seu prestígio, votou pela inconstitucionalidade do dispositivo.

Foi acompanhado pelos Ministros Ricardo Lewandowski e Eros Grau. O primeiro ressaltando a violação da isonomia, pois o legislador teria discriminado os aposentados voluntários em relação aos que se aposentam depois de 35 anos de serviço. O segundo salientando que a Constituição de 1988 deu um tratamento peculiar ao trabalho e aos trabalhadores, conferindo-lhes uma "proteção não meramente filantrópica, porém, politicamente racional". Nesta linha, acrescentou que a valorização do trabalho e o reconhecimento do seu valor social representam "cláusulas principiológicas com evidentes potencialidades transformadoras", possuindo prioridade sobre os demais valores da economia de mercado.

Também acompanharam o relator os Ministros Gilmar Mendes (que sublinhou, mais uma vez, o "excesso do Poder Legislativo" e a ideia de violação da "proporcionalidade", na medida em que se "onera demasiadamente o trabalhador pelo fato simplesmente de exercer o direito à aposentadoria"), Ellen Gracie, Celso de Mello e Sepúlveda Pertence.

Não obstante já haver maioria para a declaração de inconstitucionalidade do art. 453, § 2º da CLT (o que, efetivamente, aconteceu[1225]), deixei para o final o voto divergente do Ministro Marco Aurélio. Isso, por dois motivos: (1) porque ele mudou de opinião, em comparação com o seu voto anterior, no exame da concessão da medida cautelar; e (2) porque, neste julgamento definitivo, ele se armou de argumentos pragmáticos muito interessantes, que não devem passar despercebidos[1226].

Com efeito, antes de nos debruçarmos sobre o que foi por ele decidido, é bom que fique clara a minha opinião, no sentido de que não há nada mais salutar do que a possibilidade de mudar de ideia. Desde que fundamentada a alteração (como foi o caso), isso não representa nenhum demérito ao julgador. Ao contrário, reflete a sua capacidade de raciocínio crítico e abertura aos novos argumentos e informações que chegam ao seu conhecimento[1227]. Dito isso, vejam como se deu a mudança em questão.

No primeiro julgamento, o Ministro Marco Aurélio iniciou sua decisão pondo acento na "vontade" do prestador de serviços. Diz ele que o art. 453, § 2º da CLT cuida de "readmissão", instituto jurídico que pressupõe a prévia manifestação de vontade do empregado de encerrar o contrato com o empregador. Sendo assim, chamou a atenção para o fato de o dispositivo legal substituir a vontade do empregado e mesmo a do empregador, fazendo cessar *tout court* o vínculo empregatício.

(1225) DJ 29.6.2007.
(1226) Sobre a importância da interpretação constitucional atenta ao pragmatismo, cf., por todos, ARGUELHES, Diego Werneck e LEAL, Fernando. Pragmatismo como [Meta] Teoria Normativa da Decisão Judicial: Caracterização, estratégias e implicações. In: SARMENTO, Daniel (coord.). *Filosofia e teoria constitucional contemporânea*. Rio de Janeiro: Lumen Juris, 2009.
(1227) Cf. BORGES, José Souto Maior. *Op. cit.*, p. 24-26 e 33-35.

Deste modo, caminhou para a concessão da liminar, uma vez que (1) considerou a lei pouco razoável, eis que conferiu um tratamento prejudicial à aposentadoria; (2) concluiu que o legislador esvaziou a garantia constitucional do trabalhador de aposentar-se proporcionalmente; e (3) não vislumbrou como chegar à cessação do vínculo empregatício pelo simples fato do exercício regular do direito à aposentadoria proporcional, pois estaria havendo uma confusão da manifestação da vontade de se aposentar com algo "até certo ponto extremado": a manifestação de vontade de pôr termo à própria fonte de sustento.

Foi, porém, quase nas suas últimas palavras que podemos constatar alguns vestígios do que, no futuro, teria levado o Ministro Marco Aurélio a alterar a sua posição. De fato, no encerramento do seu voto — acompanhando o relator Ilmar Galvão —, o Ministro Marco Aurélio salientou o "pano de fundo" de toda a discussão: o problema social que não poderia ser colocado num plano secundário.

Referiu-se, com isso, à tentativa de a Administração Pública enxugar suas despesas com pessoal, assim como ao mercado de trabalho, cujo excesso de mão de obra e escassez de empregos levam a um notório desequilíbrio.

Como veremos em poucos instantes, este é o fio condutor da mudança. Entretanto, por ocasião da cautelar, o Ministro se voltou para o problema do aposentado que tem "cessado" o seu contrato e é colocado no mercado de trabalho, sob a pressão de uma concorrência desleal com os mais jovens. Ou seja, utilizou-se da argumentação consequencialista para ratificar a sua argumentação normativa construída até então.

Ocorre que foi exatamente o oposto que prevaleceu na sua nova decisão, proferida no julgamento definitivo. Neste momento, o Ministro começou lançando, logo de imediato, as seguintes perguntas: o *caput* do art. 453 da CLT também seria inconstitucional? E o seu § 1º?

Diante destes questionamentos, ele destacou as duas premissas que embasariam o seu raciocínio: uma, de acordo com a qual o "veio de ouro não é inesgotável"; outra, já referida no julgamento antecedente, no sentido de que o mercado de trabalho é desequilibrado, com excesso de mão de obra e escassez de empregos.

Feito o esclarecimento, partiu para um nova indagação: o art. 33, VII da Lei n. 8.112/90 também é inconstitucional? Pois ele prevê que a aposentadoria do servidor público implica a vacância do cargo público respectivo, com a extinção da relação jurídica. Algo semelhante ao que determina o art. 453, § 2º da CLT.

Segundo a visão do Ministro Marco Aurélio, a ideia subjacente a ambos os dispositivos era uma só: inibir a aposentadoria precoce. Diante das circunstâncias atuais, centradas na situação concreta da Previdência Social e no mercado de trabalho brasileiro, a invalidação do art. 453, § 2º da CLT levaria a um "duplo benefício" ao indivíduo, olvidando-se que a aposentadoria visa ao seu "ócio com dignidade" e que o preceito não impede a formação de um novo vínculo, desde que o empregador queira arregimentá-lo.

Portanto, pergunta mais uma vez: que preceito constitucional conflitaria com o art. 453, § 2º da CLT? Como não obteve uma resposta pronta, concluiu que não houve "normatização abusiva", diante das premissas circunstanciais.

1. Análise crítica

Depois deste extenso percurso discursivo, cercado de obstáculos hermenêuticos nada desprezíveis, faço a minha própria pergunta: o STF decidiu corretamente? Ou a razão estava com o TST?

A rigor, nenhuma das duas instâncias produziu o resultado mais acertado. A meu ver, a melhor saída foi a encontrada pelo Ministro Marco Aurélio, no seu segundo voto.

Para ser bem claro no meu ponto de vista, é importante que todos vejamos o art. 453, § 2º da CLT como o verdadeiro "divisor de águas" na solução deste problema. Com ele, a resposta é uma; sem ele, é outra totalmente diferente. Começarei por esta última hipótese, a da sua ausência.

Antes de o § 2º ser inserido no art. 453 da CLT, a jurisprudência fundamentava a cessação do contrato de emprego, a partir da interpretação do seu *caput*. Isso ficou bem ressaltado na decisão do Ministro João Oreste Dalazen, em face das premissas que ele, muito didaticamente, elencou[1228]. Entretanto, penso que a argumentação que estruturou esta conclusão estava equivocada, por conta de dois problemas: um metodológico e outro teleológico.

Ambos se tornam mais evidentes, quando reunimos, de início, as premissas "a" e "c" da decisão referida (não se esqueçam de que elas foram expostas há poucas páginas atrás). Nelas, constatamos a ideia de separação "estanque" entre as relações previdenciária e trabalhista, de maneira que as leis específicas, aplicáveis a cada uma delas, não deveriam causar influência recíproca, por ocasião da interpretação. O fato de o art. 49, I, *b* da Lei n. 8.213/91 ser explícito, ao não exigir o desligamento do emprego para a concessão da aposentadoria, seria irrelevante para a extração do sentido do enunciado normativo escrito no *caput* do art. 453 da CLT.

Esta assertiva não se sustenta por quatro razões:

(1) porque a relação de emprego é uma das formas mais pródigas de geração da relação previdenciária, sem embargo de esta última descolar-se da sua genitora, tão logo "ganhe vida própria" (como destacou o Ministro Carlos Britto);

(2) porque — seguindo o raciocínio anterior, já ressaltado pelo professor Arion Sayão Romita (citado no voto do Ministro Ilmar Galvão) — o direito é sistemático, de modo que o intérprete deve se esforçar para reunir as suas partes, formando um todo racional, sem inconsistências normativas (antinomias);

(3) o ponto de apoio desta racionalização normativa está no exercício argumentativo coerente e atento às diretrizes fundamentais do sistema[1229], as quais, neste caso em especial, são vistas com facilidade na Constituição de 1988 (arts. 1º, IV, 6º, 7º, I, 170, III, 193 e 202, § 1º), como sublinhou o Ministro Eros Grau; e

(4) porque os próprios defensores desta separação absoluta acabaram por relativizá-la, quando afirmaram que a permissão contida na lei previdenciária era para

---

(1228) Cf., mais uma vez, o E-RR n. 461344-28.1998.5.02.5555, DJ 13.10.2000.
(1229) Cf., também, MACCORMICK, Neil. *Op. cit.*, p. 298-303.

"aguardar" a aposentadoria sem parar de trabalhar, ou seja, transformaram a "supressão" de um requisito para a concessão da aposentadoria, na "criação" de autorização voltada, exclusivamente, para o desenvolvimento regular do contrato de emprego.

Isso, contudo, não é só. A interpretação do art. 453, *caput* da CLT se baseia numa "presunção", qual seja, a de que a readmissão de ex-empregado, agora aposentado, decorre apenas de uma possibilidade: a de ele ter se aposentado com o contrato em vigor e, depois, ter sido contratado novamente. Nada mais falso.

Para comprovar, suponham a seguinte situação: o indivíduo foi dispensado sem justa causa, nada recebeu e, dois meses depois, decidiu se aposentar. Já havia cumprido os requisitos legais. Portanto, o fato de ter saído do emprego há dois meses foi irrelevante para ele e para o INSS.

Suponham, agora, que, um mês depois da aposentadoria, o empregador o convida a retornar para a empresa e ele aceita. Nesta hipótese, ele continuaria proibido de usar o *accessio temporis* e somar o período anterior. Por quê? Porque se aposentou voluntariamente. Mas aqui está o detalhe que faz a diferença: esta aposentadoria não teve nada a ver com o encerramento do contrato anterior.

Em suma: o aposentado não conta o tempo anterior, embora sua aposentadoria tenha representado um ato jurídico completamente distinto da sua rescisão contratual. Então, fica a pergunta: por que a aposentadoria espontânea rompe o contrato? A resposta é: não rompe. A não ser que se produza uma segunda presunção — tal como ressaltada pelo Ministro Marco Aurélio, no seu primeiro voto —, no sentido de que a manifestação de vontade de querer aposentar-se é igual à manifestação de vontade de pôr fim ao contrato de emprego.

Para se levar à frente esta equiparação de vontades, o Estado teria que efetuar uma terceira presunção: a de que sabe, a todo momento, o que se passa na cabeça de cada empregado que decide se aposentar. Um exercício autoritário e perfeccionista do poder, injustificável num Estado de Direito que se diz democrático, e que é centrado na dignidade da pessoa humana, isto é, na liberdade do indivíduo de escolher o rumo que entender melhor para o desenvolvimento de sua própria vida[1230].

Portanto, sem o § 2º no art. 453 da CLT, a decisão do STF está correta, pois o "fato" de o empregado se aposentar não é "institucional"[1231]. É um mero "fato bruto", incapaz de produzir efeitos normativos numa relação contratual extremamente regulamentada[1232].

Acontece que a decisão da Corte foi exatamente sobre este dispositivo, ou melhor, sobre a inserção deste § 2º. Fato este que, na minha opinião, causa uma enorme diferença na análise do problema.

Para entender o tamanho da dificuldade argumentativa, resgato um pergunta lançada na parte final, do primeiro voto do Ministro Marco Aurélio: por que apenas a aposentadoria proporcional gera a cessação do contrato de emprego?

(1230) Para esta versão kantiana da dignidade humana, cf. SARLET, Ingo Wolfgang. *Dignidade da pessoa humana e direitos fundamentais*. 2. ed. Porto Alegre: Livraria dos Advogados, 2002.
(1231) MACCORMICK, Neil. *Op. cit.*, p. 87.
(1232) *Idem*, p. 96.

E ele mesmo a respondeu no seu voto posterior: porque o legislador quis inibir a aposentadoria precoce. Simples assim: um desestímulo institucional para atingir determinado resultado. Então, a pergunta se desdobra em outra: o legislador tem legitimidade para agir desta maneira?

Neste ponto, acredito que a interpretação pragmática desenvolvida pelo Ministro Marco Aurélio acertou em cheio o cerne do problema. A ideia do legislador não era a de produzir dispensas em massa ou a de imunizar o empregador contra futuras indenizações. O norte da sua decisão era o de criar um incentivo negativo, com vistas a diminuir o enorme custo econômico, financeiro e atuarial que pesa sobre os ombros da Previdência Social brasileira.

E tanto foi assim, que o dispositivo só determinava o desfazimento do vínculo daqueles empregados que não tivessem completado 35 anos de serviço, se homens, ou 30 anos, se mulheres. Deixou-se evidenciada, deste modo, a intenção de estimulá-los a permanecer fora do sistema previdenciário, enquanto conseguissem, por conta própria, os seus meios de subsistência. Algo que já é feito, com sucesso, em diversos países pelo mundo afora[1233].

É claro que — como ressaltaram os Ministros Carlos Ayres Britto e Gilmar Mendes — uma ponderação foi feita pelos legisladores. Num esboço rápido, pode-se dizer que, de um lado, eles estavam restringindo o direito fundamental ao trabalho e a proibição de dispensa arbitrária dos empregados em vias de se aposentar (arts. 6º e 7º, I da CF/88)[1234] e de outro, estavam promovendo a solidariedade social (que norteia o sistema de previdência, em regime de repartição[1235]), o equilíbrio financeiro-atuarial e a eficiência da administração. Qual dos lados da balança deve vergar? Quais princípios são mais "pesados"? Na opinião do relator, o primeiro prato deveria descer. Será?

Utilizarei aqui a "fórmula da ponderação", tal como elaborada por Robert Alexy, para testarmos esta conclusão. A ideia é simples: numa escala triádica de intensidade (leve, moderada e forte), distribuem-se valores numéricos (0, 2 e 4, respectivamente) à restrição e à promoção dos princípios em conflito (P1 e P2). Em seguida, divide-se o valor atribuído à restrição de P1 pelo valor conferido à promoção de P2. Se o resultado for maior do que 1, a decisão legislativa será desproporcional e, pois, inconstitucional. Se o resultado for menor do que 1, a decisão será proporcional. Por fim, se houver empate (resultado igual a 1), deve-se dar preferência à vontade do legislador, haja vista a sua maior legitimidade democrática[1236].

Pergunto: qual o grau da restrição promovida ao direito ao trabalho e ao direito de não ser dispensado arbitrariamente (P1)?

[1233] Cf., por todos, SUNSTEIN, Carl R. and THALER, Richard. *Nudge:* improving decisions about health, wealth and hapiness.1. ed. London: Penguin UK, 2009.
[1234] GOMES, Fábio Rodrigues. *O direito fundamental ao trabalho*, p. 197-225.
[1235] CUNHA, Luiz Claudio Flores da. Princípios de Direito Previdenciário na Constituição da República de 1988. In: FREITAS, Vladimir Passos de (coord.). *Direito previdenciário:* aspectos materiais, processuais e penais. 2. ed. Porto Alegre: Livraria do Advogado, 1999. p. 36.
[1236] Cf. ALEXY, Robert. *Teoria dos direitos fundamentais*, p. 593-611.

Eu diria que ela é, na pior das hipóteses, moderada (valor 2). Penso assim porque o empregado não será obrigatoriamente alijado do emprego (pode mantê-lo, juntamente com o salário ali obtido). E, mesmo que saia do trabalho, ainda contará com os seus proventos para se manter, isto é, não ficará à míngua. Além disso, não existirá "dispensa arbitrária", pois o empregador não tomará parte deste rompimento, já que ele foi feito pela intervenção estatal.

E qual o grau da promoção da solidariedade social, do equilíbrio econômico--atuarial e da eficiência administrativa (P2)?

Eu diria que ela é, no mínimo, também moderada (valor 2). Isso porque não se estará aumentando a quantidade de recursos destinados pelo empregado à Previdência, nem, tampouco, ampliando a sua base de arrecadação. Não haverá, nem mesmo, o bloqueio à percepção do benefício. Existirá, apenas e tão somente, um desestímulo para o seu requerimento, calcado numa redução patrimonial do empregado: se ele se aposentar, poderá ou deixar de receber o salário (se for um empregado público, por exemplo[1237]), ou deixar de receber a integralidade da multa de 40%, numa futura dispensa imotivada.

Temos em mãos um empate. O resultado é igual a 1. Daí que, segundo a teoria de Alexy, deve-se prestigiar a decisão do legislador: o art. 453, § 2º da CLT é constitucional.

Para finalizar, não se deve esquecer de mais um ponto referido pelo Ministro Marco Aurélio: o desequilíbrio do mercado de trabalho, com o seu excesso de mão de obra e a sua escassez de empregos. Desta maneira, a eventual substituição de quem já está aposentado por quem está iniciando a sua vida profissional não será tão ruim assim, caso analisemos a questão sob a perspectiva individual (seja de quem entra sem nada, seja de quem sai com alguma coisa) ou pela perspectiva social, eis que uma pessoa empregada será sempre um problema a menos para as instituições públicas em geral.

E fica aqui a pergunta: quem possui maior "capacidade institucional" para tomar este tipo de decisão, a respeito de para onde deve ser direcionado o mercado de trabalho?

Esta é uma questão que merece uma profunda reflexão, em todos os países democráticos que adotam uma Constituição normativa[1238]. E hoje o Brasil está entre eles.

§ 3º — A sucessão trabalhista

Este foi um tema que gerou acalorados debates no STF, despertando — como não poderia deixar de ser — o interesse da grande mídia[1239]. Tudo por causa da

---

(1237) Art. 37, II da CF/88.
(1238) Sobre o assunto, cf. VERMEULE, Adrian. *Law and the limits of reason*. New York: Oxford University Press, 2009. BINEMBOJN, Gustavo; CYRINO, André Rodrigues. Parâmetros para a revisão judicial de diagnósticos e prognósticos regulatórios em matéria econômica, p. 743-753.
(1239) Cf., por todos, VILLELA, Fábio Goulart. Sucessão trabalhista e recuperação judicial. *Jornal Valor Econômico* — Legislação & Tributos — Opinião Jurídica. Publicado em 29.1.2007.

entrada em vigor da Lei n. 11.101, de 9.2.2005. Mais especificamente, dos seus arts. 60, parágrafo único e 142, II e § 2º, que bloqueiam a transmissão do famoso "passivo trabalhista" para o adquirente de fatia da empresa em recuperação judicial ou de parcela da massa falida (ou de toda ela).

Como sói acontecer no Brasil de hoje, a minoria política, que não conseguiu fazer valer a sua vontade na arena parlamentar, levou o jogo para a arena judicial: que o STF desse a última palavra (a seu favor, é claro). E daí foi ajuizada a ADI n. 3.934, cujo relator foi o Ministro Ricardo Lewandowski[1240]. Nela, os pedidos (a respeito deste tema) foram os seguintes: (1) interpretação conforme do art. 60, parágrafo único da Lei n. 11.101/05, a fim de ser declarada a responsabilidade do comprador de parte da empresa em recuperação judicial; e (2) declaração de inconstitucionalidade do art. 142, II da Lei n. 11.101/05, que expressamente proibiu esta forma de sucessão[1241].

Dentre os argumentos utilizados pelo requerente, figuram[1242]:

(1) a criação de uma "nova forma de extinção do contrato de trabalho", numa clara ofensa à determinação formal contida no art. 7º, I da CF/88, no sentido de que isso seja feito por lei complementar;

(2) a violação da valorização do trabalho e da dignidade humana dos trabalhadores (arts. 1º, III e IV, 6º e 170 da CF/88), na medida em que se pavimenta um "caminho fácil para o desrespeito aos direitos adquiridos dos empregados", permitindo-se aos empregadores deles "se livrar com a simples realização de uma alienação judicial"; e

(3) o desrespeito de precedente do STF (que, no julgamento da ADI n. 1.721, declarou inconstitucional o art. 453, § 2º da CLT), pois, agora, ao invés de a "aposentadoria voluntária" gerar o desrespeito ao direito ao trabalho, seria a "alienação judicial" que ocuparia tal função.

Nenhum deles prosperou. Em verdade, todos que participaram do processo (AGU, PGR e o próprio relator) foram uníssonos em recusar as supostas incongruências suscitadas na petição inicial. Vejam como foram rebatidos, e em grande estilo.

Em primeiro lugar, afastou-se a inconsistência formal, afirmando-se o óbvio: a Lei n. 11.101, de 2005 não cuida de dispensa arbitrária, mas, sim, de recuperação de empresas e falência. Se o encerramento do contrato de trabalho vier a ocorrer, isso deve ser considerado um efeito colateral, decorrente da difícil situação econômica do empreendimento. Será uma derivação de um fato objetivo alheio à vontade do empregador. Logo, não havendo dispensa e, menos ainda, dispensa arbitrária, inexistirá conflito com o art. 7º, I da CF/88 ou analogia possível com o julgamento da ADI n. 1.721.

Um segundo aspecto ressaltado foi a grande deliberação coletiva que antecedeu à aprovação da lei. Audiências públicas foram realizadas e diversos segmentos sociais

---

(1240) DJ 3.6.2009.
(1241) Também se discutiu sobre a constitucionalidade do art. 83, I e IV, c da Lei n. 11.101/05 (que fixou um valor máximo para a primazia dos créditos trabalhistas). Mas esta questão não será objeto de análise neste estudo.
(1242) Cf. <http://www.stf.jus.br>.

foram ouvidos, incluindo-se aí, por exemplo, centrais sindicais e confederações comerciais e industriais. Em virtude desta circunstância, o relator destacou o alto teor democrático da legislação (haja vista o "amplo debate com os setores sociais diretamente afetados por ela"), bem como a sua finalidade evidente: a preservação da empresa.

Neste ponto, o Ministro Ricardo Lewandowski destacou a lição de Robert Alexy e mencionou que, se uma ponderação de princípios constitucionais era necessária, ela já teria sido feita pelo legislador, que estabeleceu uma "relação de precedência condicionada" em benefício do princípio da preservação da empresa (art. 170, III da CF/88). Mas não da "empresa" em sentido subjetivo, e, sim, enquanto "atividade", capaz de ser transferida para outro e, a partir daí, perpetuar-se a geração de riquezas e a preservação de empregos.

Aliás, a Presidência da República e a Advocacia-Geral da União enfatizaram este aspecto, ao sublinharem o anacronismo do Decreto-Lei n. 7.661, de 1945. Ao ressaltarem a mudança da realidade econômica subjacente ao problema de quebra da empresa (efetiva ou potencial), reafirmaram a necessidade de atualização regulatória. Uma nova atitude institucional deveria prevalecer em situações excepcionalíssimas como esta de que se estava a tratar: a tentativa de ajudar o empresário a superar o momento de crise e dar a volta por cima. E esta postura não seria uma inovação brasileira, pois já teria sido adotada por vários países, tais como França, Espanha, Itália, Portugal e Argentina.

Em suma: a proibição de transmissão, ao adquirente, da responsabilidade pelo pagamento das dívidas trabalhistas, seja em processo de recuperação judicial, seja em processo falimentar, tornaria a compra mais atrativa, o que, por sua vez, aumentaria o seu valor de mercado, gerando um círculo virtuoso: mais dinheiro para o juízo universal, maior garantia de pagamento para os trabalhadores credores, maior viabilidade de continuação da atividade empresarial e, ato contínuo, maiores chances de manutenção dos empregos. A constitucionalidade dos arts. 60, parágrafo único e 142, II e § 2º da Lei n. 11.101, de 2005 tornou-se uma certeza.

1. Análise crítica

Percebe-se que o conjunto discursivo se estruturou em argumentos deontológicos (princípios democrático, da preservação da empresa e de sua função social) e pragmáticos (consequências econômicas mais favoráveis aos empresários e aos trabalhadores). Ambos legítimos e bem estruturados, lançados num contexto de plena liberdade de opinião e pensamento.

Depois de lidas as razões, posso dizer que me convenci do acerto da decisão. Entretanto, é importante dizer que o desconforto inicial — materializado pela ADI n. 3.934 — é bastante natural, uma vez que, no sistema jurídico brasileiro, durante mais de 60 anos, prevaleceu a orientação imediatamente oposta, em função dos arts. 10[1243]

(1243) "Qualquer alteração na estrutura jurídica da empresa não afetará os direitos adquiridos por seus empregados."

e 448[1244] da CLT. No TST, por exemplo, esta era uma questão isenta de dúvidas, pacificada há tempos, como se vê, por exemplo, pela OJ n. 225, I do SDI-I[1245]. Então, é normal que uma reviravolta de tamanhas proporções cause alguns estranhamentos.

Contudo, um único ponto, referido *en passant* pelo ex-Advogado-Geral da União José Antonio Dias Toffoli (e atual Ministro do STF), ainda merece uma consideração especial. Falo da ideia segundo a qual os trabalhadores que permanecerem na empresa constituirão, com ela, um "novo vínculo de emprego, não havendo que se falar em violação de direitos dos trabalhadores e irredutibilidade de subsídios".

Ora, se a Lei n. 11.101, de 2005 passou ao largo do art. 7º, I da CF/88, como ela poderia, *ipso iure*, encerrar um contrato de trabalho em vigor e, automaticamente, começar outro? Existe aqui uma severa incoerência argumentativa que deve ser reparada. Ou isso, ou se deve reavaliar o argumento inicial, no sentido de que (1) se criou "uma nova forma de extinção do contrato de trabalho" e que (2), com isso, existe uma violação legal do direito fundamental ao trabalho muito parecida com aquela apreciada na ADI n. 1.721. Mas o caso em análise seria ainda pior, eis que haveria a possibilidade de colisão frontal com a regra de irredutibilidade salarial, positivada no art. 7º, VI da CF/88. Isso sem falar da antinomia, em nível infraconstitucional, com o art. 462, *caput* da CLT[1246].

Quanto ao primeiro dispositivo, a maior hierarquia normativa já daria conta do recado. Entretanto, no que toca a este último, qual o método deveria prevalecer para a resolução: o da *lex posterior* ou o da *lex specialis*? A rigor, ao invés de tentar desarrumar este embrulho hermenêutico, o melhor a fazer é simplesmente deixá-lo de lado, em virtude de sua inconsistência normativa.

Por isso, digo e repito: o adquirente não assume o "passivo" (trabalhista, tributário ou quirografário), mas os trabalhadores que permanecem na empresa adquirida mantêm intactos os elementos essenciais dos seus contratos, dentre os quais se sobressai o salário.

Que não se queira cobrar do "novo" empregador as dívidas deixadas pelo "antigo", não há mais o que falar. Isso já foi muito bem justificado, com vasto diálogo institucional e grande riqueza de argumentos multidisciplinares. Agora, que não se confunda esta isenção excepcional com a novação contratual, instituto completamente diferente e que, para ser efetuado, precisaria da concordância da outra parte contratante ou, no mínimo, uma intervenção estatal expressa e especificamente voltada para esta finalidade[1247]. Algo que, ao contrário da discussão em torno da dispensa arbitrária (atual, futura ou eventual), não aconteceu.

(1244) "A mudança na propriedade ou na estrutura jurídica da empresa não afetará os contratos de trabalho dos respectivos empregados."
(1245) "I — em caso de rescisão do contrato de trabalho após a entrada em vigor da concessão, a segunda concessionária, na condição de sucessora, responde pelos direitos decorrentes do contrato de trabalho, sem prejuízo da responsabilidade subsidiária da primeira concessionária pelos débitos trabalhistas contraídos até a concessão."
(1246) "Ao empregador é vedado efetuar qualquer desconto nos salários do empregado, salvo quando este resultar de adiantamentos, de dispositivos de lei ou de contrato coletivo (atualmente convenção coletiva)."
(1247) Cf. Art. 361 do CC: "Não havendo ânimo de novar, expresso ou tácito mas inequívoco, a segunda obrigação confirma simplesmente a primeira."

§ 4º — A estabilidade decorrente do acidente de trabalho

A garantia de emprego, fornecida ao empregado beneficiado com o auxílio-doença acidentário, afronta o art. 7º, I da CF/88?

Esta pergunta foi levada ao STF pela Confederação Nacional da Indústria (CNI), tão logo o art. 118 da Lei n. 8.213, de 24 de julho de 1991 entrou em vigor. Para ser mais preciso, em 14 de novembro de 1991 — ou seja, cerca de três meses e meio depois — a CNI ajuizou a ADI n. 639, cujo relator original foi o Ministro Moreira Alves. Com uma Constituição recém-promulgada em mãos, é interessante notar que aquela Confederação não perdeu tempo e resolveu utilizá-la em todo o seu potencial normativo, de modo a desfazer o resultado democraticamente construído no Congresso Nacional. Passados quase 20 anos, pode-se dizer sem medo de errar: já era um sinal dos novos tempos que estavam por vir.

Pois então. Na sua petição inicial, a CNI apresentou uma argumentação singela, estruturada basicamente na ideia da inconstitucionalidade formal. Suas premissas foram duas: (1) o art. 118 da Lei n. 8.213/91 inovou o ordenamento jurídico e criou uma nova forma de garantia de emprego: durante doze meses, contados do término do auxílio-doença acidentário, o empregado não poderia ser dispensado, a não ser por justa causa; e (2) por tratar-se de inovação trazida por lei ordinária, houve flagrante violação do art. 7º, I da CF/88, uma vez que nele se reservou a regulamentação desta matéria à lei complementar. Daí por que a sua conclusão não poderia ter sido outra: a nulidade da proibição legislativa, em face da inobservância do rito apropriado. Simples assim.

Entretanto, por mais linear que tenha sido o seu raciocínio, a CNI não conseguiu convencer. Digo isso porque, logo na primeira sessão, ocorrida no dia 13 de abril de 1992, o STF, por unanimidade, indeferiu o pedido de suspensão liminar dos efeitos jurídicos do mencionado dispositivo legal. Mas a sua dificuldade de persuasão não acabou por aqui.

A Advocacia-Geral da União e a Procuradoria-Geral da República também discordaram do autor da ação. E discordaram fazendo coro sobre o seguinte entendimento: o art. 118 da Lei n. 8.213/91 não cuidou da dispensa arbitrária ou daquela efetivada sem justa causa. A rigor, a disposição estaria a reger especificamente as situações de acidente de trabalho, e nada mais. Por isso, requereram a improcedência do pedido.

Tudo permaneceu deste jeito durante aproximadamente 13 anos, até que o processo foi colocado novamente em pauta, em 02 de junho de 2005. Na prática, o art. 118 da Lei n. 8.213/91 estava sendo aplicado normalmente há mais de uma década. Tinha-se, portanto, na época do julgamento definitivo, um manuseio extremamente habitual desta garantia normativa. Um comportamento que até mesmo por inércia acabaria gerando alguma influência na maneira de pensar dos julgadores da ocasião.

Ora — os Ministros provavelmente iriam se perguntar —, como voltar atrás e declarar a invalidade de uma norma, cuja atuação concreta estava profundamente enraizada na cultura jurídica institucional e popular? Visto o resultado final da deliberação do STF, não deu outra: a votação majoritária confirmou a decisão anterior. Vejamos mais de perto o que disse cada um dos Ministros.

Comecemos pelo novo relator designado, o Ministro Joaquim Barbosa. Na sua opinião, a AGU e a PGR acertaram na mosca, ao destacar que o art. 118 da Lei n. 8.213/91 "não trata do regime de estabilidade". Sendo ainda mais enfático na ausência de relação entre uma coisa e outra, chegou a dizer que o autor da ação partia de um "estranho pressuposto de que a rescisão de contrato de trabalho por ocorrência de acidente de trabalho se refere à normalidade da disciplina legal da estabilidade na relação contratual trabalhista".

Indo além, o Ministro relator defendeu a natureza especial da matéria prevista na lei ordinária, o que se confirmaria pela leitura da própria Constituição, na medida em que ela trazia, no seu art. 7º, incisos XXII e XXVIII, instrumentos de prevenção e garantia contra acidentes de trabalho capazes de "demonstrar a excepcional relevância" do assunto. E acrescentou: todos conhecem a enorme controvérsia política que se formou em torno da aprovação do art. 7º, I da CF/88, no decurso do processo constituinte, de modo que — na visão do Ministro Joaquim Barbosa — não se cogitou, naquele momento histórico, de se "incluir a disciplina legal das garantias relativas ao acidente do trabalho na noção de proteção contra despedida arbitrária ou sem justa causa".

Portanto, ao concluir o seu voto, o relator voltou a dizer que o art. 118 da Lei n. 8.213/91 não trata de matéria reservada à lei complementar e, mais do que isso, "não cria novo direito, mas apenas especifica o que a Constituição já prevê, ao tratar das garantias referentes ao acidente de trabalho". E, nestes termos, depois de sublinhar novamente o fato de o legislador haver estipulado uma norma particular, cujo objetivo final era o de "garantir ao trabalhador alguma dignidade em momento em que lhe é subtraída a capacidade efetiva de trabalho", votou pela improcedência do pedido.

No mesmo embalo, foi seguido pelo Ministro Carlos Ayres Britto. Para este julgador, a reserva de lei complementar preceituada no art. 7º, I da CF/88 é restrita às hipóteses de "estabilidade em caráter contínuo e não meramente *pro tempore*". Assim, apenas naqueles casos onde o legislador almeje conceder ao trabalhador privado "um regime de estabilidade equivalente ao de servidor público" é que seria exigível o rito especial da lei complementar.

Por este motivo, o Ministro Carlos Ayres Britto associou o art. 118 da Lei n. 8.213/91 ao disposto no art. 7º, XXII da CF/88, uma vez que ambos vêm num "contexto que leva muito mais em linha de conta a saúde debilitada do trabalhador, após o acidente, do que propriamente dispor, em caráter permanente, sobre estabilidade no serviço da empresa". Dito isso, acompanhou o relator.

Outra não foi a conclusão do Ministro Cezar Peluso. Valendo-se do mesmo argumento oferecido pelo Ministro Ayres Britto, afirmou que o art. 118 da Lei n. 8.213/91 "não entra" na hipótese prevista no art. 7º, I da CF/88, pois este dispositivo está baseado na ideia de "estabilidade permanente". De acordo com a sua opinião, a lei complementar é necessária apenas para prever "instrumentos eficazes para evitar a dispensa arbitrária", dentre os quais se destaca a "indenização de caráter compensatório".

Neste sentido, o fato de o autor da ação ter se inspirado "na ideia de que o trabalhador que se viu, temporária ou permanentemente, mutilado na sua capacidade de trabalho, possa ser objeto de dispensa arbitrária, no sentido mais puro da palavra" não significa que haja imunidade de ação. Ao contrário, relembrou que se o exercício mais amplo da autonomia pode ensejar indenização no âmbito do direito privado, com mais razão ainda poderá ser fato gerador de reparação no direito do trabalho, onde a autonomia é ainda mais limitada.

De toda sorte, para o Ministro Peluso, nada disso se aplica à discussão trazida pela ADI n. 639. Segundo o seu ponto de vista, a finalidade do art. 118 da Lei n. 8.213/91 é a de "garantir a um trabalhador que tenha sofrido acidente e (...) possa apresentar sequela de caráter irreversível (...), que, quando retorne ao trabalho com a capacidade diminuída ou eventualmente recuperada, disponha de certo período de estabilidade, que lhe permita até procurar outro emprego, sem prejuízo de guardar-se de todos os danos sociais decorrentes do desemprego imediato".

E, ao concluir sua linha de raciocínio, ele declarou que o caso se insere no *caput* do art. 7º da CF/88, "onde se proveem outros direitos que visem à melhoria da condição social do trabalhador". Este seria, portanto, o fundamento de validade do art. 118 da Lei n. 8.213/91, no sentido de que o escopo deste dispositivo seria o de evitar "todos estes danos intuitivos de caráter social, decorrentes de uma despedida arbitrária logo após seu retorno ao trabalho".

Com um formato mais sintético, o Ministro Gilmar Mendes acompanhou os votos que lhe precederam. Repisou que o tema "guarda estrita relação com a disciplina do próprio acidente de trabalho" e que, portanto, "estamos no universo da institucionalidade do acidente de trabalho". A previsão legal não teria nada a ver com o art. 7º, I da CF/88, o qual, "sabemos, foi objeto de tanta polêmica no âmbito do próprio processo constituinte — e por razões que não ignoramos".

Dito isso, o Ministro Gilmar enfatizou, mais uma vez, que a matéria deve ser lida no contexto da "disciplina institucional do acidente de trabalho" e encerrou o seu arrazoado de modo um tanto quanto emocional: percebê-la de modo diferente "parece algo muito próximo do antissocial, quase macabro".

E foi pouco depois deste desfecho que se manifestou o Ministro Marco Aurélio, para discordar. Logo de plano, observou que se a questão pudesse ser definida "apenas sob o ângulo do justo ou do injusto, não teria a menor dúvida em acompanhar os Colegas", mas que não seria este o caso. E o Ministrou pensou assim porque vive "em um sistema no qual o Direito é posto e convoca-se o julgador para, no processo objetivo, pronunciar-se acerca da constitucionalidade, ou não, do ato normativo atacado, tendo em conta as balizas da Lei fundamental".

Sendo assim, ao levar-se em conta o enunciado do art. 7º, I da CF/88, percebe-se a existência de reserva de lei complementar para o "trato de matéria alusiva à proteção do emprego — e o art. 118 da Lei n. 8.213/91 versa sobre a proteção do emprego".

Além disso, o Ministro Marco Aurélio ressaltou que o constituinte, antecipando a possível inércia do legislador, decidiu inserir as exceções à reserva legal no art. 10 do ADCT. Foi neste dispositivo que a Constituição estipulou "os casos específicos" de garantia de emprego, enquanto a regulamentação do art. 7º, I da CF/88 não acontecesse.

Daí, perguntou: "E versou o art. 10 sobre o acidente de trabalho? A resposta é desenganadamente negativa." Portanto, na sua opinião, "a admitir-se a sobrevivência do art. 118 da Lei n. 8.213/91, por melhor que seja a intenção, estar-se-á, em última análise, aditando o art. 10". Mesmo ciente de que estava adotando uma "postura que poderá parecer antissocial, macabra, como se referiu o Ministro Gilmar Mendes", o Ministro Marco Aurélio votou pela procedência do pedido.

Outro ponto interessante a se destacar foi o aparte feito pelo Ministro Carlos Ayres Britto, durante a exposição do Ministro Marco Aurélio. Para o primeiro, "o art. 10 avançou uma garantia mínima, mas não está proibindo que outras garantias sejam veiculadas". Ao que foi contraposto pelo segundo, para quem o texto do art. 10 contém a expressão "até que", deixando pouca margem para outras formas de garantia, que não sejam mediante lei complementar.

E, mais uma vez, o Ministro Carlos Ayres Britto o aparteou, resgatando a sua ideia de que a lei complementar é exigível apenas para a "estabilidade de caráter contínuo, como dela gozam os servidores públicos, não para uma estabilidade *pro tempore*". Ao que foi, novamente, contraditado pelo Ministro Marco Aurélio, uma vez que ele não poderia saber o que quis o constituinte ou o que irá querer o legislador, na medida em que "a lei complementar poderá cogitar de períodos diversos, conforme o móvel que leve à garantia de emprego. E nisso poderemos ter uma variedade de termos inicial e final da garantia de emprego".

Neste passo, o Ministro Marco Aurélio repetiu que não podia admitir a inserção de nova situação no art. 10 do ADCT que não viesse sob o pálio de um "instrumento normativo complementar". E concluiu: "Não estou aqui na condição de legislador. Estou na condição de juiz e sou compelido a proceder a cotejo único, ao cotejo do art. 118 da Lei n. 8.213/91 com a Constituição Federal." Como mencionei há pouco, votou pela procedência do pedido.

O último voto foi o do Ministro Nelson Jobim. Apresentando um estilo bastante afeito ao da lógica formal, ele identificou e acompanhou a premissa compartilhada pela maioria: a manutenção do contrato de trabalho, por 12 meses após o término do auxílio-doença acidentário, equivaleria a um "período de carência" integrante do benefício.

Afastou, portanto, a premissa adotada pelo Ministro Marco Aurélio, segundo a qual a questão seria pertinente à "dispensa arbitrária, que poderia ocorrer após o acidente". E, neste diapasão, observou que a proteção se refere não a um auxílio qualquer, mas, unicamente, ao auxílio de natureza "acidentária". De modo que o caso não seria enquadrável no "inciso I, mas sim pelas regras relativas ao acidente de trabalho, ou seja, é algo a mais no acidente de trabalho".

1. Análise crítica

Ao escutar com atenção a opinião vencedora, o ouvinte irá resumi-la da seguinte maneira:

(1) o art. 118 da Lei n. 8.213/91 é uma "norma específica", isto é, trata-se de uma "especificação" ou do art. 7º, *caput* ou do art. 7º, incisos XXII e XXVIII da CF/88;

(2) por ser uma norma que leva mais em conta a saúde debilitada do trabalhador, possui a finalidade de melhorar as suas condições de trabalho, seja ao (2.1) garantir-lhe dignidade num momento em que está com sua capacidade de trabalho subtraída, seja ao (2.2) poupar-lhe dos danos sociais inerentes ao desemprego imediato;

(3) por isso, o art. 118 da Lei n. 8.213/91 não se enquadra no art. 7º, I da CF/88, uma vez que este último visa à regulamentação da estabilidade contínua, equivalente à do servidor público, e não daquelas concedidas para situações provisórias;

(4) a premissa silogística fundamental é uma só: o art. 118 da Lei n. 8.213/91 estipula um "período de carência" anexo ao auxílio-doença acidentário, não tendo relação direta com a dispensa arbitrária do trabalhador.

E o que dizer da voz isolada do Ministro Marco Aurélio? Tal qual um vendaval argumentativo, ela sopra para longe a lógica da especificação, ao defender, como premissa, a ideia de que a garantia de emprego concedida ao empregado acidentado deve ser, sim, compreendida como uma das inúmeras possibilidades de proteção contra a dispensa arbitrária.

Quem está com a razão, a maioria ou o Ministro solitário? Todos eles e nenhum deles.

Sendo mais direto: ao sugerir esta resposta paradoxal, não estou a valer-me de uma retórica vazia. Ao invés de criar estilo, o que fiz foi, simplesmente, constatar um fato, nada mais do que isso. E, para justificar a minha opinião, começarei por relembrar o que foi dito pelo próprio STF, no julgamento da ADI n. 1.721-3, comentada no § 2º.

O que disse a Corte naquela ocasião? Que não se deve efetuar uma interpretação estanque entre a relação de emprego e a relação previdenciária, como se as respectivas leis específicas não causassem influências recíprocas no momento de aplicação. Com este argumento, verificou-se a enorme relevância do art. 49, I, *b* da Lei n. 8.213/91 para a interpretação do art. 453 da CLT, seja por conta da vinculação umbilical entre o contrato de trabalho e a qualidade de segurado, seja em virtude da natureza sistemática do direito.

Pois bem. O que fez o STF agora? Pôs o art. 118 da Lei n. 8.213/91 num regime de quarentena, sem prazo para terminar. Num movimento flagrantemente contraditório com o que já efetuou anteriormente, a maioria do tribunal interpretou o dispositivo contido na lei previdenciária, como se ele não bordejasse nem um tantinho as franjas do direito do trabalho. Quando se recorda que o STF criticou a OJ n. 177 da SDI-I do TST exatamente por este motivo, vê-se que entrou em cena, aqui, a velha máxima: façam o que eu digo e não o que eu faço.

Estabilidade pós-acidente significa, apenas e tão somente, mecanismo de proteção da saúde do trabalhador, e ponto. Mas e os reflexos desta proteção na esfera jurídica do empregador, mais propriamente no seu direito de resilição? Isso não vem ao caso, disse a opinião dominante. O que importa é a intenção legislativa de "especificar" exclusivamente ou o *caput* ou os incisos XXII e XXVIII do art. 7º da CF/88. Mas e o seu inciso I? Este, não. Por quê? Porque este só cuida de "estabilidades contínuas". Novo equívoco à vista.

A fim de organizar as ideias e os argumentos, pretendo criticar o julgamento da ADI n. 639 a partir da exposição dos seus dois principais enganos hermenêuticos. Devidamente esquadrinhados e corrigidos, eles certamente irão modificar o resultado obtido. Vejam e confiram.

Em primeiro lugar, destaco o equívoco deflagrado pelo Ministro Carlos Ayres Britto. Para ele, o art. 7º, I da CF/88 tem como finalidade precípua a concessão de estabilidade contínua aos trabalhadores da iniciativa privada, tal como se faz com os servidores da administração pública.

Esta é uma conclusão altamente questionável. E não preciso me esforçar muito para chegar a esta conclusão. Para isso, bastar tomar emprestado os argumentos dos Ministros Cezar Peluso e Marco Aurélio. Um, porque sublinhou a importância da indenização compensatória como instrumento de efetivação do art. 7º, I da CF/88; outro, porque salientou as incontáveis possibilidades de regulamentação deste dispositivo, não havendo por que restringi-la à ideia de estabilidade definitiva.

Em suma: a opinião do Ministro Ayres Britto, no sentido de que a estabilidade *pro tempore* não se encontra no cardápio de possibilidades regulatórias do art. 7º, I da CF/88, a par de não encontrar respaldo normativo ou empírico em lugar algum, causa uma interferência extremamente acentuada na margem de deliberação democrática do legislador, na medida em que lhe restringe arbitrariamente o direito de escolher os meios que considera mais adequados, necessários e proporcionais à proteção do empregado contra a dispensa arbitrária. Mas isso não é tudo.

Relembremos a redação do art. 7º, I da CF/88: "relação de emprego protegida contra despedida arbitrária ou sem justa causa, nos termos de lei complementar, que preverá indenização compensatória, dentre outros direitos."

Como já me referi em outro lugar, o ponto de partida para a interpretação deste enunciado normativo deve ser o conceitual: o que significa "dispensa arbitrária"[1248]? Na minha opinião, ela deve ser compreendida como o ato do empregador que rescinde o contrato, ou de maneira silenciosa (injustificada), acarretando o pagamento de indenização tarifada, ou de modo discriminatório e/ou apto a gerar a violação desproporcional de algum direito fundamental do empregado[1249].

Portanto, esclarecido o sentido do texto positivado na Constituição, pode-se chegar com mais segurança às suas finalidades subjacentes: (1) a de desestimular a despedida injustificada (por meio da majoração do custo da dispensa); e (2) a de proibir a instrumentalização abusiva desta autorização *a priori* de silenciar o motivo da rescisão, porquanto ela pode mascarar um ato de discriminação odiosa e/ou a compressão desproporcional de algum direito fundamental do empregado.

Suponham, por exemplo, que um empregador muito religioso é dono de uma padaria e descobre que o seu padeiro é homossexual e portador do vírus HIV, despedindo-o imediatamente. Mas imaginem que esta dispensa foi sem justa causa, isto é, que ela tenha ocorrido sem que o empregador externasse o verdadeiro motivo

---

(1248) GOMES, Fábio Rodrigues. *O direito fundamental ao trabalho*, p. 201-205.
(1249) *Idem*, p. 217-224.

e que o empregado o descobrisse por intermédio de outros colegas, que o ouviram da boca do próprio empregador. Neste caso, existiria uma situação repudiada pelo art. 7º, I da CF/88, capaz de invalidar a dispensa — porque arbitrária — e viabilizar a reintegração do ofendido, juntamente com uma indenização por dano moral[1250].

Pensadas as coisas nestes termos, já posso introduzir o segundo erro hermenêutico contido no julgamento da ADI n. 639. A rigor, devo reintroduzi-lo, pois ele foi mencionado rapidamente alguns parágrafos atrás. Falo da ferrenha compartimentação interpretativa promovida pelos Ministros do STF. E, neste ponto, todos os Ministros se equivocaram, inclusive o Ministro Marco Aurélio. Todos padeceram do mesmo engano, classificado por Laurence Tribe e Michael Dorf de "Des-Integração"[1251].

Trata-se de um fenômeno que acontece quando o intérprete "Levanta uma questão, dá total importância e valor a ela, fornece-lhe todas as possíveis interpretações, e, ao mesmo tempo, ignora o fato de que está imersa em um todo"[1252]. Por outras palavras, é "uma versão dissecada e desintegrada da Constituição, e não o texto como realmente é"[1253].

Voltemos aos argumentos dos Ministros do STF. Por meio deles vislumbramos o art. 118 da Lei n. 8.213/91 ou como derivado do art. 7º, *caput* da CF/88 (Ministro Cezar Peluso), ou como derivado do art. 7º, XXII e XXVIII da CF/88 (Ministros Joaquim Barbosa, Carlos Ayres Britto, Gilmar Mendes e Nelson Jobim), ou como derivado do art. 7º, I da CF/88 (Ministro Marco Aurélio).

A minha pergunta é: por que o art. 118 da Lei n. 8.213/91 não pode ser considerado uma densificação normativa de todas estas disposições constitucionais ao mesmo tempo? Por que elas devem se excluir mutuamente se, ao fim e ao cabo, estão todas inseridas dentro de um mesmo sistema normativo regido por uma mesma diretriz fundamental: a de prover a igual autonomia criativa aos empregados?

Enquanto proíbe a despedida do empregado recém-recuperado ou ainda debilitado em função de acidente de trabalho, o legislador está acertando vários objetivos constitucionais com uma única tacada:

(1) o contido no art. 7º, XXII e XXVIII, ao (1.1) garantir-lhe dignidade num momento em que está com sua capacidade de trabalho subtraída e ao (1.2) poupar-lhe dos danos sociais inerentes ao desemprego imediato;

(2) o preceituado no art. 7º, *caput,* ao acrescentar uma novidade institucional que não estava prevista nos seus incisos nem, tampouco, no art. 10 do ADCT; e

(3) o estipulado no art. 7º, I, ao restringir a autonomia do empregador, proibindo-lhe, por cerca de 12 meses, de despedir arbitrariamente certo empregado, na medida em que o fizesse por conta da sua fragilidade física permanente ou meramente circunstancial.

(1250) *Idem*, p. 216.
(1251) *Hermenêutica constitucional*, p. 21.
(1252) *Idem*, p. 23.
(1253) *Idem*, p. 24.

O fato de o legislador ter condicionado a proibição à percepção prévia do auxílio--doença acidentário não significa que o art. 118 da Lei n. 8.213/91 seja uma disposição estritamente previdenciária, sem qualquer relevância para o contrato de emprego. Muito ao contrário. São coisas incindíveis, pois o problema de saúde do empregado, decorrente da sua prestação de trabalho, afeta não só a sua esfera existencial, como também o segurador universal (INSS) e aquele que se aproveita da sua atividade final (o empregador). De modo que qualquer decisão, nesta esfera de interesses, afetará inevitavelmente uma zona de convergência. Isto é, para se resolver o problema, deve-se observar a área de interseção jurídica como um todo, onde se sobrepõe a dignidade do empregado, a autonomia do empregador e a obrigatória intervenção estatal, diante da gravidade da situação.

E daí volta à tona o cerne da discussão levantada pela CNI na ADI n. 639: o art. 118 da Lei n. 8.213/91 padece de inconstitucionalidade formal?

Sim. Porque ele proíbe a dispensa arbitrária do empregado acidentado. Ele proíbe que, durante o período de 12 meses após o término do auxílio-doença acidentário, o empregador descarte o indivíduo empregado pelo fato de ele estar com a saúde fragilizada. O legislador fez as contas e concluiu que este ato patronal seria discriminatório e altamente desproporcional, quando considerados, de um lado, os direitos ao trabalho, à saúde e à integridade física do trabalhador e, de outro, a liberdade de decisão do empregador. Conferiu maior peso àqueles.

Ocorre que, para tomar esta decisão, deveria ter obedecido às regras do jogo institucional. Não bastava a lei ordinária, pois além de concretizar o art. 7º, *caput* e os incisos XXII e XXVIII da CF/88, estava materializando, também, o art. 7º, I da Constituição de1988. Logo, deveria ter seguido o rito previsto para a lei complementar. Tal como asseverou o Ministro Marco Aurélio, agir de modo diferente é desconsiderar um requisito constitucional indispensável para o acréscimo de hipóteses normativas direcionadas para o tema da dispensa arbitrária. Algo institucionalmente inconcebível num Estado Democrático e Constitucional de Direito. Por isso, e não por outro motivo, o pedido da ADI n. 639 deveria ter sido julgado procedente.

Mas e os trabalhadores acidentados? Estariam eles largados à própria sorte diante do retorno ao vazio normativo? Estariam eles sujeitos ao poder arbitrário do empregador sem escrúpulos, que, com base num cálculo aritmético, frio e desumano, aproveitaria a primeira oportunidade para se livrar das "peças defeituosas" que não lhe serviriam mais?

Com certeza não. Repito mais uma vez o que disse há pouco e em outra ocasião:

> "eventual promulgação de uma lei complementar poderá, sim, auxiliar na avaliação da restrição à liberdade de trabalhar ou na fixação de limites mais precisos ao exercício do poder patronal de dispensa.

> "No entanto, caso o legislador ache por bem continuar na sua apatia institucional, nem tudo estará perdido. Pois isso não afastará o dever constitucional dos empregadores, no sentido de respeitar os direitos fundamentais da pessoa humana que esteja atuando sob as suas ordens.

"Mas caberá ao Poder Judiciário a tarefa de complementar o dever de proteção negligenciado por aquela outra faceta do Estado, reintegrando o empregado dispensado sempre que constatar a funcionalização da restrição à sua liberdade de trabalhar através da dispensa arbitrária. Ou seja, quando flagrar a limitação do direito ao trabalho como sendo um meio (ou instrumento) para atingir um outro direito fundamental do trabalhador"[1254].

Constituição e princípios normativos, direitos fundamentais, dimensão objetiva, dever de proteção, eficácia direta e irradiante, teoria da argumentação jurídica e proporcionalidade.

Enfim: instrumentos teóricos e institucionais temos aos montes, a fim de bloquear as condutas inaceitáveis do empregador. E o caso da discriminação e/ou violação dos direitos fundamentais do trabalhador acidentado não é exceção, apesar (ou exatamente em razão) da inércia indesculpável ou do açodamento atabalhoado do legislador brasileiro.

Se, contudo, por acaso persistir uma pontada de dúvida sobre o que estou falando, deem uma conferida na parte final do item II da Súmula n. 378 do TST[1255]. Viram como não estou sozinho?

Casos anômalos, que transbordam as hipóteses ordinárias previstas na generalização legislativa e, com isso, produzem uma brutal injustiça, justificam a superação momentânea dos seus requisitos, com a construção de uma nova regra excepcional para aquela situação específica[1256]. Apenas um, dentre inúmeros exemplos, de como a lacuna regulatória não é fator de indecisão e, menos ainda, de não efetivação dos direitos fundamentais específicos[1257].

§ 5º — A proteção da mulher

Não é de hoje que a mulher trabalhadora merece atenção especial. Desde a época da revolução industrial, revelou-se o fato de as chamadas "meias forças" de trabalho serem o alvo preferencial da exploração desmedida dos empregadores inescrupulosos[1258].

Num contexto de anomia plena e competição suicida, as mulheres e as crianças eram as maiores vítimas dos gulosos empreendedores de plantão, cujas bolsas engordavam rapidamente às custas dos ínfimos salários e das extenuantes jornadas exigidas. Não que os homens adultos também não estivessem em situação semelhante. Mas, sob a perspectiva dantesca dos círculos do inferno, as mulheres e as crianças foram lançadas no abismo mais profundo.

(1254) GOMES, Fábio Rodrigues. *O direito fundamental ao trabalho*, p. 225.
(1255) "São pressupostos para a concessão da estabilidade o afastamento superior a 15 dias e a consequente percepção do auxílio-doença acidentário, salvo se constatada, após a despedida, doença profissional que guarde relação de causalidade com a execução do contrato de emprego."
(1256) Cf., por todos, MACCORMICK, Neil. *Op. cit.*, p. 307 *et seq.*
(1257) Cf., também exemplificativamente, o julgamento do RR n. 24500-27.2003.5.09.0010, Rel. Min. Horácio Raymundo de Senna Pires, DJ 4.6.2010.
(1258) Cf., por todos, GOMES, Orlando e GOTTSCHALK, *Curso de direito do trabalho*, p. 419-420.

Com relação especificamente ao cerco normativo colocado ao redor das trabalhadoras, justificava-se esta medida com argumentos hoje tidos como inaceitáveis, tais como a sua incontornável fragilidade física ou a sua incapacidade de concentrar-se por período prolongado[1259]. Atualmente, pode-se dizer que as razões para a atuação estatal mais incisiva encontram-se nas históricas discriminações da mulher no mercado de trabalho — o que lhe demanda um esforço redobrado para superar os obstáculos estruturais à sua ascensão social —, assim como nas circunstâncias fisiológicas que lhes são inerentes, dentre as quais se sobressai a maternidade.

É, portanto, neste contexto pró-ativo, que trago para este tópico algumas decisões do TST e do STF, a respeito da proteção institucional dispensada à mulher. Para ser mais preciso, quatro foram os assuntos selecionados: (1) a licença-maternidade; (2) a inexigibilidade de comunicação prévia para a efetivação da garantia de emprego da empregada gestante; (3) a estabilidade decorrente da gravidez de empregada contratada em regime de experiência; e (4) a ação afirmativa levada a cabo pelo Estado federado, em contraposição à competência da União para legislar sobre direito do trabalho.

O motivo de ter centrado a exposição neste quarteto temático foi a riqueza de argumentos apresentados pelos Ministros, ao longo do processo decisório. Ali, encontraremos desde considerações consequencialistas, passando por declarações a respeito das atribuições institucionais do Judiciário e por manifestações sobre a potencial relativização de competência dos entes federados. Colocações que, certamente, nos mostram o quão complicado pode ser o ato de interpretar esta forma de intervenção estatal em prol da mulher empregada.

1. ADI n. 1.946: um leading case *para começar*

Relatada pelo Ministro Sydney Sanches, a ADI n. 1946-5 tratou da confrontação do art. 14 da EC n. 20 de 15.12.1998 com os arts. 6º e 7º, XVIII da CF/88[1260]. Naquela ocasião, o Partido Socialista Brasileiro questionou a abrangência da alteração constitucional prevista na emenda recém-aprovada, porquanto havia a possibilidade de ela, de um lado, permitir que o INSS respondesse apenas com o valor de R$1.200,00 para o pagamento do salário-maternidade, enquanto que o empregador, sozinho, estaria obrigado a complementar o restante.

Postando-se de frente para o dilema, o Ministro relator iniciou sua fundamentação destacando que "o legislador brasileiro, a partir de 1932 e mais claramente desde 1974, vem tratando o problema da proteção à gestante, cada vez menos como um encargo trabalhista (do empregador) e cada vez mais como de natureza previdenciária". E esta orientação teria sido mantida na Constituição de 1988, na medida em que ela previu, nos seus arts. 6º e 7º, XVIII, garantias normativas expressas neste sentido.

Dito isso, o Ministro Sydney Sanches reiterou o que havia mencionado anteriormente no julgamento liminar: "Diante deste quadro histórico, não é de se presumir que

---

(1259) *Idem*, p. 422.
(1260) DJ 16.5.2003.

o legislador constituinte derivado, na Emenda 20/98, mais precisamente no seu art. 14, haja pretendido a revogação, ainda que implícita, do art. 7º, XVIII, da Constituição Federal originária." E prosseguiu: "Se esse tivesse sido o objetivo da norma constitucional derivada, por certo a E.C. n. 20/98 conteria referência expressa a respeito." Logo, "à falta de norma constitucional derivada, revogadora do art. 7º, XVIII, a pura e simples aplicação do art. 14 da E.C. n. 20/98, de modo a torná-la insubsistente, implicará um retrocesso histórico, em matéria social-previdenciária, que não se pode presumir desejado".

Indo além, o relator observou que o entendimento contrário estimularia o empregador a optar "pelo trabalhador masculino, ao invés da mulher trabalhadora", propiciando-se, então, uma "discriminação que a Constituição buscou combater, quando proibiu diferença de salários, de exercício de funções e de critérios de admissão, por motivo de sexo (art. 7º, inc. XXX, da C.F./88), proibição que, em substância, é um desdobramento do princípio da igualdade de direitos, entre homens e mulheres, previsto no inciso I do art. 5º da Constituição Federal".

Por fim, o Ministro Sanches fez questão de acentuar que a interpretação limitadora "Estará, ainda, conclamando o empregador a oferecer à mulher trabalhadora, quaisquer que sejam suas aptidões, salário nunca superior a R$ 1.200,00, para não ter de responder pela diferença". Para ele, "Não é crível que o constituinte derivado, de 1998, tenha chegado a esse ponto, na chamada Reforma da Previdência Social, desatento a tais consequências. Ao menos não é de se presumir que o tenha feito, sem o dizer expressamente, assumindo a grave responsabilidade".

Propôs, assim, a interpretação conforme do art. 14 da EC n. 20/98, sem redução de texto, para excluir "sua aplicação ao salário da licença-gestante, a que se refere o art. 7º, inciso XVIII, da Constituição Federal". Foi seguido pela unanimidade dos Ministros presentes na sessão de julgamento (Marco Aurélio, Moreira Alves, Carlos Velloso, Maurício Corrêa, Nelson Jobim, Ellen Gracie e Gilmar Mendes).

1.1. Análise crítica

As linhas mestras desta decisão judicial podem ser construídas da seguinte maneira:

(1) foi reconhecida a imbricação recíproca entre o direito do trabalho e o direito previdenciário, cuja ênfase, ora em um, ora em outro ponto de vista normativo, variaria ao sabor do tempo e das circunstâncias históricas;

(2) afirmou-se, incisivamente, que não se deve inferir restrições a garantias constitucionais. Ou elas são textualmente explícitas ou elas, simplesmente, não existem;

(3) fez-se um juízo de valor bastante aberto a respeito de eventual limitação expressa da proteção à gestante: no primeiro instante, ela acarretaria um violento retrocesso social em face da inevitável discriminação da mulher no mercado de trabalho, situação esta que, no segundo momento, produziria a violação do art. 7º, XXX da CF/88, o qual nada mais é do que uma derivação do art. 5º, I da CF/88;

(4) alertou-se para as consequências de uma decisão desfavorável: o desestímulo à contratação de mulheres e o incentivo ao seu achatamento salarial. Caso o legislador almejasse estes objetivos, deveria ser, mais uma vez, explícito na sua intenção, de modo a assumir a sua cota de responsabilidade.

De um modo geral, a conclusão a que chegou o Ministro Sydney Sanches não difere muito do senso comum. Colocar, sobre os ombros do empregador, uma carga econômica que antes era suportada tão somente pelo Estado é, em verdade, o mesmo que pedir a ele que, gentilmente, feche as portas do seu estabelecimento para toda e qualquer mulher que dele se aproxime. Um metro, um quilômetro ou uma milha, não importa. Sendo mulher, a candidatura ao emprego seria fadada ao insucesso. Mas se a conclusão é assim tão consensual — como parece à primeira vista —, será que as premissas que lhe dão suporte possuem o mesmo grau de aceitabilidade?

Vejamos a primeira. Nela é possível encontrar a menção à dupla dimensão atribuída a alguns direitos do empregado: são, ao mesmo tempo, direitos do trabalho e direitos previdenciários. Ao transitaram simultaneamente por estes dois mundos normativos, alguns destes direitos adquirem uma verdadeira duplicidade de sentido. Uma duplicidade que, ao invés de causar curto-circuito por ocasião da interpretação, facilita a sua correta compreensão. Entre os dois lados da moeda hermenêutica, há uma união, uma vinculação complementar tão intensa, que, ao final do dia, uma não sobrevive sem a outra.

Enfim, uma simbiose nada diferente da que já foi vista nos §§ 2º e 4º deste Capítulo, quando se analisou o caráter híbrido da aposentadoria voluntária do empregado e da estabilidade decorrente do acidente do trabalho. Em ambos os casos, demandou-se a apreciação sistemática do benefício previdenciário, de modo a não se olvidar dos efeitos anexos por ele deflagrados no contrato de trabalho.

No julgamento da ADI n. 1496, foi justamente esta via de mão dupla que gerou a dúvida inicial. Em virtude da generalidade acachapante do enunciado normativo[1261], nada mais razoável do que surgir a questão em torno da interação entre o novo teto retributivo do salário-maternidade e a relação de emprego, seja porque é dali que se obtinha a sua principal fonte de custeio[1262], seja porque, ao contrário do que era certo até então[1263], foi para ali que — em tese — teria sido deslocada a obrigação direta de parcela do seu pagamento, sem qualquer forma de compensação.

Neste sentido, penso que foi bem colocada a perspectiva histórica a respeito do tratamento legislativo do assunto, uma vez que, por mais independentes que sejam os debatedores, a moralidade social dominante, sedimentada ao longo dos anos, influi com grande contundência nas deliberações políticas eventuais. Daí por que a estranheza

---

(1261) "O limite máximo para o valor dos benefícios do regime geral de previdência social de que trata o art. 201 da Constituição Federal é fixado em R$ 1.200,00 (um mil e duzentos reais), devendo, a partir da data da publicação desta Emenda, ser reajustado de forma a preservar, em caráter permanente, seu valor real, atualizado pelos mesmos índices aplicados aos benefícios do regime geral de previdência social."
(1262) Arts. 11, II e parágrafo único, 12, I, 20, 21, 22, 28, I e § 2º da Lei n. 8.212/91.
(1263) Art. 72 da Lei n. 8.212/91 (redação anterior à Lei n. 10.710 de 5.8.2003).

provocada pelo resultado implicitamente defendido por alguns, segundo o qual o montante do salário-maternidade, a ser compensado pelo INSS, também estaria limitado pelo art. 14 da EC n. 20/98. Pois — é bom repetir — razoável seria presumir-se o que normalmente acontece, ou seja, a compensação da totalidade deste benefício. Presumir-se o oposto e, pior ainda, sem que o legislador tivesse posto por escrito esta suposta restrição, seria agir de maneira deveras irrazoável[1264].

No tocante ao retrocesso social mencionado pela decisão, creio que faltou a ela se aprofundar um pouco mais sobre o problema. Que uma eventual redução do encargo previdenciário (sustentada pelo movimento contrário de majoração do correspondente trabalhista) conduziria a uma situação mais desfavorável à mulher trabalhadora, não há muita controvérsia. Como foi dito, se o empregador tiver que gastar mais para contratar uma empregada do que um empregado, e se, além disso, ambos forem relativamente equiparáveis em termos de qualidade e produtividade, penso que ninguém hesitaria em afirmar que o segundo seria o escolhido.

Entretanto, sem embargo de a ausência de limitação específica do salário-maternidade praticamente encerrar o problema, penso que ele ainda pode se complicar um pouco mais, caso raciocinemos com base na seguinte pergunta: o Poder Legislativo pode retroceder?

Isto é, na minha opinião, o Ministro Sydney Sanches tangenciou, muito rapidamente, o princípio da vedação de retrocesso social, sem se preocupar em esclarecer qual era a sua visão sobre o estado de coisas que ele objetiva promover ou sobre a extensão dos efeitos jurídicos dele decorrentes. Ou, antes disso, poderia até mesmo inquirir: este princípio existe? E, se existe, possui primazia absoluta ou deve ser ponderado com outros princípios, como, por exemplo, o princípio democrático? São questões que ficaram em aberto e sobre as quais seria imprescindível o STF se debruçar, a fim de trazer maior legitimidade para o seu pronunciamento, a par de promover mais segurança jurídica no ambiente institucional. O legislador saberia melhor para onde deve ou não deve caminhar.

O último argumento relevante diz respeito às consequências oriundas da redistribuição de responsabilidades entre o INSS e o empregador. Neste quesito, é interessante notar que o STF vem conferindo maior importância ao viés pragmático de suas decisões. Este tipo de consideração já havia acontecido no julgamento da ADI n. 1.721-3, no voto do Ministro Marco Aurélio, como também irá se repetir por aqui e, principalmente, nas demais decisões contidas neste parágrafo.

Com efeito, a argumentação consequencialista não deve ser desprezada pelo juiz, principalmente (e paradoxalmente) se ele possui a responsabilidade de julgar "em tese", carecendo de fatos em estado bruto para se escorar. As maiores dificuldades encontradas neste tipo de raciocínio são a de (1) identificar qual a extensão das consequências visualizadas pelo juiz e a de (2) encontrar um critério aceitável para avaliá-las[1265].

(1264) Cf. ÁVILA, Humberto, *Teoria dos princípios*, p. 152-155.
(1265) MACCORMICK, Neil. *Op. cit.*, p. 138-139.

Entretanto, isso não deve invalidar ou inviabilizar esta forma de pensar, pois perguntas problemáticas (tais como "Um certo Direito subjetivo à indenização por demissão imotivada inclui um direito de indenização por danos morais, ou apenas por perdas estritamente materiais causadas pela demissão?") exigem que o julgador olhe para as consequências da sua decisão, antes de optar por implementá-la[1266].

A rigor, o risco de tratar meras conjecturas como legítimas consequências comportamentais ou inequívocas implicações lógicas de uma dada opinião, não deve fazer com que o juiz deixe de mencioná-las. Até mesmo porque, ainda que silenciosamente ou inconscientemente, ele as estará levando em consideração. Como afirma MacCormick: "De uma forma ou de outra, parece ser quase sempre dessa forma de algum modo hipotética que os tribunais examinam as possíveis consequências comportamentais ou resultados das decisões tomadas em um ou outro sentido em relação a um ponto controverso."[1267]

Sendo assim, é um bom sinal de evolução interpretativa o fato de as decisões do STF estarem atentas às "condutas possíveis" delas derivadas. E, no caso da ADI n. 1.496, o Ministro Sydney Sanches não só fez isso, como, a meu ver, avaliou corretamente o potencial comportamento discriminatório do empregador, considerando-o incorreto, na medida em que frontalmente contrário à regra prevista no art. 7º, XXX da CF/88. Como este parâmetro valorativo já estava positivado, não houve maiores contratempos para a sua aceitação e imediata aplicação[1268].

Eis aí um lado positivo do tão criticado caráter analítico da Constituição brasileira de 1988.

2. RE n. 234.186: o desconhecimento e a autonomia da vontade

No julgamento do RE n. 234.186-3, o Ministro Sepúlveda Pertence discordou da opinião prevalente no TST até então, no sentido de que as normas coletivas poderiam exigir a comunicação prévia da empregada gestante ao empregador, a fim de que a sua estabilidade fosse garantida[1269].

De fato, de acordo com a redação da OJ n. 88 da SDI-I do TST, inserida em 28.04.1997, "o desconhecimento do estado gravídico, pelo empregador, salvo previsão contrária em norma coletiva, não afasta o direito ao pagamento de indenização decorrente da estabilidade (art. 10, II, "b", ADCT)". E, na sua parte final, acrescentava-se: "A ausência do cumprimento da obrigação de comunicar à empregadora o estado gravídico, em determinado prazo após a rescisão, conforme previsto em norma coletiva que condiciona a estabilidade a esta comunicação, afasta o direito à indenização decorrente da estabilidade."

Em face deste posicionamento maciço dentro da Corte Superior da Justiça do Trabalho, o STF foi provocado a se manifestar, o que acabou por colocá-los, mais uma vez, em campos opostos.

(1266) *Idem*, p. 137.
(1267) *Idem*, p. 146.
(1268) *Idem*, p. 149-152.
(1269) DJ 31.08.2001.

Ao analisar o problema, o Ministro Sepúlveda Pertence reduziu a controvérsia "à questão da supremacia ou não de cláusula de convenção coletiva de trabalho sobre norma constitucional (ADCT, art. 10, II, *b*), que garante à empregada gestante o direito à estabilidade provisória".

Dito isso, observou logo de pronto que o próprio acórdão do TST, não obstante afirmar a "primazia da cláusula convencional", ressaltava o fato de "a garantia constitucional [ter sido] (...) instituída sem condicionamentos à satisfação de requisitos diversos do estado objetivo de gravidez". Além disso, o Ministro Sepúlveda trouxe o art. 7º, I da CF/88 para a discussão, asseverando que o art. 10 do ADCT "foi editado precisamente para suprir a ausência temporária de regulamentação da matéria por lei". E que, "Se carecesse ele mesmo de complementação, só a lei a poderia dar, o que, por si só, seria paradoxal, pois esvaziaria o significado de norma constitucional transitória".

Deste modo, o relator concluiu que "jamais o poderia fazer a transação de natureza coletiva, à falta de disposição constitucional que o admitisse. Trata-se de direito irrenunciável da empregada, que não pode ser afastado ou neutralizado por simples convenção".

Por fim, encerrou o seu voto de maneira taxativa: "Aos acordos e convenções coletivos de trabalho, assim como às sentenças normativas, não é lícito estabelecer limitações a direito constitucional dos trabalhadores, o que nem à lei é permitido. As cláusulas deles resultantes têm seu âmbito circunscrito às categorias profissionais envolvidas, cujos integrantes não podem ter reduzidos ou eliminados os direitos constitucionais, assegurados a todos os brasileiros em igual situação". Foi acompanhado pela unanimidade dos presentes (Ministros Moreira Alves, Sydney Sanches, Ilmar Galvão e Ellen Gracie).

Pouco tempo depois, em 4.5.2004, o TST alterou o teor da sua jurisprudência, reformulando sua OJ n. 88 para constar o seguinte: "O desconhecimento do estado gravídico pelo empregador, não afasta o direito ao pagamento da indenização decorrente da estabilidade (art. 10, II, "b", ADCT)." E, mais adiante, corroborou a assimilação do julgamento do STF, ao redigir o inciso I da sua Súmula n. 244 de modo idêntico à modificação anteriormente promovida.

Quanto ao STF, até hoje sustenta a mesma posição[1270].

2.1. Análise crítica

Uma decisão enxuta e que foi direto ao ponto: a autonomia coletiva não deve ser tão autônoma assim. Existem algumas barreiras normativas intransponíveis à vontade do empregado, mesmo que ela esteja fortalecida pela reunião dos seus pares. Definitivamente, o Juiz Janus se fez presente no plenário do STF.

Há poucas linhas atrás, o julgamento da ADI n. 639 foi objeto de destaque, exatamente porque a maioria do STF entendeu ser possível a abordagem da situação prevista no art. 7º, I da CF/88, por meio de lei ordinária. É verdade que utilizou um

---

(1270) Cf. AI n. 277.381 AgR, Rel. Min. Joaquim Barbosa, DJ 22.9.2006.

argumentou enviesado. Mas, ainda assim, concluiu que o legislador, por maioria simples, possui legitimidade para restringir a vontade do empregador, apesar de a Constituição exigir quórum qualificado.

Surge, então, a pergunta: por que o sindicato não pode convencionar livremente que a empregada gestante deve informar ao empregador a sua condição, a fim de que ele, ciente da situação, torne-se obrigado a não dispensá-la?

O argumento do Ministro Sepúlveda Pertence, na sua face jupiteriana, afirmou ser isto impossível "à falta de disposição constitucional que o admitisse". Já na sua face hercúlea, declarou que a estabilidade prevista no art. 10, II, *b* do ADCT é um "direito irrenunciável" da empregada gestante e, por isso, " não pode ser afastado ou neutralizado por simples convenção". A rigor, ele foi ainda mais incisivo na parte final do seu voto, declarando que nem a lei pode limitar os direitos constitucionais dos trabalhadores. Há ou não há, novamente, uma referência indireta à vedação de retrocesso social, na sua versão mais radical?

Penso, porém, que depois de tudo o que foi lido, dito e escrito ao longo deste estudo, já está claro que as coisas não são tão simples como parecem. Comparem este caso, por exemplo, com o julgamento do RR n. 74000-62.2006.5.12.0046, relatado pelo Ministro Ives Gandra Martins Filho[1271]. Aqui, o julgador valeu-se claramente do argumento *a fortiori*, no sentido de que "se a Carta Magna admite a redução dos dois principais direitos trabalhistas, que são o salário (CF, art. 7º, VI) e a jornada de trabalho (CF, art. 7º, XIII e XIV), todos aqueles que deles decorrem também são passíveis de flexibilização".

Para que não haja mal-entendido, reproduzo parcela da decisão, onde o Ministro expõe sua opinião pessoal sobre a matéria:

> "A flexibilização representa a atenuação da rigidez protetiva do Direito do Trabalho, com a adoção de condições trabalhistas menos favoráveis do que as previstas em lei, mediante negociação coletiva, em que a perda de vantagens econômicas poderá ser compensada pela instituição de outros benefícios, de cunho social, que não onerarão excessivamente a empresa, nos períodos de crise econômica (efeito da globalização) ou de transformação na realidade produtiva (efeito do avanço tecnológico). Assim, se, de um lado, a Constituição de 1988 foi pródiga em garantir as melhores condições de trabalho para o empregado brasileiro, por outro, sem desconhecer a realidade da competitividade internacional, admitiu a possibilidade da flexibilização de direitos como instrumento de adequação da norma à realidade fática em que se vive, de modo a implementar uma Justiça Social que, efetivamente, dê a cada um o que lhe pertence. Nesse sentido, admitindo-se a flexibilização dos dois pilares básicos do Direito do Trabalho, que são o salário e a jornada de trabalho, todos os demais, ainda que não previstos expressamente, são suscetíveis de flexibilização, na medida em que constituem vantagens de natureza salarial ou garantias do descanso periódico ou circunstancial. Mais do que isso: admitindo a Constituição o princípio da flexibilização para os Direitos Sociais, reconhece que não constituem cláusulas pétreas (CF, art. 60, § 4º), sendo passíveis de alteração e redução por Emenda Constitucional. Na realidade, o que se assegura ao trabalhador é o direito a um salário justo e uma jornada de trabalho limitada, mas a quantificação desse direito é suscetível de adequação às circunstâncias de cada momento."

Ou seja, uma visão completamente diferente da utilizada pelo STF.

(1271) DJ 26.6.2009.

Vejam, agora, o julgamento do RR n. 149700-91.2007.5.12.0019, relatado pelo Ministro Antônio José de Barros Levenhagen[1272]. Neste caso, o julgador fez coro ao STF, afirmando que "a redação dada à norma do art. 10, inciso II, *b*, do ADCT sugere em princípio que a garantia de emprego, assegurada à empregada gestante, teria sido vinculada à confirmação da gravidez, a partir da qual alguns arestos passaram a sufragar a tese da indispensabilidade da prévia comunicação ao empregador". Disse mais: "Ocorre que levando essa interpretação às últimas consequências deparar-se-ia com o absurdo de o constituinte ter subordinado o benefício não à gravidez mas à ciência do empregador, além de o tornar inócuo considerando a possibilidade, real e frequente, de a própria empregada ignorá-la logo em seguida à concepção." E, que, por isso, "é forçoso valer-se da interpretação teleológica segundo a qual a norma do ADCT deve ser interpretada em benefício de quem fora editada, pelo que se impõe a ilação de a garantia ter sido instituída pela gravidez contemporânea à relação de emprego".

Acontece que o cerne da controvérsia era a recusa da empregada a retornar ao emprego, oferecido pelo empregador no curso do processo. Para o Ministro Levenhagen, é "juridicamente irrelevante a tese do abuso de direito ou da renúncia à garantia de emprego e, por consequência, da respectiva indenização, extraída unicamente do fato de a recorrente ter recusado a proposta patronal de retorno ao serviço, ainda que ela o tivesse sido no período da garantia de emprego".

E concluiu: "a tese da renúncia à garantia, pela recusa ao retorno ao serviço, traz subentendida a admissibilidade da renúncia tácita, em contravenção ao princípio geral de que essa há de ser, em regra, expressa, sobretudo na seara do Direito do Trabalho, em razão da sua natureza tutelar e protetiva do empregado."

Agora, sim, temos uma sintonia fina com o julgamento do RE n. 234.186-3.

Se desconsiderarmos a correção do argumento tão somente por causa da sua origem (da sua maior autoridade hierárquica), permanece a dúvida: quem está com a razão?

Na minha opinião, nenhum dos dois, pois ambos partiram de posições extremadas. De um lado, os Ministros Sepúlveda e Levenhagen justificaram a invalidade da norma coletiva, ao fim e ao cabo, com o "princípio da irrenunciabilidade"; de outra parte, o Ministro Ives Gandra sustentou sua posição com o argumento *a fortiori*: quem pode o mais também pode o menos.

Ocorre que as duas versões são incompletas. Para enxergarmos as lacunas dos dois raciocínios, basta relembrarmos que (1) a irrenunciabilidade descolada de algum critério normativo se transforma num verdadeiro "cheque em branco" para o Juiz Hércules nacional, transformando-o num perfeccionista de carteirinha. Isso sem falar que, (2) sem um critério normativo, a afirmação de que o salário é sempre mais importante do que a estabilidade da gestante torna-se um opção ideológica de natureza arbitrária.

Resumindo: de um jeito ou de outro, os discursos estão vazios de conteúdo, porquanto não houve justificação suficiente para legitimar as respectivas opções sobre o motivo da importância (ou sobre o grau da importância) conferida não só à estabilidade da gestante, mas aos direitos constitucionais dos trabalhadores como um todo.

(1272) DJ 21.5.2010.

Parafraseando MacCormick, faltou um parâmetro aproveitável para mensurar a aceitabilidade da decisão[1273]. Faltou o critério capaz de identificá-los como direitos fundamentais e, por isso, apto a traçar a linha divisória, o núcleo essencial para dentro do qual ninguém poderá ultrapassar, seja ele o portador da autonomia coletiva privada ou da autonomia pública coletiva. Como os que já chegaram até este ponto do estudo são sabedores de que há um critério normativo formulado por aqui, peço licença para aplicá-lo e reformular a pergunta principal: a garantia do emprego da gestante, da confirmação da gravidez até cinco meses após o parto, satisfaz alguma necessidade básica sua e/ou reconhece uma diferença que a define?

Comer, vestir-se, abrigar-se, dormir: estes são alguns exemplos de necessidades básicas, isto é, daquelas contra as quais a nossa vontade não tem vez. Em verdade, é a partir da satisfação destas necessidades materiais e fisiológicas que a nossa autonomia da vontade começa a se dar conta da sua existência e, com isso, torna-se capaz de dizer a que veio. Torna-se mais real. Neste contexto, é claro que o emprego se apresenta como um instrumento imprescindível de satisfação das necessidades básicas, uma vez que a monetarização da economia, associada à sua mercantilização, faz do trabalho o principal meio de acesso a todos os demais bens de consumo indispensáveis à sobrevivência digna.

Resgatados os conceitos, pergunto novamente: impedir que o empregador, temporariamente, dispense a empregada grávida, satisfaz a sua necessidade básica?

Penso que sim, pois o bloqueio se presta a assegurar os meios materiais mínimos para a gestante, não apenas durante a gravidez, mas também depois dela, nos meses iniciais de vida — os de maior fragilidade — do seu filho que está por vir. Esta conclusão se reforça, ainda mais, depois que relembramos da natureza especial desta intervenção: trata-se de uma medida cujo objetivo é equilibrar, minimamente, o desigual jogo do mercado de trabalho para os participantes que, por circunstâncias alheias à sua escolha, encontram-se em relativa desvantagem. O mesmo se dá, por exemplo, com os deficientes físicos, cuja dispensa imotivada está condicionada à contratação de outro empregado com necessidade especial semelhante (art. 93, § 1º da Lei n. 8.213/91)[1274].

Estas são as razões justificativas da fundamentalidade material do art. 7º, XVIII da CF/88: assegurar o meio mais imediato de acesso e satisfação das necessidades básicas da mulher grávida e do seu futuro filho (o nascituro), assim como repassar os custos econômicos desta intervenção para o Estado, que reconhece a desvantagem incontornável imposta pela maternidade, dentro da competição inerente ao livre mercado de trabalho.

E o que tudo isso tem a ver com a "comunicação" da empregada ao empregador, a respeito do seu estado gravídico? A resposta é: tem a ver com o medo de que (1) o empregador, tão logo saiba da condição de sua empregada, a dispense sem pestanejar; ou de que (2) a trabalhadora só tenha ciência da sua gravidez depois de a dispensa ter sido consumada, deixando a si e ao seu filho sem eira nem beira.

(1273) *Retórica e estado de direito*, p. 231.
(1274) Cf. TST-AIRR n. 16240-63.2003.5.17.0001, Rel. Min. Maria Cristina Irigoyen Peduzzi, DJ 8.9.2006.

No que se refere ao primeiro temor, é importante assinalar que a discussão não abrange o ato de admissão, pois, neste instante da contratação, a vedação legal foi muito mais pujante, assumindo ares de direito penal[1275]. O que se controverteu no TST e no STF foi a possibilidade de o sindicato representante da categoria da empregada convencionar (ou acordar) coletivamente que a comunicação ao empregador, dentro de um prazo razoável a partir da ciência da gravidez, formava um antepasso indispensável para a validação da estabilidade, tida como um ato complexo. Engravidou, informou, estabilizou-se. Este seria o percurso combinado entre as partes e chancelado pela primeira OJ n. 88 da SDI-1 do TST.

E por que isso? Ora, porque do outro lado está o empregador, também titular de um direito fundamental: o da autonomia da vontade negocial ou o da livre-iniciativa (art. 1º, IV da CF/88). Assim, ao ignorar completamente esta situação, não haveria empecilho para que ele exercitasse o seu direito de rescisão silenciosa, até mesmo porque houve autorização expressa do legislador neste sentido (art. 7º, I da CF/88 c/c o art. 10, I do ADCT). O que está proibida é a dispensa arbitrária: o gênero deste ato mudo do empregador, que, por conta da sua opacidade, pode mascarar uma discriminação inaceitável ou a violação desproporcional de algum direito fundamental do empregado[1276]. Logo, se tomasse ciência da gravidez de sua empregada e a despedisse por causa deste fato, o seu ato seria nulo, uma vez que — dito de modo mais conciso — violaria regras constitucionais especificamente voltadas para o assunto (art. 7º, I e XXX da CF/88).

Os leitores já podem entrever, portanto, que não vislumbro incompatibilidade entre o art. 10, II, *b* do ADCT e a norma coletiva que preveja, por exemplo, prazo de 60 dias, contados da ciência da gravidez, para que a empregada se comunique com o empregador, a fim de tornar-se estável. Muito ao contrário. Tal como enfatizei no Capítulo IV, a fluidez da comunicação é chave para democratização cooperativa da relação de emprego, de modo que, quanto mais, melhor.

No entanto, aí chegamos ao segundo temor: o de que a própria empregada grávida seja despedida sem que nem ela e muito menos o empregador tenham conhecimento de sua condição. Contudo, para afastar esta fobia paternalista, suponham que o prazo combinado coletivamente deva ser contado *a partir da ciência da própria empregada* de sua gravidez e que ele não tenha se esgotado.

Nesta hipótese, mesmo que a mulher tenha sido despedida, certamente que ela poderá retornar ao empregador e lhe comunicar o fato, a fim de restabelecer o contrato e seguir adiante. A exigência de comunicação — repito, confabulada mediante a autonomia coletiva — é para que o empregador saiba de antemão que aquela empregada está grávida. E, na medida em que souber disso, duas serão as consequências: (1) saberá, também, que não poderá despedi-la sem justo motivo; e (2) poderá se preparar para o período de licença, procurando, com antecedência, alguém capacitado para substituí-la durante a sua ausência.

[1275] Art. 2º, I da Lei n. 9.029 de 13 de abril de 1995, *in verbis*: "Constituem crimes as seguintes práticas discriminatórias: I — a exigência de teste, exame, perícia, laudo, atestado, declaração ou qualquer outro procedimento relativo à esterilização ou a estado de gravidez."
[1276] GOMES, Fábio Rodrigues. *O direito fundamental ao trabalho*, p. 217-224.

Boa-fé, transparência e redução dos custos de transação: eis aí outras razões que, apesar de acessórias, servem de preciosa justificação para legitimar o ajuste de vontades formatado sob o molde do igual respeito e consideração.

Ocorre que o Juiz Hércules trabalhista se opõe a esta "transação coletiva". A vontade dos dois não importa. O importante é a proteção do nascituro. Muito bem. Imaginem então o seguinte caso: a mulher não sabia da sua gravidez, o empregador tampouco, e acontece a dispensa imotivada. Três meses depois ela vai a juízo, ainda grávida, e pede apenas indenização. O empregador, na primeira audiência, propõe o emprego de volta e pagamento dos salários vencidos. A empregada recusa a oferta e insiste unicamente na indenização. A vontade das partes ainda é irrelevante?

Na opinião dos Ministros Sepúlveda e Levenhagen a resposta é positiva, pois o direito à estabilidade é irrenunciável. Por outras palavras: tornar relevante a recusa do emprego pela mulher grávida traria "subentendida a admissibilidade da renúncia tácita, em contravenção ao princípio geral de que essa há de ser, em regra, expressa, sobretudo na seara do Direito do Trabalho, em razão da sua natureza tutelar e protetiva do empregado".

Esqueçam a coerência da mulher, a respeito do que ela quer ou deixa de querer, diz o Juiz Hércules dos trópicos. Se ela não quer o emprego, que lhe deem o dinheiro, e pronto. Se ela não apresenta a menor intenção de trabalhar no período de estabilidade pós-licença, não importa. Se o empregador desconhecia a gravidez e quer voltar atrás, não importa. Se a decisão hercúlea irá fomentar o enriquecimento sem causa, na medida em que o empregador pagará por um serviço que a empregada jamais esteve disposta a oferecer, não importa. Cumpra-se a famosa "letra fria da lei", porque o Estado sempre saberá mais do que os próprios interessados. Um paternalismo impressionante.

Portanto, encerro este tópico discordando da Súmula n. 244, I do TST e, mais ainda, da decisão do RE n. 234.186-3 que lhe deu origem. Pois uma coisa é garantir a necessidade básica e recuperar as diferenças intrínsecas desvantajosas; outra, bem distante disso, é redistribuir recursos, tirando do empregador e entregando-os ao empregado, apesar de este último deixar claro que a comunicação cooperativa, a boa-fé, a transparência, enfim, a identificação do emprego como fonte de sobrevivência digna não corresponde à sua visão de mundo. Provavelmente, porque não precisa.

Em síntese: fora os casos de dispensa arbitrária e os de impossibilidade circunstancial absoluta de continuação do contrato (art. 496 da CLT[1277]), penso que a comunicação é indispensável para que haja concordância prática entre a estabilidade da gestante e a autonomia de vontade do bom empregador.

3. RE n. 287.905: intervenção e autonomia da vontade

Este foi um caso em que, mais uma vez, a autonomia da vontade do empregador foi posta em xeque. Nesta oportunidade, questionou-se a compatibilidade da concessão

---

(1277) "Quando a reintegração do empregado estável for desaconselhável, dado o grau de incompatibilidade resultante do dissídio, especialmente quando for o empregador pessoa física, o Tribunal do Trabalho poderá converter aquela obrigação em indenização devida nos termos do artigo seguinte."

de estabilidade gestacional para a empregada, quando o contrato por ela firmado continha cláusula de encerramento. A pergunta de fundo era: a empregada grávida deve manter o seu emprego, mesmo depois de ultrapassado o termo final previamente ajustado com o empregador?

Não. Foi o que disse a relatora da matéria, a Ministra Ellen Gracie[1278]. De acordo com a sua opinião, externada na sessão de 5.10.2004, "não se tratando de dispensa arbitrária ou sem justa causa, mas de encerramento do prazo regular de duração de contrato temporário sob regime administrativo especial regulado pela Lei Estadual n. 8.391/1991, não há se falar em incidência do art. 10, II, "b" do ADCT ao caso".

Em verdade, antes de encaminhar o seu voto, a Ministra Ellen fez questão de prevenir os seus colegas: "Alerto Vossas Excelências, embora a mim agradasse muito deferir este mandado de segurança, que vejo com preocupação as consequências que podem advir para as mulheres em geral no mercado de trabalho, que poderão, a partir de uma tal orientação, deixar de ser admitidas para esses contratos temporários já que o empregador nunca saberá se, ao término do contrato, não terá, face a uma gravidez, que prorrogar pagamentos por mais um período que não estava nas suas previsões."

A votação foi suspensa pelo pedido de vista do Ministro Joaquim Barbosa. Mas o processo retornou à pauta do dia 26.4.2005, quando ele teve a chance de apresentar as suas razões.

O Ministro Joaquim Barbosa cuidou de reforçar a ideia de que o contrato foi estipulado com data para acabar. Nas suas palavras: "ao firmar contrato de trabalho com o ente público, a recorrida já tinha ciência de que aquele era um contrato temporário, espécie de contrato por prazo determinado, e celebrado mediante termo fixo (ou termo certo), tendo o término do ano civil como termo final da avença." Logo, a "questão em debate é a possibilidade de coexistência da garantia de emprego (também denominada estabilidade provisória) com o contrato por prazo determinado".

Depois de concordar com a relatora, afirmando que não houve dispensa arbitrária ou sem justa causa, mas tão somente o término do contrato pelo decurso do prazo, o Ministro Joaquim ressaltou que esta forma de ajuste é excepcional e possui regras próprias, de modo que, "caso se admitisse a estabilidade provisória (...) violado estaria o princípio da autonomia da vontade". Isso porque, "ao pactuar o contrato temporário, o empregador quis apenas que este vigorasse por um certo lapso de tempo, e não que os efeitos dele decorrentes o equiparassem ao contrato por prazo indeterminado".

Observou, ainda, que a jurisprudência majoritária do TST seguia este mesmo entendimento, para concluir que "não se pode aplicar a garantia de emprego por ocorrência de uma gravidez, quando já se sabe previamente a data em que o contrato vai findar".

Desta vez, o Ministro Carlos Velloso pediu vista, tendo o processo retornado na pauta do dia 28.6.2005. E foi neste momento que se abriu a divergência. Em um julgamento que parecia simples e de fácil resolução, o voto do Ministro Carlos Velloso baralhou completamente a linha de raciocínio que se construía, a ponto de reverter o resultado final.

(1278) DJ 30.6.2006.

Para começar, o Ministro Velloso asseverou que "a responsabilidade do empregador, no caso da estabilidade provisória da gestante, é objetiva". E, diante desta premissa, extraiu duas conclusões: (1) "Confirmada a gravidez, adquire a empregada a estabilidade provisória até cinco meses após o parto"; e (2) "se a dispensa, com o término do prazo contratual, ocorreu quando a gravidez já existia, ofendeu ela o dispositivo constitucional".

Em seguida, o julgador fez referência aos AIs ns. 448.572 e 395.255, relatados pelo Ministro Celso Mello[1279], nos quais se decidiu matéria idêntica à do RE n. 234.186-3, acima analisado — a irrelevância da comunicação do estado gravídico pela empregada ao empregador —, a fim de concluir pelo não provimento do recurso.

Foi então que se deu início ao debate entre os Ministros presentes. A Ministra Ellen Gracie fez questão de resgatar a sua advertência anterior, no sentido de que a "decisão da Corte Suprema venha exatamente em prejuízo das mulheres trabalhadoras, porque nenhum empregador haverá mais de querer contratar por tempo determinado, se ele ficar sujeito, desde que a contratada esteja em idade fértil, à prorrogação de tal contrato por mais alguns meses. (…) Vai procurar contratar ou mulheres mais idosas, ou homens".

Ao contrapor-se a esta investida, o Ministro Carlos Velloso relembrou que "esse mesmo argumento foi utilizado na Assembleia Nacional Constituinte com relação à concessão dessa estabilidade provisória e dessa licença-gestante. Está se protegendo tanto que vai acabar prejudicando a mulher trabalhadora, argumentavam". E, de novo, interveio a Ministra Ellen para dizer que, se o contrato fosse por prazo indeterminado, concordaria, mas que este não era o caso, pois o contrato "já tem a sua extinção fixada para uma determinada data".

Neste momento do julgamento, o Ministro Carlos Velloso foi enfático e declarou que o Estado (empregador) foi "cruel: terminou o contrato, ela grávida, e não admitiu um novo contrato porque estava ela grávida, o que equivale à despedida". E disse mais: que a "Constituição não distingue" entre o contrato por prazo determinado ou indeterminado para se conceder a estabilidade.

O Ministro Joaquim Barbosa salientou que a "jurisprudência do TST, a justiça especializada, é unânime e sem discrepância com relação a isso: ela [a estabilidade] não se aplica a contrato por prazo determinado". Ao que o Ministro Carlos Velloso redarguiu: "Prefiro ficar com o entendimento do Supremo Tribunal Federal, com o nosso entendimento a respeito da Constituição — e somos os guardiões da Constituição — do que invocar jurisprudência, não obstante de um notável Tribunal, mas que decide as questões sob o ponto de vista infraconstitucional. Esta questão, que estamos a examinar, é eminentemente constitucional."

Em réplica, o Ministro Joaquim Barbosa salientou que foi a "preocupação com relação às consequências da decisão é que me levou a aderir ao voto da Relatora", relembrando que este tipo de argumentação também foi utilizado no julgamento da ADI n. 1.946. Todavia, o Ministro Carlos Velloso observou que, naquela hipótese, o raciocínio consequencialista favoreceu à gestante, enquanto que, neste caso, ele viria em seu detrimento.

(1279) DJ 22.4.2004 e 02.12.2003.

O Ministro Gilmar Mendes proferiu o seu voto e acompanhou a divergência, porquanto, na sua opinião, "não faríamos justiça à cláusula do art. 7º, referente a este tema, se aplicássemos a norma nessa perspectiva restritiva". Nesta toada, o Ministro Joaquim Barbosa reformulou o seu voto, tendo em vista um fato inusitado destacado pelo Ministro Carlos Velloso: "o fato de que houve sucessivas contratações." Um detalhe que lhe havia escapado.

Por fim, votou o Ministro Celso de Mello. Fazendo alusão ao seu julgamento sobre a insignificância da comunicação do estado gravídico ao empregador, o Ministro Celso de Mello destacou a decisão do legislador constituinte de proteger a maternidade e ao nascituro, o que se deu pela garantia prevista no art. 10, II, *b* do ADCT. Algo que, no seu entender, vem sendo efetivado não só pelo STF, mas também pelo TST, que aceita a ideia do acesso à estabilidade, independentemente da comunicação prévia ao empregador.

Sendo assim, depois de repisar a responsabilidade objetiva do empregador na situação de confirmação da gravidez de sua empregada, o Ministro Celso de Mello associou este argumento ao julgamento em exame, para acompanhar a divergência aberta pelo Ministro Carlos Velloso.

Vencida ficou, portanto, a Ministra Ellen Gracie.

3.1. Análise crítica

Quatro foram os argumentos confrontados nesta deliberação, dois, a favor do empregador e dois, a favor da empregada. Comecemos pelos partidários do empregador:

(1) um argumento consequencialista: decidir a favor da empregada gestante, apesar de contratada por prazo determinado, causaria o estreitamento do mercado de trabalho para a mulher trabalhadora em idade fértil;

(2) um argumento deontológico: a existência prévia de prazo de encerramento impõe o respeito à autonomia da vontade de ambas as partes, não devendo um fato exterior a esta decisão privada servir de razão para esvaziá-la.

Agora, confiram os argumentos favoráveis à empregada:

(1) um argumento deontológico: a gravidez, por si só, gera a objetivação da responsabilidade do empregador em relação à sua subordinada, de modo que o emprego deve subsistir independentemente da vontade das partes, isto é, não obstante o contrato estar com data certa para acabar;

(2) outro argumento deontológico: houve má-fé contratual do empregador, que se recusou a prorrogar o contrato temporário como vinha fazendo até então, unicamente em face da gravidez da sua empregada, o que acabou por aproximar o seu comportamento do conceito de dispensa arbitrária.

De acordo com o resultado final do julgamento, vê-se que estes dois últimos ganharam mais peso ao longo da discussão e que os dois primeiros, especialmente o relativo à autonomia, foram emagrecendo à medida que a dialética se aprofundava.

Na minha opinião, a conclusão colegiada foi acertada. Contudo não por causa da desimportância dos dois primeiros argumentos ou da conjunção dos dois últimos, mas, sim, por conta do fato inusitado que levou o Ministro Joaquim Barbosa a reformar sua opinião.

Vejam bem. Logo de plano, deve-se ter mente que, em condições normais de pressão e temperatura, as bases consequencialistas do raciocínio da Ministra Ellen Gracie, somadas ao ponto de apoio normativo mencionado pelo Ministro Joaquim Barbosa, resolviam muito bem a questão. Se todos combinaram a prestação de serviço com data para começar e para terminar, estando os pressupostos discursivos devidamente garantidos, a intervenção estatal, no sentido de atropelar esta decisão privada, bosqueja um paternalismo estatal (*rectius*, judicial) extremamente corrosivo para a legitimação da sua atuação. algo que, certamente, criará um gigantesco desestímulo para a contratação, haja vista a falta de previsibilidade mínima e a majoração brutal dos custos de transação.

A incompatibilidade de convivência, referida na abertura do julgamento, era, na minha opinião, uma decorrência lógica da valorização da igual autonomia criativa. Digo isso porque, se almejo contratar alguém por apenas três meses e este alguém aceita livremente a minha oferta — uma oferta condicionada, diga-se de passagem, já que ela não parte do zero, mas, sim, do patamar normativo mínimo traçado institucionalmente —, o Estado não estará autorizado a se imiscuir no nosso plano de vida, a não ser que apresente razões justificativas extremamente convincentes. Não se deve esquecer de que em situações como esta — onde o contrato se desfaz pelo cumprimento do prazo — não existe dispensa (rompimento do vínculo jurídico por iniciativa do empregador), mas mera caducidade[1280]. A decisão de encerramento não é unilateral, mas bilateral, tomada *ab initio*.

Daí, eu pergunto: o fato de a empregada ter engravidado deve ser uma razão dominante neste contexto? Antes de responderem, pensem no caso da empregada despedida e que, no curso do aviso prévio, fica grávida.

O fato apareceu depois de o empregador ter exercitado a sua autonomia da vontade. Primeiro, ele decidiu desvincular-se da empregada. Depois, e durante o período de tempo concedido pela lei para que a empregada pudesse se reinserir no mercado de trabalho, surgiu o fato novo: a gravidez. Nesta hipótese, o TST vem entendendo que os efeitos da gestação devem ficar "limitados às vantagens econômicas obtidas no período de pré-aviso, ou seja, salários, reflexos e verbas rescisórias", aplicando-se, por analogia, a sua Súmula n. 371[1281].

Há aqui — tanto neste caso concreto, como no exemplo — um raciocínio semelhante ao que já era efetuado pelo TST desde 08.11.2000, por meio da OJ n. 196

(1280) Cf., por todos, GOMES, Orlando; GOTTSCHALK, Elson. *Curso de direito do trabalho*, p. 365 *et seq*.
(1281) Súmula n. 371: "A projeção do contrato de trabalho para o futuro, pela concessão do aviso prévio indenizado, tem efeitos limitados às vantagens econômicas obtidas no período de pré-aviso, ou seja, salários, reflexos e verbas rescisórias. No caso de concessão de auxílio-doença no curso do aviso prévio, todavia, só se concretizam os efeitos da dispensa depois de expirado o benefício previdenciário." Cf. RR n. 24800-54.2004.5.04.0022, Rel. Min. Renato de Lacerda Paiva, DJ 28.5.2010.

da SDI-1, e que depois foi incorporada ao inciso III da sua Súmula n. 244[1282]. Foi este o conteúdo decisório levado a sério pelo Ministro Joaquim Barbosa, ao longo do seu primeiro voto.

Ocorre que o Ministro Carlos Velloso valeu-se do velho argumento de autoridade para fazer prevalecer a sua opinião. O STF, e apenas ele, é o "guardião da Constituição". De acordo com o Ministro, só esta Corte é capaz de interpretar corretamente a Constituição. E insiste: o TST, não obstante ser um "notável tribunal", analisa as questões apenas sob o ângulo "infraconstitucional", de modo que suas conclusões não estão habilitadas a suplantar as do STF em matéria constitucional.

Ora, as críticas a esta colocação podem se estender ao infinito. Restrinjo-me, porém, a apenas uma, de caráter formal e institucional.

Defender a maior qualidade das decisões do Supremo, exclusivamente em face da sua maior hierarquia judiciária, é fazer tábula rasa da própria Constituição. Ela só se torna normativa se o STF lhe der o aval. Caso contrário, as suas concretizações — estejam elas no TST ou nas instâncias ordinárias — serão meros sonhos de uma noite de verão. Em verdade, esta concepção do papel institucional do STF beira ao realismo jurídico extremado (ou, como classifica Marcelo Neves, ao "paradoxo das hierarquias entrelaçadas"), pois "a sentença constitucional, subordinada normativamente à Constituição, afirma, ao concretizá-la, o que é constitucional"[1283]. Algo que, na configuração normativa brasileira, é difícil de aceitar, seja em face da constitucionalização do direito como um todo, seja por conta da sofisticação da nova hermenêutica jurídica, seja por causa da grande quantidade de direito do trabalho positivado direitamente no texto da Constituição.

A rigor, esta crítica vem bem a calhar para desconstruirmos o primeiro argumento normativo favorável à empregada: o da responsabilidade objetiva do empregador. Afora o fato de, no tópico anterior, eu ter discordado desta orientação jurisprudencial, o que se discute neste caso concreto não tem nada a ver com a irrelevância da comunicação, levantada pelos Ministros Carlos Velloso e Celso de Mello.

Tal como mencionou a Ministra Ellen Gracie, a comunicação foi controvertida para as situações de contrato por prazo indeterminado, uma vez que, para os com prazo certo, ela se torna inócua. Por outras palavras: no contrato onde o fim está em aberto, é compreensível a intervenção do Estado, de modo a bloquear uma manifestação de vontade que ainda não foi emitida. Já na hipótese do contrato por prazo determinado, o fato objetivo da gravidez não possui o condão de bloquear a decisão unilateral de rescisão, uma vez que ela jamais existirá. Como disse há pouco, a decisão foi tomada no início do ajuste e de forma bilateral.

Lidas estas considerações, tudo leva a crer que o resultado final do julgamento foi equivocado. Entretanto, ainda me falta analisar o segundo argumento deontológico a favor da empregada: o das sucessivas prorrogações. O Ministro Joaquim Barbosa se

---

[1282] "Não há direito da empregada gestante à estabilidade provisória na hipótese de admissão mediante contrato de experiência, visto que a extinção da relação de emprego, em face do término do prazo, não constitui dispensa arbitrária ou sem justa causa."
[1283] NEVES, Marcelo. *Transconstitucionalismo*, p. 295.

impressionou, diante da circunstância de a empregada vir mantendo sucessivos contratos temporários com o empregador e de este, não mais do que de repente, encerrar as prorrogações justamente no momento em que ela engravidou. Aí, sim, apareceram duas deformidades: (1) a utilização desabrida de contratos temporários, sem solução de continuidade, aproximando-os perigosamente do contrato por prazo indeterminado; e (2) o ato de interrupção das prorrogações, exatamente no mesmo instante em que a empregada grávida mereceu maior atenção normativa, o que acabou por identificá-lo com a mais odiosa discriminação, implícita no conceito de dispensa arbitrária.

Esta situação atípica fez com que não só o Ministro Joaquim, como também o Ministro Gilmar Mendes acompanhassem a divergência aberta pelo Ministro Carlos Velloso. Ou seja, foi a anormalidade do caso que esvaziou os dois argumentos favoráveis ao empregador (especialmente o da preservação da autonomia da vontade). Mas isso não deve impedir que eles continuem a dar suporte para os julgamentos das situações ordinárias, tal como vendo sendo feito pelo TST.

A bem da verdade, o próprio TST também já se deparou com situações excepcionais, nas quais acabou por viabilizar a garantia de emprego da gestante, apesar de o contrato controvertido ter sido estipulado por experiência. Em vista do não cumprimento dos requisitos necessários à validação desta forma de ajuste, afastou-se a ideia da determinação do prazo como elemento impeditivo da concessão da estabilidade, para, ao final, efetivá-la[1284]. Mais uma exceção, portanto, que só veio para confirmar a regra geral da incompatibilidade, a mais acertada, no meu ponto de vista.

4. ADI n. 2.487: a lei estadual e o direito constitucional do trabalho

Este é o último exemplo inserido nesse parágrafo. Destinado à análise das decisões dos tribunais superiores ao redor da proteção da mulher, nele não poderia faltar o julgamento da ADI n. 2.487-6, relatado pelo Ministro Joaquim Barbosa[1285].

O tema em questão era a Lei n. 11.562, de 19.9.2000, do Estado de Santa Catarina, na qual se regulava, minuciosamente, comportamentos, ordens, proibições e sanções para todos aqueles que admitissem mulheres nos seus estabelecimentos.

No seu art. 1º, colocou uma vedação genérica à discriminação, tanto no decorrer do processo seletivo de admissão, como durante a jornada e por ocasião da dispensa.

Já no seu art. 2º, elencou uma série de oito exemplos de condutas discriminatórias, dentre as quais destaco as dos incisos II ("exigência de boa aparência como requisito para a admissão"), III ("manutenção de abertura nas instalações sanitárias destinadas a controlar o tempo de permanência da mulher no local") e VIII ("rescisão do contrato de trabalho por motivo de gravidez ou casamento").

No art. 3º, conceituou "ato atentatório", classificando-o como todo aquele que visa atingir a honra, a dignidade e o pudor da mulher, mediante coação, assédio ou violência, especialmente os praticados para obtenção de vantagem sexual ou assemelhada.

(1284) AIRR n. 83600-74.2001.5.17.0004, Rel. Min. Mauricio Godinho Delgado, DJ 7.5.2010.
(1285) DJ 28.3.2008.

Por fim, nos seus arts. 4º e 5º, a Lei n. 11.562/00 previu seis espécies de sanções administrativas aplicáveis aos empregadores infratores, bem como a possibilidade de terceiros (*v. g.*, movimentos de mulher, associações de direitos humanos e o sindicato da categoria) denunciarem os abusos cometidos.

O Governador de Santa Catarina foi o autor da ação. Por meio dela, almejava a declaração de inconstitucionalidade da lei, em virtude da violação dos arts. 22, I e 61, § 1º, II, *a* e *b* da CF/88. O STF, por intermédio do relator original, Ministro Moreira Alves, deferiu liminarmente o pedido, atribuindo efeito *ex nunc* à sua decisão[1286]. A Advocacia Geral da União e a Procuradoria Geral da República opinaram, ambas, pela inconstitucionalidade da Lei n. 11.562/00, acrescentado a ofensa ao art. 21, XXVI da CF/88.

O julgamento definitivo ocorreu na sessão plenária de 30.08.2007, tendo o Ministro Joaquim Barbosa assumido a função de relator. No seu voto, foi direto ao ponto, afirmando que "A simples leitura da lei demonstra que a matéria por ela disciplinada é nitidamente afeta às relações de trabalho. Sendo assim, houve invasão da competência da União para legislar sobre Direito do Trabalho, consoante estabelece o art. 22, I, da Constituição Federal". Além disso, concordou com a AGU e a PGR, ao dizer que a lei "ao elencar sanções administrativas pelo descumprimento da norma (...) também incidiu em inconstitucionalidade, por violar o art. 21, XXVI, da Constituição de 1988".

Pelo que foi lido, conclui-se facilmente qual o destino do diploma estadual: seria jogado no mais fundo dos poços da invalidade. Entretanto, antes de encerrar o seu movimento neste sentido, o Ministro Joaquim Barbosa fez questão de frisar que "do ponto de vista material, a lei impugnada reveste-se de grande importância, pois é vocacionada a concretizar e fortalecer os direitos das mulheres no mercado de trabalho, o que me leva a ressaltar que é digna a iniciativa do legislativo estadual". Mais do que isso, observou que "a lei atacada inspira-se nos preceitos afirmados em instrumentos internacionais de proteção dos direitos humanos e, em especial, de proteção dos direitos das mulheres, como a CEDAW — Convenção sobre a Eliminação de Todas as Formas de Discriminação contra as Mulheres, a qual traz, dentre outras normas, a determinação expressa em seu art. 11 de que os Estados-partes adotarão todas as medidas apropriadas para eliminar a discriminação contra a mulher na esfera de trabalho".

Em suma: o Ministro Joaquim Barbosa reconheceu enfaticamente o alto grau de importância do conteúdo da Lei n. 11.562/00, mas, diante da sua origem estadual, curvou-se à tese da inconstitucionalidade formal. Em verdade, o Ministro ainda tentou amenizar o formalismo da sua decisão, ao destacar que a CLT havia sido alterada pela Lei n. 9.799, de 1999, estando, portanto, atualizada em relação à proteção da mulher. Deste modo, a declaração da inconstitucionalidade da Lei n. 11.562/00 não deixaria lacuna no sistema jurídico brasileiro.

Argumento singelo do autor, da AGU e da PGR, acolhido pelo relator. Acontece que, neste caso de fácil resolução, deu-se um dos mais acalorados debates no STF em torno das suas atribuições institucionais, bem como sobre a delimitação da competência dos entes federativos para legislar sobre direito do trabalho.

(1286) DJ 1º.8.2003.

Tudo começou com a sugestão do Ministro Cezar Peluso, para que declarassem a inconstitucionalidade da segunda parte do art. 1º da Lei n. 11.562/00 — a qual estipulava a aplicação de sanções administrativas — e conferissem interpretação conforme a parcela residual do dispositivo — onde se proibia a discriminação.

O Ministro Marco Aurélio interveio imediatamente. Primeiro, afirmou que a Constituição já cuidava da discriminação. Depois, ajudado pelo Ministro Joaquim Barbosa, relembrou que havia lei federal tratando do assunto. E daí pontuou: "Creio que o precedente — admitir-se que o Estado-membro possa reger Direito do Trabalho — é perigoso." Na sua opinião, a "regência da matéria há de ser una. O Direito do Trabalho é observado em todo o território nacional. Por que teremos esse tratamento específico apenas no Estado de Santa Catarina"?.

Tal como mencionou o Ministro Joaquim, o Ministro Marco Aurélio também se mostrou muito impressionado com o conteúdo do diploma. Nas suas palavras: "o conteúdo é salutar, ninguém coloca em dúvida." Contudo, insistiu na sua posição, desviando-se da normativa internacional sob o argumento de que ela fala de "Estado soberano", e não de "Estado-membro", que "não tem soberania sob o ângulo internacional".

Dito isso, a Ministra Ellen Gracie fez uma consideração — bastante severa — um pouco mais adiante: "certamente esta legislação [foi] feita a propósito do Dia Internacional da Mulher, coisa demagógica que não acrescenta absolutamente nada às proteções já existentes." Nesta linha, o Ministro Gilmar Mendes achou que a lei não trazia inovação, formando-se um aparente consenso entre os Ministros do STF. Entretanto, o Ministro Carlos Ayres Britto desfez esta impressão, ao declarar que: "acho que podemos seccionar a lei. A lei, nos seus arts. 1º e 2º, pode ser interpretada como aplicável exclusivamente no âmbito da Administração Pública do Estado de Santa Catarina. Extrapolantes do âmbito da Administração são os arts. 3º e 4º."

O Ministro Marco Aurélio, então, voltou à carga, afirmando que "no âmbito do Estado, a lei seria inócua, porque não imagino que um Estado, um administrador público possa adotar postura distinguindo gênero; isso não admito; não passa pela minha cabeça". E replicou: "Agora, vamos dar um passo para flexibilizar a unicidade do Direito do Trabalho?" Ao que o Ministro Carlos Britto respondeu: "Mas o Estado pode legislar em matéria de admissão ou contratação para a sua própria Administração Pública", tendo o Ministro Marcou Aurélio observado que este "não é o caso. Atuaremos, aqui, como legisladores positivos, porque a lei está dirigida, na verdade, em termos de sanções, contra o particular. Atuaremos como legisladores positivos".

O Ministro Carlos Ayres Britto discordou novamente. Na sua visão, a interpretação fragmentada permitiria "prestigiar a lei no que ela tem — e isso é fato — de corroboradora dos mais excelsos princípios constitucionais de proteção da mulher ou de uma sociedade fraterna". Mas o Ministro Marco Aurélio, além de não ter se convencido, fez a seguinte sugestão: "Quase me atreveria, então, a propor o encaminhamento ao Congresso Nacional do texto dessa lei como inspiração para um diploma federal."

Depois disso, a discussão entre os dois se intensificou ainda mais. De um lado, o Ministro Carlos Ayres afirmou: "A lei admite mais de uma interpretação, ela é plurissignificativa", enquanto que, de outra parte, o Ministro Marco Aurélio asseverou:

"ela é muito clara (...) a interpretação conforme não pode ganhar contornos de norma abstrata, normativa." E mais uma vez alertou: "Não podemos atuar como legislador. Devemos ter um cuidado muito grande na interpretação conforme à Constituição, sob pena de substituirmo-nos ao legislador." Para o Ministro, esta técnica de hermenêutica "só é possível quando há duas interpretações razoavelmente aceitáveis. Aí se parte para a explicitação do que já se contém na lei".

O Ministro Eros Grau pediu a palavra e indagou: "Qual seria a dúvida que justificaria a interpretação conforme?" Ao que o Ministro Carlos Britto respondeu: "Restringir a aplicabilidade, excluir o sentido da norma que extrapole as dimensões da Administração Pública. Só isso."

Nitidamente incomodado, o Ministro Marco Aurélio insistiu na sua opinião: "Mas, ministro, estaríamos legislando, não podemos dar esse passo." Acrescentando, ainda, que "não é isso que está na lei". E repetiu outra vez que "a competência para legislar sobre Direito do Trabalho é única e exclusiva da União", bem como que o fato de estarem todos "impressionados com o conteúdo" está fazendo com que se coloque em "segundo plano a competência exclusiva da União para legislar sobre a matéria".

O debate voltou a se ampliar para além deste dueto, quando o Ministro Gilmar Mendes fez a seguinte observação a respeito da sugestão de interpretação conforme: "Não estou vendo efeito útil para essa construção. Até não seria refratário se o Estado estivesse atuando de forma complementar, mas, diante da convenção internacional existente e da legislação federal, tenho a impressão de que podemos estar contribuindo — com as vênias de estilo, claro — para, talvez, criar um quadro de ainda maior insegurança jurídica."

Neste instante, o relator da ADI n. 2.487-6, Ministro Joaquim Barbosa, ressurgiu, para dizer que: "Eu não teria nenhuma dificuldade em evoluir para acompanhar a solução preconizada pelo Ministro Celso de Mello, desde que excluíssemos os dispositivos que me parecem pertinentes à inspeção do trabalho, aqueles dispositivos que estabelecem multas, as penalidades." Na sua opinião, "Essa matéria realmente pode dar margem a problemas. A empresa que se submeter a esses dispositivos vai alegar que há legislação federal específica sobre esse assunto".

Esta colocação deu ensejo à dissonância do Ministro Cezar Peluso, para quem a "alternativa [sugerida] transforma os outros artigos simplesmente em recomendação, porque não há sanção", ao que o Ministro Joaquim Barbosa justificou seu modo de interpretar, por conta de tratar-se de "um belo instrumento nas mãos da Administração estadual para a sua política de negociação com as empresas que prestam serviços. É alterar uma legislação específica". O Ministro Cezar Peluso, por sua vez, reafirmou que o "fundamental dessa lei é o art. 4º, onde constam as sanções administrativas", sendo secundado pelo Ministro Carlos Britto, que defendeu a restrição da punição, de modo a não ir "para além do âmbito da Administração Pública".

A partir daí, iniciou-se uma nova etapa da deliberação, quando os Ministros repararam nas minúcias da lei estadual e as compararam com o conteúdo da norma federal.

O Ministro Gilmar Mendes perguntou: "Ministro Joaquim, Vossa Excelência tem o conteúdo das leis federais?", gerando a seguinte colocação do Ministro Marco Aurélio:

"Só falta admitirmos a revogação tácita da lei federal pela estadual", a qual, logo de pronto, provocou mais uma intervenção do Ministro Carlos Ayres Britto: "No que elas forem convergentes, a convivência é possível."

Durante este breve intervalo, o Ministro Joaquim Barbosa encontrou as alterações promovidas pela Lei n. 9.799/99 na CLT, que passou a dispor especificamente da proteção da mulher nos arts. 373-A, 390-B, 390-C, 390-E e 392, § 4º. Adicionou também a Lei n. 9.029/95, de natureza penal.

Diante deste quadro normativo, o Ministro Carlos Ayres Britto asseverou: "Agora o desafio interpretativo é saber se essa lei federal concretiza, na devida conta, os dispositivos constitucionais", ganhando a adesão do Ministro Gilmar Mendes, cuja observação foi curta e direta: "Com certeza." Ocorre que, ao desenvolver o seu raciocínio, o Ministro Carlos Britto voltou atrás. Depois de perceber que a lei federal "é uma lei abrangente e é válida, também, para toda a Administração Pública, não é só para a iniciativa privada", o Ministro decidiu "refluir" no seu propósito. E continuou: "é uma lei mais consentânea com a competência material da União para a inspeção do trabalho."

Fugindo ao teor do que estava em discussão naquele momento, o Ministro Marco Aurélio retornou à arena, para divagar: "Fico a imaginar mais de 5.500 Câmaras de Vereadores legislando sobre Direito do Trabalho!"

Todavia, a deliberação encaminhou-se novamente para o ponto onde estava, quando o Ministro Joaquim Barbosa salientou: "A lei estadual tem dispositivos mais minuciosos em alguns aspectos."

Daí o Ministro Gilmar Mendes declarou: "De tudo que se leu, a única coisa que, talvez, escape é o art. 2º, inciso IV" da lei, que condenava a "inexistência de vestiários femininos em número, condições e proporções adequadas". Neste diapasão, o Ministro Joaquim Barbosa acresceu a proibição de exigência de boa aparência como "algo importante", ao que o Ministro Gilmar Mendes observou que ela também estava na lei federal. Mas, em seguida, o Ministro Joaquim verificou que a "Restrição na admissão do emprego em razão do estado civil não consta da lei federal".

Foi, então, que o Ministro Gilmar Mendes — do mesmo modo que o Ministro Carlos Britto já havia feito — decidiu retroceder. Sem meias medidas, disse que "Neste caso, teríamos uma sobreposição, porque já existe essa legislação. Temos a fiscalização do Ministério do Trabalho, como também do Ministério Público do Trabalho, que pode mover as ações civis públicas cabíveis — nós temos reconhecido a possibilidade neste caso". E para concluir: "Agora, se ainda adicionarmos a competência do Estado, talvez geremos, realmente, um quadro de sobreposição." Sua opinião (reformulada) foi rapidamente abraçada pelo Ministro Carlos Britto, segundo o qual haveria "um paralelismo legislativo, porque o objeto é o mesmo".

Finalizando o extenso debate, o Ministro Gilmar Mendes declarou que a competência legislativa estadual já foi exercida anteriormente, na hipótese da fixação do piso salarial regional, mas por causa da permissão contida em lei complementar, formulada de acordo com o art. 22, parágrafo único da CF/88. Ponderou, inclusive, que "Até em hipóteses, talvez, de omissão da União, fosse o caso de fazermos uma construção para deixarmos em vigor a legislação estadual protetiva", mas que, "no caso específico, na verdade, é uma cumulação de legislação, podendo gerar insegurança jurídica".

A votação final foi unânime, pela procedência do pedido. E o interessante é notar que, em cada um dos votos, os Ministros fizeram alguma consideração pontual (e pessoal).

O Ministro Ricardo Lewandowski afirmou que o STF tem "papel profilático no que diz respeito à fixação das competências".

O Ministro Eros Grau declarou que "estaria sensibilizado se se tratasse de uma disposição no quadro do chamado direito premial; se houvesse um incentivo, algo induzindo comportamentos".

O Ministro Carlos Britto ressaltou que a lei federal preencheu bem a determinação constitucional de proteção da mulher, sendo importante evitar um "paralelismo legiferante que culmine com insegurança jurídica".

O Ministro Cezar Peluso reconheceu que recebeu "com muita simpatia" a possibilidade de validar a lei estadual, mas que "Há algumas dificuldades insuperáveis, e essa nossa tentativa poderia abrir um precedente de uso perigoso".

O Ministro Marco Aurélio reiterou que não pode "agir como se legislador fosse", acrescentando que, segundo a Constituição Federal, é competência exclusiva da União legislar sobre direito do trabalho.

Por fim, a Ministra Ellen Gracie afirmou que "Também acompanho o eminente Ministro Relator, embora, naturalmente, louve, com sobradas razões, o conteúdo da legislação catarinense".

4.1. Análise crítica

A fim de facilitar o exame desta decisão, peço licença para resumir os seus principais argumentos da seguinte maneira:

(1) O relator esboçou sua solução pela premissa mais óbvia de inconstitucionalidade formal (em virtude da competência exclusiva da União), mas desviou-se do assunto, ao elogiar o conteúdo normativo da lei estadual.

(2) Com base neste comentário, abriram-se as comportas da inovação judicial, propondo-se a interpretação conforme a Constituição para alterar (seccionar ou fragmentar) a lei estadual e, deste modo, aproveitar o que ela teria de bom.

(3) Introduziu-se a dogmática kelseniana do legislador negativo para refutar esta possibilidade, sem prejuízo de impugnar-se esta interpretação por causa da quebra de unicidade de regulamentação do direito do trabalho.

(4) A maioria pôs de lado este argumento tradicional e iniciou o debate sobre o tema, numa clara demonstração de boa vontade para com a competência legislativa estadual, mas desde que se reduzisse o destinatário à figura da Administração Pública.

(5) A discussão prosseguiu até o ponto em que se ressaltou que a lei federal cuidou deste assunto, de maneira que se iniciou uma nova deliberação, agora para se decidir sobre qual das leis era a melhor, uma vez que não se podia admitir a sobreposição.

(6) O julgamento convergiu para a prevalência da lei federal, até porque, além de proteger suficientemente a mulher trabalhadora, era o entendimento que mais se adequava à competência material da União.

(7) As minúcias legislativas estaduais foram desconsideradas, sob o mesmo argumento do risco da sobreposição e da insegurança jurídica por elas acarretadas, mas, de maneira surpreendente, respaldou-se a possibilidade de o Estado-membro legislar sobre direito do trabalho, desde que o resultado fosse complementar à normativa federal ou que suprisse a lacuna de proteção à mulher, em face da omissão da União.

Pois bem. Neste contexto de exposição de razões públicas, introduzirei a minha análise crítica, destacando quatro contradições que não puderam passar despercebidas:

(1) O Ministro Carlos Ayres Britto adotou uma postura altamente ativista, seja em relação à modificação do conteúdo da lei estadual, seja em relação à competência dos Estados federados, seja porque se considerou habilitado a avaliar e comparar a qualidade das normas estadual e federal. Mas, depois de toda esta elocução, simplesmente voltou atrás, porque considerou suficiente a proteção dispensada às mulheres pela lei federal.

(2) O Ministro Cezar Peluso concordou com a viabilidade da reformulação da lei estadual por meio da interpretação conforme, mas concluiu o seu julgamento desfazendo a sua impressão inicial, por haver dificuldades insuperáveis para efetivá-la e porque esta conduta geraria um precedente perigoso.

(3) A Ministra Ellen Gracie asseverou que a lei era demagógica e inútil e, ao final, louvou o seu conteúdo.

(4) O Ministro Eros Grau se declarou favorável à validade da lei estadual reguladora do direito do trabalho, mas apenas se estipulasse sanções premiais, incentivos comportamentais.

Todas estas inconsistências discursivas serviram para despertar um mesma e única pergunta, que insistiu em latejar durante toda a dialética processual, ainda que fechássemos os nossos olhos e tampássemos os nossos ouvidos: por quê?

Entretanto, diante da grande quantidade de opiniões e da necessidade de arrumar as ideias antes de eventualmente contraditá-las, vejo-me obrigado a sofisticar a pergunta unitária por meio destas outras que seguem abaixo:

(1) Afinal de contas, qual o critério "profilático" utilizado pelo STF para afirmar que o Estado-membro possui competência para legislar sobre direito de trabalho, ainda que de modo complementar e/ou suplementar?

(2) O STF — tal como sugeriu o Ministro Gilmar Mendes — está capacitado institucionalmente a reconstruir (ou a redesenhar) a distribuição do poder de legislar, ou deve restringir-se ao raciocínio lógico formal, mais afeito ao papel de legislador negativo?

(3) Se a resposta for favorável à primeira parte da segunda questão, com base em que critério "profilático", a Suprema Corte deverá fazê-lo, já que se considera apto a comparar qualitativamente as legislações estadual e federal[1287]?

Respondendo à primeira pergunta, posso dizer que há, sim, um critério nas entrelinhas da decisão do STF. Mas, para visualizá-lo, quase que precisamos lançar mão de um microscópio hermenêutico, tamanha é a dificuldade. O melhor indício de sua existência é aquele ponto fora da curva formal, traçado já na abertura pelo Ministro Joaquim Barbosa: o valioso conteúdo da lei estadual.

Foi esta característica normativa que fez as vezes de centelha argumentativa, capaz de levar a uma explosão da rigidez federativa que o STF costuma adotar nestas situações.

Com efeito, quando se trata de federalismo (ou, mais especificamente, de repartição de competências entre os entes federados), o STF possui o hábito de seguir a tradição de antanho, encampando abertamente a prevalência (praticamente absoluta) dos poderes da União. E, com isso, acaba por relegar as tarefas normativas dos Estados-membros a uma posição de esquálida importância, isso para não dizer — sem qualquer exagero — de rematada irrelevância[1288].

Portanto, o julgamento da ADI n. 2.487-6 traz uma novidade deveras interessante no trato da Federação brasileira. Em vez de simplesmente reafirmar suas opiniões anteriores para resolver a questão por um mecânico raciocínio subsuntivo, os Ministros do STF abraçaram de peito aberto uma discussão material, cujas características os estavam afastando, a passos largos, da sua usual função institucional: a de legislador negativo.

Com exceção do Ministro Marco Aurélio, todos os demais Ministros presentes estiveram dispostos a, no mínimo, considerar a possibilidade de uma lei estadual poder regulamentar matéria de competência exclusiva da União, desde que o seu conteúdo fosse importante o suficiente para merecer uma atenção diferenciada. Tanto assim, que só descansaram e reassumiram uma postura conservadora, quando descobriram que havia uma lei federal que, na opinião dominante, cuidava suficientemente bem da matéria. Logo, volto a dizer que esta é a pista capaz de solucionar o critério enigmático: o grau de relevância do conteúdo normativo estadual. Se muito relevante e houver omissão injustificada da União, o assunto poderá ser abordado pelo legislador estadual; se não for assim compreendido, retornar-se-á à divisão (ou "opressão") formal de outrora[1289].

Ocorre que este vestígio não resolve completamente o problema, pois o STF, em momento algum, deixou transparecer, com exatidão, por que ele considerou este assunto como sendo de alta prioridade, a ponto de lhe autorizar a construção de uma

---

[1287] Sobre a autoimagem do STF a respeito de sua capacidade institucional, cf. VILHENA, Oscar Vieira. *Supremocracia*, p. 495.
[1288] MARINS, Leonardo. Limites ao princípio da simetria constitucional. In: SOUZA NETO, Cláudio Pereira de; SARMENTO, Daniel; BINEMBOJN, Gustavo (coord.). *Vinte anos da Constituição Federal de 1988*. Rio de Janeiro: Lumen Juris, 2009. p. 698-700.
[1289] Cf. NEVES, Marcelo. *Transconstitucionalismo*, p. 283.

interpretação ampliativa de competência. Então, mais uma vez, é preciso reler as razões explicitadas na ata de decisão, para se concluir com segurança: o STF flexibilizou a primazia da competência da União, não para que o Estado-membro legislasse sobre o direito do trabalho, mas para que suprisse uma lacuna e, assim, concretizasse os direitos fundamentais dos trabalhadores.

Ora, o teor da Lei n. 11.562/00 ganhou rasgados elogios de todos os Ministros da Suprema Corte, incluindo aí o Ministro Marco Aurélio (refratário à sua validação formal) e a Ministra Ellen Gracie (desconfiada, inicialmente, das boas intenções parlamentares). E a causa de tanta "simpatia" — como se referiu o Ministro Cezar Peluso — foi justamente o fato de ela estar conferindo maior efetividade não apenas ao art. 7º, incisos XX e XXX da CF/88, como também à Convenção sobre a Eliminação de Todas as Formas de Discriminação contra as Mulheres.

Tudo leva a crer que os Ministros do STF consideraram o conteúdo da lei estadual como sendo digno de nota, em virtude da sua fina sintonia com a proteção da mulher trabalhadora. Transpareceu, assim, uma preocupação que, na minha opinião, está intrinsecamente relacionada com a promoção da igual autonomia criativa da empregada. E, neste caso concreto, mais direcionada ao reconhecimento das diferenças que definem a sua plena humanidade.

Em suma: de acordo com a opinião majoritária do Supremo Tribunal Federal, é possível a regulamentação dos direitos fundamentais dos trabalhadores pelos Estados--membros, nos casos em que haja omissão do titular originário da competência legislativa. Uma renovação jurisprudencial extremamente relevante na história do federalismo brasileiro.

De fato, esta orientação não causará muita estranheza se a nossa Federação for lida, de agora em diante, pelas lentes do *pluralismo* e da *democracia*[1290]. Parafraseando Leonardo Marins, se assimilada como uma unidade pautada pela diversidade e pela experimentação, a Federação brasileira será capaz de abrigar os diferentes e, mais do que isso, tratar a todos os indivíduos isolados com igual respeito e consideração, independentemente de onde estiverem localizados no território nacional[1291].

Ao invés da "leitura centralizadora e reducionista" feita até então, a lembrança destes dois traços essenciais do federalismo permitirá ao STF aprofundar esta sua decisão, de maneira a tornar clara a sua adesão a este modelo. Algo que, certamente, será muito bem-vindo, uma vez que se trata de uma configuração institucional que, a par de prestigiar a dimensão fundamental (deontológica) de alguns direitos dos trabalhadores, agregará, também, o viés pragmático, indispensável para se falar numa atuação institucional eficiente.

Digo isso porque, ao permitir que o legislador estadual regule os direitos fundamentais dos trabalhadores, o STF estará viabilizando enormemente a redução dos custos de deliberação e, deste modo, estará aumentando as chances de cooperação entre o empregado e o empregador.

(1290) MARINS, Leonardo. *Op. cit.*, p. 690.
(1291) *Op. cit.*, p. 690- 692.

Com base nestas ideias, não soa mal defender as cores locais, por ocasião do preenchimento do vazio regulamentar dos direitos fundamentais dos trabalhadores, pois:

(1) a probabilidade de se conquistar maior consenso (ou "fluidez legislativa"[1292]) em torno de temas trabalhistas polêmicos será muito maior[1293];

(2) haverá a supressão de uma omissão inconstitucional das maiorias eventuais, cujo descumprimento do dever de proteção (derivado da dimensão objetiva dos direitos fundamentais e, neste caso em especial, do direito fundamental ao trabalho) permitirá um "deslocamento de competências no contexto da federação"[1294];

(3) sob a perspectiva democrática, o Estado-membro deixará de ser um mero observador, para passar a ser um legítimo participante do processo de escolha autônoma sobre o que deve ou não deve ser feito[1295].

Neste ponto em particular, faz bem destacar as palavras de Leonardo Marins, para quem "não se pode aderir a um critério formalista-positivista de reprodução do modelo central a todos os membros da federação quando as suas realidades são absolutamente díspares, seu povo privilegia interesses diversos, suas dimensões morais comportam estruturas diferentes e sua integração no debate público é engajada em graus absolutamente distintos"[1296].

Pensando-se deste modo, não fica difícil para o legislador estadual fugir da "camisa de força" costurada pelo art. 22, I da CF/88. Basta, para tanto, que o STF prossiga na sua linha de raciocínio. Mas, neste instante, voltaria à baila a segunda pergunta introdutória: ele está capacitado institucionalmente a reconstruir (ou a redesenhar) a distribuição do poder de legislar, ou deve restringir-se ao raciocínio lógico-formal, mais afeito ao papel de legislador negativo?

A resposta não é nem sim, nem não. A saída mais apropriada para legitimar este verdadeiro exercício de "gerenciamento judicial"[1297] é reconhecer que (1) o STF não atribui, retira ou redistribui poderes institucionais ao seu bel-prazer, contando com um marco linguístico vinculante e predefinido, e que (2) isso não o impede de atuar como algo mais do que legislador negativo, quando as razões circundantes assim o exigirem[1298]. Por outras palavras: a Suprema Corte brasileira tem o dever fundamental de guardar a Constituição, mas ela não faz isso apenas preservando o seu texto. Ao contrário, a visibilidade textual da Constituição não a reduz ao que está posto. Como nos lembra Laurence Tribe, isto é apenas a "ponta do *iceberg*"[1299].

Quero dizer com isso que a parcela invisível da Constituição estará sempre ao redor da sua parte sensível, interagindo constantemente para manter o seu frescor. E

(1292) MARINS, Leonardo. *Op. cit.*, p. 691.
(1293) *Idem*, p. 694.
(1294) Cf. ROTHENBURG, Walter Claudius. *Inconstitucionalidade por omissão e troca de sujeitos:* a perda de competência como sanção à inconstitucionalidade por omissão. São Paulo: Revista dos Tribunais, 2005. p. 43-49. GOMES, Fábio Rodrigues. *O direito fundamental ao trabalho*, p. 97-128.
(1295) MARINS, Leonardo. *Op. cit.*, p. 696-697.
(1296) *Idem*, p. 695.
(1297) BINENBOJM, Gustavo. *Duzentos anos de juridição constitucional*, p. 242.
(1298) ROTHENBURG, Walter Claudius. *Op. cit.*, p. 46-47.
(1299) TRIBE, Laurence. *The invisible Constitution*, p. 2 (tradução livre).

o catálogo de direitos fundamentais representa a ponte de contato entre estes dois mundos. Distintos na sua forma exterior, mas coincidentes nos seus objetivos comuns, as Constituições visível e invisível conseguem entrar em comunhão, quando o intérprete se vale dos direitos fundamentais como critério de identificação.

Às vezes, direitos implícitos emergem da invisibilidade para a esfera da fundamentalidade, quando o conjunto textual e a conjunção histórica e social permitem a construção da justificação que os legitimem. Em outras ocasiões, direitos positivados perdem o seu *status* de fundamentalidade material, quando se percebe que eles estavam ali, no texto constitucional, por obra do acaso, da desconfiança ou do oportunismo político eventual. Mas, de um jeito ou de outro, o STF desempenha um papel institucional imprescindível para a certificação destas mudanças de posição. A questão agora é: qual o critério "profilático" ele deve utilizar? Insisto na resposta: o da igual autonomia criativa, calçada na satisfação das necessidades básicas e no reconhecimento das diferenças que nos definem.

Sendo assim, respondo à terceira e última pergunta, apresentando a justificação mais coerente, a fim de corroborar o critério de escolha da competência legislativa mais adequada a concretizar os direitos fundamentais dos trabalhadores:

(1) o sentido do art. 22, I da CF/88 deve ser extraído em comum acordo com a dimensão objetiva do direito fundamental ao trabalho (arts. 1º, IV, 6º e 193 da CF/88), de maneira que a competência exclusiva da União signifique apenas a sua primazia na regulamentação, *rectius*, no cumprimento do seu dever de proteção dos direitos fundamentais dos trabalhadores subordinados; e

(2) a ordem de prioridade normativa (inevitável para que não haja sobreposição e insegurança jurídica) deve ser amenizada, na medida em que se constatar uma omissão inconstitucional do titular originário, mormente em face do descumprimento do seu dever de proteção decorrente da dimensão objetiva dos direitos fundamentais dos trabalhadores. Neste sentido, deve-se permitir o deslocamento de competência para a legislação estadual. Isso porque, além de estar mais próxima do problema a ser resolvido, dos interessados na sua solução e, por isso, ser mais propícia a conquistar a cooperação de todos, ela cobrirá uma lacuna indispensável à efetivação de direitos fundamentais. Deve-se reconhecer, portanto, que o Estado-membro possui atribuição subsidiária nesta questão e, vez por outra, detém a competência para desempenhar uma função legiferante complementar.

Enxergar as coisas de maneira diferente do que está colocado acima, somente irá provocar aporias onde, antes, não existiam.

Por exemplo: se o CNJ pode concretizar diretamente o princípio da moralidade e da impessoalidade administrativa, sem esperar pelo legislador ordinário, por que as Assembleias estaduais não poderão fazê-lo subsidiariamente, isto é, na hipótese de omissão inconstitucional[1300]? Se o próprio Judiciário é useiro e vezeiro em concretizar os direitos fundamentais (estejam eles contidos ou não no texto constitucional), independentemente da atuação parlamentar, por que este poder se torna tão "perigoso" somente quando entregue nas mãos das maiorias políticas regionais?

(1300) STF-ADC n. 12, Rel. Min. Carlos Ayres Britto, DJ 18.12.2009.

O que Canotilho chama de "desafio regulatório" não se restringe apenas às tarefas irresolutas, confiadas a cada um dos órgãos detentores de poder[1301]. A bem de ver, o verdadeiro desafio aparece nas mais variadas missões — sejam elas claras ou escuras — das diversificadas esferas públicas (nacionais e internacionais) e privadas, sem qualquer distinção.

Assim, quando o STF se deparar com esta zona cinzenta associada à efetivação dos direitos fundamentais, os seus Ministros devem ter em mente que a sua função é uma só: promover e facilitar a desconcentração e a descentralização da regulação jurídica entre os diferentes foros democráticos, de modo que a efetividade dos direitos fundamentais dos empregados, próprios de um Estado Constitucional pluralista, não fique refém de um paradoxal "federalismo unitário"[1302].

§ 6º — A responsabilidade subsidiária da Administração Pública

Vindos do passado, retornemos para o presente.

Diante do julgamento da Ação Declaratória de Constitucionalidade n. 16 — DF (Rel. Min. Cezar Peluso), pelo STF, a polêmica em torno da Súmula n. 331, IV do TST ganhou novo fôlego.

Começarei, portanto, pelas disposições da Lei n. 8.666/93, que deram margem a tanta discussão:

> "Art.71 O contratado é responsável pelos encargos trabalhistas, previdenciários, fiscais e comerciais resultantes da execução do contrato.
>
> § 1º A inadimplência do contratado, com referência aos encargos trabalhistas, fiscais e comerciais não transfere à Administração Pública a responsabilidade por seu pagamento, nem poderá onerar o objeto do contrato ou restringir a regularização e o uso das obras e edificações, inclusive perante o Registro de Imóveis.
>
> § 2º A Administração Pública responde solidariamente com o contratado pelos encargos previdenciários resultantes da execução do contrato, nos termos do art. 31 da Lei n. 8.212, de 24 de julho de 1991.

Vejam que interessante.

A redação do *caput* é um verdadeiro truísmo, pois não diz nada mais do que o óbvio. Inusitado seria se, ao contrário, dissesse que o contratado "não é" responsável pelos encargos trabalhistas, previdenciários, fiscais e comerciais resultantes da execução do contrato. Pelo visto, esta imunização não foi cogitada pelo legislador.

Já no primeiro parágrafo, o parlamento decidiu que a inadimplência trabalhista, fiscal e comercial do devedor originário (empregador/vencedor da licitação) não conduz à responsabilização patrimonial da Administração Pública.

(1301) *Direito constitucional e teoria da constituição*, p. 702.
(1302) MARINS, Leonardo. *Op. cit.*, p. 709. CANOTILHO, J. J. Gomes. *Direito constitucional e teoria da constituição*, p. 703-705.

Deste bloqueio textual, duas interpretações normativas (em abstrato) podem ser extraídas[1303]:

(1) há uma regra proibitiva expressa, que impede a transferência do dever de pagar as obrigações trabalhistas inadimplidas pelo prestador de serviços/empregador para o tomador final; e

(2) esta proibição, porque não foi adjetivada/especificada, gera um impedimento genérico, capaz de afastar qualquer responsabilização patrimonial do Estado, seja ela solidária ou subsidiária (por culpa *in eligendo* ou, até mesmo, *in vigilando*).

A pergunta inevitável aqui é: esta decisão é constitucional?

Quando afirmo que ela é inevitável, não estou exagerando. Em verdade, quero enfatizar que, se o caso concreto envolve a prestação de serviços para a Administração Pública e o pedido de sua responsabilização subsidiária, a apreciação da constitucionalidade do § 1º do art. 71 da Lei n. 8.666/93 é um antepasso lógico para o desfecho do problema[1304].

Foram exatamente situações como esta que o legislador, no exercício de sua prognose, decidiu resolver antecipadamente. Mas decidiu com acerto, ou não? Esta, sim, é a questão central que não tem como ser contornada num Estado Democrático e Constitucional de Direito. Até mesmo porque, se, em situações como a mencionada acima, "dar a volta" em torno do § 1º do art. 71 da Lei n. 8.666/93 for a solução, pergunto: quando, afinal de contas, este dispositivo servirá para alguma coisa? Se a resposta for nunca, então existirá uma séria (porque arbitrária) violação de um argumento institucional que nos faz a imagem e semelhança dos ditadores de plantão.

Caminhando para o segundo parágrafo, verifico que o legislador abriu uma exceção à proibição anterior e, expressamente, transformou o tomador final em responsável solidário pelas obrigações previdenciárias do devedor originário (empregador/vencedor da licitação).

A partir desta virada de 180º e tendo em vista que a perplexidade só acontece diante do que ficou estabelecido no parágrafo anterior, de duas, uma deve ser a opção: ou se aponta uma incoerência legislativa apta a gerar a inconstitucionalidade de ambos os parágrafos ou se justifica esta permissão solitária, de modo que ela seja compatibilizada com o conjunto de diretrizes contidas no art. 71 e demais preceitos da Lei n. 8.666/93 e, é claro, com o restante do sistema jurídico brasileiro.

Será, portanto, com base nestas dúvidas introdutórias que tentarei formular algumas premissas indispensáveis para uma leitura crítica das decisões proferidas pelos Ministros do STF e TST.

[1303] GUASTINI, Riccardo. *Teoría e ideología de la interpretación constitucional*, p. 30.
[1304] Em sentido semelhante, cf. Rcl n. 8.150 AgR, Rel. Min. Eros Grau, DJ 18.5.2010 e Rcl n. 7.517 AgR, Rel. Min. Ricardo Lewandowski, DJ 20.10.2009. Ambas as reclamações tratam da ofensa à Súmula Vinculante n. 10 do STF (reserva de plenário) pelo TST, em virtude da não apreciação da constitucionalidade do art. 71 da Lei n. 8.666/93, nos termos do art. 97 da CF/88.

1. A constitucionalidade do § 1º do art. 71 da Lei n. 8.666/93

Pode-se justificar a constitucionalidade desta decisão legislativa com respaldo em, pelo menos, dois tipos de argumento[1305]. Um, de natureza axiológico-normativa; outro, de natureza pragmático-consequencialista.

Para lidar com o primeiro, utilizarei a metodologia contida na máxima da proporcionalidade, tal como desenhada pelo que se convencionou chamar de nova hermenêutica (ou teoria da argumentação jurídica)[1306].

Começando pelas premissas, tenho como ponto de partida que, por detrás da decisão do legislador, estiveram em conflito, de um lado, os princípios democrático, da moralidade, impessoalidade e eficiência administrativa (reduzidos ao símbolo "P1") e, de outro, os princípios da dignidade humana, do valor social do trabalho e do direito ao trabalho dos empregados (reduzidos ao símbolo "P2"). Dito isso, caberá verificar se a ponderação legislativa, que resultou na relação de precedência condicionada de P1 sobre P2, está correta[1307]. Ou, por outras palavras, verificarei se o meio escolhido para efetivar P1 (proibição de responsabilização da Administração Pública) foi adequado, necessário e proporcional em sentido estrito.

Na minha opinião, o meio escolhido (proibição de transferência obrigacional) é adequado. Digo isso porque ele promove as finalidades de P1, na medida em que: (a) concretiza a opção política adotada por uma maioria legítima; (b) evita custos econômicos adicionais não previstos no edital ou, tampouco, na lei orçamentária, assegurando a transparência e a preservação dos parâmetros iniciais da contratação; e (c) estimula um maior compromisso do contratado com o cumprimento regular das suas obrigações, já que saberá de antemão que, seguramente, não contará com o "guarda-chuva" orçamentário do Estado ou com algumas benesses tropicais, ao sabor do compadrio político espúrio.

Quanto à necessidade do meio escolhido, penso que ela deve ser aceita. A bem da verdade, não vislumbro outro instrumento igualmente eficaz com relação a P1 e, ao mesmo tempo, menos restritivo a P2. Neste ponto em especial, é importante relembrar o que já mencionei anteriormente: a limitação institucional do juiz. De um modo geral, ele não possui conhecimento técnico suficiente para efetuar escolhas administrativas "melhores" do que aquelas tomadas pelo legislador[1308]. Mas isso não é só. Além de sua capacidade institucional ser bastante reduzida neste tema em particular, a natureza contramajoritária do Poder Judiciário deve fazer com que o magistrado pense, no mínimo, duas vezes, antes de sobrepujar a vontade do legislador com a sua própria[1309].

[1305] Sobre as diversas possibilidades argumentativas do discurso jurídico, cf., por todos, MACCORMICK, Neil. *Op. cit.*, p. 19-21.
[1306] BARROSO, Luis Roberto (org.). *A nova interpretação constitucional:* ponderação, direitos fundamentais e relações privadas. Rio de Janeiro: Renovar, 2003.
[1307] Sobre a relação de precedência condicionada como o resultado da ponderação de princípios, cf. ALEXY, Robert. *Teoria dos direitos fundamentais*, p. 96 *et seq.*
[1308] Neste sentido, BINEMBOJN, Gustavo; CYRINO, André Rodrigues. *Parâmetros para a revisão judicial de diagnósticos e prognósticos regulatórios em matéria econômica*, p. 743-753.
[1309] Cf. SARMENTO, Daniel. Interpretação constitucional, pré-compreensão e capacidades institucionais do intérprete. In: SOUZA NETO, Cláudio Pereira de; SARMENTO, Daniel; BINEMBOJN, Gustavo (coord.). *Vinte anos da Constituição Federal de 1988*. Rio de Janeiro: Lumen Juris, 2009. p. 311-313.

Ou isso, ou o princípio democrático estará seriamente fragilizado. Parafraseando Oscar Vilhena Vieira, correremos o sério risco de vivermos em uma "juizocracia"[1310].

Chegando próximo da proporcionalidade em sentido estrito, vejo-me na obrigação de angariar argumentos razoáveis o suficiente para convencê-los de que o benefício produzido pelo artigo de lei compensa o custo colateral provocado (lei de colisão)[1311]. E é justamente aqui que insiro o raciocínio pragmático-consequencialista.

Ora, a partir do instante em que se coloca uma barreira normativa entre o contratado e as finanças públicas, apenas os empresários sérios e ciosos de suas responsabilidades participarão dos procedimentos licitatórios. Não porque os menos eficientes ou os mais inescrupulosos consigam ser identificados previamente. Mas, sim, porque não haverá aquele incentivo adicional aos menos competentes, uma vez que o Estado não mais "arcará com todo o passivo trabalhista, na condição de seguradora universal"[1312].

Pensem comigo: se você sabe que a Administração Pública estará sempre de braços abertos para consertar os seus desmandos, o que o impede de oferecer o menor preço possível, a fim de vencer a licitação? O que o impede de transbordar os limites da razoabilidade e ofertar um preço que, apesar de sabidamente inviável, o tornará vencedor?

A rigor, nada, pois, ao fim e ao cabo, lá estará o patrimônio público, sempre pronto a ser alcançado. Neste sentido, o bloqueio normativo é uma ideia que, além de preservar a eficiência e a moralidade administrativa, evita violações mascaradas do princípio da livre concorrência (art. 170, IV da CF/88). Isso sem falar da impessoalidade, eis que não é nem um pouco incomum que um agente público corrompido combine algo nesta linha com o participante da licitação, num jogo de cartas marcadas cujo resultado final é bem conhecido: o prejuízo do erário.

Acrescento, ainda, a seguinte pergunta: caso se insista na responsabilização da Administração Pública (apesar de expressamente proibida) com base na sua negligência fiscalizadora (a famosa culpa *in vigilando*), o que se deveria exigir do ente público para que ele escapasse desta armadilha? O que significa a obrigação de "fiscalizar"? Qual o alcance desta expressão[1313]?

Lembrem-se de que, muitas vezes, o Estado possui diversas atividades terceirizadas, o que envolve, no mínimo, uma gigantesca rotatividade de pessoal, uma complexa distribuição de atribuições e uma quantidade ainda maior de contratações. Imaginem, por exemplo, um hospital público onde seja terceirizada a atividade de limpeza, de segurança e a de manutenção dos aparelhos eletrônicos (tomógrafos, computadores etc.). Será que o administrador hospitalar, além de cuidar das suas inúmeras tarefas diárias, também deverá se ocupar da fiscalização de todas as relações de emprego de todos os trabalhadores terceirizados presentes no seu estabelecimento? Isso é viável? Ou a terceirização surgiu exatamente para lhe retirar este peso dos ombros?

[1310] *Supremocracia*, p. 483-502.
[1311] ALEXY, Robert, *Teoria dos direitos fundamentais*, p. 94-99.
[1312] MENDES, Gilmar Ferreira. Perplexidades acerca da responsabilidade civil do Estado: ´União seguradora universal´?. *Revista Jurídica da Presidência da República*. Brasília, V. 2, n. 13, junho /1999.
[1313] Sobre as inúmeras possibilidades semânticas do texto normativo, cf. GUASTINI, Riccardo. *Teoría e ideología de la interpretación constitucional*, p. 30-34.

Quando se imagina um único serviço terceirizado de limpeza, com dois ou três empregados, parece fácil. Mas basta pensarmos em vários serviços, com um quantitativo de trabalhadores dez ou vinte vezes maior, ou em uma atividade que não demande a permanência do empregado terceirizado no estabelecimento (como é o caso do técnico em eletrônica, que pode atender a diversos clientes em um único dia), e as coisas começam a ficar cada vez mais obscuras.

No tocante à proteção dos empregados, o bordão que se repete é o de sempre: a corda sempre arrebenta do lado mais fraco. Passa-se a impressão de que sem a garantia dos cofres públicos os trabalhadores ficarão com o pires na mão. Discordo.

O que deverá ocorrer é uma fiscalização atenta por parte dos próprios empregados e do seu sindicato de classe, com relação ao cumprimento dos deveres patronais. Se houver inadimplemento, as instituições estarão aí para lhes garantir a efetivação dos seus direitos subjetivos. Delegacia Regional do Trabalho, Ministério Público do Trabalho e Justiça do Trabalho, todos são órgãos isentos e constitucionalmente habilitados a concretizar o dever de proteção decorrente da dimensão objetiva dos direitos fundamentais dos trabalhadores[1314].

Autuações, ações civis públicas, termos de ajustamento de conduta, multas diárias, penhora eletrônica e, como eu já defendi em outro lugar, prisão civil para os inadimplentes voluntários e inescusáveis de salários, em virtude de seu caráter alimentar[1315]. Todos são instrumentos legítimos de eficácia social do direito vigente e que devem ser aplicados com a máxima presteza pelos agentes do Estado, a fim de que a impunidade seja uma página virada da nossa história[1316].

O que não é justo (e daí vem a sua natureza ilegal) é a transferência do inadimplemento para a Administração Pública, ou melhor, para a sociedade, simplesmente porque a experiência demonstra que precisamos evoluir para melhor guarnecer as posições jurídicas dos trabalhadores. Que se municiem as instituições para que façam valer o direito e não que se "desfaça" o direito porque as instituições não estão dando conta dos fatos.

Em suma: o § 1º do art. 71 da Lei n. 8.666/93 é constitucional e, portanto, não pode e não deve ser simplesmente desconsiderado na construção do raciocínio jurídico que levará à sua decisão sobre a responsabilidade patrimonial da Administração Pública.

Até mesmo porque, se a desconsideração deste enunciado for levada a cabo, haverá um afastamento implícito de uma disposição legislativa que, sem sombra de dúvidas, veio para regular situações como estas, isto é, veio para compor a premissa maior do silogismo judicial. E, em casos semelhantes, o STF já decidiu que "reputa-se

---

(1314) Para uma defesa das instituições federais trabalhistas e sobre a sua derivação da dimensão organizacional do direito fundamental ao trabalho, cf. GOMES, Fábio Rodrigues. *A relação de trabalho na Constituição*, p. 126-129.
(1315) GOMES, Fábio Rodrigues. *O direito fundamental ao trabalho*, p. 236 *et seq*.
(1316) Cf. também, no sentido de propiciar novos meios de efetivação do direito, SIVOLELLA, Roberta Ferme. A indenização prevista no art. 1216 do Código Civil e sua aplicabilidade no processo do trabalho. In: *Revista LTr,* São Paulo, ano 72, n. 03, p. 285-288, mar. 2008.

declaratório de inconstitucionalidade o acórdão que — embora sem o explicitar — afasta a incidência da norma ordinária pertinente à lide para decidi-la sob critérios diversos alegadamente extraídos da Constituição"[1317].

Disse e repito: faça chuva ou faça sol, seja dia ou seja noite, o § 1º do art. 71 da Lei n. 8.666/93 deve ser analisado. Ou prejudicialmente, para os que o consideram inconstitucional e, assim, explicitem o porquê de sua opinião, sem esquecer de deixar clara a sua intenção de excluí-lo do encadeamento lógico da sua fundamentação. Ou no mérito da questão, para os que o consideram constitucional e, deste modo, coloquem-no como ponto de apoio normativo para a construção da sua conclusão.

Eu escolho a segunda alternativa. E, por isso, passo a analisar o § 2º do art. 71 da Lei n. 8.666/93.

2. A compatibilidade com o § 2º do art. 71 da Lei n. 8.666/93

Neste instante, a pergunta que nos chama a atenção é a seguinte: por que o legislador responsabilizou solidariamente o Estado apenas em relação às obrigações previdenciárias devidas pelo empregador/contratado?

O que está em risco agora é a integridade do princípio da igualdade, pois, caso não se encontre um critério legítimo para justificar esta distinção de tratamento em relação às demais espécies de obrigação, a incoerência legislativa desembocará numa inconstitucionalidade em cascata[1318]. Sendo mais direto: não havendo uma razão plausível para a responsabilização pública solidária voltada para as obrigações previdenciárias, tudo o que foi dito no item anterior cai no vazio. Ora, como continuar justificando a proibição de transferência obrigacional para o Estado, na sua face executiva, se este mesmo Estado, na sua face legislativa, agiu em sentido contrário com relação a um dever em especial?

Mas não fiquemos só nisso. Para dificultar as coisas, poder-se-ia destacar um outro aspecto da questão que ainda está encoberto. Falo do caráter menos importante da obrigação previdenciária. Todos sabemos que, dentro da gradação normativa consolidada no sistema jurídico brasileiro, ela ficaria em um patamar abaixo da obrigação trabalhista[1319]. Então, voltando para o problema, seria razoável perguntar: por que o legislador responsabilizou solidariamente a Administração Pública pela obrigação menos relevante e não agiu de igual modo com relação àquela que, axiologicamente, lhe é superior?

Penso que as respostas para ambas as questões se encontram numa mesma ideia. Raciocinem comigo. O regime geral da previdência no Brasil é um regime de repartição[1320]. Desta forma, aqueles que trabalham hoje contribuem para pagar os

---

(1317) RE n. 240.096/RJ, Rel. Min. Sepúlveda Pertence, DJ de 21.5.99.
(1318) Cf. ÁVILA, Humberto. *Teoria dos Princípios*, p. 150-151.
(1319) Cf., por todos, GOMES, Fábio Rodrigues. *Direito fundamental ao trabalho*, p. 231-234.
(1320) CUNHA, Luiz Claudio Flores da. Princípios de Direito Previdenciário na Constituição da República de 1988. In: FREITAS, Vladimir Passos de (coord.). *Direito previdenciário:* aspectos materiais, processuais e penais. 2. ed. Porto Alegre: Livraria do Advogado, 1999. p. 36.

benefícios dos aposentados e licenciados de hoje. Ao contrário de outros países ou de alguns sistemas de previdência privada, onde os trabalhadores contribuem para a sua própria aposentadoria no futuro (regime de capitalização), aqui o Estado deve se preocupar em manter ininterrupto o fluxo de caixa, uma vez que qualquer falha na engrenagem gerará repercussões sociais imediatas.

Postas as coisas desta maneira, já se pode repensar a primeira questão e responder: o legislador abriu a exceção para a responsabilização da Administração Pública porque, de um jeito ou de outro, ela teria que direcionar recursos públicos para o caixa único da previdência, a fim de evitar o seu colapso. Assim, ao solidarizar o Estado com o pagamento das obrigações previdenciárias, o § 2º do art. 71 da Lei n. 8.666/93 quis garantir a higidez atuarial de todo o sistema, e não privilegiar um tipo particular de obrigação derivada de uma relação jurídica específica, contando com a vantagem adicional de se poder buscar um ressarcimento futuro, por meio de uma ação regressiva.

Já no que tange ao caráter secundário das obrigações previdenciárias, é importante dizer que esta natureza depende do ponto de vista adotado. É claro que, desde a perspectiva da relação de emprego, a obrigação previdenciária aparece em segundo plano, porquanto ela beneficiará apenas mediatamente o trabalhador. Afinal, enquanto o salário, as férias e a estabilidade serão aproveitados diretamente pelo empregado, as suas contribuições irão para um fundo comum, cujo destino imediato será o pagamento dos benefícios dos atuais aposentados e licenciados. Ocorre que, de acordo com a ótica da Administração Pública (esteja ela ou não na posição de tomadora final do trabalho a ser realizado), de todas as obrigações listadas pelo legislador, é justamente a previdenciária que carrega as maiores angústias e receios do conjunto da sociedade, incluindo aí o próprio trabalhador terceirizado.

Ao que parece, o legislador brasileiro comungou desta mesma preocupação inerente à atuação executiva do Estado e decidiu abrir uma pequena brecha na barreira normativa montada no § 1º do art. 71 da Lei n. 8.666/93, de modo que o tratamento diferenciado, extraído do § 2º do art. 71 da Lei n. 8.666/93, não foi arbitrário. Ao invés disso, existe ali, como pano de fundo da regra de exceção, um possante fundamento constitucional que guarda uma indiscutível relação de coerência com tudo o que foi dito: os princípios da solidariedade social, da segurança jurídica e da proteção da confiança de todos os segurados do regime geral da previdência social (arts. 3º, I, 5º, *caput*, 195 e 201 da CF/88).

3. O consenso sobreposto: a Súmula n. 331, IV do TST

Convalidado o § 1º do art. 71 da Lei n. 8.666/93 e afastada a incoerência potencialmente vislumbrada no seu § 2º, vale a pena, ainda, analisar a interpretação que foi feita destes dispositivos pelo Tribunal Superior do Trabalho. Por isso, transcrevo abaixo o teor da sua Súmula n. 331, IV:

> "O inadimplemento das obrigações trabalhistas por parte do empregador, implica na responsabilidade subsidiária do tomador dos serviços, quando àquelas obrigações, inclusive quanto aos órgãos da administração direta, das autarquias, das fundações públicas, das

empresas públicas e das sociedades de economia mista, desde que tenha participado da relação processual e constem também do título executivo judicial (art. 71 da Lei n. 8.666 de 21.6.1993)."

Depois de lido o verbete, a perplexidade aflora de duas maneiras. Por um lado, percebe-se que o TST afirma, sem meias palavras, que a Administração Pública é responsável subsidiária pelos inadimplementos do empregador. Mas, de outra parte, a mesma afirmação faz referência ao art. 71 da Lei n. 8.666, de 21.6.1993, isto é, ao dispositivo que determina justamente o oposto. Como, então, explicar este paradoxo? Com a palavra, o Ministro Rider Nogueira de Brito:

> "Verifica-se que em nenhum momento o Tribunal cogitou de declarar inconstitucional o art. 71, § 1º da Lei n. 8.666/93, apenas afirmou que a sua aplicação, relativamente aos contratos de terceirização de mão de obra firmados pela Administração Pública em geral, empresas públicas e sociedades de economia mista, está submetida, também, à regência de outros dispositivos constitucionais e legais."[1321]

Este foi o argumento central do TST nas suas informações remetidas ao STF: contornar o problema aparentemente incontornável da constitucionalidade do art. 71 da Lei n. 8.666/93, socorrendo-se de outras decisões legislativas que, juntas, poderiam "falar mais alto". A rigor, o Tribunal repetiu boa parte da fundamentação contida no incidente de uniformização de jurisprudência, que deu ensejo ao inciso IV da sua Súmula n. 331 (IUJ-RR-297.751/96). Naquela ocasião, asseverou-se, dentre outras coisas, que:

> "Embora o art. 71 da Lei n. 8.666/93 contemple a ausência de responsabilidade da Administração Pública pelo pagamento dos encargos trabalhistas, previdenciários, fiscais e comerciais resultantes da execução do contrato, é de se consignar que a aplicação do referido dispositivo somente se verifica na hipótese em que o contratado agiu dentro de regras e procedimentos normais de desenvolvimento de suas atividades, assim como de que o próprio órgão da administração que o contratou pautou-se nos estritos limites e padrões da normatividade pertinente. Com efeito, evidenciado, posteriormente, o descumprimento de obrigações, por parte do contratado, entre elas as relativas aos encargos trabalhistas, deve ser imposta à contratante a responsabilidade subsidiária. Realmente, nessa hipótese, não se pode deixar de lhe imputar, em decorrência desse seu comportamento omisso ou irregular, ao não fiscalizar o cumprimento das obrigações contratuais assumidas pelo contratado, em típica *culpa in vigilando*, a responsabilidade subsidiária e, consequentemente, seu dever de responder, igualmente, pelas consequências do inadimplemento do contrato. Admitir-se o contrário, seria menosprezar todo um arcabouço jurídico de proteção ao empregado e, mais do que isso, olvidar que a Administração Pública deve pautar seus atos não apenas atenta aos princípios da legalidade, da impessoalidade, mas sobretudo, pelo da moralidade pública, que não aceita e não pode aceitar, num contexto de evidente ação omissiva ou comissiva, geradora de prejuízos a terceiro, que possa estar ao largo de qualquer corresponsabilidade do ato administrativo que pratica. Registre-se, por outro lado, que o art. 37, § 6º, da Constituição Federal consagra a responsabilidade objetiva da Administração, sob a modalidade de risco administrativo, estabelecendo, portanto, sua obrigação de indenizar sempre que cause danos a terceiro. Pouco importa que esse dano se origine diretamente da Administração, ou, indiretamente, de terceiro que com ela contratou e executou a obra ou serviço, por força ou decorrência de ato administrativo."

Sublinharei, brevemente, os principais momentos da argumentação exposta. Inicialmente, foi dito que o art.71 da Lei n. 8.666/93 só deve ser aplicado em situações de normalidade (no desenvolvimento da atividade empresarial) e de licitude (na atuação

---

(1321) OF.TST.GP n. 113/2007, juntado aos autos da ADC n. 16, Rel. Min.Cezar Peluso, como PG n. 79801/07.

do ente público). Contudo — e aqui surge o segundo ponto alto da fundamentação —, quando o inadimplemento acontecer, estará autorizada a não aplicação da regra proibitiva, seja porque estará configurada a culpa *in vigilando* da Administração Pública, seja porque se deverá conceder maior precedência aos princípios de proteção do trabalhador, de valorização do trabalho e da moralidade pública. Por fim, foi acrescentado o art. 37, § 6º da CF/88, que consagra a responsabilidade objetiva do Estado, dando a entender que seria aplicável ao contexto da terceirização.

Pois bem. Logo de plano, é importante dizer com todas as letras que o TST inovou. Ou, dito de outro modo, a Corte simplesmente impôs a sua opinião em detrimento da decisão legislativa. Como justificar esta sobreposição institucional? Se a decisão já estava tomada, em termos bastante peremptórios, mediante a interpretação em abstrato do art. 71 da Lei n. 8.666/93, houve violação do princípio democrático?

4. O dissenso pacificador: o julgamento da ADC n. 16 e a nova redação da Súmula n. 331 do TST

As respostas a estas e a outras indagações foram dadas, em definitivo, no julgamento da ADC n. 16.

Posta em pauta no dia 10 de setembro de 2008, a ADC n. 16 atacou os pontos nevrálgicos desta polêmica que, há anos, estava aparentemente esvaziada (ou relativamente pacificada) na Justiça do Trabalho.

Ocorre que, logo de início, surgiu um certo estranhamento. Isso porque o Ministro Cezar Peluso considerou haver "falta de interesse processual ou de agir" do autor (Governador do Distrito Federal), pois em momento algum o TST declarou a inconstitucionalidade do art. 71, § 1º da Lei n. 8.666/93. Desta forma, porque descumprido o requisito previsto no art. 14, III da Lei n. 9.868/99, julgou "o autor carecedor da ação".

Contudo, o Ministro Marco Aurélio divergiu. Na sua opinião, o caso envolvia uma "declaração branca de inconstitucionalidade da Lei das Licitações", já que houve o "afastamento, por um verbete de súmula da jurisprudência predominante de certo Tribunal Superior, de um preceito legal, à mercê (...) de uma interpretação toda própria (...) ampliativa da solidariedade prevista no § 2º do art. 2º da Consolidação das Leis do Trabalho". Portanto, "surge o conflito, pelo menos aparente, entre a Consolidação das Leis do Trabalho e a Lei de Licitações, colocando-se em segundo plano — repito — norma expressa, categórica, clara e precisa, a revelar que a tomadora dos serviços — serviços terceirizados — não tem responsabilidade, considerados os ônus trabalhistas".

Em contrapartida, o Ministro Peluso observou que a jurisprudência do TST "não se baseia na inconstitucionalidade do art. 71, mas na apreciação de fatos, de comportamento da administração pública e no art. 37, § 6º (...)". Indo além, perguntou: "O que adianta o Supremo dizer, repetindo o Tribunal Superior do Trabalho, que o art. 71 é constitucional?" E ele mesmo respondeu: "Nada. O enunciado permanece e subsiste do mesmo modo. Ou seja, a responsabilidade que a Justiça trabalhista tem reconhecido à Administração Pública, nos casos concretos, decorre do exame destes."

Não satisfeito, o Ministrou Marco Aurélio pontuou que "A utilidade deste julgamento, a meu ver, é enorme, porque, como ressaltei, quando da edição do verbete, implicitamente se projetou para o campo da inconstitucionalidade o que disposto no art. 71 da Lei n. 8.666/93, Lei Geral de Licitações. Se avançarmos e viermos a declarar a constitucionalidade do ato normativo — e acredito na ordem natural das coisas — o próprio Tribunal Superior do Trabalho reverá o verbete. E a consequência — digo até mais, porque se respeitam as decisões do Supremo — de uma possível glosa do verbete será a retirada, com toda a certeza, desse mesmo verbete do mundo jurídico".

Todavia, o julgamento não foi adiante em razão do pedido de vista do Ministro Menezes Direito.

A discussão foi retomada em 24 de novembro de 2010, com o voto da Ministra Cármen Lúcia, haja vista o falecimento do Ministro Menezes Direito e a sua sucessão pelo Ministro Dias Toffoli, impedido de julgar porque havia atuado como Advogado--Geral da União naquela primeira oportunidade.

De plano, a Ministra Cármen Lúcia destacou duas premissas básicas para a resolução do problema.

A primeira, mais genérica, no sentido de que "apenas se uma norma constitucional tiver sua presunção de constitucionalidade gravemente abalada é que se abrirá espaço para o aproveitamento da ação declaratória de que ora se cuida". Porquanto, como dizia o Ministro Sepúlveda Pertence, "tanto se ofende à Constituição aplicando lei inconstitucional quanto negando aplicação, a pretexto de inconstitucionalidade, à lei que não o seja".

A segunda, mais específica, segundo a qual, de acordo com a "orientação assentada pelo Tribunal Superior do Trabalho, o § 1º do art. 71 da Lei n. 8.666/93 somente teria aplicação nos casos em que a Administração Pública comprovasse a sua atuação regular na fiscalização do cumprimento dos encargos trabalhistas pelo contratado. Do contrário, ter-se-ia o afastamento daquela norma e a responsabilidade subsidiária da Administração Pública pelo dano causado ao empregado da empresa por ela contratada".

Feitas estas observações, a Ministra Cármen Lúcia concluiu que "para o desate da questão do cabimento desta ação declaratória de constitucionalidade, o que importa é saber qual a natureza da controvérsia judicial sobre o alegado dever da Administração Pública em fiscalizar o adimplemento dos encargos trabalhistas em contrato de prestação de serviço". Neste passo, depois de uma leitura atenta dos fundamentos do IUJ-RR n. 297751/1996.2, ela asseverou que houve, sim, declaração de inconstitucionalidade do art. 71, § 1º da Lei n. 8.666/93, o que "põe em risco a presunção de constitucionalidade desta norma".

Ultrapassada esta questão prévia, a Ministra dedicou-se ao mérito da causa.

Destacou que o art. 71, § 1º da Lei n. 8.666/93 regulamenta o art. 37, XXI da CF/88 e que ao "incumbir exclusivamente à empresa contratada o pagamento das obrigações trabalhistas dos empregados a ela vinculados [o dispositivo] (...) fixa os limites da responsabilidade contratual do ente estatal na relação contratual firmada, o que não contraria a Constituição da República".

Indo além, a Ministra Cármen Lúcia observou que o art. 37, § 6º da CF/88 não deve ser aplicado à hipótese, eis que "o 'dano' considerado seria o inadimplemento de obrigações trabalhistas por empresa que não integra a Administração Pública, logo, não se poderia jamais caracterizar como agente público". Ou seja: "Ao argumento de obediência ao princípio de responsabilidade do Estado — de natureza extracontratual — não se há de admitir que a responsabilidade decorrente do contrato de trabalho dos empregados de empresa contratada pela entidade administração pública a ela se comunique e por ela tenha de ser assumida."

Contudo, a Ministra fez questão de pontuar que as suas razões não visavam a eximir a Administração Pública de suas obrigações. Isso porque, desde "o processo licitatório, a entidade pública contratante deve exigir o cumprimento das condições de habilitação (jurídica, técnica, econômico-financeira e fiscal) e fiscalizá-la na execução do contrato". Ocorre que, ainda que o ente público descumpra o seu dever legal de fiscalizar o adimplemento das obrigações trabalhistas, isso não deveria acarretar sua "automática responsabilidade subsidiária (...), pois não é capaz de gerar vínculo de natureza trabalhista entre a pessoa estatal e o empregado da empresa particular".

Em suma, ao votar pela declaração de constitucionalidade do art. 71, § 1º da Lei n. 8.666/93, a Ministra Cármen Lúcia encerrou afirmando que o seu entendimento não exime a entidade da Administração Pública do dever de observar os princípios constitucionais a ela referentes, entre os quais os da legalidade e da moralidade administrativa", mas isso "não importa afirmar que a pessoa da Administração Pública possa ser diretamente chamada em juízo para responder por obrigações trabalhistas devidas por empresas por ela contratadas".

A partir daí, desencadeou-se o debate.

O Ministro Cezar Peluso frisou novamente a interpretação do TST, segundo a qual, mesmo sendo o dispositivo constitucional, responsabiliza-se a Administração Pública no caso concreto, quando constatado o inadimplemento das obrigações trabalhistas.

Exatamente por este motivo, a Ministra Cármen Lúcia voltou a dizer que "a norma, como acabei de reler, é taxativa. No contrato administrativo, não se transferem ônus à Administração Pública que são entregues ao contratado. Se a Justiça do Trabalho afasta, ela tem que afastar essa norma por inconstitucionalidade, porque senão é descumprimento de lei. Não há alternativa".

Logo em seguida, foi secundada pelo Ministro Marco Aurélio, para quem "Esse é o ponto crucial: o art. 71 da Lei n. 8.666/93 é categórico no que afasta a responsabilidade do Poder Público quando tomada a mão de obra mediante empresa prestadora de serviço". E, prosseguiu, "É uma matéria em aberto, e, a meu ver, quando se declarou a responsabilidade, sem se assentar a inconstitucionalidade do art. 71 da Lei n. 8.666/93, afastou-se esse preceito sem se cogitar da pecha de inconstitucionalidade".

Mais uma vez a Ministra Cármen Lúcia tomou a palavra para asseverar que o incidente de uniformização de jurisprudência apreciado no TST valeu-se explicitamente do art. 37, § 6º da CF/88, o que seria um equívoco, pois este preceito "trata de responsabilidade objetiva patrimonial ou extracontratual [e] Aqui é responsabilidade contratual, então, na verdade, contrariam a Constituição".

Não convencido, o Ministro Cezar Peluso observou que compreendia e aceitava o argumento da Justiça do Trabalho, visto que ela, ao não transferir a responsabilidade do contratante para a Administração, não colocava em jogo a constitucionalidade do art. 71, § 1º da Lei n. 8.666/93. O que fazia era responsabilizar o ente público pela sua ação culposa "em relação à fiscalização".

Esta impressão propiciou uma nova investida dos Ministros Marco Aurélio e Cármen Lúcia. O primeiro, perguntando: "Mas, onde [está] prevista essa atuação censora? (...) O preceito não distingue." A segunda, para salientar que "a Constituição não pode dar com a mão direita e tirar com a esquerda".

O Ministro Peluso não se deu por vencido e advertiu que o reconhecimento da constitucionalidade do art. 71 da Lei n. 8.666/93 "não impedirá que a Justiça do Trabalho recorra a outros princípios constitucionais e, invocando os fatos da causa, reconheça a responsabilidade da Administração, não pela mera inadimplência, mas por outros fatos". E insistiu: "Não é a constitucionalidade dessa norma que vai impedir a Justiça do Trabalho de reconhecer a responsabilidade da Administração perante os fatos!"

Neste momento, interveio o Ministro Gilmar Mendes. De acordo com a sua visão, a controvérsia era patente, e "só isso já justificaria a admissibilidade da ADC".

O Ministro Cezar Peluso, então, consultou os colegas, indagando se poderia proclamar o resultado, mas foi aparteado pelo Ministro Ricardo Lewandowski. Consoante o Ministro Lewandowski, a matéria seria infraconstitucional "porque, realmente, ela é decidida sempre em um caso concreto, se há culpa ou não". De modo que, configurada a culpa *in vigilando* e *in eligendo* da Administração "o TST, incide, ou se afasta, digamos assim, esse art. 71 da Lei n. 8.666".

Reafirmando a sua linha de raciocínio, a Ministra Cármen Lúcia sublinhou que "esse tipo de conduta quebra a estrutura inteira da Administração Pública, que licita, contrata, a lei diz que não assumirá outras que não as obrigações contratuais e, depois, determinam que ela assuma duas vezes: ela pagou esse contratado que contratou de maneira equivocada e ainda o empregado que o contatado particular não pagou. A licitação então não valeu de nada, e depois o povo brasileiro ainda paga a segunda vez por esse trabalhador. Quer dizer, alguma coisa está muito errada. E, se está errada nesse nível, acho que há outras consequências, inclusive mandar apurar a responsabilidade desse que não fiscalizou, desse que licitou mal".

Em seguida, o Ministro Gilmar Mendes trouxe o argumento que fez toda a diferença no desenvolvimento do julgamento. Para ele, o empregado que prestou o serviço pode recair "no pior dos mundos", pois não recebeu do empregador e não receberá da Administração. Portanto, na sua opinião, foi isso que o "TST, de alguma forma, tentou explicitar ao não declarar a inconstitucionalidade da lei e resgatar a ideia da súmula, para que haja essa *culpa in vigilando* fundamental". Frisou, ademais, que no âmbito do próprio tribunal já houve a necessidade de fiscalizar empresa terceirizada, já que, via de regra, ao menos no plano federal, elas recebem pontualmente do poder público.

E, ao finalizar, o Ministro Gilmar ressaltou: "talvez [haja] até uma exigência de demonstração de que se fez o pagamento, o cumprimento pelo menos das verbas elementares: pagamento de salário, recolhimento da Previdência Social e do FGTS."

A Ministra Cármen Lúcia retomou seu argumento, lembrando que a legislação brasileira só permite o pagamento *a posteriori*. Ao que o Ministro Cezar Peluso asseverou: "Vossa Excelência está acabando de demonstrar que a Administração Pública é obrigada a tomar atitude que, quando não toma, configura inadimplemento dela!" E a Ministra retrucou que "Claro, não discordo disso".

Aproveitando o ensejo, o Ministro Peluso salientou que "Isso é que gera responsabilidade que vem sendo reconhecida pela Justiça do Trabalho. Não é a inconstitucionalidade da norma. A norma é sábia. Ela diz que o mero inadimplemento não transfere a responsabilidade. O mero inadimplemento deveras não transfere, mas a inadimplência da obrigação da Administração é que lhe traz como consequência uma responsabilidade que a Justiça do Trabalho eventualmente pode reconhecer a despeito da constitucionalidade da lei".

Mais uma vez o Ministro Gilmar Mendes pontuou de forma precisa, ao observar que "O que estava acontecendo, Presidente, é que, na quadra que se desenhou, a Justiça do Trabalho estava aceitando, de forma irrestrita, a responsabilidade do ente estatal". E o Ministro Peluso aceitou esta ponderação, dizendo que "Agora há de ser no sentido de que ela vai ter que examinar os fatos".

O Ministro Marco Aurélio deixou claro que continuava a discordar da interpretação do TST, seja quando lastreada no art. 37, § 6º da CF/88, seja quando pautada no alargamento do art. 2º, § 2º da CLT. Neste sentido, o Ministro Gilmar Mendes disse que, realmente, a Súmula n. 331 do TST acabou por "revogar a própria norma" e, como ressaltado pela intervenção do Ministro Marco Aurélio, "Sem declarar a inconstitucionalidade".

Encaminhado-se para o desfecho da deliberação, o Ministro Ayres Brito resguardou sua opinião contrária à constitucionalidade de terceirização de mão de obra pela Administração Pública e julgou parcialmente procedente o pedido, ao passo que o Ministro Celso de Mello, após longa digressão sobre os requisitos de admissibilidade da ADC, conheceu a de n. 16 em análise e julgou-a procedente, na mesma linha do voto do Ministro Cezar Peluso.

Por fim, o Ministro Gilmar Mendes fez questão de destacar que, sem embargo do reconhecimento da constitucionalidade do art. 71 da Lei n. 8.666/93, o STF estava fazendo "uma severa revisão da jurisprudência do TST". Isso porque "num quadro, sei lá, de *culpa in vigilando*, patente, flagrante, que a Administração venha a ser responsabilizada porque não tomou as cautelas de estilo". Algo que não é da "rotina dos acórdãos do TST".

Sendo assim, o Tribunal, por maioria e nos termos do voto do Relator (Ministro Cezar Peluso), julgou procedente o pedido contido na ADC n. 16.

Cerca de seis meses depois, foi divulgada a Resolução n. 174/2011 do TST[1322]. E nela constava a nova redação do verbete da Súmula n. 331, com o seguinte inciso: "*V — Os entes da Administração Pública direta e indireta respondem subsidiariamente, nas mesmas condições do item IV, caso evidenciada a sua conduta culposa no cumprimento das obrigações da Lei n. 8.666, de 21.6.1993, especialmente na fiscalização*

(1322) DJ 31.5.2011.

do cumprimento das obrigações contratuais e legais da prestadora de serviço como empregadora. A aludida responsabilidade não decorre de mero inadimplemento das obrigações trabalhistas assumidas pela empresa regularmente contratada."

5. Análise crítica

Os principais argumentos construídos ao longo da deliberação podem ser arrumados da seguinte maneira:

(1) Não haveria interesse de agir do autor da ADC n. 16, uma vez que a constitucionalidade do dispositivo não foi questionada pelo TST. A rigor, esta discussão não alteraria uma linha sequer dos julgamentos deste tribunal, pois ele apenas afastou a aplicação do art. 71, § 1º da Lei n. 8.666/93 diante do caso concreto, e mediante princípios constitucionais, quando identificou a culpa *in eligendo* ou *in vigilando* da Administração Pública.

(2) Este posicionamento do TST configurou uma "declaração branca de inconstitucionalidade do art. 71, § 1º da Lei n. 8.666/93 e entrou em inevitável rota de colisão com o seu enunciado normativo, visto que ele é taxativo, categórico, no sentido de proibir a responsabilização da Administração pelos inadimplementos de obrigações trabalhistas do contratado. Mais do que isso, tal violação geraria uma dupla punição para o ente público, na medida em que gastaria com o pagamento do contratado e, posteriormente, dos seus empregados terceirizados.

(3) O art. 36, § 6º da CF/88 não é aplicável à hipótese, uma vez que visa à responsabilização extracontratual da Administração Pública em razão de danos provocados diretamente pelos seus agentes.

(4) A Administração Pública tem o dever de fiscalizar a correta execução do contrato administrativo, havendo hipóteses, inclusive, nas quais só possui a permissão de honrá-lo *a posteriori*, como, por exemplo, depois que o contratado demonstrasse o regular cumprimento de suas obrigações previdenciárias.

(5) Este dever específico da Administração não significa sua "responsabilização automática", algo que vinha sendo feito corriqueiramente pelo TST. A bem de ver, a "norma é sábia", ao bloquear a responsabilização da Administração Pública decorrente do "mero inadimplemento contratual", mas não impedindo que isso aconteça quando ela mostrar-se negligente na fiscalização do contratado.

Pois bem. Para sabermos se a decisão do STF está correta ou equivocada, é importante localizá-la no único procedimento que, na minha opinião, poderia tentar explicar a sua tomada de posição. Falo do método da superabilidade ou derrotabilidade de regras (*defeasibility*)[1323].

A ideia é a seguinte: sempre que uma situação de fato (*v. g.*, inadimplemento do empregador/contratado) integrar a hipótese de incidência de uma regra (art. 71, § 1º da

---

[1323] Por todos, MACCORMICK, Neil. *Op. cit.*, p. 307 *et seq.* ÁVILA, Humberto. *Teoria dos princípios*, p. 112 *et seq.* BUSTAMANTE, Thomas da Rosa de. *Argumentação contra legem*: a teoria do discurso e a justificação jurídica nos casos mais difíceis. Rio de Janeiro: Renovar, 2005. p. 232-241.

Lei n. 8.666/93) e, ao mesmo tempo, estiver na área de influência de outros princípios (proteção do emprego, valorização do trabalho e moralidade pública), haverá um conflito. Não um conflito entre regras, nem tampouco um conflito entre princípios. Mas um conflito entre uma regra e um ou vários princípios. De certa forma, foi isso que o STF enfrentou. Explicarei um pouco melhor onde se encaixa o procedimento da derrotabilidade nesta equação para, em seguida, dar a minha opinião sobre se a interpretação sumulada pode a ele equiparar-se.

Reparem bem. Em ocasiões de normalidade, deve-se dar preferência às regras. Em primeiro lugar, porque elas possuem maior densidade normativa, possuindo uma resposta mais detalhada para o problema. Em segundo lugar, porque elas detêm maior vigor democrático, eis que o legislador se esforçou muito mais para produzir um critério mais simples e seguro para ser utilizado pelo julgador[1324].

Acontece que existem situações de anormalidade, cuja solução não foi prevista pelo legislador. Um exemplo recorrente é o do motorista que está levando seu pai enfartando para o hospital e, nesta circunstância, avança todos os sinais de trânsito. É claro que a regra que proíbe a ultrapassagem do sinal vermelho não explicita permissões excepcionais para este e para inúmeros outros casos. E não o faz porque isso é impossível. A prognose legislativa tem limite[1325]. Como resolver o problema? Interpretar friamente o texto normativo e multar o motorista? Ou "criar" uma exceção? Justificar o comportamento contrário à lei com base em princípios que permitirão, momentaneamente, a superação da regra. Esta poderá ser a reposta hermenêutica mais adequada[1326].

No entanto, para o julgador agir assim, ele deve se cercar de todos os cuidados metodológicos possíveis, a fim de conferir o máximo de racionalidade, objetividade aceitabilidade e legitimidade à sua decisão. Como mencionei antes, a nova hermenêutica dispõe de instrumentos como o da proporcionalidade para cumprir esta finalidade. Só que no conflito entre a regra e os princípios, não se deve ponderá-los diretamente. Ao contrário, o sopesamento se dará entre os princípios formais e materiais que deram origem à regra e aos outros princípios (exteriores) que lhe estão fazendo contraponto[1327]. Se no resultado final couber a prevalência destes últimos, será criada uma regra de exceção específica para o caso concreto, com o consequente afastamento, superação ou derrota da regra proibitiva elaborada genericamente pela lei[1328].

Feita esta singela explanação, pergunto: o TST estava autorizado a superar o art. 71 da Lei n. 8.666/93? Ou, ainda: havia condições de anormalidade aptas a abrir as comportas hermenêuticas da derrotabilidade?

Se considerarmos a situação do simples inadimplemento do empregador/contratado, penso que não havia anormalidade ou uma situação excepcional

---

[1324] Para uma defesa de um modelo de regras, enfatizando o aspecto benéfico de suas generalizações, cf. SCHAUER, Frederick. *Profiles, probabilities and stereotypes.* Cambridge: Harvard University Press, 2003. Cf. Também AVILA, Humberto. *Teoria dos princípios*, p. 113-114.
[1325] ALEXY, Robert. *Teoria dos direitos fundamentais*, p. 104.
[1326] Cf. MACCORMICK, Neil. *Op. cit.*, p. 312-316. ÁVILA, Humberto. *Teoria dos princípios*, p. 114-120.
[1327] ALEXY, Robert. *Teoria dos direitos fundamentais*, p. 105-106.
[1328] MACCORMICK, Neil. *Op. cit.*, p. 310-320.

comprovada (ou sequer cogitada), capaz de autorizar o TST a construir uma exceção ao art. 71 da Lei n. 8.666/93. Para que vocês concordem comigo, basta que comunguemos da seguinte premissa: a regra proibitiva elaborada pelo legislador cuida, exatamente, daquilo que o TST entendeu ser anormal. Serei mais claro.

Se para o Tribunal o normal é o pagamento das obrigações trabalhistas pelo empregador e o anormal é o inadimplemento, ele deveria ter atentado para o fato de que o legislador foi direto ao ponto ou, como se diz, "pôs o dedo na ferida" e regulamentou diretamente a hipótese de anormalidade (de não pagamento). E agiu desta maneira justamente para bloquear a transferência obrigacional para a Administração Pública. Em resumo: para superar/derrotar o art. 71 da Lei n. 8.666/93, a exceção apresentada pelo TST deveria ser diferente daquela já desenhada textualmente pelo legislador, sob pena de haver dois corpos normativos (antagônicos e com a estrutura de regra) tentando ocupar o mesmo lugar no espaço decisório. Mas se não era cabível a superação, qual seria a alternativa jurídica disponível ao TST?

Como este tipo de conflito (entre regras) se resolve na esfera da validade, apenas uma das duas deverá prevalecer no ordenamento[1329]. Daí por que acredito que a verificação da constitucionalidade do art. 71 da Lei n. 8.666/93 tornou-se, mais uma vez, inevitável. Entretanto, para não me tornar repetitivo, peço licença para enviá-los novamente aos itens II e III deste parágrafo, pois foi ali que desenvolvi as principais linhas do meu raciocínio.

E quanto ao argumento final, o do art. 37, § 6º da CF/88?

A Ministra Cármen Lúcia frisou com muita habilidade o consenso teórico e jurisprudencial sobre o conteúdo desta norma constitucional. Ela dispõe sobre a responsabilidade objetiva da Administração Pública direta e indireta, bem como dos particulares prestadores de serviços públicos[1330]. Logo, saber se ela se aplica ou não no contexto da nossa discussão é de crucial importância, eis que, na medida em que fala de responsabilização, o choque frontal com o art. 71 da Lei n. 8.666/93 o jogará ladeira abaixo, haja vista a maior hierarquia normativa daquele outro dispositivo.

Volto, portanto, à interpretação da responsabilização objetiva acima mencionada, a fim de destacar um argumento que a afasta, com segurança, das situações envolvendo terceirização na Administração Pública. Neste sentido, deve ser ressaltado que o *ato direto* do agente público (que personifica a pessoa jurídica da qual faz parte) é o elemento indispensável para a imputação de responsabilidade quanto ao ressarcimento do dano, sem que se cogite de culpa[1331]. Sendo assim, fica a questão: na hipótese de inadimplemento de obrigações trabalhistas ocorrido num cenário de terceirização de serviços, de quem foi o ato direto e imediato causador do dano? Foi do empregador/contratado ou da pessoa jurídica integrante da Administração Pública, por intermédio da pessoa física do seu agente?

Como o devedor primário da obrigação era o empregador, penso que não há maiores dificuldades em se concluir que foi ele quem praticou imediatamente,

---

(1329) ALEXY, Robert. *Teoria dos direitos fundamentais*, p. 92-93.
(1330) Cf., por todos, CAVALIERI FILHO, Sergio. *Programa de responsabilidade civil*. 8. ed. São Paulo: Atlas, 2008. p. 227 *et seq.*
(1331) *Idem*, p. 229-230.

diretamente ou originariamente o ato (inadimplemento) causador do dano ao empregado terceirizado. Para mim, tão somente este fato já é suficiente para afastar o art. 37, § 6º da CF/88 do problema. É claro que muitos ainda não desistirão e irão repisar a situação da culpa *in vigilando* da Administração Pública.

Ocorre que, depois do que foi dito, este argumento pode ser rebatido, pelo menos, de duas formas. Uma, quando se recorda que a norma constitucional cuida de responsabilidade sem culpa, não sendo lógico, portanto, trazer este elemento subjetivo para a sua aplicação. Outra, quando se destaca o fato de que, para ter havido negligência na vigilância é porque, antes disso, já aconteceu a lesão ao patrimônio do empregado, o que, por sua vez, nos remete ao início de toda a argumentação: o ato direto foi do empregador. Portanto, é inadequada a aplicação do art. 37, § 6º da CF/88, uma vez que o caso em análise está fora do seu âmbito de proteção.

Entretanto, nem tudo está perdido. A impossibilidade jurídica de se transferir a responsabilidade pelo pagamento das obrigações trabalhistas inadimplidas para os cofres públicos não acarretará o abandono dos empregados à própria sorte. Pois foi este receio que, ao fim e ao cabo, impulsionou as construções dogmáticas e jurisprudenciais na direção oposta ao que dispõe o art. 71 da Lei n. 8.666/93. Mas o que se pode fazer para conferir uma garantia reforçada aos direitos dos trabalhadores que, na sua grande maioria, são formal e materialmente fundamentais[1332]?

Creio que a solução passa, essencialmente, pela mudança em torno da noção de anormalidade. Para conquistar a legitimação indispensável ao exercício da superação do art. 71 da Lei n. 8.666/93, os juízes devem procurar aquilo que não está presente na sua abstração, ou melhor, que não pode ser dela deduzido. E, neste passo, o STF descortinou o caminho a ser seguido, ao localizar o conceito de anormalidade no descumprimento, pela Administração Pública, do seu dever legal de fiscalização.

Ora — alguns poderão contestar —, este argumento é antigo e esteve presente nas decisões do TST. Mas esta é uma meia verdade. Isso porque, tal como salientou o Ministro Gilmar Mendes, o que se fazia era uma responsabilização irrestrita do ente da Administração direta ou indireta, independentemente de ele ter cumprido suas obrigações legais e contratuais. Bastava o inadimplemento do empregador e pronto, lá vinha a automática responsabilização subsidiária. Uma decisão que — repito — está equivocada, na medida em gera a não aplicação da lei com base naquilo que ela própria normalmente proíbe.

Agora, caso fique demonstrado, no caso concreto, que a Administração descumpriu o seu dever legal de vigiar a má gestão do seu contratado (art. 29, IV c/c o art. 55, XIII da Lei n. 8.666/93), estaremos de fronte para uma anormalidade apta a justificar a superação momentânea do art. 71 da Lei n. 8.666/93. Isso porque, no mínimo, haveria violação dos princípios da moralidade, impessoalidade e eficiência administrativa, isto é, exatamente aqueles que dão lhe suporte normativo.

Nestas hipóteses, será de bom-tom enfatizar que o legislador não proibiu a transferência do pagamento das obrigações trabalhistas para a Administração Pública,

---

(1332) Cf., § 3º, item IV do Capítulo III.

supondo que ela daria "carta branca" ao empregador. Muito ao contrário, a simples menção à interpretação sistemática nos autoriza a dizer que a proibição de repasse traz implícita a permanente fiscalização do gestor público, pois este é um dever primário positivado no mesmo diploma legal onde a vedação está prevista.

Em síntese, o STF andou bem ao declarar a constitucionalidade do art. 71 da Lei n. 8.666/93 e exigir a sua aplicação em situações de normalidade. Mas a Corte Suprema andou melhor ainda ao aperfeiçoar a jurisprudência do TST e deslocar o conceito de anormalidade para o caso de leniência fiscalizatória da Administração Pública, autorizando a superação momentânea da proibição quando esta incúria gerencial for devidamente comprovada no caso concreto.

Mas antes de dar por encerrado este tópico, torna-se crucial uma advertência final. Houve, sim, uma importante harmonização hermenêutica e, com isso, encerrou-se a responsabilização automática da Administração Pública. Entretanto, continuam em aberto algumas dúvidas mencionadas anteriormente por aqui. Por exemplo: o que se deveria exigir do ente público para que ele escapasse desta armadilha? O que significa a obrigação de "fiscalizar"? Qual o alcance desta expressão?

Não foi à toa que recentemente o TST, por meio de sua SDI-I, entendeu por bem suspender a aplicação do novo inciso V da sua Súmula n. 331, a fim de melhor avaliar o que dela vem sendo feito pelos tribunais do país, visto que continuam as divergências decisórias com o STF[1333].

Certamente, a melhor acomodação está por vir. Mas, a rigor, as dificuldades inerentes à melhor forma de operacionalizar esta intrincada teia argumentativa passa por uma mudança de atitude dos juízes federais do trabalho.

Num primeiro instante, eles devem levar a sério o seu dever institucional de proteção, decorrente da dimensão objetiva dos direitos fundamentais dos trabalhadores, e usar os instrumentos processuais disponíveis para torná-los efetivos[1334].

Não canso de repetir o que já disse anteriormente, seja no item I deste parágrafo, seja onde mais eu tenha oportunidade de me expressar: o fim da impunidade é uma bandeira que não deve servir de palavrório vazio para aqueles que integram o Poder Judiciário. Se os que devem respeitar o direito souberem que encontrarão uma resposta rápida, eficiente e racionalmente justificada para os seus desmandos, certamente irão revisar os seus conceitos. A mudança de postura dos juízes, preocupados em angariar legitimidade para as suas decisões, provocará, como nenhuma outra, a implementação de um círculo virtuoso na sociedade.

Obviamente que não estou na defesa de arbitrariedades, arroubos justiceiros ou de outras formas de fanfarronice judicial. O que digo aqui é que se os *juízes de todas as instâncias* se dispuserem a abrir mão do confortável formalismo que lhes traz poucas dores de cabeça e passarem a atuar com metodologias mais aprimoradas, no sentido de tornar aceitável a sua visão do direito vigente, muitos vícios antigos irão se esfarelar bem antes do que imaginávamos.

(1333) Disponível em: <http://www.tst.jus.br/noticias>. Acesso em: 12 mar. 2012.
(1334) GOMES, Fábio Rodrigues. *Direito fundamental ao trabalho*, p. 97 *et seq.*

O empregador malicioso irá pensar dez vezes antes de deixar seu empregado de mãos abanando e, ainda por cima, mandá-lo "procurar os seus direitos na Justiça". Ele saberá que na Justiça os empregados irão encontrá-los. Além disso, os empregadores de boa-fé também verão surgir novas oportunidades. Os acordos trabalhistas ganharão nova dimensão. Não serão vistos apenas como um meio para se pagar menos (às vezes, muito menos) do que o devido. Na verdade, eles poderão ser discutidos de maneira mais franca e autônoma por ambas as partes. E, penso eu, tais empregadores ficarão até mais motivados a realizá-los, na medida em que um acordo sério será sempre mais vantajoso do que uma sentença rigorosa.

Mas isso não é só. Embora persista a validade do art. 71 da Lei n. 8.666/93, também a esfera pública poderá encontrar a sua redenção. E o caminho para isso acontecer estará além da comprovação concreta da imprevidência da Administração Pública. Ele poderá ser alargado para abranger a responsabilização solidária do administrador público, principalmente daquele que praticou fraude em conluio com o empregador/contratado. Seja no momento da licitação (vício de origem), seja no decorrer do ajuste, a Justiça do Trabalho poderá apreciar o grau de comprometimento do administrador com a escolha do seu contratado e com a maneira por meio da qual ele cumpria com as suas obrigações. Havia irregularidades? Quando tomou conhecimento da sua existência, agiu de que maneira? Rompeu o contrato ou reteve os créditos (art. 67 c/c o art. 78, VII e VIII c/c o art. 80, IV da Lei n. 8.666/93)?

Se o administrador não fiscalizou ("vigiou") a má gestão do seu contratado (art. 29, IV c/c o art. 55, XIII da Lei n. 8.666/93), que seja ele, pessoalmente, responsabilizado por sua culpa ou, em alguns casos mais graves, por seu dolo criminoso (art. 10, XII e XIV da Lei n. 8.429/92).

Se não é permitido (porque o art. 71 da Lei n. 8.666/93 proíbe) responsabilizar-se automaticamente a pessoa jurídica de direito público (e em face da difícil tarefa de demonstrar a sua culpa), que chamemos às falas a pessoa física que agiu (ou se omitiu), culposa ou dolosamente, em prejuízo do empregado. Aqui, sim, onde não há impedimento legal, toda a construção principiológica até agora destacada, tanto pela doutrina, quanto pela jurisprudência, poderá viabilizar a responsabilização solidária do administrador público. Como se vê, o argumento continua com um bom poder de fogo, só que estava apontando para o alvo errado[1335].

Com isso, além de se preservar a decisão democraticamente tomada/ponderada pelo legislador, evitar-se-á a oneração imprevisível do Estado (menos um "esqueleto no armário"), oneração esta que corre o risco de se tornar impagável, ou porque será extremamente morosa (precatório), ou porque não haverá dinheiro disponível para todos (reserva do possível).

Deste modo, se, junto a uma mudança de postura institucional dos juízes, houver a possibilidade de responsabilizar-se pessoalmente o mau administrador público, conseguiremos acertar dois coelhos com um único golpe: impediremos o repasse dos desmandos privados para o bolso dos contribuintes (a famosa privatização do dinheiro público) e, ato contínuo, diminuiremos a famigerada sensação de impunidade, que, infelizmente, ainda é lugar-comum no nosso país.

(1335) Cf. TST-RR n. 7340-68.2006.5.03.0036, Rel. Min. Pedro Paulo Manus, DJ 24.3.2011, onde se vislumbra uma importante brecha jurisprudencial capaz de viabilizar esta nova tomada de posição.

III — O DIREITO PROCESSUAL DO TRABALHO: ACESSIBILIDADE COMO BANDEIRA NORMATIVA

Simplicidade, rapidez e efetividade. Estas sempre foram as ideias norteadoras do direito processual do trabalho. Posso até mesmo arriscar-me a dizer que o procedimento adotado para a resolução dos conflitos jurídico-empregatícios esteve na vanguarda de sua época, pois — não se esqueçam — trata-se de um formato consolidado nos idos da década de 40 do século passado.

Ocorre que o processo do trabalho está perdendo sua identidade. Enquanto o processo civil se molda a sua imagem e semelhança (pensem, por exemplo, no fim do agravo de instrumento e no rito adotado pelos juizados especiais), o processo do trabalho vem se burocratizando mais e mais, deixando de lado novos mecanismos, que viriam a reforçar aqueles seus três alicerces normativos.

Por que não aplicar o art. 475-J do CPC nas execuções trabalhistas? Por que não permitir a penhora proporcional de contas-salário de sócios, cujas empresas simplesmente desapareceram sem deixar vestígios, mas deixando inúmeros trabalhadores sem lenço e sem documento? Por que não assimilar o "princípio da causa madura", positivado no art. 515, §§ 3º e 4º do CPC?

Com certeza, são perguntas que dão o que falar, uma vez que é possível encontrar decisões para um lado[1336] ou para o outro[1337]. Mas o meu objetivo, por agora, não é respondê-las. É apenas o de introduzir o dilema com o qual o direito processual do trabalho se defronta nos dias de hoje, a fim de deixá-los devidamente alertados. Posto isso, faço a transposição temática em direção ao mote principal deste estudo, a partir da interpretação do art. 625-D, *caput* da CLT[1338] e da manifestação do *jus postulandi* do empregado.

Seriam eles mecanismos de otimização processual, ou legítimos pressupostos para o ajuizamento da ação? Estariam eles de acordo com o pano de fundo principiológico que dirige este ramo instrumental do direito do trabalho?

Foi sobre isso que o STF se debruçou, discordando mais uma vez (e em ambos os casos) da interpretação adotada pelo TST. Vejamos como estas divergências se desenrolaram.

§ 7º — As Comissões de Conciliação Prévia: um caminho inevitável ou uma via alternativa?

A dificuldade enfrentada pelo Poder Judiciário brasileiro na execução eficiente de suas tarefas institucionais é um fato conhecido de todos. Volta e meia se discute

---

(1336) Para decisões favoráveis à penhora de salário e aplicação do art. 475-J do CPC, cf. AIRR n. 1.027/2005-013-03-40.7, Rel. Min. Vantuil Abdala, DJ 27.3.2009 e RR n. 135800-87.2006.5.13.0006, Rel. Min. (redator) Luiz Philippe Vieira de Mello Filho, DJ 4.12.2009.
(1337) Para decisões contrárias à penhora de salário e aplicação do art. 475-J do CPC, cf. OJ n. 153 da SDI II do TST e RR n. 668/2006-005-13-40.6, Rel. Min. Aloysio Corrêa da Veiga, DJ 28.3.2008.
(1338) "Qualquer demanda de natureza trabalhista será submetida à Comissão de Conciliação Prévia se, na localidade da prestação de serviços, houver sido instituída a Comissão no âmbito da empresa ou do sindicato da categoria."

na mídia sobre a morosidade da justiça e a falta de efetividade de suas decisões. Não foi outro o motivo que levou o CNJ a estipular o atingimento de metas (dentre as quais, se destacou a "meta 2"), com a finalidade de acelerar o julgamento de ações ajuizadas até 31.12.2005[1339].

Foi diante de um cenário muito próximo a (ou ainda pior do que) este, que o TST entendeu por bem estimular a solução extrajudicial dos conflitos trabalhistas. Ou melhor, o foco seria o de incentivar o diálogo direto e, eventualmente, a conciliação entre os interessados.

A intermediação do Judiciário deixaria de ser protagonista para assumir a função de coadjuvante. E o mecanismo sugerido pelo Tribunal ao Congresso brasileiro foi a formalização de "comissões de conciliação prévia", instâncias não oficiais de resolução de conflitos entre empregado e empregador, que funcionariam como um filtro obrigatório para o futuro ajuizamento de ações trabalhistas. Um pressuposto processual peculiar, capaz de atingir dois objetivos de uma única vez: reduzir o número de demandas e promover a conciliação negociada autonomamente.

Aceita e aprovada a sugestão, ela foi positivada no art. 625-D da CLT, por meio da Lei n. 9.958, de 2000. Mas, pouco tempo depois, os inconformados requereram a intervenção do STF, através das ADIs n. 2.139-7, 2148-6 e 2160-5, ficando todas as relatorias concentradas nas mãos do Ministro Octavio Gallotti, por força da sua prevenção[1340].

Em todas as ações, a questão de fundo era a mesma: a alegação de inconstitucionalidade do dispositivo consolidado, em razão da violação desmedida do direito fundamental de acesso à justiça dos trabalhadores (art. 5º, XXXV da CF/88).

O julgamento do problema, pelo STF, se deu em três etapas. Aliás, é interessante notar que os pedidos de vista acabaram por viabilizar a participação de novos Ministros, que, à época do ajuizamento, ainda não compunham a Corte. Mas, antes de ingressarmos no conteúdo decisório propriamente dito, vale a pena ressaltar, bem rapidamente, os argumentos lançados pelo AGU, pelo Senado, pela Câmara e pelo Ministério do Trabalho e Emprego, todos a favor da lei[1341].

Em linhas gerais, eles apregoaram que a determinação normativa de sujeição obrigatória à CCP, antes do ajuizamento da ação, era "fruto da preocupação de evitar a litigiosidade das relações de trabalho", e que havia sido idealizada pelo próprio TST. Neste sentido, enfatizaram a inexistência de sanção ao reclamante, principalmente se considerado o diminuto prazo de 10 dias para a tentativa de conciliação, durante o qual estaria suspenso o decurso da prescrição.

Além disso, também foi mencionado que o legislador ordinário possui a faculdade de condicionar o acesso à justiça dentro dos "limites da razoabilidade", o que já é feito pelas regras processuais. Acrescentaram, por fim, que a criação das CCPs só aconteceria pela manifestação de vontade dos próprios empregados, seja pelos sindicatos da categoria, seja pela participação nas comissões que, segundo a lei, devem ser paritárias.

(1339) Cf. <http://www.cnj.jus.br>.
(1340) DJ 17.4.2000.
(1341) Cf. <http://www.stf.jus.br>.

Ao analisar a questão, em sede de liminar, na sessão de 30.06.2000, o Ministro Octavio Gallotti concordou com estes argumentos. Indo direto ao ponto, ele afirmou que o legislador detém, sim, o poder de racionalizar o procedimento, o que, obviamente, não se confunde com a capacidade de "obstruir desarrazoadamente a via do Poder Judiciário".

Portanto, excluído o arbítrio legislativo, a margem de deliberação poderia avançar para a criação de pressupostos processuais que atendessem ao objetivo racionalizador. E as CCPs se encaixariam neste perfil. Instituídas facultativamente pelos trabalhadores e geradoras de um alentado "desafogo da Justiça do Trabalho", não deveriam ser consideradas inconstitucionais.

A divergência, porém, foi imediatamente aberta pelo voto do Ministro Marco Aurélio. De pronto, ele lançou mão de uma interessante comparação histórica entre a Constituição de 1988 e a sua predecessora, de 1969. Enquanto esta, ao cuidar do acesso à justiça, autorizou explicitamente o legislador a exigir o esgotamento das vias administrativas para o ajuizamento de ações, o art. 5º, XXXV da CF/88 omitiu esta delegação de poder.

Ao contrário, nas vezes em que o constituinte almejou a imposição de restrições mais severas neste sentido, isso foi feito expressamente, citando, como exemplos, a justiça desportiva (art. 217, § 1º da CF/88) e o dissídio coletivo na Justiça do Trabalho (art. 114, § 2º da CF/88). Diante desta perspectiva, a CCP deveria ser vista pelas lentes de uma "interpretação conforme", de modo a ser lida não como um pressuposto processual, mas como uma via alternativa — e facultativa — de solução extrajudicial de conflitos.

O pedido de vista foi feito pelo Ministro Sepúlveda Pertence, tendo sido o processo recolocado em pauta no dia 16.08.2007. Nesta ocasião, ele se associou às ideias do Ministro Marco Aurélio. Assim, ao responder à pergunta sobre se a CCP é ou não "condição processual" capaz de impedir o direito de ação, o Ministro Sepúlveda Pertence iniciou sua argumentação, relembrando o julgamento da ADI n. 1074, cujo relator foi o Ministro Eros Grau. Ali, o Tribunal firmou o entendimento de que é inconstitucional a exigência de depósito prévio para o ajuizamento de demandas, nas quais se discute a existência de débitos com o INSS[1342].

Colocado o exemplo, ele fez coro à comparação histórica mencionada anteriormente, a fim de sublinhar que a Constituição de 1988 eliminou a possibilidade de exigência de exaustão de instância, salvo naquelas hipóteses em que o fez expressamente. Somando a isso o fato de que a Lei n. 9.958/00 não determinou explicitamente que a sujeição à CCP configurasse novo pressuposto processual, a conclusão foi no mesmo sentido: utilização da interpretação conforme, a fim de tornar o procedimento facultativo. Foi acompanhado pelos Ministros Ricardo Lewandowski, Eros Grau e Cármen Lúcia.

Novo pedido de vista, agora pelo Ministro Joaquim Barbosa. O processo foi posto em pauta no dia 13.05.2009, onde se chegou à terceira etapa a que me referi. No seu voto, o Ministro Joaquim Barbosa mencionou que a leitura dos dispositivos inseridos na CLT denotam a obrigatoriedade de os empregados se submeterem previamente à

(1342) Cf. DJ 25.5.2007.

CCP, caso pretendam ingressar com futuras ações. E, na sua opinião, esta seria uma "séria restrição ao direito de acesso à justiça para os trabalhadores".

Deste modo, comungou das versões pretéritas e acolheu a ideia de interpretação conforme, para flexibilizar a ida às comissões, tornando-a facultativa. Com isso, manteve aberta a possibilidade de o indivíduo dirigir-se diretamente ao Judiciário, se assim preferisse. Foi acompanhado pelo Ministro Carlos Ayres Britto.

É importante destacar, ainda, o voto do Ministro Cezar Peluso. Destoando da maioria das decisões anteriores, ele resgatou, de certo modo, a visão do Ministro Octavio Galloti. Pois, para o Ministro Cezar Peluso, o STF estava indo na "contramão da história", uma vez que vários países instituíram a obrigatoriedade da tentativa de conciliação, como requisito de acesso à justiça. Relembrou o problema estrutural do Judiciário brasileiro — que está sobrecarregado e não consegue dar conta do enorme volume de trabalho —, para concluir que o art. 625-D não exclui a possibilidade de o trabalhador encaminhar-se à justiça. Apenas foi exigido que ele, antes, tentasse conciliar. Algo positivo, na sua visão, porquanto, ao deslocar-se a decisão para a esfera consensual, ela seria bem melhor do que a outra, de natureza impositiva.

Então, o resultado foi esse: por maioria, o STF deferiu a liminar requerida na ADI n. 2.139-7 (julgada em conjunto com as de ns. 2148-6 e 2160-5), de maneira a imprimir uma interpretação conforme a Constituição do art. 625-D da CLT, e tornar facultativa a sujeição à CCP[1343].

1. Análise crítica

Muito bem. Travado o bom combate, no qual os dois lados se valeram de razões públicas nas suas colocações, já podemos encerrar. Ou ainda não? Penso que três breves comentários finais serão de grande valia.

O primeiro é sobre a minha posição a respeito da matéria. Como disse no parágrafo anterior, creio que todos os Ministros se valeram dos argumentos institucionais e não institucionais mais valiosos para dirimir a dúvida. Dito isso, coloco-me ao lado da maioria. E penso assim porque a mesma autonomia, que serviu de argumento para a legalização das CCPs e para legitimar os seus resultados (já que instituída voluntariamente pelos trabalhadores), foi amplamente desconsiderada quando da sua imposição.

Na medida em que se reconhece que a solução consensual é a melhor, deve-se reconhecer também que nem sempre o consenso é possível. A rigor, o desacordo (razoável ou não) prevalece como regra, sendo o acordo a exceção[1344].

Logo, partindo desta premissa empírica, penso que o Estado não deve "forçar" as partes a conversar sobre o acordo. Pode, no máximo, incentivá-las a isso. Neste

---

(1343) DJ 23.10.2009.
(1344) Cf. WALDRON, Jeremy. Deliberación, desacuerdo y votación. In: KOH, Harold Hongju; SLYE, Ronald C. (comp.). *Democracia deliberativa y derechos humanos.* Trad. Paola Bergallo y Marcelo Alegre. Barcelona: Editorial Gedisa, 2004. p. 255, 259 e 264-265.

sentido, a CCP é um excelente exemplo de reconfiguração institucional para o atingimento deste fim[1345]. Mas, com um detalhe que faz toda a diferença: desde que não se retire a autonomia que se quer prestigiar discursivamente. E isso por uma razão muito simples: quem não é autônomo e está obrigado a conversar com quem o é, tem grandes chances de fazer um "mau negócio". Abrir mão de direitos, renunciá-los contra a sua vontade, é o perigo mais real e imediato para quem está desempregado.

Desta forma, acredito que a decisão do STF acabou por fortalecer os resultados obtidos pela CCP: Não sendo mais — a ida até o seu local de funcionamento — uma exigência incontornável, irá o empregado que quiser. E, se for, deverá ser responsável pelas decisões que tomar por lá. Preserva-se o art. 625-D da CLT e, por consequência lógica, legitima-se o art. 625-E da CLT, ambos calcados na ideia de autonomia do empregado, e com uma ressalva sempre importante: o Judiciário continuará com as portas abertas para se discutir o grau de autonomia realmente existente. Se a decisão foi tomada com vício de consentimento, deverá ser anulada.

O segundo comentário reflete a questão de fundo: o problema foi resolvido? Certamente que não. A decisão não foi definitiva. Ao invés, foi em caráter liminar. Contudo, alguns perguntarão: mas ela não foi por maioria e, além disso, com argumentos que praticamente anteciparam o julgamento final? Sim. Ocorre que os ventos podem mudar.

Como afirmei na abertura, este é um caso em que ficou patente a importância da rotatividade de Ministros e, mais do que isso, como este fenômeno se reflete quase que imediatamente nas decisões do Tribunal[1346]. Uma interpretação que aparentava ser minoritária, no ano de 2000, conquistou a aprovação da maioria, cerca de sete anos depois, já com um plenário bastante modificado.

Nestes tempos que correm, onde a controvérsia norte-americana sobre a dificuldade contramajoritária da Corte constitucional chegou com força total, um exemplo como este, aqui analisado, instiga a reflexão a respeito do desenho institucional mais adequado ao nosso país[1347].

O terceiro rápido adendo que tenciono fazer diz com o posicionamento do TST.

Tendo sido o autor da proposta que ensejou a CCP, não é de se estranhar que esta instância decisora promova uma vasta aplicação do art. 625-D da CLT. E por "vasta aplicação" quero dizer a extinção sem julgamento do mérito de inúmeros processos que lá chegaram depois de anos de disputa, mesmo que durante este período as partes não tenham conseguido conciliar[1348].

(1345) Sobre a teoria do desenho institucional e as possibilidades de reestruturação para o melhor atingimento de finalidades tidas como imprescindíveis, cf. GOODIN, Robert E. Institutions and their design. In: GOODIN, Robert E. (Ed.). *The theory of institucional design*. Cambridge: Cambridge University Press, 1996.
(1346) Cf. SARMENTO, Daniel. *O neoconstitucionalismo no Brasil*, p. 29-31.
(1347) Neste sentido, cf. a PEC n. 342 de 2009, de autoria do deputado federal Flávio Dino, cujos pontos de grande relevância, dentre outros, são: (1) a implementação de um mandato de 11 anos para os futuros Ministros do STF; (2) a possibilidade do Presidente da República indicar 5 ministros, com a aprovação sujeita a quórum de 3/5 do Senado; e (3) a possibilidade de Câmara, Senado e STF poderem indicar, cada qual, dois candidatos.
(1348) Cf. RR n. 1.005/2001-086-15-00.4, Rel. Juíza Convocada Rosita de Nazaré Sidrim Nassar, DJ 22.10.04; RR n. 1.044/2003-461-02-85.2, Rel. Min. João Oreste Dalazen, DJ 22.9.06; RR n. 1.074/

Acontece que, agora, há uma decisão vinculante do STF, à qual o TST não pode se furtar a obedecer. Fiquemos, portanto, atentos aos novos julgamentos da última instância trabalhista, pois, ao menos até recentemente, as extinções foram mantidas[1349]. Como a decisão do STF foi publicada apenas em 23.10.2009, ainda há tempo para mudar.

§ 8º — Com a palavra, o trabalhador subordinado: o *jus postulandi* e suas limitações no processo do trabalho

Desde o advento do art. 791, *caput* da CLT[1350], não se discute a capacidade postulatória do empregado, no sentido de ele poder ajuizar sua própria ação (verbal ou escrita), sem a intermediação obrigatória de advogado. Somando-se a isso o art. 840, *caput* e § 2º da CLT[1351], estaria pronto o cenário em que a simplicidade, a oralidade e a imediatidade seriam promovidas. Nos tempos atuais, poder-se-ia dizer, até mesmo, que a permissão de o trabalhador "reclamar os seus direitos" diretamente ao juiz seria uma forma louvável de ampliação do acesso à justiça, tal como preconizado no art. 5º, XXXV da CF/88.

Entretanto, quando o assunto é *jus postulandi*, nem tudo são flores. Vejamos, portanto, o que o STF e o TST têm decidido a respeito deste tema, para que, logo em seguida, algumas considerações possam ser feitas.

1. ADIs n. 1.127 e 1.539: o STF e o direito de falar diretamente ao juiz

Tão logo foi aprovada a Lei n. 8.906, de 4 de julho de 1994 — o Estatuto da OAB —, iniciou-se a perseguição do ajuizamento em causa própria, pelo empregado e por outros mais, em virtude do disposto no inciso I do seu art. 1º: "São atividades privativas de advocacia: I — a postulação a qualquer órgão do Poder Judiciário e aos juizados especiais". A partir de então, toda e qualquer demanda judicial só poderia ser proposta por advogado regularmente inscrito na OAB, pois, caso contrário, haveria inobservância de um dos mais básicos pressupostos processuais: a capacidade postulatória.

A reação, contudo, não tardou. Em 6 de setembro de 1994, a AMB ajuizou a ADI n. 1.127, na qual arguiu, dentre muitas outras coisas, a inconstitucionalidade do art. 1º, inciso I da Lei n. 8.906/94, por sua incompatibilidade com os arts. 5º, XXXIV, "a" e

---

2002-071-02-00.0, Rel. Min. Brito Pereira, DJ 19.12.06; RR n. 1.182/2001-025-04-00.0, Rel. Min. Carlos Alberto, DJ 20.4.07; RR n. 362/2003-315-02-00.4, Rel. Min. Carlos Alberto, DJ 11.10.07; RR n. 448/2003-033-02-00.4, Rel. Min. Aloysio Corrêa da Veiga, DJ 19.10.07; RR n. 1.721/2006-201-02-00.2, Rel. Min. Ives Gandra, DJ 7.11.08; RR n. 691/2006-022-02-00.1, Rel. Min. Barros Levenhagen, DJ 14.11.08.
(1349) Cf. RR n. 1255/2006-059-01-00.1, Rel. Min. Ives Gandra Martins Filho, DJ 29.5.2009.
(1350) "Os empregados e os empregadores poderão reclamar pessoalmente perante a Justiça do Trabalho e acompanhar as suas reclamações até o final."
(1351) "*Caput* — A reclamação poderá ser escrita ou verbal. § 2º Se verbal, a reclamação será reduzida a termo, em duas vias datadas e assinadas pelo escrivão ou chefe de Secretaria, observado, no que couber, o disposto no parágrafo anterior."

XXXV, 98, I e II e 116 da CF/88. Para se ter uma leve impressão da abrangência desta ação, a petição inicial contou com 31 páginas, a decisão liminar, com 148, e a decisão definitiva, com 201 páginas. Por isso, é bom frisar que não pretendo analisar, aqui, todos os pontos controvertidos levados até o STF pela Associação dos Magistrados Brasileiros. Irei me restringir apenas à parte que me toca: o *jus postulandi* do trabalhador subordinado.

Pois bem. O relator original foi o Ministro Paulo Brossard. Na sessão de 6 de outubro de 1994, o Ministro, depois de narrar minuciosamente as razões apresentadas pelo autor, relembrou que "Há determinadas ações que, a despeito da sua relevância, podem ser ajuizadas por qualquer do povo, sem necessidade de possuir pergaminho universitário ou instrumento procuratório". Neste passo, ele mencionou a tradição brasileira em relação à impetração do *habeas corpus* pelo próprio paciente, salientando que "Nenhuma Corte Suprema tem esta incumbência, graças a qual o mais miserável dos condenados, recolhido a uma prisão no fundo do Brasil, pode erguer a sua voz até o STF". E pontuou com grande eloquência: "Não creio que alguém pudesse dar ao art. 133 da Constituição exegese que importasse na supressão desse direito historicamente ligado à defesa da liberdade."

Indo adiante, o Ministro Brossard observou que a Lei n. 8.906/94 foi fiel a esta tradição, na medida em que, no seu art. 1º, § 1º, excluiu o *habeas corpus* da condicionalidade prevista no inciso I do mesmo artigo. Mas e a Justiça do Trabalho?

Bem, em relação a ela, o Ministro afirmou que "se dá algo semelhante". Isso porque "com ela nasceu o direito do empregado formular pessoalmente sua reclamatória; registrado por funcionário em uma folha de papel, tem início o processo; ainda hoje, a despeito do número crescente de advogados, é elevado o número de reclamações apresentadas pelo operário, sem a intermediação de quem quer que seja". Destacou, ademais, o importante papel dos juizados de pequenas causas, cuja estruturação também permitia ao indivíduo postular sozinho, ressaltando que os resultados por eles obtidos eram "dignos de louvor".

Por tudo isso, concedeu a medida liminar para retirar os juizados de pequenas causas, a Justiça do Trabalho e a Justiça de Paz do âmbito de incidência do inciso I do art. 1º da Lei n. 8.906/94, além de excluir a sua cláusula final "e aos juizados especiais".

Outros que seguiram a linha de raciocínio do relator foram os Ministros Francisco Rezek, Carlos Velloso, Néri da Silveira e Octavio Gallotti. É interessante notar que o primeiro deles asseverou ser o art. 133 da CF/88 compatível com "preceitos de lei ordinária que dizem de momentos processuais ou de fenômenos processuais em que a parte pode, com razões que têm a ver com interesse coletivo, dirigir-se diretamente ao juiz". Acrescentou, ainda, que o "art. 1º, no seu inciso I, pode ser lido de modo que o torne salvável. Quer-se aqui lembrar que o ofício do advogado é o único ofício ao qual se concede essa legitimação postulatória global. Isso, entretanto, não exclui a prerrogativa que tem a lei ordinária de estatuir sobre situações processuais onde o contato direto entre a parte e o juiz pode produzir-se".

Voz dissonante foi a do Ministro Marco Aurélio. No seu voto, ele ressaltou que o acesso à justiça deve ser analisado no contexto de "um grande sistema", e que, por isso, não se deve esquecer do que determina o art. 133 da CF/88. Este dispositivo, ao contrário de inviabilizar o acesso ao Judiciário, o tornaria seguro, "porquanto o Direito é uma ciência e, enquanto tal, os institutos, as expressões, os vocábulos têm sentido próprio, devendo ser articulados por profissionais da advocacia".

Especificamente em relação à Justiça do Trabalho, o Ministro Marco Aurélio relembrou seus "mais de quinze anos de experiência", por meio dos quais se defrontou "inúmeras vezes com hipóteses em que, frente ao disposto no art. 791 da Consolidação das Leis do Trabalho, o empregado, o mais fraco economicamente na relação jurídica de trabalho, comparecia à Junta de Conciliação e Julgamento sem estar acompanhado do profissional da advocacia. Então, nesses casos, o Presidente da Junta, notando o desequilíbrio quanto às defesas de início apresentadas, e numa visão prognóstica relativamente ao desenrolar do processo, ou abandonava a equidistância almejada, olvidando que o protecionismo advém da lei e não do órgão investido do ofício judicante, ou simplesmente, sem base legal, suspendia a audiência, encaminhando o reclamante ao sindicato que congregava a categoria profissional".

Diante deste quadro, o Ministro foi enfático e pontificou que haveria um verdadeiro "massacre técnico" em situações como esta, cujo resultado seria fatal aos menos favorecidos. A rigor, na sua opinião, a participação do advogado, além de resolver este problema, melhoraria a celeridade da justiça, sendo um "engodo" o pensamento adverso. E encerrou dizendo: "o art. 133 não contempla exceção."

Um caminho alternativo foi aberto pelo Ministro Sepúlveda Pertence, o qual foi percorrido, em conjunto, pelos Ministros Moreira Alves e Sydney Sanches. Na perspectiva destes julgadores, "quanto à impugnação da palavra "qualquer", com a qual se pretende subtrair a Justiça do Trabalho do alcance do dispositivo, posso guardar dúvidas quanto à conveniência de vedação tão universal à postulação em causa própria, mas não tenho como ver nela traço de inconstitucionalidade". Disse o Ministro Sepúlveda que "o que não posso é inverter os termos do problema e dizer que — como a lei pode, em situações excepcionais, quais a do *habeas corpus*, dispensar a mediação do advogado —, seja inconstitucional a lei que a exija. A não ser em casos absolutamente excepcionais, em que essa exigência pudesse constituir óbice intransponível ao acesso à jurisdição".

Sendo assim, estes três votaram pela "interpretação redutora" ou "conforme a Constituição" para "suspender a execução da norma apenas no tocante ao Juizado de Pequenas Causas".

A liminar foi concedida, tendo o dispositivo figurado da seguinte maneira: "o Tribunal, por maioria de votos, deferiu, em parte, o pedido de medida liminar, para suspender a eficácia do dispositivo, no que não disser respeito aos Juizados Especiais, previsto no inciso I do art. 98 da Constituição Federal, excluindo, portanto, a aplicação do dispositivo, até a decisão final da ação, em relação aos Juizados de Pequenas Causas, à Justiça do Trabalho e à Justiça de Paz, vencidos, em parte, os Ministros Sepúlveda Pertence, Sydney Sanches e Moreira Alves, que interpretavam o dispositivo no sentido de suspender a execução apenas no tocante ao Juizado de Pequenas Causas, e o Ministro Marco Aurélio, que indeferia o pedido de medida liminar."

O processo só retornou à pauta de julgamentos cerca de 12 anos depois, em 17 de maio de 2006. Nesta ocasião, basicamente, confirmou-se a decisão interlocutória anteriormente proferida. Na verdade, o julgamento perdeu muito do seu interesse, por conta do que já havia sido resolvido em 24 de abril de 2003, na ADI n. 1.539, cujo relator foi o Ministro Maurício Corrêa. Logo, nada mais natural que mudemos o enfoque e direcionemos nossa atenção para esta outra ação.

O Conselho Federal da OAB, no dia 5 de dezembro de 1996, ajuizou a ADI n. 1.539, com o intuito de ver declarada a inconstitucionalidade do art. 9º, da Lei n. 9.099, de 27 de setembro de 1995, segundo o qual: "Nas causas de valor até vinte salários mínimos, as partes comparecerão pessoalmente, podendo ser assistidas por advogados; nas de valor superior, a assistência é obrigatória."

A tese, como era de se esperar, versava sobre a incompatibilidade deste dispositivo com o art. 133 da CF/88, que prevê a figura do advogado como indispensável à administração da justiça. "Indispensável" significaria presença "necessária" do advogado, pois "todo mundo sabe que a parte, desacompanhada de advogado, se situa em posição de inferioridade perante aquela outra que estiver acompanhada de profissional da advocacia". O autor da ação foi ainda mais enfático, ao afirmar que "Parte, em juízo, sem representação de advogado, é parte sem defesa". Paridade de armas, desequilíbrio, conhecimento técnico especializado, enfim, estes foram os argumentos lançados pela OAB para fulminar a validade do art. 9º da Lei n. 9.099/95.

Todavia, diferentemente do julgamento da ADI n. 1.127, o voto do relator não contou com mais do que 5 páginas. De modo muito sintético, o Ministro Maurício Corrêa observou que a assistência da parte por advogado não é absoluta, podendo a lei "prever situações em que [ela] é prescindível". A ideia de fundo seria a de promover os princípios da oralidade e informalidade, além de tornar o processo mais simples, mais rápido e menos oneroso, "sem maiores despesas e entraves burocráticos".

Contudo, o Ministro fez questão de salientar que "não é o caso de negar-se a importância que tem o advogado no dever constitucional de assegurar aos cidadãos o acesso à jurisdição, promovendo, em sua integralidade, o direito de ação e de ampla defesa". Mas, logo a seguir, destacou que "Há situações, no entanto, que por sua excepcionalidade devem ser definidas de forma expressa em lei, exatamente como ocorre no caso concreto". Aduziu, ainda, a "explícita razoabilidade da norma, pois admitiu que o cidadão pudesse, pessoalmente, acionar a jurisdição cível nas causas de pequeno valor, sem maiores complicações e transtornos, o que justifica, em nome desse princípio, a dispensa da presença do advogado".

Por fim, o relator atentou para o fato de a lei não vedar a participação do advogado nas causas em que sua presença é facultativa. Observou, ainda, a determinação dirigida ao juiz, no sentido de que, quando a causa recomendar, ele deverá alertar as partes para a conveniência de patrocínio por advogado. A lei, portanto, estaria de acordo com o sistema jurídico brasileiro, na medida em que facilita o contato da parte menos favorecida com a prestação jurisdicional, removendo empecilhos para facilitar e democratizar o acesso à justiça. Aliás, tal como já ocorria na Justiça do Trabalho (art. 839, a da CLT[1352]) e como já autorizado pelo próprio art. 133 da CF/88.

(1352) "A reclamação poderá ser apresentada: a) pelos empregados e empregadores, pessoalmente, ou por seus representantes, e pelos sindicatos de classe; b) por intermédio das Procuradorias Regionais da Justiça do Trabalho".

A improcedência do pedido foi acompanhada pela unanimidade dos Ministros presentes: Ilmar Galvão, Sydney Sanches, Sepúlveda Pertence, Celso de Mello, Nelson Jobim, Ellen Gracie e Gilmar Mendes.

Decisões em mãos, estamos prontos para analisá-las criticamente? Ainda não. Falta trazer o posicionamento do TST a respeito deste mesmo assunto. E, para variar, a polêmica já está a bater na porta. Por que não convidá-la a entrar?

2. A Súmula n. 425 do TST: quando o ativismo judicial não é bem-vindo

De acordo com a Resolução n. 165, de 30.4.2010, diz o verbete da Súmula n. 425 do TST: "O *jus postulandi* das partes, estabelecido no art. 791 da CLT, limita-se às Varas do Trabalho e aos Tribunais Regionais do Trabalho, não alcançando a ação rescisória, a ação cautelar, o mandado de segurança e os recursos de competência do Tribunal Superior do Trabalho."

As ideias subjacentes a esta interpretação são as seguintes:

(1) "Não pode a faculdade de as partes postularem em juízo desprovida de advogado, prevista no art. 791 da CLT e na Lei n. 5.584/70, ser estendida aos processos com procedimentos especiais como o Mandado de Segurança, ainda que impetrado perante a Justiça do Trabalho. Tratando-se de ações previstas na legislação processual comum e em leis específicas é necessário seguir o rito ali estabelecido. No caso do mandado de segurança aplica-se as disposições do CPC, conforme exegese do contido nos arts. 6º e 19 da própria Lei do Mandado de Segurança n. 1.533/51."[1353]

(2) "A faculdade do *jus postulandi*, prevista no art. 791 da CLT, restringe-se aos atos processuais contemplados na própria CLT, e não em procedimentos especiais previstos em leis específicas que devem ser utilizados de acordo com as disposições previstas no CPC, inclusive no tocante à capacidade postulatória, sob pena de revelar-se prejudicial à boa ordem processual e causar tumulto injustificado ao Judiciário, como ocorreu *in casu*, com o uso de diversas vias processuais incabíveis e inadequadas."[1354]

(3) "O *jus postulandi* não pode ser exercido em sede de ação rescisória, motivo pelo qual revela-se manifesta a ausência de pressuposto de desenvolvimento válido e regular do feito (...) A Consolidação também prevê, em seu art. 836, a possibilidade de manejo de ação rescisória no processo do trabalho, aplicando-se, contudo, as disposições do CPC, em seu Título IX, Capítulo IV. Com efeito, a ação rescisória, enquanto ação civil, não se confunde com a reclamação trabalhista, sendo admitida, instruída e julgada conforme o disposto nos arts. 485 a 495 do CPC. Segue, portanto, o procedimento do Processo Comum."[1355]

(4) "O disposto no art. 791 da CLT concernente ao *ius postulandi* limita-se às Reclamações Trabalhistas, não abrangendo as ações específicas como as Rescisórias, Mandados de Segurança e Cautelares, as quais são regidas subsidiariamente pela Lei Adjetiva Civil."[1356]

[1353] ROAG n. 989/2008-000-15-00, Rel. Min. José Simpliciano Fontes de F. Fernandes, DJ 13.3.2009.
[1354] ROAG n. 1144/2007-000-03-00, Rel. Min. Ives Gandra Martins Filho, DJ 12.12.2008.
[1355] AR n. 185359/2007-000-00-00, Rel. Min. Alberto Bresciani, DJ 5.12.2008.
[1356] RXOFMS n. 81.964/2003-900-16-00.8, Rel. Min. José Simpliciano Fontes de F. Fernandes, DJ 1º.8.2003.

(5) "A Eg. SBDI-1 desta Corte já firmou entendimento unânime no sentido da impossibilidade de exercício do *jus postulandi* em segundo grau de jurisdição, por se tratar a interposição de recurso de ato privativo de advogado (...) A simples personalidade jurídica ou capacidade de ser parte não são suficientes para autorizar o exercício, por si, de atos processuais, próprios e especificados em lei, privativos de advogados. O disposto no art. 791 da CLT, *jus postulandi*, concede, apenas, o direito de as partes terem o acesso e acompanharem suas reclamações trabalhistas pessoalmente, nada mais. Uma vez ocorrido o acesso, o juiz fica obrigado por lei (arts. 14 e 19 da Lei n. 5.584/70) a regularizar a representação processual."[1357]

Agora, sim, estamos fornidos do material necessário para a realização de uma avaliação mais segura sobre esta temática.

3. Análise crítica

Começarei pelo fim. Concordo com o STF e discordo da OAB e do TST.

Primeiro, analisarei o dilema entre a opinião majoritária do STF e a da OAB, somada à minoria judicial. Neste embate, ao deixar de lado os adornos argumentativos para ir direto ao ponto, creio que o mapeamento da discussão na Corte Suprema do nosso país poderia ser descrito com as seguintes proposições:

(1) a favor do *jus postulandi*: a simplicidade, a informalidade e a celeridade do procedimento a ser manuseado pelo interessado; a maior acessibilidade ao Poder Judiciário, haja vista o contato direito entre a parte e o juiz, pondo-se para trás as intermediações desnecessárias e, em alguns casos, burocráticas; e a razoabilidade (associada à legitimidade) implícita à decisão legislativa que define as hipóteses de capacidade postulatória em causa própria, sendo ela plenamente compatível com o art. 133 da CF/88;

(2) contra o *jus postulandi*: a natureza altamente técnica do direito, que pode ser classificado de "ciência", com conceitos, palavras e expressões desconhecidos para os não iniciados nos seus mistérios; o "massacre" que esta desigualdade de conhecimentos técnicos acarretará, principalmente numa situação em que uma das partes estiver assistida e a outra não; e a aparente fragilidade (ou até mesmo inexistência) da defesa daqueles que ousam atuar em juízo sem a assistência de um advogado.

Eis aí o resumo da ópera. Como saber qual das duas versões é a mais acertada?

Na minha opinião, o critério defendido neste estudo, o da igual autonomia criativa, vem bem a calhar para a construção de uma resposta aceitável. Vejam bem, todos os que leem, escrevem, trabalham e respiram o direito no seu dia a dia têm a certeza de que a companhia de um bom advogado, durante a travessia processual, pode evitar naufrágios irreparáveis e, o que é pior, irreversíveis. O Ministro Maurício Corrêa, inclusive, realçou bastante este detalhe na sua decisão.

(1357) AR n. 185359/2007-000-00-00, Rel. Min. Alberto Bresciani, DJ 5.12.2008.

Entretanto, nem todos gostam de companhia. Alguns têm gostos mais exóticos, outros possuem as suas idiossincrasias. Enfim, existem aqueles que estão mais para lobos solitários. São os que desconfiam da própria sombra ou os que confiam na sua causa e na sua sorte, almejando, assim, defendê-la com os seus próprios meios, custe o que custar. Para evitar que este movimento arrojado se transforme em um ato suicida, o legislador brasileiro entendeu por bem limitar o seu raio de ação: Juizados Especiais, Justiça do Trabalho e Justiça de Paz.

É apenas dentro desta circunferência institucional, regida por ritos processuais mais singelos, que o indivíduo pode transitar livremente, portando a sua verdade. Daí por que ser fundamental que não seja incomodado por quem quer que seja. Obrigar este tipo de cidadão a partilhar suas experiências e seus valores, pode causar-lhe mais transtornos e dissabores do que se tivesse sido deixado só. Penso que aqui também se aplica o direito de ficar só, mas por uma simples e única razão: o igual respeito e consideração pela autonomia da vontade alheia.

Se o Estado moderno de Direito se legitima a partir da autonomia do indivíduo (do respeito à sua igual autonomia criativa), constituindo-se sob um modelo institucional onde esta é a sua tônica, soa no mínimo estranho que este mesmo Estado não confie nesta mesma autonomia, quando a serviço da autodefesa. Portanto, tal como a maioria dos Ministros do STF, também considero razoável que se permita ao parlamento deliberar e demarcar as fronteiras dentro das quais o indivíduo possa verbalizar as suas pretensões (ou as suas razões de defesa) por sua própria conta e risco. Insisto nesta tecla: a palavra de ordem, neste espaço discursivo (seja ele o democrático ou o processual), deve ser o do igual respeito e consideração pela autonomia criativa e comunicativa do indivíduo.

No entanto, aí surgem os argumentos pragmáticos: haverá um massacre tão grande que o lobo solitário correrá o risco de extinção. Falar sozinho será o mesmo que nada dizer. Defender-se? Não terá a menor chance de sucesso, pois o seu adversário, munido dos mais exímios espadachins do direito, irá cortá-lo em pedacinhos. Pois sim. Realmente, esta pode ser a consequência inevitável para os que se aventuram em juízo com a cara e a coragem. Ainda mais se forem marinheiros de primeira viagem.

Por certo que desconsiderar esta possibilidade é agir, no mínimo, com uma boa dose de imprudência. Se o Estado permitir aos incautos que sigam a trilha da Justiça deixada pelos seus escolados opositores, acabará assistindo de camarote o seu caminhar rumo ao precipício dos condenados. O que fazer então? Interferir sempre, pondo-lhe ao lado um guarda-costas argumentativo? Ou lavar as mãos e deixar cada um por si?

A solução, para mim, foi ventilada rapidamente pelo Ministro Maurício Corrêa: ela está positivada no art. 9º, § 2º da Lei n. 9.099/95, sendo plenamente aplicável ao processo do trabalho, em vista da cláusula de abertura contida no art. 769 da CLT. De acordo com os seus termos, "O juiz alertará as partes da conveniência do patrocínio por advogado, quando a causa o recomendar". Ponto final. O juiz do trabalho, norteado pelo ideal regulatório da imparcialidade, possui o dever de avisar aos litigantes desacompanhados de advogados sobre os perigos que estão à sua frente. Se for preciso, poderá até mesmo marcar uma nova audiência inaugural, com o fim de dar tempo ao indivíduo (esteja ele no polo ativo ou passivo da demanda) de repensar a sua estratégia. Mas deve deixá-lo avisado também que, se persistir na sua intenção de atuar solitariamente, isto será respeitado, com todos os ônus daí decorrentes.

Acredito que, desta forma, harmoniza-se plenamente a ideia central do *jus postulandi* — o igual respeito e consideração pela autonomia individual — com o justo receio do Ministro Marco Aurélio, a respeito dos mais fracos serem destruídos no curso do processo. Se é fraco e teimoso, arcará com as consequências dos seus atos. Se ficou na dúvida, conseguirá tempo para reavaliar sua conduta.

Já no tocante ao recente posicionamento do TST, creio que não há como concordar com ele.

Com efeito, o argumento inicial colocado pelos Ministros foi no sentido de que, em determinadas ações especiais, a capacidade postulatória do empregado não existe, uma vez que ali se aplica o CPC, e não o processo do trabalho, tal como estruturado pela CLT. Esta ideia não consegue se sustentar, na medida em que as seguintes perguntas começam a aflorar: na Justiça do Trabalho, qual o recurso cabível de uma decisão definitiva envolvendo ação rescisória? E para o Mandado de Segurança?

Quando o próprio TST responde que não é a apelação, mas, sim, o recurso ordinário, as coisas começam a se complicar[1358]. Isso pela óbvia razão de que este último é um instrumento processual positivado no art. 895 da CLT.

Além disso, tirando o fato de que é o art. 678, I, *b*, 3 e *c*, 2 da CLT que prevê a competência dos Tribunais Regionais para apreciar ação rescisória e mandado de segurança, e que o manejo da ação rescisória é expressamente mencionado pelo art. 836 da CLT, inúmeros outros procedimentos característicos do processo do trabalho também vêm sendo utilizados, pelo TST, no julgamento destas ações especiais. Por exemplo, pode-se mencionar a sua Súmula n. 100, IX, segundo a qual aplica-se o art. 775 da CLT para a contagem do prazo decadencial para o ajuizamento da ação rescisória, e a OJ n. 146 da SDI-II, determinando a aplicação do art. 774 da CLT com critério de verificação do prazo para contestação.

No que tange ao Mandado de Segurança, acontece algo ainda mais curioso: o inciso II da Súmula n. 414 permite a impetração de Mandado de Segurança em face de antecipação de tutela (ou liminar) concedida antes da sentença. Ora, se o *jus postulandi* estiver sendo exercido em primeiro grau, ele ficará diante de uma situação bastante inusitada: estará habilitado para se manifestar no processo principal, mas será obrigado a contratar um advogado para funcionar tão somente no incidente provocado pelo MS.

Estas discrepâncias se agravam ainda mais, quando se recorda que o STF convalidou o *jus postulandi* na Justiça do Trabalho, e não apenas no processo do

---

(1358) Súmula n. 99 do TST: "Havendo recurso ordinário em sede de rescisória, o depósito recursal só é exigível quando for julgado procedente o pedido e imposta condenação em pecúnia, devendo este ser efetuado no prazo recursal, no limite e nos termos da legislação vigente, sob pena de deserção." OJ n. 148 da SDI-II do TST: "Custas. Mandado de segurança. Recurso ordinário. Exigência de pagamento. É responsabilidade da parte, para interpor recurso ordinário em mandado de segurança, a comprovação do recolhimento das custas processuais no prazo recursal, sob pena de deserção."

trabalho regido pela CLT. Um processo que — diga-se de passagem — pode albergar controvérsias decorrentes de outras relações de trabalho distintas das relações de emprego (como, por exemplo, a de um representante comercial ou a de um corretor de seguros em face do tomador de serviços). Em relação a estes casos "não empregatícios", o próprio TST, mediante sua Instrução Normativa n. 27, de 2005, determina que sejam julgados por meio do procedimento contido na CLT. E daí surge mais uma pergunta: estas partes poderão postular em causa própria? Pessoalmente, não vejo motivo para negar-lhes esta autonomia de ação.

Mas isso não é só. O TST desferiu outro forte golpe no *jus postulandi*, ao bloquear a atividade recursal do indivíduo. No início, de todo e qualquer recurso; depois, abrandou esta proibição na sua Súmula, ao retirar das mãos das partes o poder de recorrer para o próprio TST. A questão agora é: por quê? Por que o empregado pode ajuizar uma ação, pode contestar uma ação incidental de falsidade ou uma reconvenção, pode apresentar recurso ordinário para o TRT, pode contra-razoar um recurso ordinário, pode apresentar cálculos de liquidação, pode embargar à execução ou recorrer da decisão ali proferida, pode requerer a penhora de um bem, mas não pode recorrer para o TST?

O STF afirmou que o legislador tem o poder legítimo de permitir que o indivíduo, sozinho, atue na Justiça do Trabalho. E o legislador, através do art. 791 da CLT, não impôs, nem de longe, um décimo destas condicionantes apresentadas pelo TST. Muito ao contrário, o texto, o enunciado, o dispositivo em si, é extremamente direto na sua determinação: "Os empregados e os empregadores poderão reclamar pessoalmente perante a Justiça do Trabalho e acompanhar as suas reclamações até o final." Repito: "até o final." Assim, se o final, por um acaso do destino, for ocorrer no TST, lá deverá ser franqueado o amplo acesso da parte solitária, pois o legislador decidiu desta maneira. E, entre a regra democraticamente construída (ou, como no caso, recepcionada) e a opinião judicial, deve prevalecer a primeira[1359].

Alguns poderão dizer que no TST só se discute "questões de direito". Logo, o indivíduo sozinho, especialmente o desguarnecido de bacharelado, não terá condições de argumentar tecnicamente. Afora o fato de este argumento já ter sido levantado pelo Ministro Marco Aurélio e rechaçado pelos seus pares do STF, não custa relembrar que a divisão estanque entre questão de direito e questão de fato já se foi há tempos[1360]. Só esqueceram de prestar condolências.

Com a palavra, o professor Ricardo Lobo Torres[1361]:

"É vã a tentativa de separar a questão de fato da questão de direito, porque são interdependentes e o fato só pode ser qualificado sob a perspectiva da norma. F. Gény demonstrou que é quase impossível a distinção entre a questão de fato e a de direito, tanto no campo tributário, como no dos

---

(1359) Em sentido semelhante, cf. BARCELLOS, Ana Paula de. *Ponderação, racionalidade e atividade jurisdicional*, p. 180-184.
(1360) LARENZ, Karl. *Metodologia da ciência do direito*, p. 433-438.
(1361) *Tratado de Direito Constitucional Financeiro e Tributário* — Valores e princípios constitucionais tributários, p. 495-496. Cf. também LARENZ, Karl. *Metodologia da ciência do direito*, p. 435.

outros ramos do fenômeno jurídico. Também J. Esser entende que é impossível a separação, pois ambas se baseiam em julgamento de valor: a aplicação do direito depende da apreciação da questão de direito (*Tatbestand*) e da questão de fato (*Sachverhalt*), mas nenhuma delas pode ser pré-fabricada pelo legislador para ser levada ao computador. Daí por que a retórica tem sublinhado que a atividade forense se fundamenta, muita vez, no escamotear a questão de direito em questão de fato, e vice-versa."

Imaginem, por exemplo, a seguinte situação: um rapaz abre uma conta num sítio de relacionamentos e, logo em seguida, organiza uma comunidade a respeito do seu trabalho. Colegas da empresa e outras pessoas alheias a ela participam ativamente, opinando, criticando e elogiando este ou aquele ato praticado pelo empregador e seus prepostos. Passam-se alguns meses, o empregador toma ciência desta comunidade e, ato contínuo, dispensa o rapaz por justa causa, aplicando-lhe o art. 482, alínea da CLT: "mau procedimento."

Eu pergunto: numa situação dessas, como separar o que é questão de direito de questão de fato? Pergunto isso porque, diante da textura abertíssima deste enunciado normativo, apenas com os elementos do caso concreto, com uma circunstanciação bem feita, é que se poderá iniciar o processo de (re)construção do sentido desta expressão. A decisão a este respeito (a interpretação) não tem como adquirir legitimidade se feita apenas em abstrato[1362]. A sua concretização é imprescindível, o que, por sua vez, faz com que o preenchimento das premissas maior e menor do silogismo judicial seja feito em movimentos hermenêuticos circulares, à moda gadameriana[1363]. Daí para a miscigenação fático-jurídica prevalecer em face de uma suposta eugenia conceitual, será um pulo.

Em síntese: o *jus postulandi* na Justiça do Trabalho deve ser amplo, geral e irrestrito, tal como autorizado pelo art. 791 da CLT e legitimado pelo STF, não havendo respaldo normativo para que o TST insista na aplicação de sua Súmula n. 425. E, diante da relevância que estas diretrizes jurisprudenciais têm adquirido no sistema jurídico brasileiro, penso que ela deve ser cancelada sem demora[1364].

IV — CONCLUSÃO

Ao término deste verdadeiro processo de decantação das decisões judiciais, cabe-me verificar se os sedimentos recolhidos são límpidos o bastante para estruturar um critério auxiliar ao desenvolvido neste estudo.

Todavia, antes de me posicionar, é sempre bom frisar que os exemplos mencionados estão longe de ser exaustivos. Trata-se, apenas, de uma pequena listagem. Foi simplesmente por questão de tempo e de espaço que ela não pôde ser

---

(1362) GUASTINI, Riccardo. *Teoría e ideología de la interpretación constitucional*, p. 30.
(1363) GADAMER, Hans-Georg. *Verdade e método I*: traços fundamentais de uma hermenêutica filosófica. Trad. Flávio Paulo Meurer. 5. ed. Petrópolis: Vozes, 2003. p. 354-361 e 368-369. PEREIRA, Jane Reis Gonçalves. *Interpretação constitucional e direitos fundamentais*, p. 47-48.
(1364) Sobre a importância "de fato" das Súmulas, em nosso ordenamento jurídico, cf. BUSTAMANTE, Thomas da Rosa de. *Teoria do direito e decisão racional*, p. 411.

ampliada. Neste sentido, relembro, rapidamente, mais algumas questões que já foram apreciadas, outras cuja apreciação está em curso e algumas nas quais a análise do problema está por vir.

No primeiro caso, menciono as decisões a respeito da (1) inconstitucionalidade por omissão parcial da lei que estipulou um valor do salário mínimo insuficiente para a satisfação das necessidades vitais[1365], e do (2) reforço da legitimação extraordinária dos sindicatos[1366] (abrindo-se mais uma divergência com o TST, que cancelou a sua Súmula n. 310[1367]).

No segundo caso, ressalto o julgamento a respeito da constitucionalidade ou não da denúncia da Convenção n. 158 da OIT, onde se discute apenas o aspecto formal da questão (se o ato de saída deve ser complexo como foi o de entrada), passando-se longe de discussões materiais recentes como, por exemplo, a violação do princípio da vedação de retrocesso social[1368]. E, só para colocar um tempero a mais nesta discussão, não se deve de esquecer que o Presidente da República, pela Mensagem n. 59, enviada ao Congresso em 14.2.2008, pediu novamente a sua ratificação[1369].

Por fim, o futuro próximo nos reserva algumas surpresas, a respeito da (1) possibilidade de as empresas da Administração Pública Indireta dispensarem os seus empregados sem motivação (o que também já encontra solução no TST, por meio da OJ n. 247 do SDI-I e da Súmula n. 390)[1370], da (2) análise da constitucionalidade da ampliação do prazo para embargos à execução, com a alteração do art. 884 da CLT pelo art. 1º-B da Lei n. 9.494, de 2007[1371], da (3) verificação da constitucionalidade do art. 19-A da Lei n. 8.036, de 1990, que instituiu a obrigatoriedade de recolhimento de FGTS, mesmo que o contrato de emprego seja nulo[1372] e da (4) apreciação da constitucionalidade da exigência de "comum acordo" para o ajuizamento de dissídio coletivo, consoante a nova redação do art. 114, § 2º da CF/88[1373].

Dito isso, e depois de voltar-me para os julgamentos analisados ao longo deste Capítulo, observei que tanto o STF quanto o TST não se fazem de rogados e utilizam fartamente as ideias de valorização do trabalho (§ 2º), de proteção à saúde do trabalhador (§ 4º), da mulher que trabalha, além da importância do emprego como fonte de subsistência do empregado (§ 5º), de maneira a justificarem os seus pontos de vista.

(1365) ADI n. 1.458, Rel. Min. Celso de Mello, DJ 20.9.1996.
(1366) Cf., por todos, RE n. 213974-AgR, Rel. Min. Cezar Peluso, DJ 2.2.2010.
(1367) Resolução n. 121 de 2003.
(1368) ADI n. 1625/DF, Rel. orig. Min. Maurício Corrêa, DJ 3.6.2009. Sobre a vedação de retrocesso no direito do trabalho, cf. MENEZES, Claudio Armando Couce; LOPES, Gláucia Gomes Vergara; CALVET, Otávio Amaral; SIVOLLELA, Roberta Ferme. *Direitos humanos e fundamentais*. Os princípios da progressividade, da irreversibilidade e da não regressividade social em um contexto de crise. Acessível em: <http://www.trt1.jus.br>.
(1369) Cf., sobre este tema, BELMONTE, Alexandre Agra. Os direitos fundamentais juslaborais e a Convenção n. 158 da Organização Internacional do Trabalho, In: *Op. cit.*, p. 387-389.
(1370) RE n. 589.998, Rel. Min. Ricardo Lewandowski, DJ 26.2.2010. Para uma visão geral do assunto, cf. GOMES, Fábio Rodrigues. *O direito fundamental ao trabalho*, p. 220-225.
(1371) ADC n. 11, Rel. Min. Cezar Peluso, DJ. 11.12.2009.
(1372) ADI n. 3.127, Rel. Min. Cezar Peluso, DJ. 1º.3.2004.
(1373) ADIs ns. 3.423 e 3.431, Rel. Min. Gilmar Mendes, DJ 24.4.2010.

Portanto, de um modo geral, os Ministros integrantes das duas principais Cortes superiores brasileiras (em relação ao direito constitucional do trabalho, é claro) aceitam a fundamentalidade material de alguns direitos subjetivos conferidos ao trabalhador subordinado, na medida em que garantem a sua dignidade.

Entretanto, o fato de, juntos, propagarem este discurso normativo, não significa que tenham sido "responsivos" o suficiente[1374]. A rigor, a metodologia mediante a qual veicularam as suas decisões deixou a desejar. Sob o aspecto deontológico, ora os julgadores externaram suas razões por meio de argumentos perfeccionistas (§§ 2º e 6º), ora por intermédio de argumentos liberais (§§ 5º, 7º e 8º), ora através de argumentos pragmáticos (§§ 3º, 5º e 8º). Já sob a perspectiva institucional, os Ministros de ambos os tribunais ora se apresentavam como formalistas jupiterianos empedernidos (§ 1º), ora como ativistas hercúleos bastante arrojados (§ 5º). Em resumo: houve uma miscelânea de reflexões tão intensa, que se torna quase impossível inferir-se um único fio condutor a partir do qual todas as colocações possam ganhar coesão.

Contudo, ainda há esperança. Pois se, de um lado, não houve a construção de um novo parâmetro auxiliar, o resultado decantado não se mostrou infenso ao critério normativo proposto nesta tese. Ao contrário, por diversas vezes, pude aplicá-lo na apreciação das fundamentações. E, independentemente da avaliação final (de correção ou de desacerto do julgado), o importante foi verificar que a ideia básica de igual autonomia criativa, sob a plataforma de satisfação das necessidades básicas e reconhecimento das diferenças que nos definem, foi muito útil no desenvolvimento do raciocínio prático de legitimação (ou não) das opiniões encontradas.

Sendo assim, em face do teste realizado, penso que o critério teórico contido nestas páginas está com a sua operacionalidade em dia. Mas, se na dimensão empírica nacional ele se saiu razoavelmente bem, resta saber como ele se comportará sob a ótica internacional. E será sobre isso que tenciono me debruçar no próximo Capítulo, quando o direito internacional do trabalho será passado em revista.

[1374] Sobre a "responsividade" dos Ministros do STF, isto é, sobre a importância dos mecanismos institucionais de cobrança sobre as consequências dos seus atos, cf. BINENBOJM, Gustavo. *Duzentos anos de jurisdição constitucional*, p. 232. VIEIRA, Oscar Vilhena. *Supremocracia*, p. 496-497.

Capítulo VI
O DIREITO INTERNACIONAL DO TRABALHO EM REVISTA

I. INTRODUÇÃO

Recentemente, travou-se no Brasil uma intensa discussão em torno da chamada "Emenda n. 3". A bem da verdade, cuidava-se do art. 9º do Projeto de Lei n. 6.272, de 2005 (n. 20/06 no Senado Federal), que, ao acrescentar o § 4º ao art. 6º da Lei n. 10.593/02, proibia a "desconsideração", pelo fiscais federais, do ajuste firmado entre pessoas jurídicas prestadoras de serviços e seus contratantes[1375]. Explicando melhor: os profissionais liberais (integrantes destas sociedades simples ou empresárias), que atuassem em prol de outrem (pessoa física ou jurídica), recebendo seus honorários mediante emissão de nota fiscal, não poderiam ter essa relação jurídica "alterada" pelos fiscais, sob o fundamento de que haveria fraude e que, a rigor, os prestadores deveriam ser registrados como "empregados assalariados", com carteira profissional e os encargos trabalhistas e previdenciários pertinentes.

De acordo com a famosa "Emenda n. 3", somente a Justiça do Trabalho poderia decidir sobre a correção do contrato, de modo a reconhecer (ou não) a existência de uma relação de emprego. Contudo, o Presidente da República vetou o dispositivo controvertido, mantendo a atribuição dos fiscais para autuar os tomadores de serviço que lhes parecessem em situação irregular[1376].

Pois bem. Este é apenas um dos inúmeros dilemas que se apresentam, quando entra em cena o direito constitucional do trabalho, ou, melhor dizendo, quando entra em cena a polêmica em torno das seguintes questões: até onde deve o Estado intervir nas relações privadas? Até onde é legítima a presunção de desequilíbrio entre particulares, capaz de gerar a substituição da vontade individual por "normas de ordem pública"? Enfim: para onde os juízes devem olhar, ao se depararem com estas difíceis controvérsias[1377]?

Foi sobre esta dúvida que me debrucei ao longo desta tese. E depois de apresentar um critério normativo, decidi testá-lo praticamente nos Capítulos IV e V, aproveitando para verificar o que se passa nas mentes dos Ministros do STF e do TST.

(1375) *In verbis*: "No exercício das atribuições da autoridade fiscal de que trata esta Lei, a desconsideração da pessoa, ato ou negócio jurídico que implique reconhecimento de relação de trabalho, com ou sem vínculo empregatício, deverá sempre ser precedida de decisão judicial."
(1376) Cf. Mensagem n. 140, de 16.3.2007: "Razões do veto: As legislações tributária e previdenciária, para incidirem sobre o fato gerador cominado em lei, independem da existência de relação de trabalho entre o tomador do serviço e o prestador do serviço. Condicionar a ocorrência do fato gerador à existência de decisão judicial não atende ao princípio constitucional da separação dos Poderes."
(1377) SUNSTEIN, Cass R. *A constitution of many minds*, p. 7.

Entretanto, não seria adequado encerrar este estudo sem, antes, provar, mais uma vez, o critério formulado. Agora, a tônica será a seguinte: "se muitas pessoas aceitassem uma visão particular sobre algum assunto importante, a Suprema Corte, e outros que pensassem sobre o significado da Constituição, não deveriam consultar esta visão?"[1378]

Fugir das pré-compreensões que embaraçam o nosso raciocínio. Sair da clausura das razões de "foro íntimo". Buscar nas opiniões alheias uma fonte alternativa para a solução dos problemas que nos são impostos. Deveras, a dificuldade de responder, de pronto, às indagações que motivaram este estudo, fica evidente para todos aqueles que pretendam fazê-lo dentro de parâmetros estritamente jurídicos (ou institucionalizados). E isso ocorre porque mesmo o mais cauteloso dos intérpretes não conseguirá se esquivar por completo das suas pré-compreensões[1379], ainda mais diante deste apaixonado embate ideológico que se arrasta por anos a fio, conformando, de certo modo, a tradição que nos envolve. Seria como que tentar fugir da própria sombra: para onde quer que voltemos a nossa atenção, lá estaria ela. Às vezes mais evidente, outras menos, mas sempre e inevitavelmente presente.

O que fazer então? Permanecer inerte e capitular diante da forte carga emocional que inflama os contendores? Ou insistir e deslocar o debate das mãos das maiorias eventuais para a esfera dos direitos fundamentais? Como vocês já estão cansados de saber, acredito que esta última opção seja a mais adequada. E insisto em dizer isso porque não estou só. Professores do calibre de Arthur Kaufmann, por exemplo, não se acanhavam em declarar que "os conteúdos do direito e da justiça são demasiado importantes para serem deixados unicamente aos — sempre parciais — políticos"[1380].

Neste contexto, soa no mínimo estranho delimitar os direitos fundamentais com base no que se convencionou chamar de "sabedoria das massas" (*wisdom of crowds*)[1381]. Parodiando Rui Barbosa, caberia perguntar: a opinião contrária do juiz não materializaria um famigerado "crime de hermenêutica"?

Se, junto a isso, associarmos (1) o argumento evolucionário (segundo o qual as ideias aceitas pelo povo ao longo do tempo provaram o seu valor), (2) o argumento da diversidade (de acordo como o qual as decisões coletivas são mais acertadas do que a média das opiniões individuais), (3) o argumento madisoniano (para quem o sistema de freios e contrapesos exige a livre deliberação antes da tomada de decisão) e (4) o Teorema do Juri de Condorcet (segundo o qual quanto maior for o grupo decisório, maior será a probabilidade de acerto da decisão), seremos levados por uma tendência fortemente favorável à tipificação da contradita judicial[1382].

Por que, então, não acessarmos o mais rápido possível as muitas mentes dedicadas à interpretação da Constituição, a fim de verificarmos se há ou não tamanha

---

(1378) *Idem, ibidem* (tradução livre).
(1379) Cf. item 1, § 2º do item II do Capítulo III. Cf., também, GADAMER, Hans-Georg. *Verdade e método I*, p. 354-361 e 368-369.
(1380) KAUFMANN, Arthur. *Filosofia do direito*. Trad. António Ulisses Cortês. Lisboa: Fundação Calouste Gulbenkian, 2004. p. 427.
(1381) SUNSTEIN, Cass, *A constitucion of many minds*, p. 7.
(1382) *Idem*, p. 8-9.

oposição? Nesta perspectiva, não devemos hesitar em afirmar que elas serviriam de um precioso mecanismo verificador do critério esboçado no decorrer destas páginas. Cass Sunstein elenca três versões deste tipo de raciocínio: o tradicionalista, o populista e o cosmopolita[1383]. Entretanto, em virtude do assunto que nos diz respeito, peço licença para restringir a minha análise unicamente a este último pensamento.

Olhemos, pois, por alguns instantes, para além-mar.

Ora, se não conseguimos fugir de nossos juízos prévios, se temos dificuldades de afastar os nossos preconceitos socialmente enraizados, por que não ampliar as premissas do debate? Por que não ultrapassar as nossas fronteiras e experimentar novos valores? Por que não misturar os que são cultivados localmente, na Constituição, com aqueles compartilhados mundo afora? Não seria interessante iniciar a discussão sobre o que *deve ser* considerado o *core labor*[1384], o fundamental à proteção da autonomia do trabalhador, a partir de direitos com aspiração de validade universal "para todos os povos e tempos"[1385]?

Como o Brasil tem uma experiência democrática bastante recente e — a bem de ver — está correndo atrás do tempo perdido, acredito ser este um caminho bastante promissor para a aproximação de uma saída possível.

E seguindo esta toada — observa Cass Sunstein —, a consulta ao direito estrangeiro pode ser um instrumento muito útil às novas democracias. Isso tanto para controvérsias a respeito de questões de fato, como para aquelas envolvendo questões morais[1386]. De acordo com o professor de Harvard, se você endossa a leitura moral da Constituição como meio de resolução de problemas — o que é o caso deste estudo — e se a maioria das nações (abertas ao livre debate de ideias) encontra uma mesma resposta para a questão moral localmente colocada, aumentam as chances (e a confiança) de que esta conclusão normativa seja genuinamente universal, a ponto de transcender as diferenças históricas e institucionais eventualmente existentes entre os atores no cenário mundial[1387].

Acontece que antes de acessar este estoque de ideias potencialmente universais, devemos nos lembrar, mais uma vez, de um pequeno detalhe que, nos dias de hoje, faz toda a diferença. Indo direto ao ponto: devemos nos aproximar do pujante movimento de constitucionalização do direito. Um movimento que começou lá fora e que hoje já se assentou confortavelmente por aqui, dialogando, inclusive, com o direito internacional. E aí estão a EC n. 45/04 e o novo § 3º inserido no art. 5º da CF/88 para corroborar esta conversação multicultural.

A revisão do material normativo consolidado pelo direito internacional do trabalho, à luz da Constituição. Esta é a porta de entrada para um mundo novo, onde o horizonte

---

(1383) *Idem*, p. 8.
(1384) BARZOTTO, Luciane Cardoso. *Direitos humanos e trabalhadores:* atividade normativa da organização internacional do trabalho e os limites do direito internacional do trabalho. Porto Alegre: Livraria do Advogado, 2007. p. 122.
(1385) SARLET, Ingo Wolfgang. Direitos fundamentais, reforma do judiciário e tratados internacionais de direitos humanos. In: CLEVE, Clèmerson Merlin; SARLET, Ingo Wolfgang; PAGLIARINI, Alexandre Coutinho. *Direitos humanos e democracia.* Rio de Janeiro: Forense, 2007. p. 333.
(1386) SUNSTEIN, Cass. *A constitucion of many minds,* p. 191, 197-199 e 208-209.
(1387) *Idem*, p. 197.

histórico comum fornecerá interessantes subsídios para a pacificação daquela pergunta inicial que não quer calar: qual deve ser o patamar mínimo de intervenção estatal no universo do trabalho subordinado[1388]?

Entretanto, depois de ressaltada a importância do aporte do direito internacional do trabalho para inspecionar o critério normativo aqui formulado, é prudente que façamos a seguinte pergunta, antes de darmos sequência ao estudo: por onde devemos começar?

Digo isso não apenas em virtude da advertência feita por Cass Sunstein, no sentido de que a abordagem cosmopolita pouco criteriosa pode gerar uma sobrecarga argumentativa paralisante[1389], mas também por conta da observação lançada por Marcelo Neves, segundo a qual a racionalidade transversal é um "produto escasso"[1390].

O próprio Sunstein fornece algumas dicas para afunilar a pesquisa teórica. Olhar para as respostas produzidas pelas nações democráticas, por exemplo, seria uma boa pedida, uma vez que elas são mais abertas, transparentes, responsivas, mais fáceis de fiscalizar e, portanto, tornam-se fontes de informação mais confiáveis a respeito de fatos e normas[1391].

No entanto, tenho para mim que na esfera internacional e, mais especificamente, na esfera do direito do trabalho forjado no ambiente exterior, existe uma fonte institucional bastante diferenciada, cujo desenho foi projetado exatamente para fazer jorrar litros e litros dos mais puros resultados normativos. O seu alto teor de pluralidade, cercado de uma dinâmica e democrática produção de consensos potencialmente universais, faz com que as soluções ali concertadas adquiram um caráter normativo a toda prova. Em razão de suas respostas não serem de um "tipo específico", ou seja, de não serem produzidas isoladamente por um ou alguns poucos países, elas se ajustam como uma luva ao sistema mundial multicêntrico, no qual "embora haja hierarquia no interior das ordens, prevalecem entre elas relações heterárquicas" ou uma "hierarquia entrelaçada"[1392].

Encerrando de vez o mistério, considero a Organização Internacional do Trabalho — OIT, uma fonte ótima de direito constitucional do trabalho[1393]. Como teremos a oportunidade de perceber, a sua origem, constituição, funcionamento e natureza peculiares a tornam o foro ideal para, num único movimento, (1) evitar o risco iminente de fragmentação, diante de uma avalanche interminável de precedentes e legislações estrangeiras, e (2) alcançar, de modo seguro, uma verdadeira mina de ouro dialógica, onde o raciocínio transversal, a postura reflexiva e a abertura aos ideais do outro foi, é e permanece sendo a sua principal plataforma de legitimação.

(1388) No mesmo sentido, cf. DÄUBLER, Wolfgang. *Direito do trabalho e sociedade na Alemanha*. Trad. Alfred Keller. São Paulo: LTr, 1997. p. 294.
(1389) *A constitucion of many minds*, p. 208-209.
(1390) *Transconstitucionalismo*, p. 49 e 285.
(1391) *A constitucion of many minds*, p. 203-204.
(1392) NEVES, Marcelo. *Transconstitucionalismo*, p. 237.
(1393) Corroborando indiretamente a minha opinião, cf. *idem*, p. 265-266, onde o autor se vale do art. 8º, n. 2 da Convenção n. 169 da OIT para ilustrar uma hipótese de leitura transconstitucional de um documento internacional.

Nos próximos tópicos, portanto, iniciaremos a nossa viagem por dentro deste órgão internacional.

II. LOCALIZANDO A DISCUSSÃO A RESPEITO DO TRABALHO SUBORDINADO NO MUNDO DE HOJE

Antes de nos cercamos das normas integrantes do direito internacional do trabalho, faz-se necessário que nos situemos realisticamente, de maneira a desenvolvermos a discussão a partir dos mesmos pontos de apoio. Para isso, listarei alguns dos impedimentos e limitações empíricos mais proeminentes para a elaboração normativa internacional em matéria de trabalho subordinado, na tentativa de mapear o terreno minado sobre o qual estamos prestes a transitar.

Neste sentido, valho-me, mais uma vez, dos ensinamentos de Arthur Kaufmann para lembrá-los que: "la "corrección del derecho no puede tener su sitio en las normas jurídicas, sino que se encierra también en los contenidos materiales de la vida social — más exactamente en la dialéctica de contenidos materiales vivos y norma, de ser y deber ser."[1394]

§ 1º — Aspecto espacial

O primeiro elemento da vida social a ser iluminado é o aspecto espacial.

Com efeito, quando lidamos com a ideia do trabalho humano sob o prisma internacional, não podemos descurar do paradoxo envolvendo, de um lado, a enorme mobilidade (fática e jurídica) do capital e, de outro, a extrema dificuldade de circulação das pessoas físicas e, especialmente, daquelas provenientes dos países mais pobres[1395].

Como todos sabem, o deslocamento de contingentes humanos não é novidade. Suas razões são as mais variadas: ora porque o indivíduo busca melhores condições de vida (migração voluntária), ora para fugir de guerras, perseguições de toda sorte e desastres ambientais (migração forçada)[1396]. O Brasil mesmo foi palco deste fenômeno social. E isto se deu tanto em nível externo (no século XIX era um polo atrativo de imigrantes — em torno de 7% de sua população), quanto em nível interno, eis que nos anos 70 (milagre econômico) houve uma intensa migração do norte e nordeste para o sudeste, catalizando os inúmeros problemas que, futuramente, conflagrariam as grandes capitais[1397].

(1394) KAUFMANN, Arthur. *Hernenéutica y derecho*. Edición a cargo de Andrés Ollero y José Antonio Santos. Granada: Editorial Comares, 2007. p. 66.
(1395) HÖFFE, Otfried. *Estados nacionais e direitos humanos na era da globalização*, p. 310-311.
(1396) PEREIRA, Antonio Celso Alves. Os direitos do trabalhador imigrante ilegal à luz da Opinião Consultiva 18/03 da Corte Interamericana de Direitos Humanos — CIDH. In: TIBURCIO, Carmen; BARROSO, Luís Roberto (org.). *O direito internacional contemporâneo:* estudos em homenagem ao professor Jacob Dolinger. Rio de Janeiro: Renovar, 2006. p. 85.
(1397) *Idem*, p. 87.

Ocorre que, nos dias de hoje, existem duas grandes diferenças. Uma, relativa à transformação do nosso país em polo exportador de mão de obra (agora, apenas 0,6% da nossa população é de imigrantes). Outra, já referida, decorrente das maciças restrições à mobilidade individual, não obstante a vigorosa abertura na movimentação do capital. Neste ponto, é importante dizer que, tal como no passado, aquele que migra é, na sua grande maioria, o excluído, o que possui baixa escolaridade, pouca ou nenhuma qualificação profissional, em suma, o que tem as maiores dificuldades de adaptação cultural (língua, costumes, etc.). Entretanto, este indivíduo não conta mais com a tolerância de outrora, quando "o passaporte foi visto como expressão da tirania"[1398].

De acordo com o professor alemão Wolfgang Däubler, mesmo na Europa, no que diz respeito aos trabalhadores sem qualificação, a liberdade efetiva de circulação de mão de obra é um mito; afirmação esta que pode ser corroborada com a questão recentemente levantada pelos franceses, por ocasião da adesão da Polônia à União Europeia: o problema do *dumping* social", decorrente do baixo salário pago ao "trabalhador polonês"[1399].

No entanto, não obstante os obstáculos de ordem cultural e institucional, o número de pessoas que deixam as suas casas em busca de algo melhor não para de crescer. Um levantamento feito pelas Nações Unidas constatou que, em 2000, cerca de 2,5% da população mundial vivia fora de seus países de origem (os EUA e a Europa, de 1995 a 2000, receberam 12 milhões de imigrantes)[1400]. Neste contexto, vale destacar que no Japão existem cerca de 300.000 *dekasseguis* trabalhando, muitos em condições degradantes; que nos EUA, mais de 20.000 brasileiros são presos anualmente, por imigração ilegal no país, e que, na América Latina, a taxa anual de emigração no continente superou a taxa de crescimento populacional[1401].

Mas isso não é só. Por detrás desta verdadeira "diáspora brasileira"[1402], existe um segundo elemento da vida social que também merece ser mencionado.

§ 2º — Globalização econômica

Como é de conhecimento comum, o momento inicial da atuação operária promoveu a politização da "questão social" e conferiu maior peso à igualdade material, em detrimento da fictícia igualdade formal engendrada pelo ideário burguês. Contudo, este movimento, mais do que a mera politização, ensejou a "juridicização" dos diversos aspectos do trabalho humano relegados anteriormente à autorregulação do mercado. Instituiu-se, a partir de então, a era do *capitalismo organizado*. Neste novo modelo de gestão, prevalecia a regulamentação cada vez mais detalhada dos processos

---

[1398] LAFER, Celso. *A reconstrução dos direitos humanos:* um diálogo com o pensamento de Hannah Arendt. São Paulo: Companhia das Letras, 2001. p. 140.
[1399] Sobre o problema do *dumping social* na União Europeia, cf. DÄUBLER, Wolfgang. *Op. cit.*, p. 238-239.
[1400] CELSO, Antonio Celso Alves. *Op. cit.*, p. 86-87.
[1401] *Idem*, p. 86-89.
[1402] *Idem, ibidem*.

econômicos e sociais, sob a promessa de um sistema democrático e tendo como pano de fundo a distribuição mais justa de benefícios sociais[1403].

Enquanto vigorou o período de bonança e prosperidade que se seguiu ao término da 2ª Guerra Mundial, foi relativamente tranquila a harmonização dos interesses antagônicos tutelados pelo Estado Social[1404]. Mas esta calmaria artificial nas relações de trabalho estaria com seus dias contados.

A onipresença estatal a partir do regramento de miudezas — provocando a "colonização do mundo da vida" — foi severamente questionada, em virtude da recessão econômica que se instalou no mundo durante os anos setenta (choque do petróleo), atingindo em cheio a normatização do trabalho humano[1405]. Conforme observa Habermas:

> "Os administradores do Estado Social não consideraram como problemático que o Estado ativo interferisse não apenas no ciclo econômico, mas também no ciclo vital de seus cidadãos — o objetivo era justamente reformar as condições de vida dos cidadãos mediante a reforma das relações de trabalho e de emprego. A isso subjazia a ideia da tradição democrática de que a sociedade seria capaz de atuar sobre si mesma com os instrumentos neutros do poder político-administrativo. Exatamente essa expectativa foi frustrada. (...) A esfera pública política (...) toma do sistema político uma distância análoga àquela tomada em relação ao sistema econômico. Aquele assumiu um caráter problemático semelhante, ou, no mínimo, tão ambíguo quanto este. Agora o próprio sistema político é percebido como fonte dos problemas de controle e não apenas com um meio de soluções de problemas. (...) Torna-se perceptível a diferença entre os déficits que as estruturas inflexíveis do mundo da vida podem provocar (pela subtração de motivações ou de legitimação) na sustentação do sistema de ocupação e de dominação e os fenômenos de uma colonização do mundo da vida pelos imperativos dos sistemas funcionais que externalizam seus custos." [1406]

Se não bastassem os acalorados debates em torno destas contingências de mercado e do agigantamento das atribuições do Estado, os capitalistas se viram repentinamente fortalecidos com a derrocada de seus maiores opositores. A imagem da queda do muro de Berlim não deixou dúvidas: no crepúsculo do século XX, a bola do jogo estava novamente com o capital. E este não perdeu tempo.

Tão logo o Consenso de Washington estipulou as premissas que pautariam as relações econômicas internacionais, deu-se o pontapé inicial na face mais contundente

---

(1403) SANTOS, Boaventura de Sousa. *Para um novo senso comum:* a ciência, o direito e a política na transição paradigmática. A crítica da razão indolente: contra o desperdício da experiência. V.1. 4. ed. São Paulo: Cortez, 2002. p. 154.
(1404) MOREIRA, Vital. O futuro da Constituição. In: GRAU, Eros Roberto; FILHO, Willis Santiago Guerra (Org.). *Estudos em homenagem a Paulo Bonavides.* São Paulo: Malheiros, 2001. p. 325.
(1405) Cf. FARIA, José Eduardo. Direitos sociais e justiça. In: ORTIZ, Maria Elena Rodriguez. *Justiça Social:* uma questão de direito. Rio de Janeiro: DP&A, 2004. p. 119.
(1406) HABERMAS, Jürgen. *O discurso filosófico da modernidade:* doze lições. Trad. Luiz Sérgio Repa, Rodnei Nascimento. 1. ed. 2. tir., São Paulo: Martins Fontes, 2002. p. 501-502.

da globalização⁽¹⁴⁰⁷⁾: (1) eliminação de barreiras internacionais e abertura indiscriminada dos mercados nacionais, (2) disciplina fiscal, (3) privatização de atividades exclusivas do Estado, (4) desregulamentação das relações de trabalho e (5) reformulação do ambiente de trabalho, pelo abandono do modelo industrial fordista/taylorista (produção em série, subdivisão de tarefas, especialização técnica e controle eficiente do tempo), pelo toyotismo (trabalho em grupo, produção flexível, trabalhador multifuncional e controle de qualidade total), sem olvidar de uma nova forma de organização "em rede" (introdução de novas tecnologias e teletrabalho ou trabalho à distância).

Eis aí algumas das novas diretrizes econômicas propagadas mundo afora⁽¹⁴⁰⁸⁾. O pior lado do liberalismo econômico emerge com toda a sua volúpia. De novidade não tem nada, só o nome: *neoliberalismo*.

Acresça-se a estas contingências fáticas, as incertezas filosóficas características da *pós-modernidade*. Imersos num ambiente de enorme ceticismo, de descrença no poder absoluto da razão, de desconfiança dos fundamentos do conhecimento, ou seja, diante de um momento de transição "pós-tudo: pós-marxista, pós-kelseniana, pós-freudiana"⁽¹⁴⁰⁹⁾, em que se deixa para trás todas as metanarrativas, onde tudo passa a ser relativo, localizado e efêmero, a conclusão mostra-se pouco animadora: o trabalho, na sua grandeza dimensional de projeção da dignidade da pessoa humana, está outra vez em perigo.

E é justamente nesse ambiente de enfraquecimento do Estado nacional⁽¹⁴¹⁰⁾, em que o capital financeiro se movimenta sem peias, tornando-se "cada vez más fluido y abandona sus anclajes territoriales", que o "trabajo, en cambio, se vuelve fragmentário, disperso y discontinuo"⁽¹⁴¹¹⁾. A bem da verdade, a noção de *lex mercatoria* remete à imagem de um "direito corrupto", pois "salienta-se a sua deficiente autonomia perante os processos econômicos globais, sublinhando-se que ela é extremamente fraca tanto perante os ataques de atores econômicos quanto diante das pressões políticas"⁽¹⁴¹²⁾. De modo bem rigoroso, chega-se a afirmar que "a *lex mercatoria* põe o direito a serviço do dinheiro ou o torna um meio desse [e] (...) Enquanto (...) estiver subordinada à economia mundial ou permanecer trivializada economicamente, ela não consistirá em uma ordem jurídica apropriada a promover um tratamento igual/desigual que não apenas seja adequado economicamente, mas também juridicamente consistente"⁽¹⁴¹³⁾.

(1407) Sobre os diversos significados do termo "globalização", vale a pena conferir o excelente artigo de SANTOS, Boaventura de Souza. Uma concepção multicultural de direitos humanos. *LUA NOVA, Revista de Cultura e Política,* GOVERNO & DIREITOS — CEDEC, n. 39, Brasil, 1997.
(1408) Cf. FARIA, José Eduardo. *O direito na economia globalizada.* 1. ed. 4. tir. São Paulo: Malheiros, 2004. p. 282-283.
(1409) BARROSO, Luis Roberto. Fundamentos teóricos e filosóficos do novo direito constitucional brasileiro (Pós-modernidade, teoria crítica e pós-positivismo). In: BARROSO, Luis Roberto (Org.). *A nova interpretação constitucional:* ponderação, direitos fundamentais e relações privadas. Rio de Janeiro: Renovar, 2003. p. 304.
(1410) Cf. MÜLLER, Friedrich. A globalização e possíveis estratégias de resistência. In: HOLLENSTEINER, Stephan (org.). *Estado e sociedade civil no processo de reformas no Brasil e na Alemanha.* Rio de Janeiro: Lumen Juris, 2004. p. 38, 41 e 44-45.
(1411) PISARELLO, Gerardo. Del Estado Legislativo al Estado Social Constitucional: por una protección compleja de los derechos sociales. *Isonomia* n. 15, outubro de 2001, p. 87.
(1412) NEVES, Marcelo. *Transconstitucionalismo,* p. 112.
(1413) *Idem, ibidem.*

Tudo isso só faz recrudescer o medo e impulsionar as teorias da conspiração, que apregoam aos quatro cantos do mundo os objetivos mascarados das grandes empresas, no sentido de instrumentalizarem as ordens jurídicas internacionais em benefício próprio, gerando efeitos destrutivos para os países em desenvolvimento e as comunidades locais não estatais[1414].

Será, portanto, diante de um verdadeiro *Leviatã econômico*[1415], que tecerei algumas breves considerações sobre o arsenal normativo provido pelo direito internacional do trabalho, que poderá servir de baliza argumentativa na discussão que vem se aprofundando na sociedade brasileira.

§ 3º — Geodireito

Um outro elemento importante a ser considerado nesta equação fático-normativa é o das relações internacionais de poder, ou melhor, o da relações assimétricas entre direito e poder na esfera internacional[1416]. No mundo de hoje, não podemos deixar de perceber uma forte tendência à manutenção do *status quo*. De fato, existe o risco da manutenção da "divisão internacional do trabalho": nações dominantes (*brain power*), que exportam tecnologia, *versus* nações dominadas, exportadoras de matéria-prima[1417].

Neste passo, os países mais desenvolvidos exigem a abertura dos mercados em desenvolvimento, apesar de manterem gigantescos subsídios aos setores menos competitivos de suas economias, mal disfarçando uma política desigual e protecionista, na medida em que se utilizam de um "código de poder superior/inferior que se reproduz no âmbito de uma geopolítica global assimétrica"[1418]. Até mesmo as discussões em torno dos direitos humanos perdem legitimidade, uma vez que podem dar azo a uma retórica política para "fins de imposição dos interesses de determinadas potências", o chamado "imperialismo dos direitos humanos"[1419].

Nestes termos, os embates travados, por exemplo, no bojo da Organização Mundial do Comércio, restam comprometidos. Não obstante cuidar-se de uma instituição "fundada na multilateralidade" e de, assim, contar com um grande potencial normativo[1420], a inclusão ou, antes disso, a exigência de "cláusulas sociais" em negociações comerciais fica sob suspeita[1421]: seriam uma forma de proteção à dignidade do trabalhador ou uma medida protecionista camuflada?

(1414) *Idem*, p. 286.
(1415) PEREZ-LUÑO, Antonio Enrique. *Los derechos fundamentales*. 8. ed. Madrid: Editorial Tecnos, 2004. p. 197.
(1416) NEVES, Marcelo. *Transconstitucionalismo*, p. 92.
(1417) RÜDIGER, Dorothee Susanne. Considerações sobre os direitos dos trabalhadores na Declaração Universal dos Direitos Humanos. In: BOUCALT, Carlos Eduardo de Abreu; ARAÚJO, Nádia de (org.). *Os direitos humanos e o direito internacional*. Rio de Janeiro: Renovar, 1999. p. 228.
(1418) NEVES, Marcelo. *Transconstitucionalismo*, p. 97, 280-281 e 285.
(1419) *Idem*, p. 94-96.
(1420) *Idem*, p. 150.
(1421) BARZOTTO, Luciane Cardoso. *Op. cit.*, p. 182-185.

E mais: a própria "fugacidade" do capital tornou-se um instrumento de pressão interno (se não reduzir custos, transfiro a produção para locais mais lucrativos) e externo (relativização da soberania nacional ou transnacionalização das estruturas de poder)[1422].

Entretanto, melhorias já estão a caminho, pois é neste compasso de desalento — ou, como dizia Weber, de desencanto — que surge uma primeira força capaz de alterar o rumo traçado unilateralmente pelo poder econômico.

§ 4º — A ascensão normativa do direito constitucional

Nos dias de hoje, a ascensão normativa da Constituição é um consenso relativamente estável nos Estados Democráticos de Direito[1423]. Nas palavras de Riccardo Guastini (acompanhando a lição de Louis Favoreu), vivemos um intenso processo de *constitucionalização* do direito, isto é, um processo de transformação do ordenamento, ao fim do qual este mesmo ordenamento resultará totalmente impregnado pelas normas constitucionais[1424].

Como ficou bem registrado no Capítulo I, o direito brasileiro vem acompanhando de muito perto esta mudança de paradigma. Neste sentido, sintetizo esta viragem teórica por meio, das lições da professora Ana Paula de Barcellos. Ela que, num dos seus estudos mais recentes, compilou as três premissas fundamentais do constitucionalismo atual — a normatividade, a superioridade e a centralidade da Carta Magna —, e, com isso, esculpiu a pedra de toque desta renovada esfera do pensamento jurídico. Passo-lhe a palavra:

> "A particularidade do neoconstitucionalismo consiste em que, consolidadas essas três premissas na esfera teórica, cabe agora concretizá-las, elaborando técnicas jurídicas que possam ser utilizadas no dia a dia da aplicação do direito. O neoconstitucionalismo vive essa passagem, do teórico ao concreto, de feérica, instável e em muitas ocasiões inacabada construção de instrumentos por meio dos quais se poderá transformar os ideais da normatividade, superioridade e centralidade da Constituição em técnica dogmaticamente consistente e utilizável na prática jurídica."[1425]

E arremata a autora:

> "A construção fundamentada de instrumentos de controle será provavelmente o ponto mais complexo e sensível (...). Por isso mesmo, a reflexão sobre ele é urgente e exige especial atenção da doutrina, sem a soberba de

---

(1422) Cf., por todos, FARIA, José Eduardo. *O direito na economia globalizada*, p. 86 *et seq.*
(1423) Cf., por todos, PEREIRA, Jane Reis Gonçalves. *Interpretação constitucional e direitos fundamentais*, p. 432.
(1424) GUASTINI, Riccardo. La "constitucionalización" del ordenamiento jurídico: el caso italiano. In: CARBONELL, Miguel (ed.). *Neoconstitucionalismo(s)*. Trad. Miguel Carbonell. Madrid: Editorial Trotta, 2003. p. 49.
(1425) Neoconstitucionalismo, direitos fundamentais e controle das políticas públicas. In: SARMENTO, Daniel; GALDINO, Flávio. *Direitos fundamentais:* estudos em homenagem ao professor Ricardo Lobo Torres. Rio de Janeiro: Renovar, 2006. p. 32-33.

pretensos reis filósofos, mas com a missão de transformar o discurso da juridicidade, superioridade e centralidade das normas constitucionais em geral, e dos direitos fundamentais em particular, em técnica aplicável no cotidiano da interpretação e aplicação do direito. E uma vez que o discurso se transforme em técnica, a técnica poderá se transformar em diferença real para as pessoas que vivem em um Estado de direito constitucional."[1426]

Pós-positivismo (como marco jusfilosófico) e *neoconstitucionalismo* (como marco teórico-dogmático voltado à efetivação da Constituição)[1427]. Reitero para que não haja dúvida: foi a partir da comunhão destes dois pilares de sustentação discursiva, que levamos adiante a pesquisa de depuração metodológica, de maneira a delimitar a posição do Direito Constitucional do Trabalho e justificar o porquê de sua importância para o direito brasileiro.

Entretanto, para o que me proponho realizar neste Capítulo, isso ainda não é o bastante pois, para melhor avaliar o critério normativo construído ao longo desta tese, faz-se imprescindível internacionalizar a discussão.

Então, é para lá que nós devemos ir. Saiamos, sem demora, no encalço da internacionalização do direito constitucional do trabalho.

III. A INTERNACIONALIZAÇÃO DO DIREITO DO TRABALHO

O Direito do Trabalho foi, é e, certamente, será sempre um direito de resistência. Dizendo de outro modo: trata-se de um ramo do direito que visa à garantia da autonomia perdida. E faz isso, por exemplo, mediante mecanismos compensatórios da desigualdade estrutural característica da relação de emprego, onde uma das partes possui "poder de mando" e a outra "dever de obediência". É, portanto, uma normativa que resgata o ideal emancipatório característico do iluminismo burguês[1428].

Cuida-se de uma construção legislativa que visa a equilibrar o grau de autonomia criativa dos participantes de uma relação jurídica, na qual o empregador tem (1) a capacidade de determinar o comportamento profissional (e, em alguns casos, pessoal) do empregado e (2) a capacidade de lhe prover o sustento ou a subsistência (alimentação, lazer, saúde, moradia, etc.). Não foi por outra razão que o saudoso professor Celso Albuquerque Mello asseverou que o "trabalho" dá ensejo ao "direito mais fundamental"[1429].

No entanto, como aconteceu a internacionalização de sua proteção normativa? O que levou os Estados nacionais a buscarem mecanismos comuns para a sua regulamentação?

(1426) *Idem*, p. 56.
(1427) Neste sentido, BARROSO, Luís Roberto. Neoconstitucionalismo e constitucionalização do direito, p. 4-12.
(1428) LOPEZ, Manuel Carlos Palomeque. *Direito do Trabalho e Ideologia:* Meio século de formação ideológica do Direito do Trabalho espanhol (1873-1923). Trad. António Moreira. Coimbra: Livraria Almedina, 2001. p. 32.
(1429) MELLO, Celso de Albuquerque. A proteção dos direitos humanos sociais nas Nações Unidas. In: SARLET, Ingo Wolfgang (org.). *Direitos fundamentais sociais:* estudos de direito constitucional, internacional e comparado. Rio de Janeiro: Renovar, 2003. p. 228.

A resposta é uma só: a existência de problemas comuns. Pode-se afirmar, assim, que o movimento inicial de difusão do direito do trabalho em escala global trouxe, em si, o pressuposto indispensável para a sua internacionalização. Uma internacionalização que — diga-se de passagem — consolidou-se precocemente, em virtude das peculiaridades que cercaram o seu desenvolvimento.

Dito isso, vejamos brevemente alguns caminhos históricos percorridos pela humanidade, de modo a entendermos onde e por que o direito do trabalho ganhou o mundo.

§ 1º — O nascimento

Como não poderia deixar de ser, o fenômeno que acelerou a gestação deste ramo do direito e, de certa forma, desencadeou o seu nascimento prematuro foi a Revolução Industrial. No decorrer do século XVIII, com o desenvolvimento da máquina a vapor e a consequente redução da demanda por trabalhadores, houve um expressivo desequilíbrio entre a oferta e a procura de mão de obra, acarretando uma abundância sem precedentes daquilo que, na sociedade liberal de outrora, não era mais do que uma "mercadoria"[1430]. A partir daí, os efeitos são bem conhecidos: a formação de uma autêntica consciência de classe — *o proletariado* — que guiaria os passos do movimento operário no confronto com a vertente econômica do liberalismo[1431].

Ocorre que esta reação não se limitou às hostes proletárias. Por incrível que pareça, a expansão deste movimento, *rectius*, da ideia a ele subjacente (no sentido de que a proteção da autonomia dos trabalhadores deveria ser associada a uma reconstrução completa da sociedade) deveu-se a um empresário, a um burguês que abraçou de corpo e alma a causa operária: Robert Owen[1432].

Foi este industrial nascido no País de Gales que lançou as primeiras sementes da internacionalização do direito do trabalho, chegando a ser chamado de "o profeta da cooperação mundial"[1433]. E tais sementes germinaram com bastante vigor no terreno fértil das *trade unions* inglesas. Mas não pararam por aí. Na França (*Confédération Générale du Travail*) e nos Estados Unidos (*American Federation of Labor*), os trabalhadores se associaram de igual maneira e, pouco a pouco, foram conquistando mais espaço político e mais normas balizadoras da atuação empresarial[1434].

Diante destas circunstâncias, não é de se estranhar que, neste crescente ambiente de consolidação do direito trabalhista, uma outra diretiva estatal, a ele muito chegada, se fizesse presente. Falo do importante sistema de seguridade social elaborado, em 1871, pelo Chanceler Otto von Bismark, da Prússia[1435]. Tudo somado, e vemos surgir

---

[1430] SÜSSEKIND, Arnaldo. *Direito internacional do trabalho*. 3. ed. São Paulo: LTr, 2000. p. 82.
[1431] GOMES, Fábio Rodrigues. *O direito fundamental ao trabalho*, p. 313 *et seq.*
[1432] SÜSSEKIND, Arnaldo. *Direito internacional do trabalho*, p. 83. Cf., também, LAFER, Celso. A Organização Internacional do Trabalho. In: BARROS JR., Cássio de Mesquita Barros (coord.). *Tendências do direito do trabalho contemporâneo*. V. 3. São Paulo: LTr, 1980. p. 320.
[1433] SÜSSEKIND, Arnaldo. *Direito internacional do trabalho*, p. 83-85.
[1434] PECES-BARBA MARTINEZ, Gregório. Derechos sociales y positivismo jurídico (Escritos de Filosofía Jurídica y Política). *Cuadernos Bartolomé de las Casas 26*. 2. ed. Madrid: Dykinson, 1999. p. 34.
[1435] SÜSSEKIND, Arnaldo. *Direito internacional do trabalho*, p. 88. BARZOTTO, Luciane Cardoso. *Op. cit.*, p. 101.

um motivo nada "angelical" a motivar a ideia da internacionalização: o aumento do custo da mão de obra e a perda de competitividade entre os países produtores[1436].

Ao contrário do que se poderia imaginar, os problemas comuns (causadores da expansão mundial do direito do trabalho) não foram as agruras sofridas pelos empregados em geral. Dispam-se da ingenuidade que ainda lhes resta: o que se tinha em mente era, única e exclusivamente, pôr água na fervura da acirrada competição econômica mundial[1437].

§ 2º — O desenvolvimento

Deste modo, cultivadas as condições adequadas de pressão (econômica) e temperatura (política), não tardaram a aparecer assembleias e congressos, versando sobre a "adoção de uma legislação internacional capaz de permitir a cada Estado proteger o operário, sua mulher e filhos contra os excessos do trabalho, sem perigo para a indústria nacional"[1438].

O primeiro país a tomar a iniciativa neste terreno, ainda embrionário, foi a Suíça[1439]. Seu Conselho Federal convocou uma conferência que teria lugar em Berna, em 1890, onde seriam tratados, dentre outros temas, o da jornada de trabalho, o da idade mínima, o do repouso semanal e o do trabalho da mulher. Ocorreu, porém, que o Kaiser Guilherme II (por razões políticas internas) tomou a frente deste movimento e, em 4 de fevereiro de 1890, convocou a conferência de Berlim, cuja realização deu-se em 15 de março do mesmo ano[1440]. O Kaiser, inclusive, solicitou ao Chanceler Bismark que pedisse o apoio do Papa Leão XIII para a sua conferência. E não só foi prontamente atendido, como, em virtude deste pedido, surgiu a famosa Encíclica *Rerum Novarum*[1441].

Os resultados práticos da conferência de Berlim não foram muito animadores. Somente com a criação da Associação Internacional para a Proteção Legal dos Trabalhadores (de caráter privado), em 1º.5.1900, na cidade de Basileia, que a ideia de um direito internacional do trabalho realmente ganhou corpo.

O Governo suíço, por intermédio da AIPLT, promoveu duas Conferências em Berna (maio de 1905 e julho de 1906), tendo daí obtido a aprovação de duas convenções sobre (1) a proibição do trabalho noturno das mulheres na indústria e sobre (2) o emprego do fósforo branco na indústria de ceras e fósforo[1442]. Nascia aqui a legislação internacional do trabalho, com a elaboração de tratados multilaterais e um esboço de controle de aplicação das normas.

Até 1914, a Associação já havia realizado oito reuniões. Convocou-se, ainda, uma terceira conferência em Berna, mas a eclosão da primeira grande guerra tornou o encontro impossível.

(1436) SÜSSEKIND, Arnaldo. *Direito internacional do trabalho*, p. 88, nota de rodapé n. 20.
(1437) LAFER, Celso. A Organização Internacional do Trabalho, p. 323
(1438) SÜSSEKIND, Arnaldo. *Direito internacional do trabalho*, p. 88.
(1439) BARZOTTO, Luciane Cardoso. *Op. cit.*, p. 101.
(1440) LAFER, Celso. A Organização Internacional do Trabalho, p. 322.
(1441) SÜSSEKIND, Arnaldo. *Direito internacional do trabalho*, p. 89.
(1442) *Idem*, p. 92.

No decorrer da 1ª GM, a *American Federation of Labour* se movimentou, atuando junto a diversas entidades sindicais, a fim de que o futuro Tratado de Paz contivesse um estatuto sobre as normas de amparo ao trabalhador. Isso já em setembro de 1914!

Os quatro anos de guerra e o período posterior colocaram as questões sociais na ordem do dia dos países beligerantes. O papel dos trabalhadores foi crucial, tanto do ponto de vista interno (fabricação de armas e munições), quanto no *front*, onde eles se mostraram valorosos combatentes em defesa da pátria. As medidas, visando à regulamentação do trabalho, neste contexto, visavam à obtenção da máxima produção exigida pela defesa nacional[1443].

A bem da verdade, a situação socioeconômica dos trabalhadores já estava no imaginário popular. Isto se refletia, inclusive, nas telas do cinema, onde filmes como "Metrópolis", "Tempos Modernos" e "Germinal" marcaram época. A guerra acabou servindo como o impulso que faltava para "abolir as mais radicais resistências à generalização das leis de proteção ao trabalho". Num quadro de destruição de riquezas públicas e privadas, morte de milhões de homens, bancarrota de inúmeras empresas e da solidariedade decorrente dos campos de batalha, constituiu-se um "esteio sólido" para as reivindicações proletárias[1444].

§ 3º — A consolidação

Em 6 de maio de 1919, a Conferência instalada no Palácio de Versailles adotou o texto completo do Tratado de Paz, cuja Parte XIII trazia a constituição da Organização Internacional do Trabalho. A sua justificação se deu em três direções[1445]: (1) humanitária (saúde, exploração, dignidade da pessoa humana do trabalhador); (2) política (conflitos sociais, oposição às ideias comunistas alardeadas pela Revolução Russa de 1917); e (3) econômica (evitar o "*dumping* social" ou a concorrência desleal entre as nações).

A criação da OIT foi um divisor de águas do Direito Internacional Público[1446]. Diferentemente dos demais organismos internacionais estabelecidos até então, ela trazia duas importantes inovações: (1) a representação tripartite (empregados, empregadores e governo), viabilizando uma "fórmula de compromisso"; e (2) a abordagem de direitos humanos (antes confinados às diretrizes "internas"), caminhando, assim, para além das querelas envolvendo as figuras dos Estados soberanos.

Em suma, a forma institucional da OIT foi desenhada com todos os ingredientes necessários à legitimação de suas diretrizes normativas: agrupamento estrutural entre direito, política e economia, somado ao entrelaçamento dialógico entre diferentes atores sociais, dentre os quais destacavam-se os diretamente interessados nos resultados da deliberação. De modo que posso afirmar, sem medo de errar, ter sido a OIT um dos primeiros organismos internacionais do mundo contemporâneo a cultivar pretensões normativas mais ambiciosas.

(1443) *Idem*, p. 97.
(1444) *Idem, ibidem*.
(1445) LAFER, Celso. *A Organização Internacional do Trabalho*, p. 323-324. SÜSSEKIND, Arnaldo. *Direito internacional do trabalho*, p. 102-103.
(1446) LAFER, Celso. *A Organização Internacional do Trabalho*, p. 325.

Não obstante isso, com a 2ª GM, as suas atividades foram paralisadas, tendo se refugiado — por assim dizer — em Montreal[1447]. Em verdade, chegou-se a duvidar de sua sobrevivência, em virtude da extinção da Sociedade das Nações e a instituição de uma nova organização[1448]. Mas, com o apoio do Presidente Harry Truman, associado a outras gestões pontuais, a OIT permaneceu firme e forte, tornando-se um organismo especializado e juridicamente vinculado à Organização das Nações Unidas[1449].

Vemos, assim, que a atuação da Organização Internacional do Trabalho, neste momento da história, estava garantida. Mais do que isso, com a Declaração de Filadélfia (1944) e a Declaração Universal dos Direitos do Homem (1948) — ela própria, um típico monumento à legitimação do direito internacional[1450] —, ampliou-se a sua esfera de atuação. Detentora de personalidade jurídica, a OIT materializou o seu "esforço de harmonização das condições de trabalho prevalecentes nos diferentes países" por meio de um "Código Internacional do Trabalho"[1451]. Não um "código no sentido de ser uma lei completamente obrigatória"[1452], mas um conjunto de diretrizes formatadas por meio de sua intensa produção normativa, cujo resultado conta atualmente com cerca de 187 Convenções e 198 Recomendações[1453].

IV — PADRÃO MÍNIMO: UMA ROTA DE FUGA INTERNACIONAL POR MEIO DO DIREITO CONSTITUCIONAL

Depois de colocados os "pés no chão", situados no tempo e abertos a um novo espaço, creio que estamos aptos a avançar. E a bússola normativa escolhida, a fim de que não nos percamos pelos desvãos ideológicos desta discussão, será o direito internacional do trabalho. Neste passo, é importante ressaltar que metade do caminho já foi percorrido.

De fato, apesar da dificuldade de se generalizar diretrizes especificamente voltadas para as relações de trabalho, a OIT vem insistindo nesta toada, propondo a adoção de princípios que, por serem fundamentais, estariam aptos a se tornar "universalizáveis"[1454] e que, por causa de sua natureza, impediriam (ou dificultariam enormemente) os riscos de autismo, imperialismo e oportunismo constitucionais ou a mera reprodução acrítica de

---
(1447) *Idem*, p. 324.
(1448) SÜSSEKIND, Arnaldo. *Direito internacional do trabalho*, p. 111.
(1449) LAFER, Celso. *A Organização Internacional do Trabalho*, p. 324-325.
(1450) Cf. SUNSTEIN, Carl. *A constitution of many minds*, p. 198-199 e 212, onde o autor relata ter sido a Declaração Universal o resultado do trabalho de um grupo de filósofos, cuja pesquisa envolveu a remessa de questionários para diversos homens públicos e professores ao redor do mundo. E que, como base nesta abordagem, elaboraram uma lista de 48 itens, representando o núcleo comum de uma vasta quantidade de documentos e propostas, incluindo julgamentos originários da Arábia, Inglaterra, Canadá, China, França, Alemanha pré-nazista, Itália, América Latina, Polônia, União Soviética e Espanha. Vê-se, portanto, que a Declaração Universal não foi uma abstração teórica, mas, sim, uma visão real e conjunta, derivada da conversação constitucional de muitas mentes.
(1451) LAFER, Celso. *A Organização Internacional do Trabalho*, p. 330.
(1452) *Idem, ibidem*.
(1453) Cf. <www.ilo.org> (Acessado em: 08 de julho de 2010).
(1454) Neste sentido, cf., ALSTON, Philip (ed.). *Labour rights as human rigths*. New York: Oxford University Press, 2005. Cf., também, BARZOTTO, Luciane Cardoso. *Op. cit.*, p. 103-104.

erros sistêmicos⁽¹⁴⁵⁵⁾. Mas, antes de nos debruçarmos sobre as soluções encaminhadas dialogicamente a respeito dos problemas trabalhistas em comum, vale a pena soltar aqui mais um lembrete.

Como já se mencionou à exaustão, o desenvolvimento socioeconômico aplainou, em grande medida, as arestas que dificultavam a internacionalização do direito do trabalho. Neste sentido, não é demais repetir o que disse o professor Arião Sayão Romita: na esteira da globalização, as normas reguladoras do trabalho subordinado adquiriram um caráter inevitavelmente transnacional⁽¹⁴⁵⁶⁾. E para que não pareça que estou a reverberar uma retórica vazia, selecionei três exemplos que podem ilustrar com maior eficiência a importância prática que este debate adquiriu na realidade contemporânea.

O primeiro deles vem de uma decisão da Suprema Corte dos EUA: o caso *Hoffman Plastics Compunds Inc* versus *National Labor Relations Board — NLRB*, de 27/3/2002⁽¹⁴⁵⁷⁾.

Nesta oportunidade, o tribunal declarou "ilegal a prática administrativa da NLRB, entidade federal competente para dirimir questões relativas derivadas de contratos coletivos de trabalho, de determinar ao empregador o pagamento de indenizações trabalhistas a um trabalhador imigrante ilegal despedido por apoiar campanha para formar sindicato"⁽¹⁴⁵⁸⁾. Em linhas gerais, a Suprema Corte entendeu que tal pagamento não estava abrangido pela política migratória norte-americana, ressalvando tão somente os salários pelo trabalho efetivamente realizado⁽¹⁴⁵⁹⁾.

Já o segundo exemplo é quase uma decorrência lógica do primeiro. Digo isso porque o governo do México, preocupado com o destino de seus quase 6 milhões de emigrantes (a maioria absoluta em território norte-americano), solicitou à Corte Interamericana de Direitos Humanos (CIDH) que se manifestasse a respeito da "condição jurídica e dos direitos dos trabalhadores imigrantes que vivem em situação ilegal"⁽¹⁴⁶⁰⁾. E isso foi feito.

Assim, por meio da Opinião Consultiva n. 18, de 17.9.2003, a Corte Interamericana⁽¹⁴⁶¹⁾ (1) reafirmou o direito dos imigrantes ao devido processo legal e ao acesso à justiça; (2) ressaltou a vulnerabilidade destes trabalhadores, quando comparados aos nacionais e residentes; (3) destacou que existem certos direitos humanos que surgem da própria inserção do indivíduo na relação de trabalho (direitos específicos), os quais não poderiam ser desconsiderados pelo Estado, apesar da situação migratória irregular;

(1455) NEVES, Marcelo. *Transconstitucionalismo*, p. 46-48 e 258-259. SUNSTEIN, Carl. *A constitution of many minds*, p. 192 e 202-203.
(1456) *Direitos fundamentais nas relações de trabalho*, p. 199 *et seq*.
(1457) Cf. ESTREICHER, Samuel. *Global issues in labor law:* cases and materials. New York: Thomson West, 2007. p. 1-52.
(1458) PEREIRA, Antonio Celso Alves. *Op. cit.*, p. 90-91.
(1459) *Idem*, p. 91.
(1460) *Idem, op. cit.*, p. 90 e 99. E aqui, mais uma vez, a arte imita a vida, pois não foi outra a realidade demonstrada no filme "Babel" (2006), no qual uma empregada doméstica mexicana foi detida por autoridades aduaneiras e coagida a deixar os EUA, sem ter o direito de sequer recuperar seus objetos pessoais, não obstante ter trabalhado pacífica e ininterruptamente naquele país por mais de vinte anos.
(1461) *Idem*, p. 103-108.

e (4) aplicou o princípio da igualdade e não discriminação (parte do Direito Internacional Geral, na forma de *jus cogens*), uma vez que não havia uma justificativa razoável para o tratamento diferenciado, e, portanto, para não se conferir ao trabalhador imigrante os mesmos direitos dos demais trabalhadores regulares.

Por fim, indico um exemplo retirado da jurisprudência brasileira. Apesar de não tratar exatamente da extensão material e/ou territorial do direito internacional do trabalho, ele traz à baila o mesmo problema subjacente à proteção do imigrante irregular.

O Tribunal Superior do Trabalho proferiu reiteradas decisões, no sentido de que o trabalho prestado à Administração Pública, sem a realização de concurso (art. 37, II e § 2º da CF/88), não produziria efeitos jurídicos. No máximo, seria devido o salário pelas horas trabalhadas, observado o valor do salário mínimo.

Ocorre que veio a Medida Provisória n. 2.164-41/01 e inseriu o art. 19-A na Lei n. 8.036/90, estabelecendo, *in verbis:* "É devido o depósito do FGTS na conta vinculada do trabalhador cujo contrato de trabalho seja declarado nulo nas hipóteses previstas no art. 37, § 2º, da Constituição Federal, quando mantido o direito ao salário." Pouco tempo depois, o TST emitiu a Resolução n. 121/2003 e alterou a redação da Súmula n. 363, de modo que, agora, para além do número de horas trabalhadas, respeitado o valor da hora do salário mínimo, o contrato nulo gera também o pagamento relativo ao Fundo de Garantia por Tempo de Serviço.

Visto isso, a questão primordial retorna de imediato: por que se deve garantir o pagamento do FGTS ao trabalhador irregular? Por que não lhe garantir o pagamento, por exemplo, das férias, do 13º salário ou do adicional noturno? Enfim: qual foi o critério utilizado pelo legislador (e, posteriormente, acolhido pelo TST) para inserir o FGTS como pagamento obrigatório àqueles que se vincularam irregularmente com a Administração Pública? E não se pense que estas indagações são meramente acadêmicas, porquanto, como já foi mencionado no Capítulo V, elas estão contidas na ADI n. 3.127-9/DF, cujo relator, o Ministro Cezar Peluso, deverá se debruçar justamente sobre esta decisão legislativa[1462].

Portanto, depois de uma rápida passada de olhos por estes poucos exemplos, é possível perceber que o dilema envolvendo a proteção da autonomia do trabalhador vai muito além da mera "reforma legislativa", propagada displicentemente como uma panaceia para todos os males. Em verdade, ainda que o legislador ordinário altere aqui ou acolá o ordenamento laboral, restará pendente (ou potencialmente controvertida) a constitucionalidade de sua ação. Mas por que então não tentar solucionar o impasse tão somente por meio da Lei Maior do país? Por que inserir o direito internacional nesta tumultuada discussão?

Volta à cena o medo da paralisia argumentativa, tão enfatizada por Cass Sunstein. Para afastá-la, pretendo sustentar dois argumentos. Um, já devidamente diluído ao longo desta tese. Outro, acrescido pelo legislador brasileiro, numa das últimas reformas da Constituição de 1988.

(1462) ADI n. 3.127-9/DF, Rel. Min. Cezar Peluso, DJ 30.5.2008 (aguardando julgamento).

Reafirmo, pois, em primeiro lugar, que a própria noção de direito fundamental não é das mais tranquilas. Muito ao contrário, existe um aceso debate a respeito do seu conteúdo e extensão. Mais do que isso, não se consegue sequer chegar a um consenso sobre o peso que estas cláusulas pétreas exercem (legitimamente) sobre as maiorias eventuais. Algo que atrasa, confunde e, muitas das vezes, até mesmo impede toda e qualquer reforma do texto constitucional[1463]. De modo que, para não recairmos numa outra polêmica que, ao invés de ajudar, complicaria ainda mais, penso que resgatar a ideia dos direitos humanos é uma boa alternativa para a construção de uma solução aceitável, pois, ao fim e ao cabo, são eles que melhor sinalizam o "mínimo ético" cultivado pelas sociedades contemporâneas. E tanto é assim, que vêm servindo de inspiração aos legisladores constituintes pelo mundo afora[1464].

Em segundo lugar, porque a Emenda Constitucional n. 45, de 2004 efetuou um *up grade* sem precedentes à normativa internacional associada aos direitos humanos. Superando a jurisprudência do STF, a EC n. 45/04 acrescentou o § 3º ao art. 5º da CF/88, viabilizando a concessão do *status* formalmente constitucional aos tratados e às convenções que, antes, eram equiparados à legislação ordinária.

Apesar de o STF vir demonstrando um grande esforço de aproximação com os direitos humanos localizados fora do texto constitucional, chegando a criar um novo *status* normativo para aqueles inseridos em documentos internacionais[1465], creio que a mudança legislativa implementa pela EC n. 45 foi tão importante, que irei me desviar alguns passos do nosso tema central, a fim de dedicar alguns parágrafos a respeito desta recente inovação.

§ 1º — EC n. 45/04: uma terceira via?

Enquanto grande parte da doutrina persistia na atribuição do caráter materialmente constitucional aos documentos internacionais que cuidam dos direitos humanos, a mais alta corte do país caminhava no sentido oposto: o de que os tratados, independentemente do seu conteúdo, possuem o *status* de lei ordinária (regra da paridade normativa).

De acordo com a doutrina, a direção apontada pelo STF, desde a sua decisão no RE n. 80.004[1466], estava em flagrante descompasso com os valores abraçados pela Constituição de 1988. Isso porque, aos olhos da academia, o tribunal estaria enfraquecendo a proteção da dignidade humana e, por consequência, desguarnecendo os direitos fundamentais[1467].

(1463) Sobre o tema, cf., por todos, BRANDÃO, Rodrigo. *Direitos fundamentais, democracia e cláusulas pétreas*. Rio de Janeiro: Renovar, 2008.
(1464) Sobre a aproximação entre o direito internacional e direito constitucional, cf., por todos, MELLO, Celso D. de Albuquerque. *Direito constitucional internacional*. 2. ed. Rio de Janeiro: Renovar, 2000.
(1465) NEVES, Marcelo. *Transconstitucionalismo*, p. 146 e 182.
(1466) RE n. 80.004/SE, Rel. Min. Cunha Peixoto, DJ 1º.6.1977.
(1467) Neste sentido, cf., por todos, MELLO, Celso de Albuquerque. O § 2º do Art. 5º da Constituição Federal. In: TORRES, Ricardo Lobo (org.). *Teoria dos direitos fundamentais*. 2. ed. Rio de Janeiro: Renovar, 2001. p. 25.

Seguindo esta linha de raciocínio, não haveria a menor necessidade de alteração do texto constitucional, uma vez que suas disposições já seriam mais do que suficientes para a abertura do catálogo de direitos fundamentais àqueles outros reconhecidos internacionalmente[1468]. Contudo, como o Supremo não se deixou convencer, entendeu por bem o legislador constituinte inserir o § 3º no art. 5º da Lei Fundamental, pondo um ponto final na controvérsia[1469]. Mas será que pôs realmente?

À primeira vista, parece que não. Neste sentido, o professor Ingo Sarlet lista uma série de problemas surgidos no embalo desta alteração constitucional: (1) o da obrigatoriedade ou não do procedimento de aprovação diferenciado[1470]; (2) o do momento de incorporação do tratado (condicionado ou não à emissão de decreto presidencial)[1471]; (3) o do formato do documento constitucional pós-aprovação (se aglutinado no seu interior, posto em anexo ou mantido apartado)[1472]; (4) o da iniciativa do processo de emenda constitucional (se exclusiva do presidente)[1473]; (5) o da hierarquia normativa das convenções e tratados anteriores à emenda[1474]; e (6) o da possibilidade de denúncia dos instrumentos internacionais sobre direitos humanos, aprovados depois da EC n. 45/04[1475].

Por razões temáticas, optei por comentar apenas os pontos (5) e (6), haja vista influírem diretamente nas conclusões que pretendo expor daqui a instantes.

Quanto à hierarquia dos tratados sobre direitos humanos, havia quatro teorias a respeito: (1) a da supraconstitucionalidade, (2) a da constitucionalidade material, (3) a da supralegalidade e (4) a da paridade legal[1476]. Que a esta espécie de documentos jurídicos, anteriores à EC n. 45/04, aplicava-se a segunda posição, concordava a maioria dos especialistas. Acontece que, agora, o enfoque é outro: para além desta materialidade, seria possível estender-lhes a natureza formalmente constitucional? Ou seja, tal como ocorrerá com os tratados de direitos humanos aprovados posteriormente à emenda, os antigos também *devem ser* considerados formal e materialmente constitucionais?

As opiniões — para variar — divergem. De um lado, existem autores que, não obstante aceitarem a materialidade constitucional desta modalidade de tratado, recusam a sua conversão formal ao patamar de normas constitucionais[1477]. E dizem isso, dentre outras razões, porque seria inviável a equiparação automática entre decreto

---

(1468) Cf. PIOVESAN, Flávia. *Direitos Humanos e o direito constitucional internacional*. 7. ed. São Paulo: Saraiva, 2007. p. 54-55. SARLET, Ingo Wolfgang. *Direitos fundamentais, reforma do judiciário...*, p. 339-340.
(1469) Em sentido semelhante, cf. PIOVESAN, Flávia. Reforma do judiciário e direitos humanos. In: TAVARES, André Ramos. *Reforma do judiciário analisada e comentada*. São Paulo: Método, 2005. p. 71. SARLET, Ingo Wolfgang. *Direitos fundamentais, reforma do judiciário...*, p. 350 e 354.
(1470) *Direitos fundamentais, reforma do judiciário...*, p. 350.
(1471) *Idem*, p. 352.
(1472) *Idem, ibidem*.
(1473) *Idem*, p. 353.
(1474) *Idem*, p. 354.
(1475) *Idem*, p. 352 e 356.
(1476) PIOVESAN, Flávia. *Reforma do Judiciário...*, p. 69. SARLET, Ingo Wolfgang. *Direitos fundamentais, reforma do judiciário ...*, p. 343.
(1477) SARLET, Ingo Wolfgang. *Direitos fundamentais, reforma do judiciário ...*, p. 347.

legislativo e emenda constitucional, pois, além de possuírem funções distintas, possuiriam também graus de legitimidade diferenciados[1478]. Acrescenta-se, ainda, a ideia de que estes instrumentos pretéritos já estariam integrados ao bloco de constitucionalidade, isto é, ao conjunto de normas de caráter constitucional, espalhadas em vários diplomas e cumprindo, todas, o papel de parâmetro de controle de constitucionalidade[1479].

De outra parte, há aqueles que defendem uma interpretação oposta, no sentido de que os tratados anteriores teriam galgado uma posição equivalente à de emenda constitucional, sob o fundamento do postulado *tempus regit actum*[1480]. De acordo com esta visão, nada impediria, mas, ao contrário, a coerência exigiria que nos valêssemos do mesmo raciocínio utilizado pelo STF no julgamento dos REs ns. 79.212 e n. 93.850[1481] (confirmado na ADI n. 1.726[1482]), onde se afirmou que normas gerais de direito tributário teriam sido recepcionadas com o *status* de lei complementar[1483]. Haveria aqui uma "leitura otimista" do enunciado do art. 5º, § 3º da CF/88[1484].

Numa primeira aproximação, cheguei a pensar que a versão inicial seria a mais acertada. E avaliei deste modo, porque aceitar a modificação formal (e automática) da Constituição seria o mesmo que realizá-la de maneira tácita, o que, convenhamos, geraria uma contradição em termos. Pois é ou não é ilógico validar uma alteração que por definição é procedimental, quando ela não se submeteu ao procedimento?

Entretanto, depois de meditar um pouco mais, percebi que esta era uma contradição aparente. E para convencer o leitor de que existe coerência por detrás desta nova impressão, investirei em duas frentes argumentativas. Vamos a elas.

Com efeito, é fato que a formação da vontade política, pautada pelo princípio democrático, exige que determinadas inovações legislativas sigam um procedimento previamente estabelecido. Mais do que isso, ela demanda um quórum suficientemente representativo da visão majoritária (ou predominante) na sociedade[1485]. E aqui surge o primeiro ponto, já desvelado por Paulo Schier.

Antes da EC n. 45/04, o procedimento exigido pelo constituinte originário, para a aprovação dos tratados sobre direitos humanos, não era o mesmo que os das emendas constitucionais. Logo, se o constituinte derivado equiparou o rito de aprovação daqueles tratados ao das emendas (ou seja, modificou para pior), o fez, obviamente, a fim de lhes conferir uma maior aceitação e, por decorrência, uma maior proteção. Daí que se deve presumir que os tratados antigos tenham conquistado o mesmo grau de resguardo ou, por outras palavras, é de se presumir que houve uma *transferência consciente de legitimidade democrática* aos tratados anteriores à EC n. 45/04, pela própria EC n. 45/04.

(1478) *Idem*, p. 348.
(1479) *Idem*, p. 349.
(1480) SCHIER, Paulo Ricardo. Hierarquia constitucional dos tratados internacionais de direitos humanos e a EC 45: aspectos problemáticos. In: CLEVE, Clèmerson Merlin; SARLET, Ingo Wolfgang; PAGLIARINI, Alexandre Coutinho. *Direitos humanos e democracia*. Rio de Janeiro: Forense, 2007. p. 511.
(1481) RE 79.212/SP, Rel. Min. Aliomar Baleeiro, DJ 29.4.1977 e RE 93.850/MG, Rel. Min. Moreira Alves, DJ 27.8.1982
(1482) ADI n. 1.726-MC, Rel. Min. Maurício Corrêa, DJ 30.4.2004.
(1483) SCHIER, Paulo Ricardo. *Op. cit.*, p. 512.
(1484) *Idem*, p. 513.
(1485) VIEIRA, Oscar Vilhena. *Supremo Tribunal Federal:* jurisprudência política. 2. ed. São Paulo: Malheiros, 2002. p. 26.

Caso não se pense assim, estaremos diante de uma incorrigível desigualdade de tratamento para situações (materiais) eminentemente iguais. Isso sem falar de uma notável incongruência do legislador, eis que, ao invés de aumentar a proteção dos direitos humanos, terá prejudicado sua efetivação, pela imposição de um processo mais demorado e custoso para a sua inserção no ordenamento. Em suma: o que antes se conseguia de maneira simples, agora terá que ser feito com um esforço redobrado. E aqui vem o segundo argumento.

Aqueles que não aceitam a aplicação do princípio *tempus regit actum* não têm como continuar a sustentar uma consequência inerente à materialidade constitucional dos tratados anteriores à reforma do judiciário. E digo isso por uma razão muito simples: porque estes autores aceitam a tese de revogação de normas formalmente constitucionais por normas materialmente constitucionais ou, dito de modo mais simples, aceitam a prevalência do conteúdo sobre a forma [1486].

Portanto, se é admitida a possibilidade de conflito entre normas materialmente constitucionais e normas formalmente constitucionais [1487], fica evidente que o traço que se sobressai é a substância normativa e não a embalagem que a envolve. E quando esta substância integra o núcleo material da Constituição, a roupagem formal que lhe é posta aos ombros adquire um caráter definitivamente secundário, nada impedindo, mas, ao contrário, sendo até mais razoável que lhe seja oferecido um modelo mais adequado ao seu alto grau de importância.

Deste modo, concordo com a segunda teoria, no sentido de que, a partir da vigência da EC n. 45/04, todos os tratados sobre direitos humanos internalizados no direito brasileiro adquiriram hierarquia formal e materialmente constitucional [1488]. Contudo, um pouco mais ainda pode ser dito. Ao voltarmos a nossa energia argumentativa para o que realmente importa — a constitucionalidade material dos tratados de direitos humanos —, até mesmo o problema da incorporação ao direito nacional adquire novos contornos, com resultados práticos muito mais vibrantes do que se costuma imaginar.

A título de exemplo, pensemos nas normas internacionais classificadas como *jus cogens* [1489]. Conforme dispõe o art. 53 da Convenção de Viena, esta seria "uma norma imperativa de Direito Internacional geral", isto é, uma "norma aceita e reconhecida pela comunidade internacional dos Estados como um todo, como norma da qual nenhuma derrogação é permitida e que só pode ser modificada por uma norma ulterior de Direito Internacional geral da mesma natureza"[1490].

[1486] Como exemplo, basta mencionar a famosa polêmica em torno da prisão do "depositário infiel", onde se discute a derrogação do art. 5º, LXVII da CF/88 pelo art. 7º, n. 7 do Pacto de São José da Costa Rica. Cf., neste sentido, QUEIROZ, Odete Novais Carneiro. *Prisão civil e os direitos humanos*. São Paulo: Revista dos Tribunais, 2004. p. 121-155.
[1487] SARLET, Ingo Wolfgang. *Direitos fundamentais, reforma do judiciário* ..., p. 354.
[1488] Em sentido semelhante, cf. o julgamento do STF no HC n. 87.585/TO, Rel. Min. Marco Aurélio, DJ 1º.4.2008, no qual o Ministro Celso de Mello reconheceu o *status* constitucional dos tratados internacionais sobre direitos humanos, incluindo os anteriores à EC n. 45/04.
[1489] Cf. RAMOS, André de Carvalho. *Direitos humanos na integração econômica:* análise comparativa da proteção dos direitos humanos e conflitos jurisdicionais na União Europeia e Mercosul. Rio de Janeiro: Renovar, 2008. p. 25-27. Cf., também, NEVES, Marcelo. *Transconstitucionalismo*, p. 90-91, 133 e 252.
[1490] Disponível em: <http://br.geocities.com/leis_codigos/leis/convviena18pp.pdf>. Acesso em: 28 ago. 2008.

Vistas as coisas por este ângulo e adicionando-se aí uma pitada de "relativização da soberania"[1491], fica a aqui a provocação: a Convenção n. 87 da OIT, que trata da liberdade sindical e é considerada a mais importante das normas de direito internacional do trabalho[1492], não seria *jus cogens*? Ela, que tutela a liberdade sindical e que desde o primeiro momento esteve na raiz da OIT, não obrigaria o Estado brasileiro[1493]? E se assim fosse, não teria revogado o malfadado princípio da unicidade sindical (art. 8º, II da CF/88), herança nefasta de um passado nacional pouco afeito aos valores democráticos[1494]?

Deve-se repetir novamente aos mais perplexos, que a possibilidade de conflito entre normas materialmente constitucionais e normas formalmente constitucionais já é uma possibilidade vislumbrada pela doutrina e pelo próprio STF[1495]. O que se cogita acima é um passo adiante: a possibilidade de um direito humano (universalmente reconhecido como tal) ingressar no direito interno por meio dos costumes internacionais. Costumes estes que, afinal de contas, sempre foram historicamente a principal fonte do direito internacional[1496]. E, desde esta perspectiva, os tratados que cuidassem dos direitos humanos estariam aptos a servir de parâmetro à revogação de uma norma apenas formalmente constitucional.

Neste caso, aceitas as premissas do *jus cogens* e da releitura do conceito clássico de soberania, poder-se-ia até mesmo falar da aplicação do princípio da primazia da norma mais benéfica à dignidade humana (amplamente utilizado na esfera internacional dos direitos humanos[1497]), como mais uma justificativa à remoção do ordenamento constitucional brasileiro, daquilo que foi agregado por "compromissos maximizadores"[1498] e que não se aproxima, nem de longe, do catálogo de direitos fundamentais.

E, para finalizar, vale a pena adiantar o que seria mencionado apenas na alínea seguinte, quando da apresentação do conteúdo essencial do direito internacional do trabalho.

Mesmo correndo o risco de uma desarrumação expositiva, decidi confiar na antecipação, quando me dei conta de que a tese aqui defendida se encaixa perfeitamente na diretriz emitida pela própria OIT. Reparem bem. No item 2 da Declaração de Princípios e Direitos Fundamentais no Trabalho, está previsto, com todas as letras, que os Estados-membros, sem exceção, estarão por ela obrigados, independente-

---

(1491) Cf. Capítulo III, § 1º e, neste Capítulo VI, o § 3º do item II. Cf., também, FERRAJOLI, Luigi. *A soberania no mundo moderno*. Trad. Carlo Coccioli. São Paulo: Martins Fontes, 2002. p. 39 *et seq*. MELLO, Celso D. de Albuquerque. *Direito constitucional internacional*, p. 131-132. RAMOS, André de Carvalho. *Op. cit.*, p. 27-31. GARCIA, Emerson. *Op. cit.*, p.128.130.
(1492) SÜSSEKIND, Arnaldo. *Direito internacional do trabalho*, p. 322.
(1493) LAFER, Celso. *A Organização Internacional do Trabalho*, p. 335-336.
(1494) Cf. o § 1º, item II do Capítulo IV.
(1495) NEVES, Marcelo. *Transconstitucionalismo*, p. 145-146.
(1496) MELLO, Celso D. de Albuquerque. *Direito constitucional internacional*, p. 274.
(1497) BRANT, Leonardo Nemer Caldeira. A internacionalização dos direitos humanos e a ordem constitucional. In: VIEIRA, José Ribas (org.). *20 anos da Constituição cidadã de 1988:* efetivação ou impasse constitucional? Rio de Janeiro: Forense, 2008. p. 465. Cf., também, SARLET, Ingo Wolfgang. *Direitos fundamentais, reforma do judiciário...*, p. 346 e 355. PIOVESAN, Flávia. *Direitos Humanos e o direito constitucional internacional*, p. 39.
(1498) VIEIRA, Oscar Vilhena. *Supremo Tribunal Federal*, p. 38.

mente de ratificação expressa[1499]. Sendo assim, o raciocínio só pode ser um: se dentre as normas ali inscritas está a da liberdade sindical (Convenção n. 87 da OIT), utilizá-la, para remover o princípio da unicidade da Constituição brasileira de 1988, é mais do que uma mera faculdade.

Seria uma solução promissora para o desenvolvimento pleno do sindicalismo (e da verdadeira autonomia coletiva) no país, já que sua sustentação jurídica estaria não só em normas imperativas do direito internacional, como também na própria interpretação sistemática e teleológica da Constituição de 1988 (arts. 1º, III e IV, 4º, II, 5º, XVII a XXI, §§ 1º, 2º, 3º e 8º, *caput*, I e V), e com o art. 8º do Pacto Internacional de Direitos Econômicos, Culturais e Sociais (incorporado ao direito interno pelo Decreto n. 591, de 6 de julho de 1992), que proíbe expressamente os Estados pactantes de restringir a liberdade (leia-se pluralidade) sindical ali prevista.

Ou isso, ou a defesa inglória da tese de Otto Bachof, de normas originariamente constitucionais poderem ser declaradas inconstitucionais[1500], já recusada terminantemente pelo STF[1501].

No tocante à possibilidade de denúncia, não seria exagero apontar para um consenso em relação aos tratados de direitos humanos aprovados depois da EC n. 45/04, no sentido de que não podem ser denunciados[1502]. Contudo, o mesmo não se dá com os tratados antigos. Para uns, este poderiam ser denunciados pelo Presidente da República, independentemente de manifestação prévia do Congresso[1503], ao passo que, para outros, esta deliberação legislativa seria necessária, não só para conferir maior legitimidade à subtração do Estado aos ditames internacionais, mas também porque dever-se-ia seguir a mesma lógica que impera no momento de incorporação daquele documento à ordem jurídica interna[1504].

Creio que, a rigor, a resposta mais completa não será encontrada em nenhuma das duas opiniões isoladas. Deveras, para que se verifique a constitucionalidade da denúncia de um tratado sobre direitos humanos, devemos ter em mente não apenas o *iter* percorrido pelo denunciante. O que importa, de fato e de direito, é a consequência do seu ato. Por outras palavras, deve-se responder à seguinte questão: a denúncia terá deixado um vazio normativo?

Um exemplo ajudará o leitor a entender melhor onde quero chegar. Falo do caso paradigmático, lembrado por todos os que atuam no direito internacional: a denúncia da Convenção n. 158 da OIT[1505]. Não é segredo que esta norma foi denunciada pela Presidência da República, através do Decreto n. 2.100/96. Sem embargo da

---

[1499] ROMITA, Arion Sayão. *Direitos fundamentais nas relações de trabalho*, p. 207-208.
[1500] Cf. BACHOF, Otto. *Normas constitucionais inconstitucionais?* Trad. José Manuel M. Cardoso da Costa. Coimbra: Livraria Almedina, 1994.
[1501] ADI n. 815-3, Rel. Min. Moreira Alves, DJ 10.5.1996.
[1502] Cf. SARLET, Ingo Wolfgang. *Direitos fundamentais, reforma do judiciário ...*, p. 356. PIOVESAN, Flávia. *Reforma do judiciário e direitos humanos*, p. 74.
[1503] Cf. ADI n. 1625/DF, Rel. Min. Joaquim Barbosa, DJ 17.9.2007 (Informativos ns. 323 e 421 do STF).
[1504] PIOVESAN, Flávia. *Reforma do judiciário e direitos humanos*, p. 73.
[1505] Cf. TIBURCIO, Carmen. Uma breve análise sobre a jurisprudência dos tribunais superiores em matéria de direito internacional no ano de 2006. In: *Revista de direito do estado* — n. 5 (janeiro/março 2007), Rio de Janeiro: Renovar, p. 81-84, 2006.

interpretação duvidosa que o STF lhe havia conferido (definindo-a como norma programática[1506]), é importante verificar que o art. 7º, I da CF/88, que ela visava regulamentar, quedou-se órfão mais uma vez. A denúncia da Convenção n. 158 da OIT devolveu aquele dispositivo constitucional ao ostracismo normativo ao qual esteve relegado por mais de vinte anos, situação esta que permanece até os dias de hoje, apesar dos esforços em contrário[1507].

E aqui ressurge a pergunta: este decreto presidencial é constitucional?

Entendo que não. Isso porque haveria uma nítida afronta ao princípio da vedação do retrocesso social, na medida em que se recuou na proteção de um direito fundamental (contra a dispensa arbitrária) depois de ter-se esboçado positivamente a sua garantia[1508]. Aduzindo-se a este fato a interpretação mencionada há pouco (sobre o patamar constitucionalmente formal e material dos tratados de direitos humanos), a conclusão avança sem hesitar: a Convenção n. 158 da OIT não só está em pleno vigor, como possui um patamar normativo equivalente ao do próprio art. 7º, I da CF/88. Algo que joga por terra o argumento formalista, segundo o qual o requisito da lei complementar não teria sido respeitado.

§ 2º — Uma última sugestão: o conteúdo essencial do direito internacional do trabalho como parâmetro normativo à atuação do legislador brasileiro

De volta a nossa investigação, chegamos finalmente ao ponto culminante: quais são os direitos humanos que compõem o conteúdo essencial do direito internacional do trabalho? Ou, em sintonia com o que acabei de expor: quais convenções da OIT formatariam o núcleo material da Constituição, garantindo a igual autonomia criativa dos trabalhadores subordinados?

Dependendo da resposta, as críticas poderão ser arrasadoras. Poder-se-ia aventar que, diante do que foi dito acima, centenas de Convenções da OIT integrariam a Constituição de 1988, ao ponto de termos, no seu bojo, mais artigos sobre direito do trabalho do que todos os outros somados. Além disso, poder-se-ia aprofundar a paralisia mencionada por Sunstein e dizer que a confusão gerada por esta gigantesca rede normativa seria demasiada: os custos acarretados não compensariam os benefícios auferidos. Por fim, poder-se-ia sustentar que o mesmo problema encontrado na Constituição brasileira — a respeito da dificuldade de se identificar o que é materialmente fundamental no direito do trabalho — seria reproduzido (numa escala bem maior) com a inserção descontrolada das Convenções da OIT. Ao invés de um singelo bloco de constitucionalidade, estaríamos de frente para uma verdadeira "muralha da China" constitucional, cuja extensão colossal a tornaria praticamente inviável. Enfim: a ideia defendida neste Capítulo seria o "cavalo de troia" capaz de desconstruir todo o estudo desenvolvido anteriormente.

(1506) ADI 1.480-3/DF, Rel. Min. Celso de Mello, DJ 18.5.2001.
(1507) GOMES, Fábio Rodrigues. *O direito fundamental ao trabalho*, p. 199-225.
(1508) Cf. SARLET, Ingo Wolfgang. *Direitos fundamentais, reforma do judiciário* ..., p. 351. Sobre o princípio da vedação de retrocesso social, cf., por todos, QUEIROZ, Cristina. *O princípio da não reversibilidade dos direitos fundamentais sociais*. Coimbra: Coimbra Editora, 2006.

Entretanto, creio que seja possível compatibilizar a abertura material da Constituição de 1988 ao direito internacional do trabalho, sem perder o controle da situação. Penso assim por duas razões.

A primeira é a seguinte: as suas "grandes diretrizes" sempre foram bem conhecidas. Liberdade de trabalho, não discriminação, liberdade sindical, limitação da duração do trabalho (tema da Convenção de n. 1 da OIT), política de emprego e proteção da higiene, segurança e saúde no trabalho. Eis aí o que as deliberações internacionais visam obter[1509].

A segunda — e principal motivo — já foi mencionada na abertura deste tópico: a própria Organização Internacional do Trabalho delimitou aquilo que considera mais importante. E isso ocorreu em 1998, por meio de sua Declaração de Princípios e Direitos Fundamentais no Trabalho[1510].

Consciente das rápidas mudanças vividas pelo mundo do trabalho e de sua extrema complexidade (mormente em vista dos recentes fenômenos econômicos e sociais que se impõem sem pedir licença[1511]), a OIT enfrentou o desafio de, entre as suas mais de 180 Convenções, selecionar aquelas que serviriam de farol normativo, apto a iluminar a trajetória histórica dos seus Estados-membros, em busca de um porto seguro para a proteção da dignidade do trabalhador. A fim de alcançar esta meta, realizou a sua 86ª Reunião, em 18 de junho de 1998, na cidade de Genebra, na qual delineou quatro temas fundamentais[1512]: (1) a liberdade sindical; (2) o trabalho forçado; (3) a não discriminação; e (4) a idade mínima para o trabalho.

No que tange à primeira diretriz, destacaram-se as Convenções n. 87 (liberdade sindical e proteção aos direitos sindicais) e n. 98 (direito de sindicalização e de negociação coletiva). Em relação à segunda, relevaram-se as Convenções n. 29 e 105 (abolição do trabalho forçado). Para a terceira, as Convenções ns. 100 (salário igual para trabalho igual entre o homem e a mulher) e n. 111 (não discriminação no emprego ou ocupação). E, para a quarta, as Convenções n. 138 (idade mínima para o trabalho) e n. 182 (piores formas de trabalho infantil).

Estas são, portanto, as linhas-mestras que podem ajudar a discussão brasileira sobre a chamada "reforma trabalhista" ou — voltando para o nosso tema — em torno da polêmica sobre quais os direitos dos trabalhadores, dentre os previstos na Constituição de 1988, devem ser considerados materialmente fundamentais. Com estas diretivas, torna-se um pouco mais fácil indicar quais são os integrantes do núcleo constitucional, aquela parte dos seus elementos essenciais, da sua identidade ou, como assevera o professor Oscar Vilhena Vieira, da sua "reserva de justiça"[1513].

[1509] FERNANDES, Antonio Lemos Monteiro. *Direito do trabalho*, p. 73.
[1510] Cf. BONET PÉREZ, Jordi. Principios y derechos fundamentales en el trabajo: la declaración de la OIT de 1998. In: *Cuadernos Deusto de Derechos Humanos*. N. 5. Bilbao: Universidad de Deusto, 1999.
[1511] Cf. ROMITA, Arion Sayão. *Direitos fundamentais nas relações de trabalho*, p. 199-206.
[1512] BARZOTTO, Luciane Cardoso. *Op. cit.*, p. 104. ROMITA, Arion Sayão. *Direitos fundamentais nas relações de trabalho*, p. 208.
[1513] Cf. VIERA, Oscar Vilhena. *A constituição e sua reserva de justiça*, p. 29-33.

Por certo que esta Declaração de Princípios e Direitos Fundamentais no Trabalho não é uma "receita de bolo", um produto pronto e acabado, imune a questionamentos[1514]. Até mesmo porque:

(1) existem outros documentos internacionais, com igual legitimidade, os quais também elencam uma série de direitos específicos dos trabalhadores, e que também podem servir de parâmetros objetivos para dissipar as incertezas mencionadas[1515];

(2) por força da cláusula de abertura material, prevista no art. 5º, § 2º da CF/88, todos estes documentos são potenciais integrantes do sistema constitucional brasileiro[1516];

(3) a lista dos direitos fundamentais específicos, reconhecidos neste estudo a partir da Constituição de 1988, vai além destas diretrizes básicas internacionais[1517]; e

(4) "la universalidad de los derechos humanos no es por tanto ningún "amén", ninguna culminación del esfuerzo, ninguna conclusión, sino que implica una *tarea* que está siempre superándose"[1518].

De toda sorte, o que importa salientar é que existem indicativos perfeitamente claros a respeito deste tema que vêm ocupando as mentes e os corações de milhares de brasileiros. Indicativos estes que, por meio de uma releitura constitucional, são verdadeiros "mapas interpretativos".

E, neste sentido, vale ressaltar mais uma vez a importância que os costumes internacionais vêm angariando no direito contemporâneo. Não é exagero algum falar de "uma incessante atividade de reconhecimento da qualidade de *jus cogens* de diversos direitos fundamentais pelos tribunais internacionais criados pelos próprios Estados (...) [podendo-se] vislumbrar que, no futuro, a natureza de norma imperativa será reconhecida a todos os direitos humanos, sem qualquer distinção"[1519]. Há, portanto, uma indiscutível evolução do direito internacional, a qual nos estaria conduzindo "ao reconhecimento da existência de regras que transcendem a vontade do Estado, tornando imperativa a sua observância"[1520]. Seriam, pois, "normas que terão vigência no direito interno, a ele se sobrepondo, ainda que ausente a aquiescência do Estado"[1521].

V. CONCLUSÃO

É chegada a hora de interromper as divagações. Depois desta "volta ao mundo" em poucas páginas, almejei sinalizar para o que é muitas vezes esquecido no calor do

---

(1514) Neste sentido, cf. ROMITA, Arion Sayão. *Direitos fundamentais nas relações de trabalho*, p. 212-214.
(1515) Cf., *v. g.*, a Declaração Internacional dos Direitos Humanos, o Pacto Internacional dos Direitos Econômicos, Culturais e Sociais e a Convenção Americana de Direitos Humanos, juntamente com o Protocolo Adicional de San Salvador.
(1516) Em sentido semelhante, cf. SARLET, Ingo Wolfgang. *A eficácia dos direitos fundamentais*, p. 101.
(1517) Cf. § 3º, item IV do Capítulo III.
(1518) KAUFMANN, Arthur. *Hernenéutica y derecho*. Edición a cargo de Andrés Ollero y José Antonio Santos. Granada: Editorial Comares, 2007. p. 203.
(1519) RAMOS, André de Carvalho. *Op. cit.*, p. 29.
(1520) GARCIA, Emerson. *Op. cit.*, p. 127.
(1521) *Idem, ibidem*.

combate: que é possível a construção de um consenso e que ele pode estar mais perto do que imaginamos.

Basta que estejamos imbuídos do espírito de cooperação, para que as soluções comecem a aparecer. E o primeiro aceno, rumo à composição possível, vem do direito internacional e de sua revitalização pelo direito constitucional. Esta imbricação possui a virtude de, num só movimento, pôr lado a lado duas visões que, antes, pareciam contrapostas, mas que, agora, permitem a melhor visualização do que realmente *deve ser* parte do conteúdo essencial da Constituição brasileira de 1988, na medida em que iluminam os "pontos cegos" que apenas os outros conseguem enxergar[1522].

Levado a sério o movimento de internacionalização do direito constitucional do trabalho e, assim, corrigida a nossa deficiência sensorial, as "Emendas 3" da vida deixarão de apavorar, já que a discussão não mais será pautada por uma premissa que não podemos ver. Algo que assusta e que, inexoravelmente, exalta os contendores a ponto de lhes despertar o sentimento da discórdia: a desconfiança.

Se o Estado nacional deixou de ser "um *locus* privilegiado de solução dos problemas constitucionais"[1523], a sua Constituição positiva (e, por consequência, o poder que lhe deu origem) vê desaparecer o último refúgio da sua suposta ausência de limites, porquanto estes se impõem na mesma velocidade da atenuação das fronteiras geográficas e morais no mundo contemporâneo.

No caso brasileiro, esta é uma realidade bem-vinda e de fácil transição, haja vista a jovialidade do seu modo democrático constitucional de ser, bem como da sua característica historicamente compromissária, isto é, de apaziguamento e harmonização (ao invés de conflagração) entre as opiniões diferentes. Basta, portanto, que se alargue territorialmente este compromisso (ou, se preferir, que o desterritorialize), para que o direito internacional do trabalho se internalize sem maiores choques soberanos. E se a abertura ao diálogo transnacional respeitoso e entrelaçado entre sujeitos livres e iguais é a premissa número um para aqueles que buscam sinceramente a solução adequada para os mesmos problemas, penso que o critério normativo elaborado ao longo deste estudo estará em casa, independentemente do lugar do globo onde ele seja aplicado.

Para que o leitor possa refletir um pouco melhor sobre o que foi dito, irei deixá-lo na companhia, sempre agradável, do mestre italiano Norberto Bobbio. Ele que, ao se pronunciar sobre estas e outras suspeições humanas, aconselhou com a sua habitual sabedoria: "Com relação às grandes aspirações dos homens de boa vontade, já estamos demasiadamente atrasados. Busquemos não aumentar esse atraso com a nossa incredulidade, com nossa indolência, com nosso ceticismo. Não temos muito tempo a perder."[1524]

(1522) NEVES, Marcelo. *Transconstitucionalismo*, p. 298.
(1523) *Idem*, p. 297.
(1524) BOBBIO, Norberto. *A era dos direitos*. Trad. Carlos Nelson Coutinho. 16. tir. Rio de Janeiro: Campus, 1992. p. 64.

Capítulo VII

FLEXIBILIZAÇÃO: REVERÊNCIA OU AVERSÃO?

I — INTRODUÇÃO

Muito já se falou sobre a flexibilização do direito constitucional do trabalho no Brasil[1525]. Falou-se tanto que a expressão tornou-se estigmatizada pelo medo que carrega consigo. O medo da devastação, da terra arrasada. Medo do lento, gradual e inexorável desvanecer do último bastião do homem que trabalha sob as ordens de outrem, com o prosaico objetivo de sobreviver. Sobreviver e, quem sabe, com um pouco de sorte, crescer e se desenvolver. Este não é um medo qualquer. É um medo que enrijece, que emudece, que desequilibra e nos faz ansiar pelo que temos agora, como se tudo e muito mais nos estivesse a escorrer pelos dedos, sem salvação.

Diante deste quadro de tintas tão fortes, a questão que nos arrebata é a seguinte: como livrar-se desta sensação ameaçadora? Não que a ameaça venha do medo em si — pois que, na medida certa, ele pode se tornar um bom conselheiro —, mas da sensação de paralisia que ele provoca.

Sentir e refletir. Duas pequenas palavras que se repelem com uma força às vezes sobre-humana. Mas é isso que nos é exigido a cada dia de nossas vidas: reunir numa mesma resposta dois elementos altamente reativos da nossa natureza. O sentimento desprovido de uma pitada de razão pode ser o início do fim. O raciocínio puro, desacompanhado de uma dose certa de calor humano, nos faz descartáveis, intercambiáveis com os mais modernos e gelados *mainframes* da atualidade.

Não foi outro o enfoque discutido neste estudo. Ao longo destas páginas, busquei me mover em busca do equilíbrio entre estas duas valências tidas por alguns como irreconciliáveis. Iniciei pela razão eficiente. Redução do déficit de racionalidade, reequilíbrio negocial e maximização da cooperação: estes são os seus fiéis redentores. Mas percebi que eles só existirão quando associados à norma moral que nos define: a igual autonomia criativa e comunicativa.

(1525) Cf., por todos, SILVA, Antônio Álvares da. *Flexibilização das relações de trabalho*. São Paulo: LTr, 2002. CREPALDI, Joaquim Donizeti. *O princípio de proteção e a flexibilização das normas do direito do trabalho*. São Paulo: LTr, 2003. ANTUNES, Ricardo. A desconstrução do trabalho e a perda de direitos sociais. In: PINTO, Roberto Parhyba de Arruda (coord.). *O direito e o processo do trabalho na sociedade contemporânea*. São Paulo: LTr, 2005. p. 374 *et seq.* BELTRAMELLI NETO, Silvio. *Limites da flexibilização dos direitos trabalhistas*. São Paulo: LTr, 2008. SAEGUSA, Cláudia Zaneti. *A flexibilização e os princípios de direito individual e coletivo do trabalho*. São Paulo: LTr, 2008. GOLDSCHMIDT, Rodrigo. *Flexibilização dos direitos trabalhistas:* ações afirmativas da dignidade da pessoa humana como forma de resistência. São Paulo: LTr, 2009.

Cultivada institucionalmente pela redistribuição dos recursos indispensáveis à satisfação de nossas necessidades básicas e pelo reconhecimento das diferenças que nos identificam, ela dá ensejo a um modelo precioso: a democracia cooperativa. Um modelo que, devidamente espraiado pelo Estado de Direito, levará à promoção da dignidade do trabalhador subordinado como nunca se viu. Ou melhor, como vimos — ainda que de relance — pela atuação da jurisprudência do STF e do TST e das decisões tomadas pela sociedade internacional, em face dos nossos problemas comuns.

Se esta ideia viesse a se tornar realidade por aqui... Se, por um átimo de segundo, o empregado recalcitrante deixasse de lado aquele medo paralisante e ingressasse neste novo contexto, certamente não voltaria mais. Depois de cobrir-se com o frescor das novas ideias — as suas e as dos outros —, jamais se contentaria com a placidez da "bondade alheia". Por mais cálida e reconfortante que ela viesse a aparentar, tão somente o fato de ser entregue numa bandeja prateada a tornaria perigosamente fugaz, já que poderia ser retirada a qualquer momento. Para que o trabalhador dela pudesse se servir como se fosse sua, tornar-se-ia imprescindível a sua participação efetiva, consciente e informada, seja para discuti-la e ajudar a aperfeiçoá-la, seja porque teria a oportunidade de aceitá-la ou rejeitá-la. Caso contrário, o medo voltaria à tona e o enrijeceria mais uma vez, gerando o mesmo efeito em tudo a sua volta.

Neste sentido, vem bem a calhar as palavras de Eça de Queirós. Ele, um dos maiores escritores da língua portuguesa, já em 1879 conseguiu verbalizar, por intermédio do Conde d'Abranhos — e com sua fina ironia de costume —, o perigo que se esconde por detrás dos gestos dadivosos dos governantes "democráticos" da ocasião. Leiam-no comigo:

"Quantas vezes me disse o Conde ser este o segredo das Democracias Constitucionais: Eu, que sou governo, fraco mas hábil, dou aparentemente a Soberania ao povo, que é forte e simples. Mas, como a falta de educação o mantém na imbecilidade, e o adormecimento da consciência o amolece na indiferença, faço-o exercer essa soberania em meu proveito... E quanto ao seu proveito... adeus, ó compadre!

Ponho-lhe na mão uma espada; e ele, baboso, diz: eu sou a Força! Coloco-lhe no regaço uma bolsa, e ele, inchado, afirma: eu sou a Fazenda! Ponho-lhe diante do nariz um livro, e ele exclama, de papo: eu sou a Lei! Idiota! Não vê que, por trás dele, sou eu, astuto manejador de títeres, quem move os cordéis que prendem a Espada, a Bolsa e o Livro!"[1526]

E, assim, o círculo vicioso estaria completo: o medo enrijece o que existe, o que está formalizado. Qualquer movimento em falso pode desestabilizar esta realidade solidificada (positivada), que poderá cair e se quebrar em mil pedacinhos, o que gera ainda mais medo e, por sua vez, mais rigidez silenciosa ou aparvalhada, e daí por diante. A palavra de ordem é: não se mexa! Do contrário, você pode pôr tudo a perder[1527].

Feita esta introdução, talvez já se consiga desfazer a má impressão que carrega consigo a palavra flexibilização. A proposta de um direito flexível, maleável, fluido não

---

(1526) QUEIRÓS, Eça de. *O Conde d´Abranhos e a Catástrofe*. Porto: Porto Editora, 2008. p. 46.
(1527) No mesmo sentido, cf. ARAÚJO, Fernando. *Op. cit.*, p. 254-255.

é ruim *a priori*⁽¹⁵²⁸⁾. Se devemos afastar algo, que seja o direito duro, intransigente, retesado e, por isso, utópico, na medida em que pretende abarcar definitivamente todas as respostas para todos os problemas[1529]. O medo que anima esta rigidez fantasiosa é o mesmo que torna os seus destinatários altamente vulneráveis aos vendedores de ilusão. Nas suas prateleiras, a escassez de autonomia é evidente. O que ali se encontra, a granel, é uma implacável solidez que, ao invés de resgatar a criatividade perdida, nos deixa, a todos, calados e irracionais.

Entre estas duas estratégias de ação, creio que o Juiz Hermes escolheria a primeira. Até mesmo porque, o seu *alter ego* — Mercúrio — com ela prontamente se identifica. Vejam que interessante: ambas as figuras mitológicas (uma grega, a outra romana) estão associadas ao único metal que permanece em estado líquido à temperatura ambiente. Trata-se de uma substância que, em condições normais de pressão e temperatura, é naturalmente flexível. Uma analogia perfeita para o que tenho em mente.

De fato, os direitos fundamentais dos trabalhadores devem ser feitos de uma liga normativa suscetível a conformar-se à atmosfera circundante[1530]. Mas, ao mesmo tempo, deve ser capaz de preservar a sua natureza inquebrantável, isto é, a sua incapacidade de desaparecer no ambiente. Daí vem a semelhança com o elemento mercúrio (Hg), que — coincidência ou não — é o outro nome atribuído ao modelo mitológico judicial que venho defendendo neste estudo. Nada melhor do que um Juiz Hermes para manusear um direito "mercurial".

Ocorre que, por não ser um metal nobre, o mercúrio não é encontrado em sua forma nativa ou elementar. É preciso implementar um cuidadoso processo de prospecção, de modo a separá-lo da jazida onde ele está incrustado. Mas todo cuidado é pouco, pois, apesar de poder ser manuseado no seu estado líquido, ele é bastante volátil. Ao atingir o seu ponto de ebulição, dele se desprendem vapores extremamente tóxicos, cuja absorção é veloz e nociva o suficiente para causar graves problemas aos que se dispuseram a alcançá-lo[1531].

Como já deixei claro anteriormente, a Constituição de 1988 é a nossa jazida. A fim de relembrar o que foi dito, peço licença para repetir uma breve passagem contida no item IV do Capítulo III desta tese:

> "Ela [a Constituição] serve para nos indicar (1) quais deverão ser as regras do discurso moral aptas a validar o seu resultado e (2) quais são os direitos morais substantivos, antecedentes ao próprio discurso e (por óbvio) à sua institucionalização democrática, cujo conteúdo, vinculado ao reconhecimento de igual autonomia criativa, tem o poder de reformá-lo ou, quiçá, deslegitimá-lo de uma vez por todas.

(1528) Em sentido semelhante, cf. CUNHA, Alexandre Teixeira de Freitas Bastos. *El convenio colectivo en el sistema de fuentes del derecho en Brasil*, p. 351.
(1529) Sobre a utopia inerente à pretensão de definitividade contida no direito inflexível, cf. AARNIO, Aulis. *Reason and authority*, p. 20-21.
(1530) AARNIO, Aulis. *Reason and authority*, p. 22. CUNHA, Alexandre Teixeira de Freitas Bastos. *El convenio colectivo en el sistema de fuentes del derecho en* Brasil, p. 383-387.
(1531) Disponível em: <http://pt.wikipedia.org/wiki/Mercúrio_(elemento_químico)>. Acesso em: 28 jul. 2010.

Por outras palavras: uma das funções mais importantes da Constituição (ou, carregando nas tintas, a sua "razão de ser") é a de se equiparar a uma "carta de navegação", a um critério complementar para a identificação das normas morais fundamentais."[1532]

Entretanto, (1) por ser uma jazida mesclada, (2) porque, desde o início, recusei a ideia da dupla fundamentalidade e (3) porque a elasticidade do direito enfatiza o seu aspecto substantivo[1533], foi necessária a realização de um processo de depuração. O critério normativo, instrumental a uma escavação eficiente, já estava disponível: a preservação e a promoção da igual autonomia criativa. Bastou apenas implementá-lo[1534].

O que se discute, agora, é o que fazer com o que foi recolhido: guardar os direitos fundamentais dos trabalhadores na geladeira, longe das mãos gulosas dos libertários de plantão; ou deixá-los expostos sobre a mesa, a fim de que todos possam manuseá-los livremente. A inacessibilidade é irmã siamesa da rigidez regulatória, ao passo que o acesso fácil só será viável quando o material for incapaz de sofrer rupturas ou arranhões, por culpa dos mais afoitos. A primeira ideia (referida linhas atrás) seria: não toque nisso, pois, ao menor descuido, você pode deixá-los cair e se espatifarem no chão. Já a segunda diria: mexam à vontade, pois ele são feitos de uma liga, ao mesmo tempo, adaptável à sua criatividade e, o que é melhor, indestrutível.

Eu opto pela segunda estratégia de ação. No entanto, o que pretendo deixar claro com este Capítulo é que, a rigor, ela não é uma opção. Na verdade, a flexibilização do direito constitucional do trabalho é uma consequência inexorável. E penso assim por dois motivos: (1) por conta da concepção do direito prevalente na atualidade e (2) por causa da redefinição da ideia de flexibilização que pretendo propor.

Caso você seja um feroz defensor da classificação dos arts. 7º ao 11 da CF/88 como cláusulas pétreas, fique, desde já, avisado: eles — e todos os demais direitos fundamentais — não são feitos de pedra, mas sim de um metal cuja natureza é bastante flexível. Daí por que, se quisermos preservá-los, o melhor que temos a fazer é, antes de mais nada, aprender a manuseá-los corretamente[1535].

II — DIREITO E ARGUMENTAÇÃO: FLEXIBILIZAÇÃO DE FIO A PAVIO

De um modo geral, a discussão em torno da flexibilização do direito do trabalho tem focalizado a atuação do legislador. Reparem, por exemplo, no Projeto de Lei n. 5.482/01. Seu objetivo era alterar o texto do art. 618 da CLT e, assim, conferir prioridade às normas negociadas coletivamente em detrimento daquelas legisladas. A energia política dispensada a favor e contra esta proposição não foi pouca[1536]. Entretanto, eu pergunto: será que a sua aprovação ou rejeição por unanimidade encerraria o problema?

(1532) Cf. NINO, Carlos Santiago. *Fundamentos de derecho constitucional*, p. 29-30.
(1533) AARNIO, Aulis. *Reason and authority*, p. 23.
(1534) Cf. § 3º, item IV do Capítulo III.
(1535) MACCORMICK, Neil. *Op. cit.*, p. 161.
(1536) Para uma visão crítica sobre o assunto, cf. CUNHA, Alexandre Teixeira de Freitas Bastos. *El convenio colectivo en el sistema de fuentes del derecho en Brasil*, p. 361 *et seq*.

Penso que não. Para justificar esta minha opinião, é importante que compartilhemos das mesmas premissas a respeito do direito nosso de cada dia e dos juízes que dele se aproveitam. Se chegarmos a um consenso sobre a concepção do direito que deve prevalecer e da função judicial que a ele deve ser associada, certamente estaremos mais próximos de convergir para esta negativa.

Com efeito, não faz muito tempo e o direito era visto como um "dado". Para aplicá-lo, o Juiz Júpiter o assumia como um pacote pré-fabricado pelo legislador, cabendo-lhe tão somente desembrulhá-lo e descobrir o que havia sido posto no seu interior: a *mens legislatoris*[1537]. Uma pequena variação desta ideia surgiu quando se aceitou que o conteúdo deste pacote poderia variar com o passar dos anos, não permanecendo, necessariamente, idêntico ao alocado pelo parlamento original. Veio daí, portanto, a noção de *mens legis*[1538]. No entanto, de um jeito ou de outro, os dois modelos de direito repartiam a mesma concepção, não só sobre o direito em si, como também sobre o papel do seu aplicador: um material formalizado em palavras, que deveria ser apalpado cuidadosamente e à distância, a fim de se descobrir o seu verdadeiro significado[1539].

Algumas vezes, ele era fácil de ser encontrado; noutras, bastante difícil[1540]. Neste sentido, não é de admirar a importância que se dava à rigidez textual: alterá-la poderia ser o mesmo que jogar fora um pacote simples de se desembrulhar (e, pois, com um conteúdo rapidamente acessível), substituindo-o por um novo, com um invólucro intrincado e um conteúdo, muitas das vezes, desconhecido. Surgia, então, uma dificuldade terrível: como descobrir o que não se conhece?

Autores do calibre de Hans Kelsen e Herbert Hart sofisticaram esta concepção e disseram o seguinte: o texto legislativo é uma moldura, cujo conteúdo é preenchido pelo julgador[1541]. Dito de outro modo: a norma se origina do texto, mas com ele não se confunde[1542]. Ela é o produto da interpretação autêntica do juiz, desenvolvida sobre um conjunto de signos com uma textura aberta[1543]. A norma era, portanto, fruto de um ato de vontade, apto a criar o dever-ser aplicável ao caso concreto[1544]. O pacote, agora, vinha vazio; servia de embalagem para qualquer produto.

Os casos se dividiam em fáceis e difíceis[1545]. Se fosse fácil, a vontade jupiteriana se legitimava mais facilmente. Se fosse difícil... Bem, se o caso fosse difícil, teríamos que contar com a sorte e o bom-senso do Juiz Júpiter de plantão, pois seria ele o responsável pela criação da norma capaz de solucionar determinado litígio. Política judiciária para um, discricionariedade forte para o outro[1546]. No art. 127 do CPC atualmente em vigor, este poder judicial chama-se juízo "por equidade".

[1537] MAXIMILIANO, Carlos. *Op. cit.*, p. 15-21.
[1538] *Idem*, p. 22-27 e 227-229.
[1539] PEREIRA, Jane Reis Gonçalves. *Interpretação constitucional e direitos fundamentais*, p. 25-27.
[1540] SCHAUER, Frederick. *Thinking like a lawyer*: a new introduction to legal reasoning. Cambridge: Harvard University Press, 2009. p. 153-154.
[1541] BUSTAMANTE, Thomas da Rosa de. *Teoria do direito e decisão racional*, p. 243-244.
[1542] KELSEN, Hans, *Teoria pura do direito*, p. 390.
[1543] HART, Herbert L. A. *Op. cit.*, p. 143-147 e 325.
[1544] KELSEN, Hans. *Teoria pura do direito*, p. 394.
[1545] HART, Herbert L. A. *Op. cit.*, p. 134.
[1546] KELSEN, Hans. *Teoria pura do direito*, p. 273-277. HART, Herbert L. A. *Op. cit.*, p. 314-316.

Esta perspectiva — que prevaleceu durante décadas aqui no Brasil — só começou a se modificar depois da redemocratização do país. Não por coincidência, a Constituição tornou-se normativa e, junto a esta ideia, novas ferramentas de efetivação começaram a aparecer[1547].

Seguindo a lição de Ronald Dworkin e Robert Alexy, aceitou-se que o sistema jurídico positivado não era completo, fechado e, muito menos, só formado por regras. O seu texto formal continua existindo, mas é incompleto, aberto e dá ensejo, também, a princípios[1548]. Os juízes não seriam, por natureza, criadores (ou leitores) imparciais. Eles possuem pré-compreensões e, por isso, devem filtrá-las através de uma dialética contextualizada num horizonte histórico bem definido. Idas e vindas, perguntas e respostas compõem um círculo hermenêutico, cujo principal objetivo é o de legitimar a decisão final do julgador[1549].

Num primeiro momento de furor, os princípios se tornaram as normas mais importantes do ordenamento, permitindo aos juízes colmatar qualquer lacuna que lhes surgisse pela frente, com a maior desenvoltura. O ativismo judicial brasileiro aposentou Júpiter, coloriu o Juiz Hércules com as cores paternalistas tropicais e o colocou no seu lugar. Férias em dobro em razão do pagamento no curso do seu usufruto, e não dois dias antes, por aplicação analógica do art. 137 da CLT, e restrição dos efeitos subjetivos da decisão proferida em ação coletiva, em benefício unicamente dos empregados sindicalizados[1550]. Dois singelos exemplos de decisão criativa desprovida de respaldo legal que não me deixam mentir.

Todavia o Hércules nacional se mostrou por demais humano. Erros crassos, açodamentos voluntaristas e raciocínios truncados deixaram os seus excessos em evidência. O destaque, agora, estava na ubiquidade da Constituição, na pouca importância conferida às regras e ao princípio democrático, e na enorme fragilidade da metodologia utilizada pelos julgadores[1551]. Tudo isso beirava (ou beira) a um Estado Judicial sem precedentes na história brasileira. Visto de cima, lhe cai bem a alcunha proposta por Oscar Vilhena Vieira, já referida por aqui: "Supremocracia"[1552].

As correções do modelo já estão a caminho. Hoje se defende, por exemplo, a maior relevância da regra, quando comparada ao princípio, a autocontenção do Judiciário e uma maior deferência às escolhas democráticas das maiorias eventuais[1553]. Para isso, propus uma nova substituição: sai Hércules, entra Hermes. Além do mais, tem-se como imprescindível uma fundamentação mais cuidadosa das decisões judiciais, isto é, uma maior objetivação e racionalização de suas posições e intervenções[1554]. Principalmente quando se leva em conta:

(1547) BARROSO, Luís Roberto. *Curso de direito constitucional contemporâneo*, p. 306 *et seq.*
(1548) Cf., por todos, PEREIRA, Jane Reis Gonçalves. *Interpretação constitucional e direitos fundamentais*, p. 89-115.
(1549) *Idem*, p. 47-48.
(1550) RR n. 43740-38.2005.5.05.0464, Rel. Min. Renato de Lacerda Paiva, DJ 6.8.2010 e E-RR n. 9863340-09.2006.5.09.0011, Rel. Min. João Batista Brito Pereira, DJ 27.8.2010.
(1551) SARMENTO, Daniel. *Livres e iguais*, p. 167-205.
(1552) Cf. In: SARMENTO, Daniel (coord.). *Filosofia e teoria constitucional contemporânea*. Rio de Janeiro: Lumen Juris, 2009.
(1553) Neste sentido, cf., por todos, BARROSO, Luís Roberto. *Curso de direito constitucional contemporâneo* p. 382-394. BARCELLOS, Ana Paula de. *Ponderação, racionalidade e atividade jurisdicional*, p. 180-184.
(1554) BUSTAMANTE, Thomas da Rosa de. *Teoria do direito e decisão racional*, p. 258-264.

(1) que não se sabe muito bem onde começa um caso fácil e termina um difícil[1555];

(2) que os direitos fundamentais (dos trabalhadores subordinados ou não), quando extraídos do texto constitucional, costumam ser "refinados" com a estrutura de princípios[1556]; e

(3) que a interpretação jurídica é um caso especial (institucionalizado e, pois, mais restrito e procedimentalizado) da argumentação moral, tornando-se inviável sua matematização com o intuito de produzir uma única resposta correta[1557].

Pois bem. Este singelo resumo serviu apenas para nos situar no mesmo plano de discussão, trazendo de volta muito do que já estava permeado ao longo deste estudo[1558]. O propósito foi, simplesmente, o de abrir os olhos para o seguinte consenso relativamente estável nos dias de hoje: a ideia do direito como uma obra inacabada, decorrente do trabalho em equipe do legislador e do juiz, e sob a influência inescapável da moralidade e da realidade que o envolvem. Um produto (re)construído constantemente, uma vez que o seu conteúdo normativo é feito de algo extremamente instável e dinâmico: a argumentação[1559].

Direito e argumentação, direito e discurso ou direito e ação comunicativa[1560]. É por causa desta combinação inseparável que eu disse antes e repito agora que a flexibilização dos direitos fundamentais dos trabalhadores não é uma opção. Mesmo para os que defendem a tese da dupla fundamentalidade, não há como negar que a mera textualização do direito do trabalho no Título II da Constituição de 1988 não o torna uma verdade incontestável[1561]. "Verdadeiro" ou "falso" — ao menos no sentido descritivo do termo — são conceitos que a ele não se aplicam[1562].

A sua positivação (ou a sua parte visível) representa, no máximo, somente a metade do caminho[1563]. Como texto e norma não se confundem — na medida em que a segunda é a decisão a respeito do sentido que deve ser extraído da primeira[1564] —,

---

(1555) SCHAUER, Frederick. *Thinking like a lawyer*, p. 154-156. HART, Herbert H. A. *Ensaios sobre teoria do direito e filosofia*, p. 117-122.
(1556) ALEXY, Robert. *Teoria dos direitos fundamentais*, p. 72 e 85-86.
(1557) ALEXY, Robert. *Teoria da Argumentação Jurídica*, p. 26-29, 212-213 e 272-274. AARNIO, Aulis. *Reason and authority*, p. 195-196, 205-210 e 232-234. BORGES, José Souto Maior. *Op. cit.*, p. 37-41. PEREIRA, Jane Reis Gonçalves. *Interpretação constitucional e direitos fundamentais*, p. 120-121. MACCORMICK, Neil. *Op. cit.*, p. 184-187. BUSTAMANTE, Thomas da Rosa de. *Teoria do direito e decisão racional*, p. 300-301. WEINREB, Lloyd L. *Op. cit.*, p. 120-123.
(1558) Cf., por exemplo, o § 2º, item II do Capítulo I e o § 3º, item II do Capítulo IV.
(1559) ATIENZA, Manuel. *El derecho como argumentación*, p. 11-24. AARNIO, Aulis. *Reason and authority*, p. 229-234. MACCORMICK, Neil. *Op. cit.*, p. 161 et seq. WEINREB, Lloyd L. *Op. cit.*, p. 119-135. ALEXY, Robert. *Teoria da Argumentação Jurídica*, p. 17-36. GOLD, Michael Evan. *Op. cit.*, p. 1-3 e 68-69. BARROSO, Luís Roberto. *Curso de direito constitucional contemporâneo*, p. 338-341.
(1560) BUSTAMANTE, Thomas da Rosa de. *Teoria do direito e decisão racional*, p. 183-194.
(1561) SARLET, Ingo Wolfgang. *A problemática dos fundamentais sociais como limites materiais ao poder de reforma da Constituição*, p. 383-384.
(1562) AARNIO, Aulis. *Reason and authority*, p. 205-214. MACCORMICK, Neil. *Op. cit.*, p. 82-90. BARROSO, Luís Roberto. *Curso de direito constitucional contemporâneo*, p. 350. WEINREB, Lloyd L. *Op. cit.*, p. XIII-XVI.
(1563) TRIBE, Laurence. *Hermenêutica constitucional*, p. 11-19 e *The invisible Constitution*, p. XX e 1-8.
(1564) GUASTINI, Riccardo. *Das fontes às normas*, p. 129-131.

teremos dado uma volta ao mundo para chegarmos ao mesmo lugar. A necessidade de argumentar continuará permitindo que a flexibilização se apresente. Se não sob o aspecto formal (uma reforma supressiva, por exemplo), pelo menos sob o prisma da informalidade: o da mutação constitucional.

Ainda que prevaleça o negociado sobre o legislado, o texto dos acordos e convenções coletivas deverá ser interpretado da mesma maneira que o texto de uma lei ou da própria Constituição. Algo que sempre aconteceu com os enunciados provindos de outras fontes distintas do parlamento, como, por exemplo, os contratos, os decretos executivos e, em tempos de súmulas vinculantes, os precedentes judiciais[1565].

É interessante notar também que, mesmo positivistas como Kelsen, reconheciam a inevitabilidade da flexibilização do direito a partir da descentralização da sua criação, na medida em que aceitava a participação do juiz na sua (re)construção. Nas suas palavras: "a decisão judicial é a continuação, não o começo, do processo de criação jurídica."[1566] Uma ideia que, para os autores inseridos na tradição do *common law*, era mais do que aceitável. Tratava-se de um fenômeno inevitável[1567]. Contudo, como a própria frase já deixa entrever, a criação judicial da norma individual — no sistema jurídico positivista de matriz romano-germânica — continuaria suportada por uma norma geral, cuja origem deveria estar centralizada na legislação. Ou isso, ou haveria uma violenta quebra de segurança jurídica, em nome de uma justiça desconhecida[1568].

De toda sorte, a questão que importa, neste instante, não é se o legislador ou se o juiz da sua preferência (Júpiter, Hércules ou Hermes) deve ou não flexibilizar os direitos fundamentais dos trabalhadores, mas, sim, como eles devem fazê-lo[1569]. Com base em que critérios isso deve ser feito, já que se trata de um fenômeno inexorável[1570]?

Num ambiente discursivo no qual a linguagem pode apresentar mais de um significado (ambígua), deixar de apresentar um único significado (vaga) ou que, quando apresenta um sentido mínimo, a sua aplicação é capaz de gerar um resultado absurdo, a busca por algo além do texto torna-se imprescindível. A não ser que se abra mão de um direito pautado pela razão, o que, convenhamos, não é nada aconselhável[1571].

É sobre isso que ainda pretendo tecer alguns comentários. Sigamos, pois, para o próximo item.

(1565) SCHAUER, Frederick. *Thinking like a lawyer*, p. 151. HART, Herbert H. A. *Ensaios sobre teoria do direito e filosofia*, p. 110-114.
(1566) *Teoria pura do direito*, p. 283. Neste sentido, cf. também BUSTAMANTE, Thomas da Rosa de. *Teoria do direito e decisão racional*, p. 407.
(1567) SCHAUER, Frederick. *Thinking like a lawyer*, p. 148-151. HART, Herbert H. A. *Ensaios sobre teoria do direito e filosofia*, p. 114-117.
(1568) KELSEN, Hans. *Teoria pura do direito*, p. 280-282.
(1569) ALEXY, Robert. *Teoria da argumentação jurídica*, p. 20.
(1570) AARNIO, Aulis. *Reason and authority*, p. 189-196. BUSTAMANTE, Thomas da Rosa de. *Teoria do direito e decisão racional*, p. 305-306.
(1571) Neste sentido, cf. ATIENZA, Manuel. *El derecho como argumentación*, p. 61-67. WEINREB, Lloyd L. *Op. cit.*, p. 20. BUSTAMANTE, Thomas da Rosa de. *Teoria do direito e decisão racional*, p. 357-365.

III — INDISPONIBILIDADE (OU IRRENUNCIABILIDADE) E RESTRIÇÃO DOS DIREITOS FUNDAMENTAIS DO TRABALHADOR SUBORDINADO: DOGMAS A CAMINHO DA RELATIVIZAÇÃO

Negar a influência do domínio econômico na formatação das relações de poder é uma ingenuidade. Sobretudo quando esta relação de poder é aquela engendrada entre o trabalho e o capital[1572]. Entretanto, o que se deve negar, sim, é ser esta influência uma via de mão única. Muito ao contrário, as relações de poder — especialmente as institucionais — são construídas por um conjunto de fatores extremamente complexos, sendo o econômico apenas um deles[1573].

A questão que se põe, portanto, não é apenas a da interação entre os diferentes tipos de participantes da deliberação normativa, mas, também, a do tempo de duração das suas decisões, incluindo-se aí as que são tomadas levando-se em conta os próprios pressupostos discursivos. Até quando elas serão legítimas?

Numa sociedade como a nossa, na qual as mudanças política, econômica e cultural acontecem a toda velocidade, se os direitos fundamentais — ou melhor, se as decisões institucionais a respeito da quantidade e da extensão dos direitos fundamentais — não as acompanharem, haverá uma ruptura do progresso civilizatório difícil de justificar. Neste sentido, quanto maior a velocidade das expansões ou contrações sociais, tanto maior deve ser a elasticidade das normatividades que as envolvem[1574].

O problema é que a máquina legislativa é lenta e pesada, o que só faz aumentar a tensão social[1575]. Além disso, se a formalização genérica de suas decisões apresenta grandes vantagens (como, por exemplo, a redução da complexidade e dos custos de transação, o aumento da previsibilidade e a proteção contra o arbítrio), ela não deve ser sacralizada. Como deixei claro há pouco, o formalismo excessivo se transforma rapidamente num obstáculo à mudança e à cooperação. Mas, pior do que isso, ele cria o risco do enfraquecimento da cidadania, mediante um paternalismo que subestima a habilidade das pessoas de "agir e avaliar o significado dos seus próprios atos"[1576].

A forma não é um fim em si mesmo; ela deve servir à matéria[1577]. E se a primeira põe a segunda em perigo, certamente é o caso de ser urgentemente repensada. Um direito formalmente fundamental do trabalhador que provoca exclusão, submissão ao "pai dos pobres" e redução da igual autonomia criativa dos empregados, tem alguma coisa de errado.

É por isso que, para sair desta enrascada jusfundamental, é imprescindível que se atualizem os instrumentos necessários à compreensão e manuseio da sua materialidade. Neste contexto, e como foi salientado no tópico anterior, a chamada "nova hermenêutica" surge com algumas sugestões bastante alentadoras[1578]. Duas

---

(1572) Neste sentido, cf. AARNIO, Aulis. *Reason and authority*, p. 19-20.
(1573) *Idem*, p. 20.
(1574) *Idem*, p. 22.
(1575) *Idem, ibidem*.
(1576) *Idem*, p. 31 (tradução livre).
(1577) *Idem*, p. 32.
(1578) Sobre a nova hermenêutica, cf. CAMARGO, Maria Lacombe. A Nova Hermenêutica. In: SARMENTO, Daniel (coord.). *Filosofia e teoria constitucional contemporânea*. Rio de Janeiro: Lumen Juris, 2009. p. 347 *et seq*.

delas serão aproveitadas neste Capítulo, a fim de que a ideia de flexibilização dos direitos fundamentais dos trabalhadores seja bem compreendida, ou melhor, seja redefinida. Falo da indisponibilidade dos direitos fundamentais dos trabalhadores e da possibilidade de sua restrição.

Tradicionalmente, a flexibilização é lida como a "verificação da capacidade de autorregulamentação dos atores sociais segundo o que permite cada ordenamento"[1579]. E, neste sentido, não se confunde com a desregulamentação. Enquanto esta última objetiva retirar "a proteção do Estado ao trabalhador, permitindo que a autonomia privada, individual ou coletiva, regule as condições de trabalho e os direitos e obrigações advindos da relação de emprego", a flexibilização teria como pressuposto a "intervenção estatal, ainda que básica, com normas gerais abaixo das quais não se pode conceber a vida do trabalhador com dignidade"[1580].

A flexibilização não seria tão flexível assim. Isso porque haveria uma "imperatividade", uma "condição de indisponibilidade" ou um "nível de proteção abaixo do qual não se pode admitir o trabalho humano com dignidade"[1581]. Neste sentido, a autonomia dos atores sociais deverá ser limitada[1582].

No entanto, reflitam comigo. A autonomia do trabalhador subordinado já está limitada desde o início do contrato, quando ele aceita livremente restringir sua liberdade em proveito da liberdade alheia. Isso já foi visto e revisto várias vezes no decorrer deste estudo[1583]. Logo, novas limitações desta autonomia, sejam elas decididas pelo próprio empregado ou impostas por um terceiro (o sindicato ou o Estado, por exemplo), só devem ser legitimadas se, e somente se, tiverem por finalidade o fortalecimento da igual autonomia criativa do indivíduo. A questão, portanto, deve ser a seguinte: como verificar se houve o respeito a este desiderato?

Será sobre esta dúvida operacional que irei me debruçar nos próximos parágrafos, tomando por base os dois conceitos acima referidos, cuja inserção na esfera do direito constitucional do trabalho não deve mais tardar.

§ 1º — Direitos fundamentais indisponíveis ou irrenunciáveis: o que significa isso[1584]?

Ir além do texto e utilizar o critério normativo aqui desenvolvido para justificar a sua decisão flexibilizadora ou enrijecedora. Esta é a tarefa (muitas vezes ingrata) do juiz. Uma tarefa que se torna ainda mais delicada quando inserida em um Estado

---

(1579) CUNHA, Alexandre Teixeira de Freitas Bastos. *El convenio colectivo en el sistema de fuentes del derecho en Brasil*, p. 344 (tradução livre).
(1580) SÜSSEKIND, Arnaldo *et alii*. *Instituições de direito do trabalho*, p. 206-207.
(1581) *Idem*, p. 207.
(1582) *Idem*, p. 208.
(1583) Cf. § 2º, item IV do Capítulo III.
(1584) Deixo claro, desde já, que utilizarei a ideia de "indisponibilidade" como sinônimo de "irrenunciabilidade". Isso porque — como veremos — ela será construída com base na decisão autônoma (ou unilateral) do titular do direito fundamental, o que, na seara trabalhista, equivale ao ato de renúncia. Cf., por todos, SÜSSEKIND, Arnaldo *et alii*. *Instituições de direito do trabalho*, p. 213-218. ADAMY, Pedro Augustin. *Renúncia a direito fundamental*. São Paulo: Malheiros, 2011. p. 25.

Democrático de Direito, pois que lhe está sendo conferido o poder de decidir quando a legislação e/ou a deliberação coletiva, ambas aprovadas pela maioria, são ambíguas, vagas ou geradoras de resultados absurdos[1585]. Todavia, é exatamente por conta dessa sua natureza contramajoritária que o Judiciário está melhor preparado para absorver esta responsabilidade e identificar (argumentativamente) os contornos dos direitos fundamentais dos trabalhadores subordinados.

Entretanto, nos dias que correm, a preparação dos juízes deve ir muito além do confortável desenho institucional em que se assentam. É preciso reforçar o estofo discursivo utilizado nas suas decisões e, desta maneira, minorar a dificuldade de legitimação a elas inerente.

Feito o adendo, caminho para a resposta da pergunta que encabeça este tópico, valendo-me do excelente artigo de Letícia de Campos Velho Martel[1586]. Será com respaldo nas suas considerações que ajudarei a municiar discursivamente os julgadores, quando eles se depararem com o argumento do direito indisponível ou irrenunciável ou, ainda, com a alegada impossibilidade de flexibilização autônoma do direito pelo próprio titular.

Logo à partida, a autora fez questão de frisar a natureza camaleônica do conceito de indisponibilidade. Trata-se de uma noção confusa, obscura e, por vezes, circular, sendo incapaz de gerar um "acordo semântico" na doutrina, na legislação ou na jurisprudência[1587]. Ora se fala de indisponibilidade no sentido daquilo que não é passível de abdicação, ora no de direito gravado por interesse público ou coletivo, ora com o significado de possibilitar, ao titular, pleiteá-lo em juízo[1588]. Não obstante isso, Letícia Martel persistiu no seu intuito de depuração conceitual e conseguiu entrever uma tendência em todas estas construções: a da "conexão do conceito de indisponibilidade à manifestação de vontade do titular para abdicar o direito"[1589]. Mas isso não foi o bastante.

Na visão da autora, esta mera indicação não afastava o problema conceitual contido na ideia de indisponibilidade dos direitos fundamentais, isto é, não impedia o seu uso indiscriminado e, por vezes, caótico, "ferindo a construção argumentativa e dificultando (...) a racionalidade e o controle das decisões judiciais proferidas"[1590]. Foi por este motivo que Letícia se voltou para o estudo da estrutura dos direitos fundamentais e, mais especificamente, sobre a análise de sua dimensão subjetiva.

Assim, depois de resgatar a lição alexiana a respeito da relação triádica subjacente a esta porção dos direitos fundamentais — sublinhando tratar-se de um "feixe de posições jurídicas subjetivas", acompanhado de uma nota intersubjetiva (*i. e.*, a presença necessária de dois sujeitos, um no polo ativo e outro no polo passivo) e da percepção

---

(1585) SCHAUER, Frederick. *Thinking like a lawyer*, p. 164.
(1586) MARTEL, Letícia de Campos Velho. Indisponibilidade de direitos fundamentais: conceito lacônico, consequências duvidosas. In: SARMENTO, Daniel; SARLET, Ingo Wolfgang (coord.). *Direitos fundamentais no Supremo Tribunal Federal:* balanço e crítica. Rio de Janeiro: Lumen Juris, 2011. p. 75 et seq.
(1587) *Idem*, p. 75-95.
(1588) *Idem*, p. 93-95.
(1589) *Idem*, p. 95.
(1590) *Idem*, p. 96.

do objeto protegido como sendo uma ação ou uma alternativa de ação (e não o bem em si mesmo) —, a autora chegou à seguinte definição de disponibilidade de direitos fundamentais[1591]:

> "Entende-se que dispor de um direito fundamental é enfraquecer, por força do consentimento do titular, uma ou mais posições jurídicas subjetivas de direito fundamental perante terceiros, quer seja o Estado, quer sejam particulares, permitindo-lhes agir de forma que não deveriam, tudo o mais sendo igual, se não houvesse o consentimento. Os elementos que formam o conceito são: a) o tripé: a.1) a titularidade da dimensão subjetiva; a.2) a intersubjetividade; a.3) o objeto da relação jurídica de direito fundamental; b) o consentimento; c) enfraquecimento de posições jurídicas de direito fundamental."

Feito isso, pôs-se a esmiuçar cada um dos elementos, de maneira a solidificar ainda mais a sua versão.

Em primeiro lugar, ressaltou que a participação do titular do direito fundamental no conceito era obrigatória, uma vez que "Se, grosso modo, 'dispor de um direito fundamental' significa que um titular dele 'abre mão', é fácil concluir que ele apenas pode fazê-lo em relação às posições subjetivas que titulariza"[1592]. No que tange à intersubjetividade, enfatizou o caráter relacional dos direitos subjetivos — algo que, diga-se de passagem, também já foi falado por aqui[1593] —, a fim de deixar claro que "Para que exista disposição, é imprescindível a modificação (alteração, criação ou extinção) de posições subjetivas de direitos fundamentais, as quais envolvem, necessariamente, dois sujeitos"[1594].

Por fim, a autora reiterou a distinção entre o objeto da relação jurídica base do direito fundamental e o bem por ele protegido. Neste sentido, observou que a discussão em torno da disponibilidade deve concentrar-se numa ação ou numa alternativa de ação do titular do direito, pois, ao fim e ao cabo, "Trata-se da movimentação da posição quanto aos seus sujeitos e ao seu objeto".

É por isso que, por exemplo, o mero uso ou mesmo a destruição de um bem não representa, necessariamente, a sua disposição. Para ilustrar esta diferenciação, Letícia menciona o ato de riscar ou de rasgar um livro, executado pelo seu proprietário, comparando-o com o ato de riscar ou de rasgar o mesmo livro, executado por uma outra pessoa, mas com a autorização do proprietário. No primeiro caso, não haveria disposição de nenhuma posição subjetiva de direito fundamental, ao passo que, no segundo, haveria, porquanto o proprietário teria permitido que o terceiro "agisse de forma que não poderia agir em razão do direito"[1595]. Dito de outro modo: o dever correspondente ao direito fundamental foi alterado pela decisão do seu titular.

Indo adiante, a autora também explicitou o que quis dizer com o elemento conceitual "consentimento". Neste ponto, ela salientou que a disposição de direitos

---

(1591) *Idem*, p. 97. Cf., também, ADAMY, Pedro Augustin. *Op. cit.*, p. 25-27.
(1592) MARTEL, Letícia de Campos Velho. *Op. cit.*, p. 98.
(1593) Cf. § 2º, item III do Capítulo III.
(1594) MARTEL, Letícia de Campos Velho. *Op. cit.*, p. 98.
(1595) *Idem*, p. 99.

fundamentais será sempre "autônoma", pois é o "comportamento do titular" do direito fundamental ("daquele que ocupa o papel dominante na relação") que "autoriza e justifica" a ação do outro, o qual era, ao menos *prima facie*, destinatário do dever jurídico correspondente[1596].

Retomando aquela tendência encontrada linhas atrás, Letícia verificou que "é a manifestação de vontade do titular que está na base da disposição" ou, por outras palavras, é "a ideia da voluntariedade do comportamento" que surge como uma "condição necessária" da disposição[1597]. Mas não de um comportamento qualquer e, sim, apenas daquele que representa "o consentimento do titular diretamente destinado à modificação da posição em face do outro polo da relação, envolvendo seu objeto". Cuida-se, assim, de uma justificação procedimental (e não substantiva), uma vez que "não oferece razões para justificar o ato em si". Oferece, ao contrário, razões para que o destinatário do dever correspondente possa agir de um modo que não poderia, caso a autorização não existisse[1598].

Ao se aproximar do último fragmento conceitual, Letícia Martel reconheceu que a disposição de direitos fundamentais é vista normalmente como uma "desvantagem para quem a realiza", como se o titular estivesse perdendo "algo precioso"[1599].

De fato, a autora não nega que isso pode acontecer. Todavia, não é sempre que acontece[1600].

Ora, se partirmos da premissa de que a disposição é "uma modificação operada autonomamente pelo titular, mediante consentimento, em relação jurídica de direito fundamental, tendo em vista o seu objeto", chegaremos à conclusão de que o "titular se autolimita e empodera o outro sujeito da relação, permitindo-lhe agir de forma que não poderia se não houvesse o consentimento". Portanto, o que ocorre é uma "troca de uma posição mais forte ou protegida para outra mais fraca ou desprotegida"[1601].

É daí que surge o elemento "enfraquecimento (variável em graus)" da posição subjetiva do titular. Entretanto, isso não deve ser confundido com prejuízo, pois o resultado final desta alternância pode ser um polpudo benefício. Pensem, junto com a autora, no exemplo da cirurgia para o transplante de rim. Nesta hipótese, o paciente dispõe de sua posição jurídico-subjetiva à integridade física, permitindo ao cirurgião realizar atos que não poderia, se não houvesse o consentimento. Mas apesar de a disposição provocar o enfraquecimento desta posição titularizada pelo paciente, ela lhe acarretará um benefício para a sua saúde.

Em suma: o que deve ser levado em conta não é somente a "desvantagem fática para aquele que dispôs". Como bem destacou a autora, esta é "uma face da moeda". O ponto central desta discussão deve envolver "a qualidade do consentimento, sua interpretação, e as situações nas quais pode ser admitido como condição *suficiente* para a disposição". Será com respaldo nesta verificação que se eliminará o risco de

---

(1596) *Idem*, p. 100-103.
(1597) *Idem*, p. 101.
(1598) *Idem*, p. 102-103.
(1599) *Idem*, p. 104.
(1600) *Idem, ibidem*.
(1601) *Idem*, p. 104-105.

"violação ou menosprezo dos direitos fundamentais", mediante disposições viciadas, porque regidas por "baixas condições econômicas, sociais ou educacionais"[1602]. Deve-se evitar, pois, a "supervalorização do consentimento" em detrimento da investigação cuidadosa a respeito da sincera manifestação de vontade do titular do direito[1603].

Pois bem. Munidos das ferramentas conceituais básicas, já podemos afirmar, com maior segurança, o porquê de determinadas flexibilizações autônomas ou de certas disponibilidades se tornarem cada vez mais acessíveis na relação de emprego ou, ainda, o porquê de algumas alterações contratuais, supostamente prejudiciais ao trabalhador subordinado, quando postas à luz do dia, mostrarem-se menos nocivas do que apareciam à primeira vista. Esta maneira de enxergar as coisas deve servir, inclusive, quando se for aplicar o art. 468, *caput* da CLT. Um dispositivo anacrônico que, segundo o professor Arnaldo Süssekind, já foi atingido em cheio pelas flexibilizações sindicais previstas na Constituição de 1988[1604].

De acordo com o seu enunciado "Nos contratos individuais de trabalho só é lícita a alteração das respectivas condições, por mútuo consentimento, e, ainda assim, desde que não resultem, direta ou indiretamente, prejuízos ao empregado, sob pena de nulidade da cláusula infringente desta garantia".

Depois de uma leitura apressada, poder-se-ia dizer: impossível tornar mais indisponível (e inflexível) do que isso! Estamos de frente para a face mais paternalista que se tem notícia na história do direito do trabalho. Ainda que o empregado aceite, ainda que não haja "prejuízo direito", mas apenas o "indireto" (seja lá o que isso quer dizer), todo o ajuste poderá ser invalidado, bastando, para tanto, que o Juiz Hércules brasileiro decida que houve "prejuízo". Insisto: não importa se o empregado aceitou livremente, se continua capaz de satisfazer suas necessidades básicas ou se as suas diferenças não foram desconsideradas, mas, sim, reconhecidas. No fim das contas, vale tão somente o que o julgador extrair das palavras "prejuízo", "direita ou indiretamente".

Sobre um assunto semelhante a este, já me debrucei vagarosamente no ponto 3, § 2º, item II do Capítulo IV. Foi por ocasião da análise crítica do famoso "princípio da norma mais favorável". Por este motivo, peço licença para não reproduzir mais uma vez o que já foi dito, afirmando apenas que se não houver vício de consentimento palpável e estivermos imersos numa zona de penumbra, a presunção de coação econômica deve ser tomada com extrema cautela, especialmente quando o mútuo consentimento estiver presente.

Se o empregado concordou livremente com a alteração contratual, foi porque, à época, supôs que estava fazendo o melhor para si. Estaremos perante o ápice do liberalismo igualitário, onde cada um deve ser responsável pelo curso das suas decisões[1605]. Como bem observou Ronald Dworkin: "As escolhas que as pessoas fazem sobre trabalho, lazer e investimento têm impacto sobre os recursos da comunidade como um todo, e esse impacto deve se refletir no cálculo que a igualdade

---

(1602) Idem, ibidem.
(1603) Idem, p. 105-111.
(1604) SÜSSEKIND, Arnaldo *et alii*. *Instituições de direito do trabalho*, p. 208-209.
(1605) BERNAL PULIDO, Carlos. *El derecho de los derechos*, p. 296-297.

exige."[1606] Portanto, que os juízes Hércules do Brasil parem e meditem sobre as palavras do seu criador norte-americano.

Caso contrário, a leitura judicial apressada do art. 468 da CLT permitirá ao empregado mudar de ideia sem apresentar uma justificativa plausível (*v. g.*, sem mencionar que foi induzido a erro[1607]). Uma conduta estatal para lá de preocupante, uma vez que viola pesadamente o igual respeito e consideração merecido pelo correto empregador, logo aquele que agiu com lealdade, transparência e boa-fé[1608].

É bom frisar à exaustão que não estou a defender o "vale-tudo" decisório, ao ponto de disponibilizar ou flexibilizar todo e qualquer direito do trabalhador[1609]. Penso que isso já ficou bem claro depois de mais de 400 páginas de exposições, análises e opiniões. O que acredito é na possibilidade de nos valermos das ferramentas encontradas pela nova hermenêutica, a fim de elaborarmos mais coerentemente a linha de raciocínio, arrumando as ideias de modo razoável[1610]. Afinal de contas, a capacidade de ser razoável é uma das notas centrais do direito, pois é daí que ele retira a sua máxima força normativa[1611].

Para ilustrar este ponto de vista, julgo ser importante trazer para o texto um caso concreto que se adequa muito bem a toda esta discussão.

1. Um caso paradigmático

Imaginem o seguinte problema: o Banco X almeja implementar uma reestruturação funcional. Para isso, formula um Plano de Cargos e Salários e o homologa no Ministério do Trabalho e Emprego. No seu bojo, o Plano permite (eu disse "permite" e não ordena) que os empregados optem por um cargo comissionado em troca de uma remuneração majorada, mas ao custo de trabalharem oito horas por dia, e não mais seis horas, como preceitua o *caput* do art. 224 da CLT[1612]. É importante dizer que os cargos

---

(1606) *Uma questão de princípio*, p. 307.
(1607) Cf. BELMONTE, Alexandre Agra. *Instituições civis no direito do trabalho*, p. 157-159.
(1608) DWORKIN, Ronald. *Uma questão de princípio*, p. 281-285. BELMONTE, Alexandre Agra. *Instituições civis no direito do trabalho*, p. 546-550.
(1609) Cf. TST-RR n. 740/2006-046-12-00.1, Rel. Min. Ives Gandra Martins Filho, DJ 26.6.2009.
(1610) Sobre a utilização do princípio da proporcionalidade na avaliação das flexibilizações, transações e renúncias efetuadas no contexto do contrato de emprego, cf. BELMONTE, Alexandre Agra. Os direitos fundamentais juslaborais e a Convenção n. 158 da Organização Internacional do Trabalho, In: *Op. cit.*, p. 384-386. CUNHA, Alexandre Teixeira de Freitas Bastos. *El convenio colectivo en el sistema de fuentes del derecho en Brasil*, p. 383 *et seq.* GEDIEL, José Antônio Peres. A irrenunciabilidade a direitos da personalidade pelo trabalhador. In: SARLET, Ingo Wolfgang (org.). *Constituição, direitos fundamentais e direito privado*. 2. ed. Porto Alegre: Livraria do Advogado, 2006. p. 162-163. MOLINA, André Araújo; GUERRA FILHO, Willis Santiago. Renúncia e transação no direito do trabalho — uma nova visão constitucional à luz da teoria dos princípios. In: *Revista LTr,* São Paulo, ano 74, n. 02, p. 190 *et seq.*, fev. 2010. E para uma explicação pormenorizada a respeito do correto manuseio da "máxima da proporcionalidade", cf. BUSTAMANTE, Thomas da Rosa de. *Teoria do direito e decisão racional*, p. 272-301.
(1611) RAWLS, John. *O liberalismo político*, p. 355-356. SCHAUER, Frederick. *Thinking like a lawyer*, p. 164. WEINREB, Lloyd. *Op. cit.*, p. 20.
(1612) "A duração normal do trabalho dos empregados em bancos, casas bancárias e Caixa Econômica Federal será de 6 (seis) horas contínuas nos dias úteis, com exceção dos sábados, perfazendo um total de 30 (trinta) horas de trabalho por semana."

comissionados previstos no Plano não são aqueles elencados no § 2º do art. 224 da CLT[1613], mas outros, para os quais o Banco decidiu agregar uma fidúcia extraordinária. Foi exatamente por isso que os intitulou de "comissionados".

Imaginem, agora, que um empregado Y leu o novo Plano, refletiu com calma e decidiu livremente aderir. Ou seja, o empregado Y optou, por livre e espontânea vontade, ocupar um cargo comissionado, ter a sua remuneração aumentada e trabalhar oito horas por dia. Ocorre que, passados dois anos e com o contrato ainda em vigor, o empregado Y ajuíza uma ação em face do Banco X, pleiteando o pagamento de horas extras. Ou melhor, pleiteando o pagamento da 7ª e da 8ª horas como extraordinárias, uma vez que sua situação se subsume à regra geral, contida no *caput* do art. 224 da CLT, e não à exceção, preceituada no seu § 2º.

Diante deste quadro, eu pergunto: o pedido deve ser julgado procedente ou improcedente?

Na opinião da Ministra Maria Cristina Peduzzi, a resposta é pela procedência, no que foi acompanhada, por maioria, pela SDI-I do TST[1614]. Segundo a ideia dominante naquela Corte:

"2. As peculiaridades da consolidação e institucionalização do direito do trabalho, no contexto do Estado Social, refletiram na formação de seus princípios basilares, como os da proteção do trabalhador, da irrenunciabilidade dos direitos trabalhistas e da primazia da realidade.

"3. O princípio da irrenunciabilidade decorre do próprio caráter cogente e de ordem pública do direito do trabalho. Significa, nessa esteira, que o trabalhador inclusive pela desigualdade econômica em que se encontra perante o empregador não pode abrir mão dos direitos legalmente previstos. Esse princípio tem por fim protegê-lo não apenas perante o empregador, mas também com relação a si mesmo. Ou seja, o trabalhador não pode se despojar, ainda que por livre vontade, dos direitos que a lei lhe assegura. (...)

"8. No caso dos autos, a alegação de boa-fé das partes não tem o condão de conferir validade à opção efetuada pelo Reclamante. A premissa do direito como integridade impõe, com todas as suas consequências, a aplicação dos princípios protetivo, da irrenunciabilidade e da primazia da realidade, os quais conforma e justificam, de modo coerente, o direito do trabalho em nosso ordenamento jurídico.

"9. Assim, se os princípios protetivo e da primazia da realidade materializam a aplicação do princípio da boa-fé às relações de trabalhistas, não há falar em boa-fé quando exatamente esses mesmos princípios são contrariados. Em outras palavras, não há, na espécie, como reconhecer boa-fé em prática que ofende os princípios protetivo e da primazia da realidade."

Para finalizar, destaco apenas mais uma passagem da decisão, de modo a evidenciar a opinião prevalente com o máximo de clareza. De acordo com ela, "em questões trabalhistas, os princípios da irrenunciabilidade e da primazia da realidade não cedem passo ao da boa-fé, nem se enfraquecem perante argumentos econômicos ou cálculos utilitaristas, que afirmem a prevalência da disposição monetária em detrimento de direitos consagrados no ordenamento jurídico".

(1613) "As disposições deste artigo não se aplicam aos que exercem funções de direção, gerência, fiscalização, chefia e equivalentes, ou que desempenhem outros cargos de confiança, desde que o valor da gratificação não seja inferior a um terço do salário do cargo efetivo."
(1614) E-RR n. 1040/2006-005-10-00, Rel. Min. Maria Cristina Irigoyen Peduzzi, DJ 9.5.2008.

Como mencionei há pouco, a maioria dos Ministros da Subseção I Especializada em Dissídios Individuais do TST compartilhou desta visão de mundo, ficando vencidos os Ministros Lelio Bentes Corrêa, Aloysio Corrêa da Veiga, Rosa Maria Weber e João Batista Brito Pereira.

O que dizer desta decisão? Penso que a crítica já está feita, diante de tudo o que foi exposto no decorrer deste Capítulo. Contudo, creio que uma única frase, bastante reveladora da cultura paternalista altamente enraizada no Judiciário trabalhista brasileiro, deve ser ressaltada, pois, de acordo com este sentimento comum a muitos Juízes Hércules espraiados pelo país, o empregado — independentemente da idade, sexo, gênero, raça, nível de instrução ou ocupação na empresa — é praticamente um incapaz. Falo do trecho em que a Ministra Peduzzi afirma, sem pestanejar, que o direito do trabalho visa não apenas a "proteger" o trabalhador "perante o empregador, *mas também com relação a si mesmo*. O trabalhador não pode se despojar, ainda que por livre vontade, dos direitos que a lei lhe assegura" (grifei).

Perceberam o detalhe? O empregado deve ser protegido de si mesmo, como se fosse incapaz de tomar suas próprias decisões e arcar com as consequências que delas se originam. Sua autonomia (ou sua igual autonomia criativa) não existe, ainda que, à época de sua escolha, fosse dono do seu destino e o conteúdo dos seus direitos fundamentais não estivesse em perigo, uma vez que continuava apto a satisfazer suas necessidades básicas, sendo respeitado por suas qualidades pessoais. Trata-se, portanto de um modelo paternalista de Estado de Direito que, para ser legítimo, deve ser visto como exceção, e não como regra geral. Neste sentido, tomo emprestadas as palavras de Jorge Reis Novais, para afirmar que: "Num Estado não paternalista como é essencialmente o Estado [Democrático] de Direito, que assenta na dignidade da pessoa humana e faz do livre desenvolvimento da personalidade individual um valor fundamental, esta situação de direitos de exercício obrigatório (direitos/deveres) é claramente excepcional."[1615]

A pergunta de fundo é: posso decidir livremente, como regra, se exerço um direito fundamental[1616]?

Se a resposta for um não rotundo, o suposto beneficiário poderia pensar: estou ou não no melhor dos mundos? Posso aceitar qualquer coisa ou recusar tantas outras, pois sempre conseguirei recorrer ao Juiz Hércules e dizer: "eu não sabia o que estava fazendo. Flexibilizei o que era inflexível, renunciei a direitos irrenunciáveis ou — o que dá no mesmo — dispus de direitos indisponíveis." Minha decisão, apesar de livre, consciente e espontânea, não deve de nada valer, uma vez que me prejudiquei por conta própria. Por isso, devo ser protegido de mim mesmo. E o empregador? Será sempre o vilão, o algoz que se aproveita deste pobre coitado, um alienado que aceita sua proposta, dela se beneficia e, logo adiante, almeja voltar atrás arbitrariamente, sem dizer o porquê. Mas, é claro, também não quer abrir mão dos recursos que lhe foram destinados. Devolver o que recebeu para voltar ao estado anterior? Nem pensar!

(1615) NOVAIS, Jorge Reis. *Direitos fundamentais:* trunfos contra a maioria. Coimbra: Coimbra Editora, 2006. p. 234.
(1616) *Idem*, p. 235.

Pergunto: o que deve tornar um direito indisponível ou irrenunciável? Qual razão deve ser forte o bastante para impedir que um indivíduo flexibilize o seu direito fundamental, isto é, retire-se livremente do seu âmbito de incidência?

Pelo que foi lido do acórdão, irrenunciável ou indisponível é todo direito que "decorre do próprio caráter cogente e de ordem pública do direito do trabalho (...) inclusive pela desigualdade econômica em que se encontra [o empregado] perante o empregador".

No entanto, ao resgatarmos a premissa conceitual construída no item anterior, percebemos que a resposta não está correta. Para os que ainda duvidam, perguntarei de outro modo: o que propicia o caráter cogente de um direito, isto é, o que o torna de ordem pública ou, no linguajar contemporâneo, o que enrijece o direito fundamental do trabalhador a ponto de torná-lo inacessível ao seu próprio titular?

Logo de partida, é importante reiterar que, nesta esfera da argumentação, discute-se a possibilidade de flexibilização, de disposição ou de renúncia ao exercício do direito fundamental. Só muito raramente se cogita da renúncia ao direito em si, à sua titularidade[1617]. Um exemplo, neste sentido, é o da aceitabilidade ou não da eutanásia. Quando se permite ao indivíduo cessar a própria vida, por óbvio que não é apenas o exercício do direito que estará sendo paralisado[1618]. Mas, como mencionei, esta é uma discussão residual. O cerne da controvérsia gira em torno da renúncia temporária e circunstancial ao exercício de direitos fundamentais, levando-se em consideração a qualidade do bem renunciável e a extensão da renúncia pretendida[1619].

Na minha opinião, a indisponibilidade ou a irrenunciabilidade do exercício de direitos fundamentais especificamente moldados para o empregado surge apenas quando se chegar à conclusão de que a sua decisão pessoal estava dilacerando a sua própria capacidade de tomar decisões. Como foi dito antes: o que importa é a "qualidade do consentimento". Se formos mais longe, podemos retornar até mesmo à paródia do paradoxo democrático[1620]. Caso 99% da população venha a deliberar pelo fim de sua capacidade de deliberar, entregando o seu poder de decisão (a respeito, por exemplo, do que fazer com todos os recursos indispensáveis à satisfação de suas necessidades básicas) nas mãos do déspota esclarecido do momento, esta será uma decisão válida?

Se acreditarmos que a democracia é mais do que a mera soma de votos, ou que a autonomia não estará garantida somente com a não interferência alheia, a invalidade deste tipo de deliberação salta aos olhos.

Quando as circunstâncias que nos cercam transformam a nossa escolha numa peça de ficção, quando aceitamos trabalhar em situações que diminuem a nossa humanidade, porque nos tornam cada vez mais descartáveis, enfim, quando os recursos que nos forem destinados não forem suficientes para salvaguardar a nossa sobrevivência digna, na medida em que estarão longe de satisfazer nossas necessidades

---

(1617) MARTEL, Letícia de Campos Velho. *Op. cit.*, p. 98-99. ADAMY, Pedro Augustin. *Op. cit.*, p. 55-57.
(1618) Para uma leitura instigante sobre este assunto, cf. BARROSO, Luís Roberto; MARTEL, Letícia de Campos Velho. A morte como ela é: dignidade e autonomia individual no final da vida. In: *Revista de direito do estado* — n. 15, Rio de Janeiro: Renovar, p. 27 *et seq.*, jul./set. 2009.
(1619) NOVAIS, Jorge Reis. *Direitos fundamentais:* trunfos contra a maioria, p. 220-221 e 232-233. GOMES, Fábio Rodrigues. *O direito fundamental ao trabalho*, p. 149-153.
(1620) Cf. o item II do Capítulo IV.

básicas, ou quando formos discriminados por conta das diferenças que nos identificam... Nesses casos, a proibição de flexibilização autônoma, disposição ou de renúncia ao exercício de um direito moral deverá ser vista como uma norma moral a ele pressuposta. A indisponibilidade ou a irrenunciabilidade será vista como uma garantia do próprio direito fundamental do trabalhador colocado na berlinda. E, neste sentido, será uma garantia não só da legitimidade da sua decisão, como também a do empregador que dela se aproveita. A igual autonomia criativa de ambos agradecerá de joelhos.

Entretanto, não foi isso que aconteceu na hipótese paradigmática apresentada. Nela, o empregado escolheu livremente mudar de patamar funcional, ganhou dinheiro com isso, passou a trabalhar oito horas (ou seja, dentro do limite previsto no art. 224, §2º da CLT c/c o art. 7º, XIV da CF/88) e, ainda assim, conseguiu reverter todas estas suas decisões, com o singelo argumento de que sua opção era nula porque era ou porque a "lei" diz que era. Que "lei"? O art. 468 da CLT?

Então o empregado está a dizer que o que ele considerou "favorável", num instante, o Juiz Hércules deve considerar "prejudicial", no outro, porque ele — empregado — mudou de opinião? Basta, portanto, um estalar de dedos para ser "protegido de si mesmo" pelo Estado paternalista, que, do alto de sua sabedoria, "se arroga a pretensão de proteger sistematicamente o cidadão contra si próprio, numa concepção de liberdade vinculada"[1621]. Derrubar tudo o que foi combinado com o empregador de modo livre e transparente será tão fácil quanto beber um copo d´água, pouco importando as consequências que surjam daí para a empresa e, o que é pior, para os demais empregados. Pois, não se enganem, todos sofrerão as sequelas desta reviravolta imprevisível. Algo, convenhamos, racionalmente inaceitável, dentro da concepção de direito defendida por aqui.

Com efeito, não se deve esquecer de que o próprio ato de flexibilização, renúncia ou disposição também materializa o direito fundamental de escolha do indivíduo, porque decorre do seu poder de dispor desta posição de vantagem quando assim lhe aprouver[1622]. O direito em si não desaparece, mas apenas a faculdade de usufruí-lo durante determinado espaço de tempo e em função de circunstâncias especiais[1623]. Por isso, concordo com a ideia do professor Süssekind, no sentido de modular o grau de nocividade dos efeitos da renúncia, de acordo com o seu momento de efetivação (se antes, durante ou depois de encerrado o contrato)[1624]. A ideia, aqui, permanece a mesma: o contexto deverá estar sempre na mira do julgador[1625].

Além disso, não há que se falar em precedência definitiva (ou na absolutização) da indisponibilidade, por diversos motivos.

Primeiro, porque o caso é de autolimitação: há uma flexibilização autônoma do direito fundamental, na medida em que realizada pelo próprio titular. Neste sentido, não vejo conflito entre princípios e, muito menos, com o princípio da primazia da realidade. Na verdade, no caso concreto em análise, esta última diretriz aparece como um fator de reforço argumentativo à renunciabilidade. Digo isso porque, se olharmos

---

(1621) NOVAIS, Jorge Reis. *Direitos fundamentais:* trunfos contra a maioria, p. 235.
(1622) *Idem, ibidem.*
(1623) *Idem*, p. 242-243.
(1624) SÜSSEKIND, Arnaldo *et alli. Instituições de direito do trabalho*, p. 214-218.
(1625) MACCORMICK, Neil. *Op. cit.*, p. 167.

com atenção para o que realmente ocorreu, devemos enfatizar que a opção livre foi incontroversa. Dito de outro modo: tão real quanto a oferta disponibilizada pelo empregador foi a manifestação de vontade do empregado, que a aceitou porque quis. Simples assim. Se os resultados alcançados não foram os que esperava ou se, quando aceitou a proposta, o trabalhador já trazia, no seu íntimo, a vontade de não cumprir o acordado, estaríamos de frente para um caso típico de "reserva mental", cuja relevância, no plano jurídico, é igual a zero[1626].

Em segundo lugar, ainda que conflito entre princípios houvesse, o problema não abriria espaço para a vitória imediata ou automática da irrenunciabilidade, como se ela materializasse um princípio absoluto, causador de uma relação de precedência definitiva. Isso porque (1) não é essa a tese de Robert Alexy, para quem a natureza *prima facie* do princípio torna obrigatória a sua ponderação, na hipótese de colisão com algum princípio contrário[1627], assim como porque (2) a relação de precedência decorrente de uma eventual colisão de princípios é sempre condicionada àquelas circunstâncias especiais, não se aceitando a definitividade da solução para todo o sempre[1628].

Enfim, em situações como esta, pretender que o Juiz Hércules brasileiro conserte o que foi decidido é o mesmo que pretender voltar ao passado e desfazer todos os erros de nossas vidas. Jamais seremos responsáveis pelos nossos atos, porque teremos, logo ali ao lado, a máquina do tempo judiciária pronta para anular o que já aconteceu. Tudo ficará muito bem, até o dia em que a interferência protetiva se tornar perfeccionista e a proteção engolir o protegido.

Todavia, é importante dizer que não estou só no meu ponto de vista. Mesmo após a decisão colegiada do SDI-I do TST, alguns Ministros continuam a registrar publicamente a sua discordância. Vejam, por exemplo, o Ministro Antônio José de Barros Levenhagen[1629].

Na sua decisão, ele fez questão de frisar que "a controvérsia, na realidade, acha-se circunscrita à possibilidade de o empregador bancário poder instituir, ao lado do contido no art. 224, § 2º da CLT, Plano de Cargos Comissionados, como critério suplementar de transposição da jornada de seis para a jornada de oito horas, mediante o pagamento da respectiva comissão, assegurado ao bancário o direito à livre adesão àquele plano".

E, ao observar que o (1) § 2º estipula uma "mera enumeração", que (2) o "poder de direção" do empregador lhe reserva a "faculdade de incluir no regulamento interno cargos que reputa de confiança", que (3) o "Plano não foi imposto aos empregados, tendo sido permitido que cada um deles a ele aderisse, já ciente de que as suas funções nele elencadas foram consideradas como de confiança (...) infirmando (...) a pretensa vulneração do art. 9º da CLT", que (4) não houve violação do art. 468 da CLT, uma vez que a alteração se deu por "mútuo consentimento", não "tendo resultado nenhum prejuízo para o bancário, que por ele livremente [Plano] optara", que (5) "não é admissível que a proteção dispensada pela lei possa suplantar a boa-fé que deve nortear as relações jurídicas, mesmo as de cunho subordinado" e que (6) não se deve anular a adesão "a partir de mera elucubração acerca de difusa coação econômica,

---

(1626) Cf. BELMONTE, Alexandre Agra. *Instituições civis no direito do trabalho*, p. 166-167.
(1627) ALEXY, Robert. *Teoria dos direitos fundamentais*, p. 111-114.
(1628) *Idem*, p. 96 *et seq.*
(1629) RR n. 90200-94.2005.5.08.0013, Rel. Min. Antônio José de Barros Levenhagen, DJ 13.6.2008.

nem de que se reputasse ineficaz a sua opção, externada sem nenhum vício de consentimento", concluiu que a procedência do pedido "implicaria gritante violação dos princípios da probidade e da boa-fé objetiva do art. 422 do Código Civil de 2002".

Eis aí mais um bom exemplo do Juiz Hermes em ação.

§ 2º — A restrição dos direitos fundamentais dos trabalhadores subordinados

Neste instante, deslocarei a discussão do recinto da flexibilização autônoma para o espaço reservado à flexibilização heterônoma. A partir de agora, está em jogo a limitação dos direitos fundamentais específicos efetuada não pelo próprio empregado, mas por um terceiro (*v. g.*, o Estado, o sindicato ou o empregador).

Dando sequência à precisão analítica iniciada no item precedente, não se deve deixar para depois a separação conceitual entre indisponibilidade e restrição dos direitos fundamentais[1630]. A primeira, vista até então, deriva de um ato autônomo do titular do direito; ato este que traz a justificativa procedimental para o comportamento do outrora destinatário do dever jurídico correspondente (*in casu*, o empregador). A segunda refere-se à limitação do direito fundamental vinda de fora, isto é, derivada do ato de um terceiro, distinto da pessoa do titular. Neste último caso, a justificativa da compressão, ao contrário da anterior, será substantiva, uma vez que escorada num direito material posto em rota de colisão com o direito material específico do empregado.

Dito isso, eu pergunto: qual o ambiente institucional onde melhor se desenrola esta espécie de novelo normativo?

De acordo com Frederick Schauer, existem espaços institucionais nos quais os juízes podem ou devem estar ainda mais autorizados a interpretar o texto legal com base na razão e, deste modo, determinar qual o resultado final será o mais aceitável. Em tais ambiências, os julgadores serão detentores da autoridade necessária para adequar a decisão coletiva às circunstâncias que a cercam ou a procurar a finalidade que nela se esconde[1631].

Sendo assim, creio que não terei maiores dificuldades em persuadi-los de que é justamente na temática da restrição dos direitos fundamentais que os juízes adquirem esta legitimação especial, destinada a averiguar o acerto da decisão do detentor de poder ou das maiorias eventuais. Ao servir de saída de emergência institucional para os direitos morais das minorias, o Judiciário se arma do argumento de autoridade que faltava.

Mas é claro que este tipo de argumento, sozinho, não é suficiente. Diante da complexidade do tema "restrição de direitos fundamentais do trabalhadores", a construção de um *canon*, de uma diretriz ou de um parâmetro ainda é imperiosa. E penso desta forma para que as decisões judiciais eventualmente favoráveis à restrição sejam racionalmente aceitas pelos seus destinatários: os empregados[1632]. Daí por que retorno ao critério normativo aqui sugerido: a igual autonomia criativa.

(1630) MARTEL, Letícia de Campos Velho. *Op. cit.*, p. 106-108. ADAMY, Pedro Augustin. *Op. cit.*, p. 35-39.
(1631) SCHAUER, Frederick. *Thinking like a lawyer*, p. 166.
(1632) *Idem*, p. 163 e 167.

Por outras palavras, a restrição ou a flexibilização heterônoma dos direitos fundamentais dos trabalhadores deve ser revisitada para significar (1) a redistribuição dos recursos oriundos do empregador ou decorrentes da intervenção do Estado, desde que ela não afete a satisfação das necessidades básicas dos empregados e (2) a desconsideração, temporária e pontual, das diferenças que os definem, mas não para afrontar, e, sim, para reforçar as individualidades em jogo.

Esta redefinição nada mais é do que um aperfeiçoamento discursivo, pois torna mais fácil entender o porquê de certas intervenções serem plenamente justificáveis. Existe, agora, um critério normativo inicial, apto a nos guiar pelas zonas de penumbra que envolvem esta difícil argumentação, principalmente quando ela é desenvolvida nas discussões a respeito da compressão dos direitos fundamentais dos empregados.

Para ilustrar o que foi dito, reflitam a partir dos seguintes exemplos de restrição ou de flexibilização heterônoma destes direitos fundamentais específicos:

(1) Flexibilização legal: banco de horas (art. 59, § 2º da CLT), trabalho a tempo parcial (arts. 58-A e 130-A da CLT), inexistência de jornada extraordinária, ou por incompatibilidade, haja vista a demasiada confiança no empregado, ou pela impossibilidade de controlar sua atuação (art. 62, incisos I e II da CLT), contrato temporário (Lei n. 9.601/98), possibilidade de transferência do empregado, por força da necessidade do serviço (art. 469, § 3º da CLT), suspensão do contrato de trabalho para qualificação profissional (art. 476-A da CLT), eficácia liberatória geral decorrente de acordo em Comissão de Conciliação Prévia (art. 652-E, parágrafo único da CLT).

(2) Flexibilização sindical: redução salarial (art. 7º, VI da CF/88), modificação ou compensação da jornada de trabalho (art. 7º, XIII e XIV da CF/88), antecipação do pagamento da participação nos lucros para compensar a redução salarial e evitar dispensas[1633] e substituição do pagamento do adicional de hora extra por diária, na hipótese de o motorista de ônibus realizar viagem turística[1634].

(3) Flexibilização judicial: OJs n. 244 (possibilidade de redução da carga horária do professor, em virtude da diminuição do número de alunos) n. 358 (salário mínimo e piso salarial proporcional à jornada reduzida) e n. 342, II da SDI-I do TST (diminuição do intervalo intrajornada para rodoviários de empresa de transporte coletivo urbano), Súmulas n. 85, I e II (validade de acordo individual escrito para compensação da jornada de trabalho), n. 100, V do TST (eficácia de coisa julgada para o acordo judicial com cláusula de quitação geral), n. 265 (possibilidade de alteração do período noturno para o diurno com a consequente supressão do adicional) e n. 269 (suspensão do contrato de emprego do empregado eleito diretor).

Nestas situações, a rigidez absoluta dos direitos fundamentais dos trabalhadores foi posta em questão. Isso porque, em todas elas, o conteúdo normativo foi fartamente manuseado por terceiros, levando à redistribuição dos recursos que eram direcionados aos empregados, assim como à circunstancial desconsideração das diferenças que lhes eram inerentes.

(1633) TST-E-ED-RR n. 168300-04.2003.5.02.0465, Rel. Min. Caputo Bastos, DJ 28.5.2010.
(1634) TST-AIRR n. 44140-48.2007.5.01.0026, Rel. Juíza Convocada Maria Doralice Novaes, DJ 6.8.2010.

Para que se consiga aferir se estas restrições (ou flexibilizações heterônomas) estão corretas, as perguntas-chave devem ser: a retirada de recursos, tal como implementada, foi fruto da legítima cooperação das partes contratantes, da utilização proporcional da atividade de gestão (*jus variandi*) ou da imposição (coação) unilateral dos donos do poder? Esta retirada compromete a satisfação das necessidades básicas do empregado? Ou, ainda, as diferenças implícitas à sua individualidade estão sendo lançadas contra ele ou a seu favor? Enfim: houve ou não violação do núcleo essencial de algum direito fundamental do trabalhador?

Se chegarmos à conclusão de que a ideia encampada pelo legislador, pelo juiz, pelo sindicato ou pelo empregador não era a de bloquear a satisfação das necessidades vitais do indivíduo nem, tampouco, a de fechar os olhos às suas peculiaridades existenciais, então estaremos muito próximos de legitimar estas mudanças. Pois elas não chegaram a abalar os dois pilares de sustentação da igual autonomia criativa dos trabalhadores subordinados.

Portanto, não custa repetir: o importante é prestar atenção à capacidade de escolha do indivíduo ou, como diria Rawls, à sua capacidade de ser racional[1635]. Ela foi preservada? Ela foi promovida? Ou ela foi vilipendiada? Aceite quieto e engula calado. Porque, se isto aconteceu, se os seus direitos fundamentais foram excessivamente comprimidos (pelo legislador, pelo juiz, pelo sindicato ou, quando individualmente, pelo empregador) a ponto de caracterizar sua violação, deixando-lhe sem voz nem vez, o judiciário deverá estar a postos e interferir imediatamente, haja vista a natureza alimentar das prestações colocadas na balança[1636]. Isso quando não é a própria vida do trabalhador que lá está, com a sua personalidade, sua saúde ou sua segurança sendo sopesada, tal qual um saco de arroz.

Dito isso, todas as atenções devem estar voltadas para a vontade do trabalhador. Saber se ela foi viciada ou não: este é o cerne do problema[1637]. E, neste sentido, volta à cena a concepção de direito defendida neste estudo.

Com efeito, defender a concepção do direito enquanto argumentação não significa uma ode e nem tampouco uma elegia ao descontrole. Muito longe disso. Diversos teóricos nacionais e estrangeiros vêm dedicando boa parte de seu tempo à construção de modelos, metologias ou procedimentos capazes de racionalizar o discurso normativo. Na medida em que afastar toda e qualquer subjetividade da interpretação e aplicação do direito é algo impossível, tornou-se urgente o desenvolvimento de uma teoria da argumentação jurídica com base em critérios, a fim de que não descambemos para a pulverização da segurança ou para que não fiquemos reféns da justiça particular do detentor eventual do poder. Neste sentido, vale lembrar a advertência de Virgílio Afonso da Silva, segundo a qual o que se pode exigir é "a fixação de alguns parâmetros que

---

(1635) *O liberalismo político*, p. 354-356.
(1636) Em sentido semelhante, cf. DELGADO, Mauricio Godinho. *Curso de direito do trabalho*, p. 1036, onde o autor defende que a redução do salário através de negociação coletiva não é ilimitada, valendo-se do art. 503 da CLT como mecanismo de contenção da deliberação sindical.
(1637) Cf., neste sentido, RUPRECHT, Alfredo J. Princípios normativos do direito trabalhista. In: BARROS JR., Cássio de Mesquita Barros (coord.). *Tendências do direito do trabalho contemporâneo*. V. 1. São Paulo: LTr, 1980. p. 388-389.

possam aumentar a possibilidade de diálogo intersubjetivo, ou seja, de parâmetros que permitam algum controle da argumentação"[1638].

Entretanto, permanece uma certa dissonância, em torno de como parametrizar esta flexibilização ou restrição dos direitos fundamentais. E as duas principais vertentes teóricas a se confrontar são as que defendem ou uma justificação externa ou uma delimitação interna do âmbito de proteção do direito fundamental em jogo[1639].

De fato, prevê a teoria externa (ou o "pensamento de intervenção e limites") duas etapas de interpretação: a primeira, voltada para a construção do âmbito de proteção, da forma mais ampla possível; a segunda, para a análise da intervenção restritiva exterior sofrida por este âmbito inicial, de modo a, verificada a legitimidade desta restrição, tracejar um âmbito de garantia efetivo que não mais admitirá limitações advindas "de fora"[1640].

Já a teoria interna (ou teoria dos limites imanentes) defende a existência de limites lógicos, oriundos da própria estrutura do direito[1641]. Diante disso, propõe-se a desvelar este conteúdo, tornando sem sentido a diferenciação entre o âmbito de proteção e o âmbito de garantia efetivo[1642]. Deste modo, a atividade do intérprete consistiria em demarcar, de uma só vez, as fronteiras do conteúdo "verdadeiro"; fronteiras estas que seriam reveladas a partir "de dentro", por meio de uma leitura teleológica e sistemática do direito[1643]. Nesta perspectiva, acaba-se por refutar a existência de conflitos e a utilidade do raciocínio ponderativo[1644].

Com esta configuração explicativa, é inevitável que, tomadas isoladamente, ambas as teorias não possam ser utilizadas no mesmo processo argumentativo. Isso porque, ou o direito definitivo seria estabelecido *a posteriori* (como resultado da ponderação) ou *a priori* (como decorrência de sua limitação intrínseca). Existe, porém, uma solução para esta desconfortável dicotomia. E ela passa por um movimento bastante sutil, iluminado pela professora Jane Reis:

> "A única forma de compatibilizar a noção de limites imanentes com a teoria externa é recusando a ideia de que estes limites correspondem à esfera de

---

[1638] Cf. SILVA, Virgílio Afonso. *Direitos fundamentais:* conteúdo essencial, restrições e eficácia, p. 148.
[1639] Por todos, *idem*, p. 126 *et seq*.
[1640] NOVAIS, Jorge Reis. *As restrições aos direitos fundamentais não expressamente autorizadas pela Constituição*, p. 292-309. SILVA, Virgílio Afonso. *Direitos fundamentais:* conteúdo essencial, restrições e eficácia, p. 138-139; PEREIRA, Jane Reis Gonçalves. *Interpretação constitucional e direitos fundamentais*, p. 146-152.
[1641] BARCELLOS, Ana Paula de. *Ponderação, racionalidade e atividade jurisdicional*, p. 59.
[1642] NOVAIS, Jorge Reis. *As restrições aos direitos fundamentais não expressamente autorizadas pela Constituição*, p. 315. SILVA, Virgílio Afonso. *Direitos fundamentais:* conteúdo essencial, restrições e eficácia, p. 128-130. PEREIRA, Jane Reis Gonçalves. *Interpretação constitucional e direitos fundamentais*, p. 142.
[1643] NOVAIS, Jorge Reis. *As restrições aos direitos fundamentais não expressamente autorizadas pela Constituição*, p. 313-314. SILVA, Virgílio Afonso. *Direitos fundamentais:* conteúdo essencial, restrições e eficácia, p. 130-133. PEREIRA, Jane Reis Gonçalves. *Interpretação constitucional e direitos fundamentais*, p. 141-142.
[1644] NOVAIS, Jorge Reis. *As restrições aos direitos fundamentais não expressamente autorizadas pela Constituição*, p. 318-319. SILVA, Virgílio Afonso. *Direitos fundamentais:* conteúdo essencial, restrições e eficácia, p. 164-166. PEREIRA, Jane Reis Gonçalves. *Interpretação constitucional e direitos fundamentais*, p. 141.

proteção definitiva do direito. De modo diverso, cabe entender os limites imanentes como o conteúdo inicial de proteção do direito, como seus limites máximos, ou seja, como a esfera de proteção *prima facie* do direito, tal como identificada antes das restrições."[1645]

Temos aí, portanto, uma acomodação hermenêutica para as duas formas de se enxergar a legitimação da restrição dos direitos fundamentais.

De início, devem ser acolhidas algumas premissas lógicas: (1) os direitos não são absolutos[1646]; (2) existem hipóteses absurdas (ou insustentáveis axiologicamente) que devem ser afastadas de plano[1647]; (3) as duas vertentes teóricas cuidam do problema da fundamentação das decisões[1648]; (4) via de regra, elas chegam ao mesmo resultado[1649]; e (5) a linguagem — matéria-prima na construção do enunciado normativo — possui um sentido convencional, mínimo ou paradigmático, que retira a interpretação do vácuo e gera um ponto de partida, uma ideia por onde começar[1650].

Em seguida, deve-se concluir pela viabilidade de um *modelo misto*, cujo recorte inicial do "âmbito de proteção" (ou do bem fundamental a ser protegido) não seja tão alargado, a ponto de abarcar tudo o que se consiga imaginar. Sendo mais direto: o suporte de fato não deve ser tão amplo de modo a, por exemplo, considerar-se o sacrifício de virgens como uma prática protegida pela liberdade religiosa. Em situações tais, "uma multiplicidade de considerações diferentes", oriundas dos "objetivos sociais e políticos e padrões de moral e justiça" vigentes na sociedade contemporânea, já reduzem enormemente o ônus argumentativo daqueles que se opõem a esta forma de interpretação[1651].

Deste modo, será desnecessário submeter esta e outras questões aberrantes ao rito da proporcionalidade. Existem determinados significados que podem ser excluídos *a priori* do âmbito de proteção dos direitos fundamentais, sem que, com isso, esteja havendo uma limitação imanente irrefutável, próxima de um ato arbitrário. Pois, mesmo nestes casos mais extremados, a justificação socialmente compartilhada, suficiente para uma exclusão *prima facie*, estará simplesmente invertendo o ônus argumentativo, cabendo ao outro expor as suas razões contrárias ao sentido mínimo socialmente aceito.

De toda sorte, isso não obscurece o papel central da ponderação no método a ser implementado, eis que permanece sendo um instrumento chave, na medida em que adiciona maior objetividade, controlabilidade, transparência e capacidade de persuasão[1652].

[1645] *Interpretação constitucional e direitos fundamentais*, p. 192.
[1646] *Idem*, p. 132.
[1647] CANOTILHO, J. J. Gomes. Dogmática de direitos fundamentais e direito privado. In: *Op. cit.*, p. 350-351.
[1648] NOVAIS, Jorge Reis. *As restrições aos direitos fundamentais não expressamente autorizadas pela Constituição*, p. 354. PEREIRA, Jane Reis Gonçalves. *Interpretação constitucional e direitos fundamentais*, p. 167.
[1649] PEREIRA, Jane Reis Gonçalves. *Interpretação constitucional e direitos fundamentais*, p. 167.
[1650] HART, Herbert H. A. *Ensaios sobre teoria do direito e filosofia*, p. 117-120.
[1651] *Idem*, p. 119.
[1652] NOVAIS, Jorge Reis. *As restrições aos direitos fundamentais não expressamente autorizadas pela Constituição*, p. 356. SILVA, Virgílio Afonso. *Direitos fundamentais:* conteúdo essencial, restrições e eficácia, p. 146-148. PEREIRA, Jane Reis Gonçalves, *Interpretação constitucional e direitos fundamentais*, p. 168.

Sendo assim, reitero a minha opinião, no sentido de que, não obstante estarmos inseridos na esfera mais flexível (porque inexoravelmente argumentativa) do direito, o empregador não terá como se eximir de justificar racionalmente a flexibilização heterônoma ou o ato restritivo do direito fundamental específico do seu empregado. O Juiz Hermes, por outro lado, ao balizar sua atuação pelo critério normativo delineado neste estudo, obterá um resultado adequado à promoção dos direitos fundamentais envolvidos, fazendo com que não baste, por exemplo, a mera alegação pragmática (ou supostamente mais eficiente) do empregador, no sentido de que agiu — restringiu um direito fundamental do empregado — com vistas ao melhor funcionamento da empresa.

Deveras, poderá acontecer de a arguição de eficiência administrativa não ser suficiente à racionalização da restrição, pois que, ao navegarmos pelos mares nebulosos dos direitos morais, corremos o risco de calcularmos mal a nossa trajetória discursiva e nos deparamos com um gigantesco *iceberg*: o chamado núcleo essencial[(1653)].

Tido como aquela parcela do direito fundamental sem a qual ele perde o seu significado, o núcleo ou o conteúdo essencial aparecerá como um limite último à sua proteção. Entretanto, um alerta deve ser feito. A garantia de um espaço normativo intransponível "dentro" do direito fundamental não significa a sua imunização contra toda e qualquer interferência externa. Para que se mantenha a coerência com o que foi exposto até aqui, é importante dizer que a conformação, isto é, o traçado das bordas deste núcleo não é algo definitivo ou definitivamente preestabelecido.

O que deve ser ressaltado é a existência de um conteúdo essencial dos direitos fundamentais e que ele restará sempre protegido, sob pena de a própria fundamentalidade tornar-se inócua. E a maneira pela qual devemos avaliar se houve ou não uma intrusão desta área altamente sensível continuará a mesma de antes: levar adiante uma argumentação jurídica criteriosa.

Neste passo, penso que, em situações extremadas, contaremos com uma delimitação *a priori* do âmbito de proteção normativa, capaz de apontar rapidamente uma violação irregular e, desta forma, inverter o ônus justificador, impondo-o àquele que vai de encontro ao sentido mínimo socialmente em vigor. Pensem, por exemplo, no caso de o empregador argumentar que o seu poder disciplinar abrange a possibilidade de açoitar seus empregados. Em uma circunstância deste tipo, acredito que não se precisará de mais de duas linhas para se recusar a inclusão desta conduta no âmbito de proteção do direito fundamental de autonomia do empregador, ao passo que ele poderá despender maços e maços de papel para defender a sua posição e, ainda assim, dificilmente conseguirá convencer.

Contudo, é bom lembrar que, fora destas hipóteses absurdas, não haverá como se antecipar racionalmente uma conclusão, tornando-se indispensável o procedimento da proporcionalidade para a legitimação do resultado decisório sobre o traçado normativo do direito fundamental e, se preciso for, do seu núcleo essencial.

Em suma: de um jeito ou de outro, com mais ou menos esforço, a flexibilização heterônoma encontrará a sua morada na argumentação jurídica.

(1653) BARCELLOS, Ana Paula de. *Ponderação, racionalidade e atividade jurisdicional*, p. 139 *et seq.* SILVA, Virgílio Afonso. *Direitos fundamentais:* conteúdo essencial, restrições e eficácia, p. 183 *et seq.*

1. Um caso paradigmático

Suponham que um determinado empregador, em dificuldades financeiras, negocie com o sindicato representante da categoria dos empregados a redução salarial de todos eles. Ou isso, ou a dispensa coletiva seria inevitável. Imaginem, agora, que o sindicato fez uma contraproposta: aceita a redução salarial, desde que o empregador antecipe o pagamento da participação nos lucros. Mas não a antecipação limitada a duas parcelas anuais, como determina o art. 3º, § 2º da Lei n. 10.101/00, e, sim, uma antecipação mensal em tantas vezes quantas fossem necessárias à redução salarial dos empregados. Com o intuito de "evitar transtornos no orçamento dos empregados", foi feito o acordo nos termos sugeridos, sendo parcelado o pagamento da participação nos lucros na proporção de 1/12 do valor respectivo.

Ocorre que o empregado W discordou do ajuste. Na sua opinião, o sindicato, em conluio com o empregador, estava promovendo uma restrição irregular do seu direito fundamental à irredutibilidade salarial (art. 7º, VI da CF/88), pois, além de ver o seu valor diminuído, deparou-se com um complemento cuja natureza não substituía a remuneração anterior, nem tampouco servia de base de incidência para qualquer encargo trabalhista. Acrescentou, ainda, que o parcelamento da participação nos lucros, em número maior do que o permitido, jogava por terra a finalidade legal de impedir a fraude ao direito do trabalho. De modo que requereu a reconfiguração do complemento, a fim de que fosse reconhecido como "abono salarial disfarçado" (ao invés de participação nos lucros), requerendo, também, a utilização deste pagamento como base de cálculo de outras verbas trabalhistas, tais como 13º salário, FGTS e férias.

Diante deste quadro jurídico, pergunta-se: o pedido deve ser julgado procedente ou improcedente? Ou, reformulando a indagação com as novas categorias acima delineadas, pergunta-se: houve restrição desproporcional do direito fundamental específico do empregado?

Um problema semelhante a este foi enfrentado pelo TST em dois momentos. No primeiro, optou-se pela procedência[1654]. No segundo, reverteu-se a opinião anterior e caminhou-se para a improcedência[1655]. Ocorre que, em ambas as ocasiões, não se utilizou abertamente de quaisquer das metodologias sugeridas neste estudo e desenvolvidas pela nova hermenêutica. Portanto, submeterei o caso concreto a estas novas ferramentas discursivas, a fim de verificar com qual dos dois resultados oficiais a resposta encontrada por aqui irá se identificar.

Este caso paradigmático envolve uma resolução argumentativa em dois estágios. Digo isso porque, antes de verificarmos se houve ou não restrição desproporcional do direito fundamental específico do empregado W (art. 7º, VI da CF/88), é crucial que analisemos a incidência do art. 3º, § 2º da Lei n. 10.101/00. Penso desta maneira porque se trata de um enunciado de onde se extrai uma regra bastante incisiva, que preceituou o seguinte: "É vedado o pagamento de qualquer antecipação ou distribuição de valores a título de participação nos lucros ou resultados da empresa em periodicidade inferior a um semestre civil, ou mais de duas vezes no mesmo ano civil."

(1654) ED-RR n. 168300-04.2003.5.02.0465, Rel. Min. Rosa Maria Weber, DJ 19.6.2009.
(1655) E-ED-RR n. 168300-04.2003.5.02.0465, Rel. Min. Caputo Bastos, DJ 28.5.2010.

Existe, portanto, uma estrutura normativa hipotético-condicional, cujo operador deôntico proibitivo deixa pouca margem para interpretação: *se* houver periodicidade do pagamento de participação nos lucros maior do que duas vezes no mesmo ano civil, *então* o ato jurídico que a determinou será nulo.

A bem de ver, esta foi a linha de raciocínio desenvolvida no primeiro julgamento do TST, pela Ministra Rosa Maria Weber. Segundo ela: "não é dado às partes transacionar acerca de matéria de ordem pública ou expressamente revestida de intangibilidade negocial." Valendo-se da clássica noção de norma imperativa, a Ministra enfatizou dois aspectos da remodelagem argumentativa efetuada nos dias de hoje: (1) a aplicação das regras possui prioridade em relação a dos princípios[1656]; e (2) as regras, por conta de sua maior densidade normativa e carga institucional, possuem eficácia de trincheira[1657].

Logo, se quisermos seguir adiante, é imprescindível que nos posicionemos a respeito da efetivação do art. 3º, § 2º da Lei n. 10.101/00 neste caso concreto[1658]: ele deve ou não ser superado?

Para responder a esta questão com segurança, devemos investigar, com muito cuidado, os fatos relevantes presentes na situação problemática[1659]. E quais seriam eles? Creio que os mais destacados são: (1) o fato de o empregador estar em dificuldade financeira; (2) o fato de o empregador e o sindicato representante da categoria dos empregados terem entabulado uma negociação coletiva; (3) o fato de ambos terem acordado a redução salarial de todos, com o intuito de preservação dos empregos; e (4) o fato de terem ajustado um maior parcelamento da participação nos lucros, de molde a amenizar a redução salarial.

Desenhada a realidade, passa-se para uma outra etapa, atinente à identificação da finalidade da lei. Importa, agora, reconstruir o princípio sobrejacente à regra legal para, em sequência, aferir se a sua aplicação, naquela situação específica, conduzirá à sua promoção[1660].

Neste sentido, a Ministra Rosa Maria Weber e o Ministro Caputo Bastos foram convergentes, ao afirmar que o objetivo da regulamentação contida no art. 3º, § 2º da Lei n. 10.101/00 — limitando o número de vezes que poderia ser paga a participação nos lucros — era o de evitar que o empregador "mascarasse" a recomposição salarial. Por outras palavras, ambos os relatores aceitaram que a *ratio legis* era a de proibir, ao empregador, "aproveitar-se da natureza da verba, desvinculada da remuneração, e,

---

(1656) Por todos, BARCELLOS, Ana Paula de. *Ponderação, racionalidade e atividade jurisdicional*, p. 165 *et seq*. BARROSO, Luis Roberto. *Curso de direito constitucional contemporâneo*, p. 393-394. ÁVILA, Humberto. *Teoria dos princípios*, p. 113-114.
(1657) BARCELLOS, Ana Paula de. *Ponderação, racionalidade e atividade jurisdicional*, p. 207. ÁVILA, Humberto. *Teoria dos princípios*, p. 119. BUSTAMANTE, Thomas da Rosa de. *Argumentação contra legem*, p. 238-239.
(1658) Em sentido semelhante, utilizando a prioridade das regras sobre os princípios como o primeiro parâmetro argumentativo, cf. BARCELLOS, Ana Paula de. *Ponderação, racionalidade e atividade jurisdicional*, p. 260.
(1659) *Idem*, p. 116 e 273.
(1660) ÁVILA, Humberto. *Teoria dos princípios*, p. 120.

assim, impedir a caracterização de fatos imponíveis de tributos" ou a de proteger os "trabalhadores nos casos em que a Empresa intenciona pagar parcelas salariais sob rubrica diversa ou imprópria".

Com isso, pode-se dizer que, ao almejar dificultar a fraude na relação de emprego, os princípios informadores da decisão legislativa são: o da valorização social do trabalho (arts. 1º, IV e 193 da CF/88), o da irredutibilidade salarial (art. 7º, VI da CF/88), o da proteção do emprego (art. 170, VIII da CF/88) e o de que ninguém deve se beneficiar de sua própria torpeza.

Confrontada, pois, a situação de fato com a intenção por detrás da regra extraída do art. 3º, § 2º da Lei n. 10.101/00, volto à pergunta: a sua aplicação, neste caso concreto, promove as suas finalidades originais ou gera uma brutal injustiça[1661]? Ou, ainda: a sua aplicação, neste caso concreto, afronta ou não alguma outra norma jurídica que, apesar de igualmente incidente, realiza mais fortemente os direitos fundamentais do empregado[1662]?

É importante ressaltar que basta a resposta positiva a uma destas interrogações, para que se abra as portas à superação. Isso porque estas são algumas das justificações possíveis para que uma regra, apesar de preenchida a sua hipótese de incidência, não deflagre a sua consequência. A rigor, estas perguntas nos remetem a duas importantes características de todo e qualquer sistema jurídico[1663]: (1) a falta de acuidade da prognose legislativa; e (2) a potencial existência de exceções não escritas à norma expressamente regulamentada.

O legislativo não prevê tudo em suas generalizações, por mais abarcantes que elas sejam. As regras são "condicionais superáveis"[1664], e, segundo Neil MacCormick, são "condições ordinariamente necessárias e presumivelmente suficientes" para "a validade ou solidez de arranjos jurídicos"[1665]. Entretanto, "tais regras podem se tornar menos claras do que inicialmente planejado e se sujeitar a novas interpretações à luz de algum princípio jurídico significativo em algumas circunstâncias relativamente incomuns"[1666]. De maneira que serão "sempre excepcionáveis", porque sempre haverá a possibilidade de se encontrar circunstâncias anômalas que não foram previstas e que geram uma enorme dificuldade no processo decisório[1667]. É por isso que, como afirma Thomas Bustamante, o direito pode ser descrito como um "sistema de normas superáveis"[1668].

Voltando ao caso em exame, acredito que o art. 3º, § 2º da Lei n. 10.101/00 deve ser superado, uma vez que (1) acarretará o enfraquecimento de dois dos seus princípios geradores, (2) será irrelevante para outro e, por fim, (3) produzirá a restrição proporcional de um deles.

[1661] BARCELLOS, Ana Paula de. *Ponderação, racionalidade e atividade jurisdicional*, p. 233, MACCORMICK, Neil. *Op. cit.*, p. 326-328. ÁVILA, Humberto. *Teoria dos princípios*, p. 115-120.
[1662] BARCELLOS, Ana Paula de. *Ponderação, racionalidade e atividade jurisdicional*, p. 235 et seq.
[1663] MACCORMICK, Neil. *Op. cit.*, p. 315. BARCELLOS, Ana Paula de. *Ponderação, racionalidade e atividade jurisdicional*, p.276.
[1664] BUSTAMANTE, Thomas da Rosa de. *Argumentação contra legem*, p. 244.
[1665] MACCORMICK, Neil. *Op. cit.*, p.310- 311.
[1666] *Idem*, p. 311.
[1667] *Idem, ibidem*.
[1668] BUSTAMANTE, Thomas da Rosa de. *Argumentação contra legem*, p. 243.

Com efeito, os elementos factuais presentes na demanda apontam para uma complicada situação financeira do empregador. Ao menos é isto o que se infere da argumentação ali produzida, onde não se encontra uma linha sequer que contradiga esta realidade. Portanto, quando se promoveu o acordo coletivo para a redução salarial e, junto a ele, ajustou-se o parcelamento da participação nos lucros para amenizar o prejuízo patrimonial dos empregados, estava-se tentando costurar um ambiente cooperativo. Nada mais do que isso. De um lado, seria reduzido o custo da mão de obra para o empregador, enquanto, de outra parte, seria permitido aos empregados antecipar o pagamento de direito futuro e, assim, minorar a recente escassez de recursos.

Desta forma, a decisão da Ministra Rosa Maria Weber, no sentido de declarar a natureza salarial da participação nos lucros paga parceladamente, conduziria, a todos, ao estado anterior ao acordo, no qual a dificuldade financeira do empregador seria o mote para a dispensa em massa dos empregados. Ou seja, os princípios da valorização social do trabalho e da proteção do emprego seriam atacados.

A par disso, o caso não indica o intuito fraudulento do empregador ou a existência de uma simulação maliciosa dele com o sindicato. Tal como asseverou o Ministro Caputo Bastos: "Não houve, a meu juízo, qualquer evidência de que a empresa estivesse mascarando uma recomposição salarial através do parcelamento mensal da PLR. O que se buscou no aludido acordo coletivo foi a proteção do bem maior do trabalhador, o seu emprego." Em consequência, ninguém — empregados, empregador ou sindicato — está se beneficiando de atos torpes ou dolosamente irregulares. Longe disso, o que há é a mera antecipação de "valores que só seriam pagos no final do ano subsequente".

Tão somente estas considerações já seriam, a meu ver, suficientes para a superação, no caso concreto, do art. 3º, § 2º da Lei n. 10.101/00. No entanto, vale a pena destacar o argumento final do empregado W, relativo à restrição do seu direito fundamental à irredutibilidade salarial (art. 7º, VI da CF/88). Imaginemos que ela tenha ocorrido mediante efetivação de outro direito fundamental específico: o de reconhecimento das normas coletivas autônomas (art. 7º, XXVI da CF/88). Em face deste conflito normativo entre duas normas com estrutura principiológica, restaria saber qual dos dois é o mais "pesado".

Acontece que, nesta situação, não é preciso submetê-los ao exame da proporcionalidade. Ora, o legislador constituinte já fez algo semelhante, quando, numa "ponderação preventiva ou em abstrato", permitiu que a negociação coletiva flexibilizasse a irredutibilidade salarial[1669]. Portanto, esta constatação já fulminaria o inconformismo do empregado W, quando se acrescenta — mais uma vez — que não há fraude ou simulação comprovada.

Contudo, ele ainda poderia insistir — com um argumento circular — que o parcelamento ilegal da participação nos lucros, por si só, já indicaria a fraude. Ocorre que além de a "ilegalidade" estar justificada com a derrotabilidade pontual da regra no caso concreto, a fragilidade deste argumento foi devidamente desnudada pelo Ministro Caputo Bastos, quando ele observou que (1) o empregador poderia combinar a redução salarial com o sindicato, sem que houvesse antecipação da participação nos lucros e

---

(1669) Cf. BARCELLOS, Ana Paula de. *Ponderação, racionalidade e atividade jurisdicional*, p. 275 *et seq.*

que (2) o pagamento da participação nos lucros só foi iniciado com um ato de liberalidade do empregador. E — acrescentaria eu — um empregador que já se mostrou afeito à cooperação na época da bonança deve levar consigo a presunção de boa-fé, no sentido de que o mesmo espírito cooperador esteve presente no momento da feitura do acordo coletivo que estipulou um maior parcelamento da participação nos lucros.

Por derradeiro, acrescento a pergunta levantada pelo Ministro Caputo Bastos que, na minha opinião, põe uma pá de cal no problema: "Ora, se o processo negocial, com a participação do sindicato, pode atingir questões basilares como salário e jornada, por que razão excluir-se desse diálogo temas que os circunscrevem?"

Como asseverei em outro lugar deste estudo, a participação nos lucros não é um direito materialmente fundamental dos empregados[1670]. Cuida-se de uma parcela que, sob o ponto de vista pragmático, promove a cooperação entre as partes do contrato de emprego, mas que não serve à satisfação das necessidades básicas do empregado ou ao reconhecimento das diferenças que o definem. Não é, pois, um pressuposto moral ou uma condição material para a manutenção da igual autonomia criativa dos trabalhadores subordinados.

Esta conclusão ganha força com a decisão do Ministro Caputo Bastos, para quem "A participação dos empregados nos lucros e resultados da empresa, como a própria lei dispõe, depende de negociação entre os interessados e, em princípio, é realizada por liberalidade do empregador. Nesse sentido, a meu ver, representaria um contrassenso a impossibilidade de flexibilização na forma de pagamento da PLR, que é uma verba acessória e discricionária, frente ao entendimento pacífico desta Corte de que os sindicatos e as empresas podem negociar sobre o núcleo remuneratório dos empregados, ou seja, podem flexibilizar o salário".

Resumindo-se, portanto, as observações acima explicitadas por um formato metodológico mais arrumado, poder-se-ia dizer que:

(1) o meio (M1) escolhido pelo empregador e pelo sindicato (redução salarial acompanhada de partição maior do que duas vezes da participação nos lucros) é *adequado* à promoção dos princípios da valorização do trabalho, da busca do pleno emprego e do reconhecimento da negociação coletiva autônoma — reduzidos em (P1);

(2) o meio (M1) escolhido é *necessário*, uma vez que a alternativa apresentada (atribuição de natureza salarial ao pagamento parcelado da participação nos lucros), apesar de ser menos lesiva ao princípio da irredutibilidade salarial (P2), mostra-se muito menos eficiente, visto que interrompe a cooperação, potencializa a despedida coletiva e aprofunda a crise econômica do empregador; e

(3) o benefício trazido pela efetivação de P1 pelo meio M1 transcende enormemente o prejuízo imposto ao empregado W pela restrição de P2, na medida em que:

(3.1) a redução salarial negociada já é permitida pela própria Constituição de 1988 (estando, portanto, embutida no conteúdo normativo de P2);

(3.2) não há diminuição do valor da participação nos lucros dos empregados, mas só o seu parcelamento mais alongado; e

---

(1670) Cf. o § 3º, item IV do Capítulo III.

(3.3) deve ser implementado o argumento *a fortiori*, no sentido de que se é permitida a redução do direito fundamental ao salário, deve ser aceita a superação do art. 3º, § 2º da Lei n. 10.101/00 quando as circunstâncias excepcionáveis se fizerem presentes, até mesmo porque a participação nos lucros não representa um direito fundamental dos empregados[1671].

Em síntese: houve, no máximo, uma intervenção leve em P2 (valor $2^0 = 1$), enquanto que foi implementado uma efetivação forte de P1 (valor $2^2 = 4$), resultando, assim, numa restrição proporcional do direito fundamental específico do empregado W.

Conclui-se, desta maneira, que o Ministro Guilherme Caputo Bastos foi o Juiz Hermes da vez, pois ele não só obteve o mesmo resultado que o acima delineado, como também fez questão de frisar: "não estou aqui a pronunciar a total liberalidade na flexibilização dos direitos do trabalhador. Tenho comigo que a inserção de determinadas cláusulas em convenção ou acordo coletivo de trabalho não a torna absolutamente imune ao crivo do Poder Judiciário."

Vislumbrou-se, portanto, uma função institucional plenamente compatível com a defendida neste estudo para o Juiz Hermes brasileiro: deixar a autonomia comunicativa florescer na relação de emprego, sem descuidar das condições materiais (*rectius*, dos direitos fundamentais específicos) indispensáveis para que isso aconteça.

IV — CONCLUSÃO

A flexibilização autônoma ou heterônoma dos direitos fundamentais dos trabalhadores já é uma realidade nas esferas legislativa, judicial, sindical e individual. Nada mais legítimo, se aceitarmos a concepção argumentativa do direito.

Entretanto, se a ideia já causava calafrios aos defensores da rigidez normativa, esta renovada perspectiva pode acarretar reações adversas ainda mais intensas. Pontas soltas não faltam. Uma das que pode ser mais facilmente encontrada é a da falibilidade[1672].

Não há mais conceitos sólidos e pré-fabricados, não há mais uma pura lógica formal subsuntiva, não há mais uma ideologia maniqueísta, a partir da qual o (único) titular de direitos fundamentais era o empregado, incapaz de escolher e potencialmente vitimizado pelo malévolo empregador, sempre à espreita. As áreas de discussão se tornaram cada vez mais nebulosas, os argumentos principiológicos dificultam o diálogo e o consenso sustenta-se em bases cada vez mais sutis. Encurtando a história: ao adotarmos um modelo "mercurial" de direito, a possibilidade de erro decisório torna-se um risco muito mais premente. Ou não?

Em verdade, esta aparente fragilidade apenas esconde o que sempre esteve presente[1673]. Penso assim porque, tal como deixei claro linhas atrás, a flexibilização discursiva sempre existiu. Só que, antes, ela vinha maquiada, ou pela *mens legislatoris*

[1671] Sobre a precedência normativa dos direitos fundamentais, cf. BARCELLOS, Ana Paula de. *Ponderação, racionalidade e atividade jurisdicional*, p. 235 *et seq.*
[1672] MACCORMICK, Neil. *Op. cit.*, p. 357-362. BORGES, José Souto Maior. *Op. cit.*, p. 24-28. WEINREB, Lloyd L. *Op. cit.*, p. 124.
[1673] BORGES, José Souto Maior. *Op. cit.*, p. 25.

e da *mens legis*, ou por meio da suposta neutralidade do juiz ou, ainda, quando lhe era entregue uma discricionariedade que, de tão forte, era quase um poder arbitrário. Agora, não há mais onde se esconder. Juiz, legislador, sindicato, empregado e empregador: todos sabem de antemão que se comunicarão pela linguagem, falada ou irremediavelmente escrita, e, desta maneira, deverão construir os seus argumentos levando a sério as decisões institucionais previamente tomadas e as circunstâncias não institucionais que estão a informar a realidade onde vivem.

Voltar atrás seria pior. Recusar o caráter argumentativo e, portanto, flexível do direito, incluindo aí os direitos fundamentais dos trabalhadores, é tapar o sol com a peneira. O rigor deve estar na metodologia deliberativa, na exigência de raciocínios consistentes e coerentes, na franca divulgação das informações relevantes, na garantia do núcleo essencial dos direitos fundamentais dos empregados, resguardando-lhes as condições materiais e procedimentais para a livre comunicação de ideias, com igualdade de respeito e consideração por todos os participantes do debate, eis que potenciais destinatários do resultado normativo em construção.

Certeza e segurança para todo o sempre? Elas não existem[1674]. E é bom que seja assim. A abertura ao desacordo razoável, à dúvida bem fundamentada, é salutar para qualquer sistema normativo. Não porque, assim, a ordem estabelecida estará imune ao erro. Mas, sim, porque este modelo arejado permitirá a sua identificação "o mais depressa possível"[1675]. O hiper-racionalismo, por outro lado, é um mal tão grande quanto a ausência de racionalidade prática embutida na matriz formalista. Pois, além de gerar uma petrificação exacerbada de todo e qualquer direito positivado, independentemente do seu conteúdo[1676], dará início a um "processo de imunização contra os riscos do erro [que atuará] (...) como um antídoto contra a investigação profunda"[1677].

Espero, portanto, tê-los convencido de que o detalhamento da legislação trabalhista não é a melhor solução. Quando ela surgiu no Brasil, a realidade era outra, predominantemente agrícola, mais simples e desorganizada[1678]. E, diferentemente do que muitos poderiam imaginar, ao invés de amarrar o julgador, ela o levou a praticar prestidigitações perigosas, tanto para as partes, quanto para o Estado Democrático e Constitucional de Direito como um todo[1679].

O que fazer então? Resignar-se? Não. Esforçar-se para preservar e promover a validade da norma fundamental que assegura a legitimidade do direito do trabalho, pelo desenho de critérios e estratégias capazes de controlar a correção e a eficiência das decisões[1680].

Decidir, criticar, revisar e decidir de novo. Um círculo virtuoso ou vicioso. Tudo vai depender da premissa moral que abracemos. Eu abro bem os braços para a igual autonomia criativa. Que seja sempre muito bem-vinda!

(1674) WEINREB, Lloyd L. *Op. cit.*, p. XXVI-XXVII e 141-142.
(1675) BORGES, José Souto Maior. *Op. cit.*, p. 26.
(1676) BERNAL PULIDO, Carlos. *El derecho de los derechos*, p. 108-110.
(1677) BORGES, José Souto Maior. *Op. cit.*, p. 26.
(1678) SÜSSEKIND, Arnaldo et alii. *Instituições de direito do trabalho*, p. 207-208.
(1679) Sobre a impossibilidade do excesso legislativo refrear o ativismo judicial, cf. SCHAUER, Frederick. *Thinking like a lawyer*, p. 150-151.
(1680) HABERMAS, Jürgen. *Direito e democracia:* entre faticidade e validade, p. 142-147. BERNAL PULIDO, Carlos. *El derecho de los derechos*, p.49 e 62-65. BUSTAMANTE, Thomas da Rosa de. *Teoria do direito e decisão racional*, p. 333-336.

ENCERRAMENTO

Direito, sensibilidade e racionalidade. Equilibrando-me nestas três bandas de um mesmo empreendimento acadêmico, busquei reconstruir a noção dos direitos fundamentais dos trabalhadores. Três anos e mais de quatrocentas páginas depois, creio que cheguei a algumas conclusões bastante animadoras.

A fim de deixá-las mais facilmente acessíveis, tratarei de organizá-las por tópicos, expondo-as, na medida do possível, de acordo com a linha de raciocínio construída ao longo deste estudo.

1. No capítulo de abertura, percebi que a onda constitucional nos atingiu mais do que supunha a nossa vã filosofia nacional. O direito do trabalho também banhou-se nessas águas. Mas, quando me referi a esta imersão normativa, não estava voltado apenas para a regulamentação do contrato de emprego pela Constituição de 1988.

2. Isso porque, se assim o fizesse, apenas me uniria aos que ali se debatiam sem chegar a lugar algum, num verdadeiro abraço de afogados. Meu objetivo foi o de apontar para as possibilidades que se apresentavam aos estudiosos do assunto, a fim de convencê-los a se valer da enorme quantidade de novas ideias que lhes chegavam aos borbotões. Para não correrem o risco de serem engolfados, bastaria que não lutassem contra a maré. Deixar-se levar por ela seria a melhor opção.

3. Contudo, para que não ficássemos sem rumo, ou melhor, para que não ficássemos reféns do rumo traçado pelo alheio, foi importante a elaboração de critérios de navegação. Comecei pelo aparentemente mais útil de todos: o pragmático. Bentham, Pareto e Coose. Estes foram alguns dos cartulários que me auxiliaram. Todavia, suas orientações não foram suficientes para me indicar o caminho correto.

4. Racionalidade presumida, custo e benefício, preço de reserva, oferta e procura, bens elásticos e inelásticos, eficiência ótima e redução dos custos de transação. Todas estas ferramentas do *law and economics* se mostraram interessantes na delimitação do grau de importância dos direitos dos trabalhadores subordinados.

5. Até mesmo porque, ao me auxiliarem na sua identificação e seleção, trouxeram segurança e estabilidade à discussão. Neste sentido, o critério pragmático, identificado como aquele capaz de mensurar o grau de eficiência da alocação de direitos feita pelo Estado, foi o de maximização da cooperação.

6. Entretanto, para que ele prevaleça, deve-se (1) reduzir os custos de transação e (2) fomentar o diálogo livre e racional (sem o déficit oriundo da situação de necessidade) e com um mínimo de paridade (com a redução da elevada posição de autoridade do detentor de recursos).

7. Ocorre que a utilidade deste ferramental vigorou só até um determinado ponto do percurso. Principalmente depois que me dei conta de que (1) o ato de raciocinar não se reduz à capacidade de calcular e de (2) compreender que existe uma gama enorme de coisas cuja característica principal não é a "cardinal".

8. A partir deste momento, percebi algo a mais. Percebi que existe um "efeito de dotação" contido em cada um de nós. Um efeito que ressalta a forte sugestão (ou simbolismo) que a distribuição inicial tem sobre nós. E aí tudo mudou. Neste instante, tornou-se inevitável recorrer a uma outra estratégia diretiva: a moral.

9. Se a utilidade dos direitos fundamentais dos trabalhadores era dependente do quão arraigado eles estavam às nossas posições axiológicas, delimitar o que seria bom ou ruim para eles me pareceu o melhor a fazer.

10. Portanto, concluí que uma justiça eficiente é aquela dá a cada um o que for necessário para corrigir o seu déficit de racionalidade (e liberdade), permitindo-lhe interagir para maximizar o seu próprio bem-estar, e que retira de cada um o suficiente para corrigir o desnível negocial envolto em sua posição de autoridade.

11. Em seguida, observei que uma eficiência justa é aquela que busca reduzir ao máximo os custos de transação e objetiva fomentar o diálogo livre, racional e paritário, tudo com vistas a maximizar a cooperação das partes negociantes.

12. E aqui a travessia enfrentou grande turbulência. Como dizer ao outro o que é bom ou ruim para si? Obrigá-lo a aceitar esta decisão passada e escrita, mesmo que tomada há centenas de anos atrás por um Poder Constituinte Originário: eis o que afirmavam os positivistas no comando.

13. Todavia, este comando foi substituído. Viradas linguísticas e hermenêuticas, somadas aos horrores da segunda guerra mundial, foram o bastante para retirar a capa de legitimidade desta forma de consagração estatal, deixando desnuda a sua face mais arbitrária. O argumento de autoridade, sozinho, já não era suficiente.

14. Com isso, um novo rumo precisava ser indicado. Para trás não se podia retornar, uma vez que a unanimidade jusnaturalista já não mais existia, se é que alguma vez existiu. Qual seria, então, o melhor percurso a seguir? Como saber o que de bom estava a nossa frente?

15. Ora, se cada um tem a sua opinião, se cada um é capaz de ser racional, de escolher o rumo que acha melhor para si, como evitar o motim descontrolado? Simples: que todos e cada um tenha a palavra.

16. Igualdade de chances para se comunicar com os demais, convencê-los do acerto (e da utilidade) de sua intuição, racionalizá-la argumentativamente ao ponto de conquistar a aceitação daqueles potenciais afetados pela sua decisão.

17. Autonomia para pensar, falar, deliberar, convencer e contra-argumentar. E com um detalhe especial: a minha autonomia só seria valorizada se eu conferisse igual valor à sua autonomia. Portanto, a decisão sobre o que deve ser considerado fundamental para os empregados pressupõe uma decisão antecedente: igual autonomia criativa e comunicativa para todos.

18. Para desfrutarmos igualmente da nossa autonomia, devemos fazer jus à satisfação de certas necessidades básicas que, de certa forma, constituem um constrangimento decorrente de nossa própria constituição física. Comida, roupa, abrigo e descanso, por exemplo. Eles compõem o "pressuposto antropológico" do discurso moral. Neste sentido, estamos situados numa esfera de atuação não intencional do indivíduo, numa área da vida humana que independe do nosso estado mental (dos nossos desejos), uma vez que está enlaçada pela realidade que a cerca.

19. Mas isso não é tudo. A autorrealização induz o sujeito e a todos nós que valorizamos sua autonomia a nos preocuparmos constantemente em atualizar suas habilidades. Mas qual delas? A habilidade de ler, de escrever, de calcular, de desenhar ou de julgar? Todas conjuntamente e nenhuma exclusivamente. A solução é promover a "criatividade" na exploração destas infinitas alternativas. E isso só poderá ser feito quando a pessoa estiver com as suas necessidades básicas satisfeitas. Contudo, cada um deve ter a sua cota distribuída de maneira a preservar sua individualidade e, assim, sentir-se reconhecido como merecedor de igual respeito e consideração.

20. Por este motivo que o critério anterior não estaria completo se não fossem levadas em consideração as diferenças que nos identificam. Devidamente preenchida, a norma moral pura (que dá sustentação à minha ou à sua opinião pessoal e que independe da chancela de uma autoridade prévia) também estará por trás da coercibilidade derivada do descumprimento das decisões públicas oficiais (as chamadas normas jurídico-morais ou direitos institucionais).

21. Isso, porém, desde que elas sejam construídas dialogicamente, isto é, desde que elas sejam produto de uma estrutura de poder que (1) promova uma deliberação atenta às regras formais do discurso, (2) não viole o princípio de igual autonomia para todos e (3) garanta, pela intervenção, a igual distribuição daquelas necessidades básicas indispensáveis à criação dos nossos planos de vida e o reconhecimento das diferenças que nos definem.

22. Em suma: respeito aos direitos morais (não institucionais) diretamente construídos a partir da norma moral pura, seja para proteger, fomentar ou aperfeiçoar a nossa humanidade. Será o estado de coisas delineado por estes direitos — também chamados de fundamentais — o norte de conduta das instituições (legislativa, executiva e judiciária), a fim de que elas nasçam, cresçam e permaneçam legitimadas.

23. De toda sorte, o que não deve ser esquecido é o seguinte: o pressuposto material, em toda sua bidimensionalidade acima referida, não traz certezas aptas a impedir a aceitação crítica (refletida) do resultado coletivo obtido. Ele simplesmente solidifica a abertura inicial (ao permitir a livre manifestação de ideias) e final do sistema axiológico (pois o consenso nunca será definitivo). Uma abertura calcada na autonomia do indivíduo e que servirá de base para a legitimação (atual e futura) do sistema jurídico pautado em decisões coletivas. Em síntese: trata-se de uma substância "translúcida".

24. De posse dos parâmetros para prosseguir a navegação discursiva, o mapa que já se tinha em mãos não ficou tão mal assim. Afinal de contas, a Constituição de 1988 foi fruto da deliberação moral coletiva a respeito do que é bom ou ruim para os trabalhadores subordinados.

25. Diante do seu exagerado detalhismo, fruto da desconfiança recíproca, ela mais confundia e paralisava do que ajudava. No entanto, isso não era mais um problema. Com o critério normativo acima desenvolvido, seria possível recortar os seus excessos e definir o que ela tinha de realmente importante.

26. Dividida em blocos, a conclusão foi a seguinte: materialmente fundamentais para os empregados são (1) os incisos II, IV, VI, VII, X, XIII, XIV, XV, XVII, XXI, XXII e XXIV, XXVIII do art. 7º da CF/88, uma vez que distribuem os recursos indispensáveis à satisfação das suas necessidades básicas e (2) os incisos I, V, XVIII, XIX, XX, XXVI, XXX, XXXI e XXXII e XXXIII do art. 7º, os incisos I e V do art. 8º, o art. 9º da CF/88 e o art. 10, inciso II, alíneas *a* e *b* do ADCT, porquanto reconhecem as diferenças que nos definem.

27. Deixei de fora o *caput* e os incisos III, VIII, IX, XI, XII, XVI, XVII (em parte), XXIII e XXIX do art. 7º da CF/88, bem como os incisos XXVII e XXXIV do art. 7º, os incisos II, III, IV, VI do art. 8º, os arts. 10 e 11 da CF/88 e o art. 10, I do ADCT.

28. Entretanto, havia uma pedra no meio do caminho. Falo dos empregados domésticos. Relegados ao gueto normativo do parágrafo único do art. 7º da CF/88, ficou a dúvida: eles tinham o necessário para sobreviver? Suas diferenças existenciais e laborais foram respeitadas?

29. Ao começar pelo fim, constatei que o seu afastamento não foi arbitrário. A rigor, o constituinte pôs esta categoria num dispositivo à parte, em virtude da infinidade de situações peculiares que poderiam ser estruturadas entre ela e o seu empregador. Um empregador, pessoa humana como ele, que não o contratava para lucrar e que almejava o seu serviço exclusivamente para o seu âmbito residencial, para o lugar onde estava a sua família.

30. Em face de um caso tão difícil, preferi contar com a razão prática. Método casuístico e raciocínio analógico para o judiciário, associado às iniciativas do legislador: estes seriam os estágios complementares de uma metodologia adequada a colmatar as lacunas regulatórias eventualmente identificadas. Mas com um alerta altamente relevante: o que fosse lacuna para um não seria, necessariamente, para o outro.

31. Fim da primeira etapa da viagem teórica. Alimentados dos direitos morais e abastecidos com o critério apto a reconhecê-los, estava tudo pronto para seguir adiante. Agora, o objetivo era outro: aprender a manusear o que foi encontrado. O que fazer? Como fazer? Estas eram as perguntas que deveriam ser respondidas. Pois de que serve uma teoria que não consegue sobreviver a um minuto de prática aguerrida?

32. Para tanto, comecei por testar a teoria normativa nos meandros institucionais desenhados pela Constituição de 1988. Esta me pareceu uma boa ideia. Principalmente depois de vislumbrar o modelo ideal de discurso dentro do Estado de Direito moderno: a democracia cooperativa. Síntese das dimensões pragmática e moral do critério anteriormente cinzelado, a democracia cooperativa passou a ser o norte condutor.

33. Depois de rememoradas estas noções gerais dos critérios pragmático e moral apresentados, foi possível correlacioná-los e, com isso, visualizar a interseção geradora do terceiro parâmetro mencionado. Ou seja, tornou-se possível vislumbrar os pressupostos para a plena democratização do diálogo entre sujeitos livres e iguais, sobre o que deve ser obrigatório, proibido ou permitido na relação de emprego.

34. De um lado, aceitou-se a intervenção para corrigir o déficit de racionalidade e reduzir o desnível negocial, fortalecendo-se a igual autonomia criativa mediante redistribuição de recursos (ou direitos) para a satisfação das necessidades básicas e do reconhecimento das diferenças.

35. De outra parte, legitimou-se a arrumação do debate (do procedimento discursivo) com vistas a maximizar a cooperação, pela redução dos custos da discussão moral coletiva, entre indivíduos merecedores de igual respeito e consideração.

36. Dito isso, observei que, depois de melhor apreendidas as atribuições do Direito Coletivo do Trabalho, ele deveria mudar de nome. Sugeri a designação "Direito Comunicativo do Trabalho", pois com ela se consegue visualizar, logo à queima-roupa, do que se trata: ampliação à última potência da capacidade comunicativa dos empregados em si, bem como deles com o empregador e de todos com o Estado.

37. Institucionalizado o discurso, novos alvos foram escolhidos: o Sistema Sindical brasileiro e a Justiça do Trabalho. E, ao percorrer estas estruturas pré-fabricadas, percebi inúmeras avarias carecendo de reparos urgentes.

38. Na sua parte interna, propus a democratização das relações entre os próprios empregados. Pluralismo dos pés à cabeça. Com isso, seria possível legitimar o direito individual de agir coletivamente, com a quebra do monopólio sindical, o fim do imposto sindical, a implantação de um novo critério objetivo de legitimação (substituindo-se o da anterioridade formal pelo do maior número de filiados ou o da votação dos potenciais representados), viabilização do direito de oposição à contribuição confederativa — com o efeito benéfico da retirada do *free rider* da garupa — e reinterpretação da categorização, para que se desse *a posteriori* e, assim, descartando-se o enquadramento feito *a priori* pautado numa visão perfeccionista e corporativa do Estado.

39. No âmbito externo, tornou-se prudente alargar a estabilidade sindical para abranger, excepcionalmente, o dirigente da associação profissional, assegurar o direito de greve — desde que compreendido como um importante mecanismo de pressão a favor do diálogo —, sem se esquecer de reescrever a ideia da "norma mais favorável" e inserir critérios normativos para a apreciação da dispensa coletiva.

40. E por falar em garantia da palavra, a Justiça do Trabalho deverá abrir as suas portas para o Juiz Hermes. Guardião da igual autonomia criativa, individual e coletiva, é com este perfil de magistrado que se conseguirá resguardar a aceitabilidade da intervenção estatal nas relações privadas de emprego.

41. No lugar do Júpiter formalista, do brasileiro Hércules expansionista ou do Janus aleatório, dar-se-ia lugar a Hermes, um juiz preocupado em garantir os pressupostos discursivos, em proteger a autonomia do indivíduo, promover a boa-fé, a confiança na palavra dada e, principalmente, a solução consensual, ainda que produzida longe das suas barbas.

42. Com isso, os PDVs, as CCPs e o Poder Normativo, todos serão mecanismos remodelados de acordo com esta diretiva. Contudo, isso não significa que o Juiz Hermes será leniente ou complacente com o domínio do forte sobre o fraco. Muito ao contrário, sua mão deverá ser tanto mais pesada quanto sua espada mais cortante, na

medida em que a autonomia do empregado não estiver presente. Fraudes ou vícios de consentimento não serão admitidos, devendo ser punidos com extremo rigor.

43. Ainda sob a perspectiva judicial, os tempos que seguem nos aconselharam a sentir a temperatura dos principais tribunais superiores da área trabalhista: o STF e o TST. Analisar como estes dois centros de produção decisória "metabolizam" o material normativo objeto deste estudo: eis aí um empirismo difícil de evitar.

44. Neste passo, analisei um conjunto seleto de decisões judiciais nas quais, de um modo ou de outro, a igual autonomia criativa dos empregados ou a fundamentalidade dos seus direitos constitucionais estavam em jogo.

45. Salário mínimo como base de cálculo do adicional de insalubridade, aposentadoria espontânea e contrato de emprego, sucessão trabalhista, estabilidade decorrente do acidente de trabalho, proteção da mulher (destacando-se a competência subsidiária do Estado-membro para legislar sobre direitos fundamentais dos trabalhadores), responsabilidade subsidiária da Administração Pública em relação aos débitos trabalhistas, comissão de conciliação prévia e *jus postulandi* do empregado. Estes foram alguns dos exemplos práticos coletados e analisados criticamente neste estudo.

46. Em verdade, apreciar o *law in action* foi um exercício muito oportuno. Isso porque, de um lado, evidenciou-se que os dois principais tribunais superiores (em matéria de direito do trabalho) não só carecem de um parâmetro discursivo bem definido, como também, vez por outra, esbarram-se perigosamente.

47. Já de outra parte, ajudou-me a ratificar a utilidade do critério normativo desenvolvido por aqui. Pois, além de esclarecer alguns pontos obscuros das decisões (que poderiam facilmente descambar para o voluntarismo kelseniano), arrumaram as ideias expostas, de modo a separar as menos relevantes das outras mais próximas da igual autonomia criativa e da eficiência dispositiva.

48. Um breve lampejo do além-mar também foi bem-vindo. Sob as luzes da internacionalização, tornou-se possível reforçar o alto grau de importância institucional da OIT, cujas convenções e recomendações formam um verdadeiro Código Internacional do Direito do Trabalho.

49. Mais do que isso, a legitimidade da atuação deste organismo mora no fato de abrir a sua arena deliberativa não apenas para os Estados nacionais. Ele inovou antes de qualquer outro, ao permitir a presença e a participação direta dos representantes dos empregados e dos empregadores, quando da confecção de seu sistema normativo.

50. Por certo que a movimentação transnacional dos grandes conglomerados econômicos e o multiculturalismo vigente no mundo contemporâneo tornam cada vez mais complicada a defesa de um conjunto mínimo de direitos humanos. Imaginem, então, quando se cogita de garanti-los a todo e qualquer empregado, esteja ele onde estiver.

51. Para complicar ainda mais, pontuei que, antes da EC n. 45/04, o procedimento exigido pelo constituinte originário, para a aprovação dos tratados sobre direitos humanos, não era o mesmo que os das emendas constitucionais. Logo, concluí que, se o constituinte derivado equiparou o rito de aprovação daqueles tratados ao das

emendas (ou seja, modificou para pior), o fez com o objetivo de lhes conferir uma maior aceitação e, por decorrência, uma maior proteção. Daí que se deve presumir que os tratados antigos tenham conquistado o mesmo grau de resguardo ou, por outras palavras, é de se presumir que houve uma *transferência consciente de legitimidade democrática* aos tratados anteriores à EC n. 45/04, pela própria EC n. 45/04.

52. Caso não se pensasse assim, estaríamos diante de uma incorrigível desigualdade de tratamento para situações (materiais) eminentemente iguais. Isso sem falar de uma notável incongruência do legislador, eis que, ao invés de aumentar a proteção dos direitos humanos, terá prejudicado sua efetivação, pela imposição de um processo mais demorado e custoso para a sua inserção no ordenamento. Em suma: o que antes se conseguia de maneira simples, agora terá que ser feito com um esforço redobrado. E aqui vem o segundo argumento.

53. Aqueles que não aceitam a aplicação do princípio *tempus regit actum*, não têm como continuar a sustentar uma consequência inerente à materialidade constitucional dos tratados anteriores à reforma do judiciário. E digo isso por uma razão muito simples: porque estes autores aceitam a tese de revogação de normas formalmente constitucionais por normas materialmente constitucionais. Ou, dito de modo mais simples, aceitam a prevalência do conteúdo sobre a forma.

54. No entanto, a par desta controvérsia e da enorme dificuldade prática que a ideia aqui defendida acarretaria (com a potencial avalanche de direito internacional do trabalho no bojo do direito constitucional brasileiro), o problema foi contornado, na medida em que a OIT se dispôs, corajosamente, a indicar uma solução: desde 1998, divulga a Declaração de Princípios e Direitos Fundamentais no Trabalho.

55. Convenções n. 87 (liberdade sindical e proteção aos direitos sindicais) e n. 98 (direito de sindicalização e de negociação coletiva). Em relação à segunda, relevaram-se as Convenções ns. 29 e 105 (abolição do trabalho forçado). Para a terceira, as Convenções n. 100 (salário igual para trabalho igual entre o homem e a mulher) e n. 111 (não discriminação no emprego ou ocupação). E, para a quarta, as Convenções n. 138 (idade mínima para o trabalho) e n. 182 (piores formas de trabalho infantil). Eis aí o conteúdo de uma Declaração que encontra amplo respaldo na Constituição brasileira de 1988, mesmo no tocante à liberdade sindical plena, desde que se adote a interpretação diferenciada da Convenção n. 87 da OIT aqui sugerida, de modo a considerá-la parte integrante do nosso direito interno.

56. Por fim, achei pertinente desmistificar a flexibilização dos direitos fundamentais dos trabalhadores. Observei que, diante da concepção de direito aceita neste estudo, a sua matéria-prima não era o texto e tampouco a norma que dele se extrai. Era, a rigor, a argumentação jurídica indispensável a justificar a saída do primeiro para se alcançar a segunda.

57. Um, é o ponto de partida; a outra, o ponto de chegada. Saber explicitar o porquê de se ter chegado até ali é imprescindível dentro de um Estado de Direito Constitucional e Democrático, no qual o respeito à igual autonomia criativa joga um papel legitimador crucial em todos os seus espaços institucionais.

58. Com isso, a flexibilização deixa de ser uma opção ideológica e passa a vigorar como um fenômeno inexorável. Ou seja, não se deve perder tempo discutindo se ela é boa ou ruim. Deve-se, simplesmente, aprender a lidar com ela.

59. O que implica, logicamente, compreender melhor o manuseio do direito pela teoria da argumentação jurídica, conferindo-se especial atenção à preservação do núcleo essencial dos direitos fundamentais específicos.

60. Neste sentido, alguns dogmas hermenêuticos do direito do trabalho devem ser revistos para ontem, uma vez que se cercam de maniqueísmos ultrapassados, desenhos estatais paternalistas e de raciocínios que não fecham, especialmente quando analisados sob a ótica da vontade livre e igualmente emitida pelos participantes do debate.

61. Por isso, foi internalizado neste estudo que a flexibilização autônoma significa dispor de um direito fundamental, isto é, enfraquecer, por força do consentimento do titular, uma ou mais posições jurídicas subjetivas de direito fundamental perante terceiros, quer seja o Estado, quer sejam particulares, permitindo-lhes agir de forma que não deveriam, tudo o mais sendo igual, se não houvesse o consentimento.

62. Além disso, foi legitimada a flexibilização heterônoma ou o ato de restrição dos direitos fundamentais específicos dos empregados, desde que submetido ao filtro discursivo da proporcionalidade, ressaltando-se ser plenamente compatível com este procedimento a delimitação prévia do âmbito de proteção do direito, de modo a excluir, *a priori*, as situações comumente aceitas como absurdas.

Vencidos os dias, os meses e os anos sobre os quais depositei boa parte da minha energia em torno deste tema, posso dizer que, hoje, estou mais esperançoso.

Se iniciei esta tese mencionando a desesperança inscrita nos portões do inferno dantesco, nada mais justo do que encerrá-la trazendo uma mensagem de otimismo. Não de um otimismo ingênuo ou utópico, alheio à possibilidade inevitável do erro. Mas, sim, de um otimismo reconfortante, um alento sincero, na medida em que sinto a existência de um largo espaço para o desenvolvimento do direito constitucional do trabalho no Brasil. Basta que sigamos, perseverantes, o caminho da sua legitimação, e lá o encontraremos, racional e sofisticado, apto a levar segurança aos empregados que dele necessitam para proteger sua autonomia, assim como aos empregadores que nele poderão se escorar para legitimar suas próprias decisões empresariais.

Estejamos imbuídos, pois, da premissa moral defendida nestas páginas: o liberalismo igualitário. Se isto realmente ocorrer, até mesmo os juízes Hércules brasileiros mais empedernidos hesitarão, antes de interferirem desabridamente no que foi previamente combinado. Nem eles irão querer desafiar este ambiente de potencial eficiência, porque pleno de cooperação. Acredito que será este o instante em que eles cairão em si e cederão lugar, deixando que, finalmente, os juízes Hermes cresçam e apareçam.

REFERÊNCIAS BIBLIOGRÁFICAS

AARNIO, Aulis. *Reason and Authority:* a treatise on the dynamic paradigm of legal dogmatics. Aldershot: Dartmouth, 1997.

ACKERMAN, Bruce. *La justicia social en el estado liberal.* Trad. Carlos Rosenkrantz. Madrid: Centro de Estúdios Constitucionales, 1993.

ADAMY, Pedro Augustin. *Renúncia a direito fundamental.* São Paulo: Malheiros, 2011.

ALEMÃO, Ivan. *OAB e sindicatos:* importância da filiação corporativa no mercado. São Paulo: LTr, 2009.

ALEXY, Robert. *Teoria dos direitos fundamentais.* Trad. Virgílio Afonso da Silva. São Paulo: Malheiros, 2008.

_____. *Teoría del discurso y derechos constitucionales.* 1. ed. 1. reimp. Trad. Pablo Larrañaga. México, D. F.: Distribuiciones Fontamara, 2007.

_____. *Teoría del discurso y derechos humanos.* Trad. Luis Villar Borda. 1. ed. 4. reimp. Bogotá: Universidad Externado de Colômbia, 2004.

_____. *El concepto y la validez del derecho.* 2. ed. Trad. Jorge M. Seña. Barcelona: Editorial Gedisa, 2004.

_____. *Epílogo a la teoría de los derechos fundamentales.* Trad. Carlos Bernal Pulido. Madrid: Centro de Estúdios del Colegio de Registradores de la Propiedad, Mercantiles y Bienes Muebles de España, 2004.

_____. *Derecho y Razón Prática.* Trad. Manuel Atienza. 1. ed. 2. reimp. D. F. (México): Distribuciones Fontanamara, 2002.

_____. *Teoria da argumentação jurídica:* a teoria do discurso racional como teoria da justificação jurídica. Trad. Zilda Hutchinson Schild Silva. São Paulo: Landy, 2001.

_____. Direitos fundamentais no Estado Constitucional Democrático: para a relação entre direitos do homem, direitos fundamentais, democracia e jurisdição constitucional. Trad. Luís Afonso Heck. In: *Revista de Direito Administrativo.* Rio de Janeiro: Renovar, v. 217, jul./set. de 1999.

ALIGHIERI, Dante. *A divina comédia.* Trad. Vasco Graça Moura. São Paulo: Landmark, 2005.

ALMEIDA, Renato Rua de. Subsiste no Brasil o direito potestativo do empregador nas despedidas em massa? *Revista LTr,* ano 73, n. 04, abr. 2009.

ANDRADE, José Carlos Vieira de. *Os direitos fundamentais na constituição portuguesa de 1976.* 2. ed. Coimbra: Livraria Almedina, 2001.

_____. Os direitos, liberdades e garantias no âmbito das relações entre particulares. In: SARLET, Ingo Wolfgang (Org.). *Constituição, direitos fundamentais e direito privado.* Porto Alegre: Livraria do Advogado, 2003.

ARANGO, Rodolfo. *El concepto de derechos sociales fundamentales*. 1. ed. Bogotá: Legis, 2005.

ARAÚJO, Fernando. A análise económica do contrato de trabalho. In: MARTINEZ, Paulo Romano (coord.). *Estudos do instituto de direito do trabalho*. V. I. Coimbra: Almedina, 2001.

ATIENZA, Manuel. *El derecho como argumentación*. 2. ed. Barcelona: Editorial Ariel, 2007.

_____. *As razões do direito:* teorias da argumentação jurídica. Perelman, Toulmin, MacCormick, Alexy e outros. Trad. Maria Cristina Guimarães Cupertino. 2. ed. São Paulo: Landy, 2002.

ÁVILA, Humberto. *Teoria dos princípios:* da definição à aplicação dos princípios jurídicos. 7. ed. São Paulo: Malheiros Editores, 2007.

_____. "Neoconstitucionalismo": entre a "Ciência do Direito" e o "Direito da Ciência". In: SOUZA NETO, Claudio Pereira de; SARMENTO, Daniel; BINENBOJM, Gustavo (coord.). *Vinte anos da Constituição Federal de 1988*. Rio de Janeiro: Lumen Juris, 2009.

_____. *Sistema Constitucional Tributário*. São Paulo: Saraiva, 2004.

_____. Direitos fundamentais dos contribuintes e os obstáculos à sua efetivação. In: PIRES, Adilson Rodrigues; TÔRRES, Heleno Taveira (org.). *Princípios de direito financeiro e tributário:* estudos em homenagem ao professor Ricardo Lobo Torres. Rio de Janeiro: Renovar, 2006.

BACHOF, Otto. *Normas constitucionais inconstitucionais?* Trad. José Manuel M. Cardoso da Costa. Coimbra: Livraria Almedina, 1994.

BARACHO, José Alfredo de Oliveira. As novas perspectivas da soberania. Reflexos no direito interno, no direito internacional e no direito comunitário. In: TÔRRES, Heleno Taveira (coord.). *Direito e poder:* nas instituições e nos valores do público e do privado contemporâneos. Barueri: Manole, 2005.

BARCELLOS, Ana Paula. *A eficácia jurídica dos princípios constitucionais*. O princípio da dignidade da pessoa humana. Rio de Janeiro: Ed. Renovar, 2002.

_____. *Ponderação, racionalidade e atividade jurisdicional*. Rio de Janeiro: Renovar, 2005.

_____. Neoconstitucionalismo, direitos fundamentais e controle das políticas públicas. In: SARMENTO, Daniel; GALDINO, Flávio. *Direitos fundamentais:* estudos em homenagem ao professor Ricardo Lobo Torres. Rio de Janeiro: Renovar, 2006.

_____. As relações da filosofia do direito com a experiência jurídica. Uma visão dos séculos XVIII, XIX e XX. Algumas questões atuais. In: MOREIRA, Eduardo Ribeiro e PUGLIESI, Marcio (coord.). *20 Anos da Constituição Brasileira*. São Paulo: Saraiva, 2009.

BARROS, Alice Monteiro de. *Curso de direito do trabalho*. 2. ed. São Paulo: LTr, 2006.

BARROSO, Luís Roberto. *Curso de direito constitucional contemporâneo:* os conceitos fundamentais e a construção do novo modelo. São Paulo: Saraiva, 2009.

_____. Vinte anos da Constituição de 1988: a reconstrução democrática do Brasil. In: MONTESSO, Cláudio José; FREITAS, Marco Antônio de; STERN, Maria de Fátima Coêlho Borges (coord.). *Direitos sociais na Constituição de 1988:* uma análise crítica vinte anos depois. São Paulo: LTr, 2008.

_____. Neoconstitucionalismo e constitucionalização do direito. In: *Revista de Direito Administrativo*. Rio de Janeiro: Renovar, v. 240, abr./jun. 2005.

_____. Fundamentos teóricos e filosóficos do novo direito constitucional brasileiro (Pós--modernidade, teoria crítica e pós-positivismo). In: BARROSO, Luís Roberto (Org.). *A nova interpretação constitucional:* ponderação, direitos fundamentais e relações privadas. Rio de Janeiro: Renovar, 2003.

_____. Doze anos da Constituição Brasileira de 1988 (Uma breve e acidentada história de sucesso). In: *Temas de direito constitucional*. 2. ed. Rio de Janeiro: Renovar, 2002.

_____. Prefácio. In: PEREIRA, Jane Reis Gonçalves. *Interpretação constitucional e direitos fundamentais:* uma contribuição ao estudo das restrições aos direitos fundamentais na perspectiva da teoria dos princípios. Rio de Janeiro: Renovar, 2006.

_____. Prefácio: direito, racionalidade e paixão. In: BARCELLOS, Ana Paula de. *Ponderação, racionalidade e atividade jurisdicional*. Rio de Janeiro: Renovar, 2005.

_____; MARTEL, Letícia de Campos Velho. A morte como ela é: dignidade e autonomia individual no final da vida. In: *Revista de direito do estado,* n. 15, Rio de Janeiro: Renovar, jul./set. 2009.

_____; BARCELLOS, Ana Paula. O começo da história. A nova interpretação constitucional e o papel dos princípios no direito brasileiro. In: BARROSO, Luís Roberto (Org.). *A nova interpretação constitucional:* ponderação, direitos fundamentais e relações privadas. Rio de Janeiro: Renovar, 2003.

BARZOTTO, Luciane Cardoso. *Direitos humanos e trabalhadores:* atividade normativa da organização internacional do trabalho e os limites do direito internacional do trabalho. Porto Alegre: Livraria do Advogado, 2007.

BELMONTE, Alexandre Agra. *Instituições civis no direito do trabalho*. 4. ed. Rio de Janeiro: Renovar, 2009.

_____. Os direitos fundamentais juslaborais e a Convenção n. 158 da Organização Internacional do Trabalho. In: GOMES, Fábio Rodrigues (coord.). *Direito constitucional do trabalho:* o que há de novo? Rio de Janeiro: Lumen Juris, 2009.

_____. Arts. 7º ao 11. In: BONAVIDES, Paulo; MIRANDA, Jorge; AGRA, Walber de Moura (coord.). *Comentários à Constituição Federal de 1988.* Rio de Janeiro: Forense, 2009.

BERCOVICI, Gilberto. *Constituição econômica e desenvolvimento:* uma leitura a partir da Constituição de 1988. São Paulo: Malheiros, 2005.

_____. O Poder Constituinte do povo no Brasil: um roteiro de pesquisa sobre a crise constituinte. In: COUTINHO, Jacinto Nelson de Miranda; LIMA, Martorio Mont´Alverde Barreto (orgs.). *Diálogos constitucionais:* direito, neoliberalismo e desenvolvimento em países periféricos. Rio de Janeiro: Renovar, 2006.

_____. *Soberania e Constituição*. São Paulo: Quartier Latin, 2008.

BERNAL PULIDO, Carlos. *El derecho de los derechos.* Bogotá: Unversidad Externado de Colombia, 2005.

_____. *El principio de proporcionalidad y los derechos fundamentales*. 3. ed. Madrid: Centro de Estudios Políticos y Constitucionales, 2007.

BEZERRA LEITE, Carlos Henrique. *Constituição e direitos sociais dos trabalhadores*. São Paulo: LTr, 1997.

BICKEL, Alexander. *The least dangerous branch.* 2. ed. New Haven: Yale University Press, 1986.

BILBAO UBILLOS, Juan Maria. *La eficacia de los derechos fundamentales frente a particulares:* análisis de la jurisprudencia del Tribunal Constitucional. Madrid: Centro de Estúdios Políticos y Constitucionales, 1997.

BINENBOJM, Gustavo. Duzentos anos de juridição constitucional: as lições de Marbury v. Madson. In: SARMENTO, Daniel (coord.). *Filosofia e teoria constitucional contemporânea.* Rio de Janeiro: Lumen Juris, 2009.

_____; CYRINO, André Rodrigues. Parâmetros para a revisão judicial de diagnósticos e prognósticos regulatórios em matéria econômica. In: SOUZA NETO, Cláudio Pereira de; SARMENTO, Daniel; BINEMBOJN, Gustavo (coord.). *Vinte anos da Constituição Federal de 1988.* Rio de Janeiro: Lumen Juris, 2009.

BOBBIO, Norberto. *Direito e poder.* Trad. Nilson Moulin. São Paulo: Ed. Unesp, 2008.

_____. *A era dos direitos.* Trad. Carlos Nelson Coutinho. 16. tir. Rio de Janeiro: Campus, 1992.

BONAVIDES, Paulo. *Curso de direito constitucional.* 12. ed. São Paulo: Malheiros Editores, 2002.

BONET PÉREZ, Jordi. Principios y derechos fundamentales en el trabajo: la declaración de la OIT de 1998. In: *Cuadernos Deusto de Derechos Humanos,* Universidad de Deusto, n. 5, 1999.

BORGES, José Souto Maior. *Ciência feliz.* 3. ed. São Paulo: Quartier Latin, 2007.

BRANCO, Paulo Gustavo Gonet. *Juízo de ponderação na jurisdição constitucional.* São Paulo: Saraiva, 2009.

BRANDÃO, Rodrigo. *Direitos fundamentais, democracia e cláusulas pétreas.* Rio de Janeiro: Renovar, 2008.

_____. Entre a anarquia e o estado do bem-estar social: aplicações do libertarianismo à filosofia constitucional. In: SARMENTO, Daniel (coord.). *Filosofia e teoria constitucional contemporânea.* Rio de Janeiro: Lumen Juris, 2009.

_____. São os Direitos Sociais Cláusulas Pétreas? Em que Medida? In: SOUZA NETO, Claudio Pereira; SARMENTO, Daniel (coord.). *Direitos Sociais:* fundamentos, judicialização e direitos sociais em espécie. Rio de Janeiro: Lumen Juris, 2008.

BRANT, Leonardo Nemer Caldeira. A internacionalização dos direitos humanos e a ordem constitucional. In: VIEIRA, José Ribas (org.). *20 anos da Constituição cidadã de 1988:* efetivação ou impasse constitucional? Rio de Janeiro: Forense, 2008.

BULYGIN, Eugenio. Algunas consideraciones sobre los sistemas jurídicos. *Doxa* n. 9, 1991.

BUSTAMANTE, Thomas da Rosa de. *Teoria do direito e decisão racional:* temas de teoria da argumentação jurídica. Rio de Janeiro: Renovar, 2008.

_____. A razoabilidade na dogmática jurídica contemporânea: em busca de um mapa semântico. In: NOVELINO, Marcelo. *Leituras complementares de direito constitucional:* controle de constitucionalidade e hermenêutica constitucional. 2. ed. Salvador: Podivm, 2008.

_____. *Argumentação Contra Legem:* a teoria do discurso e a justificação jurídica nos casos mais difíceis. Rio de Janeiro: Renovar, 2005.

CAMARGO, Maria Lacombe. A nova hermenêutica. In: SARMENTO, Daniel (coord.). *Filosofia e teoria constitucional contemporânea.* Rio de Janeiro: Lumen Juris, 2009.

CANOTILHO, José Joaquim Gomes. Dogmática de direitos fundamentais e direito privado. In: SARLET, Ingo Wolfgang (org.). *Constituição, direitos fundamentais e direito privado.* 2. ed. Porto Alegre: Livraria do Advogado Ed., 2006.

_____. *Direito constitucional e teoria da Constituição.* 7. ed. Coimbra: Livraria Almedina, 2003.

CARDOSO, Adalberto; LAGE, Telma. *As normas e os fatos:* desenho e efetividade das instituições de regulação do mercado de trabalho no Brasil. Rio de Janeiro: FGV, 2007.

CARRIÓ, Genaro R. *Sobre los límites del lenguaje normativo.* 1. ed. 1. reimp. Buenos Aires: Editorial Astrea, 2001.

CARVALHO, Kildare Gonçalves. *Direito constitucional.* 13. ed. Belo Horizonte: Del Rey, 2007.

CASSAR, Vólia Bonfim. *Direito do trabalho.* Niterói: Impetus, 2007.

CAUPERS, João. *Os direitos fundamentais dos trabalhadores e a constituição.* Coimbra: Livraria Almedina, 1985.

CAVALIERI FILHO, Sergio. *Programa de responsabilidade civil.* 8. ed. São Paulo: Atlas, 2008.

CERQUEIRA, Marcelo. *A Constituição na história:* da Revolução Inglesa de 1640 à crise do Leste Europeu. 2. ed. Rio de Janeiro: Revan, 2006.

CHANG, Ruth. Introduction. In: CHANG, Ruth (ed.). *Incommensurability, incomparability and practical reason.* Cambridge: Harvard University Press, 1997.

CHIARELLI, Carlos Alberto. *O trabalho e o sindicato:* evolução e desafios. São Paulo: LTr, 2005.

CITTADINO, Gisele. *Pluralismo, direito e justiça distributiva.* Elementos da filosofia constitucional contemporânea. 2. ed. Rio de Janeiro: Lumen Juris, 2000.

COOTER, Robert; ULEN, Thomas. *Law and economics.* 5th ed. Boston: Addison-Wesley, 2008.

COURTIS, Christian. La eficacia de los derechos humanos en las relaciones entre particulares. In: SARLET, Ingo Wolfgang (org.). *Constituição, direitos fundamentais e direito privado.* 2. ed. Porto Alegre: Livraria do Advogado, 2006.

COUTINHO, Aldacy Rachid. A autonomia privada: em busca da defesa dos direitos fundamentais dos trabalhadores. In: SARLET, Ingo Wolfgang (org.). *A Constituição Concretizada:* construindo pontes com o público e o privado. Porto Alegre: Livraria do Advogado, 2003.

CREHUET-FERNÁNDEZ, Federico. Una aproximación teórico-jurídica al convenio colectivo. *Doxa* n. 26, 2003.

CUNHA, Alexandre Teixeira de Freitas Bastos. *El convenio colectivo en el sistema de fuentes del derecho en Brasil.* Disponível em: <http://www.trt1.jus.br>.

_____. Ampliação da competência da Justiça do Trabalho: questões sindicais. In: CHAVES, Luciano Athayde; STERN, Maria de Fátima Coêlho Borges; NOGUEIRA, Fabrício Nicolau dos Santos (org.). *Ampliação da competência da Justiça do Trabalho:* 5 anos depois. São Paulo: LTr, 2009.

CUNHA, Luiz Claudio Flores da. Princípios de Direito Previdenciário na Constituição da República de 1988. In: FREITAS, Vladimir Passos de (coord.). *Direito previdenciário:* aspectos materiais, processuais e penais. 2. ed. Porto Alegre: Livraria do Advogado, 1999.

D´AGOSTINO, Fred. *Incommensurability and commensuration:* the common denominator. Hampshire: Ashgate, 2003.

DÄUBLER, Wolfgang. *Direito do trabalho e sociedade na Alemanha.* Trad. Alfred Keller. São Paulo: LTr, 1997.

DELGADO, Mauricio Godinho. *Curso de direito do trabalho.* 6. ed. São Paulo: LTr, 2007.

DERBLI, Felipe. *O princípio da proibição de retrocesso social na Constituição de 1988.* Rio de Janeiro: Renovar, 2007.

DIDIER JR., Fredie. *Curso de direito processual civil.* V. 1: teoria geral do processo e processo de conhecimento. 12. ed. Salvador: Juspodivm, 2010.

_____. *Curso de direito processual civil.* V. 5: execução. 2. ed. Salvador: Juspodivm, 2010.

DRAY, Guilherme Machado. *O princípio da igualdade no direito do trabalho:* sua aplicabilidade no domínio específico da formação dos contratos individuais de trabalho. Coimbra: Livraria Almedina, 1999.

DWORKIN, Ronald. Liberty and Moralism. In: DYZENHAUS, David; MOREAU, Sophia Reibetanz; RIPSTEIN, Arthur (ed.). *Law and morality:* readings in legal philosophy. 3th ed. Toronto: University of Toronto Press, 2007.

_____. *A virtude soberana:* a teoria e a prática da igualdade. Trad. Jussara Simões. São Paulo: Martins Fontes, 2005.

_____. *Levando os direitos a sério.* Trad. Nelson Boeira. São Paulo: Martins Fontes, 2002.

_____. *Uma questão de princípio.* Trad. Luis Carlos Borges. São Paulo: Martins Fontes, 2001.

_____. A riqueza é um valor? In: *Uma questão de princípio.* Trad. Luís Carlos Borges. São Paulo: Martins Fontes, 2001.

_____. La lectura moral y la premisa mayoritarista. In: KOH, Harold Hongju; SLYE, Ronald C. (comp.). *Democracia deliberativa y derechos humanos.* Trad. Paola Bergallop y Marcelo Alegre. Barcelona: Editorial Gedisa, 2004.

EBERT, Paulo Roberto Lemgruber Ebert. A limitação legal ao número de dirigentes sindicais estáveis — da insubsistência do art. 522 da CLT na ordem instituída pela Constituição de 1988. *Revista LTr,* ano 72, n. 04, abr. 2008.

ESTREICHER, Samuel. *Global issues in labor law:* cases and materials. New York: Thomson West, 2007.

FARIA, José Eduardo. Direitos sociais e justiça. In: ORTIZ, Maria Elena Rodriguez. *Justiça Social:* uma questão de direito. Rio de Janeiro: DP&A, 2004.

_____. *O direito na economia globalizada.* 1. ed. 4. tir. São Paulo: Malheiros, 2004.

_____. Prefácio. In: CITTADINO, Giselle. *Pluralismo, direito e justiça distributiva:* elementos da filosofia constitucional contemporânea. 2. ed. Rio de Janeiro: Lumen Juris, 2000.

_____. Direitos sociais e justiça. In: ORTIZ, Maria Elena Rodriguez. *Justiça social:* uma questão de direito. Rio de Janeiro: DP & A, 2004.

FARRELL, Martin D. Autonomía e consecuencias. In: KOH, Harold Hongju; SLYE, Ronald C. *Democracia deliberativa y derechos humanos.* Barcelona: Editorial Gedisa, 2004.

FAUSTO, Boris. *Getúlio Vargas:* o poder e o sorriso. São Paulo: Companhia das Letras, 2006.

FAVA, Marcos Neves. O esmorecimento do poder normativo — análise de um aspecto restritivo na ampliação da competência da Justiça do Trabalho. In: COUTINHO, Grijalbo Fernandes; FAVA, Marcos Neves (coord.). *Nova competência da Justiça do Trabalho*. São Paulo: LTr, 2005.

FERNANDES, Antonio Lemos Monteiro. *Direito do trabalho*. 11. ed. Coimbra: Almedina, 1999.

FERRAJOLI, Luigi. *A soberania no mundo moderno*. Trad. Carlo Coccioli. São Paulo: Martins Fontes, 2002.

FERRAZ, Selma. *Justiça e razão:* filosofia clássica e o liberalismo antropológico de F. Von Hayek. São Paulo: Quartier Latin, 2007.

FRASER, Nancy. Redistribuição, reconhecimento e participação: por uma concepção integrada de justiça. In: SARMENTO, Daniel; IKAWA, Daniela; PIOVESAN, Flávia (coord.). *Igualdade, diferença e direitos humanos*. Rio de Janeiro: Lumen Juris, 2008.

_____; HONNETH, Axel. *Redistribution or recognition?* A political-philosophical exchange. Translation Joel Golb, James Ingram and Christiane Wilke. London/New York: Verso, 2003.

GADAMER, Hans-Georg. *Verdade e método I:* traços fundamentais de uma hermenêutica filosófica. Trad. Flávio Paulo Meurer. 5. ed. Petrópolis: Vozes, 2003.

GALDINO, Flávio. *Introdução à teoria dos custos dos direitos:* direitos não nascem em árvores. Rio de Janeiro: Lumen Juris, 2005.

GALLARDO MOYA, Rosario. *Democracia sindical interna:* un análisis jurídico. Madrid: Editorial Trotta, 1996.

GALVÃO, Paulo Braga; FERREIRA, Fernando Galvão de Andréa. Interpretação judicial e direitos humanos. In: SARMENTO, Daniel; GALDINO, Flávio. *Direitos fundamentais:* estudos em homenagem ao professor Ricardo Lobo Torres. Rio de Janeiro: Renovar, 2006.

GALVES, Carlos. *Manual de economia política atual*. 15. ed. Rio de Janeiro: Forense Universitária, 2004.

GAMBA, Juliane Caravieri Martins. Reflexões sobre a Convenção n. 189 da OIT — trabalhadores domésticos — e o recente acórdão do TRT da 2ª Região (horas extras para a empregada doméstica). In: *Revista LTr,* ano 76 n. 02, fev. 2012.

GARCIA, Emerson. Influxos da ordem jurídica internacional na proteção dos direitos humanos: o necessário redimensionamento da noção de soberania. In: *Revista jurídica*, Brasília, v. 9, n. 85, jun./jul. 2007.

GEDIEL, José Antônio Peres. A irrenunciabilidade a direitos da personalidade pelo trabalhador. In: SARLET, Ingo Wolfgang (org.). *Constituição, direitos fundamentais e direito Privado*. 2. ed. Porto Alegre: Livraria do Advogado, 2006.

GLEISER, Marcelo. *Criação imperfeita:* cosmo, vida e o código oculto da natureza. 3. ed. São Paulo: Record, 2010.

GOLD, Michael Evan. *An introduction to labor law*. 2nd ed. Ithaca: ILR Press/Cornell Paperbacks, 1998.

GOMES, Angela de Castro; PESSANHA, Eliana G. da Fonte; MOREL, Regina de Moraes. *Arnaldo Süssekind:* um construtor do direito do trabalho. Rio de Janeiro: Renovar, 2004.

GOMES, Fábio Rodrigues. *O direito fundamental ao trabalho:* perspectivas histórica, filosófica e dogmático-analítica. Rio de Janeiro: Lumen Juris, 2008.

_____. *A relação de trabalho na Constituição:* fundamentos para uma interpretação razoável da nova competência da Justiça do Trabalho à luz da EC n. 45/04. Rio de Janeiro: Lumen Juris, 2006.

_____. A eficácia dos direitos fundamentais na relação de emprego: algumas propostas metodológicas para a incidência das normas constitucionais na esfera juslaboral. In: *Revista do Tribunal Superior do Trabalho,* Brasília, v. 71, n. 3, p. 47-77, 2005.

GOMES, Fábio Rodrigues (coord.). *Direito constitucional do trabalho*: o que há de novo? Rio de Janeiro: Lumen Juris, 2009.

GOMES, Orlando; GOTTSCHALK, Elson. *Curso de direito do trabalho.* 18. ed. Rio de Janeiro: Forense, 2008.

GOMES, Renato Rodrigues. Estabilidade temporária da empregada doméstica: uma análise da constitucionalidade à luz dos postulados da proporcionalidade e da proibição de excesso. In: GOMES, Fábio Rodrigues (coord.). *Direito constitucional do trabalho:* o que há de novo? Rio de Janeiro: Lumen Juris, 2009.

GONÇALVES, Rogério Magnus Varela. *Direito constitucional do trabalho:* aspectos controversos da automatização. Porto Alegre: Livraria do Advogado, 2003.

GOODIN, Robert E. Institutions and their design. In: GOODIN, Robert E. (Ed.). *The theory of institucional design.* Cambridge: Cambridge University Press, 1996.

_____. Democratic Deliberation Within. In: FISHKIN, James S.; LASLETT, Peter (ed.). *Debating deliberative democracy.* Oxford: Blackwell Publishing, 2003.

GOUVÊA, Marcos Maselli. *O controle judicial das omissões administrativas*: novas perspectivas de implementação dos direitos fundamentais. Rio de Janeiro: Forense, 2003.

GRIMM, Dieter. *Constituição e política.* Trad. Geraldo de Carvalho. Belo Horizonte: Del Rey, 2006.

GUASTINI, Riccardo. *Teoría e ideología de la interpretación constitucional.* Trad. Miguel Carbonell y Pedro Salazar. Madrid: Editorial Trotta, 2008.

_____. *Das fontes às normas.* Trad. Edson Bini. São Paulo: Quartier Latin, 2005.

_____. La "constitucionalización" del ordenamiento jurídico: el caso italiano. In: CARBONELL, Miguel (ed.). *Neoconstitucionalismo(s).* Trad. Miguel Carbonell. Madrid: Editorial Trotta, 2003.

GUERRA FILHO, Willis Santiago. A pós-modernidade do direito constitucional: da gestação em Weimar à queda do muro de Berlim e subsequente colapso das torres gêmeas. In: SARMENTO, Daniel (coord.). *Filosofia e teoria constitucional contemporânea.* Rio de Janeiro: Lumen Juris, 2009.

GUETTI, Pablo Sanges. Da teoria da constituição ao desafio da legitimidade: a trajetória de radicalização do poder constituinte na obra de Carl Schmitt. In: MAIA, Antonio Cavalcanti *et alii* (orgs.). *Perspectivas atuais da filosofia do direito.* Rio de Janeiro: Lumen Juris, 2005.

GUTMANN, Amy. Democracia deliberativa y regla de la mayoria: una réplica a Waldron. In: KOH, Harold Hongju; SLYE, Ronald C. (comp.). *Democracia deliberativa y derechos humanos.* Trad. Paola Bergallo y Marcelo Alegre. Barcelona: Editorial Gedisa, 2004.

_____; THOMPSON, Dennis. Deliberative democracy beyond process. In: FISHKIN, James S.; LASLETT, Peter (ed.). *Debating deliberative democracy.* Oxford: Blackwell Publishing, 2003.

HABERMAS, Jürgen. *A inclusão do outro:* estudos de teoria política. Trad. George Sperber, Paulo Astor Soethe e Milton Camargo Mota. 2. ed. São Paulo: Edições Loyola, 2004.

_____. Sobre a legitimação dos direitos humanos. Trad. Cláudio Molz: In: MERLE, Jean-Christophe; MOREIRA, Luiz. *Direito e legitimidade*. São Paulo: Landy, 2003.

_____. *O discurso filosófico da modernidade:* doze lições. Trad. Luiz Sérgio Repa, Rodnei Nascimento. 1. ed. 2. tir. São Paulo: Martins Fontes, 2002.

_____. *Direito e democracia:* entre a facticidade e validade. V. I. 2. ed. Trad. Flávio Beno Siebeneichler. Rio de Janeiro: Tempo Brasileiro, 2003.

_____. *Direito e democracia:* entre a facticidade e validade. V. II. 2. ed. Trad. Flávio Beno Siebeneichler. Rio de Janeiro: Tempo Brasileiro, 2003.

_____. Sobre a legitimação dos direitos humanos. Trad. Cláudio Molz: In: MERLE, Jean-Christophe; MOREIRA, Luiz. *Direito e legitimidade*. São Paulo: Landy, 2003.

HART, Herbert L. A. *Ensaios sobre teoria do direito e filosofia*. Trad. José Garcez Ghirardi, Lenita Maria Rimoli Esteves. Rio de Janeiro: Elsevier, 2010.

_____. *O conceito de direito*. Com um pós-escrito editado por Penélope A. Bulloch e Joseph Raz. Trad. A. Ribeiro Mendes. 3. ed. Lisboa: Fundação Calouste Gulbenkian, 1994.

HAYEK, Friedrich A. *¿Sindicatos para qué?* Madrid: Unión Editorial, 2009.

HESSE, Konrad. *Temas fundamentais de direito constitucional*. Trad. Carlos dos Santos Almeida, Gilmar Ferreira Mendes e Inocêncio Mártires Coelho. São Paulo: Saraiva, 2009.

_____. *A força normativa da Constituição*. Trad. Gilmar Ferreira Mendes. Porto Alegre: Sérgio Antonio Fabris Editor, 1991.

HÖFFE, Otfried. Estados nacionais e direitos humanos na era da globalização. In: MERLE, Jean-Christophe; MOREIRA, Luiz (org.). *Direito e legitimidade*. São Paulo: Landy, 2003.

HOLMES, Stephen. El constitucionalismo, la democracia y la desintegración del Estado. In: KOH, Harold Hongju; SLYE, Ronald C. (comp.). *Democracia deliberativa y derechos humanos*. Trad. Paola Bergallo y Marcelo Alegre. Barcelona: Editorial Gedisa, 2004.

_____. Precommitment and the paradox of democracy. In: ELSTER, Jon; SLAGSTAD, Rune (ed.). *Constitucionalism and democracy*. Cambridge: Cambridge University Press, 1993.

HONNETH, Axel. *Luta por reconhecimento:* a gramática moral dos conflitos sociais. Trad. Luiz Repa. 1. ed. São Paulo: 34, 2003.

_____. A superinstitucionalização da eticidade em Hegel. In: MERLE, Jean-hristophe e MOREIRA, Luiz (org.). *Direito e legitimidade*. São Paulo: Landy Editora, 2003.

HONORÉ, Tony. The Necessary Connection between Law and Morality. In: DYZENHAUS, David; MOREAU, Sophia Reibetanz; RIPSTEIN, Arthur (ed.). *Law and morality:* readings in legal philosophy. 3th ed. Toronto: University of Toronto Press, 2007.

KAHN, Paul W. Democracia y filosofia: uma réplica a Stotzky y Waldron. In: KOH, Harold Hongju; SLYE, Ronald C. (comp.). *Democracia deliberativa y derechos humanos*. Trad. Paola Bergallo y Marcelo Alegre. Barcelona: Editorial Gedisa, 2004.

KAUFMANN, Arthur. *Hernenéutica y derecho*. Edición a cargo de Andrés Ollero y José Antonio Santos. Granada: Editorial Comares, 2007.

_____. *Filosofia do direito*. Trad. António Ulisses Cortês. Lisboa: Fundação Calouste Gulbenkian, 2004.

KAUFMANN, Marcus de Oliveira. Uma visão prospectiva da atuação jurisdicional em relação à organização sindical. In: *Revista LTr,* ano 73, n. 05, maio de 2009.

KELSEN, Hans. *A justiça e o direito natural.* Trad. João Baptista Machado. Coimbra: Almedina, 2009.

_____. *Teoria pura do direito.* Trad. João Baptista Machado. 6. ed. 5. tir. São Paulo: Martins Fontes, 2003.

_____. *Teoria geral das normas.* Trad. José Florentino Duarte. Porto Alegre: Sérgio Antonio Fabris Editor, 1986.

KOMMERS, Donald P. *The constitutional jurisprudence of the Federal Republic of Germany.* Durham and London: Duke University Press, 1997.

KRAMER, Matt. *Os sentidos do vinho.* Trad. Patricia De Cia. São Paulo: Conrad Editora do Brasil, 2007.

KYMLICKA, Will. *Filosofia política contemporânea.* Trad. Luís Carlos Borges. São Paulo: Martins Fontes, 2006.

LAFER, Celso. *A reconstrução dos direitos humanos:* um diálogo com o pensamento de Hannah Arendt. São Paulo: Companhia das Letras, 2001.

_____. A Organização Internacional do Trabalho. In: BARROS JR., Cássio de Mesquita Barros (coord.). *Tendências do direito do trabalho contemporâneo.* V. 3. São Paulo: LTr, 1980.

LARENZ, Karl. *Metodologia da ciência do direito.* Trad. José Lamego. 3. ed. Lisboa: Fundação Calouste Gulbekian, 1997.

_____. *Derecho justo:* fundamentos de ética jurídica. Trad. Luis Díez-Picazo. 1. ed. reimp. Madrid: Editorial Civitas.

LEAL, Fernando Angelo Ribeiro Leal. Argumentando com o Sobreprincípio da Dignidade da Pessoa Humana. In: TORRES, Ricardo Lobo; MELLO, Celso Abuquerque (dir.). *Arquivo de direitos humanos.* V. 7. Rio de Janeiro: Renovar, 2005.

LEITE, Carlos Henrique Bezerra. *Constituição e direitos sociais dos trabalhadores.* São Paulo: LTr, 1997.

LEWICKI, Bruno. *A privacidade da pessoa humana no ambiente de trabalho.* Rio de Janeiro: Renovar, 2003.

LONGHI, Dânia Fiorin. *Teoria do conglobamento* — conflito de normas no contrato de trabalho. São Paulo: LTr, 2009.

LOPEZ, Manuel Carlos Palomeque. *Direito do trabalho e ideologia:* meio século de formação ideológica do Direito do Trabalho espanhol (1873-1923). Trad. António Moreira. Coimbra: Livraria Almedina, 2001.

LUHMANN, Niklas. *Sociologia do direito.* V. I e II. Trad. Gustavo Bayer. Rio de Janeiro: Tempo Brasileiro, 1983-1985.

LUTZ, Donald. Toward a Theory of Constitutional Amendment. In: LEVINSON, Sanford (ed.). *Responding to imperfection:* the theory and practice of constitutional amendment. Princeton: Princeton University Press, 1995.

MACCORMICK, Neil. *Retórica e o Estado de Direito.* Trad. Conrado Hübner Mendes. Rio de Janeiro: Elsevier, 2008.

MAGALHÃES, Juliana Neuenschwander. Constituição e diferença. In: SARMENTO, Daniel (coord.). *Filosofia e teoria constitucional contemporânea*. Rio de Janeiro: Lumen Juris, 2009.

MAIA, Antonio Cavalcanti. Os princípios gerais do direito e a perpectiva de Perelman. In: TORRENS, Haradja Leite; ALCOFORADO, Mario Sawatani Guedes Alcoforado (org.). *A expansão do direito*: estudos de direito constitucional e filosofia do direito. Em homenagem ao professor Willis Santiago Guerra Filho (por duas décadas de docências e pesquisas. Rio de Janeiro: Lumen Iuris, 2004.

MALLET, Estêvão. *Direito, trabalho e processo em transformação*. São Paulo: LTr, 2005.

MANNRICH, Nelson. *Dispensa coletiva:* da liberdade contratual à responsabilidade social. São Paulo: LTr, 2000.

MARCONDES, Danilo. *Iniciação à história da filosofia:* dos pré-socráticos a Wittgenstein. 8. ed. Rio de Janeiro: Jorge Zahar Editor, 2004.

MARINONI, Luis Guilherme. Controle do poder executivo do juiz. In: DIDIER JR., Fredie (coord.). *Execução civil:* estudos em homenagem ao professor Paulo Furtado. Rio de Janeiro: Lumen Juris, 2006.

MARINS, Leonardo. Limites ao princípio da simetria constitucional. In: SOUZA NETO, Cláudio Pereira de; SARMENTO, Daniel; BINEMBOJN, Gustavo (coord.). *Vinte anos da Constituição Federal de 1988*. Rio de Janeiro: Lumen Juris, 2009.

MARTEL, Letícia de Campos Velho. Indisponibilidade de direitos fundamentais: conceito lacônico, consequências duvidosas. In: SARMENTO, Daniel; SARLET, Ingo Wolfgang (coord.). *Direitos fundamentais no Supremo Tribunal Federal:* balanço e crítica. Rio de Janeiro: Lumen Juris, 2011.

MARTINEZ VIVOT, Julio. *La discriminación laboral:* despido discriminatorio. Buenos Aires: Ciudad Argentina, 2000.

MARTINS FILHO, Ives Gandra. *Processo coletivo do trabalho*. 4. ed. São Paulo: LTr, 2009.

_____. Valorização da negociação coletiva e flexibilização das normas legais trabalhistas. In: ROCHA, Maria Elizabeth Guimarães Teixeira; MEYER-PFLUG, Samantha Ribeiro (coord.). *Lições de direito constitucional:* em homenagem ao professor Jorge Miranda. Rio de Janeiro: Forense, 2008.

MATHIS, Klaus. *Efficiency instead of justice?* Searching for the philosophical foundations of the economic analysis of law. Translated by Deborah Shannon. Washington: Springer, 2009.

MELLO, Celso D. de Albuquerque. In: SARLET, Ingo Wolfgang (org.). *Direitos fundamentais sociais:* estudos de direito constitucional, internacional e comparado. Rio de Janeiro: Renovar, 2003.

_____. O § 2º do art. 5º da Constituição Federal. In: TORRES, Ricardo Lobo (org.). *Teoria dos direitos fundamentais*. 2. ed. Rio de Janeiro: Renovar, 2001.

_____. *Direito constitucional internacional*. 2. ed. Rio de Janeiro: Renovar, 2000.

MATTOS, Patrícia. *A sociologia política do reconhecimento:* as contribuições de Charles Taylor, Axel Honneth e Nancy Fraser. São Paulo: Annablume, 2006.

MENDES, Gilmar Ferreira. *Curso de direito constitucional*. São Paulo: Saraiva, 2007

_____. *Direitos fundamentais e controle de constitucionalidade:* estudos de direito constitucional. 3. ed. São Paulo: Saraiva, 2004.

_____. Perplexidades acerca da responsabilidade civil do Estado: 'União seguradora universal'? *Revista Jurídica da Presidência da República*, Brasília, V. 2, n. 13, jun. 1999.

MENDONÇA, José Vicente dos Santos. Vedação de Retrocesso: o que é e como perder o medo. In: *Revista de direito da associação dos procuradores do novo Estado do Rio de Janeiro*, V. XII: Direitos Fundamentais. BINENBOJM, Gustavo (coord.). Rio de Janeiro: Lumen Juris, 2003.

MENEZES, Claudio Armando Couce; LOPES, Gláucia Gomes Vergara; CALVET, Otávio Amaral; SIVOLLELA, Roberta Ferme. *Direitos humanos e fundamentais*. Os princípios da progressividade, da irreversibilidade e da não regressividade social em um contexto de crise. Disponível em: <http://www.trt1.jus.br>.

MERCIER, Pascal. *Trem noturno para Lisboa*. Trad. Kristina Michahelles. 4. ed. Rio de Janeiro: Record, 2009.

MIGUEL, Alfonso Ruiz. Derechos liberales y derechos sociales. *Doxa* n. 15-16, 1994.

MIRANDA, Jorge. *Teoria do Estado e da Constituição*. Rio de Janeiro: Forense, 2002.

_____. *Manual de direito constitucional*. Tomo IV. Direitos fundamentais. 3. ed. Coimbra: Coimbra Editora, 2000.

MOLINA, André Araújo; GUERRA FILHO, Willis Santiago. Renúncia e transação no direito do trabalho — uma nova visão constitucional à luz da teoria dos princípios. In: *Revista LTr*, ano 74, n. 02, fev. 2010.

MORAES FILHO, Evaristo de. *O problema do sindicato único no Brasil:* seus fundamentos sociológicos. 2. ed. São Paulo: Alfa-Ômega, 1978.

_____. Tavares Bastos e as questões do trabalho. In: BARROS JR., Cássio de Mesquita Barros (coord.). *Tendências do direito do trabalho contemporâneo*. V. 1. São Paulo: LTr, 1980.

MOREIRA, Vital. O futuro da Constituição. In: GRAU, Eros Roberto; FILHO, Willis Santiago Guerra (Org.). *Estudos em homenagem a Paulo Bonavides*. São Paulo: Malheiros, 2001.

MÜLLER, Friedrich. A globalização e possíveis estratégias de resistência. In: HOLLENSTEINER, Stephan (org.). *Estado e sociedade civil no processo de reformas no Brasil e na Alemanha*. Rio de Janeiro: Lumen Juris, 2004.

_____. *Fragmento (sobre) o poder constituinte do povo*. Trad. Peter Naumann. São Paulo: Revista dos Tribunais, 2004.

NASCIMENTO, Amauri Mascaro. *Compêndio de direito sindical*. 6. ed. São Paulo: LTr, 2009.

_____. *Direito do trabalho na Constituição de 1988*. São Paulo: Saraiva, 1989.

NEUNER, Jörg. Os direitos humanos sociais. Trad. Pedro Scherer de Mello Aleixo. In: SARLET, Ingo (coord.). *Jurisdição e direitos fundamentais:* anuário 2004/2005. Escola Superior da Magistratura do Rio Grande do Sul — AJURIS. Porto Alegre: Escola Superior da Magistratura: Livraria do Advogado, 2006.

NEVES, Marcelo. *Transconstitucionalismo*. São Paulo: Martins Fontes, 2009.

_____. *A constitucionalização simbólica*. São Paulo: Martins Fontes, 2007.

_____. Soberania do Estado e soberania do povo no Estado democrático de direito. In: TÔRRES, Heleno Taveira (coord.). *Direito e poder:* nas instituições e nos valores do público e do privado contemporâneos. Barueri: Manole, 2005.

_____. De la autopoieses a la alopoieses del derecho. *Doxa* n. 19, 1996.

NIETZSCHE, Friedrich Wilhelm. *Além do bem e do mal.* Trad. Lílian Salles Kump. São Paulo: Centauro, 2006.

_____. *Genealogia da moral:* uma polêmica. Trad. Paulo César de Souza. 5. reimp. São Paulo: Companhia das Letras, 1998.

NINO, Carlos Santiago. *Fundamentos de derecho constitucional:* análisis filosófico, jurídico y politológico de la práctica constitucional. 1. ed. 3. reimp. Buenos Aires: Editorial Astrea, 2005.

_____. *Introducción al análisis del derecho.* 2. ed. 13. reimp. Buenos Aires: Editorial Astrea, 2005.

_____. *Autonomía y necesidades básicas. Doxa* n. 7, 1990.

_____. La autonomía constitucional. In: BOUZAT, Gabriel; CARRIÓ, Alejandro D., NINO, Carlos S.; ROSENKRANTZ, Carlos F. La autonomía personal. *Cuadernos y debates n. 37*. Madrid: Centro de Estúdios Constitucionales, 1992.

_____. *Derecho, Moral y Política:* una revisión de la teoría general del derecho. 1. ed. Barcelona: Editorial Ariel, 1994.

_____. *La validez del derecho.* 1. ed. 2. reimp. Buenos Aires: Editorial Astrea, 2003.

_____. *Ética y derechos humanos:* un ensayo de fundamentación. 2. ed. Buenos Aires: Editorial Astrea, 1989.

NOVAIS, Jorge Reis. *Direitos fundamentais:* trunfos contra a maioria. Coimbra: Coimbra Editora, 2006.

_____. *As restrições aos direitos fundamentais não expressamente autorizadas pela Constituição*. Coimbra: Coimbra Editora, 2003.

OJEDA AVILÉS, Antonio. El principio de condición más beneficiosa. In: VILLA GIL, Luis Enrique de la; CUMBRE LÓPEZ, Lourdes (dir.). *Los principios del derecho del trabajo.* Madrid: Centro de Estudios Financieros, 2003.

OST, François. Júpiter, Hércules, Hermes: tres modelos de juez. *Doxa* n. 14, 1993.

PACHECO ZERGA, Luz. *La dignidade humana en el derecho del trabajo*. Navarra: Editorial Aranzadi, 2007.

PALOMEQUE LÓPEZ, Manuel Carlos. El principio de favor en el Derecho del Trabajo. In: VILLA GIL, Luis Enrique de la; CUMBRE LÓPEZ, Lourdes (dir.). *Los principios del derecho del trabajo*. Madrid: Centro de Estudios Financieros, 2003.

PANCOTTI, José Antonio. Aspectos jurídicos das dispensas coletivas no Brasil. *Revista LTr,* ano 74, n. 05, maio de 2010.

PARIJS, Philippe van. *O que é uma sociedade justa?* Trad. Cíntia Ávila de Carvalho. São Paulo: Ática, 1997.

PECES-BARBA MARTINEZ, Gregório. *Curso de derechos fundamentales*. Teoría general. Madrid: Universidad Carlos III de Madrid. Boletin Oficial del Estado, 1999.

_____. La dignidad de la persona desde la filosofía del derecho. *Cuadernos Bartolomé de las Casas 26*. 2. ed. Madrid: Dykinson, 2003.

PEREIRA, Antonio Celso Alves. Os direitos do trabalhador imigrante ilegal à luz da Opinião Consultiva 18/03 da Corte Interamericana de Direitos Humanos — CIDH. In: TIBURCIO,

Carmen; BARROSO, Luís Roberto (org.). *O direito internacional contemporâneo:* estudos em homenagem ao professor Jacob Dolinger. Rio de Janeiro: Renovar, 2006.

PEREIRA, Jane Reis Gonçalves. *Interpretação constitucional e direitos fundamentais:* uma contribuição ao estudo das restrições aos direitos fundamentais na perspectiva da teoria dos princípios. Rio de Janeiro: Renovar, 2006.

_____. Princípios morais e direitos humanos na obra de Carlos Santiago Nino. In: TORRES, Ricardo Lobo (org.). *Legitimação dos direitos humanos.* Rio de Janeiro: Renovar, 2002.

PEREIRA, Ricardo José Macedo de Brito. *Constituição e liberdade sindical.* São Paulo: LTr, 2007.

PERELMAN, Chaïm e TYTECA-OLBRECHTS, Lucie. *Tratado da argumentação:* a nova retórica. Trad. Maria Ermantina Galvão. São Paulo: Martins Fontes, 1996.

PEREZ LUÑO, Antonio Enrique. Dimensiones de la igualdad. *Cuadernos Bartolomé de las Casas n. 34.* Madrid: Dykinson, 2005.

_____. *Los derechos fundamentales.* 8. ed. Madrid: Editorial Tecnos, 2004.

_____. *Derechos humanos, estado de derecho y constituición.* 8. ed. Madrid. Ed. Tecnos, 2003.

_____. Soberanía Popular y Estado de Derecho. In: LAPORTA, Francisco J. (org.). *Constituición:* problemas filosóficos. Madrid: Centro de Estudios Políticos y Constitucionales, 2003.

PESSOA, Fernando. Privatização. In: FRANCO, Gustavo H. B. (org.). *A economia em Pessoa.* Rio de Janeiro: Reler, 2006.

PETTIT, PHILIP. Institucional design and rational choice. In: GOODIN, Robert E. (Ed.). *The theory of institucional design.* Cambridge: Cambridge University Press, 1996.

PIOVESAN, Flávia. *Direitos humanos e o direito constitucional internacional.* 7. ed. São Paulo: Saraiva, 2007.

_____. Reforma do judiciário e direitos humanos. In: TAVARES, André Ramos. *Reforma do judiciário analisada e comentada.* São Paulo: Método, 2005.

PISARELLO, Gerardo. Del Estado Legislativo al Estado Social Constitucional: por una protección compleja de los derechos sociales. *Isonomia n. 15,* outubro de 2001.

PISCO, Claudia de Abreu Lima. Os dissídios coletivos e o poder normativo. In: GOMES, Fábio Rodrigues (coord.). *Direito constitucional do trabalho:* o que há de novo? Rio de Janeiro: Lumen Juris, 2009.

PLÁ RODRIGUEZ, Américo. Princípios de direito do trabalho. 3. ed. 2. tir. São Paulo: LTr, 2002.

POLINSKY, A. Mitchell. *An introduction to law and economics.* 2th ed. Boston: Little, Brown and Company, 1989.

POSNER, Richard. *Problemas de filosofia do direito.* Trad. Jefferson Luiz Camargo. São Paulo: Martins Fontes, 2007.

_____. *Economic analysis of law.* Fifth edition. New York: Aspen Law & Business, 1998.

PREUB, Ulrich. Os elementos normativos da soberania. In: MERLE, Jean-Christophe; MOREIRA, Luiz (org.). *Direito e legitimidade.* São Paulo: Landy, 2003.

PRIETO SANCHÍS, Luis. *Interpretación jurídica y creación judicial del derecho*. Bogotá: Palestra Editores, 2007.

_____. *Apuntes de teoría del derecho*. Madrid: Editorial Trotta, 2005.

QUEIRÓS, Eça de. *O Conde d´Abranhos e a catástrofe*. Porto: Porto Editora, 2008.

QUEIROZ, Cristina. *O princípio da não reversibilidade dos direitos fundamentais sociais*. Coimbra: Coimbra Editora, 2006.

QUEIROZ, Odete Novais Carneiro. *Prisão civil e os direitos humanos*. São Paulo: Revista dos Tribunais, 2004.

RADBRUCH, Gustav. *Filosofia do direito*. Trad. Marlene Holzhausen. São Paulo: Martins Fontes, 2004.

_____. Statutore Lawlessness and Supra-Statutory Law. In: DYZENHAUS, David; MOREAU, Sophia Reibetanz; RIPSTEIN, Arthur (ed.). *Law and morality:* readings in legal philosophy. 3th ed. Toronto: University of Toronto Press, 2007.

RAMALHO, Maria do Rosário Palma. *Negociação colectiva atípica*. Coimbra: Almedina, 2009.

RAMOS, André de Carvalho. *Direitos humanos na integração econômica:* análise comparativa da proteção dos direitos humanos e conflitos juridicionais na União Europeia e Mercosul. Rio de Janeiro: Renovar, 2008.

RAWS, John. *Justiça como equidade:* uma reformulação. Trad. Claudia Berliner. São Paulo: Martins Fontes, 2003.

_____. *Uma teoria da justiça*. Trad. Almiro Pisetta e Lenita Maria Rímoli Esteves. São Paulo: Martins Fontes, 2002.

_____. *O liberalismo político*. Trad. Dinah de Abreu Azevedo. 2. ed. São Paulo: Ática, 2000.

RAZ, Joseph. *Between authority and interpretation*. New York: Oxford, 2009.

REALE, Miguel. O direito de não trabalhar. In: BARROS JR., Cássio de Mesquita Barros (coord.). *Tendências do direito do trabalho contemporâneo*. V. 1. São Paulo: LTr, 1980.

RODRIGUES, Marcelo. Trabalhador doméstico. In: VILLATORE, Marco Antônio César; HASSON, Roland (coord.); ALMEIDA, Ronald Silka de (org.). *Direito constitucional do trabalho vinte anos depois*. Curitiba: Juruá, 2008.

RODRIGUES, Vasco. *Análise econômica do direito*. Coimbra: Almedina, 2007.

ROMITA, Arion Sayão. Direito e Justiça — lucubrações etimológicas (algo fútil) sobre o princípio da proteção. *Revista LTr*, São Paulo, Ano 73, jan. 2009.

_____. *Direitos fundamentais nas relações de trabalho*. São Paulo: LTr, 2005.

_____. *O princípio da proteção em xeque:* e outros ensaios. São Paulo: LTr, 2003.

_____. *Direitos sociais na constituição e outros estudos*.São Paulo: LTr, 1991.

ROSS, Alf. *Direito e justiça*. 2. ed. Trad. Edson Bini. Bauru: Edipro, 2007.

ROTHENBURG, Walter Claudius. *Inconstitucionalidade por omissão e troca de sujeitos:* a perda de competência como sanção à inconstitucionalidade por omissão. São Paulo: Revista dos Tribunais, 2005.

RÜDIGER, Dorothee Susanne. Considerações sobre os direitos dos trabalhadores na Declaração Universal dos Direitos Humanos. In: BOUCALT, Carlos Eduardo de Abreu; ARAÚJO, Nádia de (org.). *Os direitos humanos e o direito internacional.* Rio de Janeiro: Renovar, 1999.

RUPRECHT, Alfredo J. Princípios normativos do direito trabalhista. In: BARROS JR., Cássio de Mesquita Barros (coord.). *Tendências do direito do trabalho contemporâneo.* V. 1. São Paulo: LTr, 1980.

RUSSOMANO, Mozart Victor. *Direito sindical:* princípios gerais. Rio de Janeiro: José Konfino Editor, 1975.

SAMPAIO, José Adércio Leite. *Direitos fundamentais:* retórica e historicidade. Belo Horizonte: Del Rey, 2004.

_____. A tradição comunitarista. In: SARMENTO, Daniel (coord.). *Filosofia e teoria constitucional contemporânea.* Rio de Janeiro: Lumen Juris, 2009.

SÁNCHEZ VÁZQUEZ, Adolfo. *Ética.* Trad. João Dell´Anna. 24. ed. Rio de Janeiro: Civilização Brasileira, 2003.

SANDEL, Michael. *O liberalismo e os limites da justiça.* Lisboa: Fundação Calouste Gulbenkian, 2005.

SANTOS, Boaventura de Sousa. *Pela mão de Alice:* o social e o político na pós-modernidade. 9. ed. São Paulo: Cortez, 2003.

_____. *Para um novo senso comum:* a ciência, o direito e a política na transição paradigmática. A crítica da razão indolente: contra o desperdício da experiência. V. 1. 4. ed. São Paulo: Cortez, 2002.

_____. Uma concepção multicultural de direitos humanos. *LUA NOVA, Revista de Cultura e Política,* GOVERNO & DIREITOS — CEDEC, n. 39, Brasil, 1997.

SARLET, Ingo Wolfgang. Direitos fundamentais, reforma do judiciário e tratados internacionais de direitos humanos. In: CLEVE, Clèmerson Merlin; SARLET, Ingo Wolfgang; PAGLIARINI, Alexandre Coutinho. *Direitos humanos e democracia.* Rio de Janeiro: Forense, 2007.

_____. *A eficácia dos direitos fundamentais.* 6. ed. Porto Alegre: Livraria do Advogado, 2006.

_____. Direitos fundamentais sociais, "mínimo existencial" e direito privado: breves notas sobre alguns aspectos da possível eficácia dos direitos sociais nas relações entre particulares. In: SARMENTO, Daniel; GALDINO, Flávio. *Direitos fundamentais:* estudos em homenagem ao professor Ricardo Lobo Torres. Rio de Janeiro: Renovar, 2006.

_____. As dimensões da dignidade da pessoa humana: construindo uma compreensão jurídico-constitucional necessária e possível. In: SARLET, Ingo Wolfgang (org.). *Dimensões da dignidade:* ensaios de filosofia do direito e direito constitucional. Trad. Ingo Wolfgang Sarlet, Pedro Scherer de Mello Aleixo, Rita Dostal Zanini. Porto Alegre: Livraria do Advogado, 2005.

_____. A problemática dos fundamentais sociais como limites materiais ao poder de reforma da Constituição. In: SARLET, Ingo Wolfgang (org.). *Direitos fundamentais sociais:* estudos de direito constitucional e comparado. Rio de Janeiro: Renovar, 2003.

_____. *Dignidade da pessoa humana e direitos fundamentais.* 2. ed. Porto Alegre: Livraria do Advogado, 2002.

_____. Direitos fundamentais e direito privado: algumas considerações em torno da vinculação dos particulares aos direitos fundamentais. In: SARLET, Ingo Wolfgang (org.). *A Constituição concretizada:* construindo pontes com o público e o privado. Porto Alegre: Livraria do Advogado, 2000.

SARMENTO, Daniel. O Neoconstitucionalismo no Brasil. In: LEITE, George Salomão; SARLET, Ingo Wolfgang. *Direitos fundamentais e estado constitucional:* estudos em homenagem a J. J. Gomes Canotilho. São Paulo: Revista dos Tribunais, 2009.

_____. Interpretação constitucional, pré-compreensão e capacidades institucionais do intérprete. In: SOUZA NETO, Cláudio Pereira de; SARMENTO, Daniel; BINEMBOJN, Gustavo (coord.). *Vinte anos da Constituição Federal de 1988*. Rio de Janeiro: Lumen Juris, 2009.

_____. A proteção judicial dos direitos sociais: alguns parâmetros ético-jurídicos. In: SARMENTO, Daniel; SOUZA NETO, Cláudio Pereira de. *Direitos sociais:* fundamentos, judicialização e direitos sociais em espécie. Rio de Janeiro: Lumen Juris, 2008.

_____. Colisão entre direitos fundamentais e interesses públicos. In: SARMENTO, Daniel; GALDINO, Flávio. *Direitos fundamentais:* estudos em homenagem ao professor Ricardo Lobo Torres. Rio de Janeiro: Renovar, 2006.

_____. *Livres e iguais:* estudos de direito constitucional. Rio de Janeiro: Lumen Juris, 2006.

_____. *Direitos fundamentais e relações privadas*. 1. ed. Rio de Janeiro: Lumen Juris, 2004.

_____. Direito adquirido, emenda constitucional, democracia e a reforma da previdência. In: TAVARES, Marcelo Leonardo (coord.). *A reforma da previdência social:* temas polêmicos e aspectos controvertidos. Rio de Janeiro: Lumen Juris, 2004.

SARMENTO, Daniel (coord.). *Interesse público* versus *interesses privados:* desconstruindo o princípio da supremacia do interesse público. Rio de Janeiro: Lumen Juris, 2005.

SASTRE IBARRECHE, Rafael. *El derecho al trabajo*. Madrid: Editorial Trotta, 1996.

SCHAUER, Frederick. *Thinking like a lawyer:* a new introduction to legal reasoning. Cambridge: Harvard University Press, 2009.

_____. *Profiles, probabilities and stereotypes*. Cambridge: Harvard University Press, 2003.

SCHIER, Paulo Ricardo. Hierarquia constitucional dos tratados internacionais de direitos humanos e a EC n. 45: aspectos problemáticos. In: CLEVE, Clèmerson Merlin; SARLET, Ingo Wolfgang; PAGLIARINI, Alexandre Coutinho. *Direitos humanos e democracia*. Rio de Janeiro: Forense, 2007.

SCHMITT, Carl. *Teoría de la Constituición*. Trad. Francisco Ayala. Madrid: Alianza Editorial, 1982.

SHAPIRO, Ian. *Os fundamentos morais da política*. Trad. Fernando Santos. São Paulo: Martins Fontes, 2006.

_____. Aspiraciones grupales y política democrática. In: KOH, Harold Hongju; SLYE, Ronald C. *Democracia deliberativa y derechos humanos*. Barcelona: Editorial Gedisa, 2004.

SHAVELL, Steven. *Foundations of Economic Analysis of Law*. Cambridge: The Belknap Press of Harvard Universty Press, 2004.

SILVA, José Afonso da. *Curso de direito constitucional positivo*. 28. ed. São Paulo: Malheiros, 2007.

_____. *Aplicabilidade das normas constitucionais*. 3. ed. São Paulo: Malheiros Editores, 1998.

SILVA, Luiz de Pinho Pedreira da Silva. *Principiologia do direito do trabalho*. 2. ed. São Paulo: LTr, 1999.

SILVA, Mariana Duarte. Análise econômica do direito à liberdade de expressão. In: *Sub judice n. 33*. 2005: Out./Dez. Coimbra: Almedina, maio de 2006.

SILVA, Sayonara Grillo Coutinho Leonardo da. *Relações coletivas de trabalho:* configurações institucionais no Brasil contemporâneo. São Paulo: LTr, 2008.

SILVA, Virgílio Afonso. *Direitos fundamentais:* conteúdo essencial, restrições e eficácia. São Paulo: Malheiros Editores, 2009.

_____. O conteúdo essencial dos direitos fundamentais e a eficácia das normas constitucionais. In: *Revista de Direito do Estado,* n. 4, Rio de Janeiro: Renovar, out./dez. 2006.

_____. *A constitucionalização do direito:* os direitos fundamentais nas relações entre particulares. São Paulo: Malheiros Editores, 2005.

SILVA NETO, Manoel Jorge e. *Direitos fundamentais e o contrato de emprego*. São Paulo: LTr, 2005.

SINGER, Reinhard. Direitos fundamentais no direito do trabalho. In: MONTEIRO, António Pinto; NEUNER, Jörg; SARLET, Ingo (org.). *Direitos fundamentais e direito privado:* uma perspectiva de direito comparado. Coimbra: Almedina, 2007.

_____. Direitos fundamentais no direito do trabalho. In: MONTEIRO, António Pinto; NEUNER, Jörg; SARLET, Ingo. *Direitos fundamentais e direito privado:* uma perspectiva de direito comparado. Coimbra: Livraria Almedina, 2007.

SIVOLELLA, Roberta Ferme. A indenização prevista no art. 1216 do Código Civil e sua aplicabilidade no processo do trabalho. In: *Revista LTr,* ano 72, n. 03, mar. 2008.

SOUZA NETO, Cláudio Pereira de. Deliberação pública, constitucionalismo e cooperação democrática. In: SARMENTO, Daniel (coord.). *Filosofia e teoria constitucional contemporânea*. Rio de Janeiro: Lumen Juris, 2009.

_____. *Teoria constitucional e democracia deliberativa:* um estudo sobre o papel do direito na garantia das condições para a cooperação na deliberação democrática. Rio de Janeiro: Renovar, 2006.

STARK, Christian. Direitos sociais em tratados internacionais, constituições e leis. In: LEITE, George Salomão; SARLET, Ingo Wolfgang (coord.). *Direitos fundamentais e estado constitucional:* estudos em homenagem a J. J. Gomes Canotilho. São Paulo: Revista dos Tribunais; Coimbra: Coimbra Editora, 2009.

STEINMETZ, Wilson. *A vinculação dos particulares a direitos fundamentais*. São Paulo: Malheiros, 2004.

_____. Princípio da Proporcionalidade e Atos de Autonomia Privada Restritivos de Direitos Fundamentais. In: SILVA, Virgílio Afonso da (org.). *Interpretação constitucional*. São Paulo: Malheiros, 2005.

STÜMER, Gilberto (org.). *Questões controvertidas de direito do trabalho e outros estudos*. Porto Alegre: Livraria do Advogado, 2006.

SUPIOT, Alain. *Homojuridicus:* Essai sur la function anthropologique du Droit. Paris: Éditions du Seuil, 2005.

_____. *Le droit du travail*. 12. ed. Paris: PUF, 2004.

_____. *Critique du droit du travail*. Paris: Presses Universitaires de France — PUF, 2002.

SÜSSEKIND, Arnaldo Lopes. Os direitos constitucionais trabalhistas. In: MONTESSO, Cláudio José; FREITAS, Marco Antônio de; STERN, Maria de Fátima Coêlho Borges (coord.). *Direitos sociais na Constituição de 1988*: uma análise crítica vinte anos depois. São Paulo: LTr, 2008.

_____. *Direito internacional do trabalho*. 3. ed. São Paulo: LTr, 2000.

_____. *Direito constitucional do trabalho*. Rio de Janeiro: Renovar, 1999.

SÜSSEKIND, Arnaldo et alii. *Instituições de direito do trabalho*. 22. ed. atual. até 30.4.1997. São Paulo: LTr, 2005.

SUNSTEIN, Cass R. *A constitution of many minds: why the founding document doesn´t mean what it meant before*. Princeton: Princeton University Press, 2009.

_____. *Free Markets and Social Justice*. New York: Oxford University Press, 1997.

_____. Constitutions and democracies. In: ELSTER, Jon; SLAGSTAD, Rune (ed.). *Constitucionalism and democracy*. Cambridge: Cambridge University Press, 1993.

TAVARES, André Ramos. *Curso de direito constitucional*. 5. ed. São Paulo: Saraiva, 2007.

TAYLOR, Charles. *As fontes do self:* a construção da identidade moderna. Trad. Adail Ubirajara Sobral Dinah de Abreu Azevedo. 1. ed. São Paulo: Edições Loyola, 1997.

TIBURCIO, Carmen. Uma breve análise sobre a jurisprudência dos tribunais superiores em matéria de direito internacional no ano de 2006. In: *Revista de direito do estado n. 5,* Rio de Janeiro: Renovar, jan./mar. 2007.

TOLOSA TRIBIÑO, César. La aplicación práctica del principio de condición más beneficiosa. In: VILLA GIL, Luis Enrique de la; CUMBRE LÓPEZ, Lourdes (dir.). *Los principios del derecho del trabajo*. Madrid: Centro de Estudios Financieros, 2003.

TORRES, Ricardo Lobo. *O direito ao mínimo existencial*. Rio de Janeiro: Renovar, 2009.

_____. *Tratado de direito constitucional financeiro e tributário*. V. II — Valores e princípios constitucionais tributários. Rio de Janeiro: Renovar, 2005.

_____. *Tratado de direito constitucional financeiro e tributário*. V. III — Os direitos humanos e a tributação: imunidades e isonomias. Rio de Janeiro: Renovar, 2005.

TRIBE, Laurence; DORF, Michael. *Hermenêutica constitucional*. Trad. Amarílis de Souza Birchal. Belo Horizonte: Del Rey, 2007.

TRIBE, Laurence. *The invisible Constitution*. New York: Oxford University Press, 2008.

VALDÉS DAL RÉ, Fernando. Los derechos fundamentales de la persona del trabajador. In: *XVII Congreso Mundial de Derecho del Trabajo y de la Seguridad Social* — 2 al 5 de Setiembre de 2003, Montivideo, Uruguay". In: Libro de informes generales.

VÁZQUEZ, Rodolfo. *Entre la libertad y la igualdad. Introducción a la filosofía del derecho*. Madrid: Editorial Trotta, 2006.

VERMEULE, Adrian. *Law and the limits of reason*. New York: Oxford University Press, 2009.

VIANA, Márcio Túlio; DELGADO, Gabriela Neves; AMORIM, Helder Santos. Terceirização — Aspectos gerais — A última decisão do STF e a Súmula n. 331 do TST. *Revista LTr,* ano 75, n. 03, mar. 2011.

VIEIRA, Oscar Vilhena. *A Constituição e sua Reserva de Justiça:* um ensaio sobre os limites materiais ao poder de reforma. São Paulo: Malheiros, 1999.

_____. *Supremo Tribunal Federal:* jurisprudência política. 2. ed. São Paulo: Malheiros, 2002.

_____. Tratado de direito constitucional financeiro e tributário. A Desigualdade e a Subversão do Estado de Direito. In: SARMENTO, Daniel; IKAWA, Daniela; PIOVESAN, Flávia (coord.). *Igualdade, diferença e direitos humanos.* Rio de Janeiro: Lumen Juris, 2008.

_____. Supremocracia. In: SARMENTO, Daniel (coord.). *Filosofia e teoria constitucional contemporânea.* Rio de Janeiro: Lumen Juris, 2009.

VILHENA, Paulo Emílio Ribeiro de. *Relação de emprego:* estrutura legal e supostos. 2. ed. São Paulo: LTr, 1999.

VOEGELIN, Eric. *Hitler e os alemães.* Trad. Elpídio Mário Dantas Fonseca. São Paulo: É Realizações, 2008.

WALDRON, Jeremy. Deliberación, desacuerdo y votación. In: KOH, Harold Hongju; SLYE, Ronald C. (comp.). *Democracia deliberativa y derechos humanos.* Trad. Paola Bergallo y Marcelo Alegre. Barcelona: Editorial Gedisa, 2004.

WALZER, Michael. *Thick and Thin:* moral argument at home and abroad. Notre Dame: University of Notre Dame, 1994.

_____. *As esferas da justiça:* uma defesa do pluralismo e da igualdade. Trad. Jussara Simões. São Paulo: Martins Fontes, 2003.

WANDELLI, Leonardo Vieira. *Despedida abusiva:* o direito (do trabalho) em busca de uma nova racionalidade. São Paulo: LTr, 2004.

WEINREB, Lloyd L. *A razão jurídica:* o uso da analogia no argumento jurídico. Trad. Bruno Costa Simões. São Paulo: Martins Fontes, 2008.

ZIPPELIUS, Reinhold. *Introdução ao estudo do direito.* Trad. Gercélia Batista de Oliveira Mendes. Belo Horizonte: Del Rey, 2006.

_____. *Teoria geral do Estado.* Trad. Karin Praefke-Aires Coutinho. 3. ed. Lisboa: Fundação Calouste Gulbenkian, 1997.

JURISPRUDÊNCIA CITADA

BRASIL. Supremo Tribunal Federal. MI ns. 943/DF, 1010/DF, 1074/DF e 1090/DF, Rel. Min. Gilmar Mendes, DJ 22.06.2011.

BRASIL. Supremo Tribunal Federal. ADI n. 1.127, Rel. p/ o acórdão Min. Ricardo Lewandowski, DJ 11.06.2010.

BRASIL. Supremo Tribunal Federal. Rcl n. 8.150 AgR, Rel. Min. Eros Grau, DJ 18.05.2010.

BRASIL. Supremo Tribunal Federal. ADI n. 3.235, Rel. para o acórdão Min. Gilmar Mendes, DJ 12.03.2010.

BRASIL. Supremo Tribunal Federal. ADI n. 4.067-DF, Rel. Min. Joaquim Barbosa, DJ 03.03.2010.

BRASIL. Supremo Tribunal Federal. RE n. 589.998, Rel. Min. Ricardo Lewandowski, DJ 26.02.2010.

BRASIL. Supremo Tribunal Federal. RE n. 213974-AgR, Rel. Min. Cezar Peluso, DJ 02.02.2010.

BRASIL. Supremo Tribunal Federal. ADC n. 12, Rel. Min. Carlos Ayres Britto, DJ 18.12.2009.

BRASIL. Supremo Tribunal Federal. ADC n. 11, Rel. Min. Cezar Peluso, DJ. 11.12.2009.

BRASIL. Supremo Tribunal Federal. RE n. 511.961-SP, Rel. Min. Gilmar Mendes, DJ 13.11.2009.

BRASIL. Supremo Tribunal Federal. ADI n. 2.139-7, Rel. Min. Cármen Lúcia, DJ 23.10.2009.

BRASIL. Supremo Tribunal Federal. Rcl n. 7.517 AgR, Rel. Min. Ricardo Lewandowski, DJ 20.10.2009.

BRASIL. Supremo Tribunal Federal. AI n. 735.158-AgR, Rel. Min. Cármen Lúcia, DJ 07.08.2009.

BRASIL. Supremo Tribunal Federal. RE n. 310.811-AgR, Rel. Min. Ellen Gracie, DJ 05.06.2009.

BRASIL. Supremo Tribunal Federal. ADI n. 1625/DF, Rel. orig. Min. Maurício Corrêa, DJ 03.06.2009.

BRASIL. Supremo Tribunal Federal. Rcl n. 4.990-AgR, Rel. Min. Ellen Gracie, DJ 27.03.2009.

BRASIL. Supremo Tribunal Federal. HC n. 91.361, Rel. Min. Celso de Mello, DJ 06.02.2009.

BRASIL. Supremo Tribunal Federal. MI n. 708, Rel. Min. Gilmar Mendes, DJ 31.10.2008.

BRASIL. Supremo Tribunal Federal. MI n. 712, Rel. Min. Eros Grau, DJ 31.10.2008.

BRASIL. Supremo Tribunal Federal. RE n. 579951/RN, Rel. Min. Ricardo Lewandowski, DJ 20.08.2008.

BRASIL. Supremo Tribunal Federal. HC n. 91952/SP, Rel. Min. Marco Aurélio, DJ 07.08.2008.

BRASIL. Supremo Tribunal Federal. ADI n. 3.127-9/DF, Rel. Min. Cezar Peluso, DJ 30.05.2008.

BRASIL. Supremo Tribunal Federal. RE n. 509.168-AgR, Rel. Min. Eros Grau, DJ 23.05.2008.

BRASIL. Supremo Tribunal Federal. HC n. 87.585/TO, Rel. Min. Marco Aurélio, DJ 1º.04.2008.

BRASIL. Supremo Tribunal Federal. AI-Ag n. 530084/RS, Rel. Min. Cezar Peluso, DJ 19.12.2007.

BRASIL. Supremo Tribunal Federal. MI n. 670/ES, Rel. Min. Gilmar Mendes, DJ 25.10.2007.

BRASIL. Supremo Tribunal Federal. MI n. 708/DF, Rel. Min. Gilmar Mendes, DJ 25.10.2007.

BRASIL. Supremo Tribunal Federal. MI n. 712/PA, Rel. Min. Eros Grau, DJ 25.10.2007.

BRASIL. Supremo Tribunal Federal. RE-ED n. 550432/RS, Rel. Min. Cezar Peluso, DJ 19.10.2007.

BRASIL. Supremo Tribunal Federal. ADI n. 1.625/DF, Rel. Min. Maurício Corrêa, DJ 17.09.2007.

BRASIL. Supremo Tribunal Federal. ADI n. 1.861-MC, Rel. Min. Sepúlveda Pertence, DJ 06.09.2007.

BRASIL. Supremo Tribunal Federal. ADI n. 1.721-3, Rel. Min. Carlos Ayres Britto, DJ 29.06.2007.

BRASIL. Supremo Tribunal Federal. AI n. 277.381 AgR, Rel. Min. Joaquim Barbosa, DJ 22.09.2006.

BRASIL. Supremo Tribunal Federal. RE n. 109.723, Rel. Min. Cezar Peluso, DJ 14.3.2006.

BRASIL. Supremo Tribunal Federal. CC n. 7.204/MG, Rel. Min. Carlos Ayres Britto, DJ 09.12.2005.

BRASIL. Supremo Tribunal Federal. RE n. 201.819, Rel. para o acórdão Min. Gilmar Mendes, DJ 11.10.2005.

BRASIL. Supremo Tribunal Federal. RMS n. 24.069, Rel. Min. Marco Aurélio, DJ 26.06.2005.

BRASIL. Supremo Tribunal Federal. RE n. 438.639-9/MG, Rel. Min. Carlos Ayres Britto, DJ 09.03.2005.

BRASIL. Supremo Tribunal Federal. ADI n. 1.726-MC, Rel. Min. Maurício Corrêa, DJ 30.04.2004.

BRASIL. Supremo Tribunal Federal. ADI n. 3.127, Rel. Min. Cezar Peluso, DJ. 1º.03.2004.

BRASIL. Supremo Tribunal Federal. ADI n. 1.539, Rel. Min. Maurício Corrêa, DJ 05.12.2003.

BRASIL. Supremo Tribunal Federal. ADI n. 1946, Rel. Min. Sydney Sanches, DJ 16.05.2003.

BRASIL. Supremo Tribunal Federal. ADI n. 2.010-MC, Rel. Min. Celso de Mello, DJ 12.04.2002.

BRASIL. Supremo Tribunal Federal. RE n. 199.142, Rel. Min. Nelson Jobim, DJ 14.12.2001.

BRASIL. Supremo Tribunal Federal. RE n. 234.186, Rel. Min. Sepúlveda Pertence, DJ 31.08.2001.

BRASIL. Supremo Tribunal Federal. RE n. 189.960, Rel. Min. Marco Aurélio, DJ 10.08.2001.

BRASIL. Supremo Tribunal Federal. ADI n. 1.480-3/DF, Rel. Min. Celso de Mello, DJ 18.05.2001.

BRASIL. Supremo Tribunal Federal. ADI n. 1.076-MC, Rel. Min. Sepúlveda Pertence, DJ 07.12.2000.

BRASIL. Supremo Tribunal Federal. AI n. 277.432-AgR, Rel. Min. Nelson Jobim, DJ 27.10.2000.

BRASIL. Supremo Tribunal Federal. RE n. 209.993, Rel. Min. Ilmar Galvão, DJ 22.10.1999.

BRASIL. Supremo Tribunal Federal. RE n. 183884, Rel. Min. Sepúlveda Pertence, DJ 13.08.1999.

BRASIL. Supremo Tribunal Federal. RE n. 224.667, Rel. Min. Marco Aurélio, DJ 04.06.1999.

BRASIL. Supremo Tribunal Federal. RE n. 193.345, Rel. Min. Carlos Velloso, DJ 28.05.1999.

BRASIL. Supremo Tribunal Federal. RE n. 207.858, Rel. Min. Marco Aurélio, DJ 14.05.1999.

BRASIL. Supremo Tribunal Federal. RE n. 208436, Rel. Min. Ilmar Galvão, DJ 26.03.1999.

BRASIL. Supremo Tribunal Federal. RE n. 199.019, Rel. Min. Octavio Gallotti, DJ 16.10.1998.

BRASIL. Supremo Tribunal Federal. RE n. 205.107, Rel. Min. Sepúlveda Pertence, DJ 25.09.1998.

BRASIL. Supremo Tribunal Federal. RE n. 178.045, Rel. Min. Octavio Gallotti, DJ 03.04.1998.

BRASIL. Supremo Tribunal Federal. RE n. 114.836, Rel. Min. Maurício Corrêa, DJ 06.03.1998.

BRASIL. Supremo Tribunal Federal. RE n. 197.911-9, Rel. Min. Octavio Gallotti, DJ 07.11.1997.

BRASIL. Supremo Tribunal Federal. RE n. 158.215, Rel. Min. Marco Aurélio, DJ 07.06.1997.

BRASIL. Supremo Tribunal Federal. ADI n. 815-3, Rel. Min. Moreira Alves, DJ 10.05.1996.

BRASIL. Supremo Tribunal Federal. MI n. 20-4/DF, Rel. Min. Celso de Mello, DJ 22.11.1996.

BRASIL. Supremo Tribunal Federal. ADI n. 1.458, Rel. Min. Celso de Mello, DJ 20.09.1996.

BRASIL. Supremo Tribunal Federal. AI n. 149184-AgR, Rel. Min. Ilmar Galvão, DJ 03.11.1995.

BRASIL. Supremo Tribunal Federal. MI n. 438/GO, Rel. Min. Néri da Silveira, DJ 16.06.1995.

BRASIL. Supremo Tribunal Federal. HC n. 71.373-4/RS, Rel. Min. Marco Aurélio, DJ 10.11.1994.

BRASIL. Supremo Tribunal Federal. RE n. 159.228, Rel. Min. Celso de Mello, DJ 27.10.1994.

BRASIL. Supremo Tribunal Federal. RE n. 134300-DF, Rel. Min. Sepúlveda Pertence, DJ 14.10.1994.

BRASIL. Supremo Tribunal Federal. RE n. 93.850/MG, Rel. Min. Moreira Alves, DJ 27.08.1982.

BRASIL. Supremo Tribunal Federal. RE n. 80.004/SE, Rel. Min. Cunha Peixoto, DJ 1º.06.1977.

BRASIL. Supremo Tribunal Federal. RE n. 79.212/SP, Rel. Min. Aliomar Baleeiro, DJ 29.04.1977.

BRASIL. Supremo Tribunal Federal. RMS n. 16218-DF, Rel. Min. Gonçalves de Oliveira, DJ 23.03.1966.

BRASIL. Supremo Tribunal Federal. RMS n. 13040, Rel. Min. Hermes Lima, DJ 02.06.1965.

BRASIL. Supremo Tribunal Federal. RMS n. 934)-DF, Rel. Min. Gonçalves de Oliveira, DJ 16.11.1962.

BRASIL. Supremo Tribunal Federal. RE n. 49250, Rel. Min. Antonio Villas Boas, DJ 2.10.1962.

BRASIL. Supremo Tribunal Federal. AI n. 14678, Rel. Min. Macedo Ludolf, DJ 12.1.1953.

BRASIL. Tribunal Superior do Trabalho. RR n. 7340-68.2006.5.03.0036, Rel. Min. Pedro Paulo Manus, DJ 24.03.2011.

BRASIL. Tribunal Superior do Trabalho. SS n. 761-26.2011.5.00.0000, Rel. Min. Milton de Moura França, DJ 07.02.2011.

BRASIL. Tribunal Superior do Trabalho. RR n. 116300-75.2007.5.04.0030, Rel. Min. Maria Cristina Irigoyen Peduzzi, DJ 24.09.2010.

BRASIL. Tribunal Superior do Trabalho. E-RR n. 9863340-09.2006.5.09.0011, Rel. Min. João Batista Brito Pereira, DJ 27.08.2010.

BRASIL. Tribunal Superior do Trabalho. RR n. 43740-38.2005.5.05.0464, Rel. Min. Renato de Lacerda Paiva, DJ 06.08.2010.

BRASIL. Tribunal Superior do Trabalho. AIRR n. 44140-48.2007.5.01.0026, Rel. Juíza Convocada Maria Doralice Novaes, DJ 06.08.2010.

BRASIL. Tribunal Superior do Trabalho. E-RR n. 148900-61.2005.5.05.0461, Rel. Min. Maria Cristina Irigoyen Peduzzi, DJ 04.06.2010.

BRASIL. Tribunal Superior do Trabalho. RR n. 24500-27.2003.5.09.0010 , Rel. Min. Horácio Raymundo de Senna Pires, DJ 04.06.2010.

BRASIL. Tribunal Superior do Trabalho. RR n. 24800-54.2004.5.04.0022, Rel. Min. Renato de Lacerda Paiva, DJ 28.05.2010.

BRASIL. Tribunal Superior do Trabalho. E-ED-RR n. 168300-04.2003.5.02.0465, Rel. Min. *Caputo* Bastos, DJ 28.05.2010.

BRASIL. Tribunal Superior do Trabalho. RR n. 149700-91.2007.5.12.0019, Rel. Min. Antônio José de Barros Levenhagen, DJ 21.05.2010.

BRASIL. Tribunal Superior do Trabalho. RR n. 679300-23.2004.5.12.0014, Rel. Min. Caputo Bastos, DJ 14.05.2010.

BRASIL. Tribunal Superior do Trabalho. AIRR n. 59740-03.2007.5.02.0311, Rel. Min. Lelio Bentes Corrêa, DJ 14.05.2010.

BRASIL. Tribunal Superior do Trabalho. RODC n. 129800-35.2006.5.15.0000, Rel. Min. Fernando Eizo Ono, DJ 10.05.2010.

BRASIL. Tribunal Superior do Trabalho. RR n. 163000-81.2006.5.01.0013, Rel. Min. Dora Maria da Costa, DJ 07.05.2010.

BRASIL. Tribunal Superior do Trabalho. AIRR n. 83600-74.2001.5.17.0004, Rel. Min. Maurício Godinho Delgado, DJ 07.05.2010.

BRASIL. Tribunal Superior do Trabalho. RR n. 69700-61.2005.5.17.0011, Rel. Min. Antônio José de Barros Levenhagen, DJ 07.05.2010.

BRASIL. Tribunal Superior do Trabalho. ROAR n. 13700-64.2008.5.10.0000, Rel. Min. Renato de Lacerda Paiva, DJ 23.04.2010.

BRASIL. Tribunal Superior do Trabalho. RR n. 29600-24.2003.5.22.0002, Rel. Min. Horácio Senna Pires, DJ 16.04.2010.

BRASIL. Tribunal Superior do Trabalho. AIRR n. 37240-25.2006.5.01.0013, Rel. Min. Aloysio Corrêa da Veiga, DJ 19.03.2010.

BRASIL. Tribunal Superior do Trabalho. RR n. 5402400-89.2002.5.06.0900, Rel. Min. Lelio Bentes Corrêa, DJ 19.03.2010.

BRASIL. Tribunal Superior do Trabalho. AIRR n. 139440-66.2003.5.22.0002, Rel. Min. Kátia Magalhães Arruda, DJ 19.03.2010.

BRASIL. Tribunal Superior do Trabalho. RR n. 5402400-89.2002.5.06.0900, Rel. Min. Lelio Bentes Corrêa, DJ 19.03.2010.

BRASIL. Tribunal Superior do Trabalho. RR n. 63900-09.2006.5.07.0007, Rel. Min. Maria Cristina Irigoyen Peduzzi, DJ 05.03.2010.

BRASIL. Tribunal Superior do Trabalho. RR n. 141300-11.2006.5.17.0011, Rel. Min. Antônio José de Barros Levenhagen, DJ 26.02.2010.

BRASIL. Tribunal Superior do Trabalho. ROAA n. 25900-50.2007.5.24.0000, Rel. Min. Dora Maria da Costa, DJ 26.02.2010.

BRASIL. Tribunal Superior do Trabalho. RR n. 113600-95.2006.5.13.0003, Rel. Min. Maria Cristina Irigoyen Peduzzi, DJ 10.02.2010.

BRASIL. Tribunal Superior do Trabalho. RR n. 132300-36.2008.5.24.0006, Rel. Min. Aloysio Corrêa da Veiga, DJ 05.02.2010.

BRASIL. Tribunal Superior do Trabalho. RR n. 435700-70.2005.5.09.0664, Rel. Min. Guilherme Augusto Caputo Barros, DJ 18.12.2009.

BRASIL. Tribunal Superior do Trabalho. RR n. 13200-04.2007.5.18.0002, Rel. Min. Alberto Luiz Bresciani de Fontan Pereira, DJ 18.12.2009.

BRASIL. Tribunal Superior do Trabalho. E-RR n. 84700-90.2008.5.03.0139, Rel. Min. João Batista Brito Pereira, DJ 11.12.2009.

BRASIL. Tribunal Superior do Trabalho. RR n. 206100-72.2003.5.02.0463, Rel. Min. Rosa Maria Weber, DJ 11.12.2009.

BRASIL. Tribunal Superior do Trabalho. RR n. 4704600-24.2002.5.02.0900, Rel. Min. Walmir Oliveira da Costa, DJ 04.12.2009.

BRASIL. Tribunal Superior do Trabalho. RR n. 135800-87.2006.5.13.0006, Rel. Min. Luiz Philippe Vieira de Mello Filho, DJ 04.12.2009.

BRASIL. Tribunal Superior do Trabalho. RR n. 46600-12.2005.5.24.0002, Rel. Min. Maria de Assis Calsing, DJ 04.12.2009.

BRASIL. Tribunal Superior do Trabalho. ERR n. 32700-97.2007.5.02.0003, Rel. Min. Maria Cristina Irigoyen Peduzzi, DJ 27.11.2009.

BRASIL. Tribunal Superior do Trabalho. RR n. 1337040-09.2001.5.09.0003, Rel. Min. Márcio Eurico Vitral Amaro, DJ 20.11.2009.

BRASIL. Tribunal Superior do Trabalho. RR n. 60500-29.2007.5.08.0005, Rel. Min. Horácio Raymundo de Senna Pires, DJ 20.11.2009.

BRASIL. Tribunal Superior do Trabalho. RR n. 200700-43.2007.5.04.0411, Rel. Min. Aloysio Corrêa da Veiga, DJ 13.11.2009.

BRASIL. Tribunal Superior do Trabalho. RR n. 17800-25.2006.5.02.0301, Rel. Min. Rosa Maria Weber, DJ 13.11.2009.

BRASIL. Tribunal Superior do Trabalho. AIRR n. 770700-97.2002.5.06.0906 , Rel. Min. Guilherme Augusto Caputo Bastos, DJ 09.10.2009.

BRASIL. Tribunal Superior do Trabalho. AIRR n. 1240-72.2007.5.05.0015, Rel. Min. Lelio Bentes Corrêa, DJ 09.10.2009.

BRASIL. Tribunal Superior do Trabalho. AIRR n. 103440-57.2005.5.12.0008, Rel. Min. Dora Maria da Costa, DJ 25.09.2009.

BRASIL. Tribunal Superior do Trabalho. RR n. 1207306-20.2004.5.02.0900, Rel. Min. Emmanoel Pereira, DJ 18.09.2009.

BRASIL. Tribunal Superior do Trabalho. ED-RODC n. 30900-12.2009.5.15.0000, Rel. Min. Mauricio Godinho Delgado, DJ 04.09.2009.

BRASIL. Tribunal Superior do Trabalho. RR n. 74000-62.2006.5.12.0046, Rel. Min. Ives Gandra Martins Filho, DJ 26.06.2009.

BRASIL. Tribunal Superior do Trabalho. ED-RR n. 168300-04.2003.5.02.0465, Rel. Min. Rosa Maria Weber, DJ 19.06.2009.

BRASIL. Tribunal Superior do Trabalho. RR n. 106500-63.2005.5.01.0034, Rel. Min. Ives Gandra Martins Filho, DJ 19.06.2009.

BRASIL. Tribunal Superior do Trabalho. RR n. 562/2002-461-02-85.8, Rel. Min. Aloysio Corrêa da Veiga, DJ 22.05.2009.

BRASIL. Tribunal Superior do Trabalho. RR n. 1255/2006-059-01-00.1, Rel. Min. Ives Gandra Martins Filho, DJ 29.05.2009.

BRASIL. Tribunal Superior do Trabalho. AIRR n. 1.027/2005-013-03-40.7, Rel. Min. Vantuil Abdala, DJ 27.03.2009.

BRASIL. Tribunal Superior do Trabalho. ROAG n. 989/2008-000-15-00, Rel. Min. José Simpliciano Fontes de F. Fernandes, DJ 13.03.2009.

BRASIL. Tribunal Superior do Trabalho. E-RR n. 153800-56.2006.5.12.0009, Rel. Min. Aloysio Corrêa da Veiga, DJ 13.02.2009.

BRASIL. Tribunal Superior do Trabalho. RR n. 1744600-20.2002.5.02.0900, Rel. Min. Carlos Alberto Reis de Paula, DJ 19.12.2008.

BRASIL. Tribunal Superior do Trabalho. ROAG n. 1144/2007-000-03-00, Rel. Min. Ives Gandra Martins Filho, DJ 12.12.2008.

BRASIL. Tribunal Superior do Trabalho. AR n. 185359/2007-000-00-00, Rel. Min. Alberto Bresciani, DJ 05.12.2008.

BRASIL. Tribunal Superior do Trabalho. RR n. 848/2002-001-11-00.5, Rel. Min. Maria de Assis Calsing, DJ 10.10.2008.

BRASIL. Tribunal Superior do Trabalho. AIRR n. 507/2003-008-15-40.8, Rel. Maurício Godinho, DJ 12.09.2008.

BRASIL. Tribunal Superior do Trabalho. RR n. 90200-94.2005.5.08.0013, Rel. Min. Antônio José de Barros Levenhagen, DJ 13.06.2008.

BRASIL. Tribunal Superior do Trabalho. E-RR n. 1040/2006-005-10-00, Rel. Min. Maria Cristina Irigoyen Peduzzi, DJ 09.05.2008.

BRASIL. Tribunal Superior do Trabalho. RR n. 784863-24.2001.5.03.5555, Rel. Min. Dora Maria da Costa, DJ 04.04.2008.

BRASIL. Tribunal Superior do Trabalho. RR n. 668/2006-005-13-40.6, Rel. Min. Aloysio Corrêa da Veiga, DJ 28.03.2008.

BRASIL. Tribunal Superior do Trabalho. AIRR n. 10200-06.2001.5.05.0022, Rel. Min. Rosa Maria Weber Candiota da Rosa, DJ 28.03.2008.

BRASIL. Tribunal Superior do Trabalho. RR n. 1248/2002-043-12-00.0, Rel. Min. Lélio Bentes, DJ 30.11.2007.

BRASIL. Tribunal Superior do Trabalho. RR-669567/2000.6, Rel. Min. Vieira de Mello Filho, DJ 23.11.2007.

BRASIL. Tribunal Superior do Trabalho. RR n. 759.894-96.2001.5.01.5555, Rel. Juiz Convocado Luiz Ronan Neves Koury, DJ 27.04.2007.

BRASIL. Tribunal Superior do Trabalho. RR n. 1335/2003-659-09-00.0, Rel. Min. Antônio José de Barros Levenhagen, DJ 02.02.2007.

BRASIL. Tribunal Superior do Trabalho. AERR n. 58500-46.2002.5.01.0031, Rel. Min. Maria Cristina Irigoyen Peduzzi, DJ 19.12.2006.

BRASIL. Tribunal Superior do Trabalho. RR n. 5089/2002-921-21-00.0, Rel. Min. Renato de Lacerda Paiva, 26.05.2006.

BRASIL. Tribunal Superior do Trabalho. RR n. 100600-50.2002.5.15.0120, Rel. Min. José Simpliciano Fontes de F. Fernandes, DJ 19.05.2006.

BRASIL. Tribunal Superior do Trabalho. AIRR n. 18230/2002-900-01-00.3, Relator juiz convocado Luiz Antonio Lazarim, DJ 28.04.2006.

BRASIL. Tribunal Superior do Trabalho. RR n. 724/2002-034-02-00-0, Rel. Min. Maria Cristina Irigoyen Peduzzi, DJ 11.04.2006.

BRASIL. Tribunal Superior do Trabalho. RR-248/2003-906-06-00.0, Rel. Min. Barros Levenhagen, DJ 11.11.2005.

BRASIL. Tribunal Superior do Trabalho. RR n. 613-2000-013-10-00-7, Rel. Min. João Oreste Dalazen, DJ 10.06.2005.

BRASIL. Tribunal Superior do Trabalho. AIRR n. 9140-24.2002.5.02.0902, Rel. Min. João Oreste Dalazen, DJ 03.12.2004.

BRASIL. Tribunal Superior do Trabalho. RR n. 588437-10.1999.5.03.5555, Rel. Min. Ives Gandra Martins Filho, DJ 05.11.2004.

BRASIL. Tribunal Superior do Trabalho. RR n. 182500-72.1999.5.17.0001, Rel. Min. Rosita de Nazaré Sidrim Nassar, DJ 03.09.2004.

BRASIL. Tribunal Superior do Trabalho. RR n. 726101-42.2001.5.02.5555, Rel. Min. Rider Nogueira de Brito, DJ 06.02.2004.

BRASIL. Tribunal Superior do Trabalho. RR n. 378487-83.1997.5.01.5555, Rel. Min. Carlos Alberto Reis de Paula, DJ 17.10.2003.

BRASIL. Tribunal Superior do Trabalho. RXOFMS n. 81.964/2003-900-16-00.8, Rel. Min. José Simpliciano Fontes de F. Fernandes, DJ 1º.08.2003.

BRASIL. Tribunal Superior do Trabalho. RR n. 539647-22.1999.5.02.5555, Rel. Min. Ives Gandra Martins Filho, DJ 20.06.2003.

BRASIL. Tribunal Superior do Trabalho. AIRR n. 720143-92.2000.5.17.5555, Rel. Min. Ronaldo Lopes Leal, DJ 05.09.2001.

BRASIL. Tribunal Superior do Trabalho. RR n. 503024-73.1998.5.17.5555, Rel. Min. João Oreste Dalazen, DJ 14.05.2001.

BRASIL. Tribunal Superior do Trabalho. RR n. 384090-02.1997.5.06.5555, Rel. Min. Luis Francisco Guedes de Amorim, DJ 06.04.2001.

BRASIL. Tribunal Superior do Trabalho. RR n. 329874-12.1996.5.03.5555, Rel. Min. Ives Gandra Martins Filho, DJ 15.12.2000.

BRASIL. Tribunal Superior do Trabalho. RR n. 556115-39.1999.5.10.5555, Rel. Min. Milton de Moura França, DJ 07.12.2000.

BRASIL. Tribunal Superior do Trabalho. RR n. 524504-27.1998.5.02.5555, Rel. Min. Rider de Brito, DJ 13.10.2000.

BRASIL. Tribunal Superior do Trabalho. E-RR n. 323394-18.1996.5.03.5555, Rel. Min. João Batista Brito Pereira, DJ 10.11.2000.

BRASIL. Tribunal Superior do Trabalho. RR n. 240785-10.1996.5.09.5555, Rel. Min. Francisco Fausto, DJ 10.09.1999.

BRASIL. Tribunal Superior do Trabalho. RODC n. 454136-20.1998.5.01.5555, Rel. Min. Valdir Righetto, DJ 06.08.1999.

BRASIL. Tribunal Superior do Trabalho. RR n. 276578-10.1996.5.09.5555, Rel. Min. Francisco Fausto, DJ 05.02.1999.

BRASIL. Tribunal Superior do Trabalho. RODC n. 426144-03.1998.5.04.5555, Rel. Min. Armando de Brito, DJ 14.08.1998.

BRASIL. Tribunal Superior do Trabalho. RODC n. 309155-09.1996.5.03.5555, Rel. Min. Armando de Brito, DJ 25.04.1997.

BRASIL. Tribunal Superior do Trabalho. RR n. 214745-57.1995.5.15.5555, Rel. Min. Armando de Brito, DJ 18.04.1997.

BRASIL. Tribunal Regional do Trabalho da 10ª Região. RO n. 00708-2007-014-10-00-3, Rel. Des. Ricardo Alencar Machado, DJ 29.02.2008.

BRASIL. Tribunal Regional do Trabalho da 10ª Região. RO n. 00930-2005-016-10-00-7. Rel. Des. Elaine Machado Vasconcelos, DJ 27.04.2007.

BRASIL. Tribunal Regional do Trabalho da 2ª Região. RO n. 00735.2002.036.02.00-2, Rel. Des. Vera Marta Públio Dias, DJ 21.11.2004.